राम लक्ष्मण

(राम राज्य)
(द्वितीय संस्करण)

पं. जनार्दन राय नागर

This book has been published with all efforts taken to make the material error-free after the consent of the author. However, the author and the publisher do not assume and hereby disclaim any liability to any party for any loss, damage, or disruption caused by errors or omissions, whether such errors or omissions result from negligence, accident, or any other cause.

While every effort has been made to avoid any mistake or omission, this publication is being sold on the condition and understanding that neither the author nor the publishers or printers would be liable in any manner to any person by reason of any mistake or omission in this publication or for any action taken or omitted to be taken or advice rendered or accepted on the basis of this work. For any defect in printing or binding the publishers will be liable only to replace the defective copy by another copy of this work then available.

आमुख

महात्मा गाँधी ने कहा है-"सत्य के पुजारी का रस अनन्त होता है।" राम-राज्य उपन्यास के लेखक मनीषी पण्डित श्री जनार्दन राय नागर के चिन्तन में विचारों की दृढ़ता है, भारतीय संस्कृति में पूरी निष्ठा है तथा कथानक के अनुकूल भावों को कुशलता से अभिव्यक्त करने की संकल्पबद्धता है। इसलिए इस उपन्यास के चतुर्थ भाग 'राम-लक्ष्मण' में भी अन्य चार भाग-हनुमान, सुग्रीव, भरत-शत्रुघ्न एवं सीता-राम की भांति जो स्वर मुखरित हुए हैं-वे उनके पवित्र संकल्पों की पुष्टि करते हैं, उनकी नैतिक भावनाओं की संवेदनशील अभिव्यक्ति करते हैं।

इस उपन्यास में आर्य संस्कृति के प्रतीक हैं-राम और लक्ष्मण-दोनों। श्री राम के चरित्र में श्रेष्ठ मानव मूर्ति के दर्शन होते हैं। सत्य तो यह है कि इस उपन्यास का राम एक महामानव है। एक प्रसंग में लक्ष्मण राम को याद दिलाते हैं कि परशुराम ने उन्हें अवतार कहा था। इस पर राम इतना ही कहते है-"मैं तो राघव राम हूं, अवतार कैसे हो सकता हूं?" आगे की कथा में वर्णित राम की विरहाग्नि राम को मानव रूप में ही प्रतिष्ठित करती है-"मैं क्या जानूं? विधाता ही जानता है। जीव तो भोगता है अपने कर्मों के फल। मैं कुछ भी नहीं हूं। अपनी स्त्री की रक्षा न कर सका। सीता नहीं मिली तो प्राण त्याग दूंगा। सीते! क्या तुम मुझसे रूठ कर अपनी माता पृथ्वी की गोद में जा बैठी हो? तुम कहां हो? सुमुखी!....." लेखक द्वारा की गई इस प्रकार की अभिव्यक्ति उपन्यास के 'राम' को मानव ही बनाए रखती है। स्वयं को केवल एक सामान्य मानव बताते हुए भी समय-समय पर उनमें अवतार चेतना जागृत होती रहती है-वे मन ही मन मुस्कुरा उठते हैं-उनकी अभिव्यक्ति है-"वे साक्षात विराट हैं।" उद्भव एवं तिरोभाव की यह कमनीय, महनीय, गहन, गम्भीर, सत् चित् आनन्दमयी यह लीला मानो उनकी भृकुटी मात्र से हो रही है। कहते हैं-

"मैं हरि का तेजस्वी संस्करण हूं।"

अतः उन्हें स्पष्ट है कि दीन दुःखियों का परित्राण करना उन्हीं का ध्येय है। वे विचार करते हैं कि अन्याय पीड़ितों को यदि वे न्याय नहीं दिला सके तो

अपना क्षत्रीय अवतार धिक्कार योग्य है। साथ ही उनके आध्यात्मिक चिन्तन का आलेखन अत्यधिक मनोहर है। राम की दृष्टि में मानव जीवन सच्चिदानन्द की ओर कर्षित होने, आनन्द धाम में रमने, अन्धकार को चीरने तथा अज्ञान को दूर कर ज्ञान प्राप्त करने का प्रमुख दिव्य, भव्य, शीलवान द्वन्द्व है। सीता के बिना वे स्वयं को अधूरा ही मानते हैं। वे सतत् लक्ष्मण से यह बात कहते रहते हैं।

उधर लक्ष्मण हैं जो अपने भाई श्री राम एवं भगवती भाभी के श्री चरणों की सेवा ही अपना परम् धर्म मानते हैं। कहते हैं-''भाभी जी और आपके साथ, पास हूं तो जैसे मेरा जगत भरा-पूरा हो जाता है। मेरे नयन तो सीता-राम की सुन्दर छबि से पूर्ण हो गये हैं। श्री राम के बार-बार याद दिलाने पर भी वे उर्मिला के प्रति भावुक नहीं होते। कहते हैं-''पत्नी धर्म पालन के व्रत की सफलता तथा गृहस्थ यज्ञ की पूर्णाहुति के लिए ही है, स्वामिन्!....'' विचारों में इतनी व्यावहारिकता देखकर राम लक्ष्मण को हृदय से चांप लेते हैं और अनुभव करते हैं कि लक्ष्मण की सोच कितनी व्यावहारिक है।

सम्पूर्ण उपन्यास में लक्ष्मण-राम की सुरक्षा के प्रति सचेतन, सेवा हेतु तत्पर तथा पूर्ण रूपेण समर्पित प्रतीत होते हैं। वे राम से सतत् निवेदन करते हैं-''मैं तो आपके श्री चरणों से बंधा ही रहना चाहता हूं। मुझे मुक्ति नहीं चाहिए राम! मुझे आपकी ठकुराई और मेरी सेवकाई चाहिए।'' वाह! भाई के प्रति निष्ठा की पराकाष्ठ ही सतत् दिखाई देती है।

जब-जब राम सीता के विरह में चिन्तातुर हो उठते हैं-लक्ष्मण अदम्य विश्वास पूर्वक कहते हैं-''भगवती सीता अवश्य ही मिलेंगी।'' और उधर राम जब अपने आत्म चिन्तन से जाग्रत होते हैं तब लक्ष्मण का पथ प्रदर्शन करते हैं। उसे द्रष्टा बनने को कहते हैं। बुद्धि में सदैव संशय करते रहने पर लक्ष्मण को कहते हैं जो जैसा है उसे वैसा ही स्वीकार कर लो।

इस प्रकार नागर जी ने अपने सम्पूर्ण उपन्यास-''राम-राज्य'' के इस भाग (राम-लक्ष्मण) में मनुष्य जीवन में सम्पूर्ण व्यावहारिकता को स्वीकार करने, उपयुक्त दृष्टिकोण रखने तथा विवेक पूर्ण चिन्तन करने की गहन सोच प्रदान की है। प्रत्येक संवाद पाठक को प्रेरित करता है कि इस जगत् में मानव जीवन में एक सफल भूमिका किस प्रकार निभाई जा सकती है? बड़े से बड़े संकट को भी कितनी धैर्य एवं विवेक से दूर किया जा सकता है? शुष्कता नहीं सम्पूर्ण

सरसता के साथ संतुलन बनाए रखना ही मनुष्य जीवन के विवेकपूर्ण व्यवहार का द्योतक है।

भाषा की अनूठी शैली एवं सरसता के कारण यह उपन्यास-'राम-लक्ष्मण' पाठकों के लिए अत्यधिक रूचिकर एवं उपयोगी प्रतीत होगा।

'जय श्री राम'

दिव्य प्रभा नागर

पूर्व उपकुलपति

जनार्दनराय नागर राजस्थान विद्यापीठ

विश्वविद्यालय, उदयपुर (राज.)

ज्योतिर्मय यह देश हमारा।

धवल हिमालय के ललाट पर अरूण-तिलक अति न्यारा-ज्योतिर्मय...

कोटि-कोटि संवत्सर से यह

चलता पथिक सनातन।

अन्धकारमय पतन-निशा में,

दीप्तिमान सपनों से पावन।।

पुण्य श्लोक यह श्रेय पंथ का कोटि-कोटि जनगण का प्यारा-ज्योतिर्मय...

महिमामय स्मृतियों से जगमग,

अजर-अमर यह चिर-चिर सुन्दर।

जगत वंद्य विश्रुत गरिमामय,

अगणित गुण गाथा से मनहर।।

यह पुराण नित-नूतन गतिमय, जीवन मरण सहारा-ज्योतिर्मय...

घोर मूर्च्छना में स्पन्दनमय,

जागृति में कम्पित पीड़ामय।

प्रतिभामय संघर्ष काल में,

आलोकित निर्माण काल में।।

सिंधु तरंगों सा गुंजनमय भारतवर्ष हमारा-ज्योतिर्मय...

उद्घत एक अखण्ड तेजमय,

अमित ओज में सदा शीलमय।

नित ही मति, धृति, कृति में प्रभुमय

गहन निराशा में आशामय।।

स्वर्ग-भूमि से भी बढ़कर यह नन्दन-विपिन हमारा-ज्योतिर्मय...

रचयिता-पं. जनार्दनराय नागर

भार
(Acknowledgement)

मनीषी पण्डित श्री जनार्दन राय नागर द्वारा

रचित साहित्य के पुनर्प्रकाशन के लिए

श्री आशीष नागर परिवार द्वारा

प्रोत्साहन एवं सहयोग हेतु

जनार्दन राय नागर

एज्युकेशनल डवलमेन्ट चेरिटेबल ट्रस्ट,

उदयपुर (राजस्थान)

की ओर

से हार्दिक आभार !

सम्पादक मण्डलः-

दिव्य प्रभा नागर, पुरूषोत्तम शर्मा, प्रफुल्ल नागर,

आवरण:-

विशाल साहू

दिनांक: 27 जनवरी 2025

(1)

लक्ष्मण ने अनायास ही गहरा साँस भरा और स्वयं से ही जैसे बोले– "राम... हे राम!" रात्रि का प्रथम प्रहर बीत चुका था और श्री राम कन्दरा–प्रासाद में चटाई पर सो रहे थे। लक्ष्मण के अपलक आँखों में निन्द्रा नहीं, रहस्यमयी व्याकुलता भरी हुई थी। एक अगाध वेदना से लक्ष्मण के सरोज–नयन मानो दग्ध थे। "राम! मेरे भाई! मेरे स्वामिन्! राम! भाभी सीताजी के लिए आपका विलाप, आपका यह उन्मन मुख–मण्डल, यह विवर्ण उदासी मुझसे देखी नहीं जाती।.... नहीं।" लक्ष्मण तनिक हिले और उन्होंने ऋष्यमूक पर्वत की चोटी से अनन्त कोटि तारों को ज्योति पुष्पों की भांति आकाश में तैरते देखा। लक्ष्मण को लगा कन्धे से अटकी धनुष की प्रत्यंचा उनको सहसा जैसे काट रही हो। "राम! यह-यह क्या हाल बना लिया है, भैया!"

पीछे से एक शान्त, गम्भीर स्वर लक्ष्मण के कर्ण–कुहरों में आ टकराया– "लक्ष्मण... !"

"राम! राम मुझे–मुझे पुकार रहे हैं? राम! आया भैया" लक्ष्मण ने कहा। श्री राम ने गुफा के गुंबद में प्रतिघोष उत्पन्न करते हुए कहा– "जग रहे हो? सोये नहीं? क्यों? आधी रात बीतने में है। सो जाओ, लक्ष्मण!"

लक्ष्मण उठकर गुफा में धँसने वाले ही थे कि राम शान्त, प्रसन्न मुख–मुद्रा में कन्दरा के बाहर आ खड़े हो गये– "किस की प्रतीक्षा है लक्ष्मण?" प्रतीक्षा? मुझे? लक्ष्मण ने शान्तिपूर्वक श्री राम से पूछा– "मुझे तो किसी की भी प्रतीक्षा नहीं है? भाभी जी और आपके साथ, पास हूँ तो जैसे मेरा जगत भरा–पूरा हो जाता है। मेरे नयन तो सीता–राम की सुन्दर छवि से पूर्ण हो गये हैं। प्रतीक्षा? क्या अयोध्या के उन सूने–बीहड़ राजप्रासादों की? माता सुमित्रा जी की?– किसकी प्रतीक्षा करूँ, भैया!"

"उर्मिला...... अखण्ड सौभाग्यवती चिरंजीवी उर्मिला की।" श्री राम ने सस्मित कहा– "उर्मिला की चिन्ता मुझे बनी ही रहती है। तुमने सीता और मेरे लिए माँ, बाप, पत्नी–भरे पूरे गृह–संसार का ही त्याग किया है, लक्ष्मण! तुम वास्तव में जीवन के शूर–वीर हो, मेरे भाई!"

"राम!"– लक्ष्मण ने आर्द्र स्वर में कहा– "यह क्या कह रहे हैं? आपके लिए, आपके चाकरी के लिए संसार महँगा नहीं है। आपकी चरणारविन्दों की सेवकाई का कोई मोल नहीं है– अमूल्य है वह और संसार की नश्वरता ही इसका मोल है। मैंने अनित्य छोड़कर नित्य की आराधना आरम्भ की है, राम! मेरे भैया।"

"नश्वर! अनित्य?"– श्री राम ने तारों और आकाश को निहारा और स्वर्ग गंगाओं को अपने कंज–नयनों में समाते हुए जैसे कहा– "नित्य क्या? अनित्य क्या? यह जगत तो सनातन है, लक्ष्मण! क्षण–क्षण अभिव्यक्त यह जगत अविराम कालगति में सनातन है। यही जगत का लक्षण तथा मोल है। अतः जगत को छोड़ना ही क्या? जगत को ब्रह्म–चैतन्य के स्वयं ज्ञान–प्रकाश में अन्तर्धान करना होता है। हृदय दहर के चिदानन्द घन में यह जगत अन्तर्धान होता है। यह सृष्टि शाश्वत निश्चिन्त निर्विघ्न और अभयपूर्ण आनन्द–चिति में लीन हो जाती है– हाँ, मुझे तो यही लगता है।"

लक्ष्मण– "जी! किन्तु मुझे तो आपके सिवाय और कुछ है भी–इसका संज्ञान नहीं होता। आप हैं, जगत है, भगवती सीता हैं, सृष्टि है।"

"सीता मेरे लिए सृष्टि है, लक्ष्मण! तुम्हारे लिए तो श्रीमती वत्सला उर्मिला ही सृष्टि–चेतना है।" श्री राम बोले– "कभी–कभी उस चट्टान पर बैठ कर, एकाग्रचित्त हो, अपनी प्रिय पत्नी उर्मिला का ध्यान कर लिया करो, भाई मेरे।"

"उर्मिला? उसका ध्यान? मैं करूँ?"– लक्ष्मण ने आश्चर्यवत् होते हुए कहा– "ध्यान तो राम का ही होता है, किसी जीव का नहीं। फिर नारी का ध्यान नर करे– वाह! यह आपने खूब अच्छा कहा! तब क्या पूछ सकता हूँ– आप सीताजी का ध्यान करते हैं क्या?"

"सीता को आत्मसात् करने के लिए ही मैं अवतरित हुआ हूँ– ऐसा मुझे लगता है।" श्री राम बोले– "वर्षा ऋतु बीत सी गयी है, किन्तु चतुर्मास की मूसलाधार वारि–धाराओं में मुझे सीता ही नहाती हुई दिखती है। सीता...... सीता मेरी इस भव की पत्नी ही नहीं है, मेरी पराम प्रेयसी भी है। प्रत्येक नारी अपने नर की पत्नी, भार्या, कान्ता तथा प्रेयसी होती ही है, लक्ष्मण! उर्मिला मूक–मौन भला किसे ताक रही है? तुमको......? लक्ष्मण!"

"जी भैया!" लक्ष्मण ने उत्तर में इतना ही, यही कहा।

श्री राम ने अपने कमल-लोचन तनिक मूँदे और अपने ही गहन में पेखते हुए कहा- "अब मुझे ज्ञात हुआ, प्रिय पत्नी का वियोग क्या है? कैसा है? जनकपुरी के उस मनोरम रमणीय उद्यान में स्नेह, शील और सौन्दर्य की मूर्ति-सीता को देखा और जैसे मेरे मन की आँखें खुल गईं। ऐसा लगा कल्प-कल्पों में से, आदि के अनादि से सीता जनकनन्दिनी मेरे मन के सभी आकाशों की चिदानन्द चेतना है- मेरे अन्तःकरण का समस्त शील है, समग्र शक्ति है और मेरी सृष्टि की भुवनमोहिनी कामना है- रति है। सीता मुझ अनादि नर पुरुष की अनादि नारी प्रकृति स्वरूपा शक्ति है, लक्ष्मण! उससे मैं एक पल भी विलग कैसे हो सकता हूँ? सीता! सीता को पुकारता हूँ तो मेरा रोम-रोम सिहर उठता है। तब... तुम जो हो-उस वत्सला कारुण्य रूपा उर्मिला की कभी एक पल के लिए भी सोचते हो? बोलो, लक्ष्मण! उर्मिला के बिना तुम आधे हो-अधूरे हो। तुम्हारा दिग्विजयी पुरुषार्थ, तुम्हारा अघटन घटना परीयसी शौर्य, तुम्हारी यह सौम्य-दिव्य, मौन-शान्त सेवकाई, यह उर्मिला के गहनातिगहन-स्नेह के स्पर्श के बिना अधूरा-आधा ही रहेगा।"

लक्ष्मण ने श्री राम को नमन करते हुए कहा- "स्त्री सृष्टि की सतत् रचना और वंशवृद्धि के लिए ही है। पत्नी धर्मपालन के व्रत की सफलता तथा गृहस्थ यज्ञ की पूर्णाहूति के लिए ही है, स्वामिन्। आप-मैं नहीं हूँ। भाभी जी आपके लिए प्रकृति हो सकती हैं-हैं, किन्तु वह मेरे लिए पत्नी है, धर्मपत्नी है। उर्मिला मेरी शक्ति नहीं विश्वास है, विराम है, शान्ति है- हाँ राम, भैया!"

श्री राम ने लक्ष्मण को हृदय से चाँप कर कहा- "लक्ष्मण! मेरे भाई! आज तुमने मुझे हरा दिया। भरत ने मुझे अवाक कर दिया, तुमने मुझे जीवन के रणक्षेत्र में हरा दिया। सीता को यह क्या हो गया था, जो तुमको न कहने के बोल कहे।"

लक्ष्मण ने सिर से पैर तक काँपते हुए कहा- "कहें, माँ क्या कटु वचन नहीं सुनाती? भाभी देवर से व्यंग्य ही तो करेगी। भगवती भाभी उस समय जैसे आपे में नहीं थीं। हाँ, मैं था राम!"

श्री राम ने निसास रखा, कहा- "तुम में अविश्वास करना और मुझको एक मृग श्रृंग से घायल हो सकना-सीता की बुद्धि भ्रमित हो गयी थी क्या? आगम की आपदा, प्रारब्ध का दुर्भाग्य मन को मलिन, बुद्धि को भ्रमित, चित्त को दीन

और अहम् को आहत कर देता है। सीता की ओर से मैं तुमसे क्षमा माँगता हूँ, लक्ष्मण!"

लक्ष्मण ने श्री राम के चरण थामे, पुकार कर कहा– "क्षमा और आपको? राम मेरे मुझे अपने चरणों में पड़ा रहने दें। भगवती सीता की चरणधूलि मेरे पाप काट देती है, राम!"

श्री राम–"योगमाया कभी–कभी माया भी हो जाती है– माया ही तो। माया तो परमात्मा की चेतना है– जगत और सृष्टि स्वरुप यह माया है तथा परमात्मा के धाम की ओर ले जाने वाली यह चिन्मयी शक्ति योगमाया है। सीता, जैसी वह है–ऐसा मैं अनुभव करता हूँ। हाँ, लक्ष्मण! सीता के सिवाय इसके अलग और विलग जैसे मेरी जिजीविषा ही नहीं है।"

लक्ष्मण ने श्री राम के विवर्ण मुख–मण्डल को देखा। संध्या समय तुषार–पात से कुंचित वह कमल–मुख था। शान्त होते हुए भी अशान्त और अशान्त होते हुए भी प्रशान्त-वह अगाध ज्योतिर्मय कंजनयन, कमल–लोचन थे। लक्ष्मण को लगा श्री राम प्रतिपल दिग्दिशाओं में सीता को ही टेर रहे हैं–देख रहे हैं। सीता! श्री राम ने मन ही मन चीत्कार सी की। बोले– "न जाने कब सुग्रीव अपने कुशल वानरों को सीता की खोज के लिए भेजेगा। भेज दिये क्या? उस दिन मेरे चरण छूकर तत्काल सीता की खोज के लिए सहस्र–सहस्र वानर–समूहों को भेजने के लिए जो घोषणा इस वानराधीश ने की थी– की थी न?"

लक्ष्मण ने कहा– "जी, हाँ। राम मेरे! की थी। वानर–यूथपतियों, रिच्छ नायकों तथा पक्षी अधिराजों को तुरन्त किष्किन्धा के राज चौक में उपस्थित होने का सन्देश वायु मार्ग से भेजा गया था। मैंने सुग्रीव राज से कह दिया है कि श्रीमद् राम के सान्निध्य में वह भाभी जी की खोज के लिए आज्ञाएं प्रस्तुत करेंगे। सीता– खोज वानर राज्य का इस समय सर्वोच्च कर्तव्य होगा–अनिवार्य।"

श्री राम के सरोज–नयनों में आशावान आभा हिल्लोलित हो उठी– "अच्छा है। तब सीता की खोज वानर राज्य का अनुष्ठान ही होगा। वाह... लक्ष्मण वाह! निस्संदेह इस अधिकृत सेवाकार्य के लिए मैं वानर राज सुग्रीव का आभारी रहूँगा। अवश्य ही।"

लक्ष्मण ने शान्त किन्तु गम्भीर स्वर में कहा– "यह वानरराज अपनी स्त्रियों के आँचल ओढ़कर सोता है। राज सभा में तनिक सुशोभित होकर पुनः श्रीमती

तारा के प्रासाद में अवश्य हो जाता है। हनुमान चिन्तित है कि वानर–आर्य मैत्री की प्रभावशाली क्रियान्वित कैसे होगी? स्त्री में अनुरक्त नर से क्या रणभूमि का सेवन हो सकता है? वीर को कामिनी और कांचन–दोनों से तटस्थ बने रहना होगा, भैया मेरे! कामिनी को जीतना होगा, कांचन को त्यागना होगा। तभी अपने प्रभु की सेवकाई हो सकती है।"

श्री राम ने लक्ष्मण को घूरा और कहा– "अब समझा, तुमने चिरंजीवी उर्मिला को जीत लिया है। यही न? कांचन तो तुमने छुआ भी नहीं। किन्तु उर्मिला न जीती जा सकती है और ना ही त्यागी जा सकती है। क्या सीता को मैं जीत सकता हूँ? जानता था, स्वर्णमृग राक्षसी माया है, किन्तु स्त्री–हठ के सामने नतमस्तक होना ही पड़ा–गया। तुम जानते थे, स्त्री–स्वभाववश सीता ने तुमको कटुवचन कहे, किन्तु लक्ष्मण–रेखा खींच कर तुमने सीता को अकेला छोड़ दिया। मेरी आज्ञा भी तुमने नहीं मानी। तुम हारे और सीता जीत गयी, लक्ष्मण! उर्मिला को त्यागकर तुम मेरी सेवा कैसे कर सकते हो? तुम्हारी मूक, उदासीन भंगिमा में मुझे उर्मिला की छाया ही दिखायी देती है।"

लक्ष्मण सहसा विह्वल होकर बोले– "हम दोनों स्त्री–पुरुष आत्माराम के दीन–हीन अनुचर हैं। प्रभो! कृपा करो.... दया। हमारी यह सेवकाई निभा दो।"

श्री राम ने कहा– "अयोध्या वापस होने पर उर्मिला को तुम्हें प्राप्त करना ही होगा। रघुवंश की वधुओं में उर्मिला वियोगिनी योगिनी ही है। मेरे आशीर्वाद! और सीता के अभिनन्दन! सीते! उर्मिला को देखो–शील की मूर्ति और मन–वचन–कर्म से पति को समर्पित यह महाशया उर्मिला हम सब नर–नारियों के लिए अजर आदर्श हैं, अमर ज्योति है, मेरे भाई!"

✦✦✦

लक्ष्मण ने स्वयं को जैसे ढाबा, स्थिर किया और स्वयं ही मुस्कुरा उठे। सीता भाभी श्री ध्यान में मग्न श्री राम उर्मिला को याद कर बैठे– हाँ, राम ही तो हैं। भाभी जी श्रीमती सीताजी की वियोग–वेदना में श्री राम को जैसे अखिल–निखिल, स्त्री–हृदय की गुह्य वेदना का आत्मसात् ही हो गया है। लक्ष्मण के सूने नयनों में दण्डकारण्य से ऋष्यमूक पर्वत तक पहुँचने के दरम्यान श्री राम का सीता–विलाप जैसे तैरने लगा। श्री राम जैसे राग में विरागी महामानव को अपनी पत्नी का वियोग जैसे सह्य नहीं है। तब सृष्टि के जीवन का आधारभूत तथ्य–नर–नारी

का प्रेम है? प्रीति है? लक्ष्मण ने स्वयं को पूछा– "तब नर और नारी अभिन्न हृदय जीवन चेतना हैं? निस्संदेह श्री रामजी अब गृहस्थ–जीवन और राजपुरुष के लिए एक अटल उदाहरण ही हो गये हैं। श्री राम मानो सीतामय हैं और भगवती सीता? निस्संदेह राममय हैं। राम और सीता देह से विलग भले ही हों, किन्तु मनसा–वाचा–कर्मणा एक अभिन्न तादात्मय हैं– अभेद हैं। मानव योनि में आदर्शों का द्वन्द्व काटते हुए सीता–राम मानो त्रिकाल के लिए मानव–जीवन का अजर–अमर आदर्श हो गये हैं। तब, तब..... भाभी जी ने मुझे न कहने के बोल क्यों कहे? लक्ष्मण ने जैसे सहसा स्वयं से प्रश्न किया– "मैंने तो भाभी जी के चरण-कमलों में ही अपने नयन अर्पित किये हैं-तब, तब..... ओह! श्री राम के लिए मैं अपना तन–मन, देह–सर्वस्व अर्पित कर चुका हूँ। क्या मैं श्री राम का स्वप्न में भी अशुभ चाहूँगा? नहीं...... माँ। मेरी..... नहीं निस्संदेह वह भी सुकृति और दिव्य सौन्दर्य की देवी पृथ्वी–पुत्री सीता दुर्भाग्य के आगम के तिमिर में डुल गयी है। श्री राम मेरे माता–पिता हैं, मेरे अन्तरात्मा हैं– मेरे प्रभु, मेरे परमात्मा हैं। मैं? केवल नाममात्र के लिए लक्ष्मण हूँ। मैं तो राम तुम्हारे चरणों की रज हूँ।" लक्ष्मण ऊर्ध्व साँस भरकर कन्दरा के बाहर शीला पर तन कर बैठ गये और धनुष की प्रत्यंचा पर उंगलियाँ-टेरने लगे। प्रत्यंचा राम की, गूँजी–गाजी–ध्वनि–प्रतिध्वनि। ऋष्यमूक पर्वत की वर्षा ऋतु से भींगी हुई सद्यःस्नात चोटियाँ मानो तनिक ही सही थर्रा गयी– "सुग्रीव! क्या देर है? हनुमान! यह महाराज सुग्रीव! रामजी का मित्र बना, लेकिन मित्रता निभाना जैसे भूल ही जाता है। राज्याभिलाषा के राग–रंग में ही डूबा रहने लगा। वानर है न! किन्तु श्री राम की एक ही धमकी से वह वानराधीश रोम–रोम में सिहर उठा है। सुग्रीव शीघ्र ही–अतिशीघ्र ही भगवती सीता की टोह करो।"

हनुमान ने पीछे से पुकारा– "वीरवर लक्ष्मण!"

लक्ष्मण जाग्रत होते हुए बोले– "हुँ...? कौन, हनुमान? उस सुग्रीव ने आदेश दिया या नहीं?"

हनुमान ने प्रकट होते हुए कहा– "सभी यूथपति एकत्र हो गये हैं। महाराज सुग्रीव शीघ्र ही हमें भगवती सीता जी की खोज के लिए प्रस्थान करने का आदेश देने वाले हैं– निश्चय ही। अन्यथा.....।"

"अन्यथा, सर्वनाश!"– लक्ष्मण ने तनिक दाँत पीसते हुए कहा– "उस दिन इसी स्थान पर महाराज सुग्रीव ने श्री रामजी से क्षमा–याचना की थी। अपनी गम्भीर भूल स्वीकार कर ली थी। दिशाओं को गर्ज कर कहा था– "वानरों! भगवती सीता की खोज करनी है। यह हमारी सर्वोच्च अटल आज्ञा है– फिर इतना समय कैसे लगा, यूथपतियों को एकत्र होने में? हनुमान, महाराज सुग्रीव श्री राम को नहीं जानते। भाभीजी सीता को लेकर राम वज्र से भी अधिक कठोर तथा कुसुम से भी अधिक कोमल होते हैं। श्री राम मैत्री को सर्वोच्च महत्व देते हैं। निषादराज से रघुवंश की सनातन मैत्री है। वनवास की पहली रात्रि श्री रामजी और हमने निषादराज के सत्कार से व्यतीत की। गंगा पार हमें निषादराज ने अपनी नाव खेकर करवाई। सघन वन में हमने निषादराज के संरक्षण में ही प्रवेश किया। महाराज सुग्रीव से श्री राम–मैत्री तो भू–भार उतारने तथा सत्य, न्याय और धर्म की रक्षा के लिए है– आर्य सभ्यता के संरक्षण तथा आश्रमों–यज्ञों तथा उपनिषदों की संस्कृति के पोषण के लिए है।"

हनुमान ने शान्त स्वर में कहा– "वानर हैं हम। सभ्यता के गहन मर्म को हम जैसे अनुभव नहीं कर सकते। ज्ञान तथा सत्य की अमृत संस्कृति के रहस्यों का अवगाहन हम वानर करते नहीं। हम अभय, शान्ति तथा निर्विघ्न राजयोग चाहते हैं। जन्मजात देवी सम्पदा हमें मिलती है, किन्तु हम वानर जैसे आधे–अधूरे तथा असंस्कृत हैं।"

लक्ष्मण ने कहा– "नहीं हनुमान! महोदय! वानर जाग्रत, वीर तथा लाक्षणिक जाति है। इस जाति में देव और सुर अवतरित होते हैं। वानर जाति अन्तःकरण से देव जाति है। श्री राम यह समझते हैं। महाराज सुग्रीव सूर्यनारायण के अंश हैं और आप हनुमन्ते! वायु के पुत्र हो।"

हनुमान की शान्त आँखों में प्रकाश की आँधी उठी– "मैं... मैं श्री राम का सेवक वानर हूँ। मुझे लगता है, मैं राम–काज के लिए ही वानर जाति में जन्मा हूँ। देवताओं का सहज आशीर्वाद मुझे इसीलिए मिला है, भवान!"

लक्ष्मण– "मुझे तो प्रत्येक वानर में स्पष्ट ही देवांश प्रतीत होता है। बुद्धि के रमणीय चांचल्य के तल में मुझे अत्यन्त समर्पित धी का ही आभास होता है, प्रत्येक वानर में। इसीलिए विधाता ने भगवती सीता की खोज वानर जाति की तपस्या ही बना दी है। हनुमान! पता है, श्री राम क्या हैं? सीता–राम क्या हैं?"

हनुमान ने गगनमण्डल में ताराओं को तोड़ने के लिए अपने आजानुबाहु उठाये–गर्जे– गूँजे– "सीता–राम..... कौन हैं?..... कौन है? वीर लक्ष्मण! सीताराम तो सीताराम ही हैं। श्री राम को मैंने बचपन में देखा था। माता–स्वरुप सीताजी को देखा नहीं है, किन्तु रामजी की धर्मपत्नी सती–शिरोमणि तथा साध्वी आर्या ही होंगी। सीताजी! श्री राम की पुकार कभी–कभी मेरे कानों में पड़ जाती है। श्री रामजी सीता को बुलाते नहीं, पुकारा करते हैं। आश्चर्य है, आर्य क्षत्रिय और राजपुरुष अपनी पत्नियों को इतना प्रेम करते हैं– इतना मानते हैं।"

"सीता श्री राम की जीवनेच्छा हैं, हनुमान!" लक्ष्मण ने कहा– "सीताजी निःसन्देह योगमाया का स्वरुप हैं, जगजननी की ममता–माया हैं। भैया राम–राज्य के लिए नहीं, जगत–कल्याण साधने तथा भगवती सीता को आत्मसात् करने के लिए ही आए हैं पृथ्वी पर।"

हनुमान ने सहसा पूछा– "श्री राम श्री विष्णुहरी चतुर्भुज के मनुजावतार हैं– यह मैं जैसे जन्म से ही जानता हूँ। राम राम हैं–पुरुषोत्तम, महापुरुष, महामानव। ऐसे प्रभु की सेवा करने का भाग्य तो सुरों को भी नहीं मिलता। भगवान अपने भक्तों का ही है-और किसी का भी नहीं। हाँ, यह मैं दावे के साथ कहता हूँ।"

लक्ष्मण ने कहा– अमर्षपूर्ण स्वर में कहा– "तब भगवान भक्त का ही है, यही न? किन्तु आर्य ऋषि–मुनि तो यह भी कहते हैं कि परमात्मा गौ, सन्त, सज्जन तथा दुःखीजन की पुकार सुनकर भी धरा–धाम पर आते हैं। हाँ, महर्षि वशिष्ठ, रघुवंश के पुरोहित और हम सब के गुरुदेव महामना वशिष्ठ भी यही कहते हैं। भैया राम के अवतरित होने पर उन्होंने उनकी जन्मकुण्डली बनाई थी और 'श्री राम' नाम भी उन्होंने ही रखा था। माँ कौशल्या तो चकित–स्तम्भित सी रह गईं थीं।" शिशु राम में उन्हें रहस्यमय ज्योतिर्मयता का ही आभास होता था। हनुमान, फिर भी राम क्या हैं– मुझे समझ नहीं पड़ती। श्री राम कभी पृथ्वी स्वरुप हैं, कभी वरुण तुल्य हैं, कभी अग्नि स्वरुप हैं, तो कभी वायु स्वरुप। शब्दों में तरंगित अनहदनाद भी जैसे श्री राम हों। मैं जब भी ओमकार जपता हूँ, राम की अजपा जाप की ध्वनि जैसे ओमकार से प्रसूत होती है।"

हनुमान ने सिर धुनाया, कहा– "भाग्यवान हो, वीरवर! ओमकार, प्रणय ही परमात्मा का प्रथम और अन्तिम नाम है। ऐसा माता, अंजना मुझे मेरे कान में

कहा करती थी। मुझे तो राम नाम ही भाता है। राम बोलता हूँ तो ओम भूल जाता हूँ। राम–राम! श्री राम!! जय–जय राम!!"

लक्ष्मण– "वही, नर पुंगव, महामानव राम सीता माता के वियोग में झूर रहे हैं। वर्षा ऋतु की प्रत्येक धार में श्री राम सीताजी को याद कर रोये हैं। हनुमान! श्री राम का यह सीता–विलाप मुझसे सुना नहीं जाता और इसीलिए मुझे भी महाराज सुग्रीव पर रोष होता है।"

हनुमान हँसे– "राजा, चाहे वह आर्य हो, अनार्य हो, वानर हो, किसी भी जाति का हो– राग रंग में डूबेगा ही। महाराज सुग्रीव सिंहासन पर बैठते ही अपनी प्रथम प्रेयसी तारामती के नयनों में डूब गये। अपनी प्रथम स्त्री को भी भूल गये।"

लक्ष्मण ने सरोष पूछा– "भाई की स्त्री को....."

हनुमान ने बीच ही में कहा– "स्त्री ज्येष्ठ तथा द्विवर में कम से कम वानर जाति में अदल–बदल होती है। पुरुष ने स्त्री को सदैव अपनी कमर से बाँधकर रखने के लिए स्मृतियां और शास्त्र बनाये हैं। वर के मरने पर द्विवर का विधवा को ग्रहण करने का स्वाभाविक स्वत्व वानरों में प्राप्त है– राज्य सभा से अनुमति लेनी होती है।"

"तब तारामती राज्य सभा की अनुमति से ......" लक्ष्मण ने पूछा।

"जी, हाँ लक्ष्मण!"– हनुमान बोले– "किन्तु तारामती नहीं, महाराज सुग्रीव ही हमारे वानराधीश हैं। यदि महाराज सुग्रीव ने कल सीता–खोज की राजाज्ञा श्री राम के चरणों में नहीं धरी, तो मैं अकेला ही भगवती सीता की खोज के लिए चल पड़ूँगा– उड़ चलूँगा।"

लक्ष्मण ने प्रसन्न होते हुए कहा– "किन्तु यह कार्य वानर प्रजाजन के राजा के प्रति विद्रोह करने जैसा होगा। श्री रामजी ने अपने मित्र वानराधीश सुग्रीव महाराज को ही सीताजी की खोज का अत्यन्त दुस्साध्य कार्य सौंपा है। अतः महाराज सुग्रीव को ही यह करना होगा। निस्संदेह....।"

हनुमान ने निसास रखा, कहा– "सत्युत वीरवर मेरे! अब समझ में आया, भगवान परशुराम जी को आपने ही ललकारा। सभी आर्य क्षत्रिय भगवान परशुराम का नाम सुनते ही भयभीत हो उठते थे। वह परशुराम का परशु जैसे काल का परशु हो–यों रथी, अतिरथी, महारथी, नरेश, नृपति, महाराज और

चक्रवर्ती सब भयत्रस्त हो जाते थे। तब मेरे वीरभटु! आपने भगवान परशुराम का गर्वचूर्ण किया। महाराज सुग्रीव को मैं यह वार्ता सुना चुका हूँ। माँ अंजना तो जनकपुरी के बाह्य प्रान्तर में घटी इस विलक्षण वार्ता को बार–बार सुनना चाहती हैं और मैं उसका दूध पीता हुआ सुनता हूँ।"

"माँ का दूध इस आयु में...... वयस्क होकर भी........?" लक्ष्मण ने पूछा– "विचित्र है वानर जाति।"

"हम वानर अमृत नहीं माँगते, माँ का दूध ही माँगते हैं?" हनुमान ने कहा– "जो जननी अपनी सन्तान को अपने स्तन का दूध सदैव पिला न सके, वह वानर की माँ हो ही नहीं सकती। माँ के स्तन का पान हम अपना सतत सौभाग्य मानते हैं। माँ के दूध से ही हम में आत्मविश्वास, भक्ति, निष्ठा तथा अजेय साहस का उदय होता रहता है। वीरवर लक्ष्मण! वानर संस्कृति तो माँ के दूध की ही संस्कृति है।"

लक्ष्मण बोल उठे– "धन्य! मेरी माँ का दूध भी ऐसा ही है। धन्य सती अंजने! एक दिन उनके दर्शन तो कराओ, हनुमान!"

"भगवती सीताजी के मिलते ही, वीर–धीर लक्ष्मण।" हनुमान ने कहा– "महाराज सुग्रीव! इस बार मैं ही आ रहा हूँ, अन्तिम प्रार्थना कर याद दिलाने के लिए। सीता मैया की खोज की आज्ञा प्रदान करें– अभी, आज–सत्वर, शीघ्र।"

लक्ष्मण ने सहसा हँसते हुए कहा– "अब मुझे विश्वास हो गया, कल ब्रह्म मुहूर्त में ही महाराज सुग्रीव वानर यूथपतियों तथा योद्धाओं को भगवती सीताजी की खोज के लिए आज्ञा प्रदान करेंगे।"

हनुमान– "यह राम का सर्वोत्तम काज है, वीर लक्ष्मण! हमें तो सिर देकर भी करना ही होगा।"

"अवश्यमेव, यही"– लक्ष्मण ने कहा और सहसा चुप हो गये। श्री राम जैसे प्रगट हुए– "क्या कहासुनी हो रही है?"

लक्ष्मण– "वीर हनुमान को देख रहा हूँ, सुन रहा हूँ।"

"क्या.....?" श्री राम ने पूछा– "हनुमान को क्या–किस प्रकार देख रहे हो? हनुमान हनुमान हैं और सदैव ही हनुमान रहेंगे। मैं जैसे हनुमान को अनादि से जानता हूँ। हनुमान मेरी आँखों में है– बसा हुआ।"

"और आप?" लक्ष्मण ने पूछा।

सहसा हनुमान ने चिल्लाकर कहा– "मेरे हृदय में।"

✦✦✦

तारा के पद्मपाणि से भरे हुए हाथों से चषक लेते हुए महाराज सुग्रीव ने हनुमान को घूरा, कहा– "केसरी, महाशय महामात्य केसरी! पृथ्वी के कोने–कोने से वानर यूथपतियों, वीरों और योद्धाओं को किष्किन्धा के विशाल प्रांगण में एकत्रित करने के लिए हमने उसी दिन आज्ञा की थी। हम पूछते हैं यूथपतियों को किष्किन्धा में एकत्रित होने में इतनी देर क्यों लगी?"

हनुमान ने महाराज सुग्रीव को निहारा, कहा– "मुझे ज्ञात नहीं। दूर–दूर सुदूर से वानर– श्रेष्ठ आने वाले हैं। मार्ग की बाधायें भी तो हो सकती है। किन्तु देर अवश्य हो गई है। श्री रामजी का धैर्य खूट रहा है, राजेश्वर! वीरवर लक्ष्मण को मैंने प्रार्थनापूर्वक यहाँ आपको पुनः ललकारने के लिए आने को रोका है। अब श्रीमान् कोई भी बहाना नहीं चलेगा।"

"बहाना? नहीं हनुमन्ते! नहीं।" महाराज सुग्रीव ने सहसा जागते हुए कहा– "रामबाण की नोक मैं भूला नहीं हूँ। बालि की छाति में वह कैसे घुसा है, मैं जैसे अभी भी देख रहा हूँ। राम से मुझे भय नहीं लगता–रामबाण से लगता है। रामबाण! बाप रे!!"

हनुमान हँसे– "तो रंगप्रासाद से बाहर निकलिये। किष्किन्धा का विशाल प्रांगण अपने राजा के दर्शन के लिए देख रहा है मानो। महिषी तारामती! श्री राम की दुहाई है, अब यदि महाराज सुग्रीव को सुरा पिलाई तो। महाराज हमारे अधीश वानरराज हैं। सीताजी की खोज सफल होने तक वह किष्किन्धा के राजमहल के परकोटे पर खड़े, हमारे लौटने की प्रतीक्षा एक व्रती की भांति करेंगे। रामजी को आश्वस्त रखेंगे तथा लक्ष्मण को संतुष्ट करते रहेंगे।"

"हम श्री राम के मित्र हैं, या चाटुकार हैं क्या?" महाराज सुग्रीव ने उठते हुए कहा– "श्रीमान् केसरी ने ही यह देर करवाई दिखती है। महामात्य केसरी जी को मेरा महाराज बनना क्या अच्छा लगा है?"

"उन्हीं से पूछिये।" हनुमान ने कहा– "पिताजी महाराज निस्संदेह महाराज बालि को ही राजेश्वर, सच्चा तथा सनातन अधिकृत वानराधीश मानते थे। तभी तो

उन्होंने महामात्य और प्रधान सेनापति के उत्तरदायित्व स्वीकार किये। अवश्य ही उनको आपका–हमारा निष्कासन पसन्द नहीं था।"

"तब?" सुग्रीव ने पूछा– "तब उन्होंने तटस्थ रहना उचित समझा।"

हनुमान ने सस्मित कहा– "यह अनुचर जो आपके साथ था– है। पिताजी ने तटस्थ रहना ही उचित समझा। एक अनुभवी, समझदार, राजनयिक यही करेगा। पिताजी मुझसे विरुद्ध होना नहीं चाहते थे और न ही आपके पक्ष में स्पष्ट होना चाहते थे। महाराज बालि की राक्षस मैत्री से वे चिन्तित रहते थे।"

सुग्रीव– "किन्तु हमारी राम–मैत्री को महाशय केसरी ने खुलकर आशीर्वाद कहाँ दिया है!"

सहसा केसरी ने द्वार पर देखते हुए कहा– "अब दे रहा हूँ, महाराज। राक्षस लोग निस्संदेह वानर साम्राज्य की सीमाओं में संयोजित उपद्रव करने लगे हैं। महाराज बालि की बलिष्ठ मैत्री के कारण जरा दुबके हुए रहते थे। अब वह दुबक चली गयी है, महाराज! आपने आर्यों के पुरुषोत्तम श्रीराम से मैत्री कर वानर जाति को नष्ट होने से बचा लिया है। आर्यों तथा राक्षसों के बीच हम अरण्यवासी पिस ही गये थे।"

महाराज सुग्रीव ने पुनः–पुनः विश्वस्त होते हुए कहा– "तब हम प्रारम्भ से ही ठीक थे। इस पृथ्वी पर आसुरी, राक्षसी तथा दानवी बलों ने, सुरों, देवों, ऋषि–मुनियों, सन्तों, साधुओं तथा सज्जनों के विरुद्ध युद्ध ही कर रखा था। सूर्यनारायण को अंधकार ढँकना ही रहता है, परन्तु अन्त में विजय तो सुरों, देवों तथा धर्म–धीर मानवों की ही होती है, महाशय केसरी! महाराज बालि का राज्य हमें अभीप्सित नहीं था– हम राक्षस मैत्री के उनके आसुरी मत को नहीं मानते थे। हम प्रकाश की संस्कृति चाहते हैं। सत्य–ज्ञान की अनन्त अभिलाषा से थिरकते हुए मानो, अमृताभिलाषा से अपलक देव तथा दिव्यतेज से पूर्ण वानर को देखना चाहते हैं। आर्य श्रेष्ठ पुरुषोत्तम श्री राम इस पृथ्वी का परम् सौभाग्य ही प्रतीत होते हैं। हनुमान ने हमें श्री राम की प्रचण्ड पराक्रमपूर्ण वार्ताएं सुनाई हैं। चित्रकूट से दण्डकारण्य राज्य और अब वानर साम्राज्य की सीमाओं को अभय प्रदान करने के लिए ही श्री राम आये हैं। मैं निस्संदेह श्री राम का अत्यन्त प्रिय कार्य महामहोदया सीताजी की खोज का कार्य करूँगा– प्राण देकर भी करूँगा। श्री राम! मेरी प्रगल्भता क्षमा करो, देव!"

श्री केसरी ने कहा– ”मैं स्वयं श्री राम–लक्ष्मण के दर्शन करना चाहता था। यह पवनपुत्र हनुमान मेरा वत्स तो मुझे ले जाता नहीं और अकेला अकस्मात मैं श्री राम के समक्ष जा सकता नहीं। सुना है श्री राम हनुमान के द्वारा ही मिलते हैं।”

हनुमान ने पिता को नमस्कार करते हुए कहा– ”श्री राम स्वनाम धन्य राम हैं। उदारचेता, दीनबन्धु, करुणायतन श्री राम आपसे मिलकर निस्संदेह बड़े प्रसन्न होंगे। आपश्री और श्री राम के बीच में रहना नहीं चाहता। आपश्री वानर जाति के वयोवृद्ध आप्तजन हैं। वानर राजनीति के अनुभव वृद्ध महामात्य हैं आप और अब वानर–आर्य मैत्री के उद्दाथा भी हैं। महाराज सुग्रीव को श्री राम के समक्ष जाकर शिरोधार्य कीजिये, भवान्! महाराज मनस्वी बालि ने निस्संदेह नहीं चाहते हुए भी वानर साम्राज्य को रावण लंकेश की गोद में ही मानो रख दिया था। महाराज सुग्रीव ने वानर–जाति और वानर–राज्य का उद्धार ही कर दिया है।”

महाराज सुग्रीव ने कहा– ”बचपन से मैं देख रहा हूँ, राक्षसों ने पृथ्वी के अरण्यों में अपने जनस्थान स्थापित कर दिए हैं। वैदिक वर्णाश्रम धर्म तथा उसकी यज्ञ और उपनिषद्–रीति की संस्कृति का मूलोच्छेद करने के लिए यज्ञ–मण्डपों पर रुधिर वर्षाना आरम्भ कर दिया है। तभी मुझे शंका हो चली थी, एक दिवस लंकेश रावण वनों के राजकुमार वानरों को भी लील लेगा। महाराज बाहुबली बालि रावण में सहज ही विश्वास करते थे कि वह उसके बलिष्ठ हाथों से उलझेगा नहीं। दोनों त्रैलोक्य में यौवन और रूप की खोज में घूमते रहते थे। रावण तो वानर महिलाओं की ओर नहीं देखता किन्तु महाराज बालि राक्षस सुन्दरियों को घूरते ही रहते थे। काम–यह काम अन्त में सर्वनाश करता ही है। भगवती सीता जी की पुनर्प्राप्ति तक हम भी व्रती ही रहेंगे। हनुमान! हम किष्किन्धा के विशाल प्रांगण में जनता के दर्शन करना चाहते हैं।”

केसरी ने हंस कर कहा– ”और वानर जनता श्रीमानेश्वर सूर्यपुत्र महाराज सुग्रीव के दर्शन करना चाहती है।”

हनुमान– ”जय श्री राम–जय–जय राम!!”

✦✦✦

वानर यूथपतियों, वीर रिच्छों तथा चतुर पक्षियों के नायकों की विशाल मेदिनी को महाराज सुग्रीव ने सन्तोषपूर्वक सगर्व देखा– निहारा और गगन में अपने आजानुभुज को उठाते हुए कहा– "जय श्री राम!"

गगनभेदी ध्वनि उठी– "जय श्री राम!!"

महामात्य केसरी ने महाराज सुग्रीव का इंगित पाकर वानर जाति के प्रतिनिधियों को पेखा और कुछ आगे आकर कहा– "पृथ्वी के सनातन इतिवृत तथा जम्बूद्वीप के इतिहास में आज का दिवस सदैव स्मरणीय रहेगा। गगनचुंबी ऋष्यमूक पर्वत की सपाट चोटी पर वेदाग्नि की साक्षी से आर्य जाति के पुरुषोत्तम तथा सत्य, ज्ञान और अमृत की वीर–धीर संस्कृति के नायक रघुवंशमणि तापसी श्री रामचन्द्र देव के साथ अपने धीमान महाराज सुग्रीव ने मित्रता सन्धि की है। सूर्यवंशी श्री राम प्रभु और सूर्यपुत्र सुग्रीव महाराज की यह मैत्री अटूट अखण्ड और सत्य सनातन तो है ही, किन्तु समस्त पृथ्वी की त्रस्त, दुःखी और पीड़ित प्रजा के महान मंगलमय भविष्य के लिए भी प्रशस्त राजमार्ग है। विभिन्न प्रजाओं और उनकी श्रीवान संस्कृतियों में हम वानर का कोई संघर्ष नहीं रहा। हमने अमृताभिलाषी और प्रकाशवती आर्य सभ्यता को अपनी जाति की महत्वाकांक्षा सदैव माना है। श्री नारायण हरि चतुर्भुज सभी प्रमुख देवताओं के साथ मानो हमारे पितृ हैं। आर्य ऋषि और मुनि हमें अँधेरे से प्रकाश की ओर मानो धकेल रहे है। वेद, उपनिषद् हमारे अन्तःकरण में ज्ञान की अभिलाषा उत्पन्न करते रहे हैं। हम सुर संस्कृति के आशावान पुजारी रहे हैं। आसुरी तथा राक्षसी दानवी कृति, मति और धारणा हमारे रक्त में, माँस–मज्जा में नहीं रही। हम वेदान्त पुरुष को अपना गुरु, आचार्य एवं स्वामी स्वीकारते आये हैं। श्री सुग्रीव–श्री राम मैत्री इसी गठबंधन की पूर्ण प्रतीक है। यह प्रकाश की गाँठ है, यह सत्य–ज्ञान की अनन्त अभिलाषा का चषक है। यह मधु है–मधु जो तन–मन को सींचकर सृष्टि की मधुमयता का अनुभव कराता है। हम पृथ्वी का अत्याचार, अन्याय और अधर्म नहीं चाहते। हम धर्म चाहते हैं, हम न्याय चाहते हैं, हम सत्य चाहते हैं। हम राम चाहते हैं।"

"राम! श्री राम......!!" गगन कम्पी चीत्कारें उठीं।

महामात्य केसरी ने सस्मित कहा– "इसी अटूट, अखण्ड, पवित्र आर्य–वानर मैत्री की प्रथम साधना भगवती सीता की खोज करना है। कोई, निश्चय ही कोई

दानव, कोई राक्षस, कोई असुर ही देवी सती सीता का अपहरण कर गया है। किसी मायावी ने मानव जाति के संरक्षक और नायक दीनबन्धु श्री राम की भार्या का यों अपहरण किया है। प्रवाद है कि लंका के नरेश रावण के इंगित पर यह घिनौना काण्ड हुआ है। लोगों! हमारे प्रभु राम बहुत ही दुःखी हैं, चिन्तित हैं। सुन लो–राम सीतामय और सीता राममय हैं। सीताराम! इस सत्य सनातन सीताराम का पुनर्मिलन करवाना ही है। वानर जाति की यह प्रथम तथा अन्तिम तपस्या है– होगी। अनुग्रहवशात् कहो– सीता–राम का पुनर्मिलन शक्य कैसे करें?”

हनुमान ने गर्जना की– “भगवती सीता की खोज आरम्भ कर और फिर अत्याचारी को समाप्त कर भगवती सती सीताजी को पुनः श्री राम के चरणों में अर्पित कर। आज्ञा दीजिये राजेश्वर धर्मधुरीण वानरों के अधीश महाराज सुग्रीव! आज्ञा दीजिये।”

महाराज सुग्रीव ने मंच पर आगे आकर शान्त–गम्भीर स्वर में कहा– “चारों दिशाओं में जाओ वानरगणों! और मातेश्वरी भगवती सीताजी की खोज आरम्भ करो। पृथ्वी की दिशा–दिशा देखो, दिक्–दिक् टटोल लो। प्रान्तरों, कान्तारों, कुंजों, निकुंजों, गढ़ों और राजमन्दिरों के कोने–कोने को देखो– सीता कहाँ है? भगवती सीता पृथ्वीपुत्री हैं, श्री राम की शक्तिमती हैं, वीरवर लक्ष्मण की भगवती भाभी हैं, वानर कुल की अब वह जैसे अम्बा हैं, भगवती मातुश्री हैं। आर्य–वानर मैत्री के लिए ही नहीं, आर्य साम्राज्य और वानर साम्राज्य के मूलभूत हित के लिए ही नहीं, समस्त मानव जाति के अभय, धर्म, सत्य और न्याय के लिए मेरे प्रिय वानर श्रेष्ठों चारों दिशाओं में श्रद्धेया सीताजी की खोज करो। यह खोज वानर अन्तरात्मा के शोधन और शुद्धिकरण की साधना है। हमें श्री राम की सीता को खोजना ही होगा। प्राणपण से हमें यह भक्ति–सती की खोज करनी है। अपने– अपने भ्रमण अनुभव तथा कौशल के अनुसार ही अपनी–अपनी दिशा चुन लो। महामात्य केसरी आप सबका मेरे लिए नियमन करेंगे।”

महामात्य केसरी ने राजाज्ञा का पटल खोलते हुए कहा– “राज्यमान्य, राजेश्वर, वानर कुलरत्न, परम् पराक्रमी, पराक्रमांक, वानर भट्टारक, श्रीमान् अधीश महामना सुग्रीव की इच्छा तथा आज्ञा से यह राजाज्ञा प्रसूत की जाती है, जो तत्काल क्रियान्वित स्वयं स्वयमेव होती है– यथा आर्य– वानर मैत्री तथा इक्ष्वाकु वंश के रघुकुल की प्रतिष्ठा तथा कुलीनता के उत्कर्ष के लिए एवं मानव जाति के कल्याण की कामना की साधना के लिए मैं वानर अधीश प्रत्येक वानर

को आज्ञा देता हूँ कि वह भगवती जगदम्बा स्वरुप सीताजी की खोज में लग जाय, डट जाय। आज से एक मास की समाप्ति तक हमें भगवती सीताजी का पता मिलना ही चाहिए। अन्यथा–मास के व्यतीत होने पर और हमें सीताजी का पता नहीं बता सकने के भीषण अपराध के लिए निस्संदेह मृत्युदण्ड ही विहित है– होगा। जो भी वानर– यूथ मासान्त तक सीताजी का वास्तविक और ठोस पता नहीं कर लाता, उसे भूगर्भ में ठूंस दिया जायेगा और इस अकर्मण्यता के लिए किष्किन्धा के इसी विशाल प्रांगण में मृत्युदण्ड दिया जा सकेगा। सुनो–गुनों, मनन करो और सीताजी की खोज में अब सभी प्रस्थान करो। हम तुम वानरों को आशा भरी दृष्टि से देखते रहेंगे।"

लक्ष्मण ने सहसा गर्जना की– "मृत्युदण्ड..... !"

महाराज सुग्रीव– "अवश्य वीरवर! हम वानर हैं, भ्रमण में भटकते रहते हैं। सुरम्य अरण्य में मधु के छत्ते देखकर मधुमास में लग जाते हैं। सघन विस्तृत वृक्ष–डालों को देखकर व्यर्थ ही उन पर झूमने लगते हैं। हम यात्रा को भटक रहे हैं, किन्तु भगवती सीता की खोज तो श्री राम की अन्तरात्मा की शान्ति की संजीवनी की खोज है। सीताजी श्री रामजी की ऐश्वर्या शक्ति हैं, मानवों की मति–धृति हैं, वानरों की महिषी माता हैं– जगदम्बा हैं। अतः उनकी खोज में न भटकना, मधुपान करना, झूमना आदि गम्भीर अपराध ही हैं– होंगे।"

लक्ष्मण ने महाराज सुग्रीव के दोनों हाथ थाम लिए और कहा– "सूर्यपुत्र महाराज सुग्रीव! आपश्री निस्संदेह श्री रामजी के सच्चे सहृदय निष्ठ मित्र हैं। आर्यों और वानरों के महामना महान विभूति हैं। मैं आपको रघुकुल की ओर से नमस्कार करता हूँ।"

हनुमान ने गर्जना की– "समस्त अरण्यवासी तथा वानरों, रिच्छों, नागों, पक्षियों, गन्धर्वों और किन्नरों की ओर से महात्मा महाराज सुग्रीव! अभिनन्दन!!"

महाराज सुग्रीव ने नयन मूँद कर प्रणामपूर्वक मानो क्षितिज पार किसी को पुकारते हुए कहा– "श्री राम! तेरी जय हो!!"

(2)

महाराज सुग्रीव ने श्री राम को सविनय नमस्कार करते हुए कहा– "शतसहस्र वानर श्रेष्ठों को राजाज्ञा प्रदान कर दी गयी है, श्री राम प्रभो! भगवती सीताजी की चारों दिशाओं में खोज करो– चारों दिशाओं में। एक माह के भीतर समाचार लाओ– अन्यथा मृत्युदण्ड। अब तो भगवन्! इस वानर-मित्र में पूर्णरूपेण प्रभु विश्वास करेंगे ? नहीं ? अवश्य ही करेंगे।"

श्री राम ने तनिक चौंकते हुए पूछा– "लक्ष्मण! महाराज सुग्रीव क्या कह रहे हैं?– मृत्युदण्ड?"

"जी प्रभो" लक्ष्मण ने कहा – "महाराज सुग्रीव ने सिद्ध कर दिया है कि वह आर्य जाति तथा रघुवंश के अनन्य और अद्वितीय मित्र, साथी तथा हितैषी हैं। आश्चर्य तो यह है प्रभो! वानरश्रेष्ठों ने महाराज की घोषणा का भरपूर समर्थन किया है। उनकी शीर्ष किन्तु चण्ड-प्रचण्ड किलकारी सुनने के ही योग्य थी। मानो शत-सहस्र प्रत्यंचाएं गूँज-गाज रही हैं। गगन में उठी उनकी वज्रमुष्टिकाएं उनके संकल्प का प्रतीक थीं। मेरे राम! यह दृश्य मेरी आँखों में अंकित ही रहेगा।"

श्री राम ने निसास रखा और जलद-गम्भीर स्वर में कहा– "किसी भी असफल वानर को मृत्युदण्ड दिया जाय– यह मुझे रुचता नहीं। मैं भूगर्भ की यातनाओं तथा मृत्युदण्ड की विभीषिका के पक्ष में कभी नहीं रहा। नहीं महाराज सुग्रीव-मित्र मेरे। सीताजी की खोज अभय के चित्ताकाश में ही होनी चाहिये। सीता की खोज कहाँ...... किस दिशा में? किस प्रकार महाराज! वानरगण पृथ्वी की सीमाओं तक भटके और सीता सिन्धुओं के पार किसी मायावी के भूगर्भ में बन्द हों..... तो-तब? फिर सीता किसी को भय मृत्यु के भय में रखकर अपनी सेवा नहीं चाहतीं। सीता तो करुणा है– दया, कृपा है, महाराज।"

सुग्रीव ने सिर धुनाया, कहा-"ओर प्रभु करुणा सिन्धु हैं, दीन बन्धु हैं। भगवती जगदम्बा स्वरूप सीताजी जब तक आपको पुनः प्राप्त नहीं हो जाती, तब तक प्रत्येक वानर आवास में नहीं रहेगा। मिष्ठान नहीं खायेगा-मधुपान नहीं करेगा। सीता की खोज वानर जाति के भाग्य तथा भविष्य की खोज हैं, प्रभो!"

श्री राम ने तनिक सिर धुनाया, कहा– “पितृदेव जटायू ने सीता की रक्षार्थ अपने अमूल्य प्राणों की आहुति दे दी। राजर्षि जटायू को इस बलिदान के लिए स्वर्ग में अक्षय पुण्य की प्राप्ति हुई है। रघुवंश की आत्मज्योतिस्वरुप कुलवधू के इस घोर अपमान का प्रतिशोध पितृदेव जटायू ने किया और अब आप महाराज सुग्रीव! सीता की खोज के लिए वानर श्रेष्ठ की क्या बलि चढ़ाना चाहते हैं? हमें यह कदापि स्वीकार नहीं है। मैंने तो अपने समर्थ वानर राजपुरुष से ही अपनी पत्नी की खोज के लिए प्रार्थना मात्र की थी। अवश्य ही सीता के बिना, वीर लक्ष्मण के सिवाय मैं जी नहीं सकता। सीता मेरी प्राणशक्ति है। लक्ष्मण मेरा आत्मविश्वास तथा बाहुबल है। हाँ, महाराज।”

सुग्रीव ने श्री राम के घुटने छूते हुए कहा– “निस्संदेह आप श्री राम , मेरे राम महामानव हैं। मुझे आज गर्व है कि मैं एक तुच्छ वानर ऐसे महामानव आर्यमुकुट मणि से मैत्री साध सका। मैं सूर्य की साक्षी से घोषणा करता हूँ कि भगवती सीता की खोज ही नहीं, उनकी पुनः प्राप्ति तथा उनका अपहरण करने वाले दुष्ट नृशंस आततायी का समूल नाश करने के आपके अभियान में आपके साथ हम वानर– समस्त और समग्र वानर जाति लड़ेगी– संघर्ष करेगी।”

राजर्षि जाम्बुवन्त ने कहा– “हम रिच्छ भी।”

“हम पक्षी भी!”– पक्षियों के यूथपति ने कहा।

“नाग, किन्नर, गन्धर्व, मानव, सुर और देवता– सभी।”– हनुमान ने प्रचण्ड प्रतिज्ञा की– “पृथ्वी का प्रत्येक मानव आर्या सीता की प्राप्ति ही नहीं, सत्य ज्ञान, अमरत्व की संजीवनी का लाभ लेने के लिए अभय, कल्याण तथा सौहार्द्र की संस्कृति के लिए–प्रतिपल मृत्युंजय होते रहने के लिए पुण्याभिलाषी जीवन– क्रम के सतत् उत्कर्ष के लिए, राम मेरे! हम जीव मात्र, प्राणी मात्र प्राणपण से आततायियों, अत्याचारियों, दस्युओं तथा अधर्मियों से लड़ेंगे। आपकी कृपा हम पर बनी रहे। यही–यही पृथ्वी पर पुनः प्रकाशवती आर्य संस्कृति के प्रचार–प्रसार का श्री राम–काज है। मैं केसरी नन्दन हनुमान! स्वयं को आने वाले सभी जन्मों के लिए श्री राम के चरणों में अर्पित करता हूँ– शरणागति, प्रभो!”

श्री राम ने शान्त–गम्भीर स्वर में कहा– “अभय, हनुमान!”

हनुमान ने पुनः–पुनः श्री राम को प्रणिपात करते हुए अपराजित गगनभेदी स्वर में कहा– “राज और उसके ऐश्वर्य सृष्टि और उसके वैभव, सुख, श्री, समृद्धि,

कीर्ति और यश सभी कुछ श्री रामजी की दया के वरदान हैं, जीव नहीं। राम ही रामकर्त्ता है। राम की कृपा ही– सब कुछ है, जीव के लिए। मैं तो जन्मा, तब से अनुभव करता हूँ कि मैं तो एक मरकट हूँ– शाखामृग, किन्तु बल, बुद्धि, पौरुष, सिद्धि तथा जय श्री राम प्रताप से ही मिलते हैं– मिलेंगे मुझे। मैं तो वानर जाति से उत्कर्ष के लिए ही नहीं, मानव जाति के अभय, दिव्य भविष्य के लिए तथा प्राणीमात्र के मंगल के लिए श्री राम–काज ही करूँगा। श्री राम! दया करो, कृपा करो–अनुग्रह भगवन्!"

श्री राम ने कहा– "जीवों के अन्तःकरण में ब्रह्म चैतन्य निरीह और निर्विशेष ब्रह्म चैतन्य ही है। उस सत्–चित्–आनन्द के दहराकाश में न कोई जीव है और न कोई जन्तु है। सभी वही सच्चिदानन्द एकाकार हैं। अतः भगवान भक्त पर अनुग्रह नहीं करता–भक्त के अधीन हो जाता है। महाराज सुग्रीव अब हमारे परमादरणीय मित्र ही नहीं, हमारे साथी भी हो गये हैं। हमारी प्राणेश्वरी सीता की खोज के लिए जो महान अभियान महाराज सुग्रीव ने आरम्भ किया है। उसके लिए हम रघुवंशी वानर जाति तथा वानर राज्य के सदैव कृतज्ञ एवं आभारी रहेंगे। सीता अवश्य ही मिलेगी। मेघ कब तक विद्युत को छिपा कर रख सकेंगे। जिस किसी दस्यु ने श्रीमती सीता का धोखे से अपहरण किया है। समझ लो वह काल का ग्रास हो गया है।"

"राक्षस..... भगवन्! राक्षस ही हर ले गया है।" वानर यूथपति एक साथ जैसे चिल्ला उठे– "हम उस राक्षस को देखा नहीं छोड़ेंगे।"

श्री राम ने कहा– "शान्त! सीता को जो हर ले गया है, वही हमारा अनिवार्य अपराधी है, सामान्य राक्षस से हमारा द्वेष नहीं है– राग भी नहीं है। हम सीता को उठा ले जाने वाले घोर पापी, अपराधी, अधर्मी तथा कुलकलंक को परास्त ही नहीं, उसको मिटाकर रहेंगे। मैं आज पुनः हाथ उठाकर प्रतिज्ञा करता हूँ कि सीता का पता मिलते ही हम महाराज सुग्रीव के सेनापतित्व में रणभूमि की ओर कूच करेंगे।"

"रावण..... लंकेश"-ध्वनि उठी।

"तो हम समुद्र से घिरी हुई लंका की ओर कूच करेंगे।"– श्री राम ने कहा– "सीता हमारा प्राण है, संजीवनी है, हमारी एकान्त प्रिया तथा पराम प्रेयसी सीता रघुवंश की दिव्य भव्य कुलवधू है। सीता विदेह महाराजा जनक की धर्मपुत्री–

पृथ्वी–तनया है। सीता की खोज निस्संदेह आत्मज्योति की ही खोज है, सृष्टि की खोज है, सृष्टि का सम्पूर्ण सौभाग्य सीता के पद्मपाणि की रेखाओं में निहित है। वानरों, रिच्छों, पक्षियों, अरण्यवासियों! राम आप सबको धनुष की प्रत्यंचा बजाकर नमस्कार करता है।"

हनुमान सहसा तनकर विराट् से हो गये– "श्री राम!"

सुग्रीव ने अपना आजानुबाहु गगन में उठाया और गम्भीर–शान्त–अटल दृढ़ स्वर में कहा– "वानरों! भगवती सीता की भाल के लिए चारों दिशाओं में जाओ– प्रस्थान करो। सिन्धुओं के पार जाओ, मेघों के परे उड़ो। जाओ.....। श्री राम आपकी जय हो।"

✦✦✦

श्री राम और वीर बाहु लक्ष्मण विशाल तथा असंख्य सी वानर श्रेष्ठों की मेदिनी को चारों दिशाओं में अपने–अपने नायकों के पीछे बिखरते हुए देखते रहे। श्री राम जैसे अपने चित्ताकाश में कोई मूर्तिमान स्वप्न ही देख रहे हों और लक्ष्मण को जैसे विश्वास ही नहीं हो रहा था कि अन्ततोगत्वा वानरों ने भगवती भाभी सीताजी की खोज के लिए यों सहर्ष सोत्साह प्रस्थान किया। महाराज सुग्रीव श्री राम– काज का नवरंगी ध्वज लेकर खड़े-खड़े अपने वानरों को सीताजी की खोज के लिए यों समर्पित भाव से कूच करते हुए देखते रहे। महाराज सुग्रीव को अपने गहन में शान्ति का अनुभव होने लगा– भय मात्र जैसे स्वयं ही रीत गया हो और अभयपूर्ण निश्चिन्तता उनकी रग–रग में व्याप्त हो गयी हो। श्री राम को लेकर जो भीति उन्हें अनुभव होती रहती थी, वह स्वयं ही अन्तर्ध्यान हो गयी और वे श्री राम–रस से भीग से गये। सुग्रीव को लगा, उनके भूताकाश में सीता की अनिंद्य पवित्र पुनीत कर धारणा विद्रुतमाला के समान कौंध रही है तथा श्री राम का अभय वरद हाथ उनके राजमुकुट–मण्डित सिर पर छाया हुआ है। आज जैसे वानर राज्य अपनी सीमाओं में विस्तृत होकर आर्य साम्राज्य की शक्ति होकर पृथ्वी पर अचल हो गया। आज वानर जाति के उत्कर्ष का युगांरभ हुआ तथा वानर अभ्युदय के लिए विधाता ने मुस्कुराकर उनको वरदान ही दिया।"

श्री राम ने सहसा कहा– "आभार, मित्र मेरे, महाराज! मैं रघुवंशी रामचन्द्र आपका तथा वानर जाति का सदैव कृतज्ञ रहूँगा। सीता अवश्य ही मिलेगी– आज

मुझे सहसा यह विश्वास हो चला है। वह देखो– महाराज सुग्रीव! वह हनुमान–हनुमन्ता वीरवर परमनिष्ठ वानर श्रेष्ठ हनुमान–अंजना सुनू।"

"हनुमान"– सुग्रीव ने स्वयं से मानो कहा– "वानर जाति में यही एक वानर वर-वीर तथा देशिकोत्तम वायुपुत्र आविर्भूत हुआ है जो सभी देवी सम्पदाओं और योग की सिद्धियों से पूर्ण है, प्रभो! आपश्री का तो वह अनन्य सेवक है, अनुचर है। नहीं, प्रियवर! हनुमान आपका, श्री राम का भक्त है।"

श्री राम ने सस्मित कहा– "स्वर्ण गदा अपने पुष्ट और सुघड़ स्कन्ध पर टिकाये, अपनी पृच्छ की कटी–मेखला पर हनुमान अपने दल को किसी अनन्य दिशा की ओर ले जा रहे हैं। क्या....... दक्षिण दिशा की ओर?"

सुग्रीव ने मानो वानरों की चंचल-चल आकृति– पंक्तियों को क्षितिज के पार अदृश्य होते हुए देखा, गुना तथा सहसा शंकित होते हुए स्वयं से ही कहा– "भगवती अम्बा सीताजी की खोज ठीक एक मास में–एक मास के अन्त में अन्तिम दिवस तक। अन्यथा–असह्य राजदण्ड होगा–राजाज्ञा इस संसार में सबसे बड़ी अटल अनिवार्य शिरोधार्य तथा मान्य आज्ञा है। राजाज्ञा का बल अपरिहार्य मृत्युदण्ड है। मृत्यु ही तो प्रभो! कभी–कभी मैं मृत्यु के अज्ञात भय से चौंक जाता हूँ। महारथी बालि को मृत्यु–भय जैसे लगता ही नहीं था।"

"जिनका मन जगत के रूपों में भटकता रहता है, जिनका चित्त जगत के नामों की ध्वनियों में उलझा रहता है और जो काल को ही सत्य मानता है– उन्हीं को मृत्यु का भय सताता है। मेरे माननीय मित्र, रघुवंश के पुरोहित, हमारे गुरुदेव वशिष्ठ कहते हैं– अमृत ही है, मृत नहीं है। देह वृद्ध और जीर्ण होकर पंच तत्वों में विलीन होगा ही। नये देह की संजीवनी जीव के चिदाकाश में बह उठती है। जीव मरता नहीं, ब्रह्म में लीन हो जाता है। जगत नष्ट होता नहीं, पुनः–पुनः उद्भवित होता ही रहता है। आत्मा सत्–चित्–आनन्द– 'सच्चिदानन्द' जो अजर–अमर है, विभु है, प्रभु है-ईश रसेश है! परमात्मा जगत का निर्माता तथा सृष्टि का कविवर है।"

"प्रभो!" सुग्रीव ने सिर धुनाकर कहा– "मैं तो वानर हूँ। कैसे मिले मुझे यह सत् चित्– आनन्दमय परमात्मा–कैसे?"

श्री राम ने हँस कर कहा– "महाराज सुग्रीव! अभी तो आपको पृथ्वी पर महान तथा विशाल वानर राज्य का संचालन करना है, आर्यों को ही नहीं सत्य–

ज्ञान और अमृत में मानने वाली जातियों का एक भारतवर्ष सजाना है। अन्याय, अत्याचार तथा आततायी शक्तियों को परास्त ही नहीं, उनको धराशायी करना है। इसीलिए परमात्मा की प्रार्थना करते हुए अपना यह विशाल साम्राज्य भोगो, मेरे मित्र!"

सुग्रीव ने सहसा श्री राम का हाथ थामा और कहा– "राज्यभोग नहीं, प्रभो! मैंने बाहुबली बालि की दशा को देख लिया। राजा का ऐश्वर्य सृष्टि की पूजा के लिए है। राज्यसत्ता जगत के मंगल– विधान के लिए ही है। मैं प्रत्येक वानर को आर्यत्व की चेतना देना चाहता हूँ। वानर का सर्वोत्तम अभिष्ट मधु है। मैं चाहता हूँ वानर ज्ञान का मधु भी प्राप्त करें– अमृत प्रभो!"

श्री राम ने कहा– "प्रत्येक जीव अन्ततोगत्वा अमृत ही चाहता है। प्रत्येक रूप जीर्ण होकर स्वयं ही पुनः संजीवित होना चाहता है। यदि एक ही भव होता तो यह नयनाभिराम, नानाभिराम, सृष्टि होती ही नहीं। भव! एकोहम बहुस्यामि। यही उस परमात्मा की शाश्वत अनादि शुद्ध बुद्ध भवेच्छा है। मेरे मित्र! निस्वार्थ राज्य–संचालन मन के नयन खोलता है। बाहुबली बालि के मरण से सीख लेना चाहो तो यम–नियम तथा संयमपूर्वक प्राणियों का योगक्षेम साधो। मानवों का कल्याण करो और स्वयं को मृत्यु से मुक्त करो–निर्भय करो।"

महाराज सुग्रीव ने श्री राम को नमन किया, सहसा कहा– "हमें प्रभो! आर्यत्व प्रदान करो। भारतवर्ष और जम्बूद्वीप की हम अरण्यवासी प्रजाएं तम से प्रकाश, असद् से सद् और मृत्यु से अमृत की ओर ही सतत् प्रेरित रहना चाहती हैं। हनुमान ने हमें कहा है, प्राणीमात्र, जीवमात्र–सभी जो जन्मते हैं सत्य के साक्षात्कार और अभय अनुभव कर ब्रह्म से तादात्म्य करना चाहते हैं। मरने के लिए नहीं, क्या जीव दुःखी, त्रस्त तथा शोकाकुल बने रहने के लिए जन्म धारण करता है?"

"नहीं... मेरे मित्र! नहीं। जीव परमात्मा की पूजा–आराधना के लिए जन्मता है। यह जगत परमात्मा की पूजा है। यह सृष्टि प्रभु की आराधना है।"

"राम की......." – सुग्रीव ने पूछा।

श्री राम हँसे– "जैसा आप समझें, जैसा आप चाहें।"

✦ ✦ ✦

लक्ष्मण ने ऋष्यमूक पर्वत की पास, दूर और सुदूर चोटियों और उनमें गुंफित वृक्षराजियों की घुसर घटाओं को देखा। श्री राम कन्दरा–कक्ष में ध्यानस्थ से बैठे थे। वे जाम्बुवन्त और हनुमान , अंगद और अन्य वानर – सामन्त श्रेष्ठों के बारे में जैसे कुछ सोच रहे थे | वानरों की शत सहस्त्र टोलियाँ सीताजी की खोज के लिए दिग्दिशाओं में उछल–उछलकर, उचक–उचककर, कूद–कूदकर गई थीं। पृथ्वी और आकाश पर उनकी विचित्र विलक्षण गतियों को श्री राम ने अपने सूने कमल–लोचनों में भर लिया था। सीता निर्विकार स्मृति बनकर इन विशाल कंज–नयनों में समाई हुई थी और उसी स्मृति को खोजने मानो वानर–यूथ उत्साह और उमंगपूर्वक प्रस्थान कर गये थे। उस तुमुल कोलाहल की तरंगें अब स्वयं ही विरम चुकी थीं और श्री राम का अन्तःकरण सीता की स्मृति की शीतल अग्नि से भर गया था। लक्ष्मण इन मूँदे नयनों के अतल में प्रज्वलित सीता–दीपशिखा को मानो देख गये थे। गम्भीर, शान्त, व्याकुलता से पूर्ण श्री राम का मुखारविन्द निदाघ में तपते हुए सहस्त्रदल कमल सा लगता था। लक्ष्मण ने निसास रखकर स्वयं से ही कहा– "भाभी जी! भगवती सीते! अम्बे! तुमने श्री राम को अपनी पलकों से बाँध लिया है। हाँ, श्रीमती भाभी, हाँ। ऋषि – मुनि जिनको पुराण पुरुषोत्तम का मनुजावतार कहते हैं, वही आपकी रागोत्फुल्ल विलोल दृष्टि में लीन हो गये हैं। तब यही क्या माया–मोह है? होगा–श्री राम–सीता सीताराम स्वरुप अब जगती में कहलाने लगे हैं। परन्तु, परन्तु ...... सीताजी कहाँ पर होंगी?........ कैसी होंगी?" लक्ष्मण ने निसास रखकर स्वयं से ही कहा– "राम मेरे, भैया जी-भाभी जहाँ भी हैं, सुरक्षित हैं, स्वयं की तेजस्विता से ही संरक्षित हैं– हाँ हैं।"

"क्या लक्ष्मण?" श्री राम ने सहसा पुकारकर पूछा।

लक्ष्मण कन्दरा– कक्ष के द्वार पर दिखाई दिये– "जी, भैया!"

"हाँ–है। क्या लक्ष्मण?"-श्री राम ने ध्यान से जागते हुए पूछा– "तुम क्या किसी को उत्तर दे रहे थे? हाँ–हैं? क्या?"

"भाभीजी, सीताम्बा प्रभो!"– लक्ष्मण ने कहा।

"भाभी कहो, वीर लक्ष्मण! तुम मेरे भाई हो, सीता के देवर हो–पुत्र नहीं, कलत्र नहीं।"

"भाभीश्री की गहन पाणीदार आँखों में मुझे माँ सुमित्रा की छवि ही दिखती है– हाँ भैया! सच कहता हूँ। यह सच है, सीता जगदम्बा का ही मानवीय स्वरूप है। यह सच है राम मेरे।"

श्री राम ने अनायास कहा– "सीता सीता ही है। तुमको जो कटुवचन उसने कहे हैं, वह क्या कोई जगदम्बा अपने पुत्रवत् को कह सकती है?"

लक्ष्मण ने सहसा ठहाका लगाते हुए कहा– "देवर जो हूँ। भाभी को देवर से चुटकियाँ भरने का सहज ही सत्व प्राप्त है। भाभी के उद्गार आषाढ़ के प्रथम मेघों की फुहार जैसे लगते हैं। प्रिय वाक्य मानो वसन्त के पुष्प हों और कटुवाक्य? शिव के कालकूट की बूँदों के समान हैं किन्तु शिव का कालकूट अन्त में अमृत ही हो जाता है। भाभी ने मुझे स्वयं के प्रति मानो सावधान किया है। मुझे अपने अन्तःकरण में आपको और अधिक भजने के लिए प्रेरित किया है। चिरंजीवी हों सती सीता–राम मेरे।"

श्री राम ने गद्गद् होते हुए कहा– "लक्ष्मण तुम महामानव हो। तुम ही शेष हो, तुम ही विष को अमृत में बदलने की शक्ति हो। तुम शस्त्र हो, अस्त्र हो, शास्त्र हो। सीता इस सृष्टि की नारी स्वरुप आज है– किन्तु ब्रह्म चैतन्य की नारी भी है वह। नर–नारी प्रत्येक भव योनि में ब्रह्म–चैतन्य की सघन ज्वाला है, लक्ष्मण!"

"जी, प्रभो।"– लक्ष्मण ने कहा– "मैं यह अनुभव करता हूँ।"

"अवश्य करते होंगे– उर्मिला।" श्री राम ने सस्मित कहा– "वह ब्रह्म चैतन्य की अनादि वन्ही ज्वाला है जो नरों के भव उजागर कर देती है। जो अन्त में नर को मोक्ष की ओर ले जाती है।"

"नरों के भव, प्रभो?" लक्ष्मण ने पूछा।

"तुम शेष नर हो, शेष नारायण हो"– श्री राम ने कहा– "उर्मिला केवल तुम्हारी आत्मज्वाला है...... अन्तःज्योति है। उर्मिला तुम्हारी भव चेतना की तितिक्षा एवं वैराग्य विभूति है।"

"राम।" लक्ष्मण ने कातर होते हुए कहा– "मैं इस विषय में न तो कुछ सोचता हूँ और न समझता ही हूँ। मुझे तो माँ सुमित्रा, भाभीश्री सीताजी और आप ही दिखायी देते हैं। उर्मिला?..... हाँ, वह है इस भव की धर्मपत्नी......।"

"नहीं" श्री राम ने कहा– "तुम्हारे प्रत्येक भव की वह अर्द्धांगिनी है, वह तुम्हारी भवयात्राओं की संगिनी है , वह तुम्हारे अन्तरात्मा की शान्ति है। लक्ष्मण! यह मत भूलो, उर्मिला के बिना तुम केवल एक शक्ति सम्पन्न देह मात्र हो–सच्चिदानन्द आत्मज्योति नहीं। तुम उर्मिला से इसी भांति शाश्वत हो, जिस प्रकार मैं सीता के कारण ही मनुष्य योनि में हूँ – आया हूँ, लक्ष्मण!"

"जी प्रभो!" लक्ष्मण ने शान्त स्वर में कहा– "जी, अच्छा।"

श्री राम पुनः स्वस्थ हो गये। उनके बड़रे शान्त–सौम्य, कमल–लोचन स्वयं ही मूँदे और उन्होंने सहज ही लेटने की चेष्टा करते हुए कहा– "सीते! मेरी भामिनी, मेरी कामिनी!"

श्री लक्ष्मण सहज ही, चकित से श्री राम को सुनते रहे। श्री राम मूँदी आँखों से मानो सप्तलोक और चौदह भुवनों में अपनी भामिनी और कामिनी की खोज कर रहे हैं। श्री राम स्वयं से कह रहे थे– "यह शत सहस्त्र वानर यूथ उत्साहपूर्वक सीता की खोज के लिए निकल पड़े हैं। परन्तु... परन्तु लक्ष्मण! क्या सीता इनको दिखेगी? मिलेगी? सीता जैसे अन्तर्ध्यान हो गयी है। मेरे हृदयाकाश में गुम हो गयी है। सीता को मेरे सिवा कौन खोज सकता है? किन्तु... किन्तु मैं कहाँ जाऊँ। क्या करूँ लक्ष्मण!– सीता! तुम जहाँ भी हो, योगक्षेमपूर्वक रहो। तपो... अपने राम के वियोग में तपो। मैंने तो अपना मन, चित्त, अहम्, बुद्धि–सब तुमको अर्पित कर दिया है। मैं तो तुम्हारे बिना जैसे यांत्रिक व्यक्ति मात्र हूँ। सीता! यह विराट् असीम शून्य और उसकी अंधकारपूर्ण रिक्तता सही नहीं जाती। तुम्हारे बिना मैं जैसे शून्य हो गया हूँ। हाँ, लक्ष्मण! वर्षा ऋतु की अमोघ जलधाराओं में तुम्हें नहाते हुए देखता रहा–अपने स्वप्नों में तुम्हें रीझते हुए देखता रहा। सघन मेघों की उमड़–घुमड़ में, मैं जैसे तुमको ही नाचते हुए देखता रहा। नृत्य में तुम भगवती शिवा जगदम्बा से भी श्रेष्ठ हो। तुम–तुम सीते! कहाँ हो?"

श्री राम के मुख से निसृत उद्घोष– "सीते! तुम कहाँ हो?" सहसा गगन के गगन पैरता हुआ मानो परम् व्योम में लीन हो गया। श्री राम उठ बैठे। अधीर– विकल सिर धुनते हुए बोले– "आषाढ़ के प्रथम मेघों की उमड़, लक्ष्मण! सीता की कवरी की उमड़–घुमड़–वह सघन कज्जल–घन केश राशि, वह समस्त तिमिर को पीकर दमकने वाले काक–पक्ष पूरे आषाढ़ लहरते रहे। वे केश–पाश, सघन कवरी उभार ओह! अब वही केश पाश रूखे-सूखे होंगे। तुम जहाँ भी हो, मुझे

ज्ञात है, तुम श्रृंगारहीन उदासमूर्ति हो– शाश्वत, सनातन, दिव्य और शक्तिवान नारी की छवि हो। मैं रघुवंशीय रामचन्द्र तुम्हारी रक्षा कर न सका। तुमको, माता कौशल्या को–सबको, ईश्वर और अन्तःकरण को क्या मुख दिखा पाऊंगा? क्या?"

लक्ष्मण ने झुँझलाते हुए भी शान्तिपूर्वक कहा– "यह विलाप त्यागिये राम मेरे! समय आ रहा है, जब आपको क्रोध की मूर्ति बनना होगा।"

"क्रोध की मूर्ति? बनना होगा मुझे?"– श्री राम चिहुँके– "हाँ–हाँ ठीक कहा तुमने भाई मेरे, लक्ष्मण! तुम ही मेरे एकमात्र हितैषी हो– शुभचिन्तक हो। सीता के अपहरण करने वाले आततायी, अधर्मी, दुष्ट को उसके वंश सहित ही नष्ट करना होगा। सूर्य के समान तेजस्वी देवताओं के आशीर्वाद से समृद्ध और ऋषि-मुनियों के स्वस्ति वचनों से सुरक्षित इक्ष्वाकु वंश व रघुवंश के रघुकुल की सर्वोत्तम शिष्ट तथा सुन्दर एवं शील की मूर्ति कुलवधू को यों उठा ले जाना मानवता के प्रति ही नहीं, जीवन के शील के प्रति भी जघन्य अपराध है। तुमने ठीक कहा लक्ष्मण! सीता को पुनः यदि नहीं पाता तो निश्चत ही कहता हूँ, इन दिशाओं को मैं आग्नेय बाणों से भर दूँगा। पर्वतों को धराशायी कर दूँगा। सीता! और लक्ष्मण! यह पृथुनितंबिनी-मृगनयनी सीता-मेरी प्रिया प्राणेश्वरी, तुम्हारी भाभी सीता। सीते! कहाँ हो?"

श्री राम के अपलक से घनश्याम पलक भीग उठे। राम के हृदयाकाश में मानो सभी व्योमों और गगनों को उड़ाकर एक गहन रिक्तता उत्पन्न होने लगी। जैसे राम अपने ही मूल से विलग हैं-काल के मुख में कटे हुए विस्मृत से पड़े हैं। मानव देह की श्याम रंगी सुन्दरतम स्थिर जड़ आकृति ही यों काल की गोद में पड़ी हुई थी। "मैं–मैं, तब सीते! तुम्हारा स्पर्श और सम्पर्क के बिना कुछ भी तो नहीं हूँ। शव हूँ.... जड़ देह मात्र। एक आकृति, एक नाम ध्वनि मात्र।" श्री राम अचल से अपने ही हृदयाकाश में अपने ही चिद्घन में लीन होने के लिए मानो सीता की जीवित चिरन्तन स्मृति के सहारे पैरने लगे। "राम! राम तुम–तुम पुराण पुरुषोत्तम हो–युग पुरुष हो! इतिहास मानव हो! कालपुरुष हो!– सुना?" मानो दिशाओं की ध्वनियों ने कालवाक् होकर श्री राम से कहा– "श्री राम! सीता तो तुम में ही है। आकृति देह का ही अपहरण हुआ है, सीता उस राजराजेश्वरी तुम्हारी ऐश्वर्या सीता का नहीं। वह तो तुम्हारे प्राणों में, स्वांस-प्रस्वांस में, बुद्धि में, मन में, चित्त में, परम् व्योम के तुम्हारे आकाशों में, तुम्हारे समग्र चिद्विलास

तथा जगद्लीला में भरी पड़ी है। सीता–श्री राम की रामा!" रामा!–शब्द–ध्वनि श्री राम के चिदाकाश में एक बवंडर की भांति उठी और त्रैलोक्य में फैल गई– चौदह भुवनों में बिखर गयी। राम! तब तेरी चिति, तेरा ज्ञान, तेरा आनन्द, तेरी इच्छा और क्रिया ही तब रामा है। "राम, राम! तुम स्वयं ही रामा हो।" रघुनन्दन राम सहसा स्वस्थ–शान्त हो गये। जागे, उठे, बैठे, बोले– "वानरों को गये कितना समय हो गया? क्या मास बीत गया?"

लक्ष्मण ने मन ही मन तनिक विश्वस्त होते हुए कहा– "अभी तो सप्ताह भर ही व्यतीत हुआ है।"

"क्या समाचार है ?" श्री राम ने पूछा – "महाराज सुग्रीव से हमारी ओर से निवेदन करो, वह हमें प्रतिदिन सीता की खोज के समाचारों से अवगत करावें। यह उनका हम पर अनुग्रह होगा। मैं जैसे सीता का नाम सुनते रहना चाहता हूँ। जनकपुरी की मनोहर और मनोरम वाटिका में, लक्ष्मण! सीता को देखते ही उस अनिंद्य देव सुन्दरी को देखते नहीं, दर्शन करते ही जैसे क्षितिज के पार खो गया था। उन सरोज–नयनों में डूब गया– हाँ, लक्ष्मण!"

"भाभी निस्संदेह जगन्मोहिनी ही हैं।" लक्ष्मण ने कहा।

"निस्संदेह ही उसने मुझे अपने प्राणों में लीन कर रखा है।" श्री राम ने निसास रखकर कहा– "क्या मैं नहीं जानता, यह जगत अनित्य हैं, यह भव–जीवन अन्ततः निस्सार है। जानता हूँ, किन्तु अनन्त कोटि ब्रह्माण्डों का लालन–पालन करने वाली वह ज्योतियों की ज्योति, बसन्त पूर्णिमाओं की पूर्णिमा सी वह त्रिपुर– सुन्दरी जब इस पृथ्वी पर उतरी और पृथ्वी में ही सो गयी, तब मैं जैसे अपने धाम में रिक्त हो गया–विकल, आतुर और व्याकुल मैं जगत में उसे खोजने लगा। हाँ, लक्ष्मण! मैं सीता की खोज तथा उसके आत्मसात् के लिए ही 'मानव' जन्मा हूं। मानव चाहे तो मूल प्रकृति को देख ले, चाहे तो पुरुष को। मानव सत् का दर्शन, ज्ञानलाभ और आनन्द समाधि के लिए ही जन्मता है– अज्ञान वश वह माया में लिप्त करण–कण हो जाता है, टूक–टूक होकर जन्म–मरण के भव-भवों में भ्रमण करता रहता है।"

"जी!" लक्ष्मण ने कहा।

श्री राम ने कहा– "सीता नहीं मिली तो मुझे कल्पों तक उसे खोजने तथा पुनः प्राप्त करने के लिए प्रत्येक भव योनि में जन्मना पड़ेगा। मैंने हनुमान से कह

दिया है, यह सीता मेरे लिए बन्ध कर मुक्त होने की अन्तरात्मा की अमोघ शक्ति है– मेरी प्रेयसी प्राणवल्लभा।"

"जी" लक्ष्मण ने कहा।

राम ने ऊर्ध्व सांस भरते हुए कहा– "उर्मिला के प्रति सदय होओ वीर लक्ष्मण! वह तुम्हारी अर्द्धांगिनी है।"

(3)

महाराज सुग्रीव ने मधु मद्य का चषक तारा के पद्मपाणि से झटकते हुए कहा– "नहीं, प्रिये! नहीं–मद्य नहीं, मधु नहीं, मिष्ठान्न नहीं। जब तक भगवती सीता की भाल नहीं लगती, कोई खबर नहीं आती, तब तक राग–रंग नहीं।"

तारामती ने तनिक हँसते हुए कहा– "क्यों? नरेश को राग-रंग तथा मद्य-सुरा और सुन्दरी का स्वाभाविक स्वत्व प्राप्त है। राज करना असि–धारा पर चलना है। मुझ को ज्ञात है, बाहुबली बालि आलिंगन करते हुए भी चौकन्ने रहते थे। सीता की खोज वानर–यूथ और वानर–श्रेष्ठ कर तो रहे हैं। मिल जायेगी सीता। कहाँ जाएगी वह? क्या आसमान में विलीन हो गयी है सीता....?"

"भगवती सीता कहो, तारामती!" सुग्रीव ने गुर्राते हुए कहा– "मुझे यह स्त्रियोचित द्विष रुचता नहीं। प्रभु राम की धर्मपत्नी अद्धार्रंगिनी, जीवन संगिनी होने से वह श्री राम से भी अधिक श्रद्धेय, पूज्य है, आराध्य....। समझी?

तारा ने मुँह बिचकाते हुए कहा– "समझ गई वानर नरेश। दूसरा कोई होता तो उत्तर देती। श्री राम...... छिपकर मारा बाहुबली को। राम हैं ना तुम्हारे प्रभु– अन्ततोगत्वा हम तुम वानर जो ठहरे। बुद्धि के दरिद्र हम न जीव को जानते हैं और नहीं ब्रह्म को। बाहुबली सदैव यथार्थ को ही सत्य मानते थे...."

सुग्रीव ने पुनः गुर्राते हुए कहा– "बाहुबली–बाहुबली–बहुत हुआ तारा! बाहुबली का समय बीत गया है और अब हमारा समय आरम्भ हुआ है।"

"श्री राम की भिक्षा।" तारा ने कहा-"राज तो वही अपना होता है जो बाहुबल से प्राप्त किया जाय अथवा जो जीता जाता है। तुमने कब कोई राज्य जीता? क्या तुमने वानर–सिंहासन अपने पुरुषार्थ से प्राप्त किया है? तुम शिक्षित हो, दीक्षित हो, योद्धा भी हो, किन्तु शूर–वीर कम हो। एक आर्य तपस्वी राजकुमार की भिक्षा प्राप्त कर स्वयं को वानराणामधीश कहते हो? हुँह....।"

सुग्रीव ने तारा को झकझोरते हुए कहा– "चुप रह..... चुप।"

"क्यों?" तारा बमकी..... "यह मैं तुम्हारे प्रभु राम के समक्ष भी कह सकती हूँ।"

"श्री राम प्रभु के समक्ष तुमको जाने दूँ तब न।" सुग्रीव ने झुँझलाते हुए कहा– "राम प्रभु के समक्ष मेरी अनुमति के बिना कोई भी जा नहीं सकता। मेरी अनुमति के पश्चात् ही वीरबाहु लक्ष्मण की स्वीकृति होती है– तब श्री राम से साक्षात्कार सम्भव है। समझी, महादेवी तारामती! श्री राम पृथ्वी के भावी चक्रवर्ती सम्राट हैं।"

"कौशल का सिंहासन क्या हुआ जी? सुनूँ तो.....।" तारा ने सव्यंग्य पूछा– "वंश परम्परागत सिंहासन भी ग्यारहवीं घड़ी में टल गया, तब यही मानना होगा, श्री राम के भाग्य में राज्य नहीं है। प्रभु का अवतार! ऊँह! और भाग्य यह– ऐसा? राज्य? मिला, मिला और नहीं–वह गया। स्त्री साथ– साथ, किन्तु अन्त में अपहरण। विशाल कौशल राज्य के पाटवी राजकुमार की यह दशा देखके मुझे तुम सब राजाओं पर तरस आने लगा है।"

सुग्रीव ने गुर्राकर कहा– "तुमको तो राजवैभव बहुत भाता है, प्रेयसी मेरी! किन्तु तुमने सिंहासन के उत्तराधिकारी बालि से परिणय किया। बालि गुम हो गया तो मेरे पार्श्व में आ बैठीं। मैं गया तो फिर बालि और अब बालि गया और मैं आया तो तुम मेरी प्रणयिनी, महादेवी!"

तारामती ने भवें तरेरते हुए कहा– "जो राजा नहीं है, वह नर नहीं है। नरों में राजा और नारियों में रानी–वानरों में वानरों का अधीश। मैं बल, बुद्धि, सौन्दर्य और यौवन को चाहती हूँ। विपुल ऐश्वर्य, अबाध सुख–चैन–सतत् भोगविलास। मैं महादेवी नहीं तो फिर कौन वानरी महादेवी होती? बोल, बड़बोले सुग्रीव!"

सुग्रीव ने सरोष कहा– "महाराज सुग्रीव कह, तारा! महादेवी तो तू मेरी कृपा दृष्टि से हुई है। राजसभा से मैं निवेदन नहीं करता तो वह तुझे महादेवी के आसन पर बैठने नहीं देती। राजसभा ने तुझको पुनः–पुनः परिणय की अनुमति भी मेरी इच्छा का सम्मान कर के दी है।"

"मन होता है तेरी जिह्वा खींच लूँ।" तारामती ने क्रोध से काँपते हुए कहा– "तो मैं तेरी पत्नी नहीं हूँ?"

"है तो.... परन्तु प्रेयसी प्रथमतः है। यह न भूल मेरी विवाहिता पत्नी है।" सुग्रीव ने कहा– "और मैं उसको कभी-कभी चाह लेता हूं। अधिक मेरा अपमान किया तो मैं उसको भी राजसभा में अपने दायें भाग पर बिठाऊँगा– तुझे बायें। तू मेरी वामा है, समझी?"

तारामती ने कहा– क्रोध से काँपते हुए कहा– "अच्छा होता लक्ष्मण से तेरा निर्णय ही करवा देती। मैंने ही उस क्रोधनिष्ठ अपराजित बाहुबली वीर लक्ष्मण के क्रोध का शमन किया था। कहा था– वानर है, बहुत कष्ट उठाए हैं तूने। अब जब राम–कृपा से वह राजा हुआ है तो भोगविलास में डूब गया है। सुना..... कामी कहीं के।"

"तारा.....।" सुग्रीव झपटा। तारा ने दुबक कर डुल जाते हुए कक्ष के बाहर तनिक खड़ी रह कर कहा– "अभी जाती हूँ राम के पास। तू क्या है, सो कहूँगी राम को। सीता की खोज तू करेगा? तेरा यह मधु पीकर मूत्र करने वाले वानर करेंगे? नहीं....। तुझे और तेरे वानरों को कदाचित् लक्ष्मण के हाथ धराशायी ही होना है– अवश्य।"

"कलमुँही कहीं की......।" सुग्रीव ने कहा– "राम प्रभु न्यायी हैं, दीनबन्धु हैं, करुणायतन हैं। वे तेरी सुनेंगे तो मेरी भी सुनेंगे।"

"मेरी तब निंदा करोगे?" तारामती ने अमर्ष–भरे स्वर में कहा– "यह न भूलो कि तुम वानर जाति के रत्न और वानरों के अधीश हो। वानर महाराज्य के तुम सम्राट हो और मैं तुम्हारी अधिकृत पट्ट महादेवी हूँ। वह तुम्हारी परिणीता नहीं है। श्री राम महामानव हैं, फिर भी वह नरेश, महाराजाधिराज, नृपति तथा चक्रवर्ती नहीं हैं।"

"तो क्या हुआ?"– सुग्रीव ने तनिक स्वस्थ होते हुए कहा– "क्या राजा ही मानव जाति का अन्तिम गौरव है? राजा–राज्य–राज्यसत्ता क्या यही मनुष्य का सनातन लक्ष्य है? मानव जाति की अन्तिम महत्वाकांक्षा क्या राज्यसिंहासन ही है। पूर्वजों और ऋषियों ने, समाजवेताओं ने जो कांचन और कामिनी ही को सामान्य मानव–जीवन का अभीष्ट लक्ष्य बताया है? भोग, मोक्ष नहीं।"

तारामती ने हँसकर कहा– "कामिनी!..... कामिनी ही तो। क्या कोई भी देवता सुरा– सुन्दरी के बिना स्वर्ग–सुख भोग सकता है? सुख है ही क्या? सुरा–सुन्दरी, हाँ, वानर श्रेष्ठ! कामिनी! तो तुम धैर्यपूर्वक उसकी उपासना, आराधना क्यों नहीं करते? मैं हूँ–मैं।"

"क्या?"– सुग्रीव ने पूछा।

"तुम्हारी कामिनी।"– तारामती ने कहा– "कामिनी का लक्ष्य राज्य–वैभव, ऐश्वर्य तथा सतत् सुख–भोग ही है। यही सृष्टि की सनातन गतिविधि का रहस्य

है– मर्म। राम के मित्र बने रहो किन्तु राम के दास बनने की आवश्यकता नहीं है। एक कायर राजपुत्र के दास तुम नहीं हो सकते, वानर– श्रेष्ठ।"

"राम प्रभु कायर?" सुग्रीव ने आघात खाते हुए पूछा।

"जो वानरों के मुकुटमणि, परम भट्टारक पराक्रमांक महाबली बालि को छिपकर मारे, वह कायर ही है।"

"परन्तु प्रतिज्ञा मेरी थी, संघर्ष मेरा था-युद्ध मेरा था और वानरी! सुन ले, सत्य भी मेरा था। वानर–महाराज्य तथा वानर जाति के आर्य भविष्य तथा अभयपूर्ण भाग्य के लिए समूची पृथ्वी पर धर्म की हानि मेटने के लिए और पुनः सत्य, न्याय, धर्म, ज्ञान और करुणा का राज्य स्थापित करने के लिए बाहुबली बालि का मरण आवश्यक था। श्री राम प्रभु ने बालि की हत्या नहीं की है, बालि को उत्कृष्ट मृत्यु दी है। राज्य–तृष्णा से जीर्ण तथा राक्षस संगति से विकृत तथा भ्रष्ट पृथ्वी पे आर्य– सभ्यता, मानव जाति की संस्कृति के लिए शोचनीय भय बने हुए बालि को स्वर्ग भेजना ही आवश्यक था।"

"निर्दय–निर्मम राजा! तू सुग्रीव!" तारामती ने चिल्लाकर कहा– "धर्म के वचन उच्चारने वाला, न्याय का नाट्य करने वाला तथा सत्य की दुहाई देने वाला राजा ऐसा ही होता है-कपटी, निर्मम, निर्दय।"

सुग्रीव ने तारामती के चिबुक छूते हुए कहा– "जो भी हूँ-हूँ। यदि मैं निर्मम हूँ, निर्दय हूँ– कपटी तो तुमको मुझसे विच्छेद कर लेना चाहिए। मैं तुमसे निर्भ्रान्त हो गया हूँ।.... समझीं आप, राजमहिषी तारामती?"

"समझी।" तारामती ने कहा– "विच्छेद? मैं करूं तुमसे? अपने राजा प्रियतम से? नहीं....... विच्छेद वह मेरी सौत रूमा करेगी–रूमा।"

"क्यों?" सुग्रीव ने पूछा– "वह बेचारी दूर तटस्थ रहती है। कभी-कभी मेरे अनुग्रह की भूखी रहती है। वह मेरा प्रेम भी चाहती है– राज नहीं, राज्य–वैभव नहीं। वह एक आदर्श पत्नी है– निष्कपट एवं निष्कलंक वानरी है।"

"ऐसा?" तारामती ने पूछा– "फिर यह मुझसे परिणय?"

सुग्रीव ने सस्मित कहा– "रूमा शान्त निर्मल गंगा की धारा के समान और तुम मदमाती यमुना की श्यामल सरिता हो। तुम सौन्दर्य, यौवन एवं मदोन्मत्त ऊर्जस्व की मूर्ति हो। राजमहिषी के लिए सर्वथा योग्य हो। अतः मैंने अपने

राजकीय जीवन की शोभा के लिए तुमसे परिणय किया। रूमा? रूमा तो मेरी एकान्त प्रेयसी है।"

तारामती ने क्रोध से काँपते हुए कहा– "वानरराजा, सावधान! मैं आपके मित्र राम प्रभु के समक्ष आप पर व्यभिचार का अभियोग लगा दूँगी। सुना है श्री राम एक पत्नीव्रती मर्यादा पुरुषोत्तम हैं।"

"एक पत्नीव्रत श्री राम प्रभु की सद्य घोषणा है।"– सुग्रीव ने कहा– "श्री राम प्रभु के तीन सौ माताएँ हैं। कहा जाता है श्री राम प्रभु प्रत्येक सवेरे इनको प्रणाम किया करते थे। आर्यों में एक पत्नीव्रती क्षत्रिय राजपुरुष श्री राम ही प्रथम और अन्तिम मर्यादा पुरुषोत्तम हैं। एक पत्नी–तो ठीक है– एक पत्नी है। किन्तु क्या वानरों के लिए प्रिया और प्रियतम बाधित है? नहीं। वानर नर बहुनारीवादी तथा वानर नारी बहुपुरुषसेविता सुन्दरी रही है और रहेगी।"

तारामती– "राम को क्या कहेंगे?"

सुग्रीव ने कहा– "वानर-संस्कृति सनातन संस्कृति है। सुन्दरी, मधु और सबलमूत्र मुष्टिका तथा प्रहार की संस्कृति है। देवी सम्पदाओं के जन्मजात अधिकारी हम वानर देवताओं की भी सन्तान होते हैं– हनुमान की मातुश्री इसका दिव्य-भव्य उदाहरण हैं। मैं स्वयं भी। मेरी माता ने सूर्य का आह्वान किया था।"

"देवताओं की पूजा सभी करते हैं– करते आये हैं।" तारामती ने कहा– "देवताओं का आह्वान तो गर्भ की अथाह पुष्टि, श्री तथा धृति के लिए किया ही जाता है। अंगद जब पेट में था, मैंने इन्द्र की आराधना की थी। सुना...... इन्द्र की–सुराधिप की।"

"तभी तुम सत्ता-लोलुप हो।"– सुग्रीव ने कहा–"तभी तुम राज्य-वैभव पर मरती हो। तारामती! यह राज्य भी तुमको शान्ति नहीं देगा। यह राज्यसत्ता मीठा विष है, अमृत नहीं। राजा इसीलिए राज्य त्यागकर चन्द्रायण व्रत करता है। राजा को भिक्षुक नहीं, सन्यासी ही होना होता है।"

"तब तुम क्या होंगे? सन्यासी.....?" तारा ने पूछा।

"सन्यासी मैं?" सुग्रीव ने कहा– "नहीं रे! अभी-अभी वानर-राज्य मिला है। श्री राम प्रभु की सेवा करते हुए वानर जाति के कल्याण की साधना में लगूँगा और यह साधना भगवती सीता की खोज के इस अनुष्ठान से आरम्भ होती है।"

❖❖❖

"हाँ, महाराज सुग्रीव।" श्री राम ने कहा– "हमें भारतवर्ष की विभिन्न, किन्तु अभिन्न प्रजाओं को आर्य संस्कृति के एक सूत्र में पिरोना ही होगा। मानव मात्र को हमें जीवन की अगाध अहिंसा, प्रेम और सौहार्द्र की चेतना प्राप्त करने के लिए शक्ति देनी होगी। सीता इसी शाश्वत मानव–चेतना की मेरे लिए अक्षय निधि है। सीता, अर्थात–सत्, अहिंसा, प्रेम, सौहार्द्र और अभयपूर्ण शान्त प्रसन्नता। इस पृथ्वी पर मनुष्य क्या हिंसा, क्रोध, भय, दुःख और दारिद्रय के लिए उत्पन्न हुआ है? नहीं–नहीं। प्रत्येक जीव अज्ञान के तिमिरांध से निकलकर ज्ञान के प्रकाश में लीन होने के लिए ही जन्मता है। प्रत्येक जीव की आत्मा अन्ततोगत्वा सच्चिदानन्द परमात्मा के साक्षात्कार के लिए ही कल्प–कल्पों तक प्रलयों को पैर कर एक और अन्तिम भव धारण करता है।"

"जी प्रभो!" महाराज सुग्रीव ने कहा– "किन्तु हम वानर तो देवी–सम्पदा को जानते हैं, यावत् जीवन का दर्शन नहीं जानते। वानर जीवन में देवी सम्पदा तो है, किन्तु जीवन का कोई भी दर्शन नहीं है। क्या यह जगत दर्शन है? क्या यह सृष्टि दर्शन है? और है तब भी किसका प्रभो!"

श्री राम हँसे– "सर्वम् खलु इदम् ब्रह्म, मित्र मेरे। ब्रह्म–सच्चिदानन्द, ब्रह्म– परम ब्रह्म। हाँ, सत्–चित्–आनन्द।"

सहसा सुग्रीव ने जैसे देखा, श्री राम के विशाल कंज–लोचन मूँद रहे हैं। वह जैसे रोम– रोम में विस्मृत और रग–रग में शिथिल और शान्त होने लगे। श्री राम जैसे अपने मन को बटोरने लगे– समेटने लगे। सुग्रीव ने देखा, उस कन्दरा–कक्ष में शान्त, प्रसन्न, अभयपूर्ण आलोक सा छाने लगा। आश्चर्यचकित से महाराज सुग्रीव ने देखा, श्री राम स्वतः ही पद्मासन पर स्थित स्थिर हो गये और उनका श्याम मनोहर पुष्ट बलिष्ट शरीर जैसे अपने तत्वों तथा भूतों के सहित और द्वारा विश्व की अनन्त गतिविधि का चिद्पुंज होने लगा। राम अपने त्रिपुर द्वारा अपने हृदयाकाश में समाधिस्थ हो गये। अपने दहराकाश में श्री राम को अत्यन्त तेजस्वी मनोहर श्री, श्रृंगार–मूर्ति, सौन्दर्याभिराम साक्षात् कामेश्वरी सी दिव्यतम ज्योतियों की ज्योति दिखी। राम को लगा, उनकी कुण्डलिनी स्वतः ही खुल गई है, जाग गई है और तेजस्वी ऊर्ध्वगति में सुषुम्णा को भेदकर ब्रह्म रंध्र को भी पार कर विराट् अनन्त सत्य की जिजीविषा में एकमेक हो गयी है। श्री राम को अपनी ही कुण्डलिनीवत् सीता की चिद्घन आत्मज्योति का-गहन शान्ति का स्पर्श हुआ और वह पुनः जगत के काल प्रवाह के अन्तिम तट पर जैसे जा खड़े

हुए। सच्चिदानन्द! अनहद की ध्वनि, धुन उठी और श्री राम जैसे कण–कण में, घट–घट में स्वयं को रमा हुआ पाने लगे। 'राम!' शब्द–ध्वनि जैसे श्री राम की छवि को अनहद की दिव्य नाद–तरंग में प्रक्षालित करने लगी। राम जैसे स्वयं ही सिद्ध समाधि में अपनी श्री, शक्ति, ऐश्वर्य–शालिनी अपनी कुल लक्ष्मी, अपनी राजलक्ष्मी का साक्षात् ही करने लगे।

"सीता!" ध्वनि निःशब्द होते हुए "राम!" अनहदनिनाद में लुप्त होने लगी। फिर स्थिर, स्थितिप्रज्ञ ध्यानस्थ राम अपने ही गहनाति–गहन में अपना ही स्वरूप देखने लगे–सीता के साथ श्री राम जैसे सप्तलोक होते हुए और चौदह भुवनों को पार कर अपने ही शाश्वत बैकुण्ठ में सुशोभित होने लगे।

महाराज सुग्रीव खड़े के खड़े रह गये। तारा भी स्तब्ध–सी देखती रही। श्री राम जैसे एक स्थिर दिव्य आकृति होते गये और वह आकृति की दिव्य रेखाएं जैसे अणु–अणु को देदीप्यमान करने लगीं। आत्म चन्द्रमा का मानो उदय हो रहा था और श्री राम मनुजावतार के बन्धन से मुक्त होकर पुनः अपने परम् धाम में जाने के लिए देवताओं के मार्गदर्शन में अपनी दिव्यतम मानसिक यात्रा कर रहे थे। सुग्रीव को लगा, यही आत्मा की, परमात्मा की चाह है, ध्यान है। यही मानव जीवन की समस्त भव– यात्राओं की अन्तिम मानव–यात्रा है। तारा को लगा, श्री राम जैसे रोम–रोम से उसको देख रहे हैं। सुग्रीव को लगा, राम उनसे कुछ कह रहे हैं, किन्तु वाणी से नहीं। पश्यन्ति वाक् द्वारा श्री राम सुग्रीव से कह रहे हैं। 'आर्य! वानर सुग्रीव! आर्य! प्रत्येक मानव को आर्य ही बनना है। अमृतपुत्र के स्वरुप में अपना उन्नयन करना है। मृत्युंजयी पुरुषार्थ द्वारा मुझे सच्चिदानन्द को ही देखना है, प्राप्त करना है।' सुग्रीव ने कातर दृष्टि से तारा को घूरा, कहा–"अब? राम प्रभु समाधिस्थ हो गये हैं। हाँ, यही।"

लक्ष्मण ने तपाक् से कहा– "आप स्वयं अकेले मिलते तो उचित था। शूर्पणखा कांड के बाद श्री राम स्त्रियों से मानो मिलते ही नहीं। श्रीमती तारा देवी को श्री राम से क्या कहना है?"

तारा देवी ने कहा– "वीरवर्य लक्ष्मण! मैं तो श्री राम को देखने, उनके दर्शन करने को महाराज सुग्रीव के साथ आयी थी। मैं महाराज वानराधीश की पट्ट राजमहिषी जो हूँ। महाराज के साथ आने–जाने का मुझे पूर्ण स्वत्व प्राप्त है।"

"श्री राम और मैं तपस्वी हैं, नरेश या नृपति नहीं हैं।"– लक्ष्मण ने कहा– "महाराज सुग्रीव हमारे समादृत मित्र हैं। हम किसी भी वानर राजनयिक समस्या में उलझना नहीं चाहते। श्री रामजी का महाराज सुग्रीव के चरित्र और शक्ति में पूर्ण विश्वास है। क्या आप महाराज सुग्रीव की निन्दा करना चाहती हैं, श्री राम प्रभु से? यदि ऐसा ही है तो कान खोलकर सुन लें। श्री राम किसी की भी निन्दा–स्तुति में नहीं पड़ते और न ही सुनते हैं। श्री राम महाराज सुग्रीव को आर्य–वानर मैत्री सन्धि की धुरी मानकर उनके गुण ही देखते हैं।"

तारा देवी ने कहा– "महाराज सुग्रीव अन्याय करें तो क्या श्री राम न्याय दिलाएंगे? चोरी– छिपे बालि को मारकर श्री राम ने क्या सुग्रीव को न्याय दिलवाया था? विजय और राज्य दोनों ही तो महाराज सुग्रीव को श्री राम प्रभु ने दिलवाये थे।"

"यह तो राम का स्वभाव है श्रीमती!"– लक्ष्मण ने कहा– "श्री राम यों ही ध्यानस्थ रहेंगे। कहाँ तक? कुछ कहा नहीं जा सकता। कभी–कभी तो रातभर यह ध्यानावस्था चलती है। मैं और कुछ राम भक्त वानर सामन्त अपलक श्री राम को निहारते हुए जागते रहते हैं। तब ऐसा लगता है , मानो सारा संसार सो रहा है और एकमात्र संयमी राम ही जाग रहे हैं।"

तारा ने साश्चर्य कहा– "तब.... तब श्री रामजी योगी भी हैं। मैं बचपन से ही योगी के दर्शन करना चाहती थी। योगी, हाँ, वानर देवी सम्पदा के जन्मजात धनी हैं, किन्तु योगी नहीं हैं। योगी तो वह है जो परमात्मा का सतत् ध्यान करता रहता है। क्या राम परमात्मा का ध्यान करते हैं तब?"

महाराज सुग्रीव ने भी पूछा– "ध्यान! राम प्रभु किसके ध्यान में यों बैठे रहते हैं?"

लक्ष्मण ने कहा– "यह तो श्री राम ही जाने। इस समय तो उनकी समूची जीवन चेतना भगवती भाभी सीताजी में ही केन्द्रित है। निस्संदेह इस समय श्री राम अपने हृदयाकाश में शाश्वत सीताजी को ही खोज रहे हैं।"

सहसा महाराज सुग्रीव ने कहा– "सीताजी की भाल के समाचार आने लगे हैं। भूला, मैं तो अब तक के सीताजी के खोज के समाचार लेकर ही श्री रामजी को अवगत कराने आया था। यह तो तारा पीछे पड़ गयी। श्री राम को दिखाओ। तो देख लिया राम प्रभु को?"

तारा देवी ने कहा– "देख लिया।"

"महामानव की दिव्य–शान्त–विवेकशील मूर्ति श्री राम हैं। योगी भी हैं राम यती भी हैं राम। राम क्या नहीं हैं? राम ही जगत के दिव्य शिल्पी और सृष्टि के पालनहार हैं।"

सहसा श्री राम ने आँखें खोलते हुए कहा– "पालनहार मैं नहीं हूँ, सीता है सीता! महाराज!........ लक्ष्मण! क्या मैं सो गया था? ऐसा लगता है, मैं एक बार पुनः त्रिलोक में सीता की टोह लेकर पुनः जाग्रति में लौट आया हूँ। महाराज सुग्रीव! सीता के क्या समाचार हैं? भाल..... मिली? शीघ्र बताइये, मित्रजू! हम सुनने के लिए विकल हैं।"

महाराज सुग्रीव ने पुकारा– "चर–श्रेष्ठ वानर!"

भ्रमण–निपुण चर वानर ने कन्दरा में प्रवेश किया, प्रणामपूर्वक कहा– "जी, महाराज।"

महाराज सुग्रीव ने कहा– "सीता–समाचार कहो। श्री राम प्रभु सुनने को आतुर हैं– व्याकुल हैं। भगवती सीते! कब लगेगा आपका पता?"

"तब क्या सीता का पता अब तक नहीं लगा?" श्री राम ने चौंकते हुए पूछा– "वानर श्रेष्ठ! कहो, कहो भी–क्या स्थिति है?"

वानर श्रेष्ठ चर ने कहा– "जय हो महाराज सुग्रीव की। जय श्री राम!!– जय– जय राम!! जग-जननी स्वरुप माता सीता का उत्तर दिशा में श्रेष्ठ वानरों ने पता लगाने के लिए न दिन देखा, न रात जोही। गाँव, पुर, नगर, अरण्य के कान्तार, प्रान्तर, पर्वत, नदियों के गुंजान तट–सभी दिशाओं के कोण–कोण को देखा। भूख और प्यास की चिन्ता न कर उत्तर दिशा को वानरों ने रौंद दिया, किन्तु सीता मैया का कहीं पता न चला। नहीं चला, प्रभो!"

श्री राम ने कहा– "हमारा भाग्य और क्या?"

महाराज सुग्रीव ने कहा– "प्रभो! हताश क्यों होना चाहिए? निश्चिंत रहें प्रभो! हमारे वानर श्रेष्ठ सामन्त पृथ्वी, जल और आकाश में भी श्रीमती जगदम्बा स्वरुप सीताजी की खोज कर ही लेंगे। चारों दिशाओं में शत–सहस्र वानर–यूथ रात– दिन भूखे रहकर भी रामजी का यह काज कर रहे हैं।"

श्री राम ने कहा– "निस्संदेह यह हमारा कार्य है। आततायियों और अत्याचारियों का संहार हमारा गौण कार्य है, वानर नरेश। हम सीता के लिए ही हैं। सीता! हमारी मति, धृति और कृति सीतामय है। महाराज! सीता का पता मिलना ही चाहिए। किन्तु क्या आपके वानर सफल होंगे?"

महाराज सुग्रीव ने सहसा कहा– "अवश्य, अवश्यमेव! तारा, श्रीमती अंजना को हमारा सन्देश दो। हनुमान का प्रबोधन आवश्यक हो गया है, प्रभो! हनुमान माता अंजना की आज्ञा, बिना न नु नच के मानता है।"

श्री राम हँसे– "हमारे लक्ष्मण की भांति, इस मेरे अत्यन्त प्रिय भाई ने माता सुमित्रा जी का आदेश एक क्षण में शिरोधार्य किया तथा कटी–पट बाँधकर हमारे साथ वन के लिए हो लिया। सीता भी हठ कर वन आई। कहाँ वह सुकुमारी सीता और कहाँ यह वन का घोर कठोर दुस्सह्य जीवन। नंगे पाँव चलना, कन्द–फल-मूल खाना, पृथ्वी पर घास बिछा कर सोना। महाराज सुग्रीव, मित्र मेरे! इस कठोर वनवास को सीता ने सहज ही स्वीकार किया। मैं तो नहीं चाहता था– बरज चुका था, किन्तु सीता ने मुझे व्यंग्य–बाण से बेंध दिया था।"

तारामती चिहुँकी– "व्यंग्य? सीता ने आपसे व्यंग्य किया? क्या?"

श्री राम हँसे– "बोली, क्या मेरे पिता ने एक कायर नर से मेरा विवाह किया है जो वन में अपनी धर्मपत्नी, जीवन–संगिनी की रक्षा नहीं कर सकता?"

महाराज सुग्रीव– "अरे प्रभो! नाराच से भी बढ़कर भेदी यह शब्द–बाण हैं।"

श्री राम ने कहा– "सीता जब निराश होती है तो क्रुद्ध हो जाती है। वह मुझे एक पल भी अपनी आँखों से ओझल नहीं कर सकती। पलभर के लिए भी मेरा वियोग सह नहीं सकती। मुझे संकट तथा विघ्नों में फंसा देखकर सीता जैसे अपने विवेक ही बिसर जाती है। सुग्रीव, मेरे मित्र! पत्नी की हठ पति को स्वाभाविक ही अच्छी नहीं लगती, किन्तु कभी–कभी स्त्री हठ बड़ा कार्य कर जाती है। वनवास में मेरे साथ आकर सीता ने मुझे जगत का ध्यान ही सिखाया है– सृष्टि की इस मनोहर आश्चर्य भरी लीला पर एकान्त चिन्तन करना सिखाया है। इधर सीता, उधर लक्ष्मण। मैं राम निश्चिन्त, निर्भय होकर परम् का सोच–विचार किया करता हूँ। लोग ऋषि–मुनि सब मुझको पुरुषोत्तम का मनुजावतार बताते हैं। किन्तु मैं तो एक मानव मात्र हूँ– क्षत्रिय मानव हूँ, जो ब्राह्मणों का पूजन तथा वैश्यों का

स्वस्ति और शूद्रों का स्नेह प्राप्त कर जीवन के चारों पदार्थ प्राप्त करना चाहता है – अर्थ, धर्म, काम, मोक्ष।"

तारा देवी ने कहा– "राम प्रभो! यह चारों पदार्थ हैं क्या?"

श्री राम ने हँसते हुए कहा– "राजमहिषी जी! आपको तो इस समय अर्थ चाहिये– काम चाहिये। मैं केवल इतना ही कहता हूँ कि आप अर्थ द्वारा धर्मपूर्वक काम करें। इस सृष्टि में इन्द्रियज भोग अधर्म द्वारा भोगे नहीं जाते। अधर्म और आतपपूर्वक भोगे गये भोग भय देते हैं, दुःख देते हैं, दारिद्य भी देते हैं। धर्मपूर्वक भोगे हुए भोग सुख देते हैं, प्रसन्नता प्रदान करते हैं तथा जीवन की चेतना को गहरा करते हैं। सत्यपूर्वक नान्य तथा धर्म–धारित, सुख–भोग क्षणिक होता ही नहीं, परम सुख का स्वाद देता है।"

महाराज सुग्रीव ने तारामती से कहा– "सुना, रामजी के चरणों में वन्दना करो, राजमहिषी! मुझे तो राम जी की संगति मात्र से ही प्रसन्न शान्ति और अजेय आत्मविश्वास प्राप्त होता है।"

श्री राम ने कहा– "मित्र मेरे! यह आपका मेरे प्रति स्नेह है। बस मैं आपसे कुछ नहीं चाहता– बस सीता की खबर चाहता हूँ। सीता का पता मिल जाए तो मैं त्रिभुवन को जीतकर भी सीता को पुनः प्राप्त करूँगा। सीता के बिना मैं अयोध्या जा नहीं सकता। अतः महाराज! आपको यह कष्ट दे रहा हूँ।"

महाराज सुग्रीव ने कहा– "मित्र वही, जो मित्र का कष्ट मिटावे, मित्र का दुःख हरे। अपना मस्तक देकर भी जो मित्र को सुख दे। हाँ, प्रभो! हम वानर आपश्री के ऐसे ही मित्र हैं सीताजी पुनः प्राप्त होकर ही रहेंगी। राक्षस ले गया है हमारी जगजननी को? तो राक्षस के वंश को ही अन्ततः मरना होगा। सीता सती हैं, धर्म की अन्तरात्मा हैं– सीता धैर्य और धृति हैं। कल्याण शोभना सीता पृथ्वी की पुत्री और मानव जाति की श्री हैं। राम मेरे। हम में विश्वास कीजिये–तनिक विश्वास प्रभो! वानर कृतघ्न नहीं हो सकता, सदैव कृतज्ञ ही रहेगा।"

श्री राम ने कहा– "परम् ब्रह्म में मेरा जो विश्वास है, वही आपकी मैत्री में मेरा आत्मविश्वास है। आपको मित्र पाकर मैं युद्ध में अपराजित तथा संसार में निर्भय हो गया हूँ।"

4

महाराज सुग्रीव के चर सीता–खोज के समाचार लाते रहे और महाराज सुग्रीव वे समाचार लक्ष्मण को प्रेषित करते रहे। लक्ष्मण श्री राम को खबर देते रहे। यों तो घनी उभरी और उमड़ी हुई वर्षा ऋतु बीत गई थी, किन्तु श्री राम की पलकों पर अब भी वर्षा की धाराएं पड़ रही थीं। मानो श्री राम के कंज नयनों की पलकों पर अन्तरिक्ष से अदृश्य वर्षा–फुहारें प्रकट होना चाहती थीं। श्री राम चुपचाप अपने कन्दरा–कक्ष में या बाहर बैठे-बैठे क्षितिज के पार अन्तर्ध्यान हो वर्षा के मेघों को मानो टोहते रहते थे। हरी–भरी तथा चारों ओर निश्चिन्त फैली हुई वृक्षराजियों को श्री राम प्रहरों मानो देखते रहते थे। "सीता!" श्री राम की तीक्ष्ण पलकें अपलक और मौन पुकार करती थीं– सीते! कभी–कभी श्री राम गहरा निश्वास रखकर पुकार उठते थे– "सीते! कहाँ हो तुम।"

श्री राम की यह दशा देखकर लक्ष्मण विजड़ित से खड़े चकित हो जाते थे। मर्यादा पुरुषोत्तम जिनको पृथ्वी के श्रेष्ठजन अब कहने लगे हैं, परमात्मा का मनुजावतार जिनको सम्बोधित किया जाने लगा है, जिसके अपूर्व पराक्रम की वार्ता संसार में गूँज रही है– गाज रही है– वह महामानव अपनी पत्नी के वियोग में सामान्यजन की भांति यों विकल है, व्याकुल है–आश्चर्य है! अवश्य ही यह आश्चर्य है। ईश्वरावतार मानव स्वरुप में प्रकट हुए हो, तब भी क्या वह सामान्य नर की भांति अपनी नारी के लिए यों–ऐसा विलाप करेंगे क्या? लक्ष्मण ने सिर धुनाकर कहा– "भैया, राम प्रभो!"

श्री राम ने ध्यान भंग करते हुए कहा– "यह वानर तब सीता की खोज नहीं कर पा रहे हैं। वानर हैं न! मरकट! शाखाओं पर झूमते होंगे– फल, मूल, कन्द खाते होंगे, मधु पीते होंगे। सीता की खोज क्या ये भ्रमणशील मरकट कर भी पायेंगे?"

लक्ष्मण ने तनिक झुँझलाते हुए कहा– "अपने प्राणों को हथेली पर लेकर यह वानर चारों दिशाओं में भाभी की खोज कर रहे हैं, भैया।"

"हनुमान!" राम ने सहसा जैसे कहा– "यह लोग नहीं गये आज दिन तक? उस दिन तो महाराज सुग्रीव ने हनुमान, जाम्बुवन्त, अंगद–सबको सम्बोधित

किया था। तब वो क्यों नहीं गये? पूछो महाराज सुग्रीव से–क्यों नहीं गये वरिष्ठ और मेरे प्रति समर्पित ये वानर श्रेष्ठ? सामान्य वानर क्या कर लेगा, लक्ष्मण!"

"जी, ठीक है।" लक्ष्मण ने कहा– "मैं महाराज सुग्रीव को अभी समक्ष में उपस्थित करता हूँ।"

"नहीं लक्ष्मण!" श्री राम ने सिर धुनाते हुए कहा– "महाराज सुग्रीव वानराधीश हैं, राजा हैं। उनको बार–बार अपने समक्ष मैं बुला नहीं सकता। वे मित्र होने के नाते समान हैं, समान आदर के पात्र हैं। मैं तो जानना चाहता हूँ आंजनेय हनुमान अब तक क्यों नहीं गये? अंगद, जाम्बुवन्त, नल–नील – ये सब यहाँ किष्किन्धा में क्या कर रहे हैं? उनको तो सर्वप्रथम जाना चाहिए था, नहीं?"

"जी, सत्युत है, कोई अनिवार्य कारण हो....... जिसको हम नहीं जानते।"

लक्ष्मण ने कहा– "किष्किन्धा के लिए कदाचित् यह वरिष्ठतम वानर सामन्त चाहिए-अथवा।" लक्ष्मण ने झुँझलाते हुए कहा– "महाराज सुग्रीव ने यह सोच रखा हो कि सामान्य यूथपति ही भाभीजी की खोज कर लेगा। अन्ततोगत्वा वानर ही तो हैं ये लोग। अग्र सोच इनमें जैसे है ही नहीं। प्रबल उत्साह है, गगन को हिल्लोलित करने वाली किलकारी है तथा प्रचण्ड, अचूक मुष्टिका है। इन वानरों के पास केवल गदा है, धनुष–बाण नहीं है। कभी–कभी सोचता हूँ कि यह वानर मायावी तथा अस्त्र–शस्त्र से सज्ज, रणकुशल राक्षस से कैसे लड़ सकेंगे?"

श्री राम ने कहा– "विजय अपराजित आत्मविश्वास से ही प्राप्त होती है। अस्त्र शस्त्र से संहार भले ही कर लीजिये, जय नहीं मिलती। राक्षसों का संहार वानरों की प्रचण्ड अचूक मुष्टिका कर सकती है। वानरों की मुष्टिका में अस्त्रों की शक्ति जैसे प्रकट हो जाती है। गदा? गदा सर्वोत्तम अस्त्र है, लक्ष्मण! गदा की मार नाराच की चोट से भी अधिक गहरी होती है। गदा वानर–रण–कौशल का प्रतीक भी है। आर्य और अनार्य दोनों ही सभी अस्त्र–शस्त्रों से लड़ते आये हैं। हम आर्य क्षत्रिय मन्त्र शक्ति से संयोजित दिव्य अस्त्रों को जानते हैं। उसके योग्य उपयोग को भी हम पहचानते हैं। शस्त्र से आर्य सैनिक अधूरा है जो अस्त्र से पूर्ण क्षमतावान हो जाता है।"

"दिव्य अस्त्र" लक्ष्मण ने स्मरण करते हुए पूछा– "महर्षि विश्वामित्र गुरुदेव ने आपको दिव्य अस्त्र जो प्रदान किये हैं।"

"हाँ, लक्ष्मण!" श्री राम ने कहा– "महर्षि विश्वामित्र के दिव्यास्त्र मैंने चिदाकाश में समेट रखे हैं। मन्त्र शक्ति से चलने वाले ये दिव्यास्त्र वास्तव में देव–शक्तियाँ हैं। देवता मन्त्र बल से वशीभूत होते हैं। मैंने महर्षि के प्रत्येक दिव्य अस्त्र की वन्दना की है। दिव्य अस्त्र आहवाहन से व्यक्त होता है। हाँ.... लक्ष्मण।"

लक्ष्मण– "धन्य! राम मेरे! किन्तु दिव्यास्त्र चित्त में कौन धारण कर सकता है? सुर, नर, गन्धर्व, नाग और मनुष्य वानर कोई नहीं। दिव्यास्त्र तो महर्षि तथा आचार्य या प्रभु का अवतार ही धारण कर सकता है।"

श्री राम हँसे– "तो अब तुम भी मुझे परमात्मा का अवतार मानने लगे हो?"

"जी?" लक्ष्मण ने त्वरापूर्वक कहा– "जी नहीं तो। मैं तो आपको अपना बड़ा भाई ही मानता हूँ। शील और शक्ति के धाम, दीनबन्धु, पतितपावन, उदारचेता, महामानव ही देखता हूँ। हाँ, प्रभो! परमात्मा का अनुज होने का सात्विक अभिमान क्यों करूँगा? सेवक को अभिमान त्यागना ही होगा। जीवन में इससे बड़ा अभिमान क्या होगा कि मैं परमात्मा का सेवक हूँ। जय विजय, हां, राम मेरे! उनको परमात्मा के परम् धाम के द्वारपाल होने का अभिमान जो था– था न?"

श्री राम के गहन नयनों में दिव्य चिनगारी भभकी बोले–"पुराण यह कहते हैं।"

"परमधाम?" लक्ष्मण ने कहा– "कैसा है परम् धाम? वैकुण्ठ, प्रभो!"

श्री राम ने लक्ष्मण को सहसा हृदय से लगाते हुए कहा– "भाई मेरे प्रभु के सेवक बाद में बनो, पहले मानव के सेवक बनो। मनुष्य ही प्रभु को धारण करता है– कर सकता है। न्याय, धर्म, नीति तथा सत्य का संधक मानव ही है– हो सकता है। मानव ही अमृत और विष का भेद कर सकता है। शील मानव–चरित्र में ही सम्भव है। शक्ति मानव की रगों में ही शक्य है। मानव ही ज्ञान और विज्ञान का, वेदान्त का अधिकारी है, देवता नहीं, सुर और असुर नहीं। देवता और सुर तो स्वर्ग ही चाहते हैं। मानव स्वर्ग से भी परे परमधाम को चाहता है। जो मृत्यु है वही अमृत का अभिलाषी हो सकता है।"

लक्ष्मण ने राम को हृदय से लगाते हुए कहा– "राम! मुझे स्वर्ग नहीं चाहिए। आपके शान्ति का चरण ही चाहिए। मेरे गुरु राम! आपकी कृपा ही चाहिए।"

श्री राम ने लक्ष्मण का सिर चूम कर कहा– "मैं तेरा भाई हूँ, प्रिय लक्ष्मण! तेरी मूक सेवा तथा अथाह बल के भरोसे पत्नी सहित यह दुस्सह वनवास काट रहा हूँ। हाँ, लक्ष्मण! विष्णु जिस प्रकार शेषनाग का अवलम्ब लेकर क्षीर सागर में बसते हैं, मैं तुम्हारा अवलम्ब लेकर इस सघन दुरूह अरण्यों तथा दुर्गम पर्वतों पर विचरता हूँ। तुम मेरा आत्मविश्वास हो, सीता तो मेरी अन्तरात्मा है, मन है, प्राण है, मेरा चित्त है– मेरा सर्वस्व है, सीता। राक्षसों के प्रति मुझे क्रोध नहीं आया। ताड़का, खर–दूषण, मारीच और सहस्त्र-शतसहस्त्र राक्षसों पर मुझे ग्लानिपूर्ण दया ही आई। किन्तु अब नहीं। अब मैं राक्षसों के प्रति क्रोध से भर गया हूँ। ऋषियों को कष्ट पहुँचाने वाले और मुनियों को त्रास देने वाले इन कामुक स्त्रैण शक्तिशाली राक्षसों का समूल नाश करना ही होगा–समूल नाश... लक्ष्मण! यह धरती राक्षसों और दानवों के लिए नहीं बनी। यह धरती वीरों, धीरों, साधु–सन्तों, सज्जनों, पुण्यशाली नर–नारियों के लिए है। 'वीर भोग्या वसुंधरा!'– लक्ष्मण! सीता इस सृष्टि की दिव्य–भव्य श्री स्वरुप है, सत् की श्रीमती है। सीता मेरे अस्तित्व का समग्र समूचा आधार तथा अवलम्ब है। मेरी प्रकृत्ति है सीता।"

लक्ष्मण– "जी! राम मेरे!"

"तेरा ही नहीं, सभी का मैं हूँ"– श्री राम ने सहसा हँसते हुए कहा– "लोग मुझे परमात्मा का मनुजावतार कहते हैं, तो क्या मैं सभी मनुष्य के हृदय में नहीं हूँ? हूँ..... जी! कभी–कभी मुझे भासता है– मैं कण–कण में, घट–घट में हूँ। मैं जैसे सर्वत्र हूँ। नानाभिराम, नानास्वरूपों में हूँ। हाँ, किन्तु जब सीता को देखता हूँ– मैं पुनः स्वयं में स्थित हो जाता हूँ। तब मैं दशरथनंदन रामचन्द्र ही हो जाता हूँ और चाहता हूँ ऋषियों के कष्ट काट दूँ, मुनियों के दुःख मिटा दूँ, पृथ्वी को अभय तथा गौ को शान्त करूँ। प्राणियों को निश्चिन्त करूँ और लोगों से कहूँ–मृत्य का मार्ग त्यागो, अमृत का पथ पकड़ो। बूँद–बूँद ही सही, ज्ञान का अमृत पिओ। महर्षि वाल्मीकि का यह उपदेश मुझे बहुत भाता है।"

सहसा लक्ष्मण ने पूछा– "परमात्मा?"

श्री राम– "तू, मैं, यह–सब सर्वकाल में समस्त इदम् सत्य ही है– सद् है। परमात्मा सत्य है, अनन्त ज्ञान है, जीवन का अमृत है। परमात्मा वेद का मन्त्र तथा उपनिषद् की श्रुति है। वह देवताओं का सत्व तथा वाणी का वांग्मय है, गायन है। वह मुनियों का ध्यान तथा ऋषियों का श्रुत है। वह ऋषि है, महर्षि है,

ब्रह्मर्षि है। परमात्मा? क्या है? क्या कहूँ? कैसे कहूँ? हम – तुम सब वह प्रभु ही हैं– ईश, कवि, मनीषी।"

लक्ष्मण– "ईश?"

श्री राम– "विभु-सर्वशक्तिमान-सर्वसमर्थ।"

"मनीषी"– लक्ष्मण ने पूछा।

श्री राम– "अन्तःकरण में परमात्मा को देखने वाला–तत्वदर्शी।"

लक्ष्मण– "कवि?"

श्री राम हँसे– "कवि?– यह सृष्टि-सीता।"

◆ ◆ ◆

महाराज सुग्रीव ने क्रोधपूर्वक कहा – "अयोग्य कहीं के। चारों दिशाओं में मारे–मारे फिरे हैं...... तुम्हारा सिर। सीता मैया की भाल लाए हो, बोलो?"

रिच्छ यूथपति ने प्रणामपूर्वक निवेदन किया– "हम उत्तर दिशा में दिकों में ढूँढ़ते फिरे। उत्तर दिशा में अरण्य-अरण्य को हमने छान मारा–नदियों के पार तथा सपाटों के नीचे...."

महाराज सुग्रीव ने बमकते हुए पूछा– "सपाटों को खोदा?"

"जी"– रिच्छ यूथपति ने कहा– "भगवती सीताजी पृथ्वीपुत्री जो हैं। सोचा, भूगर्भ में भी देख लें।"

महाराज सुग्रीव ने श्री राम की ओर निहारा– "सुन लिया......? ऐसे अरण्यवासियों का मैं नरेश हूँ– मरकटों का राजा–हाँ, प्रभो! अब इनसे क्या कहूँ? उत्तर दिशा में किस-किससे मिले? बोलो।"

"सभी से मिले"– रिच्छ यूथपति ने कहा– "सभी ने हमारा स्वागत किया, हमें सुना और श्रद्धापूर्वक हम से कहा– हम नहीं जानते जनकनन्दिनी कहाँ है, कौन ले गया है उनको? उल्टा हमीं से प्रश्न करने लगे। उत्तर दिशा में लोग तो गंगा-यमुना में स्नान करते रहते हैं। पूजा-पाठ, व्रत-उत्सव तथा विजया पीना जानते हैं। अपने-अपने राज्यों की आवासों की सीमाओं में रहते हैं तथा राक्षसों के भय से व्यर्थ ही त्रस्त भी बने रहते हैं। उत्तर दिशा में राक्षसगण स्थान-स्थान पर जनस्थान बनाकर रहते थे। वे अरण्य प्रजाओं पर अत्याचार करते थे। उनके

पशु चुराकर खा जाते थे। यज्ञ मण्डपों को माँस और रुधिर से अपवित्र कर, मुनियों की हत्या कर उनकी त्वचा के जूते बनाकर पहनते थे। कन्याओं तथा सुन्दर बधुटियों का अपहरण–जी! राक्षसों की जैसी प्रकृति हो। ऐसी अवस्था में हमें भगवती अम्बा सीताजी का पता कोई क्यों कर बताता। राक्षसों को भनक भी पड़ जाये तो वह आवास को भस्म कर दे– निवास को ध्वंस कर दें। मार डालें–जी..... जी हाँ।"

सुग्रीव ने कहा– "कायर! डरपोक! वर्णाश्रम धर्म के पालक होकर इतने निर्वीर्य हो गये हैं भारतवासी। आश्चर्य है, श्री राम प्रभो!"

"समय का फेर है, महाराज!" श्री राम ने कहा– "पूर्व दिशा से हमारे मित्र लौटे हैं क्या?"

सुग्रीव ने कहा– "जी नहीं। आते ही होंगे। किन्तु चरों ने हमें बता दिया है। उनको भी सीताजी की भाल नहीं मिली है। अवश्य ही यह दल सभी जगहों पर गया है। स्थानों में घूमे हैं। चौकन्ने तथा जागरूक रहकर ये सभी दल भगवती सीताजी की खोज में लगे थे। रात-दिन एक कर दिया इन्होंने। वह जानते थे, हमारी आज्ञा अचूक है। मृत्युदण्ड! इनको अवश्य हम मृत्युदण्ड देंगे। महामात्र केसरी पहले तथ्यों का पता लगायेंगे फिर क्या कठिनाइयाँ रहीं? या ये सब प्रमादी बन गये थे– घूमना और लोगों का स्वागत लेना, मुरकना, मटकना–बहाने बनाना–रुकना–क्यों?– क्या?"

श्री राम ने कहा– "मृत्युदण्ड! नहीं मित्र मेरे! हम नहीं चाहते, सीता को लेकर किसी भी प्राणी को अब तनिक भी कष्ट हो– सहन करना पड़े नहीं, महाराज सुग्रीव! यदि सब असफल हो जायेंगे तो हम स्वयं सीता की खोज में जायेंगे। लक्ष्मण और मैं। हाँ, मित्र मेरे! सफलता–असफलता तो प्रारब्धवशात् है। हमारे जीवन की सबसे बड़ी हानि सीता को गुम होना है। हम क्या मुँह लेकर अयोध्या वापस जायेंगे? भरत! मुझे, मुझे क्षमा करना, यदि मैं अयोध्या पुनः न आ सकूँ। सीता और लक्ष्मण के बिना मैं अयोध्या कभी लौट नहीं सकता।"

सुग्रीव ने साहसपूर्वक कहा– "भगवती अम्बा सीताजी अवश्य ही प्रभु को प्राप्त होंगी। मेरा अन्तःकरण कहता है– सीताजी सदैव के लिए छीनी नहीं जा सकतीं। उस अत्यन्त पवित्र को भी पुनीत–पावन करने वाली अग्नि स्वरूपा सती

सीताजी को कौन अपने पास यों छिपाकर रख सकता है? सीताजी, राम प्रभो! आपकी स्त्रीशक्ति हैं।"

सहसा श्री राम ने कहा– "मैं–मैं ही सीता हूँ जैसे, मित्र मेरे! सीता की जो खोज कर लाएगा, उसके प्रति मैं चिर कृतज्ञ रहूँगा। सीता को हर ले जाने वाले दुष्ट आततायी को निश्चय ही मृत्युदण्ड दिया जाएगा।"

लक्ष्मण बोले– "उसको उसके कुल, वंश, जाति, परिसर तथा परिवार सहित नष्ट कर दिया जायेगा, महाराज सुग्रीव! आपने अपने श्रेष्ठतम वानर सामन्तों को भाभी सीताजी की खोज के लिए अब तक नहीं भेजा। .....क्यों?"

महाराज सुग्रीव ने कहा– "हनुमान, अंगद, जाम्बुवन्त, नल और नील , द्विविद, गयन्द, गद, विकटस्य, दधिमुख, निशठ, शठ आदि हमारे विश्वास पात्र और निष्ठ, समर्पित वानर सामन्त हैं। उनका हमारे समक्ष एवं सान्निध्य में रहना राज काज की दृष्टि से आवश्यक है। वानर नरेश श्रेष्ठतम, वरिष्ठतम वानर सामन्तों से प्रतिपल दर्शित तथा इंगित रहता है। वानर महाराज्य के ये पाये हैं, वीरवर!"

"तो क्या हुआ?" लक्ष्मण बमके– "राम काज के लिए तब ये नहीं जायेंगे?"

"अवश्य जायेंगे।" महाराज सुग्रीव ने कहा– "चारों ओर से निराशा जनक समाचार ही मिल रहे हैं, राम प्रभो! मुझे तो अब इनको भेजना ही होगा। मैं चाहता था कि उत्तर, पूर्व और मध्य के समाचार आ जाएँ और वहाँ श्रीमती सती– शिरोमणि अम्बा सीताजी की भाल नहीं मिली तो मैं हनुमान को इन वरिष्ठतम सामन्तों के साथ दक्षिण दिशा की ओर भेजूँ। मेरा विश्वास है श्रेष्ठ सामन्तों का यह दल सफल होगा-धन्य होगा।"

"तब फिर भेजिये इनको–अभी भेजिये"– लक्ष्मण गुर्राये।

महाराज सुग्रीव हँसे– "वही आतप वही अधैर्य। राजकुमार वीर शिरोमणि लक्ष्मण! धैर्य!........ शान्ति! भगवती सीताजी राम प्रभु की अन्तरात्मा में विराज रही हैं।"

5

महाराज सुग्रीव ने सिर धुनाते हुए कहा– "श्रीमान केसरी जी! क्या किया जाय, असफलता-निराशा-हताशा। उत्तर–पूर्व तथा मध्य दिशाएं जैसे शून्य हैं, रिक्त। भगवती सीताजी की खबर नहीं है। किसी को भी नहीं है। दण्डकारण्य में श्री प्रभु राम ने वृक्षराजियों से पूछा–सीता कहाँ है? मृगों से पूछा, प्रपातों से पूछा–कुंजों और कान्तारों से पूछा-सीता कहाँ है? राम प्रभु ने वर्षा के मेघों से पूछा– वर्षा धाराओं से पूछा। श्री राम ने दिग्दिशाओं से पूछा– "सीता! सीता, कहाँ हो!" श्री राम की हृदय धड़कने यह प्रतिपल पूछती रहती हैं– तब। मेरे वानर–रिच्छ पक्षी यूथपतियों को उत्तर, पूर्व और मध्य दिशाओं में भगवती सीताजी की भाल नहीं मिली। तब क्या दिशाएं निगल गईं? हम पूछते हैं, महामात्य केसरी जी! क्या धरती में गाड़ दी गईं भगवती अम्बा जगदम्बा सीता?"

महामात्य केसरी ने निसास रखते हुए कहा– "हताश होने की आवश्यकता नहीं है। अभी दक्षिण दिशा का अन्तिम छोर शेष है। अपने श्रेष्ठ वीरवर भटु वानर सामन्तों को भेजिये–भेजना ही होगा। श्री राम सीताजी को लेकर अब अत्यन्त अधीर हो गये हैं। उनका यह अधैर्य कहीं विकराल क्रोध में बदल नहीं जाय।"

"परन्तु श्री हनुमान, जाम्बुवन्त, अंगद, नल–नील–यह सब वरिष्ठ सामन्त, वानर–श्रेष्ठ किष्किन्धा की रक्षा के लिए भी तो अनिवार्य हैं। सुदूर दूर–दूर दक्षिण दिशा के अन्तिम छोर तक भेजना क्या आशंका से रहित होगा? क्या वे सुरक्षित, निर्विघ्न दक्षिण दिशा को खून्द सकेंगे? नदियों और नालों, नदों और प्रचण्ड विशाल प्रपातों को कूदकर वे सागर–तट तक पहुँच भी पायेंगे? सुना है, अत्यन्त बीहड़ दक्षिण दिशा है। पक्षियों द्वारा स्थान–स्थान पर सुरक्षित तथा लक्षित यह दक्षिण दिशा वानरों, आर्यों तो क्या अरण्य प्रजाओं तक के लिए भी दुर्गम ही रही है, केसरी जी!"

महामात्य केसरी ने कहा– "सत्युत है, राजेश्वर! किन्तु हमें हनुमान, अंगद, नल–नील, जाम्बुवन्त को ही दक्षिण दिशा को रौंदने के लिए भेजना होगा। या फिर श्री राम के बाण को सहना होगा।"

"रामबाण" सुग्रीव बिलबिलाये– "जिसे लगे, वही जाने, किन्तु उन सबको हमारी और श्री राम प्रभु के समक्ष उपस्थित कीजिये। हम चाहते हैं, हम नहीं, श्री राम उनको आज्ञा दें–अपना विश्वास प्रदान करें, आशीर्वाद दें। श्री राम का प्रताप ही हमारी इस अन्तिम मण्डली को कदाचित् सफलता देगा।"

"अवश्य देगा, महाराज!" केसरी ने कहा– "आर्य-शिरोमणि श्री राम को देखते ही मैं समझ गया था कि ये कोई विभूति हैं–ऐश्वर्य, प्रताप तथा धर्माचरण के परम् शीलवान व्यष्टि हैं। श्री राम मनोहर हैं, कमनीय हैं, किन्तु अमोघ विश्वास के प्रदाता भी हैं। श्री राम पतितों का सदैव के लिए उद्धार करते हैं। अपनी अमूल्य और अतुल्य मैत्री से श्री राम प्रभु ने वानरों, रिच्छों, पक्षियों तथा सभी अरण्यकों का विश्व में मान बढ़ाया है। हम जैसे संस्कृति की दिव्य गतिविधि में पहली बार भागीदार हुए हैं। श्री रामजी ने वानरों का भविष्य सुस्थिर किया है। वानरों के भाग्य को महाभाग्य अहोभाग्य किया है। वानरों से आज राक्षस, दानव, शठ, अधर्मी और दुष्ट, सभी अब भयभीत होने लगे हैं। वानर महाराज्य अब आर्य साम्राज्य का वृहद सीमान्त सा प्रतिष्ठित होने लगा है। वानर राज्य की सीमाएं निर्विघ्न हो गयी हैं, महाराज!"

सुग्रीव बोले-"यह सब आपकी लगन, निष्ठा तथा कुशल राजनीति का सहज परिणाम है।"

"हनुमान की राम–भक्ति! श्री राम–चरणों में निष्ठा, राजेश्वर! भगवती अंजना की श्रीराम के प्रति अगाध ममता।" केसरी ने कहा– "मैं , मैं तो कहने को हनुमान का पिता हूँ। हनुमान का पिता तो देवताओं का देव श्री राम ही हैं– भगवती सीता माँ हैं, राजेश्वर। हाँ।"

महाराज सुग्रीव ने महाशय केसरी को घूरा, कहा– "आर्य वानर! आपश्री सचमुच धन्य हैं जो श्रीमती महिला अंजना जैसी पत्नी तथा सर्वगुणनिधान नन्दन हनुमान मिला। सचमुच माता अंजना वानर जाति की मंगलमयी माँ हैं और आप? आप श्री वानर राज्य की श्री हैं, सुकृति हैं, शील हैं। हनुमान को हमने तभी कहा था, भगवती की खोज में तुरन्त चल पड़ने के लिए। किन्तु आप सब की तब ठीक ही मान्यता थी कि इस अन्तिम आशा-स्वरूप मण्डली को अन्त में भेजा जाय। किष्किन्धा पर आक्रमण हो सकता है, राक्षसराज रावण अपने प्रिय मित्र तथा साथी की मृत्यु का बदला हम से लेगा ही। यह राक्षसराज वानर राज्य को

अपने साम्राज्य का अंग समझ कर चलता है। रावण, यह धूर्त लंकेश, बालि को बलिष्ठ मूर्ख मानकर ही व्यवहार करता था। त्रिजटा को बालि के पीछे लगा रखा था। इसीलिए हमने आप सब की बात मान ली, किन्तु उत्तर, मध्य, पूर्व दिशाओं की शून्य निराशा से मैं और श्री राम प्रभु हताश हो गये हैं। जाम्बुवन्त के नेतृत्व में श्रेष्ठतम वानर सामन्तों को दक्षिण दिशा को रौंदने के लिए भेजना ही होगा। सावधान, महामात्य! जाम्बुवन्त, हनुमान, अंगद, नल–नील सबको श्री राम प्रभु के दरबार में हमारे साथ उपस्थित करो। हम श्री राम को पूर्णरूपेण विश्वास दिलाना चाहते हैं कि सीताजी की खोज वानर–आर्य–श्री राम और महाराज सुग्रीव की मित्रता का हार्द है– धुरी है–रक्त है–प्राण है–धड़कन है। सीता की भाल ही आर्यावर्त के समूचे भाग्य की सूचना होगी, महाशय केसरी!"

द्वारपाल ने हड़बड़ा कर कक्ष के द्वार पर स्थिर होने की चेष्टा करते हुए कहा– "महिषी अंजना देवी, प्रभो!"

"अंजना?" महामात्य केसरी ने चमकते हुए कहा– "कौन! अंजना?– तुम यहाँ?"

"अपने नरेश के समक्ष आयी हूँ, केसरी!"– श्रीमती अंजना ने कहा– "श्री राम को ऋष्यमूक पर्वत पर निवास करते हुए अर्सा हो गया है और मुझे उनके दर्शन करने का अवसर तक नहीं दिया। क्यों? महाशय सुग्रीव राजन! क्यों?"

श्री राम प्रभु के समक्ष केवल राजमहिषी तारादेवी को ही उपस्थित होने का राजेश्वर ने अवसर दिया था– वह भी अपने साथ?"

अंजना ने अपने पति को सिर से पैर तक घूरा; कहा– "श्री राम सबके दर्शनों के योग्य हैं– अभिनन्दन तथा वन्दना के पात्र हैं, आमात्य केसरी जी! पोगण्ड राम पृथ्वी के पोगण्डों के लिए अमिट आदर्श हैं। नवयुवक राम संसार भर के नवयुवकों के लिए आराध्य देव हो गये हैं। वयस्क श्री राम संसार के वयस्कों के लिए समर्थ महाशय और प्रजा–बन्धु हो गये हैं। ऐसे महामानव का दर्शन मैं भला क्यों न करूँगी, अवश्य करूँगी। कभी–कभी मुझको स्वप्र के गहन एकान्त में एक अनुपम दिव्य आकृति दिखती है– हाँ, प्राणेश्वर केसरी! दिव्य, भव्य, शान्त, अत्यन्त आनन्ददायी आकृति मुझे दिखती है। अवश्य ही यह दिव्य देव की आकृति श्री राम की ही छवि है।"

"स्वप्रशीले!"– केसरी ने कहा– "राजेश्वर की अनुमति हो तो तुम भी चलो।"

सुग्रीव ने अंजना को नमस्कार करते हुए कहा– “श्री राम प्रभु के समक्ष अवश्य चलो, महाशय अंजना देवी। हम सब जा ही रहे हैं– हनुमान अंगद यह सब वरिष्ठ वानर भी हमारे साथ होंगे।”

“सीता की खोज के लिए हनुमान अभी तक नहीं गया?” अंजना ने सहसा क्रोधित होते हुए पूछा– “क्यों नहीं गया वह? जन्मा, तब से यह हनुमान किसी की सुनता नहीं, किसी की मानता नहीं। बचपन से यह बलिष्ठ एवं निःशंक हनुमान ऋषि–मुनियों को तंग करता था। तब मैंने ही इसकी स्मृति को कीलित करने के लिए ऋषियों से कहा था– एक ही मार्ग था, उस बाल हनुमान को नियंत्रित करने का। चपल, चंचल, अन्यों को रंजाड़ने वाला, किन्तु देवोपम यह मेरा वायुपुत्र। राजेश्वर! मैं सचमुच धन्यमाता हूँ– सचमुच हूँ।”

“अवश्य....... अवश्य।” महाराज सुग्रीव ने सिर हिला–हिलाकर कहा– “हनुमान जैसे तेजस्वी, वीर्यवान, विद्वान तथा कुशल राजनयिक तथा श्री हरि का भक्त निडर और दिव्य शक्तियों से जगमग कोई भी वानर आज दिन तक उत्पन्न नहीं हुआ। हनुमान में सभी देवताओं के अंश हैं। सभी अप्सराओं की मुग्ध सौन्दर्य की आभा है। हाँ, श्रीमती अंजना! हनुमान आपका पूर्ण छविवान सुनू है। वायुपुत्र! तो क्या हुआ? वायुदेव का पूर्ण अनुग्रह तो हुआ। आप पर और लो हमारे परमादरणीय श्रीमान महाशय केसरी सफल–धन्य हो गये।”

केसरी ने कहा– “देवताओं की इच्छा हम जीवों को सदैव शिरोधार्य रही है– रहेगी। महाराज! आपकी धन्य मातुश्री पर भी सूर्यनारायण ने अनुग्रह किया था। शक्तिपात देवता, मानव और वानर नारियों पर अनुग्रह करते रहते हैं– करते रहेंगे।”

अंजना ने सुग्रीव और अपने पति को घूरते हुए कहा– “आप दोनों देवताओं से क्या अप्रसन्न हैं? खीझे हुए हैं? देव की भवयोनियों के शरीरों के अधिष्ठाता हैं। श्री केसरी जी! वायुदेव का ध्यान मैंने आपकी छवि में किया था। आपके ओजस को तेजोमय और सफल तथा सार्थक करने के लिए मैंने वायुदेव का आह्वान किया था– सृष्टि की भवयोनियों का तेजस देव कृपा ही है। हनुमान आपके ओजस तथा वायुदेव के तेजस का ही पृथ्वी को वरदान है। परन्तु मैं पूछती हूँ वह आज तक, अभी तक सीता की खोज के लिए गया क्यों नहीं? कहाँ है वह?”

तभी द्वारपाल ने द्वार पर दिखते हुए कहा– "वीरवर वानर श्रेष्ठ सामन्त उपस्थित हैं, राजेश्वर।"

सुग्रीव ने सिर हिला–हिलाकर कहा– "अच्छा है....... अच्छा है।"

महामात्य केसरी ने कहा– "तब श्री राम प्रभु के समक्ष चलें। पधारिये महाराज! राजेश्वर पधारिये। रथ तैयार खड़ा है।"

महाराज सुग्रीव ने अंजना से कहा– "चलिये आंजनेय की मातुश्री श्रीमती अंजना ! आप श्रीमती ही हमें श्री राम के समक्ष उपस्थित करेंगी।"

❖❖❖

महाराज सुग्रीव ने कन्दरा कक्ष में प्रवेश करते ही श्री राम को झुक–झुककर नमस्कार किया और कहा– "श्री राम, मित्र हमारे, हमारे त्राता, वानर श्रेष्ठ उपस्थित हैं– हनुमान भी हैं। भगवती सीताजी की खोज के लिए यह दुरूह दक्षिण दिशा को रौंदेंगे। सीताजी की भाल लेकर ही यह किष्किन्धा लौटेंगे।....... अन्यथा समुद्र में डूब मरेंगे। हाँ......।"

अंजना महाराज सुग्रीव के पास आकर मानो स्पष्ट हुई। श्री राम ने पूछा– "यह श्रीमती? कौन?"

महाराज सुग्रीव ने सस्मित कहा– "और कौन प्रभु! आपके प्रिय हनुमान की माता, महामात्य श्रीमान् केसरी महोदय की धर्मपत्नी। जी, अंजना देवी, महाशया!"

श्री राम उठ खड़े हुए, बोले – "तो आप? आप हैं हमारे प्रिय हनुमान की मातुश्री? आज आपके दर्शन कर मैं कृतार्थ हूँ– जैसे–जैसे माता कौशल्या ने, माता सुमित्रा ने ही दर्शन दिए हैं।"

सहसा केसरी ने पूछा– "...... और माता कैकई, प्रभो?"

"कैकई माँ?" श्री राम खड़े रह गये– "वह तो साक्षात् विधात्री हैं– जगदम्बा स्वरूपा–दुर्गा भवानी हैं। हाँ, अन्यथा कौन मानव या मानवी मुझे अरण्य का विशाल चतुर्दिक राज्य वरदान रूप में दे सकता था? चित्रकूट से लेकर दण्डकारण्य तक और दण्डकारण्य से लेकर ऋष्यमूक पर्वत पर्यन्त उत्तर, मध्य तथा पूर्व दिशा का यह विस्तृत अधिराज्य माँ कैकई का ही अनुग्रह है।"

"धन्य, राघवेन्द्र! धन्य!!"– महाराज सुग्रीव ने सिर हिला–हिलाकर कहा– "जिस मानवी राजमहिषी ने आपका सत्वाधिकार राज्य बरबंस ही छीन लिया, नंगे पाँव वन–वन की ठोकरें खाने के लिए चौदह वर्षों के लिए धकेला तथा जिसने अपने पुत्र को राज्य दिलाने के लिए यह सब कुछ किया, घोर कर्म किया, उसको आप राम मेरे! प्रभो! आप ही यों स्वीकार कर सकते हैं। यही–यही आपका शील है, उदारचेता समर्पण है, मातृत्व के प्रति। हाँ वीर लक्ष्मण! आप धन्य हैं, जिनको श्री राम प्रभु जैसा भाई मिला।"

लक्ष्मण ने सस्मित कहा– "और आपश्री को मित्र मिला। अब इनको भेजिये महाराज! श्री राम की विकलता मुझ से झेली नहीं जाती। श्री राम आपके मित्र हैं, हमारे ज्येष्ठ भाई हैं, रघुवंशमणि हैं, राघवेन्द्र हैं किन्तु भगवती भाभी सीता जी के सिवाय यह सबके लिए उपरत हैं– मुमुक्षु हैं। केवल भगवती भाभी श्रीमती सीता जी ने श्री राम को अपना, अब क्या कहूँ? सीता–राम का यह अभेद्य तादात्म्य तो सांख्य के प्रकृति–पुरुष सा है।"

"सांख्य?" महाराज सुग्रीव ने पूछा– "हाँ–हाँ सांख्य...... जगत और सृष्टि का तत्व–विज्ञान है। मैंने सांख्य के विषय में सुना था– बहुत समय पूर्व मैं गंगा के किनारे गया था। ऋषि–मुनियों के दर्शनार्थ ही मैं वहाँ गया था। वहाँ सुना था! दर्शन! दर्शन तो केवल आर्य जाति के पास ही है। आर्य उत्तम तथा विकसित होकर ऋषि ही तो होता है। सत्य संधक, सत्य दर्शन; अर्थात्–ऋषि। हम वानरों के पास कोई दर्शन नहीं है।"

महामात्य केसरी ने कहा– "सुग्रीव–राम मैत्री ही वह प्रथम दर्शन है, जिससे वानर ही नहीं, अरण्य में जन्मती और मरती समस्त प्रजाओं के अन्तःकरण में ब्रह्म–चैतन्य की चिनगारियाँ फूटेंगी।"

सहसा अंजना ने कहा– "श्री राम भक्ति की पूर्णिमाओं में वानर जाति मानो अपने ही परमात्मा का ध्यान कर सकेगी।"

केसरी बोले– "वाह! प्रिय, वाह!! वानर जाति को महाराज सुग्रीव का चरित्र तथा श्री राम की भक्ति चाहिए– चाहिए! महाराज राजेश्वर! अब वानरों के पास श्री राम–दर्शन हैं।"

"राम–दर्शन?"– श्री राम बोले– "मैं तो एक जीवन वृत्त हूँ, ब्रह्म–चैतन्य की जिजीविषा हूँ– चिति, परात्पर परमेश्वररी की एक दिव्य–भव्य तरंग हूँ। दर्शन

तो ब्रह्म स्वयं हैं। गुरुदेव वशिष्ठ जी ने मुझे बताया है, मरणाधीन जीव कभी दर्शन नहीं होता। वह सदैव तत्व–ज्ञान मात्र है– प्रकृति और पुरुष। वही सांख्य, महाराज सुग्रीव! किन्तु क्या यह समय तत्व–चिन्तन या दर्शन की रहस्यपूर्ण आनन्ददायी वार्ता के लिए है– हम सीता को लेकर अत्यन्त चिन्तित हैं, अधीर हैं, विकल हैं, आतुर हैं, महाराज सुग्रीव!"

महाराज सुग्रीव ने श्री राम को नमस्कार किया तथा अपने वरिष्ठ श्रेष्ठतम वानर सामन्तों को निहारते हुए कहा– "पृथ्वी की तीनों दिशाओं उत्तर, मध्य तथा पूर्व में श्रीमती जगदम्बा स्वरूप सीताजी का अता–पता नहीं मिला। क्या दिशाएं निगल गईं? नहीं....... अपहरणकर्ता भगवती सीता को निस्संदेह कहीं दक्षिण दिशा में किसी बीहड़ स्थान पर ले गया है। हाँ........। दक्षिण दिशा में हमारे कई परिचित मित्र हैं। वे सभी आप लोगों की निष्ठा सहित सहायता करेंगे। श्री राम की जय कहो और दक्षिण दिशा को रौंद दो। उसके क्षितिजों के पार देखो; उसके दिकों को टटोलो। भगवती सीता की भाल लाओ।....... सुना?"

जाम्बुवन्त ने नमस्कार करते हुए कहा– "सुना......! राजेश्वर जैसी आज्ञा।"

"हमारी आज्ञा नहीं, श्री राम की इच्छा।"– महाराज सुग्रीव ने कहा– "क्यों श्रीमती महोदया अंजना–ठीक ही कह रहा हूँ मैं?"

श्रीमती अंजना ने कहा– "सुना? हनुमान!"

हनुमान ने माँ को नमन किया और श्री राम के चरण स्पर्श कर कहा– "सुना, माँ! मेरे प्राणों ने, मन ने, बुद्धि, चित्त तथा अहंकार ने सुना। श्री राम को सुनना ही है एक दिन। जगत को सुनकर तो अन्ततः बहरा होना होता है, जागकर सो जाना पड़ता है। किन्तु श्री राम को सुनकर फिर अपने ही अन्तरात्मा को सुनना पड़ता है। जगत में सुनने को केवल 'जय राम!' है माँ!"

अंजना ने हनुमान को घूरा; कहा– "जाग, हनुमान! श्री राम–काज के लिए अपनी शक्तियों में जाग जा, पुत्र मेरे!"

हनुमान ने माँ को निहारा, कहा– "श्री राम के दिव्य चरणों से दूर मुझे किसी ने बाँध रखा है। श्री राम के चरणों को देखता तो हूँ, किन्तु जैसे स्पर्श नहीं कर सकता। श्री राम के चरणों की धूल बने बिना राम का काज कैसे होगा? श्री राम के चरणों में अपना सर्वस्व अर्पण किये बिना भगवती अम्बा सीता मैया की खबर

कैसे मिलेगी? सीता मैया की भाल तो श्री राम-भक्ति और शक्ति का साक्षात् करना है। नहीं, माँ?"

श्रीमती अंजना ने कहा- "अवश्य है, वत्स हनुमान! जाग जा, श्री राम के चरणों में स्वयं को निछावर कर दे, सुना।"

श्री राम सहसा बोले - "हनुमान! माँ-माँ के श्री चरणों में स्वयं को अर्पित करो पहले। मैं तो हूँ- सदैव हूँ, तुम्हारा और सबका हूँ। सीता का पता लेकर शीघ्र वापस लौटो, यही मैं चाहता हूँ।"

हनुमान ने माता अंजना के चरण थाम कर कहा- "आशीर्वाद दे, माँ! श्री राम का काज कर सकूँ और सभी भवों के लिए धन्य हो सकूँ। हाँ.... माँ! जन्मा तब से श्री राम की छवि मेरे मन के गहन में उभरती, उबकती-डूबती तैरती रही है। मैं जैसे श्री राम-राम श्री हरि नारायण विष्णु....... हाँ, माँ! मैं जैसे श्री राम के चरणों में लगी धरती की धूल का एक कण मात्र हूँ। सच कहता हूँ-मैं नहीं हूँ; राम ही हैं- राम!"

श्री राम ने कहा- "जय सच्चिदानन्द राम। हनुमान! तुम्हारा कल्याण हो!"

हनुमान ने धरती पर साष्टांग प्रणाम कर श्री राम के चरण थामते हुए कहा- "मेरे हृदयाकाश में यों ही राम प्रभो सस्मित जगमगाते रहो। मेरे अन्तःकरण में आपकी छवि देखकर ही मैं जैसे जगत में जागता हूँ और सृष्टि में आपके नाम का गुणानुवाद गाता हूँ। हाँ, श्री राम! आपकी जय हो! भगवती अम्बा सीता मैया की जय हो। जय हो सीता-राम!!"

✦✦✦

महाराज सुग्रीव ने कहा- "अब आप सब सन्नद्ध हो जाओ। यहीं-सीधे दक्षिण दिशा की ओर आप सब कूच करोगे। दूर-दूर सुदूर श्री राम प्रभु के बाण का प्रभाव छाया हुआ है। कबन्ध की माया हतप्रभ तथा निस्तेज हो गयी है और अन्य राक्षस माया मृग मारीच के वध के बाद त्रस्त हो गये हैं। सुना है लंकेश अपने ही हाथों से अपने गाल पर थप्पड़ मार कर गाल लाल रख रहा है।"

लक्ष्मण ने पूछा- "अच्छा? तब लंकेश क्षुब्ध है? किसने कहा आपसे राजन?"

"हमारे विश्वस्त चर को एक राक्षसी ने कहा।"- सुग्रीव बोले-"राक्षसों में सभी आर्य विरोधी नहीं हैं। कुछ हैं, जो आर्यों से सौहार्द्र सम्बन्ध रखना तथा

बढ़ाना चाहते हैं और वो लंकेश के कुकृत्यों से मन ही मन खीझे हुए रहते है। उदाहरणार्थ-सुना है, लंकेश का छोटा भाई-विभीषण-हाँ, विभीषण ही तो वह- वह लंकेश की आर्य विरोधी वृत्ति को पसन्द नहीं करता। वह रावण के आततायी कर्मों को भी नहीं सराहता। विभीषण राक्षस-विरोधी नहीं है, किन्तु वह मानव जाति के कल्याण के पक्ष में तथा आर्य सभ्यता में गहन विश्वास करने वाला राक्षस राजपुत्र है। इसलिए आत्मविश्वास पूर्वक जाओ। मेरा मन कहता है दक्षिण दिशा में ही भगवती सती सीता की भाल है- दुर्दान्त पापी नीच ने सीताजी को हरकर दक्षिण दिशा के मानो अन्तिम छोर पर ही कहीं छिपा रखा है।"

केसरी ने कहा- "कदाचित् सागर के उस पार।"

पिता को नमस्कार किया हनुमान ने और कहा- "चाहे सागर के पार और चाहे क्षितिज के उस पार भगवती सीता की हम खोज करके ही लौटेंगे- अन्यथा प्राण त्याग देंगे, पूज्यपाद!"

अंजना ने हनुमान को झपटकर छाती से चाँपते हुए कहा- "ले, पुत्र मेरे। मेरा स्तन पी ले, हनुमन्ते! यह दूध मैंने तेरे राम-काज के लिए तुझे संजीवित करने के लिए ही अवेर रखा है- आज मैं धन्य हो गई, राम!"

लक्ष्मण ने कहा- "अभी नहीं हनुमान की माँ धन्य तो तब होंगी, जब हनुमान भगवती भाभी को खोजकर लौटेंगे और भैया श्री राम के चरणों में प्रणाम करेंगे।"

"हाँ-हाँ वीरवर लक्ष्मण! हाँ।" सुग्रीव ने कहा- "सत्युत है।"

हनुमान- "आज्ञा राम प्रभो।"

श्री राम ने कहा- "जाओ, तुम सब का यह दक्षिण पथ प्रशस्त हो- मंगलमय हो। मैं प्रतिलव, काष्ठा, पलक, क्षण तुम्हारे लौटने की आहट सुनते हुए यहाँ इस पर्वत की चोटी पर बैठा दिगंत को भाँपता रहूँगा। हनुमान! लो, यह मेरी मुंदरी लो। सीता मिले तो यह उसको दे देना और कहना-मेरा मन, चित्त, प्राण सब कुछ उसके पास हैं- कह देना।"

"मिले तो?"- हनुमान ने कहा- "यह क्या प्रभो!"

"सीता इस सृष्टि का अगम रहस्य है।" श्री राम ने कहा- "मेरा संचित है, प्रारब्ध का वर्तमान है और वर्तमान का क्रियमाण है। सीता का यों अदृश्य होना; जैसे प्रारब्ध का खेल है- विधाता का हमें दण्डित करना है- यम का पादाघात है, हनुमन्ते!"

हनुमान ने सिर धुनाया और कहा– "नहीं प्रभो! नहीं। भगवती सीता सृष्टि की माँ हैं-आप की शक्ति तथा मेरी तो वह कल्याणी मां है। मैं जैसे–जैसे भगवती सीता की धारणा माँ अंजना में ही करता हूँ– राम! आपके लिए मैं केसरीनन्दन हूँ और भगवती अम्बा सीताजी के लिए मैं आंजनेय हूँ।"

श्री राम ने मुस्कुराते हुए कहा– "मेरे लिए तुम हनुमान हो– हनुमान। सीता की खोज का यह मेरा अत्यन्त आतुर-व्याकुल प्रिय कार्य है। धर्म की हानि रोककर पुनः धर्म संस्थापन के कार्य से भी अधिक अनिवार्य और महनीय यह कार्य है। सीता बिना मैं जैसे जी नहीं सकता। मेरा मन सीता के पास है। हां हनुमान! और अब मेरे ये अधीर प्राण तुम लोगों के हाथों में हैं। सीता को खोज लाओ, मेरे मित्रों! साथियों! मेरे सहृदयों! तुम्हारी जय हो!"

हनुमान ने गदा गगन मण्डल में उठाई– "जय श्री राम।"

✦✦✦

लक्ष्मण सबको त्वरापूर्वक ऋष्यमूक पर्वत की शिलाओं को कूदते तथा फाँदते हुए श्रेष्ठ वानर सामन्तों को नीचे उतरते हुए देखते रहे। महाराज सुग्रीव ने नयन आधे मूँदे और मन ही मन विनती करने लगे। श्री राम जैसे शून्य होकर, पूर्ण तथा रीते होकर, तन–बदन में शिथिल होकर तनिक लेट से गये; बोले– "मेरा मन कहता है कि यह आपके वानर श्रेष्ठ-सामन्तों को निस्संदेह सफलता मिलेगी। अवश्य ही मिलनी चाहिए। महाराज सुग्रीव! अत्याचारियों, धर्महीन, आततायियों और दस्युओं के दिन भर गये हैं। विधाता जैसे मुझे इंगित कर रही है।"

"विधाता......?" महाराज सुग्रीव चिहुँके।

"और कौन?" श्री राम ने कहा– "सृष्टि के संचित में से प्राणियों के प्रारब्धों की रचना विधाता ही तो करती है– विधाता ही तो। माता कैकई को विधाता ने ही इंगित किया था– मुझे जैसे ज्ञात हो गया था।"

"आपश्री को ज्ञात?" सुग्रीव ने साश्चर्य उत्सुकतापूर्वक पूछा।

"मैं जैसे यम और विधाता को जानता हूँ। हाँ, मुझे ऐसा लगता है– यम मुझे पहचानते हैं। विधाता मुझे जानते हैं। विधाता भवों की जननी है और यह नियामक हैं।"

"किन्तु भगवन!......" महाराज सुग्रीव पुनः चिहुँके।

"अवश्य मित्रजू! अवश्य ही विधाता ने ही कैकई की मति ग्यारहवीं घड़ी में फेर दी थी– अवश्य ही। अन्यथा माँ कौशल्या से भी अधिक मुझे प्रेम करने वाली, करुणामयी तथा मुझे भरत और शत्रुघ्न से भी अधिक मानने वाली क्या वह माँ कभी हमें वनवास भेज सकती थी? राज्य...... राज्य तो सदैव मेरे लिए अग्राह्य रहा है। ज्येष्ठ पुत्र को ही राज्य मिले– यह सनातन परम्परा मुझे समझ में नहीं आयी– आज भी नहीं आती है। भरत को राज्य देने से मुझे प्रसन्नता हुई, सन्तोष हुआ, किन्तु यह घोर वनवास पूरे चौदह वर्षों का–यह यातना भरा भ्रमण–यदि आततायियों, अधर्मियों, अत्याचारियों, दुष्टों तथा दस्युओं से यह संघर्ष न होता तो मैं करता भी क्या? यज्ञ तथा यज्ञों की आर्य संस्कृति के परित्राण के लिए यह मेरा संघर्ष है, महाराज! मुझे ज्ञात है, अनार्यों का सदा के लिए तिरोभाव हो नहीं सकता। सुर हैं तो असुर भी रहेंगे मानव हैं तो दानव भी रहेंगे। प्रश्न इन रोग–शोक तथा दुःख की उग्र, अंधी और प्रचण्ड वृत्तियों को न्यूनतम कर उनका शमन–दमन आदि करना। यही राज्यदण्ड का उद्देश्य है। यही राज्य का कर्तव्य है। पृथ्वी की अरण्यों की प्रजाएँ अँधेरे में रहती आई हैं। जीवन के सन्तोष तथा उल्लास की दृष्टि से यह मुरझायी हुई प्रजाएँ हैं। इनके जीवन में उत्साह एवं आशा नहीं है। हो भी नहीं सकती। उत्साह के लिए शौर्य की आवश्यकता है और शौर्य अन्याय, अत्याचार, अधर्म की शक्तियों के दमन तथा उनको नष्ट करने में है– आशा? परमात्मा से मिलन की प्रतीक्षा ही आशा है, महाराज! सीता–हाँ, वह मेरी प्राणेश्वरी परमेश्वर की ऐसी ही शक्ति है..... शक्ति।"

"शक्ति.......? भाभी जी परमेश्वर की शक्ति?"– लक्ष्मण ने पूछा– "मैं तो उन्हें अपनी मातुश्री ही मानता हूँ और सदैव उनके चरणों को ही भजता रहा हूँ।"

श्री राम ने कहा – "मानवी नारी मानवी नर की शक्ति है– अन्तःकरण की गुह्य अभिलाषा नारी शक्तिस्वरूपिणी ही है। शक्ति अर्थात परब्रह्म स्वरूपिणी सत्य ज्ञान तथा ऐश्वर्य की परात्पर शक्ति– सगुण ब्रह्म।"

"तो...... तो क्या.....?" लक्ष्मण चिहुँके।।

श्री राम हँसे; बोले– "तुम निराकार और उर्मिला सगुण ब्रह्म–साकार ब्रह्म है। वेदान्त– वाक्य है– प्रत्येक जीव ब्रह्म है, जगत ब्रह्ममय है। सृष्टि ब्रह्म की क्रीड़ा है– चिद्विलास।"

लक्ष्मण– "मुझे यह सब रहस्यमय वार्ता कभी समझ में नहीं आयी-न आएगी। मैं तो श्री रामबाण में ही समझता हूँ, श्री राम! आपके चरणों की अहर्निशि सेवा में ही जीवन का लक्ष्य समझता हूँ। जी हाँ, राम मेरे!"

श्री राम ने पुनः कहा– "एक दिवस जीव को जगत जानना ही होता है– सृष्टि समझनी ही पड़ती है– राग त्यागना ही होता है। जीव क्या सदैव जन्म मरण के आवर्तन के लिए ही है? नहीं, लक्ष्मण! जीव मात्र परमात्मा के द्वारा, सहित और प्रभु के लिए ही है, किन्तु शक्ति से पूर्ण तादात्म्य होने पर ही ब्रह्म-साक्षात्कार होता है– होगा।"

लक्ष्मण ने सस्मित कहा– "तो हमें भाभी जी-सीताजी को जानना होगा। उनके चरणों में शरणागति लेनी होगी। लो, यह तो मैं जन्म से पूर्व जैसे माँ के उदर में ही जान गया था– राम नहीं, सीताराम!"

"सीता! लक्ष्मण, सीता कहो।" श्री राम ने आर्द्र स्वर में कहा-"राम सीता के बिना है ही नहीं। सीता राम के बिना हो भी जाय, तब भी मैं सीता के बिना, रहित, विहीन और रीता हो नहीं सकता। सीता का जिसने भी अपहरण किया है, उसने समूचे धर्म की हानि की है। तब तक तो वह ऋषि-मुनियों, सन्तों और सज्जनों पर अत्याचार था, किन्तु सीता को हर कर इन कापुरुषों ने समूचे धर्म की ही घोर हानि की है और उसका न्याय केवल समूल नाश है– मृत्युदण्ड। अधर्मी और अत्याचारी अन्यायी मानव-समूह का अन्तिम प्रारब्ध निर्वंश होना है– समग्र मृत्यु। सीता को ले जाने वाले दस्युओं और उसके वंश का भाग्य सर्वहारा मृत्यु ही है।"

लक्ष्मण ने सक्रोध झुँझलाते हुए कहा– "सीताजी भारतवर्ष ही नहीं, आर्य जाति, मानव जाति की देवता है, लक्ष्मी है, श्री सुकृति और जय है। सीताजी का अपहरण जघन्य, घोरतम पाप है। यह परब्रह्म परमेश्वर के प्रति किया गया प्रज्ञापराध है। महाराज सुग्रीव! आप के नर-रत्न वानर श्रेष्ठ जितना शीघ्र सीताजी का समाचार लेकर लौटें, उतना ही उचित है।"

"महामात्य केसरी जी ने निस्संदेह अन्तिम सूचनाएं प्रदान की हैं।" महाराज सुग्रीव ने कहा– "जाम्बुवन्त है, अंगद है, हनुमान है। निस्संदेह अतिशीघ्र शुभ समाचार लेकर लौटेंगे और दिवसों मधुपान करेंगे।"

"मधुपान......?" लक्ष्मण ने पूछा।

“सफलता, सिद्धि तथा जय के प्रसंगों की प्रसन्नता हम वानर मधु पीकर ही मनाते हैं।” महाराज सुग्रीव ने कहा– “हम सुरा नहीं, मधु को ही मानते हैं तथा पीते हैं। वानरों के जन्म पर मातृ गुट्टी मधु से ही दी जाती है।”

श्री राम ने कहा– “वानर जाति के प्रति देवताओं का सदा सम्मान ही रहा है। वानर एक प्रकार से आरण्यक तपस्वी हैं। सघन कुंजों–निकुंजों विस्तृत कान्तारों, प्रान्तरों में घूमते रहते तथा अपने–अपने पशु धन की रक्षा में लगे रहते हैं। जन्मजात प्राप्त देवी सम्पदाओं के अभ्यास में लगे रहते हैं। अवश्य वानरनृपति तथा उनके सामन्त एक अभिजात वर्ग राजस ठाठ से रहते तथा मधु–माधवी का पान भी करते हैं। वानर बहुस्त्रीवादी हैं और अब तक विलास में ही रमे रहते हैं। बाहुबली बालि और महाराज सुग्रीव, आप भी इसके उदाहरण हैं– हैं न?”

महाराज सुग्रीव ने कहा– “चाहे जितना कुशल, कुशाग्र बुद्धि, संयत तथा पराक्रमी और पुरुषार्थी वानर हो जाएं, वानर तो रहेगा ही। हम वानर अपने रक्त तथा मज्जा की भावनाओं को कैसे त्याग देंगे। श्री राम प्रभो! हम वानर बने रहकर ही आर्यत्व को शिरोधार्य करना चाहते हैं।”

श्री राम ने हँसते हुए कहा– “आर्य साम्प्रदायिक व्यष्टि नहीं है वानरराज! आर्य तो जीवन का दार्शनिक है, अमृत का अभिलाषी जीव, मानव जीव है। आर्य जन्मजात जातिगत विशेषताओं का मंगलमय संस्कार तो करना चाहेगा, किन्तु जाति को मिटा देना नहीं चाहेगा। इसीलिए मैंने वानरों से मैत्री की है– समान स्तर पर मैत्री, महाराज सुग्रीव! मैं बलात् कुछ भी करना नहीं चाहता। मैं मानव को विवश कर सौकार्य भी करवाना नहीं चाहता। दबाव, दमन तथा आतप से सुखद मंगल कार्य होते ही नहीं, हो सकते ही नहीं। अतः मैं चाहता हूँ सीता की खोज भी मंगलमय हो–मंगल प्रणित हो। मृत्युदण्ड की आपकी घोषणा मुझे स्वीकार नहीं है। आपकी यह राज्यदण्ड की आज्ञा है। नहीं महाराज सुग्रीव! इस आज्ञा को शान्त कर दीजिये। सीता की खोज तो आपके वानर सामन्त, हनुमान उदाहरण के लिए करेंगे ही। हनुमान! महामात्य केसरी! आप धन्य हैं जो हनुमान जैसा नन्दन पाया। यह आप–हमारा केसरीनन्दन, अंजना सुनु, सुर है, देव है, ऋषि है, मुनि है-आदित्य ब्रह्मचारी महात्मा है। सच तो यह है, मैं अपनी नहीं हनुमान की जय चाहता हूँ। आप तथा माता अंजना का सन्तुष्ट यश चाहता हूँ।”

आमात्य महान केसरी ने कहा– "श्री राम! यह तो आपका अनुग्रह है। आपकी कृपा से ही हनुमान हनुमान है। अतुलित बलधाम आपके चरणों की भक्ति से ही संयत है, बुद्धिशाली है, महात्मा है, ऋषि–मुनि है; हमने हनुमान को देह दिया है, आपने हनुमान को अन्तःकरण तथा सच्चिदानन्द–भक्ति दी है। हनुमान तो मन–वचन–कर्म से आपका ही चरण चंचरीक है।"

श्री राम ने केसरी के दोनों हाथ पकड़कर अत्यन्त स्नेहशील स्वर में कहा– "हनुमान मेरा विश्वास है, बल है, मेरी आशा तथा उत्साह है। हनुमान मेरा अत्यन्त प्रिय शिष्य है, वत्सल है।"

✦✦✦

रात्रि के अधबीच लक्ष्मण जाग उठे। देखा, श्री राम अपनी साथरी पर उठ बैठे हैं तथा पद्मासन पर ध्यानस्थ हैं। लक्ष्मण ने उस रमणीय-कमनीय घनश्याम देह को देखा। घनीभूत, ध्यानस्थ उनके कंज नयनों को निहारा तथा विशाल वक्षस्थल के घने श्याम केशों के उभार को भी घूर उठे। श्री राम ध्यानस्थ अपने अपार, असीम और अनन्त में लीन मानो लक्ष्मण के नयनों में आकर दिग्दिशाओं में मूढ़, शून्य में समा गये। लक्ष्मण को लगा, श्री राम चौदहों भुवनों और त्रैलोक्य में अपनी अन्तरात्मा को खोज रहे हैं। सीता! श्री राम अहर्निशि सीता को ही जैसे क्षितिज के पार तथा दिशाओं के शून्य में खोजते रहते थे, देखते–टोहते रहते थे। श्री राम की क्षुधा मन्द पड़ गयी थी। राम को नींद नहीं आती थी। निस्संदेह सीता, भगवती सीता, श्री राम की सच्ची अर्द्धांगिनी, जीवन संगिनी थी। लक्ष्मण को जैसे साक्षात् हुआ, श्री राम सीतामय है और सीता राममय है। आधी रात के सतार आकाश में लक्ष्मण स्वयं जैसे सनातन दिव्यतम श्री और स्नेह से पूर्ण प्रेम तथा पुण्य की श्री किसी नारी की खोज में लग गये। लक्ष्मण को लगा कोई दूर–दूर–सुदूर क्षितिज के पार उनको टटोल रहा है, याद कर रहा है– कोई उनके नाम को अन्तःकरण में जप रहा है। कोई उनको मूक ही मूक पुकार रही है। लक्ष्मण को लगा क्षितिज के पार से ताराओं की किरणों के सहारे कोई नारी मूर्ति दिव्याकृति धारण कर उभर रही है– कौन? लक्ष्मण मन ही मन पुकार उठे– "कौन?"

सतार आकाश के अनन्त क्षितिज की रेखा पर प्रकट वह नारी मूर्ति हँसी, मानो बोली– "मैं–और कौन?"

"तुम?"-लक्ष्मण मन ही मन चिहुँके– "तुम?"

"हाँ, मैं-क्यों?"– नारी छवि पुनः बोली– "पार्थिव देह तो अयोध्या के संगीन राजमहल के शयनकक्ष में सो रहा है। मैं तुमको खोजते हुए यहाँ तक आ पहुँची हूँ। ऋष्यमूक पर्वत पर तुम हो–यह समाचार मुझे माँ सुमित्रा ने सुनाया था। तब से तुमको ऋष्यमूक पर्वत पर टोह रही हूँ। हाँ.... प्राणनाथ! मैं उर्मिला।"

लक्ष्मण ने झुंझलाकर सिर हिलाया– "नहीं.... जाओ, अदृश्य हो जाओ। मत दिखो मुझे तुम। वनवास की अवधि की समाप्ति की अन्तिम अहर्निशि तक मैं...... मैं तुम्हारे लिए नहीं हूँ। नहीं........ उर्मिले! नहीं। सेवाधर्म परम् गहन है, सुना?"

"सुना.........।" दिव्याकृति मानो बोली– "सेवाधर्म से आत्मा का प्रेम धर्म और भी गहन है; विलक्षण है नाथ।"

"उर्मिला....." लक्ष्मण चिल्ला उठे।

सहसा श्री राम जाग्रतावस्था में झबकते हुए बोले– "कौन? उर्मिला क्या लक्ष्मण। वह देवी है, सती है, साध्वी है। वह...... वह सीता से भी बढ़चढ़ कर है। मेरा आशीर्वाद कहो लक्ष्मण।"

6

उर्मिला ने सुमित्रा जी के पाँव छुये और आँचल बिछाते हुए कहा– "जी, माँ।"
सुमित्रा जी ने उर्मिला को सहसा हृदय से चाँपते हुए कहा– "जीती रहो वत्सले! दिनभर अपने कक्ष में क्या करती रहती हो?"

उर्मिला ने सस्मित कहा– "पूजा और वाचन–पठन।"

सुमित्रा जी ने तनिक हँसते हुए कहा– "पूजा? किसकी?"

"और किसकी श्रद्धेया! आपके पूत की।" उर्मिला ने नयन नमाते हुए कहा– "सभी देवताओं की पूजाएं इनकी पूजा में बिला गई हैं। आप श्रीमती के पुत्र-रत्न सभी देवताओं के पूज्य मेरे समग्र आराध्य जो हो गये हैं। अवश्य उनकी पूजा कर मन को स्वस्थ, शान्त तथा निरन्तर आशावान रखती हूँ। वाचन भी करती हूँ। गुरुदेव ताड़पत्रों पर लिखित पोथियाँ भेज देते हैं। वही पूज्यपाद चाहते हैं, मैं पढ़ती रहूँ। उपनिषद् की श्रुतियाँ पढ़ती हूँ। उनपर यथाशक्ति चिन्तन भी करती हूँ।"

"श्रुतियों का पठन करती हो? तुम वत्सले!" सुमित्रा जी ने कहा– "तुम सभी श्रुतियों की एकमात्र श्रुति हो गयी हो। निस्संदेह मेरा यह पूत लक्ष्मण स्वभाव से तनिक क्रोधी, अमर्षपूर्ण तथा निर्मम व्यष्टि है– मुझे मानता है, कहता है– जो कुछ भी है, वह माँ है। मातृदेवो भव! माँ ही सब देवताओं की देव है– शिव नहीं; शिवा ही देवाधिदेव है। मैं उसे कहती रहती हूँ, संसार में माँ ही एकमात्र नहीं है, पिता है– भाई हैं, सगे-सम्बन्धी हैं, स्नेही तथा इष्ट मित्र हैं। पत्नी है–पत्नी जीवन-संगिनी है, परन्तु वह तो अपने धनुष की प्रत्यंचा को ही जानता है। अवश्य भाई को मानता है, किन्तु केवल श्री राम को। भरत को वह जैसे श्री राम के कारण मानता हो। शत्रुघ्न? ठीक है, भाई है...... बस।"

उर्मिला ने शान्त स्वर में कहा– "मेरे लिए तो वह परमेश्वर स्वरुप हैं– पति परमेश्वर।"

सुमित्रा ने ठहाका मारते हुए कहा– "लोग तो पंच को भी परमेश्वर कहते हैं– 'पंचपरमेश्वर'। मेरे तो पति जैसे पति था, रघुवंश के विख्यात चक्रवर्ती महाराज

दशरथ महारथी, पराक्रमांक दशरथ.... किन्तु मैंने उन्हें पति-जीवन-साथी ही माना, परमेश्वर नहीं। मनुष्य मनुष्य के लिए परमेश्वर कब हुआ? क्या हो सकता है?"

उर्मिला ने अपने सासू के तेजस्वी मुख-मण्डल को देखा और घूरते हुए कहा– "वे मेरे आर्य-पुत्र परमेश्वर हैं, तो परमेश्वर स्वरुप ही हैं। मुझे ऐसा भी भान होता रहता है, वे मेरी रक्षा करते हैं, मुझ पर दयालु हैं। उन्होंने मुझे अपने चरणों में स्थान दिया है– दे रखा है। श्री सीताराम के साथ वन चले जाने से क्या वे मुझसे दूर हो गये? नयनों से दूर तो अवश्य हैं, माँ! किन्तु अन्तःकरण से दूर नहीं हैं– हो नहीं सकते। वे मेरे अन्तरात्मा के धनुष हैं, शेष शक्ति हैं, अन्तरात्मा की मेरी ज्योति हैं। उनमे मेरा विश्वास इसी जन्म का नहीं है। वह जैसे मेरे जन्म-जन्मान्तरों से पति हैं– परमेश्वर हैं।"

सुमित्रा ने उर्मिला को सिर से पैर तक और पैर से सिर तक निहारते हुए कहा– "धन्य पुत्री! तूने हमारे ही नहीं समस्त इक्ष्वाकु वंश को और समूचे रघुकुल को आज तार दिया है। श्री राम की जय तेरी इस मूक-मौन तपस्या के कारण ही होगी।"

"मैं कहती हूँ, सीताजी मिलेगी!"– उर्मिला ने कहा– "दीदी को मैं बचपन से जानती हूँ। वह जैसे श्री राम के लिए ही जन्मी हैं। जनकपुरी की वाटिका में सीता ने राम को और श्री राम ने सीता को देखा, निहारा और जीव तथा ब्रह्म का तादात्म्य-अभय अभेद सध गया। वह अभय अभेद्य भावना ही प्रेम है, वेदान्त है, दर्शन है, माँ!"

सुमित्रा जी ने साश्चर्य पूछा– "वेदान्त? मुझे बताओगी?"

उर्मिला ने हँसते हुए कहा– "श्री रामजी हैं न..... वे ही वेदान्त पुरुष हैं। सभी ऋषि-महर्षि, ब्रह्मर्षि श्री राम को मर्यादा पुरुषोत्तम कहने लगे हैं। स्वयं परमात्मा श्री नारायण हरि विष्णु ही धर्म की ग्लानि मिटाने, गौ-ब्राह्मण तथा सन्त-सज्जन की रक्षार्थ धरा धाम पर अवतरे हैं। लोकगायकों के श्री राम-वन्दना के गीत आर्यावर्त के कोने-कोने में गूँजने लगे हैं। अपनी सहचरी वन्दना द्वारा कभी-कभी इनको मैं सुनती हूँ।"

सुमित्रा ने कहा– "तो कभी हमें भी सुनाओ, पुत्री!"

"अवश्यमेव, माँ मेरी!"– उर्मिला ने कहा– "वह मेरी इन आँसुओं में सदैव स्नान करते तथा मेरी स्मित से प्रसन्न निश्चिन्त होकर सीता–राम की सेवा में लगे रहते हैं– मुझे तथा आप सबको भूलकर–हाँ, माँ।"

"नहीं.... पुत्री! नहीं..." सुमित्रा जी चिहुँकी–चमकीं– "नहीं.... लक्ष्मण तुझे नहीं भुला– मुझे कैसे भूल सकता है भला! गर्भ में था–तब से उसे और वह मुझे जानता है। लक्ष्मण मेरे पयोधरों पर सदैव बना रहता है री! और तुझे वह भूल जायेगा? तेरे जैसी मूक साधिका–शान्त साध्वी और अत्यन्त आलोकित नारी–अपनी जीवन–संगिनी को वह कैसे भूल जायेगा? नर–नारी का विवाह सम्बन्ध अनिवार्य सम्बन्ध है– वह भुलाया नहीं जा सकता, तोड़ा नहीं जा सकता, समझी?"

"जी समझ गयी।"– उर्मिला ने कहा– "उनको अब लोग शेषनाग का अवतार कहने लगे हैं। अभी गुरुदेव वशिष्ठ जी कह रहे थे– रामजी विष्णु हैं तो वह आपके सपूत शेषनाग हैं।"

"तो तुम भी यह कहने लगी हो?"– सुमित्रा ने पूछ लिया।

"लोकमत पूज्ये"– उर्मिला ने कहा– "लोकमत और श्रुतिवाक्य समान हैं। इनका महत्व अटल है। इनका सत्य सर्वदा शिरोधार्य है। श्री रामजी तो स्पष्टतः असाधारण व्यष्टि हैं। प्रचण्ड और दुर्दान्त राक्षसों का अकेले हाथों जो संहार रामजी ने किया है, वह पराक्रम केवल ईश्वर का अवतार ही कर सकता है। ताड़का, खर–दूषण, मारीच तथा शूर्पणखा और शत–सहस्र, सहस्रशत राक्षसों को अकेले धराशायी कर मुस्कुरा उठना परमात्मा का मनुजावतार ही कर सकता है।"

"और लक्ष्मण–शेषावतार?" सुमित्रा जी ने रमुजपूर्वक पूछ लिया।

"वह? माँ? पति तो परमेश्वर ही है। उसका अवतार तो पूर्ण अवतार ही है। शेष के सहस्रों फनों की भांति वे उग्र रहते हैं– फुल्कार कर बाते करते हैं। महात्मा परशुराम को उन्होंने ही प्रथम बार सच–सच सुनाई थी। हाँ, माँ! सभी क्षत्रिय नरेश महात्मा परशुराम की छाया को देखते ही काँप जाया करते थे। महाराज चक्रवर्ती इक्ष्वाकुवंशी रघुराज दशरथ रथ में परशुराम के आने की सुनते ही पीले पड़ गये थे।"

सुमित्रा जी ने बीच में ही काटते हुए पूछा– "किसने कहा, यह तुझसे? क्यों तूने स्वयं देखा था?"

उर्मिला ने कहा– "नहीं–कहाँ से देखती? डोली में जो बन्द थी मैं। विवाह के बाद पति का मुँह भी तो अर्से बाद देखा था। किन्तु लोग कहते हैं, लोकगायक महात्मा परशुराम का महात्म्य गाते समय यह कहते हैं... गाते हैं कि महाराज दशरथ पीले हो गये।"

सुमित्रा जी ने तीव्र स्वर में पूछा– "लोग हैं। लोगों की जिह्वा पर विधाता का भी वश नहीं; किन्तु लोग क्या सदैव सत्य ही कहते हैं? सुनी–सुनाई कहते है लोग।"

"लोकमत माँ!" उर्मिला ने कहा– "लोकमत का समर्थन और प्रभु की कृपा बराबर है। विद्वान सत्य की शल्य चिकित्सा–सी करते हैं। मनीषी सत्य को जानने की चेष्टा कर स्वयं ही स्तब्ध हो जाता है। ऋषि, सत्य को देखते ही उसमें लीन हो जाता है। केवल लोक ही सत्य को वाणी के सभी अर्थों से छानकर अपनी बात के रूप में कहता है। किम्वदन्ती माँ, सत्य किम्वदन्ती में ही निवास करता है।"

सुमित्रा ने उर्मिला को निहारा; कहा– "तू तो स्वयं ऋषि की भांति बात करती है।"

"पिता जनक विदेह ने मुझे सिखाया है, पढ़ाया है।" उर्मिला ने कहा– "रामजी ने मुझे ज्ञान के प्रकाश की ओर धकेला है और आप श्रीमती ने मुझे सूली की सेज पर बिठा रखा है। उन्होंने मुझे वैराग्य प्रदान किया है। मैं दिखावट में रागी हूँ– रागिनी हूँ, किन्तु अब मन से वीतराग होने लगी हूँ।"

"क्या तात्पर्य तेरा, बेटी?" उर्मिला को घूरते हुए सुमित्रा जी ने पूछा।

"उनकी मूक प्रतीक्षा मुझे विरागिनी ही बना रही है माँ।" उर्मिला ने सजल नयनों से अपनी सासू को निहारते हुए कहा– "पूज्ये! ये प्राण थमते ही नहीं। काश! मुझे वे साथ ले जाते।"

"सीता ही इसके लिए यथेष्ट है।"– सुमित्रा जी ने कहा– "सीता–राम एक अभिन्न हैं। इनका रहस्यमय दिव्यतम अभेद प्रतीत होता है। दोनों जैसे अपलक पलकों से परस्पर देखते हैं। मन से घुले–मिले हैं– प्रेम का सजीव तादात्म्य हैं, सीता–राम! तुम पुत्री कुल–लक्ष्मी हो, वंश की श्रीमती हो। सीता? कुल देवता है।"

उर्मिला ने सुमित्रा जी को छूरते हुए कहा– "सभी पुत्रवधुएँ कुल देवता और कुल-लक्ष्मी दोनों ही हैं– होती हैं। दीदी निस्संदेह कुल देवता ही हैं। रामजी की जीवन–संगिनी होकर उन्होंने स्वेच्छा से कुल–लक्ष्मी का पद त्याग दिया है। हाँ,

माँ! हम तो अयोध्या के राजमन्दिरों की श्रृंगार हैं, शोभा हैं। हम अयोध्या के राजप्रासादों की कुल लक्ष्मियाँ ही रह गई हैं; वन देवियाँ नहीं। ठीक है।"

"इसमें आघात खाने की क्या आवश्यकता है, पुत्री?" सुमित्रा जी ने कहा– "लक्ष्मण राम नहीं हैं, तुम सीता नहीं हो। लक्ष्मण लक्ष्मण है, तुम तुम हो–मैं मैं हूँ। क्या मैं दीदी कौशल्या हो सकती हूँ– राम की जननी हो सकती हूँ? मैं लक्ष्मण की माँ हूँ और अपना धर्म–कर्म समझती हूँ। जन्मते ही मैंने लक्ष्मण को सीता–राम और दीदी कौशल्या की निःस्वार्थ सेवा के लिए ही तैयार किया था। मुझे पता था, लक्ष्मण रघुवंश के राज्य का सत्वाधिकारी नहीं है और न ही हो सकता है। अपने पुत्र के लिए राज्य प्राप्त करने के लिए मैं प्रतारणा कर नहीं सकती, पाप कर नहीं सकती। मैं पुण्य की शान्त अमोघ सुखद शक्ति में ही मानती आयी हूँ। जीवन का दिव्य शौर्य ही मैं जीवन का लक्ष्य मानती आयी हूँ। मैं अपने लिए नहीं; श्री राम, भरत, लक्ष्मण और शत्रुघ्न एवं तुम सब वधुओं के मंगल के लिए परमेश्वर से कामना करती हूँ। हाँ, यही अब मेरा एकान्त जीवन–लक्ष्य है– प्राणीमात्र के लिए परमेश्वर से मंगल माँगते रहना।"

"जगद्कल्याण?" उर्मिला ने सस्मित पूछा।

"यह तो श्री राम का काम है।" सुमित्रा जी ने कहा– "हाँ और क्या? जगद्कल्याण श्री राम ही कर सकता है। भरत भक्ति कर सकता है, लक्ष्मण दुष्टों का दलन कर सकता है, शत्रुघ्न शासन चला सकता है। किन्तु मैं माँ हूँ-मैं प्राणियों का मंगल ही चाह सकती हूँ, कर सकती हूं। रोग और शोक से प्राणी मात्र मुक्त होता रहे– अभय! पुत्री! प्राणियों को अभय चाहिये, मानवों को शान्ति और अभ्युदय चाहिये।"

उर्मिला ने सस्मित कहा– "आप श्रीमती निस्संदेह लक्ष्मी, कमला का अंशावतार ही प्रतीत होती हैं।"

"नहीं रे, बेटी!" सुमित्रा जी बोली– "मैं तो एक कृतज्ञ मानवी हूँ।"

✦✦✦

नन्दीग्राम में श्रीमती कौशल्या के सान्निध्य में वरिष्ठ और वरेण्य नागरिकों की सभा जुड़ी हुई थी। महर्षि वशिष्ठ द्रष्टावत् उपस्थित थे और मुख्य अतिथि स्वयं विदेह महाराज जनक थे। अयोध्या के रघुवंश की विख्यात राज्यपीठ के सभी स्तंभ सदस्यगण सुशोभित थे। समाचार था कि भगवती सीताजी की खोज आरम्भ हो

गयी है और तीनों दिशाओं में खोज करने पर भी सफलता प्राप्त नहीं हुई है। अभ्यस्त लोकगायकों के नायक ने अपनी चंग गगन में उठाकर गमकाते हुए गाया– “जब महाराज सुग्रीव वानर राजाधिराज ने सुना कि पूर्व दिशा रौंदने पर भी सीताजी की भाल नहीं मिली तो उनका मुख मण्डल विवर्ण हो गया। जब उस प्रतापी वानर नरेश ने मध्य दिशा में अपने चतुर वानरों की असफलता सुनी, तो उनकी आँखें स्थिर–विस्फारित सी हो गयीं। उत्तर दिशा में गूँजती हुई वानर– किलकारियाँ जब निराशावत् बन्द हो गयीं तो महाराज सुग्रीव को लगा, वह योग्य और पात्र नायक नहीं हैं। अटल निश्चयपूर्वक पुनः साहस बटोर कर वानर नरेश महाराज सुग्रीव ने अपने वरिष्ठ श्रेष्ठ वानर सामन्तों को दक्षिण दिशा की ओर भेजा है– “भगवती जगदम्बा स्वरुप सीताजी का पता लाओ या, या– मृत्युदण्ड के भागी बनो।”– लोकगायकों ने गीत उठा लिया। लोकगायकों के नायक का गम्भीर शीर्ण और कुछ प्लुत स्वर उठा– “हे महामात्य केसरी जी!” सुग्रीव बोले– “हमारी यह आज्ञा सब हमारे प्रिय आदरणीय सामन्तों को सुना दो। सीताजी हमारे मंहगे माननीय मित्र की धर्मपत्नी ही नहीं है, वानर जाति की महिलाओं की पूज्या भी हैं– हमारे लिए तो वह जगदम्बा स्वरुप ही हैं।” महामात्य केसरी जी ने महाराज सुग्रीव के वीर–धीर वरिष्ठ वानर श्रेष्ठ कुल दीपक सामन्तों से कहा– “सुना आपने? आपके महाराजाधिराज को सुना? यह श्री राम का काज है और आर्य–वानर मैत्री अटूट अखण्डता तथा श्री वृद्धि के लिए अनिवार्य धर्मयुद्ध है। सीताजी का अपहरण करने वाला दानव राक्षस, मानव-संस्कृति का बैरी– अधर्मी और व्यभिचारी– इस पुण्य शालिनी धरती पर जीवित रह ही कैसे सकता है?”

भरत बोल पड़े– “वाह वानर–रत्न केसरी, वाह! भाभीजी के लिए हम सब जो प्रतीत करते हैं, वह तो आपने प्रतिष्ठित किया है। भाभीजी सीताजी जगदम्बा स्वरुप हैं, महासती अग्नि रूपा इस धरित्री की दिव्य पुत्री हैं। राजराजेश्वर विदेह जनक की वह आत्ममति हैं।”

महाराजा जनक विदेह ने कहा– “परब्रह्म परमात्मा की वह वेदान्त मति है, मेरे लिए। विदेह? हां, वह जैसे मैं सीता की मंगल कामना से ही बन पाया हूँ। देह? नहीं... नहीं, महात्मा भरत! हम सब देह नहीं हैं, सच्चिदानन्द ज्योति हैं, ब्रह्म चैतन्य! देह तो अनिवार्यतः नश्वर है। अवश्य देह जीव जैसे निर्गुण–निराकार ब्रह्म चैतन्य का सगुण–साकार स्वरुप ही है।”

भरत ने नमनपूर्वक कहा– "लोकगायकों! भाभी श्रीमती श्रीमद् सीताजी की खोज के अद्वितीय पुरुषार्थ की वार्ता हमें और सुनाओ। हम सब जैसे इस पुनीत वार्ता से निर्मल हो रहे हैं, शान्ति– लाभ कर रहे हैं और हम सब जैसे स्वयं ही सीता–राम को नतमस्तक हो रहे हैं।"

लोकगायकों के नायक अपनी ने चांग गमकाते हुए कहा– "सीताजी क्या गईं, अदृश्य हुईं, उनको कोई दुर्दान्त दुष्ट दानव राक्षस हर ले गया तो जैसे महात्मा श्री राम आकुल–व्याकुल, विकल होकर उद्भ्रान्त विलाप ही करने लगे। झरणों से, नदियों से, मृगों से, वृक्ष लताओं से तथा वेलिओं से, मेघों से और पर्वतों की चोटियों से, दिशाओं के दिकों से पुकार–पुकार कर पूछने लगे– क्या सीता को देखा है? हे मृगों! क्या तुमने मृगनयनी सीता को देखा है? हे गजों! क्या तुमने गजगामिनी सीता को देखा है?– पेखा है, कमल के फूलोँ को निहारते ही श्री राम पूछने लगे मेरी प्राणेश्वरी वल्लभा, कंज नयनी, सरोजवदिनी सीता कहाँ है? घने गहरे और उमड़ते हुए मेघों से श्री राम पुकारकर कहने लगे–घने केश कलाप से सुष्ठ उमड़े हुए मेघों के मन्द–मन्थर उभार भरी मेरी प्रेयसी सीता को तुमने देखा है? कहते हैं– ऋष्यमूक पर्वत की सपाट–चोटी पर से उस दुष्ट दानव राक्षस का यान गया था और तब विवश और कुररी–विलाप करती हुई सीताजी ने अपने बहुमूल्य वस्त्र तथा आभूषण नीचे डाल कर चिल्लाकर कहा था– "श्री राम–वह मेरे प्राणाधार आएं तो यह वस्त्रभूषण उनको दे देना– उनको विश्वास हो जायेगा कि यह दुष्ट पामर मुझे असहाय अबला को उड़ा ले जा रहा है। हाय! मेरे प्राण क्यों नहीं निकल जाते!"

कौशल्या को लगा; उनके प्राण मुँह तक आ जाएंगे। सुमित्रा जी मन ही मन सहम गयी। उर्मिला चमकी, माण्डवी ने भरत को पलकों से घूरा तथा श्रुतकीर्ति ने कुछ अमर्षपूर्वक शत्रुघ्न की ओर देखा। लोकगायकों के स्वर ऊँचे हुए, बँधे तथा उमड़ते हुए से गमके। "ऋष्यमूक पर्वत पर बैठे कुछ वानरों ने मेघयान जैसे उस यान को तीव्रतम गति से उड़ जाते और सहसा मेघों में अदृश्य हो जाते हुए देखा और सिर धुनाकर रह गये। सीताजी का कुररी–विलाप उनके कर्ण–कुहरों में गूँजता रहा। राम! राम! कहाँ हो? मैं क्या करूँ? मैं विवश, दीन–हीन, अबला, क्या करूँ? राम! हे मेरे राम!"

महाराज विदेह ने सिर धुनाया और कहा– "सीते! पुत्री! शान्त..... तुम धरती की पुत्री हो– धैर्य सीते! तेरे प्राणेश्वर राम और मेरे सगुण ब्रह्मवत् राम अवश्य तेरी पुकार सुनेंगे। अवश्यमेव पुत्री!"

शत्रुघ्न ने पुकारकर कहा– "हो गया। अब बस–जब उत्तर मध्य और पूर्व दिशाओं में सीताजी नहीं मिलीं तो फिर दक्षिण दिशा में क्या हुआ?"

लोकगायकों के नायक ने कहा– "तब महाराजा सुग्रीव निराश हो गये। वे हत्प्रभ हो गये– मानो पूर्णिमा के चन्द्रमा को ग्रहण लग गया हो। किन्तु उन्होंने अपराजित धैर्यपूर्वक सोचा और किष्किन्धा को आशंकाग्रस्त करते हुए भी उन मतिमान वानराधीश ने अपने श्रेष्ठ वरिष्ठतम सामन्तों को 'करो या मरो' आज्ञा देकर सती, महासती सीताजी की भाल लाने भेज दिया। धरती पर जैसे उड़ता चलता हो, वैसा वानर वीरवर द्विवर गया, गयन गया। समुद्र को बाँध देने वाले महावानर नल और नील भी तपाक् से गये। गद, विकटास्य और दधिमुख अपनी–अपनी अजेय गदाओं को अपने कन्धों पर हचमचाते हुए गये। पुराण पुरुष से रिच्छपति जाम्बुवन्त भी कटि को हाथ में थामते हुए गये– वानर महाराज्य का महाराज सुग्रीव के पश्चात् अभिषक्य राजपुरुष अंगद भी अपने अटल पैरों को मानो टलता हुआ हनुमान के पीछे–पीछे चला और हनुमान? अंजनासुनु, केसरीनन्दन, रामदृष्ट हनुमान–वानरों का अधीश और अतुलित बलधाम हनुमान!"

भरत चिहुँके– "हनुमान? वह..... वह तो भगवान शिव के साथ श्री राम दर्शन के लिए बालपन में अयोध्या आया था– वह क्या?"

लोकगायकों के नायक ने चांग गमकाई–धमकाई और उछल–उछल कर नृत्य की लहर लेते हुए कहा– "वही....... वही केसरीनन्दन आंजनेय हनुमान पर्वतों को पैरों की एड़ी धँसा कर नीचे लुढ़का देने के लिए समर्थ, छलांगों में सघन वनों को पार कर सकने तथा जल–थल और आकाश में गतिवान हनुमान, श्री राम का अनन्य भक्त हनुमान!"

"हनुमान शब्द ध्वनि नन्दीग्राम के गगन मण्डल को मथकर व्योम–व्योम होती हुई स्वयं विभोर सी वह आकाश के अनाहत् शब्द में विलीन होकर निःशब्द हो गयी। हनुमान शब्द ही जैसे पूर्ण–परिपूर्ण शब्द ध्वनि थी, वैखरी थी, परा थी, पश्यन्ति थी, समग्र और समस्त मातृकाओं से सम्पूर्ण महामंत्र का राम बीज थी। राम शब्द ही जैसे हनुमान शब्द ध्वनि में लहर–विहर उठा था।" महाराज जनक

ने कहा– "निस्संदेह मैं भगवद् हनुमान का दर्शन करना चाहता हूँ। हाँ, श्री राम के दर्शन कर मेरे संशय कट गये। सगुण–निर्गुण ब्रह्म का रहस्य स्पष्ट हो गया। स्वयं भगवान परशुराम जी ने श्री राम का ध्यान करते ही, विष्णु धनुष के भंग होते ही जैसे राम रूप सगुण परमात्मा को ही देखा– साक्षात्कार जैसे।"

भरत ने कहा– "भगवान परशुराम अब एक अक्षय, दिव्य तथा सात्विक भय उत्पन्न करने वाली स्मृति मात्र हैं। हाँ, हैं– श्री राम के साक्षात्कार के बाद किसी भी भांति का अहम् शेष रह सकता नहीं। मैं–हाँ, मेरा अहम् भी सीता–राम के दर्शन करते ही मानो छिन्न–विच्छिन्न हो गया है, रुदनशील विषाद से भर गया हूँ, पूज्य! अब यह मन, बुद्धि और चित्त सृष्टि में लगते नहीं। जगत राम बिन सुना है, श्रद्धेय!"

"धन्य भरत! धन्य!"– विदेह जनक ने कहा– "सबकी साक्षी से मैं तब तुम्हारा ही दर्शन करता हूँ। राम और तुम में अभिन्न तादात्म्य है– अभेद है। तुम अभय हो–मानव के समस्त समर्पण की परिपूर्ण चेतना हो–हाँ, सुमित्रानन्दन भरत।"

भरत ने विदेह जनक को प्रणामपूर्वक कहा– "मैं.... मैं तो सीता–राम का अपराधी एक दीन मानव हूँ। सब प्राप्त है, पर माता की मंगलजन्य ममता मुझे प्राप्त नहीं हुई। माँ ने मुझे राजपुत्र ही माना–समझा और मुझे कौशल का दिव्य राजसिंहासन प्राप्त हो– इसके लिए मेरे पिता को धर्मसंकट में डाला। राम वनवास–श्री सीताराम का वनवास इक्ष्वाकु वंश की कभी नहीं मिटने वाली आर्त वार्ता है-रहेगी। यावद्चन्द्र दिवाकरों श्री राम–वन–गमन सन्तों को आर्द्रचित करता रहेगा, सज्जनों को कृतज्ञ करता रहेगा, गौ–ब्राह्मणों को आभारी बनाता रहेगा– धरती को कृतज्ञ और आकाश को चिर ऋणी करता रहेगा।"

विदेह जनक ने सिर हिला–हिलाकर कहा– "सच है, महात्मा मेरे! सीता–राम का वनवास चिरकाल तक कवियों के लिए शाश्वत प्रेरणा की आरण्यक वार्ता बनी रहेगी। राम! सीता? स्वयं ही काव्य होते गये हैं। इतना धैर्य, ऐसी वीरता, ऐसा पराक्रम, ऐसा कष्ट–सहन, इतना संयम और यह– यह उपरति! निस्संदेह श्री राम वेदान्त के राम हैं जिनको योगी ध्यानस्थ देखते हैं। हाँ–तो लोकगायकों! सीता–राम को पुनीत कर वनवास तथा सीताहरण के पश्चात् रघुकुलमणि श्री राम का सीता–विलाप एवं भाई लक्ष्मण का अटल पवित्र अमर्ष–श्री राम के साथ–साथ दुर्गम मार्गों से होते हुए, राक्षसों की माया को छिन्न–भिन्न करते हुए ऋष्यमूक पर्वत तक पहुँचना....।"

शत्रुघ्न ने बीच ही में कहा– "... और हनुमान का मिलना। वाह! हनुमन्ते! एक बार आपको देखने को जी कर रहा है। आज्ञा हो तो ऋष्यमूक पर्वत पर जाऊँ?"

भरत ने कहा– "कौशल महाराज्य और उसकी प्रजा का क्या होगा? श्री राम–लक्ष्मण समर्थ हैं, वानर उनके साथ हैं। मेरी अन्तरात्मा कहती है– त्रिलोक की विजय उनके लिए सुगम है।"

"सीता राम को अवश्य मिलेंगी।"– विदेह ने कहा– "हाँ गायकों! सीता–राम कथा सुनाओ – इन कानों को पवित्र होने दो, मन को धीरज होने दो, चित्त को निर्मल और बुद्धि को शान्त होने दो। राम! तुम..... तुम आह...... यह वेदना अब सह्य नहीं है भरत–शत्रुघ्न!"

तभी सीता–राम की जय! की गगनभेदी ध्वनि उठी और लोकगायकों ने नाचते हुए गाना आरम्भ किया– "महाराजा सुग्रीव ने अटल राजाज्ञा सुनायी– दक्षिण दिशा को खून्द दो–रौंद दो–पर्वतों को फोड़ दो–घने कान्तारों और प्रान्तरों को मेट दो। देखो, सूँघो, भालो, घूर–घूर कर निहारो– भगवती सीता जी हैं, या नहीं। निश्चय ही वह भगवती श्री राम के हृदयाकाश में ही जैसे छिप गई है। असीम और विशाल सागर के इस पार पक्षियों का राज्य है; रिच्छों की वीर जातियाँ रहती हैं। सीताजी की खोज के लिए इनकी सहायता लो; किन्तु सावधान! राक्षसों की माया के प्रति सावधान रहो और भगवती को खोजो। हे जाम्बुवन्त! तुम वृद्ध हो तो क्या हुआ? श्री राम–लक्ष्मण के प्रति तुम्हारी भावना बड़ी प्रबल है। धीरे–धीरे ही सही, किन्तु अपने श्रेष्ठ वानर साथियों का मार्गदर्शन करो। अंगद! युवराज! वानरों के भावी अधीश! तुम्हारे मरणोन्मुख पिता महान बालि ने तुम्हारा हाथ मरते हुए भी श्री राम के हाथों में दिया है। अब तुम रामवल्लभा की खोज में लग जाओ। सीताजी की भाल के साथ–साथ तुम्हें कीर्ति मिलेगी। श्री राम की मुखर–मुखर प्रसन्नता प्राप्त होगी। हे श्रेष्ठ वानर सामन्तों! हे नल–नील! सीता बाह्य चक्षुओं से ही नहीं, मन की आँखों से भी आन्तरिक तथा द्लोक में भी खोजो–खोजो। हे वीर श्रेष्ठ! अतुलित बलधाम हनुमान! जागो–राम के काज के लिए जागो।"

विशाल मेदिनी सुनती रही। सीताजी की खोज का गान होता रहा–गमकता रहा–गूँजता रहा–गाजता रहा।

❖❖❖

एकान्त में महाराजा जनक, विदेह ने भरत को सम्बोधित करते हुए कहा–
"सीता की चिन्ता मेरे अन्तःकरण के गहन में सुलग रही है। अवश्य सीता के
आत्मविश्वास तथा सत्-शक्ति में मेरा अटल विश्वास रहा है। न जाने कौन उसे हर
ले गया है? कहाँ? सीता की श्री राम से विलग होने पर जो स्थिति हो सकती है,
उसकी कल्पना में कर सकता हूं मैं जैसे सम-दर्शन त्याग कर जीवन के विषम
में सहसा डूब रहा हूँ। भरत, महात्मा मेरे! सीता कहाँ होगी?"

भरत ने सिर धुनाया, कहा– "निस्संदेह रावण-रावण ही भगवती भाभी को
धोखा देकर हर ले गया है।"

विदेह ने कहा-"यही, यही! मेरा मन भी यही कह रहा है। सीता को कोई
प्रलोभन छू नहीं सकता। सीता पराभूत हो जायेगी किन्तु आततायी के वशीभूत
स्वयं से ही नहीं हो सकती। माया-मोहित हो गई, मेरी सीता, मेरी वत्सला।"

शत्रुघ्न ने कहा– "भगवती सीताजी माँ के समान हैं। वे रघुकुल का गर्व हैं,
गौरव हैं। श्री राम के एक पत्नीव्रत की वे अधिष्ठात्री देवता हैं। हरण कर कोई क्या
बिगाड़ लेगा। अग्नि स्वरूपा भाभी श्री कलुष मात्र को भस्म कर देगी।"

विदेह ने विश्वास रखते हुए कहा– "अवश्यमेव! किन्तु इस समय तो सीता
घोर संकट में हैं। सतत् पश्चाताप की वेदना में वह दहक रही हैं। न जाने मेरे किन
पूर्व पापों के भोग सीता भोग रही है।"

भरत ने विदेह को प्रणाम करते हुए कहा– "ऐसा मत कहें– ऐसा नहीं है।
प्रारब्ध तो जीव के ही इच्छित कर्मों और उनके संस्कारों का माया जाल है। फिर
भगवती भाभी का क्या प्रारब्ध हो सकता है– नहीं।"

"जो जन्मता है और मरता है– उस जीव का संचित क्रियमाण एवं प्रारब्ध
होता ही है। क्रियमाण प्रारब्ध की ही विधाता निर्दिष्ट गतिविधि है। अवश्य सीता
का प्रारब्ध-इस भव का प्रारब्ध इतना और ऐसा शोक प्राप्त करना है। विवाह
होते ही हमारे राम को वैराग्य-विषाद् उत्पन्न हो गया। तीर्थाटन को क्या गये,
संसार ही व्यर्थ लगने लगा। राम की यह दशा निस्संदेह संशक है। महर्षि वशिष्ठ
ने वेदान्त वार्ता सुनाकर राम का यह विषादपूर्ण वीतराग, प्रश्न दूर किया। महर्षि
ने स्वयं मुझे श्री राम की इस उदासीनता की मार्मिक कहानी कही है। मैंने ही तब
सीता को इंगित किया कि तेरे रामजी तो जोगी हैं। इनको पकड़–अपने रूप से

सम्मोहित किये रह। प्रकृति पुरुष को अपने रूप श्रृंगार से ही तो स्वयं में प्रवृत्त–अनुरक्त रखती है। सीता जैसे मूल प्रकृति हो, राम पुरुष हो।"

"सांख्य के प्रकृति पुरुष?"– भरत ने रमुजपूर्वक पूछा– "अंधी प्रकृति तथा लंगड़ा पुरुष?" विदेह ने सस्मित पूछा– "वेदान्त इस उदाहरण को क्या स्वीकार करता है? मुझे ज्ञात है– वेदान्त भीति– अभीति, भेद और अभेद की बात करता है सगुण–निर्गुण आदि भ्रमों से दूर वेदान्त केवल एक सनातन, अनादि, अज, निर्विकार, निर्विकल्प, निराकार सच्चिदानन्द रूप ब्रह्म परम सत् को ही मानता है, कहता है, बताता है। मानव योनि स्त्री–पुरुष के भीति मात्र त्यागकर अभिन्न अभेद अनुभव करने तथा परम् सत्य की अमृतमयी अभिलाषा करते रहने के लिए ही है। मानव परम् सुख का पुरुषार्थी और परम् सत्य का योगी है।"

भरत ने विदेह को अपलक निहारा। श्याम–श्वेत पंचकेशी का आभामय उभार–लटों की सूक्ष्म जटाओं की उमड़। भव्य उन्नत भाल और मध्यम घनी भुरभुरी श्याम भौंहें– प्रलम्ब स्वर्ण कान्ति से भरी नासिका और अनासक्त अधर–शान्त आलोक से भरा दिव्य देदीप्यमान मुख–मण्डल। भरत क्षण भर के लिए विदेह के मुख मण्डल की अकथनीय दीप्ति में मानो अनन्त की ओर डुल गये। विदेह के शान्त–अपलक से बड़रे नयनों की अतल गहराइयों के निस्सीम अथाह में भरत मानो सहसा डूब गये। भरत को लगा, साक्षात् वैराग्य समदर्शन की अचल मुद्रा में उनके समक्ष उपस्थित है। राजसी ठाठों से घिरे, ऐश्वर्य से मण्डित, कलाओं से सुन्दर और विवेक से शिव, विदेह राजा जनक मानो जीवन की रणभूमि के कार्यक्षेत्र में स्थित थे भी और नहीं भी। भरत को लगा वह निर्गुण निराकार ब्रह्म की बहुस्याम जिजीविषा के अतल वैराग्य का ही यों शान्त अविचल तटस्थ तथा दृश्य स्वरूप मानव... मूर्ति के स्वरुप में देख रहे हैं। श्रीराम–पादुका को निर्निमेष देखते हुए भरत विदेह को घूर–घूर कर निहारते रहे। भरत को लगा एक ऐसी देह छवि सन्मुख उपविष्ट है जिसका बिन्द–बिन्द अनन्त में प्रतिलव अन्तर्ध्यान– सा हो रहा है, लय ले रहा है, विलीन हो रहा है, विदेह राजा जनक जैसे उन्तीस तत्वों तथा पंचभूतों की पंचीकृत रहस्यमयी दिव्य–दिव्यातीत दिव्य छवि है। सनातन अनादि किन्तु आदियों और अन्तों तथा पुनर्भवों के आगार की भांति...... समूचे काल से संचित तथा प्रलयकल्प के आदि अन्तों सहित कोई गूढ़ चिदात्मा उनके सामने है जो जगत को देखता है, सृष्टि को स्पर्श करता है जो इच्छा करता एवं कर्म भी करता है तथा जो संसार में जीता है किन्तु क्या विदेह

राजा जनक शरीर का अनुभव करते हैं? क्या वह जगत और उसकी सृष्टियों में उलझते हैं? इतना राजसी ऐश्वर्य-सम्पन्न राज गृहस्थ पाने पर भी यह दिव्य देह, जैसे अत्यन्त दीन है– दैन्य की मूर्ति है। राजा जनक रिक्त, रहित द्वारा नहीं लगते। सभी सम्बन्धों के साथ सम्बन्ध लगते हुए भी नितान्त असम्बन्धित लगते हैं। उनके बड़रे नयनों में संसार तैरता रहता है, जगत नाचता रहता है तथा वह स्वयं प्रतिलव अपनी आकृति को मिटाकर सच्चिदानन्द चैतन्य के अनन्त, अगाध, अपार में लीन हो जाना चाहते हैं। भरत ने निश्वास रखा, कहा– "मानव! जी हां! परम् सुख स्वर्ग में पा ले, या फिर परम् सत्य को प्राप्त कर ले– मोक्ष। मुझे भी यह–यह सब नहीं जंचता। पृथ्वी पर दो ही तो हैं-राज्य और राम। मुझे राज्य नहीं राम चाहिए। परम् धाम में मैं चिर-चिरन्तन के लिए राम के साथ, पास, सम्मुख सेवक की भांति बना रहना चाहता हूँ। यह भव तो एक प्रकार से अपने तट पर लग रहा है। राम के चरणों में ही मेरे इस भव के तट हैं। आर्या माण्डवी इसे सराहती हुई भी जैसे समझती नहीं हैं। राम तो समर्थ हैं सीता जी को साथ रख सकते हैं– मैं नहीं। मैं तो आर्या कौशल्या जी जैसी माँ की कोख से जब तक नहीं जन्मूं, तब तक मैं एक पतित मानव हूँ, दयनीय, पूज्य! हाँ, मैं श्री राम के चरणों की सौगन्ध खाकर कहता हूँ।"

विदेह ने तनिक अमर्ष भरे स्वर में कहा– "प्रत्येक जननी की कोख ब्रह्म–योनि की ही कुक्षी है– पवित्र, पुनीत तथा अमोघ संजीवनी से भरपूर माँ का उदर जगत का विश्राम स्थल तथा सृष्टि के चिद्विलासी सृजन का महाबीज है। जननी का उदर प्रभु के परम् धाम से भी उदात्त है, उत्तमोत्तम है– पवित्र से भी पुनीत तथा पुण्यों का भी श्रेयधाम है। श्रीमती कैकई जैसी विदुषी, शूरवीर, नीतिज्ञ तथा राजनयिक सेनानी जननी बड़े भाग्य से मिलती है। ये उन्हीं का प्रताप है, जो मैं आपको महात्मा कह रहा हूँ, श्रेय की मूर्ति तथा धर्म का विभु ही अनुभव करता हूँ। भरत, नहीं–जब तक माता कैकई का पूजन नहीं करोगे, तुम्हारी आशा सफल नहीं होगी। माता कैकई ही श्री राम को अयोध्या वापस लाएंगी– तुम नहीं, हम नहीं, माता कौशल्या भी नहीं।"

"नहीं..." भरत चिल्लाए– "मैं–मैं लाऊँगा राम को अयोध्या वापस। मेरे कारण ही वनवास राम भोग रहे हैं। माँ कैकई तो राजमन्दिरों में सुशोभित हो रही हैं। वन में तो भाभी सीता हैं और आज तो वह जगदम्बा घोर कष्ट में पड़ गयी हैं।

विधाता तूने क्या सोचा है फिर? एक बार तूने राम को वन और मुझे राज देने की सोची थी और अब? सीताहरण करवा कर, अब? क्या, विधाते!"

विधाता?"– शत्रुघ्न ने उच्छवास के साथ कहा– "यह सब हमारे कर्मों का ही स्वाभाविक परिणाम प्रतीत होता है। जैसी इच्छा–वैसा कर्म और जैसा कर्म–वैसा भोग तो हम भोग रहे है। श्री रामजी के लिए वनवास तथा राजमन्दिरवास एक जैसा है। उलटे वह अरण्य में वे अधिक प्रसन्न प्रतीत हुए हैं। चित्रकूट में मैंने-हमने सबने देखा–श्री राम चिर प्रसन्न थे। अवश्य पिताश्री के स्वर्ग सिधारने का सुनकर उनको विषाद हुआ। किन्तु पिताश्री की मृत्यु ने उनको विचलित नहीं किया– नहीं। उलटा उनको अधिक शान्त, गम्भीर और तटस्थ बना दिया। राजसिंहासन की ओर देखा तक नहीं। इसीलिए श्री रामजी नहीं, उनके वनवास का दुःख तो भाई श्री भरत ही भोग रहे हैं, हाँ–देखिये न पूज्य, महात्मा भरत कृशकाय हो गये हैं और हमारी भाभी श्रीमती माण्डवी मन ही मन घुलती रहती हैं।"

सहसा विदेह ने पूछा– "क्यों? क्या यहाँ पर महात्मा भरत अकेले ही रहते हैं?"

भरत ने शान्त स्वर में कहा– "हाँ प्रभु की पादुकाओं की रक्षा, पूजा तथा श्री राम– पादुकाओं के राज्य के संचालन के लिए मुझे उपरत होना ही था। एकान्त नहीं, उपरत विजनता मुझे चाहिये। जब तक श्री राम वन में हैं, तब तक मैं कुछ भी जैसे स्पर्श कर नहीं सकता– खा नहीं सकता, पी नहीं सकता, पहन नहीं सकता। यह तापसी वेश भी मुझे जैसे अचकचा रहा है।"

"किन्तु क्या आपने गृहस्थ को ही त्याग दिया है?" विदेह ने पूछा– "महात्मा भरत! श्री राम का यह वनवास पृथ्वी की अवधि की घटनाओं में सर्वोदात्त घटना है। जगत में सभी देवों तथा सृष्टि के पितृओं की यह इच्छा थी कि श्री राम वन में जाएं तथा अपने सरोज नयनों से देखें कि राक्षसों के अत्याचारों की कोई सीमा नहीं है। ऋषि-मुनियों की हड्डियों के ढेरों से वन के कान्तार ठठे हुए हैं। राक्षसों की माया के पाशों से मानव को मुक्त करना हम क्षत्रियों के बस की बात नहीं थी। आर्य जाति का क्षत्रिय वह तो परशुराम ने काट कर रख दिया था। तभी तो अयोध्या से तनिक ही दूर चित्रकूट में राक्षसों का जनस्थान स्थापित हो गया और हमें पता ही नहीं चला। तभी से ऋषि-मुनियों के यज्ञ मण्डप सूने हो गये। वेद मन्त्र स्वयं थरथराकर अन्तर्ध्यान हो गये–लुप्त। यज्ञ वेदियाँ रुधिर तथा माँस मज्जा

से भर गयीं और तभी स्वयं राम को ही आना पड़ा। राम–श्री राम केवल देह से अपने सम्बन्धी लगते हैं, परन्तु मैं पूछता हूँ कि क्या श्री राम किसी के सम्बन्धी हैं भी? सभी प्राणियों के वे बन्धु हैं, सभी जीवों के वह त्राता हैं, सभी जातियों के वे रक्षक हैं। वानरों से मैत्री श्री राम ही कर सकते हैं। किसी को सूझी भी थी क्या कि आर्य सभ्यता तथा संस्कृति को सुरक्षित एवं सफल–धन्य करने तथा पृथ्वी पर वैदिक वर्णाश्रम धर्म के धारण, पोषण तथा भरण के लिए अरण्य प्रजाओं का आर्य संस्कार अनिवार्य हो गया है। श्री राम ने ही इस सूक्ष्म एवं गहन तथ्य को देखा। आज दिवस तक हम आर्य अभिजात्यों ने अरण्य की प्रजाओं से सेवा ही ली है। उनको अपने समान मानकर वर्णाश्रम धर्म के अन्तर्गत–अधीन लोक नहीं माना। तब आर्य संस्कृति अरण्य के यज्ञों की ऋषि–मुनियों की संस्कृति है।"

"जी!" शत्रुघ्न ने कहा– "यह सत्य है, पूज्य!"

"कटुसत्य......" विदेह बोले।

7

राजा जनक ने नन्दीग्राम में आयोजित ऋषि–मुनि तथा आर्य क्षत्रियों के विशिष्ट गणों की सभा में उद्बोधन ही दिया– "पूज्य ऋषियों, आदरणीय मुनियों, मानवीय क्षत्रियों! श्री राम–पादुका के राज्य में हम नन्दीग्राम धाम में मिलकर अपने ही अन्तःकरण में देखना चाहते हैं। धीरे–धीरे ही सही, क्रमशः यह कटुसत्य है कि आर्य विश्रृंखल होते गये। उनका वैदिक वर्णाश्रम धर्म विषम होता गया। मानव जीवन का समदर्शन ही लुप्त होता चला गया। यज्ञों की आर्य संस्कृति जैसे जीर्ण होती गयी; अन्यथा इन आततायियों, अधर्मी तथा अत्याचारी राक्षसों का यह रक्त–रंजित सतत् आक्रमण सफल नहीं होता। यज्ञ मण्डप का ध्वंस आर्यों के समूचे समाज का ही ध्वंस है। यज्ञ–वेदी की पवित्र वह्नि– ज्वालाओं का रक्तधारा से बुझ जाना, समूची मानव जाति के दिव्य भाग का ही अस्त हो जाना है। अमृताभिलाषी तथा परम् ब्रह्म के नित्य सच्चिदानन्द में अगाध विश्वास करने वाली आर्य–जाति का ही क्रमशः समाप्त हो जाना है। मैं सादर–सविनय पूछता हूँ राक्षस का यों सफल हो जाना किस के दोष के कारण सम्भव हुआ? हमारे आर्य क्षत्रियों के शौर्य के बुझ जाने से ही ये दैत्य राक्षस पवित्र ऋषि मुनियों की हत्या कर सके। जाति के सामूहिक असामर्थ्य, अशक्ति, परास्त शौर्य का अधम दण्ड जाति के सन्तों, सज्जनों, प्रजाजनों को ही उठाना पड़ता है– भोगना पड़ता है। चित्रकूट से लेकर दण्डकारण्य तक पड़े ऋषि–मुनियों की हड्डियों के ढेर मेरे इस अत्यन्त कटुवचन के प्रमाण हैं। मैं स्वयं अपने को इस घोर स्थिति का निष्क्रिय दृष्टा मानता हूँ। श्री राम की धनुष–टंकार ने मेरी निद्राधीन आँखें खोलीं। भगवान परशुराम का विष्णु धनुष जिस दिन श्री राम ने खेल-खेल में तोड़ दिया, उस दिन मैं इस जगत की जागृति में आ उतरा। जगत पीड़ित है, प्राणीमात्र भयभीत है तथा विश्व की सदाशयी और शान्त प्रजाएं दुःखी हैं तो कोई योग सध्य नहीं सकता। कोई सिद्धि प्राप्त की नहीं जाती– नहीं। प्रजा पीड़ित है, भयत्रस्त है, अनाथ है। फिर कोई राजसिंहासन पृथ्वी पर गड़ा नहीं रह सकता। राज्य प्रजा के रंजन के लिए ही है। संभृत, सन्तुष्ट, धर्मावलम्बी तथा शान्ति और न्याय चाहने वाली प्रजा के विश्वास से ही राज्य उद्भवित होता है– स्थापित होता है तथा स्थापित रहता है। आज के इस आर्य संस्कृति के घोर संकट का यही तात्पर्य है।

राम–राज्य के उद्भव के बिना पृथ्वी पर सत्य, न्याय, शान्ति तथा धर्मधारण किया ही नहीं जा सकता।"

मन्त्र–मुग्ध सब विदेह को सुनने लगे। विदेह जनक का जलद–गम्भीर शान्त किन्तु ओजस्वी स्वर गगन में पुनः–पुनः गूँजने लगा– "आज मानव के परित्राण, उद्धार तथा उत्कर्ष के समूचे भविष्य का प्रश्न खड़ा हो गया है। भयभीत नहीं, अभय से भरे अमृताकांक्षी मानव के भाग्य की दिव्य स्थिति की समस्या हमारे समक्ष है। पृथ्वी का भाग्य मानव के भाग्य में निहित है। विश्व का मानव के अभय मन से धर्म–धारण एवं पालन निहित है। अधर्मी, अत्याचारी, दानव मानव कभी स्वयं सुखी नहीं हो सकता और न उसकी सत्ता से पृथ्वी को सुखी कर सकता है। चरित्र सत्ता का, शील समाज का, दैन्य वर्ण का, ओजस वंश तथा तेजस कुल का। ऋषियों–मुनियों! यह वह काल घड़ी है, जब आप सब पूज्यों को शाश्वत सत्य की ज्योति का पुनः साक्षात्कार करना है। मैं दृढ़तापूर्वक कहता हूँ– सत्य ही था, सत्य ही है– सच्चिदानन्द।"

"सच्चिदानन्द...." ध्वनि उठी। ऋषि–मुनियों के नयन स्वयं ही उन्मीलित होने लगे। राजा जनक ने पुनः कहा– "परमात्मा, सच्चिदानन्द ब्रह्म का अत्यन्त प्रिय कार्य पृथ्वी पर मानव को दारिद्रय, दुःख और भय से रहित करना तथा शान्ति, अभय और न्याय प्रदान करना है। परमेश्वर की यही व्यवहारिक सत्ता है। यह अखिल–निखिल जगत न्याय–सद् है, आदियों का अनादि तथा आदि– अन्तों का यह सनातन रूप–अपार जगत दिव्यतम न्याय–बुद्धि से ओत–प्रोत, पूर्ण तथा परिपूर्ण है। इस जगत में सभी अभिव्यक्तियाँ स्वयं और परस्पर न्याय पूर्वक हैं। सत् बोध, अर्थ और तात्पर्य यह न्याय धर्मिता ही है। ईश्वर का न्याय ही है; सत्–सद् है; धर्म है, मृत्युंजय जीवन–विश्वास है। रूपों के सिन्धुओं की परिपूर्ण जगती, नामों की विचित्र, दिव्य, विलक्षण सृष्टियों, भवयोनियों से मुखर हैं। नाम? चिद्–सत्– चित् नाम रूप है, हाँ। सगुण ब्रह्म चैतन्य नाम–रूपों में स्वयं ही अभिव्यक्त हो रहा है– होता है–एकोऽहम बहुस्यामि। ब्रह्म की यह बहुस्याम जिजीविषा न्याय की, सद् की, चिद् की, आनन्द की जिजीविषा ही है। जब इस सच्चिदानन्द चैतन्य का लोप हो जाता है। तब परमात्मा जैसे स्वयं अपनी योग–निद्रा से जागता है और अवतार धारण कर जगत का कल्याण और सृष्टि का उद्धार करता है– यही रामत्व है। मुझे ज्ञात हो गया है, मेरे कहने को मेरे जामातृ वास्तव में तो पुरुषोत्तम चतुर्भुज का ही मनुजावतार हैं और लक्ष्मण,

भरत, शत्रुघ्न–यह सब उसी अगाध परम्परा सच्चिदानन्द राम–चैतन्य की तरंगे हैं– अंश हैं। अतः श्री राम की अन्ततोगत्वा विजय के लिए ऋषियों! मुनियों! यज्ञों में सतत् आहुतियों की आवश्यकता है। सीता–वियोग से राम हत्प्रभ व निराश न हो जायं और दुष्टों का दलन वे पूर्ववत् अपूर्व उत्साह से करें– इसके लिए समस्त आर्यावर्त में यज्ञ मण्डप, वेदियों की पवित्र–वह्नियों से जगमगाने चाहिए और वेद मन्त्रों की ध्वनियों द्वारा गगन व्योम तथा परमेष्ठी त्रैलोक्य पुनः संजीवनी से भर जानी चाहिये। देवताओं को प्रसन्न कर श्री राम–विजय के लिए प्रार्थना वह कर सकें– सुर राम को आशीर्वाद दे सकें तथा सीता, मेरी प्राणोपम वत्सला उनको योगक्षेमपूर्वक पुनः प्राप्त हो सके– राम पुनः अयोध्या अपनी इच्छा से प्रसन्नतापूर्वक लौटें। इसके लिए यज्ञों की सतत् जागृति आवश्यक है।"

भरत ने सहसा उत्ताल स्वर में कहा– "श्री राम सीताजी और लक्ष्मण सहित सकुशल वनवास की घोर अवधि समाप्त कर लौट आएं– यही मेरे इस भव तथा यदि है तो आने वाले सभी भवों का एकान्त और एकमात्र उद्देश्य है। यह विशाल कौशल महाराज, यह सनातन अक्षुण्ण आर्य जाति, यह अरण्यों के यज्ञों तथा ऋषि–मुनियों की सच्चिदानन्द जिज्ञासा एवं यह आर्य निवासियों से हुमुसने वाली पृथ्वी श्री राम की धरती है; श्री राम का काज है। श्री राम–पादुका के सम्मुख जब मैं ध्यानस्थ बैठता हूँ, तब मुझे ऐसा भास होता है। मैं श्री हरि विष्णु के चरणारविन्दों का ही दर्शन कर रहा हूँ। श्री राम मुझे मनसा–वाचा–कर्मणा–राम ही प्रतीत होते हैं। ऋषियों–मुनियों! मानव जाति पर कृपा कर श्री राम के इस रहस्य का उद्घाटन कीजिये। मैं विदेहराज जनक की सौगन्ध देता हूँ– बताइये श्री राम क्या हैं? उनका यह अविचल धैर्य, यह अमोघ उपरति, यह उनका राग में भी वीतराग, यह उनका प्रचण्ड पराक्रम, सत्य तथा न्याय के लिए यह उनका रामबाण– यह घनश्याम राम हैं क्या? कौन हैं श्री राम–राघव–राम?"

ध्वनि उठी– "पतित पावन रघुपति....?"

साथ ही चीत्कार उठी– "राजा राम"

महर्षि वशिष्ठ ने उठकर गगन में अभय वर देते हुए कहा– "राम? राम वह जो ऋषि– मुनियों के घट–घट में रमा हुआ हो-जो कण–कण में व्याप्त हो– जो करुणा–निधान, दयासिन्धु हो और जो पतित–पावन हो– वह राम! हमारे और आप सबके अत्यन्त प्रिय राघव रामचन्द्र ऐसे ही श्री राम हैं। महात्मा भरत, वीरवर

लक्ष्मण, राजभूषण शत्रुघ्न, सती सीता और हमारी कल्याण शोभना माण्डवी, उर्मिला तथा श्रुतकीर्ति–सभी सीता–राम के ही विविध अंशावतार हैं। मैं वेद और वैदिक वर्णाश्रम धर्म की साक्षी से कहता हूँ– श्री राम ही श्री हरि सच्चिदानन्द चतुर्भुज विष्णु के ही मनुजावतार हैं। राक्षसों के अवश्यंभावी संहार तथा रावण के सवंश पराभव से यह स्वयं ही स्पष्ट हो जायेगा कि श्री राम क्या हैं? ऋषि–मुनियों के घट–घट वासी श्री राम ही कौशल महाराज्य के रघुपति राघव रामचन्द्र मानव जाति के उद्धारक, आर्य संस्कृति के त्राता तथा वैदिक वर्णाश्रम धर्म के उद्धाथा मर्यादा पुरुषोत्तम राजा राम हैं।"

पुनः चीत्कार उठी– "राजा राम!"

"राम–राज्य।" – महर्षि वशिष्ठ ने अपना अभय वरदहस्त गगन मण्डल में उठाते हुए कहा– "पृथ्वी के सौभाग्य का दिव्य समय श्री राम–जन्म के साथ ही आरम्भ हो गया है। यह नृपतियों राजा– महाराजाओं, नरेशों तथा अधिशों के राज्य मानव जाति देखती आ रही है। उनसे लालित–पालित और शासित होती आई है। मनुष्य के राजतन्त्रों का मनुष्य को, संसार की विविध प्रजाओं को अनुभव है। कुछ न कुछ अभाव, कुछ न कुछ अत्याचार, कुछ न कुछ अन्याय और तनिक सा अधर्म सही–इन नृपतियों के राज्य में बना ही रहा है। इन मानव–नरेशों के राज्य में अभाव को पूर्णतः नष्ट नहीं किया जा सका। इन मनुष्यकृत राजतन्त्रों द्वारा पूर्णरूपेण प्रजा का परिपालन तथा धर्म का धारण नहीं हो सका। अन्याय तनिक ही सही, बना रहा। अत्याचार रेंगता रहा। अधर्म पृथ्वी के किसी कोने में बसा रहा। मनुष्य ने जब से राजा होना आरम्भ किया तब से राजतन्त्र एक कुल, एक वंश, एक राज्य परम्परा का द्वन्द्व बन गया। राज्य एक उत्तराधिकार, बपौती बन गया और आज राजसिंहासन के लिए मनुष्य अपने सगे बाप को, माँ को, भाइयों तथा सगे–सम्बन्धियों को नहीं छोड़ता। राज्य पाने के लिए अन्ततोगत्वा लोम हर्षक युद्ध किये जाते हैं तथा निष्पाप और निष्कलंक प्रजाओं का संहार किया जाता है। प्रजा को दुःख दिया जाता है, यातनाओं में पीसा जाता है। राज्य समाज के लिए भय की प्रीति हो गया है और राष्ट्र के लिए रक्तरंजित विरासत हो गया है। श्री राम ने पिता के वचन को पाल कर मानव जाति के प्रति अत्यन्त उपकार किया है-श्री राम ने परम्परागत उत्तराधिकार का राज्य त्यागकर वनवास करना स्वीकार कर अकथनीय दिव्यतम पुण्यभृत कार्य किया है और पृथ्वी पर प्रभु के राज्य के लिए दिशा बोध प्रदान किया है। श्री

राम-पादुका का यह शासन श्री राम-राज्य की पूर्व पीठिका है। ऋषियों, मुनियों! क्षत्रियों! वैश्यों! ब्राह्मणों! शुद्रों! लोगों! श्री राम राज्य के अरुणोदय के लिए तैयार हो जाओ। मैं कहता हूँ- राम अयोध्या लौटेंगे- सीताजी और महाशय लक्ष्मण के साथ। हां! यह मैं वशिष्ठ कहता हूँ। विधाता को स्वीकार करना ही होगा- ईश्वर को यह अनुग्रह चाहना ही होगा।"

सहसा भरत उठ खड़े हुए; आर्त स्वर में बोले- "मुझे न जाने क्यों यह विश्वास नहीं होता कि राम अयोध्या लौटेंगे। मेरे अन्तःकरण के गहनातिगहन में यही आशंका सुलग रही है कि श्री राम ग्राम्य, पुर, नगर, महानगर सब त्याग चुके हैं और अरण्य के सघन में पंचवटी या पर्णकुटीर का जीवन ही उन्होंने अंगीकार कर लिया है। भाभीजी श्रीमती सीताजी भी राम के इस संकल्प में मन-वचन-कर्म से उनके साथ हैं। वह दोनों परस्पर एक-दूसरे को ही जीना चाहते हैं। श्री राम धराधाम पर ऋषि-मुनियों का परित्राण करते हुए भी, यज्ञ संस्कृति का रामबाण से रक्षा करते हुए भी, भव-भार मिटाते हुए भी कभी राजा नहीं होना चाहते हैं। अयोध्या के विशाल ऐश्वर्य मण्डित राज-प्रासादों में श्री राम रागों में वैरागी और वैरागियों में रागी की भांति स्थित थे। श्री राम भगवती सीता जी के ही हैं- अपने नहीं.... अपने नहीं।"

विलाप करते हुए भरत को थामते हुए वशिष्ठ जी ने कहा- "नहीं महात्मा भरत, ऐसा नहीं सोचते। श्री राम जगत के हैं, समूची सृष्टि एवं त्रिकाल के अपने हैं। अपनी समूची तपस्या और उसके समग्र बल की अंजली अर्पित कर मैं कहता हूँ श्री राम अयोध्या अवश्यमेव पुनः वापस आएंगे। श्री राम भगवती सीता के लिए ही नहीं, सभी माताओं और भाइयों, सगे-सम्बन्धियों और प्रजाजन के लिए ही हैं। श्री राम पृथ्वी की प्रजा के अन्तःकरण की आशा और अभिलाषा हो गये हैं। प्राणियों के लिए श्री राम अभय वरद पुरुषोत्तम हो गये हैं। शान्त हो जाओ, भरत! श्री राम अपनी मातुश्री श्रीमती राज्ञी कैकई के लिए अवश्य लौटेंगे- राम। कैकई का पश्चात्ताप सुन नहीं सकते-देखना तो दूर रहा। कौशल्या जी के लिए अवश्य लौटेंगे राम। कौशल्या जी तो श्री राम की माँ हैं- जननी, किन्तु श्रीमती राज्ञी कैकई तो श्री राम की मातृत्व की प्रेरणा एवं वात्सल्य की श्रीमूर्ति हैं। श्री राम शरीर से कौशल्या के जाये हैं, किन्तु मन से-अन्तरात्मा से राम कैकई के वत्स हैं- नन्दन हैं। फिर तुम जो हो।"

"मैं?" श्री भरत ने रोम-रोम में जागृत होते हुए कहा– "मैं–मैं तो श्री राम के श्री चरणों की धूलि का एक क्षुद्र कण भी नहीं हूँ। श्रीमती राज्ञी कैकई ने, महारानी कैकई ने मेरे सभी जन्मों के आनन्द को विषमय कर दिया है। मेरे सभी भवों की तपस्याएं भंग कर दी हैं। मेरी सनातन शाश्वत अस्मिता को जैसे माँ कैकई ने बुझा दिया है। मुझे पूर्णतः समाप्त करने के लिए ही क्या मुझे माँ कैकई ने जन्म दिया था? महर्षे! मैं क्या करूँ? कहाँ जाऊँ? किससे क्या कहूँ? राम अयोध्या लौट आएंगे जिस दिन–उस दिन मेरा मोक्ष हो जाएगा। ममत्व से भरे मोह और प्रणय के सम्मोह से सदैव के लिए छूट जाऊँगा– हाँ, महर्षे!"

महर्षि वशिष्ठ ने कहा– "कैकई ने तुमको पृथ्वी के उद्धार, प्राणियों के योगक्षेम तथा जगद्कल्याण के लिए सर्वस्व त्यागकर श्री राम की प्रतीक्षा करने की अन्यतम साधना के लिए ही जन्म दिया है। श्री राम भरत द्वारा ही धर्म जानते हैं, लक्ष्मण द्वारा ही काम पहचानते हैं, शत्रुघ्न द्वारा ही अर्थ धारित करते हैं। माता कौशल्या श्री राम के आत्म चैतन्य की शान्त आभा हैं तथा श्रीमती कैकई श्री राम के अन्तःकरण की विवेक, विनय, सत्य, न्याय संधान की शक्ति हैं।"

विदेह जनक ने कहा– "भरत–महात्मा मेरे! महर्षि सत्य कह रहे हैं। निस्संदेह श्री राम मर्यादा पुरुषोत्तम, करुणानिधान महापुरुष–महामानव। इस धरती को ऐसे ही दिव्य, भव्य, शान्त, उपरत और मुमुक्षु पुत्र की आवश्यकता है। सभी कल्पों के सभी सर्गों में परमात्मा को ही सगुण रूप धारण कर अपने जगत का कल्याण करना है। अपनी सृष्टि को सुन्दर और सुखमय बनाये रखना है। प्राणियों को अपनी अमोघ करुणा द्वारा रोग और शोक से बचाए रखना है। मनुष्य को श्री-सुकृति, ऐश्वर्य, न्याय और ज्ञान तो परमात्मा ही देता है– महर्षि और आचार्य द्वारा।"

महर्षि वशिष्ठ– "विदेह राजा जनक के द्वारा भी।"

✦✦✦

शत्रुघ्न ने चित्रकूट संगम का आमंत्रण आर्यावर्त के गणमान्य सभी विशिष्ट ऋषि-मुनियों, नरेशों, लोक प्रतिष्ठित नागरिकों को देते हुए विनय की– "श्री राम-सीता और लक्ष्मण को अयोध्या वापस लाना ही है। सीता-राम वनवास का अपने विधाता द्वारा प्रदत्त उद्देश्य पूरा कर, जय-विजय होकर अयोध्या के सरयू तट पर विमान द्वारा उतर कर अयोध्या की प्रजा का प्रत्येक जन उनसे भेंट और

अयोध्या के राजमन्दिरों में श्री राम, सीता और भाई लक्ष्मण का हृदय से स्वागत करें। इसके लिए प्रजा की पुकार उठाने की आवश्यकता है। अवश्य ही राम–लक्ष्मण इस समय भगवती सीताजी की भाल प्राप्त करने के लिए ऋष्यमूक पर्वत पर विराज रहे हैं– भगवती सीता को हर ले जाने वाले! दुष्ट, दानव, अधर्मी और अत्याचारी इस पृथ्वी पर श्री राम की टेढ़ी भृकुटी देखता हुआ जी सकेगा? अपनी सती–शिरोमणि जीवन –संगिनी भार्या तथा रघुवंश की ज्येष्ठ, वरिष्ठतम कुलवधू सीताजी को हर कर, जिसने भी यह घोर पाप किया है, उसके दिन सदैव के लिए भर चुके हैं। सुना है राक्षसगण दण्डकारण्य की पंचवटी में माया कर भगवती सीता जी को ले गये– कोई दुर्दान्त दानव साधु वेश में आया था और सीता जी जब भिक्षा देने को निकटस्थ हुईं, उस दुष्ट पापी नराधम ने उन्हें पकड़ लिया और अपने तीव्रगामी विमान में उड़ चला। चारों दिशाओं में चक्कर काटकर विमान न जाने किस ओर अन्तर्ध्यान हो गया। कदाचित् दक्षिण दिशा में मेघों के ऊपर उड़ता हुआ अदृश्य हो गया। पक्षीराज महात्मा जटायू ने उस विमान को रोकने की चेष्टा की, किन्तु उस दुर्दान्त दानव ने पक्षीराज जटायू को ही मरणांत घायल कर दिया। कहते हैं, सीताजी की खोज में निकले विह्वल श्री राम ने पक्षीराज जटायू का अग्नि संस्कार किया और उनको दिव्य गति प्रदान की। हाँ, श्री राम ने वीर लक्ष्मण की साक्षी से देवताओं द्वारा भी अशक्य सौकार्य किया– पक्षी राज जटायू को स्वर्ग भेजा। श्री राम समर्थ युग पुरूष हैं। अतः चित्रकूट जहां राम वनवास की प्रथम पर्णकुटी उठ खड़ी हुई तथा जहाँ राक्षसों ने जनस्थान का प्रथम एवं अन्तिम महासंहार श्री रामबाण से किया, वहीं हम श्री राम–राज्य के आविर्भाव के लिए भारत यज्ञ करना चाहते हैं। श्री राम–राज्य के मंगलमय मंगलजन्य तथा कल्याणप्रद उद्भव के लिए श्री राम पंचायतन का राज्य स्वतः ही प्रजाओं के विश्वास के बल पर स्थापित हो, इसके लिए त्रैलोक्य की पवित्रता तथा समूची काल गति की दिव्य शुद्धता करनी आवश्यक है– श्रीमती कैकई, राजमाता कौशल्या जी तथा श्रीमती राझी सुमित्रा जी के साथ यज्ञ वेदी का पूजन करेंगी।"

महर्षि वशिष्ठ ने आगत मुनियों को सम्बोधित किया– "नन्दीग्राम के श्री राम–पादुका संगम में विदेह राजा जनक का यह प्रस्ताव था कि श्री राम की जय के लिए वह सानन्द, सकुशल विश्ववंद्य होकर अयोध्या लौटें और अपना श्री राम–राज्य आरम्भ करें। संसार के श्रेय तथा योगक्षेम के लिए और प्राणियों के अभय

के दिव्य, शान्त और तेजस्वी राज्य का मंगलारंभ हो, जिसमें लोकमत एवं लोक मर्यादा का ही साम्राज्य हो। वैशाली राम राज्य उदित हो, ज्योतिर्मय भारत का ज्योतिर्मय राज्य। वह राज्य जो लोकमत की अनुमति के अनुरूप चले तथा जिसमें काम, अर्थ तथा धर्म का मर्यादामय व्यवहार होकर प्रत्येक मानव के मोक्ष का मार्ग प्रशस्त हो–हाँ, मुनियों! वैसे राम राज्य के लिए हमें श्री राम को अयोध्या पुनः बुलाना है और यह निमंत्रण हम आप, आर्यावर्त की प्रजाएं यज्ञ–वेदियों की पुनीत वह्नियों के अक्षरों में लिख कर देंगे– हाँ, अवश्य!"

मुनियों ने महर्षि वशिष्ठ के सौम्य भव्य शान्त मुख–मण्डल को देखा–श्वेत–श्यामल कुछ प्रलम्ब भव्य प्रसरित दाढ़ी–विनम्र मूछें तथा प्राणायाम के ओजस से भरी लम्बी नासिका। कुछ उभरे– कुछ उपसे कपोल, रेशम से बालों से उभरे हुए। महर्षि वशिष्ठ के उन सुदीर्घ नयनों में मानो कालहीन उदासीनता ही भरी पूरी थी। महर्षि देखते हुए भी मानो देख नहीं रहे थे। हृदय दहर के जागृत आत्म चैतन्य की कान्ति से परिपूर्ण वह ब्रह्म तेज से परिपूर्ण मुख मण्डल। मानो पूर्णेन्द घन घटाओं में भी पूर्णतः दमकता हुआ बोल रहा था। आर्य सभ्यता की वैदिक संस्कृति का सनातन पंथ वैदिक वर्णाश्रम धर्म का महीयसी पंथ है। यह जगत के सद् तथा सृष्टि की स्थिति और सतत् अविराम अभिव्यक्ति का मार्ग है। सृष्टि के 'जीव' वर्ण के अन्तर्गत–अधीन चेतना से ही उद्भवित एवं उत्पन्न होते हैं– होते रहेंगे। तिर्यक योनियों तथा पक्षी–पशु आदि सृष्टि योनियों में भी वर्ण वृत्तियों को आधारभूत चेतना व्यक्त होती है। वृक्षों में भी हमें वर्ण मिल जायेगा। यावत् जीवन–चेतना जीवन की जिजीविषा, वर्ण वृत्तियों में ही व्यष्टि में व्यक्त होती तथा समष्टि में प्रसरित होती रहती है। वर्ण मानव समुदाय की जाति नहीं है– परस्पर विरोधी टुकड़े नहीं हैं– राग–द्वेष से भरे जीवन–क्षेत्र नहीं हैं। वर्णावृत्ति परिधि नहीं है। प्राणीमात्र सन्तोष, कीर्ति, प्रतिष्ठा तथा यश के लिए ही जन्मते हैं। सेवा से ही सन्तोष प्राप्त होता है। पूण्य से ही कीर्ति मिलती है तथा शौर्य से ही प्रताप प्राप्त होता है। ज्ञान–विज्ञान की साधना से ही प्रतिष्ठा प्राप्त होती है। शुद्र सेवक है, वैश्य पुण्य का भी उदार श्रेष्ठी है, क्षत्रिय धर्मपालक तथा न्याय–प्रदाता प्रतापी व्यक्ति है तथा ब्राह्मण ज्ञान–विज्ञान परा–अपरा विधाओं की साधना द्वारा ही चिरकाल तक के लिए प्रतिष्ठित होता है। वर्ण वृत्तियाँ परस्पर साधिकाएं हैं, साध्वी हैं–विरोधी या विद्वेषी नहीं हैं। पूर्ण से पूर्णतया परिपूर्ण आत्म चेतना की अभिव्यक्ति के लिए ही प्रभु–कृपा स्वरुप ये वर्णाभिव्यक्तियाँ हैं। अतः वैदिक

वर्णाश्रम धर्म का यह पंथ जीवन के शौर्य, साधना तथा मुक्ति पाने का अनुभूत दिव्य पंथ है और यही श्री राम–राज्य का धर्म–पंथ भी है। आज हमें मानना होगा कि वर्ण संकर नहीं होकर निष्प्राण तथा निस्तेज होते गये अन्यथा ऋषि– मुनियों का संहार करने का दुःसाहस उत्पन्न नहीं होता– राक्षस में भी। क्षत्रियों के यह भय–त्रस्त निस्तेज मुख हमें देखने को नहीं मिलते। जिस दिन महर्षि विश्वामित्र महाराजा प्रतापी दशरथ के द्वारा, यज्ञों की रक्षा के लिए तथा वेदी के उद्धार के लिए श्री राम और लक्ष्मण को लिवा लेने को आये– उस दिन को मैं आर्य जाति के सौभाग्य के मंगलारंभ का दिन मानता हूँ। उस दिन आर्य जाति के जगने का ब्राह्म मुहूर्त आरम्भ हुआ। भयत्रस्त तथा निस्तेज आर्य संस्कृति के उद्धार का तेजस्वी और शौर्यवान मंगलारंभ श्री राम के धनुष की टंकार से हुआ। प्रबल, प्रचण्ड तथा आततायी अधर्मी और अन्यायी अत्याचारी कामी राक्षसों के रक्त को पीकर यह धरती हुमुस उठी। आकाश पुनः अनहदनाद से गूँज उठा। हाँ, हम अमृताभिलाषी तथा ज्ञान के पुत्र–पुत्री आर्य घनी अँधेरी रात्रि त्यागकर अपनी आत्मा के नवप्रभात में जागे। राम ने हमें जगाया; लक्ष्मण ने हमें जगाया।"

"जय श्री राम! जय लक्ष्मण!!"– मुनियों ने जय ध्वनि की। महर्षि वशिष्ठ के अथाह नयनों में दिव्य आभा उभर आयी। सिर धुनाकर महर्षि वशिष्ठ ने पुनः– पुनः जैसे कहा– "आर्य जाति का जीवन–संघर्ष आध्यात्मिक जागरण का ही संघर्ष रहा है। अच्छाई का बुराई, नैतिक का अनैतिक तथा स्वार्थ का परमार्थ के लिए संघर्ष आर्य अन्तःकरण में अहर्निशि होता ही रहता है। क्षणभर के अँधेरे में डूबते हुए भी हम क्षणभर के प्रकाश के लिए जैसे उभर आते हैं। आर्य ने सदा अंधकार चीरकर अज्ञान– तिमिर का समूल ध्वंस करने के लिए ही अपनी ज्ञानोद्द्रवित अन्तरात्मा में प्रकाश के लिए ही आधि और व्याधि और उपाधि पा ली है। हम आर्य प्रकाश के हामी और अमृत के कामी हैं। हमारी व्यष्टि और अतः समष्टि का अटल शाश्वत सनातन जीवनोद्देश्य ज्ञान–लाभ करना है– सत्य का सतत् साक्षात्कार करना है। हम न्यायशील धर्म के अनुचर हैं तथा परम् ब्रह्म सच्चिदानन्द के चरण–चंचरीक हैं। हम दैत्य नहीं हैं, दानव नहीं हैं– हम आर्य हैं, मानव जो उदारचेता हैं तथा वैदिक वर्णाश्रम धर्म पंथ के जो सनातन पथिक हैं, पृथ्वी पर आर्य का अस्तित्व ही चिरन्तन तथा शाश्वत रहा है और रहेगा। इस दिव्य–भव्य धर्म प्राण एवं सत्य तथा सत्यशील न्याय के मनोरथों का यह प्रकाश और ज्ञानामृत का आर्यत्व श्री राम के रूप में दुविधा की इस घड़ी में पृथ्वी पर

अवतरित हुआ है– हमें असद् से सद् की ओर धकेलने के लिए, अंधकार से प्रकाश की ओर तथा मृत्यु से अमृत की ओर खींचकर ले जाने के लिए श्री राम का मर्यादा पुरुषोत्तम आविर्भाव है। यह मैं अपने समूचे तप की अंजली भरकर कहता हूँ। मानव को ऐसे सर्वगुणनिधान पुरुषोत्तम के राज्य की आज और अभी अनिवार्य आवश्यकता आ पड़ी है। राक्षस, अंधकार, मृत्यु–भय, भेद एवं अनीति की कृत्या है। सावधान! ऋषियों–मुनियों!!"

"श्री राम.... जय राम!" ध्वनि उठी।

शत्रुघ्न ने कहा– "ऐसे श्री राम को अयोध्या के राजसिंहासन पर सुशोभित हमें करना ही है। श्री राम तो राज्य नहीं चाहते–ऐश्वर्य नहीं चाहते। वे तो उपरत विरागी मानव तपस्वी हैं। राज्य–राम का राज्य हम, राजा–प्रजा चाहते हैं। अर्थ से पृथ्वी रूपवान बनती है, ज्ञान से सृष्टि तपती और ऊर्जागत होती है। शौर्य से जीवन दिव्य तथा राज्य से समाज भव्य बनता है। यावत् जीवन के सत्य को, शील को, न्याय को, शक्ति और सौन्दर्य को अभिव्यक्त करने वाला, अर्थ, धर्म, मोक्ष और काम को क्रमशः साधने और सधवाने वाला वैदिक विज्ञान से सिद्ध और मानवता से भरपूर राज्य हमें चाहिए। वैदिक वर्णाश्रम धर्म का पूर्णरूपेण धारण करने पर–उसका साधनापूर्वक पालन करने पर जहाँ रोग–शोक से मुक्ति मिलती है, वहीं दारिद्रय, दुःख तथा भय से भी मुक्ति मिलती है। तब मानव अभय से परिपूर्ण जीवन की शान्ति तथा समदर्शी मति, धृति प्राप्त करता है और तभी वह आत्म चैतन्य के आनन्द से परिपूर्ण प्रसन्नता मन–रंजन भी अनुभव करता है। सम्पन्नता, सम्भृति, कल्याण आदि के राज्य तो सनातन से चलते आ रहे हैं। अत्याचार तथा अधर्म और अभावग्रसित जनता के राज्य भी सदीप से साथ–साथ चले आ रहे हैं। राज्य के कर्म क्षेत्र में धर्म युद्ध निपजते ही आ रहे हैं। इन सनातन से चले आ रहे राज्यों में प्रजा कभी सुखी तो कभी दुःखी–कभी सभाव में तो कभी अभाव में–कभी सुकाल तो कभी अकाल में रहती आ रही है। यही सृष्टि की विधाता की इच्छा है। यह मानव जाति की नियति है। इसे हम श्री राम–राज्य की स्थापना द्वारा ही निश्चिन्त तथा निर्भय कर सकते हैं।"

वशिष्ठ जी ने सहसा बीच में ही कहा– "सत्य ज्ञान की अनन्त चेतना से परिपूर्ण अभय तथा अभेद का राज्य। जीवन की मुक्ति तथा मोक्ष की साधना में सन्नद्ध राष्ट्र तथा शान्त और सहयोगी सौहार्द्रपूर्ण समाज ही मानव जाति का

राष्ट्र है, समाज है। 'वसुधैव कुटुम्बकम्'– इस वसुधा के कुटुम्ब का राज्य–श्री राम–राज्य होगा।"

"अतः ऋषियों! मुनियों! लोगों! शत्रुघ्न ने पुकारकर कहा– "श्री राम का आह्वान करो। यज्ञों की शत–सहस्र मुखी पवित्र वह्नि–ज्वालाओं की साक्षी तथा वेद–मन्त्रों से श्री राम–सीता–राम का आह्वान हमें करना ही है।"

महर्षि वशिष्ठ ने मानो आज्ञा की– "भारत भूमि का महान दिव्य आर्य जीवन के ओजस और तेजस का भारत–यज्ञ आरम्भ करो। तमसो मा..... ज्योतिर्गमय!"

"तमसो मा..... ज्योतिर्गमय!" ध्वनि – प्रतिध्वनि उठी।

✦ ✦ ✦

लक्ष्मण चमक कर जाग उठे। आधी रात के सन्नाटे में उनको दूर–दूर सुदूर से कुछ उद्गीथ–ध्वनियाँ जैसे सुनाई दीं। वह जैसे वेद–मन्त्रों की तुमुल ध्वनियों को भूताकाश में सुनने लगे। लक्ष्मण को लगा, वह सुदूर किन्तु अत्यन्त पास किसी ऋषि–आश्रम में, यज्ञ–मण्डप में बैठे हैं और शत– शत सहस्र शत आश्रमवासी मुनिगण तथा ब्रह्मचारी यज्ञ की प्रत्येक आहुति पर वेद–मन्त्रों का उद्गीथ गा रहे हैं। एक तन्मय तल्लीन लवनीन व्योम छाया हुआ है जिसमें गगन के गगन वेद– मन्त्रों की पराध्वनि में गूँज कर सत्–चित्–आनन्द की शाश्वत श्रुति बन रहे हैं। लक्ष्मण को लगा निराकार–निर्गुण ब्रह्म प्रतिलव उद्बुद्ध होकर उद्भवित होने के लिए काल स्वरुप आविर्भूत हो रहा है तथा श्रुतियों के सहारे स्वयं को रूप स्वरुप देने के लिए उद्गीथ गा रहे हैं। वेद–मन्त्र स्वयं परमात्मा की ध्यानस्थ गुनगुनाहट है। चिर प्रसन्न सच्चिदानन्द को आनन्दोम का स्वयं मधुरातिमधुर, प्रखर से प्रखर, मन्दातिमन्द स्फोट है। इस अनहदनाद को जैसे कोई सगुण अपनी पलकों पर झेलकर अपने ही वैश्वानर अन्तःकरण में उतार रहा है। श्रुतियों के मन्त्र मानो स्वयं में लीन होकर स्वयं को स्वरुप देने के लिए धरती में समा रहे हैं– आकाश में डूब रहे हैं। श्रुतियाँ जैसे अनहदनाद में लीन होकर पुनः–पुनः प्रगट हो रही हैं..... रूप–रूप में और नाम-नाम में गूँज रही हैं। श्रुति? सीता तब? लक्ष्मण सिहर उठे। आकाश की–आकाश गंगाओं की निहारिकाओं को देखकर वे जैसे विचार–शून्य होने लगे। सीता–राम? वह स्वयं.... लक्ष्मण! क्या? कौन? लक्ष्मण रोम–रोम में जागकर मन ही मन पुकार उठा ".....तब..... तब–तब मैं कौन हूँ? मैं क्या हूँ?"

कन्दरा में सोये हुए किन्तु अर्धजाग्रत से राम चमके, जागे, बोले– "लक्ष्मण? क्या हुआ?" राम उठे और सरपट लक्ष्मण के पास आकर झकझोरते हुए बोले– "लक्ष्मण?....... लक्ष्मण?"

"मैं.... मैं कौन हूँ"– लक्ष्मण देखते हुए भी नहीं देखकर बोले– "माँ! क्या हैं? और वह उर्मिला? कौन है?"

"लक्ष्मण! जागो।" श्री राम ने पुकारा।

लक्ष्मण जागे, बोले– "कौन? राम? श्री राम? भैया?"

"राम!"– श्री राम बोले।

"श्री राम–पुरुषोत्तम राम?" लक्ष्मण सिर धुनाकर बोले– "राम? क्या राम? श्री राम.... आप..... आप कौन हैं?"

श्री राम ने लक्ष्मण का सिर सूँघते हुए कहा– "तुम्हारा भाई, राघव रामचन्द्र।"

"नहीं" लक्ष्मण ने अपलक श्री राम को आधी रात के सुनसान सन्नाटे में देखा और देखते ही रह गये। सतार आकाश की आभा घुल–मिलकर श्री राम के उदासीन कंज नयनों में समा गयी थी। एक आलोक उनकी तीक्ष्ण श्याम पलकों से अठखेलियाँ कर रहा था। सनातन काल जैसे उन पलकों पर झूम रहा था। "नहीं"– लक्ष्मण ने पुनः सिर धुनाकर कहा– "आप...... आप न जाने क्या हैं? राघव रामचन्द्र कहने मात्र को हैं। आपको सब परमात्मा मानते हैं। मैं....... मैं परमात्मा को नहीं, आपको ही जानता हूँ। राघव राम... मेरे ज्येष्ठ भाई–मेरे स्वामी। परमात्मा?..... क्या आप प्रभु हैं?"

श्री राम ने लक्ष्मण का मुख अपने वक्षस्थल में भरते हुए कहा– "मैं एक मानव हूँ– तुम्हारे जैसा मानव। मैं दानव नहीं हूँ– राक्षस नहीं हूँ– दनुज नहीं हूँ। मैं मानव हूँ।"

"मानव?.... मरणाधीन मानव?" लक्ष्मण गुर्राये– "बंधा.... कातर, तृष्णातुर, भयत्रस्त, भयभीत मानव? नहीं..... आप मानव नहीं हैं। मानव से भी कुछ अधिक हैं– अधिक।"

"मानव से अधिक इस सृष्टि में कोई नहीं है, लक्ष्मण।"– श्री राम ने कहा– "मानवता का चरम–परम विकास ही देवत्व है– दिव्यत्व है। मानव की बुद्धि का पूर्णोत्कर्ष ही दर्शन की जिज्ञासा है। मानव का पुरुषार्थ ही काल का शौर्य है।

मानव ही मुक्ति पा सकता है। मानव ही ब्रह्म-साक्षात्कार कर सकता है। मोक्ष मानव ही पा सकता है– देव नहीं.... सुर नहीं। मैं–तुम ऐसे ही मानव हैं, जो जगत का कल्याण करना चाहते हैं और इसके लिए अपने जीवन की आहुति, जीवन यज्ञ में नित दिया करते हैं।"

लक्ष्मण ने श्री राम को घूरा– "महारानी कैकई भी मानव ही हैं तब? तब राझी कैकई महान हैं– मानव हैं न!"

श्री राम ने सस्मित कहा– "राझी कैकई निस्संदेह मानव हैं। वह अपने पुत्र के लिए राज्य चाहती थी। राज–लक्ष्मण! माँ कैकई की जीवन–कामना स्वयं राजमाता और भरत को राजाधिराज बनाने की थी। अपनी इस कामना की पूर्ति की आशा में ही उन्होंने पिताश्री से विवाह किया था।"

"कामुकता से क्या राजसिंहासन प्रतिबद्ध होते हैं? हो सकते हैं? पिताजी निस्संदेह कामी थे। इक्ष्वाकु वंश का परम्परागत रघुकुल का राज्य इस प्रकार आत्मवंचना का भागी नहीं होता। रघुकुल का राज मानव और मानवता की सेवा तथा विकास का संभृति तथा धर्म धारण का राज्य है–रहा है। आज भी मुझे आपका, पिता का वचन निभाना सर्वोच्च धर्म है, यह उपदेश समझ में नहीं आता।"

"तब फिर मेरे साथ वन क्यों आये?" श्री राम ने पूछा।

"मैं तो श्री राम के चरणों के साथ वन में आया हूँ।" लक्ष्मण ने कहा– "पिताश्री का वचन पालना आपका धर्म था, मेरा नहीं। मेरा धर्म माँ की इच्छापूर्ति और आपकी सेवा करना था– है और सदैव रहेगा।"

"लक्ष्मण! तुम मेरे अन्तःकरण की दिव्य तथा शौर्य कामनाओं के उद्भम तथा उद्देश्य– दोनों हो।" श्री राम ने कहा– "तुम्हारे सहकार के बिना मैं अर्थ प्राप्त नहीं कर सकता, धर्म को जान नहीं सकता, मोक्ष प्राप्त कर नहीं सकता।"

"मोक्ष! आपको?" लक्ष्मण आधी रात के सन्नाटे में, अर्धविक्षिप्त से चिहुँके– "मोक्ष मुझे– जीव को– परमात्मा को नहीं। परमात्मा तो मोक्ष ही है।"

श्री राम ने लक्ष्मण की पीठ सहलाते हुए कहा– "परमात्मा ही जीवात्म-भाव में स्वेच्छा से व्यक्त होता है। अतः जीव को मोक्ष भी वही देता है। ठीक ही है परमात्मा मोक्षावस्था है, सत् चित् आनन्द धाम है। परन्तु वही जीवात्मा स्वरुप जो

देहाभिमान उद्भव करता है, स्वयं वह जीव स्वरुप नहीं जन्मता किन्तु ज्ञानावस्था को ढँकने अज्ञान का जो उद्भव करता है। परमात्मा ही जीव को बाँधता तथा उसे मुक्त करता है। हाँ, लक्ष्मण! बाँधों मत, मुक्त हो जाओ।"

लक्ष्मण– "मैं तो आपके श्री चरणों से बंधा ही रहना चाहता हूँ। मुझे मुक्ति मोक्ष नहीं चाहिये, राम! मुझे आपकी ठुकुराई और मेरी सेवकई चाहिये।"

"नहीं लक्ष्मण..... नहीं।" श्री राम आर्द्र कातर स्वर में बोले– "प्रत्येक जीव को अन्ततोगत्वा मुक्ति चाहिये, मोक्ष चाहिये। परमात्मा को लेकर ही जीव भवबन्धन काटता है। प्रभु को भज कर ही जीव मुक्त होता है– मोक्ष पाता है।"

"किन्तु राम! यह भव ही क्यों है?" लक्ष्मण ने सहसा सिर धुनाते हुए पूछा– "माँ, बाप, भाई, पत्नी, सन्तान, कलत्र–सब बन्धन। आपके चरणों में पड़ा हूँ; अन्यथा भव की इस प्रत्येक क्षण में भयभीत बना रहता– भयत्रस्त। यह-यह सब अन्ततोगत्वा क्यों हैं? जब अन्ततोगत्वा मोक्ष ही है तो सृष्टि और भव–योनियों के बन्धन क्यों?"

"इस जगत के लिए क्यों प्रश्न नहीं है, क्या है? कैसे है?– यही जगत की वैज्ञानिक जिज्ञासा है। सृष्टि है, भव–योनियाँ हैं, भव है, जीवन–मरण है। सनातन है– अनादि, लक्ष्मण! जब तक मुक्ति नहीं मिलती तब तक जीना ही है– जन्मना, मरना, पुनः पुनः जन्मना। मानव जीवन की तपस्या करता है और यह तपस्या अन्त में सत्य और ज्ञान के साक्षात्कार के लिए है। मानव ही ज्ञान प्राप्त कर सकता है, सत्य का साक्षात्कार कर सकता है– देव नहीं, राक्षस नहीं, वानर भी नहीं। मानव! तुम ऐसे ही मानव हो।"

"और आप?"-लक्ष्मण ने पूछा

"मैं भी तुम जैसा मानव हूँ।" श्री राम ने कहा– "लोग मुझे परमात्मा का अवतार कहने लगे हैं– सो वह तो उनकी श्रद्धा है। तुम ही सोचो क्या मैं परम ब्रह्म परमेश्वर हूँ? नहीं... शुद्ध–बुद्ध मानव हूँ। अन्यथा सीता का वियोग मुझे क्यों सताता? क्या मैं जन्म लेता? क्या मैं–मेरा यह देह मरेगा नहीं? जो जन्मता है, वह अनिवार्यतः अवश्य ही मरेगा। उपनिषद् की श्रुतियां सच्चिदानन्द धाम आत्मा और परमात्मा का गान करती है– देह का नहीं। देह की तो शास्त्र व्याख्या– समीक्षा करते हैं। जो अनित्य है, क्षणस्थायी है वह विज्ञानकृत है और जो विज्ञान– प्रसूत है– वह अनित्य है, माया है।"

लक्ष्मण ने सहसा मुस्कुराकर कहा– "अब मुझे विश्वास हो गया कि आप, श्री राम परमात्मा का धीर–गम्भीर दिव्य सर्वगुण निधान, शूर–वीर मनुजावतार हैं। तब मैं कहता हूँ कि परमात्मा मानव ही हैं– देवता नहीं, सुर नहीं, नहीं। मानव! राम मेरे! तुम–आप मानव हैं, इसीलिए मेरे परमात्मा हैं।"

श्री राम ने हँसते हुए कहा– "मानवपन का अभिमान मूलतः नहीं है। मानवता की मूलतः कामना ज्ञान–लाभ करना है। मानव बुद्धि सत्य जानने के लिए ही दिव्यतम चेतना है। सत्य का साक्षात्कार करना ही परमात्व का अनुभव करना है।"

"सत्य?" लक्ष्मण ने पूछा– "मैं सत्य का साक्षात्कारी ही नहीं, इसकी अहर्निशि सेवा करता हूँ। राम! आप ही सत्य हैं।"

श्री राम ने कहा– "सृष्टि में सद् और असद्; तिमिर–प्रकाश, मृत्यु–अमृत द्वन्द्व है। जब तक जगत की इस विचित्र सृष्टि लीला में मानव रत है, सत्य का साक्षात् कैसे करेगा? मानव अज्ञान जान सकता है– समझ सकता है और उससे मुक्त होकर अमर हो सकता है।"

लक्ष्मण– "केवल मानव ही अज्ञान जान सकता है, क्यों राम?"

"इसीलिए कि मानव का उद्भव और अभिव्यक्ति ज्ञानजन्य ज्ञानमय है।" श्री राम ने कहा– "गुरुदेव महर्षि वशिष्ठ ने मुझे श्रुतियों का मर्म बताया है। श्रुति ज्ञानाभिव्यक्ति है, विद्या जगत की व्यष्टि है तथा शास्त्र उपयोगी और सार्थक व्यवहार की पूर्ति के लिए है। विद्या से जगत प्राप्त होता है तथा कला द्वारा भोगा जाता है।"

"हूँ...." लक्ष्मण ने अनायास ही हुँकार किया– "तब मैं मानव ही भला। किन्तु राम! मैं तो आपका सेवक अनुचर मानव ही बना रहना चाहता हूँ। अयोध्या में राजमन्दिरों के प्रकोष्ठों में मैं बौरा जाता हूँ– बहक जाता हूँ। राजसिंहासन की छाया से मैं मन ही मन दूर भागता रहता हूँ। आप राजा राम और मैं? मानव लक्ष्मण, श्री राम का अनुचर–धन्य हो गया मैं, राम मेरे!"

"किन्तु तुम ही अकेले मेरे नहीं हो। उर्मिला भी है।" श्री राम ने कहा– "तुम उर्मिला सहित और उर्मिला द्वारा ही मेरे अन्तरात्मा के प्रिय हो, लक्ष्मण!"

"उर्मिला? जी।"– लक्ष्मण ने कहा– "वह तो मेरे इस भव की धर्मपत्नी है। केवल भगवती भाभी सीता ही आपकी जीवन–संगिनी हैं– हो सकती हैं।"

"क्यों?" श्री राम ने पूछा– "भरत और माण्डवी–माण्डवी–भरत हैं; लक्ष्मण और उर्मिला– उर्मिला–लक्ष्मण हैं; शत्रुघ्न और श्रुतकीर्ति–श्रुतकीर्ति–शत्रुघ्न हैं और मैं–सीता–राम हूँ।" और श्री राम खिलखिलाकर हँस उठे– "आभारी हूँ, लक्ष्मण। महीनों बाद आज मैं मन की समस्त प्रसन्नतापूर्वक हँसा हूँ। सीता! अवश्य सीता केवल सीता ही। मुझे तो जगत से क्या लेना–देना है? सृष्टि की सेवा तो मुझे चाहिये, किन्तु सृष्टि का एक भी भव मुझे नहीं चाहिये। यह तो मैं न जाने क्यों धरती पर जी उठा हूँ– न जाने क्यों? यह शरीर, यह मन, बुद्धि, चित्त और अहम् मुझे जैसे संकुचित किये हुए है। मैं–मैं ढँक गया हूँ, लक्ष्मण! इस अँधेरे आवरण में, घटाटोप में केवल सीता ही ज्योति है– जीवन की समस्त आशा तथा जीवन–स्वप्नों की समग्र अभिलाषा है।"

लक्ष्मण ने श्री राम के विशाल वक्षस्थल में छुपते हुए कहा– "राम! राम मेरे! सीता–राम!!"

✦✦✦

श्री राम ने आकाश में बिलमाते हुए मेघों को सहसा देखा; बोले– "लक्ष्मण! ये मेघ वर्षा ऋतु बीत गयी–तब भी यह मेघ?"

"जी!" लक्ष्मण ने कहा– "प्रकृति–प्रकृति में तर्क है क्या?"

श्री राम बोले– "प्रकृति में कार्य है, कारण है। प्रकृति प्रभु की सच्चिदानन्द शक्ति सत्ता की लीला वृत्ति है। यही, यही लक्ष्मण! ये मेघ–घने कजरारे मेघ सीता की कवरी के उभार हैं। हाँ, लक्ष्मण! सीता अनन्य सुन्दर–पूर्ण सुन्दर है।"

"जी!" लक्ष्मण ने कहा– "तब असमय के ये मेघ? सकारण हैं? नहीं?"

श्री राम हँसे– "मैं क्या कह सकता हूँ? परमात्मा के दिव्य, अनन्य, अनिर्वचनीय संकल्प की अभिव्यक्ति यह प्रकृति जगत है। हाँ..... है। कारण–अकारण, नित्य–अनित्य, राग–विराग, जन्म– मरण यह सब 'इदम्' वही जानता है– जीव नहीं। जीव को तो होना है– होते रहना है– हाँ।"

लक्ष्मण ने श्री राम को जी भरकर जैसे निहारा– "तब भगवती भाभी होती ही रहेंगी?"

श्री राम ने चमक कर जैसे आघात खाकर कहा– "नहीं। सीता जन्म–मरण, भव चक्र में नहीं थी, नहीं रहेगी। मैं जो हूँ। सीता मुझसे, मेरे लिए है और मैं सीता से, सीता के लिए हूँ।"

श्री लक्ष्मण ने श्री राम के दोनों पद्मपाणि थाम लिए और बोले– "राम! आप–तुम क्या हो? प्रभु हो, परमात्मा हो?"

श्री राम ने मेघों को क्षितिज की ओर सरकते हुए देखा और चुपचाप देखते रहे। फिर त्रिकाल में जैसे जागते हुए बोले– "मैं मानव हूँ, जीव।"

8

जाम्बुवन्त ठिठककर खड़े हो गये– "पिपासा हनुमान! योजनों चलने पर भी कहीं पानी नहीं मिला। प्यास.... क्या करें?"

अंगद ने कहा– "तृषा के मारे कण्ठ सुख गया है।"

नल ने कहा-"यह कैसा वन है– प्रान्तर? योजनों तक पानी नहीं है। लोग जीते कैसे हैं?"

द्विविद ने कहा– "स्वाति बूँद पीकर–और क्या? भगवती सीता की खोज–यह तो हमारी मरणांत साधना हो गयी है। तब क्या हम प्यासे ही मर जाएंगे?"

दधिमुख ने कहा– "मरना तो है ही। प्यास नहीं मारेगी तो महाराज सुग्रीव मार डालेंगे। सीताजी की खोज नहीं की, तो मरण–सबका मरण निश्चित है। यह कैसी राजाज्ञा है? मित्र को निश्चिन्त और प्रसन्न करने के लिए मृत्युदण्ड भी दिया जायेगा। राजा सुग्रीव! आप भी खूब हैं।"

जाम्बुवन्त ने कहा– "शान्त! राजा की आलोचना राज मर्यादा के विरुद्ध है। राजा ईश्वर का अंशावतार होता है, दधिमुख।"

दधिमुख ने कहा– "जी.... होता है, किन्तु क्या राजा न्यायी नहीं होता? ईश्वर का अंश होने से क्या वह वानर मिट जाता है? सीताजी को आप–हम खोज नहीं पाये तो क्या वह हमें मृत्युदण्ड देंगे? सीताजी की खोज ही हमारी तपस्या है, साधना है– यह कुछ भी नहीं।"

"सीताजी की खोज श्री राम के सुख की खोज है, दधिमुख! महाराज ने मित्र के नाते हमें मरणांत सावधान तथा प्रयत्नशील किया है। सीताजी की खोज हम श्रेष्ठ वानर नहीं कर पाये तो हम श्रेष्ठ शौर्यवान वानर कैसे हैं? हम तब वानर नहीं रहेंगे। वानर जब देव की खोज कर सकता है, देवी सम्पदा जन्मजात प्राप्त कर सकता है, जब वानर मानव भी है, वानर भी है– तब वह भगवती सीता की भाल प्राप्त नहीं कर सकता? उसको सीताजी की खोज करना ही है– सीताजी का समाचार प्राप्त करना ही है। फिर तब आप सब श्रेष्ठ दिव्य वानरगण हैं और सर्वोपरि हनुमान हैं, तब मृत्युदण्ड क्या आपको छू भी सकता है? श्री राम की

कृपा से हम सीताजी की खोज करके रहेंगे। सीताजी हमें अवश्य दर्शन देंगी। सीता निस्संदेह श्री राम को मिलेंगी।"

"अवश्य, रामजी को सीताजी मिले; अन्यथा हमें मृत्यु ही मिलेगी।" गव ने कहा– "यह राजा लोग चलते ही मृत्युदण्ड की आज्ञा किया करते हैं।"

विकटास्य ने मुँह बनाते हुए कहा– "राजा ही तो ठहरे। यह राज और राजा समाज और राष्ट्र की जड़ की समस्या हैं। हम वानर राजा की स्वेच्छाचारिता को भला कब मानते आये हैं? स्वयं महाराजा सुग्रीव ने अपने ज्येष्ठ भ्राता महाबली बालि की निरंकुशता के विरुद्ध विद्रोह किया था या नहीं? कहिये?"

निशठ– "तो क्या हम महाराज सुग्रीव की मृत्युदण्ड की आज्ञा के विरुद्ध-विद्रोह करेंगे? राजा और राज के विरूद्ध विद्रोह? नहीं! शठ-"क्यों नहीं? अत्याचार के विरूद्ध विद्रोह! नहीं हनुमान जी?"

हनुमान ने कहा– "प्यासे तो मर रहे हो...... और राजा और राज के विरुद्ध विद्रोह की सोच रहे हो? शान्त! रुको यहाँ। मैं आस–पास पानी की भाल करता हूँ। जय श्री राम!"

"सीताजी के पहले पानी की खोज"– दधिमुख ने कहा– "पानी नहीं मिला तो क्या हनुमान जी को मृत्युदण्ड दिया जायेगा?"

पानी अवश्य मिलेगा।"– हनुमान ने कहा– "जय श्री राम! सीता की खोज के लिए सर्वस्व की आहुति देने वाले हम वानरों पर श्री राम दया करेंगे ही। मैं कहता हूँ श्री राम दीनबन्धु हैं और हम प्यासे वानर दीन ही हैं। राम! रक्षा करो।"

द्विविद– "अयोध्या के विख्यात राजकुमार राघव रामचन्द्र में हनुमान जी आपका ऐसा अटल विश्वास है? आश्चर्य है!"

"यह जगत ही आश्चर्य है– दिव्यतम आश्चर्य।"– श्री हनुमान ने कहा– "श्री राम और भी मन–रंजन आश्चर्य हैं। किन्तु श्री राम में मेरा विश्वास किसी भी आश्चर्य को देखने के लिए नहीं है। श्री राघव राम में विश्वास तो मेरा जीवन है– शाश्वत जीवन।"

द्विविद ने कहा– "तुम खा राम में विश्वास! हमें क्यों नहीं होता? हम भी तो तुम्हारे ही भांति वानर हैं। वानर देवताओं की दिव्य शक्तियों तथा श्री नारायण हरि विष्णु के विश्वास का ही दूसरा नाम है– जी, हनुमन्ते!"

हनुमान हँसे, बोले– "श्री राम में विश्वास अन्तरात्मा के जगत में ही होने लगता है। प्रभु का विश्वास ही आत्मा का पूर्ण जागरण है, मित्र मेरे! राम–राम रटो। यह वानर–अन्तरात्मा राम के विश्वास में जाग जायेगा। श्री नारायण हरि? राम– श्री राम!"

"आर्य ऋषियों ने युगयुगों तक प्रभु को पुकारा है।" जाम्बुवन्त ने कहा– "और गौ, ब्राह्मण, सन्त, सज्जन, भक्त, सर्वोपरि धर्म की ग्लानि मिटाकर धर्म–संस्थापना के लिए परमात्मा को धराधाम, मृत्युलोक में अवतार धारण करने ले लिए कर्त्तव्यबद्ध किया है। श्री राम वैसे ही अवतार हैं। देखा नहीं, राक्षसों को केवल एक नाराच बाण से भयभीत कर दिया है। चित्रकूट से दण्डकारण्य तक को पवित्र आर्य भूमि को श्री राम ने राक्षसों के भय से मुक्त करा दिया है। अब अधिकांश आर्य भूमि निश्चिन्त है, निर्भय है। आर्यावर्त की ज्ञान और अमृत, सत्य और न्याय की महत्वाकांक्षी आर्य प्रजा श्री राम का नाम लेकर मन ही मन तुष्ट होने लगी है। श्री राम निस्संदेह युगपुरुष हैं, मानव मात्र के हम वानरों के भी प्रभु हैं। उनकी जीवन–संगिनी को हम अवश्य ही खोज निकालेंगे– या अपने प्राण दे देंगे–अवश्य ही। फिर हनुमान पर तो रामजी राजी हैं।"

"सब पर हैं। दीन–हीन, पतित पर तो वे चिर प्रसन्न होते हैं।"– हनुमान ने कहा– "राम दीनबन्धु हैं, प्रजावत्सल हैं तथा ऋषि–मुनियों के अन्तरात्मा के विश्वास हैं। क्षत्रियों की शक्ति, योगियों का अटूट संकल्प तथा प्रजा के योगक्षेम का वचन हैं। श्री राम व्यष्टि तथा समष्टि की मर्यादा का कथन हैं– मर्यादा पुरुषोत्तम राम।"

"पानी..... हनुमन्ते! पानी।" जाम्बुवन्त को छोड़कर लगभग सभी वानर साथी चिहुँक उठे। नल ने पुकार कर कहा– "पानी–रामजी से कहो पानी पिला दें।"

हनुमान ने कहा– "श्री राम! सुन रहे हैं? अब मेरी लाज श्रीमद् के हाथ में है। श्री राम! हम वानर प्यासे हैं। प्यास से हमारे कण्ठ सूख गये हैं। प्रत्येक भव में हम जन्मते और मरते आये हैं और अब जीने से आंकठ आ गये हैं, किन्तु फिर भी हम जीना–जीते रहना ही चाहते हैं। प्यासे हैं, जल चाहते हैं। भूखे हैं, अन्न चाहते हैं। दुःखी हैं, हम दुःख से छूटकर नित्य सुख चाहते हैं। हम अनाथ हैं, दीन हैं, मरकट हैं, पतित हैं। राम! दीनबन्धु! दया करो।"– हनुमान के विशाल लोचन स्वयं ही बन्द हो गये। प्रार्थना करते समय केसरीनन्दन के नेत्र स्वयं ही विस्तृत होकर विशाल हो जाते और अपनी विशालता में ही मूँद जाते हैं। सुनहली कोमल

भुरभुरी दाढ़ी से संवरे हनुमान के कपोल–गंडस्थल मानो अप्सराओं के ध्यान के लिए तपःभूमि था। हनुमान की कुछ ऊर्ध्व, कुछ नम तथा कुछ वक्र भवें मानो कामदेव की कोदण्ड थीं, मानो स्वर्ग के आकाश की क्षितिजें सिमट कर हनुमान के नयनों की भौंहों के रूप में झबक उठी थीं। ऐसे इन देवताओं को भी ठक् करने वाले लोचनों से अश्रुधारा बह उठी– "राम! पानी.... प्राण, राम मेरे! प्राण दे.... पानी दे-अभय दे।"

सब स्तब्ध–चकित से खड़े हनुमान के ध्यानस्थ-प्रार्थना लीन मुख मण्डल को देखते रहे। हनुमान के नयनों से आँसू बूँद–बूँद बरसकर धार होते रहे। चीत्कारपूर्वक हनुमान ने अपने मन के अथाह में पुकारा– "तेरे प्राणी हम तेरे जीव प्यासे हैं। भगवती सीताजी कि खोज के लिए निकले हम वानर जीना चाहते हैं, जीते रहना चाहते हैं। हमें शक्ति दे–हम धरती को खून्द दें। आकाश को उलीच कर सागरों को पार कर जाएं और श्री रामजी की सीता को खोज निकालें– हाँ, राम प्रभो!"

हनुमान अन्तःकरण के भूताकाश से चित्ताकाश में और चित्ताकाश से चिदाकाश में श्री राम के भजन में तल्लीन हो गये। उनकी रोम–रोम की प्यास जैसे बुझी और एक अभय भावना उद्द्रवित होने लगी। "राम! श्री राम! जय राम!"– हनुमान सहसा पुकार उठे और सजल नयनों से उन्होंने गगन को निहारा–तभी एक पक्षी कुछ ही दूर पर स्थित पर्वत की गुफा की ओर लपका। जाम्बुवन्त ने पुकारा पक्षी! हनुमान– "देखो तो; निस्संदेह वह भी पानी की खोज में है। उस...... उस गुफा में कहीं कोई पानी का स्रोत तो नहीं है!"

"अवश्य है। जय श्री राम!"– हनुमान ने कहा और गुफा की ओर भागे। पक्षी गुफा में अन्तर्ध्यान जैसे हो गया। जैसे हनुमान एक पल में गुफा के द्वार पर पहुँच गये और दूसरे ही क्षण गुफा में हो गये-अँधेरा-हाँ, अँधेरा किन्तु गुफा के उस पार के द्वार पर-आभा, प्रकाश, ज्योति ज्योत्सना जैसे छाई हुई थी, गुफा के पार विलक्षण ज्योति छाई हुई थी। वह ब्रह्म मुहूर्त में अरुण आभा भी थी; वह पूर्णिमा की ज्योत्सना भी थी, वह कुमुदिनी की कौमुदी भी थी। पारदर्शी लीन वह दिव्य प्रभा का झिलमिल वितान छाया हुआ था और उस वितान में उद्यान तथा वाटिका का विस्तार भी दिख पड़ता था। पद्मराग मणि की आभा–सा दमकता हुआ जल बड़े–बड़े तालों में भरा था और उस जल की उर्मियों से रत्नों की कान्ति विकर्ण

हो रही थी। "जल-आप"– हनुमान चिल्लाए– "वानरों! चले आओ। प्राण मिल गये–प्राण बच गये। जय श्री राम! राम तेरी जय हो!!"

जाम्बुवन्त चिल्लाए– "देखा? मैं कहता नहीं था! हनुमान सबकी प्राण रक्षा करेगा। हनुमान पर श्री राम की भूरि–भूरि कृपा है। राम हनुमान की कोई भी प्रार्थना अनसुनी नहीं करते। आभार हनुमान! हम आ रहे हैं।"

वानर सामन्तों की प्यासी और थकी मण्डली गुफा की ओर लपकी। गुफा के अँधेरों को वानरों ने जैसे–तैर कर पार किया और रजत-स्वर्ण प्रकाश की अनिर्वचनीय आभा से चकित और स्तब्ध आ खड़े हुए। हनुमान ने अपने साथियों को किलकारी करते हुए कहा– "जल ही जल है– दिव्य, शीतल, मधुर। पीओ मित्रों! फल ही फल हैं-दिव्य पारिजात और कल्प वृक्ष के फलों से भी श्रेष्ठ षड् रस से भरे फल हैं-खाओं, जी भरकर खाओ। मेरे राम ने यह वरदान दिया है।"

वानर–मण्डली जागी और रत्नों से खचित घाट पर लम्ब होकर पानी पीने लगी और...... और पानी–प्यास–पिपासा; मानो जन्म–जन्मों की पिपासा जाग गयी थी। भूख भी मानो भव–भव की लगी थी। हनुमान ने प्रसन्न होते हुए कहा– "अवश्य ही यह किसी तपस्वी योगी का मायावी आश्रम है। अवश्य...... कौन?"

अप्सराओं के सौन्दर्य को भी लज्जित करने वाली एक दिव्य शरीरधारी नारी मूर्ति प्रगट हुई– "मैं.... मणिप्रभा।"

हनुमान– "मणिप्रभा?.... कौन?"

"इस मायाकृत आश्रम की अधिष्ठात्री, वानर हनुमान!" दिव्याकृति बोली– "मैं तुमको जानती हूँ।"

"मुझे....? मुझे जानती हैं आप?" हनुमान ने साश्चर्य पूछा।

"हाँ, वानर श्रेष्ठ, हाँ"– मणिप्रभा देवी बोली– "सृष्टि के अनादि–आदि से मैं राम को जानती हूँ। राम भक्त को तो राम के पूर्व ही जानती हूँ।"

"राम के पूर्व? कैसे?" हनुमान ने पूछा– "राम के पूर्व तो राम ही हैं– थे।"

मणिप्रभा ने सस्मित कहा– "राम शान्ति हैं, मुक्तिधाम, परमधाम मोक्ष हैं और मैं? उनकी दिव्यप्रभा हूँ। उनके अपार–अथाह ऐश्वर्य की मणि हूँ– मणिप्रभा।"

हनुमान ने मणिप्रभा को निहारते हुए कहा– "आप... आप करती क्या हैं?"

“ध्यानस्थ रहती हूँ। परमेश्वर का ध्यान करती हूँ।” मणिप्रभा ने कहा– “परमेश्वर परमात्मा का सच्चिदानन्द ध्यान ही तो है। तेजोमय, ज्योत्स्नामय पूर्णिमाओं के आभा से भरे नवरत्नों की प्रभा से मण्डित सौन्दर्य स्वरुप है, परमेश्वर! वह मेरे परमप्रेमी हैं और मैं? उनकी अर्पित समर्पित प्रेयसी हूँ। प्रेयसी–हाँ हनुमान! परमेश्वर की शक्ति मैं नहीं हूँ। उनकी प्रेममयता हूँ। मैं परमात्मा का ध्यान, उनके शुद्ध–बुद्ध कामगन्धहीन प्रेम स्वरुप का करती हूँ। प्रभु मेरे प्रिय हैं– अनन्य, अनन्त, अत्यन्त अपार, अगाध प्रिय हैं और मैं मायाविनी प्रेयसी हूँ।”

हनुमान ने प्रणाम करते हुए कहा– “तब आप..... आप सीताजी नहीं हैं?”

“शिवा हूँ।” मणिप्रभा ने कहा– “तुम सबने मेरे आज्ञा के बिना मेरे आश्रम को अस्त– व्यस्त कर दिया। क्यों?”

हनुमान ने कहा– “क्षमा देवी! हम राम के प्यासे हैं। राम के भूखे जीव हैं– वानर। सीताजी की खोज में निकले हैं। मृत्युदण्ड की खड्ग तनी हुई है और रामजी की सीताजी मिलती नहीं हैं।”

मणिप्रभा– “माया मिलती है, भक्ति नहीं। भक्ति तो की जाती है, वानर श्रेष्ठ! क्या कहा? राम जी की सीताजी गुम गई हैं? नहीं, भगवान भक्ति के बिना व्यक्त होता ही नहीं।”

“भक्ति?”– हनुमान ने अवाक् पूछा।

“राम से प्रीति, हनुमान!” मणिप्रभा ने कहा।

“राघव रामचन्द्र?”– हनुमान ने आँखें टिमटिमाते हुए कहा– “राम तो राघव राम हैं, राघव–रघुकुल वंशमणि।”

मणिप्रभा मुलकी; बोली– “रघुवंशमणि राघव राम परमात्मा की मानव–मणि हैं। मैं उसकी प्रभा हूँ– मणिप्रभा।”

“समझा नहीं, देवी!” हनुमान ने कहा– “परमात्मा की मणि राम और श्रीमती उसकी प्रभा? क्या?”

“यह मायाकृत आश्रम, यह मैं दिव्यदेही, यह तुम हनुमान और वह.... वह राघव राम। यह जगत, यह सृष्टि–सब उस मणि की प्रभा है। परमात्मा की स्वयं ज्योतिष्मती ज्योति–मणियों की मणि है। सच्चिदानन्द की चिद्घन ज्योति है। यह माया भगवान राम की प्रभा है– दिव्य छाया। यह है भी और नहीं भी। इस

मायाकृत आश्रम में मैं उसी ज्योतियों की ज्योति चिद्घन सच्चिदानन्द का ध्यान करती रहती हूँ।"

"कब से पूज्ये!" हनुमान ने प्रणाम करते हुए पूछा।

मणिप्रभा मुस्कुराई, बोली– "त्रिकालपूर्वक सनातन अनादि आदि से। परमात्मा का ध्यान कालबद्ध समय का संज्ञान थोड़े ही है। प्रभु का ध्यान निर्विकार निर्गुण ब्रह्म का ध्यान–सत्यम् ज्ञान अनन्तम–ब्रह्म का ध्यान काल के परे और पार आत्म स्थिति है। यह इदम् प्रभु की प्रभा माया है– माया।"

"मैं..... मैं अनादि जीव हूँ, आर्य!" हनुमान बोले– "निराकार निर्गुण ब्रह्म को सुना है दर्शन की यह अन्तिम–आत्यन्तिक वार्ता है। ऋषि मुनियों का कथन तथा श्रुतिओं का वचन है। किन्तु मैं अनादि जीवकाल से मुक्त होकर भगवान के चरणारविन्दों में ही समर्पित–अर्पित पड़ा रहना चाहता हूँ। मुझ जीव की यह गुह्य से गुह्य इच्छा है। जीवन की यह भवेच्छा भगवान की भक्ति की इच्छा है, भगवती!"

"जीव? भगवन?"– मणिप्रभा ने कहा– "जब काल के परे जीव का मन जाता है, तब चित्त जगत से रिक्त हो जाता है और जब भव–भवों में आहत अहम् टूक–टूक होने लगता है, तब जीव दीनबन्धु, करुणा–सिन्धु पतित पावन प्रभु की ही पुकार लगाने लगता है। यह माया प्रभु की प्रार्थना से ही तरी जा सकती है, हनुमान वीर मेरे! जीवात्म भाव प्रभु के सगुण होने व होते रहने का संकल्प मात्र है। जीवात्मा आत्मा नहीं है– परमात्मा नहीं है– प्रभु की माया है, जीव, हनुमान मेरे!"

"स्वामिनी!" हनुमान ने मणिप्रभा के दिव्यचरण थामते हुए कहा– "परित्राण करो, योगमाये!"

मणिप्रभा ने शान्त स्वर में कहा– "मैंने ध्यान द्वारा जान लिया है कि भगवती सीता की भाल के लिए तुम सब निकले हो। मैं जान गयी हूँ कि सब दिशाओं में दक्षिण दिशा को छोड़कर सीताजी कहीं मिली नहीं हैं और तुम सब भयभीत हो, त्रस्त हो। सीताजी सागर के पार ही खोजने पर कदाचित् मिल सकती है। हाँ, सीता–राम का सनातन अनादि चिन्मय रहस्य है, प्राण है। सीता श्री राम का हृदय है। सीता ही परमात्मा राम की ऐश्वर्यशालिनी शक्ति है। वह खो गई है? नहीं–उसे असुर, दानव या राक्षस हर ले गया है। तुम वानर श्रेष्ठ सुभागी हो, जो सीता की

खोज में प्राण–प्रण से लगे हो। विश्राम करो। भव– भवों की थकावट मिटाओ–तृप्त हो जाओ। मैं तुमको योग निद्रा में सुला दूँगी और तुम जब जागोगे; समुद्र तट पर स्वयं को पाओगे–समुद्र पार, हनुमान! सीता समुद्र पार।"

"भगवती! अम्बे!"– हनुमान ने पुकारा– "आभार! हम वानर आपके कृतज्ञ हैं– रहेंगे। आपका उल्लेख मैं श्री राम से करूँगा।"

मणिप्रभा ने हँसकर कहा– "श्री राम मुझे जानते हैं।"

"श्री राम आपको जानते हैं?" हनुमान ने पूछ लिया।

"मायापति ही अपनी माया को जानते हैं, मायाकृत जीव नहीं, हनुमान! अनादि जीव भगवान का भक्त या दर्शक मात्र हो सकता है। जीव जगत का मूलतः दृष्टा है, किन्तु परमात्मा का तो वह अनन्य भक्त ही है। जीव प्रभु का अन्ततोगत्वा प्रेमी ही है।"

"जीव...... भगवान का प्रेमी?" हनुमान ने पूछा।

"यही तो, हनुमान तुम इस रहस्य के पूर्ण ज्ञाता हो!" मणिप्रभा ने कहा– "तुम्हारी अप्सरी और इस भव की कल्याणी वानरी माँ ने तुमको काल की दिशाओं के अथाह से खोज निकाला है। जब जीवों के मुकुटमणि तुम हनुमान! तुम परमात्मा के प्यारे हो। प्रभु के प्रेमी हो, हां हनुमन्ते!"

✦✦✦

ब्राह्म मुहूर्त में जब सब वानर श्रेष्ठ सामन्तों की आँखें खुलीं, असीम सा सागर उनकी अर्धजाग्रत आँखों में मानो भर गया। सागर?... यह–यह क्या? हम यहाँ? सागर तट पर? यह कैसे? सब सिहर कर शरीर से जाग उठे। एक साथ कुछ बोल उठे– "सागर...... सागर तट, हनुमान!"

श्री हनुमान ने मुस्कुराकर कहा– "श्रीमती मणिप्रभा की कृपा।"

"श्रीमती मणिप्रभा की कृपा?" – जाम्बुवन्त ने पूछा।

"हाँ, यही श्रीमान!"– हनुमान ने कहा– "उस महामाया और योगमाया की कृपा–कोर।"

"कैसे? आश्चर्य है, हनुमन्ते!" नल ने कहा– "हम तब सागर तट पर योग–बल से उतारे गये हैं क्या?"

"प्रत्यक्षम् किम् प्रमाणम?" हनुमान ने मुस्कुराते हुए कहा।

"प्रत्यक्ष?" जाम्बुवन्त ने सिर धुनाकर कहा– "क्या? हम सब तो कन्दरा के अतिथि कक्ष में सुख पूर्वक सो रहे थे। तृप्त और पूर्ण हम सभी यातनाओं को भूलकर जैसे पुनः स्फूर्त हो गये थे। इन फलों से संजीवनी रस हमको पीने को मिला। अमृत जल, अमृत फल, कारुण्यपूर्ण कृपा और हमें क्या चाहिये था? किन्तु जैसे हमें पलभर में सागर तट पर पहुँचा दिया। तब उस महा योगिनी ने। यही–यही। प्रणाम योगेश्वरी मणिप्रभा–महात्मा–जय ब्रह्मवादिनी!" हनुमान ने गम्भीर स्वर में कहा– "योगेश्वरी मणिप्रभा ने निस्संदेह अपनी अगाध योगशक्ति से ही हमें सशरीर गगन के गगन पार करवा दिये। शत– शत योजनों दूर वह मणिप्रभा का दिव्य मायाकृत आश्रम है। सन्देह नहीं, देहोपरान्त तुरीयावस्था में जीव स्थित होकर ही मणिप्रभा आश्रम में सत्य और ज्ञान स्वरुप अनन्त ब्रह्म का ध्यान करता है। योगेश्वरी मणिप्रभा निर्गुण ब्रह्म के सगुण स्वरुप का निस्संदेह राम रूप ही ध्यान करती हैं। श्री राम की यह योगिनी अनुचरी है। तन–मन, भव, मृत्यु, त्रिकाल, सबसे विमुक्त समर्पित योगिनी है। सीताजी की खोज के लिए हमें सागर तट पर भेजकर दिशा बोध दिया है कि सागर में, या सागर के पार या परे– भगवती जनकनन्दिनी कहाँ हैं? मणिप्रभा योगिनी राम को तो जैसे जानती हैं किन्तु... किन्तु जैसे भगवती सीता को नहीं जानतीं कि वह कहाँ है? कहाँ है सीता? मैं भी पूछ बैठता हूँ।" फिर हनुमान ने किलकारी करते हुए कहा– "सीताराम के हृदय में हैं। राम के रोम–रोम में सीता हैं।"

"अवश्य है।" अंगद ने प्रथम बार कहा जैसे।

नल ने कहा– "किन्तु राम भी सीताजी की रग – रग में हैं। हैं या नहीं हनुमान?"

हनुमान ने नल को घूरते हुए देखा और कहा– "राम घट–घट–व्यापी हैं।" हनुमान ने अपने साथियों को निहारा, घूरा और पुनः कहा– "राम! सीताराम!!"

"सीता– राम तो हैं, परन्तु यह मणिप्रभा?"– अंगद ने कहा।

"योगिनी योगमाया की स्वयं प्रकाशित प्रतिमा।"– हनुमान ने कहा– "निस्संदेह यह देवी मणिप्रभा योगेश्वरी है। योगमाया द्वारा ही उन्होंने हम सबको सोते–सोते ही समुद्र तट पर पहुँचा दिया।"

नील ने कहा– "आश्चर्य!... अनहोना आश्चर्य!"

"क्यों जी?" हनुमान ने कहा– "आश्चर्य? अनहोना? यह सारा जगत ही एक अनहोना आश्चर्य है। विचित्र, विलक्षण रूप-रूपों का नामों से गूँजता हुआ जगत क्या योगमायाकृत आश्चर्य नहीं है?... है। योगेश्वरी मणिप्रभा ने जब अपनी माया से हरा-भरा, सघन-सजल दिव्य आश्रम ही बना लिया, तब हमें निद्राधीन अवस्था में सागर तट पर उतारना उनके लिए बड़ी बात नहीं थी। फिर हम वानर भी तो आकाश में उड़ सकते हैं, पर्वतों को तोड़ सकते हैं। जल, थल तथा नभ में विचर सकते हैं। प्रभु-कृपा आश्चर्य कर वरदान देती हैं। प्रभु द्वारा किया गया योगक्षेम प्रारब्धोपरांत आश्चर्यमयी इसकी अद्भुत कृपा है। निस्संदेह अब मुझे विश्वास हो चला है, रामजी चाहते हैं कि हम सीताजी का पता पालें। जय राम! जय– जय सीता राम!! सागर? क्षितिजों के पार फैला हुआ है– विशाल, अनन्त, अगाध यह सागर। देखो, मित्रों! इस अनन्त सागर को देखो। क्षितिज के पार उल्लोलित यह सागर।"

द्विविद ने हुँकार की–"हाँ, तो। है, सागर सामने है, तो। उसका देखना क्या? जल ही तो है। पानी की बूँद देख लो और समस्त सागर देख लो। क्या नई बात है श्रीमान हनुमान!– इस सागर में? फैला हुआ है और खारा है। मीठा जल होता तो? संसार प्यासा नहीं रहता।"

हनुमान ने मग्न होते हुए कहा– "नदियाँ सागर में मिलती हैं– जिस प्रकार जीव ब्रह्म में लीन हो जाता है। आकाश तथा सागर के मध्य मेघ उठते हैं। सागर में वाष्प रूप खारा जल लेकर मीठा अमृत-अमृती नीर बनाकर धरा पर बरसाते हैं। वसुधा सुधा से भर जाती है। अन्न और जल–यह रामजी की कृपा कहो– वरदान है जीव को। प्रारब्ध कर्मों से मुक्ति, प्रभु-कृपा से।"

जाम्बुवन्त– "अब क्या करें? सागर तट पर तो योग बल से आ गये किन्तु भगवती सीता इस अपार-अगाध सागर के पार भी कहाँ दिखेंगी? सीताजी कहाँ? है राम! यह कैसी विडम्बना है?"

हनुमान ने कहा– "जगत के आश्चर्य में सीताजी की खोज स्वयं ही अगाध रहस्य है। रामजी जानते हैं, सीताजी कहाँ हैं, निस्संदेह राक्षस ही उन्हें उठा ले गया है तथा अपनी राजधानी में ले गया है– लंकेश रावण.....अवश्य।"

गयंद ने देखा, विशाल किन्तु कृशकाय शरीर वाला कोई पक्षी पास ही के टींबे पर बैठा है और उनको घूर रहा है। गयंद ने चिल्लाकर पुकारा– "पक्षी देखो, जटायू राज जैसा पक्षी।"

"जटायू राज जैसा भव्य पक्षी?" जाम्बुवन्त ने उस ओर देखते हुए पूछा– "महाराज जटायू। बहुत पहले मैंने उनके दर्शन किये थे। तब किष्किन्धा होकर भी इधर आये थे। अपने भाई से मिलने आये थे। महाराज बालि ने श्री राम तथा अयोध्या का पूर्ण परिचय महाराज जटायू से ही पाया था। महाराज जटायू? वानर, रिच्छ, पक्षी, नाग सभी को अखण्ड एकता और उनकी एक अमोघ सत्ता के वे पक्षपाती थे। राक्षसों, दानवों तथा अधर्मियों के वे कट्टर विरोधी थे। देखा नहीं? भगवती सीताजी की रक्षार्थ अपने पवित्र प्राणों की आहुति दे दी। श्रीमान् वीर लक्ष्मण जी ने महाराज सुग्रीव को जब यह दिव्य रोमांचकारी वार्ता कही थी, तब मैं वहीं था–मैंने सुनी थी। श्री राम महाराज जटायू को अपना चाचा–पिता स्वरुप मानते थे। तभी तो श्री राम ने उनकी अंत्येष्टि शास्त्रोक्त विधि से स्वयं पुत्रवत् की। धन्य! श्री राम, जो निस्संदेह मानव मात्र को एक और अखण्ड, अविभाज्य और अभिन्न मानते हैं। भव–योनियों में वे व्यवहारार्थ भेद मानते हैं, किन्तु अन्तःकरण से वे प्रत्येक प्राणी को अपना और समान मानते हैं। सब हैं समान........ सब में एक प्राण। तभी तो वे हम वानरों के साथ उठते–बैठते हैं, जीते हैं।"

हनुमान ने प्रसन्नतापूर्वक कहा– "देखा न, मेरे राम कैसे हैं? अरे! यह–यह तो सम्पाति महाराज जैसे दिख रहे हैं। धीरे–धीरे इधर ही आ रहे हैं। हाँ–हाँ श्रीमान्! यह–यह महाराज जटायू के भाई सम्पाति ही हैं।"

सम्पाति ने कुछ दूर से ही गुर्राहट की– "हाँ..... हाँ, मैं सम्पाति हूँ। सभी वानर सम्पाति की ओर लपके– "आप यहाँ? अहोभाग्य! हमारे।" जाम्बुवन्त ने कहा– "आपकी कृपा से हम चौदह भुवन और सप्तलोक में सीताजी को देख पायेंगे।"

"हूँ....." सम्पाति ने पुनः गुर्राहट की– "भूखा हूँ– तुम सबको खाऊँगा, अवश्य। किन्तु यह जटायू–वार्ता क्या है? क्या है– बोलो। अन्यथा भेद–भेद कर तुम्हारा कोमल, मधु से मिश्रित माँस खाऊँगा, समझे? मैं महाराज जटायू का अनुज सम्पाति हूँ। इस विशाल समुद्र को देखता रहता हूँ। पक्षी– क्षेत्र की सीमा जो यह सागर धोता है। आह! न जाने कब से आकाश को अपलक देखता हुआ बैठा हूँ– न जाने कब से। जटायू? हाँ–हाँ जटायू..... क्या हुआ उस वृद्ध तपस्वी पक्षीराज को?.... क्या हुआ?"

हनुमान ने कहा– "श्री रामजी की कृपा से स्वर्ग सिधार गये। महात्मा मर्यादा पुरुषोत्तम राम नाम सुना है आपने?"

सम्पाति ने हनुमान को घूरते हुए कहा– "सुना क्यों नहीं? दशरथनंदन रघुवंशमणि श्री रामचन्द्र–राम। वही न? महात्मा जटायू ने मुझसे श्री राम, लक्ष्मण, भरत और शत्रुघ्न– इन चारों राघवों की वार्ता कही है। महात्मा जटायू महाराज दशरथ के मित्र, भाई–सब कुछ। किन्तु मैं महाराज दशरथ से कभी नहीं मिला। मुझे क्या करना था? मैं तो एक उदासीन एकाकी पक्षी हूँ। ध्यानस्थ रहता हूँ। ध्यान! समझो मरकटों! जरा समझो। मैं विराट का, अनन्त का ध्यान करता हूँ। मन के असीम में स्वप्न की एक डाली पर बैठा सारे जगत को देखता रहता हूं और सुनो, मेरी छाया सी बनकर एक और मन की डाली पर बैठी है तथा योग करती है। मेरी यही छाया तुम सबको भक्षण कर जाती; किन्तु तुम सब महात्मा जटायू को नमस्कार करते हो। अतः मैं तुम्हारा भक्षण नहीं करूँगा। तुम्हारे पास जो भी हो, मुझे भोजनार्थ प्रदान करो। सुना, मैं भूखा हूँ। ध्यान करते–करते मन तो शून्य हो जाता है, किन्तु जठर ज्वलित हो जाता है।"

जाम्बुवन्त ने अंगद से कहा– "मणिप्रभा जी के आश्रम से कुछ कन्द– मूल, फल लाए हो तो पक्षीराज सम्पाति को अर्पित करो।"

"पक्षीराज..... मैं?" सम्पाति ने प्रसन्न होते हुए कहा– "अरे वाह! वानरराज! वाह! पक्षी – श्रेष्ठों ने मुझे तो उदासीन मानकर बहिष्कृत कर दिया। पक्षी को जगत में चलना नहीं, उड़ना पड़ता है। प्रवृत्ति–सतत् प्रवृत्ति, किन्तु मुझे क्या पक्षियों की धरती चाहिये थी? नहीं। मुझे पक्षियों का अनन्त आकाश ही चाहिये था। आकाश ध्यानावस्था है मेरी, समझे? मुझ अनादि जीव की। आकाश–ध्यान स्वयं के अनन्त का, स्वयं के अगाध का–हाँ।"

हनुमान ने मन ही मन चकित होकर पूछा– "आकाश? ध्यान? किसका?"

"श्री हरि विष्णु का– और किसका?" सम्पाति ने गुर्राकर कहा– "तू–तू... हनुमान! यह नहीं जानता? राम को तो जानता है; विष्णु को नहीं? किन्तु विष्णु को जाने बिना राम को नहीं जाना जा सकता, समझा?"

"जी!" हनुमान ने विनयपूर्वक कहा– "विष्णु श्री हरि पुरुषोत्तम–रामजी, समझा।"

सम्पाति ने झुँझलाते हुए कहा– "क्या समझा? समझ, वानर! समझ! विष्णु विष्णु विष्णु विष्णु! वही है– वही। मैं जैसे अनादि काल से उसी विष्णु को देखने के लिए आकाश को देखता रहता हूँ। आकाश–जानता है, क्या है? आकाश–

आकाश है– शब्द! शब्द! समझा? धरती धरती है– पृथ्वी गन्ध, समझा? समझ प्रिय हनुमान, समझ। जल जल है– रस। रूप–रूप है अग्नि। वायु– वायु है स्पर्श। तू हनुमान– मैं तो तुझे समझ गया हूँ, किन्तु मैं तुझे पूछता हूँ, क्या तू मुझे समझ गया है? मैं पक्षी हूँ– आकाश की त्रिकाल गति, समझा?"

"जी! समझ गया।" हनुमान ने मुस्कुराते हुए कहा– "पक्षी श्रेष्ठ! आप विष्णु का पक्षी स्वरुप हैं– गति, शब्द के पीछे गतिशील गति– मैं क्या इतना भी नहीं समझूँगा?"

"हुँ।" सम्पाति ने कहा– "जीता रह। चिरंजीवी भव, हनुमान! माँग– क्या चाहिये?"

"सीताजी, भगवती सीताजी का पता। वह कहाँ हैं?" हनुमान ने पूछा।

"सीता? राम वल्लभा सीता? विष्णु की कमला, सीता।" सम्पाति ने पूछा। "वह कहाँ हैं, मैं– मैं क्या जानूँ? सीता दुर्भेद्य है, हनुमान! मैं क्या जानूँ। राम की हृदयेश्वरी सीता कहाँ हैं?"

हनुमान ने सविनय पूछा– "आपकी सूक्ष्म दृष्टि है, श्रीमान्!"

"हुँ.....।" सम्पाति ने फल खाते हुए कहा– "दूर दृष्टि, सूक्ष्म दृष्टि, दिव्य दृष्टि– तू? सूक्ष्म दृष्टि! देख बता सीताजी कहाँ हैं? सीता हो तो बताऊँ वह कहाँ है। माया, हनुमान! माया। यह सीता जो गुम गई है– मायावी मूर्ति है– मायावी। मैं बताऊँ? तू तो राम का अनन्य भक्त है। तू ही बता। श्री रामजी से दिव्य दृष्टि माँग ले।"

हनुमान ने सविनय कहा– "दिव्य दृष्टि तो ऋषियों की होती है और यह मरकट वानर ऋषि नहीं है।"

"झूठ।" सम्पाति गुर्राये– "तू..... तू रूद्र है। मैं जानता हूँ। आशुतोष शिव ने मुझे स्वप्न में कहा! स्वप्न! तुम्हीं स्वप्न देखते हो– सेवन करते हो तो क्या हम पक्षी नहीं। आकाश में हम पक्षी केवल सपने ही देखते हैं, समझा?"

"समझा प्रभो!" हनुमान ने कहा– "तो एक अनुग्रह हम वानरों पर कीजिये। सीता का स्वप्न देखिये न श्रीमान्।"

सम्पाति ने सिर हिला– हिलाकर कहा– "सीता– माया सीता– माया की दृश्य– अदृश्य मूर्ति– छवि मात्र। भगवती सीता की सुनहली– रूपहली छाया– काया, छाया। कहाँ देखूँ। अनन्त के इस आकाश में तो मैं ही मैं दिखता हूँ। मैं?

कौन? तू ही बता, हनुमन्ते! मैं कौन हूँ ? एक पक्षी मात्र, जीव मात्र हूँ। मैं क्या बता सकता हूँ– परमात्मा की ऐश्वर्य शक्ति को– श्री हरि विष्णु के मानवावतार की ऐश्वर्य शक्ति है, राज्य की धार्मिक शक्ति। राष्ट्र की यह ऐश्वर्यशील शक्ति राजा के अन्तःकरण की समूची विवेक शक्ति है, किन्तु तुम वानर उस शक्तिमत्ता को क्या जानो। जो अनन्त को जानता है , वही सीता को जानता है। सीता कहाँ है, आए न पक्षी के पास। देवी सम्पदा से मण्डित तुम वानर सीता को खोज नहीं सके– आये मेरे पास। हैं.... नहीं? मैं ही आया हूँ तुम्हारे पास। वानरों! पक्षी आया है तुम्हारे पास, तुम्हारा परित्राण करने के बाद। सीता कहाँ है? ठहर..... देखता हूँ। तो क्या तुम्हारे राम और मेरे प्रभु राम को पता नहीं है सीता कहाँ है? बड़े परमात्मा के अवतार बने फिरते हैं।"

जाम्बुवन्त ने कहा– "पक्षीराज! श्री राम स्वयं को एक मानव ही कहते हैं ये तो लोग हैं जो उनको ईश्वरावतार कहने लगे हैं।"

"अपने स्वार्थ के लिए तब।"– सम्पाति गुरिये।

"नहीं।" जाम्बुवन्त ने कहा– "प्राणीमात्र के योगक्षेम तथा पृथ्वी के उद्धार तथा गौ, ब्राह्मण, साधु–सन्त एवं ऋषि– मुनियों के परित्राण व मंगल के लिए। अधर्म के नाश के लिए तथा पुनः– पुनः वैदिक धर्म की सम्भावना के लिए। अत्याचारियों, अधर्मियों तथा आततायियों का नाश प्रभु के सिवाय और कौन कर सकता है?"

"तब ये सुर– देवता किस काम के हैं? वानर श्रेष्ठ!"– सम्पाति ने पूछा– "स्वर्ग भोगते हैं यह सुर स्वर्ग ही भोगते हैं, प्राणियों का योगक्षेम नहीं कर सकते– जीवों का परित्राण नहीं कर सकते। तब..... तब सुख काहे के?"

"पृथ्वी और आकाश, जगत और सृष्टि का कल्याण तो प्रभु ही कर सकते हैं, पक्षीराज!" – हनुमान ने कहा

सम्पाति ने प्रसन्न होते हुए कहा– "पक्षीराज......... मैं पक्षीराज–आर्यों ने भी पक्षियों का राजा कहा है और अब तुम वानरों ने भी पक्षियों का राजा सम्बोधित किया है। मैं पक्षीराज .... आभारी हूँ। सीता......! कहाँ हो तुम? भगवती! कहाँ हो कल्याणी, राम–वल्लभा कहाँ हो?"

सम्पाति की तनिक सी लम्बी और तनिक सी गोल पाणीदार आँखें स्वतः ही अर्धोन्मीलित हो गयीं। वह जैसे बन्द पलकों के पार गगन के गगन भेद कर देखने का यत्न कर रहे हों। सम्पाति के अकल किन्तु जगत भर को कल देने

वाले नयनों की गहन ज्योति उनकी पुतलियों में सिमट गयी– केन्द्रित सी होने लगी। सम्पाति देखते हुए भी जैसे जगत को अब नहीं देख रहे थे। जगत के भाँवरी भरते हुए रूप–रंगीन आकृतियों के मन्थर बिम्ब जैसे उनकी साँस से उड़ गये– बिला गये। सभी स्वरूप पर्वत, नदी, सर, सरोवर, वृक्ष, फूल, पत्ते, घनी झाड़ियाँ–मानव, दानव, सुर, असुर सबके मुख–मण्डल झबककर अन्तर्ध्यान होते चले गये। योगियों की पद्मासन– बद्ध ज्योति विकीर्ण करती हुई आकृतियाँ सम्पाति के नयन के गहन गम्भीर में उबकी–दुबकी तथा अन्तर्ध्यान होती गयी। अपने गहनाकाश में सम्पाति ने पुकारा– "राम! हे विष्णु तेरी कमला सीता कहाँ है?– कहाँ? इन वानरों ने मुझे दिव्य मधुरातिमधुर फल दिये हैं, पुष्ट कन्द दिए हैं, मीठे मूल दिए हैं। एक युग के लिए मेरी क्षुधा तृप्त हो गई है– शान्त। आज मुझे आमिष नहीं, निरामिष भोजन प्राप्त हुआ है– तेरी कृपा से–अमृत भोजन। क्या उपकार करूँ तब मैं इन मरकटों का? क्या? यही– भगवती सीता का पता बता दूँ। दूर– दूर सुदूर गगन के गगन पैर कर, व्योम के व्योम चिर कर आकाशों के परे और पार सीता दिखा दे, राम मेरे!"

"भगवती सीते!" सम्पाति के प्राण उबले, मन सहसा एकाग्र हो गया, चित्त निर्मल होकर शान्त दमकने लगा। सम्पाति की बुद्धि स्वयं ही जल कर अद्वितीय ज्योति हो गयी, जिसमें सागर के सागर दीप्त हो उठे। सम्पाति जैसे स्वयं के पारदर्शी अगाध में डूब गये। सीते! रामवल्लभे! स्वामिनी सीते!" सम्पाति आत्माराम ने पुकारा और जैसे त्रिकाल ध्वनित, गुँजित– प्रतिगुंजित हो उठा।

सहसा सम्पाति के नयन खुले। वह स्वयं ही बोल उठे– "हनुमान! वीर मेरे! सीता– वह वहाँ उस लंका द्वीप में एक वाटिका है, उसमें– उसमें चिर वियोगिनी– सी श्री राम वल्लभ सीता– हाँ, वानरों! सीता वहाँ! मैं...... मैं देख रहा हूँ। सीता– वैदेही जनकनन्दिनी, जगदम्बा, सीता। हनुमान! सीता वहाँ– वहाँ सीता। लंका की वाटिका में सीता....।"

और सम्पाति ध्यानस्थ वहीं स्थित हो गये। वानरों ने देखा सम्पाति का देह अचल हो गया। वे आसनबद्ध समाधिस्थ हो गये हैं। हनुमान को लगा; सम्पाति की सूक्ष्म दृष्टि जैसे समुद्र पार लंका की उस सघन वाटिका में किसी सघन वृक्ष की घटा में थम गयी है और उसी दृष्टि का दिव्य वर्तुल फैल गया है। दिव्य ज्योतिर्मय बिम्ब–वर्तुल–मण्डल और उस प्रकम्पित मण्डल में एक दिव्य मूर्ति प्रदीप्त हो रही है– सीता।

9

"**सी**ता वहाँ– समुद्र पार लंका द्वीप में वृक्ष के तले सीता.......।" सम्पाति का यह ध्यानलीढ़ कथन तीव्र धाम के तुरन्त बाद प्राप्त वर्षा की शीतलता सा लगा। चकित, स्तंभित और आश्चर्य– विमूढ़ वानरों ने समुद्र पार देखा, एक साथ चिहुँके– भगवती सीता– वहाँ– हुँ हुँ हुँ। वानरों की हुँकार से समुद्र पर झूमता हुआ आकाश मानो उद्दा उठा। जाम्बुवन्त पुकार उठे– "समुद्र पार वहाँ सीता– जगदम्बा सीता। जीओ, सम्पाति!" अंगद ने नाचते हुए कहा– "जी गये– लाज रह गयी वानरों की, वानरों की, वानर जाति की।" दधिमुख ने हुँकार की– "महाराज सुग्रीव की प्रतिष्ठा बच गयी। हाँ, सीताजी का पता हमें नहीं चलता तो वानर– आर्य मैत्री का क्या होता?" नल बोले – "पक्षीराज सम्पाति! आप धन्य हैं! हमें प्राणदान दे दिया। हाँ, प्राणदान अन्यथा महाराज सुग्रीव हमें ठार कर देते। अपने मित्रजू श्री रामजी को सीताजी का पता महाराज सुग्रीव की विनम्र भेंट रही है। हाँ.....।" नील ने कहा– "संकट अन्ततोगत्वा टल गया।"

तभी हनुमान ने कहा– "श्री राम कृपा! निस्संदेह वानर जाति और वानर साम्राज्य पर रामजी राजी हैं।"

जाम्बुवन्त ने सिर हिला–हिलाकर कहा– "यह तो है ही। रामजी तो हैं ही। रामजी राजी हों तो कोई क्या बिगाड़ सकता है? हनुमन्ते! तुमने वानर जाति को श्री राम का अमोघ विश्वास फिर से दिलवाया है।"

"सीता–राम का" अंगद ने कहा– "हाँ, पूज्य– अवश्य। सीता– राम ही अब से वानर जाति के अमोघ विश्वास हैं, पूजा हैं, आराधना हैं। मैया सीता वहाँ पर दूर–दूर सुदूर द्वीप में हैं। वहीं हमें पहुँचकर सीता मैया का पता लगाना है।"

महाशय सम्पाति ने हँसते हुए कहा– "सीता जी कहाँ हैं– यह तो मैंने अपनी दिव्य दृष्टि से देखकर बता दिया। अब सागर पार कर पहुँचो वहाँ, भटु मेरे! तुम वानर तो जल– थल– नभ में विचरण कर सकते हो। नहीं.....?"

अंगद ने कहा– "अवश्य, मैं सागर तैर कर उस पार पहुँच सकता हूँ। किन्तु वापस तैर कर आने की क्षमता जैसे मुझ में नहीं है– सच।"

जाम्बुवन्त ने विशाल–अनन्त सागर को घूरा और कहा– "वृद्ध जो हो गया हूँ; अन्यथा एक ही छलांग में उस पार हो जाता.... वृद्धावस्था। यह बिना बुलाये ही आती है, हनुमान! क्या करूँ?"

हनुमान ने वयोवृद्ध, किन्तु तेजपुंज पितृतुल्य रिच्छ जाम्बुवन्त को निहारा और कहा– "आप क्यों यह व्यर्थ श्रम करेंगे, भला! हम सब वानर हैं न– गयंद है, नल है, नील है– अंगद और गद हैं। द्विविद एवं दधिमुख हैं– निशठ – शठ, विकटास्य हैं – सभी महारथी और साहसी वानर श्रेष्ठ हैं।"

अंगद ने पुनः निसांस रखते हुए कहा– "मैं पार कर सकता हूँ, किन्तु वापस इस पार लौटने की शक्ति मुझ में नहीं है। इस सागर को पार कर सीताजी का अचूक पता लेकर वापस सागर पार कर इस पार पहुँचने का अपराजित सामर्थ्य मुझ में नहीं है। विवश हूँ, पूज्य!"

जाम्बुवन्त ने निसासपूर्वक कहा– "सो तो ठीक है, किन्तु कोई तो जायेगा– सागर पार और वापस इस पार आयेगा और वह हम ही में से कोई एक होगा।"

गयंद ने कन्धे उचकाते हुए कहा– "मैं आधा सागर पार कर सकता हूँ, आधा। उसमें भी लौटकर नहीं आ सकता। मझधार में डूबना– यही, पूज्य!"

नल ने कहा– "मैं समुद्र को बाँध सकता हूँ। तैर नहीं सकता।"

नील– "यही-यही तो–यही मैं भी कहूँगा। समुद्र को तैरना मेरे बस की बात नहीं है। विज्ञान– शक्ति द्वारा सागर पर सेतु बनाया जा सकता है, परन्तु पार तो-"

हनुमान ने सहसा कहा– "राम– कृपा के बिना सागर तो क्या, यह भव सागर भी पार नहीं किया जा सकता। राम– कृपा हो जाय तो ऐसे असंख्य सागर पलभर में पार किये जा सकते हैं।"

"कैसे?" गद ने पूछा।

"श्री राम जय राम जय जय राम! रटते हुए"– हनुमान ने कहा– "राम स्मरण ही सभी शक्तियों, निधियों, सामर्थ्य, साहस तथा संकल्प प्रदान करता है। श्री राम– नाम ही आत्मा का अन्तिम मनोरथ मोक्ष भी साध सकता है। जीव का योगक्षेम प्रभु के हाथ है, साथियों!"

दधिमुख ने कहा– "यहाँ तो राजा की कृपा चाहते रहे। राम का तो अब पता लगा है। क्या किया जाय? मैं तो दस– पाँच योजन तो आ-जा सकता हूँ– पूरा

नहीं। उस तट पर पहुँचकर इस तट पर पुनः आना जैसे काल समुद्र में डुबकियाँ लगाना है। क्षमा चाहता हूँ श्रद्धेय जाम्बुवन्त जी– क्षमा।"

जाम्बुवन्त ने आर्द्र स्वर में कहा– "इसमें क्षमा माँगने की क्या बात हुई। यह तो अपने साहस, सामर्थ्य और मनोबल की बात है। सर्वोपरि यह तो राम का काज है हनुमान!"

हनुमान ने हुँकार की– "हूँ.... राम– काज। हम सबका काज है– वानर मात्र का काज अरण्यवासी प्रत्येक प्रजाजन का काज है। सागर को देखते ही हम अपना बलाबल कहने लग गये। सामर्थ्य नापने तथा शक्ति तोलने लग गये। तब हमें सिंहासन नहीं, सागर ही भयत्रस्त करता है। तब हमें राजसिंहासन लुभाता है, नहीं? और सागर में डूबना ही पड़ता है। राज के लिए मस्तक देना पड़ता है.... सागर के लिए देह तथा राज के लिए प्राण देने ही पड़ते हैं। निशठ-शठ! बोलो। सब कह चुके हैं। आप ही शेष हैं– कहने के लिए। क्या सागर पार करोगे?"

निशठ ने झुंझालकर कहा– "मैं वायुपुत्र नहीं हूँ, न ही आंजनेय हूँ तथा न ही केसरीनन्दन हूँ।"

"मैं भी नहीं हनुमान जी!" शठ ने कहा– "मैं तो एक वानर सामन्त हूँ। आप चाहें उतने मधु– घट पी सकता हूँ, किन्तु समुद्र पार करना अपने बूते के बाहर है।"

जाम्बुवन्त ने अमर्षपूर्वक कहा– "धन्य हैं आप वानर सामन्त वानर श्रेष्ठ! केवल मधु पीना और मूत्र करना ही आप जानते हो? धरती को पाँव तले दबाकर आकाश में उछलना नहीं जानते? नभ को सांसों में भर कर फुत्कार करना नहीं जानते? एक ही छलांग में सागर पार....... मैं युवा होता तो कर दिखाता। आज मेरा सिर नीचा हो गया है, वानरों! तब..... कौन जायेगा सागर पार?.... कौन? क्या नैया किनारे पर आकर डूब जाएगी? अन्त में तब यह अनन्त सागर ही हम सबके प्रारब्ध में भरा था। हे श्री हरि! अब तू ही लाज रख।"

दधिमुख ने जैसे अब कहा– "क्या करें? हम जैसे हैं– वैसे हैं, श्रद्धेय जाम्बुवन्त जी! हम कब कहते हैं, हम पर श्री रामजी की अनन्य कृपा है। हम तो महाराजा सुग्रीव के कृपाकांक्षी हैं। राम– कृपा तो श्रीमान हनुमान जी पर ही बरसती है। हनुमान अर्थात्– राम– सेवक, राम– दूत, वायुपुत्र हनुमान। हम सब वानरों को रामदूत हनुमान पर गर्व है– हाँ– है।"

जाम्बुवन्त ने हनुमान को घूरते हुए कहा– "क्या किया जाय, हनुमान? क्या?"

हनुमान ने हाथ जोड़कर कहा– "जैसे श्रीमान की आज्ञा हो। हम सब एक टोली हैं– टोली स्वरुप ही भगवती सीताजी की टोह ले रहे हैं। अतः समस्त टोली को ही सागर पार कर द्वीप में जाना चाहिये और सीता माता को श्री राम का सन्देश सुनना चाहिये।"

जाम्बुवन्त ने सिर हिला– हिलाकर कहा– "सो तो ठीक है, परन्तु लगता यह है कि तुम्हारे सिवाय अब हम वानरों की कोई आशा शेष नहीं है। तुम्हीं इस धर्म संकट से, इस अटल विवशता से हम वानरों का परित्राण कर सकते हो। हाँ.... हनुमान!"

हनुमान ने कहा– "पूज्य! मैं तो आप सबकी भांति एक सामान्य वानर हूँ। श्री राम का भक्त अवश्य हूँ– परन्तु अत्यन्त दीन, आर्त भक्त हूँ।"

"नहीं.... नहीं हनुमान!" जाम्बुवन्त ने कहा– "तुम आंजनेय केसरीनन्दन वायुपुत्र हनुमान हो– राम इष्ट हो। जागो हनुमान! सागर–पार जाकर भगवती सीताजी को श्री राम का सन्देश देना सर्वोत्तम दिव्य राम– काज है। जागो– श्री राम– काज के लिए तुम ही इस पृथ्वी– तल पर आये हो। हाँ.... हनुमान। हुँ.... हुँ..... हनुमान।"

गगनभेदी किलकारी हुई– "हुँ हुँ हुँ हनुमान।" सभी उपस्थित वानर श्रेष्ठ गर्जे। हनुमान ने जाम्बुवन्त को प्रणाम किया और सभी वानर साथियों को घूरा–निहारा तथा असीम समुद्र को अपने नयनों में भरकर बोले–"हुँ हुँ हुँ हनुमान नहीं, राम– राम हनुमान।"

हनुमान के नयन स्वयं ही अर्धोन्मीलित हो गये और वे भूताकाश के बिम्बभूत आकाश में डूबकर चित्ताकाश के व्योम में उभर आये। 'राम'– एक अनहद ध्वनि हनुमान के हृदयाकाश में उठी तथा चिदाकाश को लपेटे हुए हनुमान के चित्ताकाश में चिहुँकी– "राम! राम! राम!!!" – हनुमान भूताकाश में गर्जे, चित्ताकाश में चीत्कार कर उठे और चिदाकाश में पुकार उठे– "राम! हे राम! जय–जय राम!!" हनुमान को लगा उनका स्थूल देह विशाल होकर सम्यक हो गया है। उनकी कर्मेन्द्रियाँ साम संगीत से थरथरा रही हैं और ज्ञानेन्द्रियाँ केन्द्रित होकर 'राम' शब्द की पश्यन्ति में लीन होने लगी है। "राम!" हनुमान की देह में गंधवती पृथ्वी की अचल स्थिरता जैसे आ समाई। सप्त सिन्धुओं की गहनता

रस– रिझिवार बनकर हनुमान के रोम– रोम में भर गयी। अग्नि तेज उनकी रगों में भरकर स्थित हो गया। वायु का स्पर्श समूचे समुद्र को हनुमान की पलकों पर टिका गया। हनुमान की शरीरी तनमात्राएँ शब्द में लीन होकर शब्दमयी अनन्त गति हो गई। "राम! तुम्हारा काज–सीता मैया! राम! सीता–राम!" हनुमान को अपने हृदय दहर में दिखा–श्याम सुन्दर कमल लोचन राम अभय देकर मानो कह रहे हैं -"हनुमान! मेरे हनुमान! मेरे प्रिय मेरे! जल– थल और नभ में तुम विजयी होओ। आंजनेय! वायुपुत्र! केसरीनन्दन! हनुमान! हनुमान ने सिर धुनाया और शरीर में जागते हुए कहा– "अच्छी बात है– तुम सब चाहते हो तो मैं समुद्र का उल्लंघन करता हूँ। तुम सबकी यही इच्छा है, आज्ञा कि मैं ही राम का काज करूँ।"

"हुँ.... हुँ...... हुँ....... हनुमान!"– वानर श्रेष्ठों ने गूँज की।

"तब, जय श्री राम।" हनुमान ने कहा और कूदकर समुद्र तट की मेखलावत् समीपस्थ पर्वत पर चढ़ गये। पर्वत की चोटी पर दोनों पाँव जमाकर जंघाओं के अतुलित भार से पर्वत को हचमचाते हुए हनुमान गर्जे– "राम! जय श्री राम।"

और हनुमान गगन मण्डल में देहयान की भांति स्थित होकर तीव्र वेग से समुद्र के उस पार श्रीलंका द्वीप की ओर उड़े। अमित विक्रम हनुमान समुद्र के ऊपर घने मेघ की भांति उभर कर बहने लगे। जैसे समस्त गगन–मण्डल सजीव यान के स्वरुप में उद्वेलित हो उठा और हनुमान विशाल असीम से सागर पर उड़ने लगे। समुद्र तट के छोटे–मोटे पर्वतों के शिखरों से बहुत ऊपर क्षितिज के वर्तुल की भांति हनुमान उड़े– श्रीलंका द्वीप की ओर जाम्बुवन्त आश्चर्य चकित से खड़े हनुमान को गगन के गगन भेद कर व्योमों को चीरते हुए आकाश मार्ग से समुद्र के पार उड़ जाते हुए देखते रहे। अंगद, नल, नील-द्विविद, गयंद, गद चकित से स्तंभित खड़े हनुमान को आकाश में मंडराते हुए देखते रहे। गद किलकारी कर उठा, विकटास्य चिहुँका; दधिमुख ने किलकारी के साथ बार– बार हुँ हुँ हुँ हनुमान कह उठा। निशठ और शठ ने सिर धुना धुनाकर कहा– "वाह रे हनुमान! वाह! तुमने वानर जाति की लाज रख ली।"

हनुमान ने दूर–दूर होते जाते तट पर वानर–मण्डली को चित्रलिखित स्थिति में निहारा और मन ही मन मुस्कुरा उठे। राम! यह तेरा प्रताप है– आशीर्वाद है। सीता मैया यह तुम्हारा सत् है– उसका वरदान है। जय राम! हनुमान आकाश

मार्ग में स्थित होकर देह तत्व के यान के स्वरुप हो गये। वायु के सभी स्पर्श हनुमान के रोम–रोम में समा गये और सभी गतियाँ एक स्थिर भारहीन गति होकर हनुमान के अंग–अंग में सिमट गयी। हनुमान आकाश में मन के वेग से चलने वाले मन्त्रकृत यान हो गये।

जाम्बुवन्त मानो देह में जागृत हुए– "राम! हमारे हनुमान की रक्षा करो। रामधुन– मित्रों! साथियों! रामधुन।"

अंगद ने कहा– "राम! जय– राम!"

और ^जय-जय राम! श्री राम– जय राम– जय– जय राम!!" की धुन स्वतः ही अन्तःकरण को भेद कर उठी और समुद्र की उर्मियों में रम गयी– विचियों में उछली तथा कल्लोलों में मंडराकर हिल्लोलों में गमक उठी। इस पार रामधुन की प्रार्थनामयी धुन समुद्र के अगाध जल में रमने लगी और जैसे अगाध सा समुद्र स्वयं ही अपलक हनुमान को देखने लगा। आकाश की दिशाएं क्षितिज रेखा बनकर हनुमान के आकाश मार्ग में आधार होने लगी। तट की रामधुन से उद्भवित शब्द तरंगें मानो हनुमान को झेलकर वायुगति में सम–स्वर–सी प्रसर गयी। गगन के गगन मानो व्योमों में ध्वनित होकर भारहीन अवकाश में प्रसर गये और हनुमान का दिव्य वानर देह सिद्धियों की सजीव क्रियाओं से हुमस उठा। अनन्त सा विशाल सागर पृथ्वी के अधोवस्त– सा लहराने लगा और श्री हनुमान मन ही मन श्री राम के ध्यान में स्थित हो गये। 'श्री राम– जय राम' की धुन मन में स्वतः ही गहर उठी और हनुमान मानो रोम– रोम में "राम!" धुन ही बजती सुनने लगे।

तीर पर खड़े वानर श्रेष्ठों ने देखा, रामदूत हनुमान मेघों के परे और क्षितिज के पार हो गये। दिव्य आलोक धारा– आकाश में हनुमान की आकृति– सी होकर झबकी और फिर ओझल हो गयी।

✦ ✦ ✦

श्री राम ने पास ही एक पैर पर खड़े लक्ष्मण की ओर निहारा और बोले– "हनुमान, जाम्बुवन्त, अंगद क्या सीता का समाचार लेकर लौट आये? नहीं...... लक्ष्मण! तब क्या होगा? सीता का समाचार मिलेगा या नहीं। हुँ...?"

लक्ष्मण ने कहा– "अवधि समाप्त होने में अभी कुछ दिन शेष हैं। महाराज सुग्रीव ने जाम्बुवन्त– मण्डली को एक माह की अवधि निश्चित कही थी। जी......।"

"एक मास"– श्री राम ने निसास रखकर कहा– "लक्ष्मण! सीता के बिना अब मेरा दिन नहीं उगता– रात नहीं निकलती। यह तो तुम हो, लक्ष्मण! जो हृदय को विश्वास दिलाता हूँ। सीता मेरा प्राण है चेतना है-शक्ति है, पराम प्रेयसी है। सीता केवल मेरे इस भव की पत्नी ही नहीं है, अनादि के आदि से सीता जैसे मेरी वल्लभा है, प्रियतमा है– मेरी भव-भवों की इच्छा तथा जगत की लीलामयी अभिलाषा है। किन्तु तुम क्या समझोगे? नारी की प्रीति और उसके सत् के बिना नर का अस्तित्व ही नहीं है। कामिनी, कामायिनी– मेरे लिए सीता है– भव- भव से है। और ..... तुम्हारे लिए? उर्मिला! अवश्य लक्ष्मण? उर्मिला को आश्वस्त करो– इन तारों में से किसी से कहो– वह उर्मिला की प्रतीक्षाकुल आँखों में विश्वास की नींद भर दे।"

"भगवती सीता अवश्य ही मिलेगी।" लक्ष्मण ने शान्त- गम्भीर स्वर में कहा– "जाम्बुवन्त, हनुमान और अंगद जैसे अनुभवी धीर- वीर वानर- श्रेष्ठ सीताजी की खोज में लगे हैं, वे निस्संदेह सफल होंगे। फिर......... आपकी उन पर कृपा जो है!"

"मेरी कृपा? वानरों पर?" श्री राम ने सिर धुनाते हुए कहा– "कृपा तो मुझ पर वानरों की है। सीता की खोज के लिए महाराज सुग्रीव ने समूची वानर जाति को दाँव पर लगा दिया– एक मास में सीता खोज लाओ; अन्यथा– मृत्युदण्ड। लक्ष्मण! मित्र हो तो महाराज सुग्रीव जैसे। कबन्ध ने ठीक ही कहा था– महाराज सुग्रीव से मित्रता करो। विश्व को आर्यत्व से उजागर करना ही होगा। तभी मानव जाति में धर्म की प्रतिष्ठा होगी-चलन बना रहेगा। जगत की लालसा मृत्यु की लालसा है। और आर्य अमृत और शाश्वत जीवन- चैतन्य का उपासक है। आर्य प्रकाश का ऋषि तथा अमृत का मुनि है। आर्य संस्कृति सत्य- संधान तथा मोक्ष प्राप्त करने की पूर्ण तथा अचूक संस्कृति है। मानव जाति के मार्गदर्शक वेद हैं, वेदान्त सर्वतोभद्र दर्शन है। वैदिक वर्णाश्रम धर्म मानव अर्थ, धर्म, काम और मोक्ष पाने की साधना का राजमार्ग है– है, अवश्य है। मनुष्य प्रकाश चाहता है, अंधकार नहीं। सत् चाहता है मानव, असद् नहीं। मनुष्य अजर- अमर, सच्चिदानन्द का अगाध अटल अनुभव चाहता है– यही आर्य मानव है।"

लक्ष्मण ने रहस्यमय दिव्य आभा से पूर्ण श्री राम का श्याम इंदीवर सा मुख मण्डल देखा और उस कान्तिमान सौन्दर्य राशि में डूब गये। "राम भैया" लक्ष्मण मन ही मन कह उठे– "कितने सुन्दर हो!"

श्री राम ने सहसा लक्ष्मण को घूरा, निहारते हुए कहा– "क्या देख रहे हो लक्ष्मण? किसे देख रहे हो?"

"राम को।" लक्ष्मण ने कहा।

"घट– घट में व्याप्त राम को देखो, लक्ष्मण! मुझ मनुष्य को नहीं।" श्री राम ने कहा– "मुझे मैं नहीं दिखता– सीता, हां, सीता ही दिखती है। सर्वत्र दिखती है वह मनोरमा सीता। मेरे मन की माया जो ठहरी। मेरी सर्वस्व जो है वह। प्रभो! हनुमान को साहस दो जिससे वह प्राणेश्वरी सीता को खोज सके। लक्ष्मण तुम भी प्रार्थना करो, जिससे वह मुझे मिल जाय। तुम्हारी भाभीं को तुम पुनः नमस्कार कर सको!"

"प्रणाम कर सकूँ, भैया!" लक्ष्मण ने कहा।

"उसने तुमको अत्यन्त कटु शब्द कहे हैं।" राम ने अमर्षपूर्वक कहा– "किन्तु सीता को मैं क्या कहूँगा? उसको मैं कुछ भी नहीं कह सकता। परन्तु लक्ष्मण! सीता ने मेरी व्यर्थ चिन्ता से घबराकर ही, जो कुछ कहा है– कहा है। मुझे विश्वास है, तुम सीता को क्षमा कर सकोगे।"

लक्ष्मण ने श्री राम के चरण थाम लिए, कहा– "भगवती सीता तो मेरी मातुश्री ही हैं। जननी सुमित्रा जी हैं, किन्तु अन्तरात्मा की पोषक, पूर्ण वात्सल्यशीला भगवती सीता ही हैं। मैं उनको क्या क्षमा करूँगा। फिर भाभीश्री को देवर को कभी–कभी ताड़ने का सत्व है। अवश्य, भैया! कभी–कभी सोचता हूँ, क्या भाभीजी वही हैं– वही? जनकपुरी की उद्यान वाटिका की वसन्त श्री, पार्वती स्वरूपा सीताजी नहीं थीं, जिनको कोई आततायी यों हर ले गया? भगवती सीता केवल श्रीराम के स्पर्श को ही जानती थीं– जानती हैं। सती शिरोमणि जानकी– सीताजी को परपुरुष का स्पर्श सम्भव ही नहीं है।"

श्री राम ने कहा– "मैं भी यही सोचता हूँ, किन्तु सीता अन्तःकरण से शिवा स्वरुप है, वह ओंकार स्वरुप भी है। ऐं, ह्रीं, श्रीं, क्लीं– यह है सीता, तुम्हारी भगवती भाभी। मेरे और तुम्हारे अनुपस्थित हो जाने पर वह निस्संदेह अपने हृदयाकाश में डूब गई और एक मायावी सीता का सहज ही उद्भव हुआ। हाँ, लक्ष्मण! मैंने सीता को अग्निदेव के संरक्षण में रखा है। मैं श्री हरि विष्णु के संरक्षण में, तो सीता अग्निदेव के। सभी देवता हमारी–तुम्हारी रक्षा करते हैं। राक्षसों को पराभूत करना दुष्कर कार्य है, किन्तु स्त्री के सतीत्व की रक्षा करना केवल प्रभु

की कृपा का ही कार्य है। अग्निदेव ही इस जगत की शुद्ध तथा पुनीत स्थिति के शाश्वत आग्नेय देव हैं– सूर्य हैं और अन्त में भर्गदेव हैं। गायत्री द्वारा हम मनुष्य जिस भर्गदेव का ध्यान करते हैं, इस पृथ्वी पर अग्नि उसका प्रतिनिधि देव हैं।"

लक्ष्मण हुमस कर चिहुँके– "भगवती सीता! प्रणाम!!"

श्री राम ने सहसा हँसते हुए कहा– "निस्संदेह सीता तुम्हारे प्रणाम के योग्य भाभी है किन्तु उर्मिला? उर्मिला तुम्हारे अन्तरात्मा की पूर्णिमा है, लक्ष्मण! हमारी सेवा करते हुए कभी– कभी उसको मन से ही सही आश्वस्त करते रहो। तुम्हारे वियोग की सूक्ष्म अन्तर्ज्वाला में सीदती हुई वह वत्सला तुम्हारे प्रेमपूर्ण ध्यान की पात्रा है– हाँ..... है।"

लक्ष्मण ने सिर झुका लिया– चुप।

श्री राम ने पुनः लक्ष्मण को घूरा और आर्द्र स्नेह स्वर में कहा– "नर नारी की अवज्ञा कैसे कर सकता है, प्रिय लक्ष्मण! नर– नारी परस्पर एक– दूसरे के पूरक हैं, पोषक हैं, जीवन– रथ के दो पहिये। तुम कितनी ही हमारी सेवा करो– उर्मिला के बिना तुम अपूर्ण ही रहोगे। सीता के बिना मैं आधा– अधूरा, कोरा, कट्टु हूँ। और सीता मेरे बिना व्यर्थ है। नर– नारी का सम्बन्ध ब्रह्म और जीव का तादात्मय है, भैया मेरे!"

लक्ष्मण ने जैसे अब कहा– "मैं उसकी अवज्ञा नहीं करता। इस समय वनवास की अवधि पूर्ण होने तक मैं आपका अनुचर हूँ– सेवक। उसका इस अवधि में ध्यान करूँ या आपकी सुख– सुविधा जुटाने की चिन्ता करूँ। वनवास में आपकी सेवा करना ही मेरा ब्रह्म– जीव सम्बन्ध है– तादात्मय है। आप– आप ब्रह्म और मैं जीव हूँ। सद्भाग्य से आपका सेवक हूँ।"

श्री राम ने सिर धुनाया, निसास रखते हुए कहा– "हमारी सेवा करना तुम्हारा सद्-भाग्य नहीं, मेरा सद्-भाग्य है। तुम्हारी निष्काम सेवा ही हमारे लिए शान्तिदायक है, अभयपूर्ण स्थिति प्रदाता है, तुम लक्ष्मण वनवास की अवधि के काल– यज्ञ में दिव्यतम हव्य हो। फिर भी उर्मिला को एक क्षण के लिए भी मन से भुलाना उचित कैसे कहा जा सकता हैं।"

"सेवा– धर्म की गहन गति है, श्री राम!" लक्ष्मण बोल उठे।

"तब प्रेम की गहन गति नहीं है क्या?" श्री राम ने पूछा।

"नहीं।" लक्ष्मण ने कहा– "जीव परमात्मा का सेवक है।"

✦✦✦

सुग्रीव ने महामात्य केसरी से पूछा– "दक्षिण दिशा की हमारी नायक– मण्डली क्या कर रही है? कुछ पता चला?"

महामात्य केसरी ने कहा– "यही कि वह दक्षिण तट के सागर तक पहुँच गयी है। चरों ने यह तो सूचित कर दिया था कि मण्डली मणिप्रभा के गुह्य आश्रम तक पहुँच गयी है– पहुँच गयी थी। प्यासी तथा भूख से पीड़ित हमारे श्रेष्ठ वानरों की यह मण्डली साहस और संकल्प के बल पर ही सागर तट तक पहुँच सकी है। योगिनी मणिप्रभा ने सागर तट तक पहुँचने में बड़ी सहायता की अन्यथा अवधि समाप्त होने के पूर्व सागर तट तक पहुँचना असम्भव था, महाराज!"

"असम्भव? क्या?" महाराज सुग्रीव ने कहा– "वानर तीनों लोकों तथा चौदहों भुवनों में असम्भव को सम्भव करता आया है। हम वानरों ने पृथ्वी के पर्वतों को लांघा है– भचीका है। हम वानरों ने भूकम्पों को अपनी पृथु, रोमिल हथेलियों से स्थिर रखा है। जल में हम वानर तैरते नहीं, चलते हैं और नभ में? नभ में वानर नहीं, वानर के साथ गगन चलता है। समझे? श्रीमान केसरी जी! फिर राघव श्री राम का जो काज है। क्योंजी? क्या श्री राम वास्तव में श्री हरि विष्णु, विष्णु-जिष्णु के मनुजावतार हैं?"

महामात्य केसरी हँसे, बोले– "राष्ट्र के सर्वश्रेष्ठ मनुज समाज के सज्जन और सन्त, ऋषि– मुनि, आचार्य और गुरुजन– सभी राघव रामचन्द्र को भगवान का अवतार समझते हैं। इधर श्री राम हैं– उधर लंकापति राक्षसराज रावण है।"

महाराज सुग्रीव ने पूछा– "लंकापति रावण को पृथ्वीवासी क्या समझते हैं?"

"आततायी, अधर्मी, अत्याचारी, प्राणियों को पीड़ित करने वाला तथा मनुष्य को रुलाने वाला एक प्रबल पराक्रमी प्रचण्ड ब्राह्मण और नरेश। त्रिविष्टप के अवधूत– शिरोमणि आशुतोष पशुपतिनाथ शिव का इस युग में पट्ट शिष्य। योगेश्वर शिव के अमोघ वरदान से रण में अपराजित सा एक महादानव।" केसरी ने एक साँस में कहा।

महाराज सुग्रीव ने हुँकार की– "दानव? दानव ही तो।" फिर सुग्रीव ने सिर धुनाया, कहा– "इस प्रबल दानव से महाराज बालि मित्रता करना चाहते थे।

परिणाम क्या होता? निगल ही जाता वह रावण वानर जाति को। वानर साम्राज्य को ध्वस्त कर उसे राक्षसों की अनुचरी के लिए स्थित कर देता। राजराजेश्वर वानर सदैव के लिए राक्षसों का दास बना दिया जाता। तभी तो मैं महाराज बाहुबली बाली की सन्धि– विग्रह की विनाशकारी नीति का विरोधी था। जी हाँ...... श्रीमान् केसरी महोदय। इस पृथ्वी और इसके पीड़ित प्राणियों का शाश्वत और अक्षत मंगल आर्य– वानर मैत्री में ही त्रिकाल के लिए निहित है, समझे?"

महामात्य केसरी ने कहा– "अब समझा हूँ, श्रीमन्!"

"हुँ...... अब समझे हैं आप श्री केसरी हमारी सन्धि विग्रह की स्वस्थ और मंगलजन्य नीति को। पहले ही वानर श्रेष्ठ सामन्त इसे समझ लेते तो बाहुबली वानर–साम्राज्य को और अधिक विकसित– प्रसारित कर सकते थे। लंकेश रावण के मित्र बाहुबली आर्यों के विरुद्ध तो नहीं थे, किन्तु विपरीत थे। अवश्य, विपरीत।"

महामात्य केसरी ने हुँकार भरी– "हूँ .....। हनुमान ठीक ही कहता था कि वानर जाति के अधिदेव श्री हरि विष्णु चतुर्भुज हैं। वानर आर्य – द्रोही कैसे हो सकते हैं। बाहुबली को यह नीति निस्संदेह आर्य और वानरों के लिए अन्त में हानिजन्य तथा अकल्याणकारी ही होती। महाराज! मैं अपने इस संभ्रम के लिए आपश्री से क्षमा ही चाहूँगा। आपने आर्य तथा वानर को बचा लिया है– आपकी जय हो! श्री रामचन्द्र राघव जैसे श्रेष्ठतम आर्य महामानव से मैत्री कर आपने वानर जाति को पृथ्वी की श्रेष्ठतम राष्ट्रीय जाति की प्रतिष्ठा ही प्रदान की है।"

"राघव राम!" सुग्रीव चिहुँके– "उन्होंने मुझ वानर को मानव की प्रतिष्ठा ही प्रदान की है। अब तो भगवती सीता का पता चल जाय।"

"अवश्य चल जायेगा" महामात्य केसरी ने कहा– "सन्देश– समाचार आने ही वाला है।"

"परन्तु सागर....." सुग्रीव बोले– "यदि दक्षिण के महासागर पर मण्डली है और सीताजी सागर– पार हैं तो सागर कौन पार करेगा, श्रीमान्?"

"क्यों? हनुमान जो है।" केसरी ने कहा।

"...... हाँ– हाँ! हनुमान जो है" महाराज सुग्रीव ने कहा– "हनुमान अद्रत वानर श्रेष्ठ है। बुद्धिमान, धीमान, निस्पृह तथा निष्काम हनुमान। हनुमान जैसे भव्य और

दिव्य वत्स पाकर आपको गर्व होना चाहिये। आप और श्रीमती अंजना हनुमान को जन्म देकर सफल– धन्य हो गये। मैं निश्चित रूप से कहता हूँ हनुमान के अनन्य तथा अद्वितीय यह चिरंजीवी आर्य– वानर मैत्री सफल तथा धन्य होगी– होती रहेगी। श्री राम का हनुमान के प्रति स्नेह– प्रेम ही महामानव श्री राघव राम का वानर जाति में अटल विश्वास का आधार है ; महामात्य! राक्षस पृथ्वी की शान्ति, अभ्युदय तथा अभय के लिए भयावह समस्या हो गये हैं। आर्य क्षत्रियों को चाहिये, इस आतप से मानव जाति का परित्राण करें– अवश्य करें। श्री राघव राम ही इस अमोघ मंगल कार्य के लिए अवतरित हुए हैं। अवश्य ही श्रीमान केसरी! श्री राम वाह! महामानव वाह!"

केसरी ने महाराज सुग्रीव के नयनों में दिप्त आभा को निहारते हुए कहा– "भगवती सीता के लिए उनका प्रेम हम सबके लिए दिव्य उदाहरण है। दोनों निस्संदेह प्रकृति और पुरुष का अविभाज्य प्रकाश हैं। राजकुमारी कोमलांगिनी सीता वल्कल पहन कर अपने पति के साथ वनवास के लिए उत्साहपूर्वक सन्नद्ध हो गयीं। धन्य भगवती सीते! आप धन्य हैं!– हम नरों–पतियों के लिए उदाहरण हो– सदा कहने योग्य वार्ता हो। बस, अब वापस श्री राम के लिए मिल जाओ भगवती!"

महाराज सुग्रीव ने सस्मित कहा– "सीता– राम एक हैं, अभेद्य हैं, अमोघ हैं, एक हैं– मन– वचन– कर्म से एक हैं। श्री राम के जब भी मैं दर्शन करता हूँ; मुझे लगता है कंज नयनों में भगवती सीता की दिव्य आकृति तैरती हुई दिखती है। दोनों मानव– जाति के लिए योग्य एवं पात्र दम्पति के आदर्श हैं।"

केसरी ने सहसा कहा– "क्या हुआ हनुमान को? कोई समाचार नहीं है।"

तभी चर ने आकर प्रणामपूर्वक कहा– "लोकगायक– नायक सेवा में उपस्थित हैं। समाचार लाये हैं।"

"शीघ्र उपस्थित कर।" महामात्य केसरी ने कहा।

लोकगायक ने महाराज सुग्रीव को नमस्कार किया और कहा– "अभय प्रभो!"

"तथास्तु।" महाराज सुग्रीव ने कहा– "क्या समाचार है? क्या सीताजी का पता मिला?"

"जी हाँ।" लोकगायक ने कहा– "पता तो नहीं, भगवती की भाल लगी है। समुद्र पार श्रीलंका द्वीप में हैं– ऐसा पक्षीराज सम्पाति ने बताया है।"

"पक्षीराज सम्पाति?" केसरी ने पूछा– "महाराज जटायू तो स्वर्ग सिधार गये– भगवती सीता जी के परित्राण के यज्ञ में उन्होंने अपनी आहुति दे दी। पक्षीराज सम्पाति तो सुना है वृद्ध हो गये हैं– रुग्ण भी रहते हैं और समुद्रतट पर पर्वत की खोह में पड़े रहते हैं।"

"जी, वही" लोकगायक ने कहा– "ऐसा ही है। उन्होंने वानर श्रेष्ठों को भगवती का पता अपनी सुदीर्घ दृष्टि से देखकर बताया। समस्या तब सागर– पार जाने की आ उपस्थित हुई।"

"तब?" महाराज सुग्रीव– "कौन गया है रे?"

"हनुमान– हुँ हुँ हुँ हनुमान!"– लोकगायक– नायक ने कहा। उसने अपने तीक्ष्ण नयन बन्द किये और गीत की लय में कहा– "वह, वह श्री केसरीनन्दन, अंजना सुनू, वायुपुत्र, महाबली हनुमान किनारे के पर्वतों को भींचकर गगन में लपका–उझका–उमड़ा– हां उभरकर समूचा तप्तयान ही हो गया। आकाश में देवताओं की भीड़ लग गयी और कल्प– कल्पों की इस अघटन घटना को चकित से देखने लगे। केसरीनन्दन एक धार उड़ा, बहा, आकाश में गतिहीन सा सरसराने लगा। गगन के गगन पैरता हुआ अंजना–वत्स हनुमान व्योमों में डूब– डूबकर पुनः–पुनः आकाश में तैरने लगा। वह– वह लो मेनाक– सुमेरुपुत्र मेनाक यों श्री हनुमान को गगन पैरता देखकर अवाक् हो गया। समुद्र के गर्भ में निवास करने वाला यह पर्वत– पुत्र समुद्र के गर्भ से मानो प्रकट होकर स्वयं ही गगन में उठा। मेनाक ने पुकारा– हनुमान! हे रामदूत रुको– तनिक विश्राम करो– हाँ, विश्राम।"

सुग्रीव ने कहा– "मेनाक? हम उस अद्वितीय पर्वत– पुत्र को जानते हैं। वह मेनाक तथा और कुछ राक्षस सागर के अतल को अपना मानते हैं तथा समुद्र में यंत्रीकृत निवास बनाकर रहते हैं। समुद्र– तट के लोगों को मुर्ख बनाकर अपना स्वार्थ पूरा करते रहते हैं।"

केसरी ने कहा– "मेनाक तो आर्यों का हितैषी है– रघुकुल का प्रशंसक है। हमें हनुमान ने ही यह कहा है। मेनाक हनुमान को जानता है। निस्संदेह मेनाक हनुमान के श्रम का तनिक विश्राम ही चाहता होगा।"

लोकगायक ने सहसा गाया– "मेनाक को मन ही मन प्रणाम करते हुए राघव श्री राम के अनन्य दूत हनुमान ने मेनाक पर्वत को अपने चरणों को मेनाक के मस्तक पर छुआ। छूते ही मेनाक पुनः स्वयं ही समुद्र के गर्भ में उतरने लगा। राम की सेवकाई में सभी भूतियों और विभूतियों, सिद्धियों तथा नव निधियों की प्रतिभा तथा क्षमता सहज ही भरी है– पूर्णरूपेण सभी सिद्धियाँ तथा नव निधियाँ रामदूत हनुमान को अपना प्रिय– प्रियतम ही मानती हैं मानो! हुँ हुँ हुँ हनुमान हठी नहीं हैं, कर्मयोगी प्रभु के वानर हैं। हाँ, सर्वगुणनिधान वानरों के अग्रगण्य, ज्ञानियों में प्रमुख, वीर– धीर– गम्भीर हनुमान मेनाक को आश्वस्त कर चले– उड़ते चले। समुद्र का तल नयनों से दूर अदृश्य सा होता गया। उल्लोले ओझल हो गयीं, कल्लोलें अन्तर्ध्यान हो गयीं तथा वीचियाँ मानो सो गयीं। हनुमान उस अगाध– अतल से अनन्त जल निधि की मन ही मन वन्दना करते हुए सीताजी की खोज में उड़े– सागर पार उड़े।"

"धन्य हनुमान!" सुग्रीव सहसा चिहुँके।

लोकगायक ने सिर धुन– धुनकर गाया– "केसरीनन्दन, अंजना सुनू, वायुपुत्र श्री हनुमान गगन के गगन पार करते हुए आकाश में उड़ चले। लंकापति रावण की दूतिका सुरसा ने हनुमान जी को भक्ष करने की चेष्टा की; किन्तु वह महाबली सुरसा के आरक्त विशाल मुख में प्रदक्षिणा कर निकल आया। लघु से लघु होकर वह सुरसा के प्रचण्ड मुख में समा गया और 'जय श्री राम' पुकारता हुआ पुनः गगन में प्रकट हो गया– विशाल होकर। यही नहीं, लोगों! छाया ग्रसनी राक्षसी को समाप्त कर श्री हनुमान लंका द्वीप के तट की ओर वायु– वेग से लपके। द्वीप– सघन हरा– भरा द्वीप एक पर्वत के विशाल सपाट पर स्वर्ण नगरी लंका– श्रीलंका।"

महामात्य केसरी भाव– विभोर होकर बोल उठे– "हनुमान– वत्स मेरे– धन्य!! धन्य!! आज तूने वानर जाति के सभी नर्क समाप्त कर दिये और उसके सभी स्वर्ग उजागर कर दिये। आज तूने अपनी जननी की पवित्र कुक्षी को दिव्य कर दिया है। हे रामदूत! मैं तेरा पिता तुझे नमस्कार करता हूँ!"

✦ ✦ ✦

श्री राम सहसा बोल उठे– "सीता का पता लग गया क्या? लक्ष्मण! महाराज सुग्रीव को हमारा नमस्कार कहो और सीता का समाचार ले आओ।......... सीता!

तुम कहाँ हो? मैं रघुवंशमणि अपनी जीवन संगिनी की रक्षा नहीं कर सका। और वह सीता तुम्हारी भाभी– हठी है। मैंने मना किया था, वन आने की हठ न करो, उसने मेरी एक न सुनी।"

लक्ष्मण ने शान्त गम्भीर स्वर में कहा– "भगवती भाभी वीर नारी हैं। धैर्य की मूर्ति और गाम्भीर्य की प्रतिमा हैं। शील की प्रतिमूर्ति भगवती भाभी ने नंगे पाँव वन में अपने साथ भ्रमण किया है। वनवास के दुःख? हैं? तो शान्तिपूर्वक सहे हैं। यह हरण तो विषम अपवाद है। प्रतीत होता है। भाभी जैसे हतप्रभ हो गईं– निस्तेज।"

"यह पृथ्वी– पुत्री कभी– कभी मुझे ही रहस्यमयी प्रतीत होती है।" श्री राम ने कहा– "ऐसा लगता है, प्रत्येक प्रलय में वह सोई हुई मेरे ही स्वप्न देखती है। कल्प में वह मुझे ही खोजती है। मेरे आगे– आगे चलती है। नारी– अनादि भगवती नारी देखनी हो तो सीता को कोई देखे। सीता को मैं तन से नहीं, मन से ही– अन्तःकरण से ही जानता– पहचानता हूँ। सीता मेरी जीवन– चेतना है, राग है, द्वेष है, शान्ति है, अशान्ति है। सीता ही मेरा बन्धन है। वही मेरा मोक्ष है, लक्ष्मण!"

"जी!" लक्ष्मण ने श्री राम के शान्त– गम्भीर आलोकपूर्ण मनोहर मुख– मण्डल को देखा और पुनः कहा– "जी।"

"लक्ष्मण! तुम्हारे सिवाय इस जगत में मेरा आसरा और कौन है? कौन हो सकता है? सीता मेरे यावत् जीवन का अमोघ विश्वास है– निरन्तर सुख है। तुम मेरे मनोबल हो। पर्वतों को पार कर जाने का साहस हो। तुम मेरे धनुष की प्रत्यंचा हो। इस कठोर वनवास में तुमने मेरा जो साथ दिया है, वह मानव जाति के लिए अन्यतम उदाहरण है। हाँ, लक्ष्मण-चिर जीओ, लक्ष्मण! तुम्हारा सदा कल्याण हो। तुम और वत्सला उर्मिला एक तन, एक मन, एक प्राण की भांति जीओ तथा फलो-फूलो। सीता मिलती है तो ठीक है, अन्यथा मैं सन्यासी बनकर हिमालय में अदृश्य हो जाऊँगा! अवश्यमेव लक्ष्मण।"

10

समुद्रतट पर अपलक वानर– श्रेष्ठ देखते बैठे रहे। इस झिलमिल में मानो वे हनुमान को द्वीप के तट पर उतरते हुए मन ही मन देख रहे थे। हनुमान! महाबाहू! महाबल– हनुमान धन्य हो! तुम विक्रमादित्य हो, तुम सिद्धियों के स्वामिन् हो– तुम.... तुम हनुमान! सिर धुनाकर वानर– श्रेष्ठ मन ही मन चुप हो जाते। हनुमान अब उनके लिए अघटन पुरुषार्थ के महान घटन थे। हनुमान अब निस्संदेह श्री राम के एकमात्र दूत वायुपुत्र थे। अंगद को जैसे भूमध्य द्विदल में दिखते हनुमान आकाश में बहे जा रहे हैं। गगन के गगन पैरकर व्योम के व्योम हनुमान सहज गति से पार कर द्वीप के सघन तट की ओर बढ़े जा रहे हैं। जैसे–जैसे हनुमान को रोकने लिए कोई व्यक्त हो रहा है। सुरसा राक्षसी!.... हाँ, वही लंकेश की मायाविनी राक्षसी। हनुमान उसके मुख से निकलकर पुनः सरपट उड़ चले। वह–वह कौन? छायाविनी....। हनुमान ने पैर के अंगूठे से ही उसको समुद्र के गर्त में डुबो दिया और किलकारी कर द्वीप के तट की ओर उठे–उड़े, बहे– वह बह गये। ध्यानस्थ से वानर– श्रेष्ठ अपलक सागर के क्षितिज के पार देखते रहे– हनुमान की प्रतीक्षा उनकी आतुर व्यग्र और व्याकुल साधना ही हो गयी। जाम्बुवन्त को सहसा विश्वास हो चला, वीर शिरोमणि हनुमान द्वीप पर उतर गये हैं और लंका में घुसने के लिए सन्नद्ध हो गये हैं। अंगद को लगा, हनुमान वानराऽणामऽधीश ने द्वीप को ही अपने पैरों तले दबा दिया है। नल को लगा हनुमान वीरवर्य ने अपनी पृच्छ से अपनी सागर– तट को द्वीप से जोड़ दिया है तथा नल अवाक् से देखने लगे हैं। हनुमान द्वीप के विशाल पर्वत की सपाट चोटी पर स्थित स्वर्ण नगरी– महानगरी लंका को देख रहे हैं। वानरों के आतुर-व्याकुल अन्तःकरण में हनुमान की उड़ती तथा द्वीप की ओर सरसराती हुई छवि तैरने लगी। अन्तःकरण के पटल पर उनको हनुमान जी के क्रिया-कलाप सहित दर्शन होने लगे। भूमध्य स्थित वह साँस रोके हुए, हो गये और उनके द्विदल को आकाश में सागर और उसका अभंग तट लंका द्वीप– श्रीलंका और हनुमान चित्रवत् उभरकर दिखाई देने लगे। मानो–सूक्ष्म दर्शन द्वारा वह भूताकाश की इस घटना को चित्रोपम देखने लगे।

सागर– तट पर शान्त व्याकुलता छा गयी। सभी वानर– श्रेष्ठ जैसे सीताजी की खोज कर शीघ्र वापस होने के लिए श्री राम प्रभु से मन ही मन प्रार्थना करने लगे। श्री राम स्वयं चमके, जागे, बोले– "लक्ष्मण! लगता है, हनुमान ने सागर पार कर लिया है। मेरा अन्तःकरण जो कह रहा है।"

"जी।" लक्ष्मण ने उत्साहपूर्वक कहा– "वायुपुत्र हनुमान– उन्होंने निश्चय ही एक साँस में सागर पार कर लिया होगा– अवश्य ही।"

"मेरा व्याकुल मन सहसा शान्त हो गया है और मैं देख रहा हूँ जैसे हनुमान द्वीप में उतर गया है– द्वीप? लंका द्वीप– राक्षस साम्राज्य की पीठ। तब रावण ही सीता को हर कर लंका ले गया होगा। पापी, नीच कहीं का।"

"दुर्दान्त" श्री लक्ष्मण ने क्रोध के सहसा आवेश में कहा– "हनुमान चाहें तो क्या नहीं कर सकते? आपकी प्रेरणा होनी चाहिये।"

"मैं सीता का अचूक पता चाहता हूँ।" श्री राम ने कहा– "अपनी पत्नी, जीवन संगनी को आततायी के कारागार से मुक्त करवाने का मेरा ही कर्त्तव्य है; मेरे भक्त सेवक हनुमान का नहीं।"

"अवश्य, श्री राम राघव! आप इसके लिए समर्थ हैं। रघुवंश की उदात्त कुलवधू के परित्राण के लिए रघुकुलमणि ही........।"

"उपयुक्त पतिदेव है।" श्री राम ने मुस्कुराते हुए कहा– "महाराज सुग्रीव को हमारा निवेदन करो, लक्ष्मण! क्या हनुमान ने सागर पार कर लिया है?"

लक्ष्मण ने कहा– "जी! चर कह रहे हैं, महाराज सुग्रीव चौबीस प्रहर जागते बैठे हैं और प्रतिक्षण हनुमान के समाचार जानना चाहते हैं। आप से भी अधिक व्यग्र हैं वानर नरेश।"

"हुँ"– श्री राम पुनः शिथिलाते हुए बोले– "अवश्य हनुमान ने सागर पार कर लिया है। द्वीप में उतर गया है– लंका में घुस गया है। वाह! महाबाहो! हनुमन्ते! वाह!" "हनुमान!" श्री राम मन ही मन पुकार उठे-"हनुमन्ते! अब मेरा भाग्य। सीता का भविष्य तुम्हारे असाधारण पुरुषार्थ पर ही निर्भर है। तुम, तुम मेरे पूर्व जन्मों के आत्मीय से भी बढ़कर हो। हाँ, सेवक तो पुत्र से भी अधिक आत्मीय होता है।" फिर सहसा लक्ष्मण को निहार कर श्री राम पुनः बोले– "रहने दो! मित्रवर्य महाराज सुग्रीव को हम पहले ही बहुत कष्ट दे चुके हैं। अब नहीं।

अब महाराज सुग्रीव नहीं; अब केसरीनन्दन– अंजनासूनू हनुमान है। वही मेरी आशा है, लक्ष्मण! तुम माता अंजना को हमारा नमस्कार निवेदित करना। कल प्रातःकाल होते ही प्रथम कार्य यही करना तुम, लक्ष्मण! समझ गये?"

"जी" लक्ष्मण ने कहा– "माता अंजना को प्रथमतः आपका और हम सबका नमस्कार निवेदित कर महाराज सुग्रीव से भी मिलता आऊँगा।"

"शुभ– वाह! लक्ष्मण ! ठीक, सत्युत!" श्री राम बोले।

श्री राम सहसा ध्यानस्थ से हो गये। उनको लगा जैसे गगन के गगन पैर कर एक धीर गम्भीर आशा कौंधती हुई उनके अगाध स्वच्छ, निर्मल अन्तःकरण में उदय हो रही है। 'सीते! सीते! प्राणवल्लभे सीते!' श्री राम स्वयं में ही चुप– अवाक् से मन ही मन सीता को पुकारने लगे। 'विधि तुमको सुरक्षित तथा अछूता और असंदिग्ध रखे'– श्री राम की अन्तरात्मा पुकार उठी। इन राक्षस आततायियों को मैं समझ लूँगा। इनका मूलतः विनाश तथा पुनः वैदिक वर्णाश्रम धर्म की स्थापना के लिए रघुकुल में मेरा, भरत का, लक्ष्मण और शत्रुघ्न का जन्म हुआ है। यही...... यही गुरुदेव वशिष्ठ ही नहीं, सर्वतोभद्र लोक यहीं कह रहा है। यही किन्तु क्या मैं सचमुच ईश्वर का अवतार हूँ? ईश्वर का अवतार! सभी प्राणियों में तब वह सच्चिदानन्द ही तो प्रगट हुआ है– हो रहा है। मुझमें भी वही। हाँ, मेरे हृदय दहर में वही सच्चिदानन्द सागर लहरा रहा है और मैं? उसका अनादि शाश्वत चिद्घन स्वरूप मानव हूँ– इस भव में। श्री राम जैसे अपने चित्ताकाश में डूबकर अपने ही चिदाकाश में उभर आये। भूताकाश के क्षितिज को वे कभी का पार कर चुके थे और चित्ताकाश में सीता की दिव्यतम छवि का दर्शन करने को व्याकुल थे। किन्तु चिदाकाश के अगाध सौन्दर्य में वह जैसे सहसा उभरना, उमड़ना, विहरना, लहरना चाहते थे। सीता यही इसी दिव्य, मधुर शीतल, सुन्दर आनन्दोर्मियों से पूर्ण सागर के उस तट पर मुस्कुराती हुई मूर्ति थी– यही थी, सदैव थी। आद्या मूल प्रकृति चिदाकाश के क्षितिज में निवास करती है। वहीं, उसी अनन्त व्योम के अनन्त अवकाश में वह सत्य की परमपूर्ण परिपूर्ण शक्ति स्वरूपा हैं– नित्य, अनादि। यहीं–यहीं और मैं सच्चिदानन्द का दिव्यतम चिद्घनरूप भी यहीं हूँ। काल के तट पर असीम–सा मैं और सीता-प्रकृति और पुरुष जगत की इस अनादि लीला को देख रहे हैं। सृष्टि की भवयोनियों की विचित्र तथा विलक्षण क्रीड़ाओं को, भव-लहरियों को देख रहे हैं-सीता जैसे जगत की लीला को सहारा देती है, भव क्रीडाओं को झेलती है और मैं? मैं तो सीता को ही चाहता हूँ– चाहता

आ रहा हूँ। हाँ, मैं सीता के साथ, सीता के द्वारा तथा सीता के सहित भव– भव में जन्मता रहता हूँ। इस भव में मानवस्वरुप, मानव नर– नारी रूप अवतरित हुए हैं– जगत के कल्याण के लिए, सृष्टि के सुख के लिए। हम दोनों को तो निरतिशय अगाध कामगंधहीन प्रेम ही है– जगत मेरे लिए यज्ञ है; सीता के लिए आहुति देने का हव्य-काव्य है। सीते! तुम मेरी अनादि शाश्वत सनातन नारी हो– मेरी प्रकृति हो, मेरी इच्छा, भूति-विभूति, मेरी अभिलाषा तथा मेरी कामायिनी, कामेश्वरी उमा हो। और मैं सीता के लिए।"

श्री राम के हृदय– दहर के चिन्मय सच्चिदानन्द ने पुरावाक् में जैसे कहा– "शिवा।"

❖❖❖

महाराज सुग्रीव ने श्री लक्ष्मण का नमस्कारपूर्वक स्वागत किया और सस्मित पूछा– "आपने हम पर आज पधार कर बड़ी कृपा की है। श्री राम प्रभु के दर्शनों के लिए उकता उठता हूँ– आकुल– व्याकुल हो जाता हूँ, परन्तु भगवती सीताजी की खोज में गई और हारी हुई– असफल वानर मण्डलियों के विषय में उद्विग्न हो उठा हूँ। मृत्युदण्ड कैसे दूँ सबको? आप ही बताइये, वीर लक्ष्मण!!"

लक्ष्मण ने धीर– गम्भीर किन्तु ओजस्वी स्वर में कहा– "आपको मृत्युदण्ड देने की विज्ञप्ति करनी ही क्यों चाहिए थी? राजा क्या प्रत्येक बात को लेकर असन्तुष्ट होने पर मृत्युदण्ड देगा? राजा को प्रजा को जिलाना, जीवित रखना, सुरक्षित रखना तथा सन्तुष्ट रखना चाहिये। यही राजधर्म है। मृत्युदण्ड राजधर्म नहीं है, अपराधशमन के लिए राजदण्ड है। भगवती भाभी की खोज नहीं कर सकने वाले वानरों को आप मृत्युदण्ड क्यों देंगे? श्री राघव राम को आपकी इस विज्ञप्ति को लेकर बड़ी भारी चिन्ता है। नहीं, महाराज! आप अपनी अविवेकपूर्ण आज्ञा पर पुनर्विचार करें। श्री राम प्रभु ने मुझे इसीलिए आपके दर्शनार्थ भेजा है।"

महाराज सुग्रीव ने वीर लक्ष्मण को भय तथा सराहना के मिश्रित भाव से निहारते हुए कहा– "श्रीमान! निस्संदेह दीनबन्धु हैं, करूणासिन्धु हैं, किन्तु हम उन्हीं की कृपा से अभिषिक्त वानर– नरेश हैं। वानर जाति के नायक तथा वानरों के सर्वतन्त्र– स्वतन्त्र अधीश हैं। हमें मृत्युदण्ड जैसी भीषण आज्ञा करनी ही पड़ी। श्री राम राघव को हमें विश्वास जो दिलाना था। वह यह समझ गये कि हम

अपना वचन भूल गये हैं। राग–रंग में उनकी पवित्र मैत्री के बन्धन को हम विसर गये हैं। अन्ततोगत्वा तो हम मरकट हैं, हम शाखामृग कहे जाते हैं। आपने तब भी आकर हमें जगाया। श्री राम ने हमें क्षमा किया। तब वानरों को हमने स्पष्ट कर दिया– भगवती का पता लाओ; अन्यथा अपने प्राण दो। आर्य और वानर मैत्री का स्वप्न में भी निरादर या उल्लंघन अथवा भंग हम सहन नहीं कर सकते, वीर लक्ष्मण! इस पृथ्वी पर आर्य– वानर मैत्री दिव्य संस्कृति का तीर्थ है– होकर रहेगा।"

"सत्युत है महाराज! किन्तु...." लक्ष्मण बोले। "क्षमा, अभय वीर लक्ष्मण!।" महाराज सुग्रीव ने धीर गम्भीर स्वर में कहा–"सीताजी की खोज मानव जाति के अन्तरात्मा की खोज है। यह श्री राम के विश्वास तथा सुख की खोज है। श्री राम प्रभु के मुखारविन्द से 'सीता! सीता!' पुकार सुनकर ही 'भगवती सीता' वानरों की भी देवता हो गई है। राम" "किन्तु मृत्युदण्ड? नहीं, महाराज!" लक्ष्मण ने कहा–"सुग्रीव– श्री राम मैत्री रक्तरंजित नहीं हो सकती और नहीं होगी। फिर भगवती भाभी की खोज तो आज असम्भव को सम्भव करना है। जब स्वयं श्री राम भाभीजी का पता नहीं पा रहे हैं तथा अधीर, विकल, आकुल– व्याकुल हैं, तब वानरों की असफलता विधि– विडम्बना ही कही जायेगी– मरणांत अपराध नहीं। मृत्युदण्ड की आज्ञा इसी घड़ी से श्री राम के अनुशासन से बद्ध होगी।"

"तात्पर्य?"– महाराज सुग्रीव बमके।

"यही कि किसी भी असफल वानर को यह जघन्य दण्ड देने के पूर्व श्री राम की अनुमति आपको लेनी ही होगी। श्री राम क्या, कोई भी आर्य यह नहीं चाहता कि हम अपनी जाति, वंश, कुल और राज्य में आततायी हो जायं। राजा को परमेश्वर का दिव्यांशी कहा गया है– वह मृत्यु नहीं; अमृत बाँटता है– बाँटेगा।"

"किन्तु हनुमान भी असफल हो गया– तो?" महाराज सुग्रीव ने कहा; पूछा– "तो? सागर का उत्क्रमण करके श्रीलंका में घुसकर भी हनुमान को भगवती भाभी नहीं दिखी तो?"

लक्ष्मण ने सस्मित कहा– "श्री रामदूत पवनपुत्र हनुमान कभी असफल नहीं हो सकते। हनुमान अर्थात्– सफल– धन्य परम् पुरुषार्थ।"

"हुँ हुँ हुँ... हनुमान तब?" महाराज सुग्रीव हँस उठे।

"अवश्य।" वीर लक्ष्मण ने कहा– "क्या कोई सद्य समाचार?"

श्री महाराज सुग्रीव– "हनुमान श्रीलंका द्वीप की राजधानी में घुस गये हैं और अब श्रीलंका के घर– घर, वितान– वितान, विमान–विमान में भगवती सीता जी को खोज रहे हैं।"

"श्री राम यह समाचार सुनना चाहेंगे, आपश्री के श्रीमुख से, महाराज सुग्रीव!"

"हम भाग्यशाली हैं।" महाराज सुग्रीव ने कहा– "मेरे जैसे राग–रंगी मरकट एक आभिजात्य और वह भी रघुवंश मणि श्री हरि विष्णु का मनुजावतार राघव राम का मित्र, साथी। इससे अधिक धन्य भाग्य और क्या हो सकता है? निस्संदेह राघव राम ने हम मरकटों और शाखामृगों पर अपनी कृपा की है– हम आर्य वानर होकर रहेंगे। श्री राम नाम का यह अद्त संजोग है। वीर लक्ष्मण!"

"अवश्य है, महाराज!" लक्ष्मण ने कहा-"अब ऋष्यमूक पर्वत चलें-श्री राम अपनी अधीर प्रतीक्षा में हमें देख रहे होंगे।"

"अवश्यमेव!" सुग्रीव ने किलकारी की– "हनुमान! श्री राम की जय हो! ऐसा कर मेरे गर्व, मेरी सफलता! आर्य– वानर मैत्री को अजर कर हनुमन्ते!"

महाराज सुग्रीव– "अवश्य, अवश्यमेव मातुली। अंजना वानर मातेश्वरी ही हैं– हो गयी हैं।"

तभी द्वारपाल ने द्वार पर से ही घोषणा की– "माता अंजना, प्रभो!"

महाराज सुग्रीव ने द्वार की ओर लपकते हुए पुकारकर कहा– "माता अंजना देवी! धन्य भाग्य! आप श्रीमती को हम याद कर ही रहे थे।"

अंजना ने महाराज सुग्रीव को घूरा– "तुम महाराज! मुझे याद क्यों करोगे? पति तुम्हारा प्रधानामात्य, पुत्र तुम्हारा अनुचर और मैं एकाकी, उदासीन, सधवा वानरी! बाहुबली तो कभी दर्शन दे दिया करते थे। परन्तु तुम राजराजेश्वर जो ठहरे– वानरों के एक छत्र अधीश।"

महाराज सुग्रीव ने झेंपते हुए कहा– "क्षमा मातुश्री! राजकाज की चिन्ताओं में रात–दिन सिक रहा हूँ, माते! मैं तो किसी योगी की धूणी का काष्ठ हूँ– सुलगता ही रहता हूँ– धुआँ! उठता ही रहता है।"

अंजना ने सस्मित कहा– "राज अग्नि ही तो है और उसका काज? धुआँ ही। किन्तु मैं कहती हूँ, अब राज्य भोग चुके। धुएँ से आँखें भर चुकीं। छोड़ो इस पंचायत को और राघव श्री रामचन्द्र के चरणों में जा पड़ो। सुना है श्री राम

भव–पीर को मिटा देते हैं– भवपीर ही तो! मैं सभी लोकों में जन्म लेती फिरी हूँ। इस भव में, मृत्युलोक में, वानर जाति में स्वेच्छा से जन्म लिया है– राम की सेवा के लिए। राम के काज के लिए मैं अमित पराक्रमी, महाबली वानर– पुत्र चाहती थी। देवताओं ने मुझे कहा था– मैं सच कहती हूँ। सुरेन्द्र ने मुझे बुलाकर कहा– पुंजिकास्थली! अप्सरे! मृत्युलोक में श्री नारायण हरि विष्णु मनुजावतार धारण कर रहे हैं। तू भी जा, वानर जाति में जन्म ले और आंजनेय उत्पन्न कर और राघव राम को निश्चिन्त कर दे। हनुमान सीता देवी का पता करके लौटा या नहीं?"

लक्ष्मण ने कहा– "महाराज सुग्रीव और हम श्री राम– लक्ष्मण इस प्रतीक्षा में हैं। राघव राम इसीलिए हमारी प्रतीक्षा कर रहे हैं। श्री राम प्रभु आपके दर्शन करना चाहते हैं। वनवास की मर्यादा से बँधे हैं अन्यथा किष्किन्धा आकर आपके विमान में ही आपके दर्शन करते।"

अंजना ने लक्ष्मण को घूरते हुए कहा– "अत्यन्त प्रतापी तुम लगते हो लक्ष्मण। हाँ, हनुमान तुमको लेकर गुणगान करते थकता नहीं है। राम– नाम का अहर्निशि रटन और तुम्हारा गुणानुवाद। यही हो गया है आंजनेय। सच कहती हूँ।"

लक्ष्मण हंसे और प्रणाम पूर्वक बोले-"चलें, श्री राम प्रतीक्षा कर रहे हैं।"

अंजना ने उत्साहपूर्वक कहा– "राम ही जीव की प्रतीक्षा करता है। जीव राम की प्रतीक्षा भला कब करता है? राम को भूल कर भव– भव भटकता फिरता है। सुरा, सुन्दरी, सुवर्ण– यही तो इस भाग्यशाली जीव को चाहिये। माया चाहिए जीव को, राम नहीं– परमात्मा सच्चिदानन्द नहीं– देह चाहिये, आत्मा नहीं।"

✦ ✦ ✦

लक्ष्मण सबसे पहले कन्दरा कक्ष के द्वार पर पहुँचे और अंदर लपककर श्री राम के चरणों में नमन कर बोले– "मातुश्री अंजना, श्री राम! महाराज सुग्रीव भी दर्शन चाहते हैं।'"

"मातुश्री अंजना पधार रही हैं?" श्री राम ने प्रसन्नतापूर्वक पुकारा– "माते! अंजना! पधारो– आओ।" और राम द्वार की ओर झपटे। "महाराज सुग्रीव! मित्र मेरे! आज तो आपने मेरा परित्राण ही कर दिया।"

"कैसे? प्रभो!" महाराज सुग्रीव ने श्री राम से भेंटते हुए कहा– "आपका परित्राण और वह मैं एक वानर करूँगा? नहीं श्री राम! आप ही निस्संदेह पतितपावन हैं।"

"अरे मित्र मेरे! तुम–आप नहीं, मातुश्री अंजना ने कृपापूर्वक मुझे दर्शन दिये हैं। हनुमान की धन्य माता वानरों की माता ही नहीं हैं, ये आर्यों की भी माँ हो गयी हैं।" और श्री राम ने अन्दर आती हुई अंजना को रोक कर उनके चरणों में प्रणाम किया तथा हाथ जोड़कर प्रार्थना की– "बिराजो माँ! यह अयोध्या का राजमन्दिर नहीं है। महाराज सुग्रीव के वनवास की यह शालिनी कन्दरा है। यह जैसे मेरी हृदय– गुहा ही है। इस एकान्त उदासीन सीता की प्रतीक्षा की आतुर व्याकुलता से उष्ण इस कन्दरा में मैं राम आपको प्रणामपूर्वक स्वागत करता हूँ। लक्ष्मण! जल– श्रीफल– कुंकुम।"

अंजना ने हतप्रभ सी होते हुए पूछा– "यह क्यों राम? क्यों?"

श्री राम ने सिर धुनाया, कहा– "मेरी जननी तो बहुत दूर अयोध्या में है। उसकी पूजा तो चौदह वर्षों की यह विषम अवधि बीतने पर ही शक्य होगी। किन्तु वनवास के इस दुस्तर समय में तुम– आप जो पधारी हैं; हनुमान की जननी, हम सबकी मातुश्री, आपके चरणों के अभिषेक का यह अवसर मैं हाथों से कैसे जाने दूँ। हनुमान सीता की खोज में समुद्र– पार गया है। अद्त, आश्चर्यजनक महान आक्रमण किया है हनुमान ने। उस सर्वगुण निधान वीर–शिरोमणि पराक्रमांक हनुमान की माँ के चरणों का अभिषेक पृथ्वी के सागर तटों का पूजन ही तो है– है, अवश्य।"

और श्री राम ने अंजना के चरणों पर जल और नयनों की अश्रुधारा से अभिषेक किया। "धन्य हो गया माँ! हनुमान को आशीर्वाद दो– वह सफल हो, चिरंजीवी हो, यशः पूत हो।"

अंजना ने गद्गद् पूर्ण पुलकित हो श्री राम को उठा लिया, हृदय से चाँपा तथा उनका मस्तक सूँघकर कहा– "आज जैसे मुझे लाखों हनुमान मिल गये हैं, राम! जीओ, यावत् चन्द्र दिवाकरों तुम्हारा यश फैला-फैलता रहे।"

"मेरा नहीं, हमारा। नहीं माँ! हनुमान का" श्री राम ने कहा– "तुम्हारे इस विलक्षण, सर्वगुण निधान, ज्ञानियों में अग्रगण्य सपूत हनुमान को त्रिकाल जग नहीं चाहिये। कोटि योनियों के प्रेय और श्रेय नहीं चाहिये। हनुमान को राज– साम्राज्य नहीं चाहिये। हनुमान को श्री और सुकृति चाहिये– मेरा काज चाहिये। भुवनेश्वरी समान देवी अंजने! मेरा यश– नहीं। मैं तो आर्य क्षत्रिय हूँ, राजकुमार हूँ, कौशल साम्राज्य के सिंहासन का परम्परा से उत्तराधिकारी, इस समय वनवासी

तपस्वी। मैं तो परम्परा से भी यशस्वी होता रहूँगा किन्तु वास्तविक यश तो हनुमान का ही है। सच, माते! मैं आजकल अहर्निशि हनुमान का स्मरण किया करता हूँ। मेरी प्राणेश्वरी, हृदयेश्वरी, वल्लभा, जीवन संगिनी सीता का पता कौन लगा सकता था? उस दैन्य की मूर्ति स्वरुप सीता का शोक कौन हर सकता था? महाराज सुग्रीव! क्या हनुमान ने सचमुच अनन्त सागर पार कर लिया है ? क्या हनुमान ने अभेद्य लंका नगरी में प्रवेश कर जाने में सफलता प्राप्त कर ली है? क्या लंका के स्वर्ण निकेतनों और कलधौत विमानों में सीता को खोज लिया है? उन रत्न जटित स्वर्ण भवनों में सीता नहीं मिली? कैसे मिलेगी? सीता मेरे हृदय–उपवन में बसती है। आकाश में वह पूर्णिमा में निवास करती है। पृथ्वी पर वह मेरे नयनों में बसती है। कहिये महाराज, मित्र मेरे! हनुमान सीता से मिल लिए हैं क्या?"

महाराज सुग्रीव ने कहा– "निश्चिन्त हो जाइये, श्री राम! हनुमान ने अनन्त सा सागर पार कर लिया है। लंका नगरी की अभेद्य प्राचीर को भेद कर वह मतिमान वानर लंका नगरी में प्रविष्ट हो गया है। लंकिनी ने यह समाचार भिजवाया है।"

"लंकिनी?" श्री राम ने पूछा; फिर मुस्कुराकर कहा– "हाँ, लंकिनी ही। मुझे महर्षि विश्वामित्र गुरुदेव ने कुछ राक्षसियों के बारे में बताया था– लंकिनी, त्रिजटा और कुछ अन्य। आर्यवृत्ति की श्रद्धालु राक्षस महिलाएं हैं। उनको राक्षसों के क्रूर कर्म पसंद नहीं आते। अत्याचारों से वे हडकम्पित हो जाती हैं।"

महाराज सुग्रीव ने कहा-'लंकापति रावण ने सागर में सुरसा तथा छाया ग्रह्यी मायाविनियों के यान्त्रिक द्वीप भी बसा रखे थे-निर्भय तथा साहस एवं धैर्य की मूर्ति हनुमान ने उन मायावी द्विपों को नष्ट-भ्रष्ट कर दिया है।''

"और क्या शुभ समाचार हैं? मित्र मेरे?" श्री राम ने पूछा।

महाराज सुग्रीव – "अत्यन्त विश्वस्त समाचार हैं कि भगवती सीताजी रावण के निजी उद्यान में बन्द हैं। अशोक वृक्ष के नीचे वे उद्यान के प्रासाद को ठोकर मारकर बैठ गयी हैं और..... और......."

"और?" श्री राम ने पूछा।

"और अहर्निशि आपका अखण्ड एक धार स्मरण कर रही हैं। राम प्रभो! आपका नाम रट रही हैं।"

श्री राम ने कहा– "और हम 'सीते–सीते'। मन ही मन चेतना के आकाशों में, वृत्तियों के व्योमों में तथा छवियों के गगनों में सीता को ही पुकार रहे हैं। राजमहिषी मातुश्री अंजने! हम सीता के बिना जी नहीं सकते– नहीं।"

मातुश्री अंजना ने विहँसते हुए कहा– "तुम सब पुरुषों का यही हाल है। अपनी स्त्रियों के बिना जैसे जी नहीं सकते। क्यों महाराज सुग्रीव मैं ठीक कह रही हूँ, या नहीं?"

"जी, राजमहिषी।" महाराज सुग्रीव ने हँसते हुए कहा– "स्त्री भी तो पुरुष के संरक्षण, सहकार, सहायतादि के बिना रह नहीं सकती। गृहस्थाश्रम–आर्य गृहस्थाश्रम स्त्री– पुरुष के सहयोग, सहकार तथा सामाजिक रक्त सम्बन्धों का आश्रम है। मैंने वैदिक वर्णाश्रम धर्म पंथ का ज्ञान लाभ किया है। युवा होने तक तथा बाद भी बाहुबली बालि के शासन काल में तो चुपके से मैं आर्य आचार्यों और ऋषि– मुनियों के सम्पर्क में रहा हूँ और आज तो आर्य शिरोमणि के श्री चरणों में ही आ बैठा हूँ।"

श्री राम ने सस्मित कहा– "मित्र, मित्र के चरणों में नहीं; स्कन्धस्थ रहता है। आप हमारे भक्त नहीं हैं, दास नहीं हैं– मित्र हैं, साथी हैं। आपके अभ्युदय और निश्रेय के लिए हम अपने प्राण भी आवश्यकता हुई तो अर्पित कर सकते हैं। अवश्य मातुश्री अंजने! आपके वीर पुत्र हनुमान ने अघटन घटना ही घटित की है। सागर– पार द्वीप पर तथा अभेद्य लंकापुरी में, वाह! भटु मेरे!– हनुमन्ते! तेरी जय हो!!"

"राम!" अंजना चीत्कारपूर्वक कहा– "राम! ऐसा क्यों कहते हो? हनुमान को अभय दो, भक्ति दो। उसकी जय ही क्या है? क्या हो सकती है? राम अपने प्रताप की ही जय कहो। भगवती सीता को अवश्य ही हनुमान खोज निकालेगा– यही कहने मैं आयी हूँ। तुम राम! मेरे दर्शन करना चाहते थे। ऐसा वीर लक्ष्मण ने मुझे कहा; महाराज ने भी। राघव राम! तुम– सा विनयी भी और कौन है आज भूतल पर। पूर्व जन्म की अप्सरी और इस जन्म की वानरी मैं और उसके दर्शन रघुपति राघव राम करें– चाहें। यह भाग्यशाली विडम्बना नहीं तो और क्या है, राम!!"

"माँ का दर्शन ही सभी पावन दर्शनों में मुक्तिप्रद मंगल दर्शन हैं।" श्री राम ने कहा– "फिर वह भी हनुमान की जननी का दर्शन– माँ अंजने! मुझे राक्षसों की

पराजय और आर्य–वानर की जय के लिए आपका आशीर्वाद चाहिये। महाराज सुग्रीव का अभय तथा वीर लक्ष्मण का अमोघ सहयोग, हनुमान का अद्वितीय पराक्रम तथा प्रत्येक वानर का आर्य–वानर मैत्री की रक्षा तथा पोषण के लिए आपका आशीर्वाद चाहिये।"

"राजमहिषी कौशल्या, सुमित्रा– हाँ कैकई भी– इनका आशीर्वाद भी तो चाहिये वत्स राम!"

श्री राम ने सिर धुनाया, कहा– "माँ कौशल्या? मेरे शरीर की रग– रग में, रोम– रोम में है। माँ सुमित्रा मेरी समग्र चेतना में बसी हुई हैं। और माँ..... माँ कैकई मेरे जन्म–जन्म के पापों का निवारण करने वाली और रघुकुल के धर्म राज्य के लिए मार्गदर्शन कल्याण शोभना माँ कैकई। उनके श्री चरणों में मैं सोते– जागते प्रणाम करता ही हूँ। माँ कौशल्या से मैं सोते– जागते आशीर्वाद चाहता हूँ; माँ सुमित्रा से अभय और माँ कैकई से वीतराग चाहता हूँ। वनवास की इस दुर्घर्ष अवधि के इतने वर्षों में मैं जैसे जगत को, जीव को, भव– भवों को, त्रिकाल को जान गया हूँ– देख गया हूँ। अब माँ अंजने! मुक्ति चाहता हूँ।"

महाराज सुग्रीव ने सहसा अट्टहास हँसते हुए कहा– "जो प्राणियों को अभय दे सकता है, जीवों की भवपीर माँग सकता है, मुक्तिदाता जो है– वही आज मुक्ति की माँग कर रहा है, किन्तु किससे?"

श्री राम ने सस्मित कहा– "स्वयं से और किससे? स्वयं ही काल बन्धन में बँधता है और स्वयं ही चाहे तो कालचक्र से मुक्त हो सकता है। सच तो यह है महाराज सुग्रीव, जीव जगत चाहता है– चाहता ही रहता है। मुक्ति चाहता ही नहीं। भव–बन्धन में बँधना और बंधते रहना– एक हूँ, अनेक होता रहूँ– यह जीवात्मा का स्वभाव है और ऋषि– मुनियों ने इसे ही अज्ञान कहा है। अन्ततोगत्वा प्रत्येक जीव अज्ञान के तिमिर को ओढ़कर नाना भवों में जीता और मरता रहता है।"

"तब भैया राम मेरे!" लक्ष्मण बोले– "आप........"

श्री राम ने बीच में ही कहा– "सीता है, तब तक मैं मुक्ति नहीं चाहता। महाराज सुग्रीव से पूछो– क्या वे मुक्ति चाहते हैं? मातुश्री अंजना देवी से भी पूछो।"

राजमहिषी अंजना ने हँसते हुए कहा– "मैं तो आत्मज्ञान चाहती हूँ। मुक्ति क्या? प्रलय– फिर कल्प और कल्प के ये सर्ग– युग– काल का यह अनादि

सनातन चक्र चलता ही रहता है। वीतराग होकर कोई एक सौभाग्यशाली जीव मुक्ति पा ले, किन्तु क्या जगत का आदि– अनन्त नहीं है? भव– योनियों का समूल नाश नहीं है– है क्या श्री राम!– नहीं है। आर्य ऋषि तो ईश्वर को, जीव और जगत को अनादि, सनातन तथा यथावत् ही मानते हैं। वेद– आर्यों के परमेश्वर के वचन वेद– हाँ वेद ही तो– यही कहते हैं। जीव परमेश्वर के सानिध्य के लिए ही है। भगवान को पाकर भला कौन मुक्त होना चाहेगा? निर्गुण, निराकार ब्रह्म? क्या? सच्चिदानन्द सगुण– साकार ब्रह्म– भगवान। राम, तुम।"

"मैं? एक वनवासी मानव?"– राम चिहुँके– "नहीं, माँ! मैं नहीं, तुम। जो देवों को मन्त्रमुग्ध कर आंजनेय जैसा पुत्र – रत्न उत्पन्न कर सकती है, जिसको अपने पूर्व जन्मों का हर भव में ज्ञान बना रहता है, जो राग–द्वेष से रहित; वात्सल्य की पूर्ण मूर्ति है– वही माँ। सगुण ब्रह्म यदि है तो वही है– परात्पर परमेश्वरी दुर्गा, शिवा, जगदम्बा।"

अंजना ने श्री राम को अपलक निहारते हुए कहा– "परमेश्वर– ब्रह्म, स्वयं शक्ति स्वरुप, सगुण। भगवान, भगवती।"

✦✦✦

श्री राम ने लक्ष्मण से कहा– "आज मैं प्रसन्न हूँ– सहज हूँ। मातुश्री अंजना के दर्शन से मैं जैसे अपने चित्त के विषाद से उभर आया हूँ। आज जैसे मैंने अपनी सभी माताओं के दर्शन कर लिए...... माँ कैकई के भी। मातुश्री कैकई। मैंने सुना है भरत का व्यवहार मातुश्री कैकई से अत्यन्त कटु रहा है। मैंने भरत से कहा भी है, माँ माँ है। माँ का अपमान और उसकी अवमानना करना घोर पाप है। यदि मैं अयोध्या लौटा तो सबसे पहले भरत से कहूँगा, माँ कैकई के चरणों में साष्टांग प्रणाम कर क्षमा–याचना करो।"

लक्ष्मण ने श्री राम को घूरा, कहा– "आपको वनवास जो दिलवाया है– घोर कष्टदायक वनवास। भरत को आघात लगना स्वाभाविक है भैया राम!"

"आघात तो मुझे लगना चाहिये था-सो नहीं लगा।" श्री राम ने अपलक क्षितिज की ओर देखते हुए कहा– "आघात किस बात का? राजमन्दिर से यह पंचवटी अच्छी। राजप्रासाद से यह शान्त सुनसान कन्दरा अच्छी। पर्णकुटी में शान्ति है, सहज सुख है। इस कन्दरा में सीता की प्रतीक्षा से उत्पन्न विकलता है; किन्तु फिर भी मैं जैसे स्थितिप्रज्ञ हूँ। विधाता द्वारा प्रेरित, प्रचोदित, विचित्र और विलक्षण

घटनाओं द्वारा आश्चर्य तो होता है, परन्तु दुःख नहीं। विधाता आघात नहीं करती, राग हरती है– विराग देती है। वनवास स्वीकार कर मैंने जैसे सदैव के लिए राज्य और उसका अपरिमित वैभव ही त्याग दिया है। यह तो सीता त्यागते नहीं बनती; अन्यथा वनवास की यह घोर अवधि पूरी कर मैं सन्यास ले लेता। सन्यास ही तो- जीवन के सभी आश्रमों का विलय अन्ततोगत्वा सन्यास आश्रम में ही होता है।"

लक्ष्मण चिहुँके– "सन्यास तो ब्राह्मण लेता है, क्षत्रिय नहीं। क्षत्रिय तो प्रजापालन और राज्य संचालन तथा धर्म संस्थापन एवं धारण के लिए ही जन्म लेता है। सन्यास! जीतेजी स्वयं को मृत मानकर ब्रह्म चिन्तन करो। ना भैया मुझसे यह नहीं होगा और नहीं आप भी ऐसा अन्त में कर सकेंगे। सन्यासी होना ही होता तो आप ब्राह्मण वर्ण में जन्म कर मुनि होते– आचार्य होते–ऋषि होते। राजकुमार और प्रतापी श्री रामचन्द्र राघव नहीं होते।"

श्री राम हँसे, बोले – "तो अगले जन्म में ही सही। और क्या? ब्राह्मण वर्ण में जन्म लेकर निश्चय ही सन्यासी बनूँगा।"

"ऋषि–ब्रह्मर्षि।" लक्ष्मण ने हँसते हुए कहा– "राजर्षि विश्वामित्र का यही संघर्ष रहा है– राजर्षि ब्रह्मर्षि बनना चाहते थे। इसी जन्म में बने। क्योंकि विश्वामित्र गुरुदेव जन्मजात ऋषि थे। किन्तु फिर भी गुरुदेव वशिष्ठ ने जब तक विश्वामित्र अभिमान तथा द्वेष से उपरत नहीं हुए– इनको ब्रह्मर्षि नहीं कहा– कहा क्या?"

श्री राम – "नहीं। किन्तु यह दो महर्षियों की जीवन-चेतना का अनुपम द्वन्द्व था। हम– तुम तो सामान्य मानव जीव हैं। वर्णानुसार ही हमारे प्रारब्ध हैं– होंगे। ऋषि–कोटि के होने पर ही गुरुदेव विश्वामित्र वर्ण के रक्त संस्कार मिटा सके। और क्षत्रिय चोले को ब्रह्मत्व प्रदान कर सके। महर्षि विश्वामित्र हमारे सभी विश्रुत चिरख्यात ऋषियों में विचित्र–विलक्षण महर्षि हैं। उन्होंने द्वितीय सृष्टि निर्माण का संकल्प जो किया था। और सभी दिव्य अस्त्र उनकी मेधावी दिव्य आविष्कार हैं। यह मेरा नाराच बाण भी। प्रणाम गुरुदेव विश्वामित्र को सभी वर्णों का, अन्यथा वे तो ब्रह्मर्षि की पदवी प्राप्त करके ही रहे। ऐसे अपराजित अमोघ ऋषि को मेरा प्रणाम!"

श्री लक्ष्मण ने कहा– "अपवाद है, आश्चर्यजनक अपवाद एवं विशिष्टतम उदाहरण हैं– महर्षि विश्वामित्र। उनको मेरे भी साष्टांग प्रणाम!"

श्री राम हँसे– "सत्युत् लक्ष्मण! किन्तु क्या ही अच्छा होता, सीता का समाचार अभी मिल जाता– यह कन्दरा सुख से भरपूर, यह आकाश शान्ति से परिपूर्ण तथा यह धरती अभय से स्थिर हो जाती।"

"जी! भाभी भगवती आपका ही नहीं, जगत का आह्लाद हैं"– लक्ष्मण ने कहा– "उनके चरणारविन्दों से रहस्यमय आभा विकीर्ण होती है और वनवास के मार्गों पर ज्योति बिखेरती है।"

"अच्छा जी।" श्री राम ने कहा– हँसकर कहा– "मुझे तो तुम्हारी भाभी के चरण– मेरी अन्तरात्मा की शक्ति के चरण ही लगते हैं। वनवास की यह घोर अवधि सीता के चरणों को देखकर जैसे काटी है। तुम नहीं जानते लक्ष्मण! सीता एक अनादि रहस्य है, आगम और अगम है। मैं...... मैं जैसे सीता की गहन अगाध आँखों में एक प्रतिबिम्ब हूँ। नारी ही इस सृष्टि की धुरी है, कुक्षी है, उदर है, जठर है। नर? नारी की सन्तति की प्राप्ति की अभिलाषा है। सीता है, तो राम है। किन्तु भाग्य लक्ष्मण! आज जाने सीता युग– युग से अदृश्य हो गयी है। न जाने कब उसके दर्शन कर पाऊँगा।"

"शीघ्र ही राम! शीघ्र ही।" लक्ष्मण ने कहा।

"किन्तु हनुमान पता ले आवे, तब न?" श्री राम ने कहा-"तभी पता चलेगा, वह अधम आततायी कौन है? तभी मेरे धनुष की प्रत्यंचा स्वयं ही कसमसेगी- तभी नाराच मानो सजीव होगा-तभी, लक्ष्मण! सीते! पता चलते ही हम आयेंगे, तुम्हें छुड़ाने के लिए और अपने अभागे जन्मों का समग्र प्रायश्चित करेंगे।"

"अवश्य, भैया!" लक्ष्मण ने कहा-

"हनुमान को समय लगेगा।" राम सोच करते हुए बोले– "उस विशाल राक्षसों से भरी नगरी के कलधौतों में या उद्यानों तथा विपिनों में खोजना। समय लगेगा? कितना? लक्ष्मण।"

"हनुमान ने अब तक भगवती भाभी का पता लगा ही लिया होगा।" लक्ष्मण ने कहा।

"विभीषण" श्री राम ने कहा– "हनुमान को विभीषण से मिलना चाहिये। राक्षसों के उस जघन्य कुल में यह विभीषण परम वैष्णव है, ऐसा मैंने लोक श्रुती में सुना है।"

“जाति नहीं बदलती राम!” लक्ष्मण बमके।

“ईश्वर की कृपा से बदल जाती है।” श्री राम ने कहा– “लोग कहते हैं, विभीषण चोले से राक्षस है, किन्तु मन से पक्का आर्य है, लक्ष्मण! महर्षि पुलस्त्य के विख्यात वंश में विभीषण ही मानो आर्य– चेतना का व्यक्तित्व है। हनुमान उससे मिले होंगे, तभी सीता का सच्चा पता मिला होगा।”

“अवश्य हनुमान विभीषण से मिले ही होंगे।” लक्ष्मण ने कहा– “शत सहस्त्र कलधौंत के धामों में वैष्णव विभीषण का भुवन तो अन्धे को भी दिख जाता होगा– हाँ, राम!”

11

"**श्री** राम!" महाराज सुग्रीव ने कन्दरा– कक्ष में घुसते ही पुकार कर कहा– "हनुमान ने लंका जला दी है। अभी–अभी चरों ने हमें विश्वस्त समाचार दिये हैं। चरों ने यह भी कहा है कि हनुमान अशोक वाटिका में भगवती सीता जी से मिल लिए हैं।"

"शुभ! अति शुभ!!" श्री राम ने रोम–रोम में सजग हुए कहा– "वाह! हनुमान वाह!"

महाराज सुग्रीव ने अपूर्व उत्साह से कहा– "उन, उन आपके विभीषण जी से भी हनुमान मिल लिया है– ऐसा मुझे चरों ने बताया है।"

"विभीषण?" श्री राम ने स्वयं से ही कहा– "हाँ विभीषण– लंकेश रावण का अनुज भ्राता। हमें कहा गया है कि बचपन से ही वह श्री विष्णु हरि पुरुषोत्तम, वेद तथा वैदिक वर्णाश्रम धर्म के प्रति आकृष्ट रहे हैं। राक्षसों में भी ऋषि हुए हैं। वेद तथा धर्म के मर्मज्ञ हुए हैं। श्री विभीषण उनमें से एक प्रतीत होते हैं।"

महाराज सुग्रीव ने तनिक मुँह बिचकाते हुए कहा– "किन्तु भगवती को वाटिका में बंधी बनाया जाना वे रोक नहीं पाये। श्री विभीषण अन्तःकरण से आर्य हैं, तो उनको यह करना ही चाहिये था।"

"राजा को अनुज समझा ही सकता है, सलाह ही दे सकता है।" श्री राम ने कहा– "नीति ही इंगित कर सकता है। शास्त्र की दुहाई देकर बरज सकता है, किन्तु राजा की हठ को वह कैसे मिटा सकता है। कुछ भी हो– मुझे ऐसा लग रहा है कि श्री विभीषण आर्य मैत्री के हामी और आकांक्षी राक्षस हैं। देह से राक्षस भला, मन से नहीं। मन से तो वैष्णव है। वैष्णव ही आर्यों से मैत्री स्थापित कर सकता है– वैष्णव फिर चाहे वह कोई भी हो, किसी भी जाति या कुल या वंश का हो, आर्य–धर्म धारण कर सकता है। लंकेश श्री रावण के पितामह क्या आर्य–ऋषि नहीं हैं? हैं.......।"

लक्ष्मण ने सहसा कहा– "सुर– असुर, मानव– दानव वह तो मानव जाति में उद्भवित होते ही रहे हैं– व्यक्त होते ही रहेंगे। आर्य? राक्षस? राम! आप कुछ भी सोचें, राक्षस आर्य मानव हो नहीं सकते। असुर सुर हो नहीं सकते, भैया।"

श्री राम ने लक्ष्मण को घूरा, कहा– "मानव की अन्तरंग बद्धमूल प्रकृति आर्य की ही है। आर्य अमृत चाहता है, मृत्यु नहीं, आर्य अज्ञान के तिमिर को हटाकर ज्ञान लाभ करना चाहता है। आर्य शुद्र है, तब भी वह प्रभु का आरत भक्त है। वैश्य है तो वह पुण्यों के पर्वतों के समर्पण से कीर्ति स्वरुप प्रभु की पूजा ही करता है और क्षत्रिय? वह तो आर्यत्व का प्रताप, क्षमता तथा यश है। शुद्र, वैश्य तथा क्षत्रिय मानव भवों में भ्रमण करते हुए अन्त में ब्राह्मणत्व प्राप्त करते हैं। आर्य अमृत का पुत्र ज्ञान की उत्कण्ठा का धनी, साधना और तपस्या का अजय संकल्पी आर्य चारों पदार्थों के लिए साधना करने वाला उदारचेता मानव है, लक्ष्मण! आर्य ही ज्ञान प्राप्त कर मुक्ति प्राप्त कर सकता है। सुर–असुर, देव– दानव– ये सभी प्रभु की प्रार्थना कर सकते हैं, देव दिव्य स्तवन कर प्रभु को पुकार सकते है, किन्तु सत्यज्ञान स्वरुप सुधामूर्ति भगवान को आर्य ही देख सकता है तथा समर्पण या साधना द्वारा प्राप्त कर सकता है। यही लक्ष्मण! यही!"

"वानर नहीं? प्रभो!" महाराज सुग्रीव ने अनायास ही पूछ लिया– "केवल आर्य ही?"

"परमात्मा का साक्षात्कार के लिए प्रत्येक जीव को अन्ततोगत्वा 'आर्य' होना ही होगा। ज्यों– ज्यों अज्ञान का तिमिर कटता जाता है, त्यों– त्यों दिव्य वैराग्य का उदय होता तथा आर्यत्व का ब्राह्म मुहूर्त प्रगट होता है। अहम् महाराज सुग्रीव! अहम्– मात्र का अगाध करुणा में विलय करना ही होगा– यह 'मैं' ही अहम् का बीज है और अहम् का वृक्ष है। और यह अहं विषम विकृत तथा विषयाधीन होकर राक्षसत्व अंगीकार करता है। आसुरी दृष्टि अहम् की दृष्टि है। सुर–दृष्टि और मति सृष्टि के निश्चिन्त योग की दृष्टि–मति है तथा मानवीय मति राग–द्वेष, मैं और तू की भयभीत वृत्ति है। यह अनार्यत्व ही है। आर्य जाति, कुल, वंश, समाज या सम्प्रदाय नहीं है। आर्य पृथ्वी पर प्रभु का जन है– अमृत पुत्र है– मुक्ति– कामी, मोक्ष मार्गी महामानव है। आज मैं जैसे पुनः सोचने– विचारने लगा हूँ, देखने लगा हूँ। सीता, महाराज! सीता का पता जो लग गया है। सीते! चिन्ता त्याग दो, मैं... तुम्हारा राम आ रहा हूँ। लंका के मार्गदर्शन के लिए हमें अनुभवी कुछ चर दे दो। लक्ष्मण और मैं अभी दक्षिण दिशा के सागर– अन्त तक कूच करेंगे– अभी।"

महाराज सुग्रीव ने कहा– "अभय, प्रभो! आप हमारे महँगे मानवीय मित्र हैं। आप दोनों को राक्षसों से भिड़ने के लिए क्या अकेले ही हम जाने देंगे ? मैं वानरों को तब मुँह क्या दिखाऊँगा? आर्य जाति के सन्मुख तब क्या मैं गर्वोन्नत मस्तक

के साथ खड़ा रह सकूँगा? भगवती सीताजी का केवल पता लगाने के लिए ही नहीं भगवती सीताजी को पुनः लौटा लाने के लिए तथा पृथ्वी से राक्षसों का समूल नाश करने के श्रीमान के वचन पालन में प्राण देकर भी साथ देने का हम वानरों का अपराजित संकल्प है। आर्य–वानर मैत्री रक्त की मैत्री है, प्रभो! अभय!"

श्री राम उठे और सहसा सुग्रीव को हृदय से लगाते हुए बोले– "सीता मुझे मिल गयी, मित्र मेरे!"

सहसा कन्दरा– कक्ष के बाहर पुकार उठी– "अभय, राजेश्वर! अभय मधुवन!" और मधुवन के रक्षक राक्षस मातुल ने कन्दरा–कक्ष के द्वार पर पुनः दुहाई दी– "प्रभो! मधुवन तो नष्ट–भ्रष्ट किया जा रहा है, जी हाँ। हनुमान, अंगद, नल– नील सब जाम्बुवन्त भी। मधु के सारे कोष रीते कर दिये और मूत्र–मूत्र की सरिता बहा दी है– इन आपके लाड़ले वानर श्रेष्ठों ने। मुझे पीटा; कहा-जा, चला जा मातुल। कहाँ जाऊँ पर मैं? मधुवन को मैंने आजीवन सींचा है, प्रभो!"

महाराज सुग्रीव ने लपककर मातुल को अन्दर किया– "शान्त! श्री राम प्रभु जो हैं। धीरे से बोलो, मातुल श्री! मधुवन को क्या हनुमान–अंगद आदि ने नष्ट– भ्रष्ट किया है? क्या वह भाग गये? हनुमान आ गया क्या?"

"जी, वह, वह हनुमान ही तो था, वह अंगद, वह नल–नील, दधिमुख। यह दधिमुख मेरी हँसी उड़ाता है, ठिठौली जो करता है। मैं राजराजेश्वर का मातुल हूँ– मातुल श्री हूँ। हूँ, या नहीं?"

"अवश्य ही आप राजमातुलश्री हैं।" सुग्रीव ने कहा– "अब कहो, शान्ति से, क्या हुआ?"

"क्या होना था? मधुवन उजाड़ दिया इन उच्चकों ने।"– मातुल श्री ने कहा– "मधुवन – एक–एक पौधे को मैंने नयनों में गाड़ा था, महाराज! हाँ, उस मेरे स्वप्न, मेरी स्मृति स्वरुप को इन उधमी वानरों ने भ्रष्ट कर दिया। सभी मधुछत्ते पी गये। किलकारियों की विदृतमाला सी कौंधा दी। अब– अब मैं क्या करूँ? महाराज! मुझे ही दण्ड दीजिये। मृत्यु दण्ड दीजिये भवान्!"

महाराज सुग्रीव ने मातुल को निसास बँधाते हुए कहा– "अभय दिया....... निश्चिन्त हो जाओ। मधुवन को तिगुना बसा देंगे। राम प्रभो! निश्चय ही दक्षिण मण्डली भगवती के समाचार लेकर लौट आयी है और मधुवन में मधु–उत्सव मना रही है।"

श्री राम ने अपूर्ण उत्साहपूर्वक पूछा– "सुग्रीव! सच!!"

श्री लक्ष्मण चिहुँके– "ईश्वर! तेरी कृपा। महाराज! आप स्वयं कष्ट कीजिये। हनुमान सहित समस्त टोली को यहाँ श्री राम के चरणों में ले आइये।"

महाराज सुग्रीव ने हर्षोल्लासित होते हुए कहा– "अवश्य–अवश्य महारथी लक्ष्मण! अवश्य। चलिये मातुल श्री मेरे रथ में चलिये। अभी उन उधमियों को राम–चरणों में झुका देता हूँ। श्री हरि! अवश्य ही तुमने वानर जाति का सौभाग्य निर्मित करना आरम्भ कर दिया है। मेरे प्रिय वानरों! भगवती जगदम्बा स्वरुप सीताजी का समाचार लाने के निस्संदेह कार्य के लिए मैं तुम सबका आभारी हूँगा। उधम कर रहे हैं– हनुमान, अंगद, नल– नील– सब ने मधु का एक भी छत्ता नहीं छोड़ा– मूत्र से कीच कर दिया मधुवन। ठहरो– अभी दो कानों के बीच सिर कर देता हूँ।"

"आज्ञा? श्री राम! अभय– क्षमा– कृपा!!"

श्री राम ने महाराज सुग्रीव को वक्षस्थल से चाँपते हुए कहा– "हनुमान को शीघ्र लिवा लाइये महाराज! जाम्बुवन्त, नल–नील, अंगद–सभी हमारे माननीय वानर–श्रेष्ठों को ले आइये। सीता के समाचार सुनने को हम अधीर, आकुल– व्याकुल हो गये हैं। मेरे इस भव की यह घोर चिन्ताजनक प्रतीक्षा का यह अन्त है, महाराज! जिस किसी ने हमारी वल्लभा सीता का अपहरण किया है तथा रघुकुल का यह घोर अपमान किया है– वह हमारे क्रोध से बच नहीं सकता- राक्षस राज रावण ने तब यह घोर पाप किया है-निश्चय ही हम उसको समझेंगे। निपट लूँगा राक्षसों से। राक्षसों के अत्याचारों और आततायी प्रहारों को मानव जाति बहुत भोग चुकी है– अब परित्राण!"

✦ ✦ ✦

मधुवन के प्रवेश–द्वार पर महाराज सुग्रीव का रथ आकर सहसा जैसे ठिठक गया। मातुल श्री कूदकर नीचे उतरे– "देख लीजिये भवान्। वह रहे सब। इधर– उधर छिपे हुए हैं।"

महाराज सुग्रीव ने प्रवेश–द्वार पर खड़े रहकर पुकारा– किलकारी की– "हनुमान! अंगद!!"

महाराज सुग्रीव की किलकारी के कौंधते और काँपते हुए शब्द के साथ मानो कोटिशः किलकारियाँ उठीं– "सीताराम! सीताराम!!"

महाराज सुग्रीव को अपनी ओर आते देखते ही वानर श्रेष्ठ जैसे अपने आपे में जाग गये– "महाराज राजेश्वर– सुग्रीव।"– दधिमुख ने चिल्लाकर कहा– "अब....?"

"...... अब?" अंगद ने भवें चिन्तातुर करते हुए कहा– "यह–यह...... हम सबने क्या किया? मधुवन नष्ट– भ्रष्ट कर दिया। हनुमान जी! यह हमने क्या किया?"

हनुमान ने किलकारी करते हुए, मुष्टिका बाँधते हुए कहा– "किया– मधुवन प्रत्येक वानर का है, अकेले महाराज का ही नहीं है। फिर भगवती सीता के साक्षात् दर्शन कर लौटा हूँ। सुना? दिव्य– भव्य–शान्त वह नारी–मूर्ति देखते ही हाथ साष्टांग प्रणाम में गुँथ जाते हैं। अत्यन्त रमणीय इस अशोक वाटिका में भगवती सीता मानो प्रभु राम की उदासीन प्रतीक्षा हो– हाँ। सच मैंने तो जैसे सच्चिदानन्द स्वरुप परमेश्वरी की मानवीय मूर्ति का साक्षात् किया है। हाँ, महाराज!"

महाराज सुग्रीव ने सन्निकट आकर खड़े रहते हुए पूछा– "तो तुमने भगवती सीता जी के दर्शन किये?"

"पाये– श्री राम– कृपा से साक्षात् योगमाया महामाया के दर्शन पाये महाराज!" हनुमान ने रोम– रोम में सिहरते हुए कहा– "हाँ, राम– कृपा, श्री राम का प्रताप कि सागर पार कर गया, लंका को जलाकर भस्म कर दिया। श्री लंका की अत्यन्त सुसज्जित यांत्रिक सेना के व्यूह चकनाचूर कर दिए। और अशोक वाटिका! आह! क्या कहने महाराज! आपको अपने मधुवन पर गर्व है किन्तु अशोक वाटिका के सन्मुख तो यह एक बगिया है– मधु के छत्तों से भरी बगिया। अशोक वाटिका? अलकापुरी का नन्दनवन महाराज! आप देखना...."

महाराज सुग्रीव ने सहसा अट्टहास करते हुए कहा– "अवश्य, मेरे भटु! तुम मुझे अशोक वाटिका ले चलोगे, हनुमान! तुमको देखते हुए मेरा जी नहीं भरता। तुमने आंजनेय केसरीनन्दन! वानर जाति को उबार लिया। वानर और आर्य के आत्मा के बन्धन में सदैव के लिए बाँध दिया है। भगवती सकुशल तो हैं न?"

हनुमान-"उनकी धूरि– धूसरित उदासीन छवि देखि नहीं जाती, महाराज! मैं जैसे धरती में गड़ जाना चाहता था। केवल राम– नाम ने ही मुझे साहस दिया, धैर्य बँधाया। सीता! शान्त, किन्तु आकुल– आतुर सीता अर्थात् आसन्न– विपन्न नारी

की धैर्य की प्रतिमूर्ति। क्या कहूँ महाराज! श्री राम का स्मरण ही भगवती सीता का जीवन हो गया है। मेरा मन कहता है, श्री राम यह जानते हैं। भगवती ने मुझ पर तब तक विश्वास नहीं किया, जब तक मैंने श्री रामजी लक्ष्मण के अंगों और विलासों का वर्णन नहीं किया। निस्संदेह सीता रघुवंश की ही नहीं, पृथ्वी के राज्य की राजलक्ष्मी है, आर्यों की कुलदेवता हैं। और अब वानरों की अम्बिका होने जा रही हैं। महाराज! अब श्री राम को कहिये, शीघ्र लंका पर चढ़ाई करें– शीघ्र।"

महाराज सुग्रीव ने कहा– "तुम्हीं यह कहोगे, हनुमान! श्री राम के समक्ष हम सब तुम्हारे द्वारा हैं– होंगे। श्री राम, हनुमान, सुग्रीव! चलो वानरों यह मधुवन तुम्हें समर्पित है। लूट लो, इसके पुष्पों का पराग चूस लो। मेरे बांधवों! मैं तुम्हारा महाराज राजेश्वर आज तुमको नमस्कार करता हूँ। तुमने प्राणों को हथेली पर रखकर भी अन्ततोगत्वा भगवती योगमाया, महामाया स्वरुप सीता माता की खोज कर ली है। ज्ञान के शान्त आलोक में, ज्ञान की चेतना, ज्ञान की आनन्द– उर्मि और परमेश्वर की आहूत मानव–दिव्यता का पता लगा ही लिया। भक्ति को ज्ञान के समक्ष लाकर रख ही दिया। निस्संदेह श्री राम प्रतिज्ञा पूर्ण होने का ऐतिहासिक समय आरम्भ हो गया है। जय श्री राम!"

हनुमान ने अपने दोनों आजानुभुज गगन में उठाए, गगनभेदी किलकारी की– "जय राम! जय–जय राम!! महाराज सुग्रीव की जय!"

उपस्थित मधुमय वानरों ने गगनभेदी किलकारी की-"जय! महाराज सुग्रीव की जय!"

महाराज सुग्रीव ने हर्षोल्लासित मुख–मुद्रा में कहा– "जय! वानर मात्र की जय! जय आर्य की! जय श्री हरि नारायण की जय! चलो राम प्रतीक्षा कर रहे हैं। हनुमान! सुनते हो? श्री राम तुम्हारी बाट जोह रहे हैं।"

"हुँ हुँ हुँ........" हनुमान ने हुँकार की– "महाराज! आप श्री आगे–आगे– हम सब आपके साथी वानर पीछे – पीछे। हमें श्री राम के चरणों में समर्पित कीजिये भवान्!"

"तथास्तु।" महाराज सुग्रीव ने कहा– "चलो श्री राम के कार्य का ब्राह्म मुहूर्त आरम्भ हो रहा है– चलो।"

महाराज सुग्रीव के साथ उनके विशाल रथ में जाम्बुवन्त, अंगद, नल–नील, दधिमुख, गद, विकटस्य, निशठ और शठ चढ़ बैठे। महाराज सुग्रीव सहज ही

अपने आसन पर आरूढ़ हो गये और ज्यों ही वायु वेग से रथ ऋष्यमूक पर्वत की ओर मानो पृथ्वी पर दौड़ा– तनिक उड़ता हुआ सा चला। वानर श्रेष्ठों ने सहसा धुन आरम्भ की– श्री राम– हनुमान का स्वर उठा– 'जय राम'; अन्यों ने बोला– 'जय-जय राम'! श्री राम की यह शीर्ण, कभी प्लुत, कभी मन्द और कभी मंद्र धुन रथ के पहियों की तीव्र घरघराहट के साथ एकाकार होकर गगन मण्डल में श्री राम धुनि के शब्द– वर्तुल उठा गई। हनुमान के विशाल नेत्रों में जैसे अनाहत ज्योति भर गयी। उनके सरोज नयनों से प्रेम की अश्रुधारा बह चली। राम मैं– मैं एक वानर और उस पर ऐसी अमोघ कृपा। मेरा.... मेरा वानर–जन्म सफल हो गया स्वामिन्! धन्य हो गया मैं एक मरकट।"

महाराज सुग्रीव ने सहसा कहा– "नहीं... हनुमान! ऐसा मत कहो। तुम हम वानरों के रत्न हो– गर्व हो– गरिमा हो। वानर जाति की आशा और अभिलाषा हो।"

हनुमान ने चीत्कार की– "महाराज! मैं वानर जाति का पुत्र हूँ और श्री राम का दासानुदास हूँ– हाँ, हूँ– यही हूँ, राजेश्वर! मैं– मैं एक शाखामृग, मरकट, वानर! मर्यादा पुरुषोत्तम की सेवा का यह अनन्य अवसर मेरे पिछले सभी जन्मों के अमोघ पुण्यों का फल है। प्रभु– कृपा राजेश्वर! ऋषि– मुनियों को भी नहीं मिलती– उनको सिद्धियाँ मिलती हैं, निधियाँ मिलती हैं– प्रभु का प्रेम नहीं। वह– वह तो मुझ जैसे मरकट को ही मिलता है– पुण्यवशात्, महाराज!"

"तुम हनुमान! हनुमान हो। हुँ हुँ हुँ।" महाराज सुग्रीव ने ठठा– ठठाकर हँसते हुए कहा– "श्री राम! हनुमान धुन उठाओ– जय श्री राम– जय श्री राम। श्री राम के साथ अग्नि की साक्षी में मित्रता कर आज मुझे अत्यन्त गर्व का अनुभव हो रहा है। बाहुबली बालि ने तो वानर साम्राज्य को रावण के बंधक रखना आरम्भ किया था। किन्तु श्री राम ने वानर साम्राज्य को सदैव के लिए उबार लिया। हम वानर श्री राम के लिए अपने प्राणों का उत्सर्ग भी कर दें तो कम है-होगा। जय श्री राम! आपकी जय हो! भगवती सीताजी अब शीघ्र मिल जायं– यही बस मैं चाहता हूँ।"

हनुमान ने सिर धुनाकर कहा– "भगवती अत्यन्त उदास हैं, अत्यन्त विकल, दुःखी तथा घोर विपदा में घिरी हैं। उस लंकाधिपति रावण ने दो मास का समय दिया है– मैंने कानोकान सुना है, महाराज जिस अशोक वृक्ष के नीचे भगवती राम– स्मरण करते हुए दिन– रात बिताती हैं, उसी की घटा में छिपा मैं रावण

की धमकियाँ सुन रहा था– दो माह में मुझसे विवाह कर लंका की राजराजेश्वरी बनो, अन्यथा तुम्हारे टुकड़े– टुकड़े कर, तुम्हारा मांस राक्षसियों को खिला दिया जायेगा।"

"अधम, नीच, दुष्ट, लम्पट कहीं का।" सुग्रीव बमके– "सर्वप्रथम मैं उसकी इस विभत्स जिह्वा को ही काट डालूँगा। उसके मुकुट को उछाल कर श्रीराम के चरणों में डाल दुंगा। अवश्य ही यह करूँगा, हनुमान।"

"अवश्य"– हनुमान ने सिर धुनाकर कहा– "मैं स्वयं रावण को ठार कर देता और भगवती को पीठ पर बिठाकर ले आता, किन्तु भगवती स्वयं ही मना कर गयीं। श्री राम का ही यह परम कर्त्तव्य है कि मेरा परित्राण करें। यह कहा– भगवती अम्बा ने, सीताजी ने महाराज।"

"अच्छा?" महाराज सुग्रीव ने निकट आते हुए ऋष्यमूक पर्वत के श्रृंगों को अनायास ही देखते हुए कहा– "अच्छा?"

"रावण को मारकर राक्षसों से मही का उद्धार करने का यश श्री राम को ही मिले– भगवती यह चाहती हैं। फिर सीताजी का परित्राण श्री राम के अतिरिक्त और कौन कर सकता है। सीता राम अलग– अलग हैं, परस्पर विरही हैं, किन्तु जैसे अभिन्न हैं– तादात्म्य महाराज! मन, चित्त, अहम्– बुद्धि सभी तत्वों का एकाकार चैतन्य श्री सीता– राम हैं। मैंने माँ सीता के उदास किन्तु अगाध कमल– लोचनों में श्री राम की ही छवि तैरती हुई देखी– साँस– साँस में श्री राम।"

"और इधर श्री राम की पलकों पर सीता। धन्य सीताराम धन्य।" महाराज सुग्रीव ने कहा– "लो आ गया ऋष्यमूक पर्वत। वह देखो, राम– लक्ष्मण खड़े अपनी प्रतीक्षा कर रहे हैं।"

"चलो शीघ्र महाराज!" हनुमान ने कहा– "प्रतीक्षा तो सीताजी की है। श्री राम? श्री राम का तो दर्शन है।"

✦✦✦

महाराज सुग्रीव ने कन्दरा कक्ष के प्रवेश द्वार पर चित्रलिखित से खड़े श्री राम– लक्ष्मण को पलक में देखा, निहारा तथा घूरते हुए कहा– "श्री राम प्रभो ! हनुमान ने सागर पार कर लिया, लंका में घुस गया, भगवती के अशोक वाटिका में दर्शन किये, उन्हें आपका सन्देश सुनाया और लंका को भस्मसात् कर किलकारी

करता हुआ यह हनुमान लौट आया। आपके श्री चरणों में अब समर्पित है–
आंजनेय हनुमान। हुँ हुँ हुँ..... हनुमान।"

हनुमान ने श्री राम के श्री चरणों में साष्टांग प्रणाम करते हुए श्री राम के चरण
पकड़ लिए– "बस अब यही। यही– राम! राम प्रभो! श्री राम– जय राम! अब यहीं
इन्हीं चरणों में पड़ा रहना और तेरा नाम सुनते रहना चाहता हूँ। राम प्रभो!"

श्री राम ने हनुमान को उठाया और अपलक सजल नयनों से उसे निहारते
हुए कहा– "हनुमान! मेरे हनुमन्ते!"

श्री लक्ष्मण ने सहसा कहा– "हुँ हुँ हुँ हनुमान, राम– हनुमान।"

हनुमान ने सहसा किलकारी करते हुए कहा– "रामलक्ष्मण.......।"

महाराज सुग्रीव ने कहा– "हनुमान! हाँ, राम मित्रजू मेरे, राम– लक्ष्मण–
हनुमान। हाँ, राम लक्ष्मण हनुमान।"

श्री राम ने हनुमान की हनु उठाते हुए कहा– पूछा– "धन्य हनुमन्ते! धन्य!
तूने मेरा वह कार्य किया है जो सुर– असुर, देव– गन्धर्व, नाग– किन्नर, नर-नारी,
ऋषि– मुनि, सम्राट– राजा– महाराजा कोई भी नहीं कर सकता था। हाँ, हनुमान!
प्राणेश्वरी सीता का पता लगाकर तुमने मुझे नवजीवन दिया है। हनुमान! चिर
जीओ!! तुम को देने के लिए मेरे पास कुछ भी नहीं है। यह हृदय– सदैव के लिए
बिराजो इस हृदय– मन्दिर में, हनुमान! आज तक मैं भरत, लक्ष्मण, कौशल्या माँ,
कैकई– सुमित्रा माँ के नाम रटता रहता था, अब आंजनेय! माता अंजना, महात्मा
केसरी और तुम्हारा नाम भी जपता रहूँगा। मैं तुम्हारा आभारी हूँ, हनुमान!" और
श्री राम के कंज– नयनों से प्रेम के आँसुओं की धारा बह चली। "लक्ष्मण! हनुमान
को क्या दूँ? क्या, लक्ष्मण! तुम कुछ तो कहो।"

लक्ष्मण ने कहा– "हनुमान! तुम्हारे इस उपकार का कोई पुरस्कार ही नहीं
है।"

"है।" हनुमान ने श्री राम के चरण थामते हुए कहा– "भक्ति श्री राम, श्री
चरणों में शरणागति। तेरा नाम–राम!"

"मेरा नाम!" श्री राम चिहुँके– "हनुमान! नाम प्रभु का, यश प्रभु का, अजर–
अमर वह, परमात्मा श्री हरि।"

हनुमान ने श्री राम के चरण जकड़ लिये। "सब समझता हूँ। मायावी तुझे मैं जानता तो नहीं, किन्तु तुम्हें भाँप गया हूँ। तुम को समझ गया हूँ। सीता मैया के दर्शन करते ही मेरे राम! तुम को जान गया– पा गया। हाँ, राम प्रभो!

श्री राम ने हनुमान को गले लगाते हुए कहा-"तथास्तु चिरंजीवी हो, मेरे वानर-श्रेष्ठ! मेरे सर्व गुणानिधान हनुमान! अब मैं तुम्हारे द्वारा तुम्हारे सहित राम हूं-सीता को देखकर तुम मुझे जान गये-पहिचान गये! यह कैसे, मेरे वत्स हनुमान! यह कैसे! सीता निस्संदेह मुझ से रूष्ट है-लक्ष्मण और मेरे होते हुए भी राक्षस राज जो उसको उठा ले गया! कुररी विलाप करती हुई उसको महाराज जटायू भी उबार नहीं पाये। मेरा यह नाराच, यह मेरा धनुष-मैं स्वयं जैसे व्यर्थ हो गया। रघुकुल की देवी कुल वधू और हमारी सर्वस्व! सीता! हनुमान! कहो तो? सीता सकुशल तो है-कुशल? राक्षसों से घिरी सीता भयत्रस्त हिरणी सी होगी! नहीं; हनुमान?"

हनुमान ने कहा-"नहीं प्रभो! सीता मैया शान्त, धीर-गम्भीर श्रीराम विरहणी ही मुझे लगीं। लंकेश का उनको तनिक भी भय नहीं है-रावण को उन श्रीमती ने उलूक कहा और आपको? सूर्य! साहस तथा धैर्य की प्रतिमूर्ति भगवती सीता मैया? निस्संदेह धरती सी अचल पृथिवी पुत्री और आपकी परम् प्रेमिल जगदम्बा ही मुझे लगी! रावण क्रोध से उबला; उछला-कौंधा, किन्तु पास नहीं फटक सका! एक गहन तेज मुझे सीता मैया के उन उदास नयनों से दिखा! हां, राम!"

"सीते! धन्य हो तुम!" श्री राम ने चीत्कार सी की। हनुमान ने कहा-"किन्तु यह सब कुशल-क्षेम तो हो गया! किन्तु राम! सीता मैय्या ने कहलवाया है।"
"क्या?" लक्ष्मण ने पूछा।

"दो मास का ही उनका जीवन कदाचित शेष है! रावण ने यह अवधि निश्चित की है-" हनुमान ने कहा-"वह टुकड़े-टुकड़े होना पसन्द करेगी, किन्तु श्री राम का ध्यान स्वप्न और स्मृति में भी नहीं त्यागेंगी।"

श्री राम ने सहसा कहा-"आक्रमण! महाराज सुग्रीव! अभी-अभी वानर हम लंका पर आक्रमण करेंगे। सैन्य का आह्वान कीजिये महाराज! और हमें कृतार्थ कीजिये!"

जैसी आपकी इच्छाः आज्ञा!" महाराज सुग्रीव ने कहा-"महामात्य श्रद्धेय केसरी! सुना आपने? हमारे मान्य"

एक मात्र सच्चे मित्र श्री राम अपनी दिव्य- भव्य पुनीत कर आर्या भगवती सीताजी की मुक्ति के लिए लंका पर आक्रमण करना चाहते हैं- कोटिशः वानरों, रिच्छों, पक्षियों- सब अरण्यवासियों, हमारे साथी और मित्रों को आह्वान कीजिये भवान्! श्री राम की इच्छा उनकी आज्ञा है और उसका प्राणपण से पालन करना हमारा सर्वोच्च मित्र धर्म है।"

अंगद ने सहसा कहा- "आर्यों- वानरों की जय हो, महाराज! हम प्राण त्याग देंगे, किन्तु रणभूमि से पीछे नहीं लौटेंगे। नहीं। हमारी गगनभेदी किलकारियाँ लंका के आकाश को क्षुब्ध कर देंगी। सागर को लहरा देंगी। हमारी वज्र तुल्य मुष्टियां लंका के पर्वत को चूर- चूर कर देंगी- कृपा कीजिये, प्रभो! श्री रामजी! हम वानरों को धन्य कीजिये।"

हनुमान ने कहा- "समय नहीं है। भगवती प्रतिपल मृत्यु की बाट देख रही हैं। यह चिन्ह मुझे, राम मेरे! श्रीमान को देने और यह कहने को कहा है कि मुझे जीवित देखना हो तो अतिशीघ्र आओ। राक्षसियों के भीषण भय से मैं घिरी हूँ। रावण का क्रोध मुझसे सहा नहीं जाता। आपके श्री राम- नाम ने ही मुझे जिला रखा है।"

श्री राम ने हनुमान से चिन्ह लेते हुए कहा- "आश्चर्य है, हनुमान! यह सब तुमने कैसे किया? सागर पार कर लिया, लंका को भेद दिया, उसको भस्मसात् कर दिया। लंका के यांत्रिक सैन्य के व्यूह को समझ लिया और तनिक तहस- नहस कर लंका के अजय सुरक्षा को झकझोर दिया। आश्चर्य!"

हनुमान ने दीन स्वर में कहा- "आश्चर्य? नहीं, राम, नहीं। यह आपके नाम का अजय अमोघ प्रताप है। एक शाखामृग, मरकट मैं वानर हनुमान का सब बल-भरोसा आप श्री राम की कृपा है- प्रताप है। मैं माता अंजना के चरण छूकर कह रहा हूँ- राम-नाम से ही यह जगत का आश्चर्य स्थित है। राम- नाम सुनकर सृष्टि स्वयं ही मग्न हो जाती है। हाँ, यह जगत सागर श्री राम नाम के जहाज से ही तरा जाता है। राम! आपका नाम आपसे भी बड़ा है- अनन्त है, अमोघ है। राम नाम श्री राम की कृपा है, दया प्रभो! श्री राम मेरे! और हनुमान ने पुनः श्री राम के चरण थाम लिए- चलिये प्रभो! दोनों मेरे कन्धों पर बिराजिये। मैं अभी आपको सागर पार लिए चलता हूँ। मेरे कन्धों पर बैठे-बैठे ही रावण को नाराच से भेद दीजिये। हाँ, प्रभो!"

श्री राम ने हनुमान को पुनः अपने वक्षस्थल से चाँपते हुए कहा– "सीता को रणभूमि में रावण को समाप्त कर राक्षस कुल का समूचा संहार कर ही पुनः लाना होगा। अग्नि से शुद्ध कर सीता को सम्मान सहित अयोध्या ले जाना होगा। महाराज सुग्रीव! रणवाद्य बजवा दीजिये। लक्ष्मण! हमारा तरकस भरपूर कर दो। तैयार हो जाओ, वीर मेरे! वानरों महाराज सुग्रीव की जय बोलो।"

ध्वनि उठी– "महाराज सुग्रीव की जय।"

"नहीं।" सुग्रीव ने चीत्कार की– "जय तो राम की! मेरी नहीं! राम मैं तो अब आपका दास हूं। जय हो राम! प्रभो! मेरे स्वामिन्! राम तेरी जय हो!"

✦✦✦

श्री राम ने हनुमान को अपने घुटने के पास बिठाया, बोले– "हनुमान मेरे! वत्स मेरे! सीता लक्ष्मण और मुझे याद करती है? कहो तो क्या सीता मुझे याद रखती है? मैं तो अहर्निशि सीता का स्मरण करता रहता हूँ। साँस–साँस में उसका रटन है। मन में उसी का रणकार है।"

हनुमान ने श्री राम के घुटनों को चाँपते हुए कहा– "भगवती माँ सीताजी आपको ही सर्वत्र देखा करती है और गुमसुम अशोक वृक्ष के नीचे उस की छितराई छाया में बैठी रहती हैं। लेटती नहीं, सोती नहीं– बैठी ही रहती हैं। रातभर मैंने अशोक वृक्ष की सघन घटा में छिपे रहकर माँ सीता को सावधान होकर देखा है, प्रभो!"

"अच्छा! सीता तब मुझे याद करती हुई बैठी रहती हैं?" श्री राम ने तनिक उत्साहपूर्वक कहा– "सीता! मुझे देखती रहती है, किन्तु हमें वह दिखाई नहीं देती। मन में– अन्तःकरण में वह मानो एक शीतल ज्वाला सी भरी हुई है। कभी–कभी तो मैं जैसे साँस भी ले नहीं सकता। सीता मेरे प्राणों में भरी हुई है।"

"आप उनके अन्तरात्मा स्वरुप हैं, प्रभो!" हनुमान ने कहा– "मुझे तो लगता है सीता और राम दोनों एक–दूसरे के प्राणों में, साँसों में, मन में, बुद्धि में, चित्त और अहम् में भरे हुए हैं। सीता और राम अन्योन्याश्रित हैं। एक–दूसरे के सत का आधार हैं। आप हैं तो सीता हैं और सीता हैं तो आप हैं।"

"नहीं, रे हनुमान!" श्री राम ने कहा– "मैं तो तेरे कारण हूँ तेरी अपावनी भक्ति मुझे जैसे बरबस आकृति देती है, मुद्रा प्रदान करती है, अस्तित्व उत्पन्न करती

है अन्यथा गुरुदेव वशिष्ठ कहते हैं– जीव स्वयं का भ्रम है, जगत का विभ्रम है। जीव? जगत? है ही नहीं, ब्रह्म है– केवल सच्चिदानन्द ब्रह्म।"

"श्री नारायण हरि–प्रभो!" हनुमान ने कहा।

श्री राम ने कहा – "श्री नारायण हरि विष्णु महाविष्णु जिष्णु। मैं नर और नारी सीता उसकी परमेश्वरी माया की चैतन्य ज्योतियाँ हैं– ब्रह्म चैतन्य, हनुमान! ब्रह्म का चिद्घन चैतन्य नर–नारी ज्वाला– पुरुष– प्रकृति। तुमने सांख्य पढ़ा है?"

हनुमान ने ठठाकर हँसते हुए कहा– "मैंने तो श्री राम– नाम को पढ़ा है। सीता– राम को रटा है।"

श्री राम हनुमान को चिरमुग्ध अपलक दृष्टि से देखते रहे– "हनुमान चिरंजीवी हो तुम वत्स मेरे।"

12

वानरों की अत्यन्त विशाल मेदिनी को महाराज सुग्रीव ने देखा, निहारा तथा घूरते हुए कहा– "मेरे वानरों, वानर यूथपतियों, नायकों और सेनाधिपतियों! श्री हरि विष्णु महाविष्णु की कृपा से वानर– जाति के उद्धार का श्री गणेश ही होने जा रहा है। हमने आर्यों के अधीश ऋषि– मुनियों की दृष्टि में श्री हरि के मनुजावतार तथा वेद– वेदान्त और वैदिक वर्णाश्रम धर्म के पालक श्री राम से अग्नि की साक्षी में मैत्री की है। इसीलिए कि वानर आर्य सभ्यता के आर्यों के समान और भांति सदस्य प्रतिष्ठित हों तथा आसुरी जीवन– वृत्तियों को मिटाकर सत्य, ज्ञान और अमृत के पुत्रों का मानव– समुदाय पृथ्वी पर चिरंजीवी हो जाय– होता रहे। हम चाहते हैं वानर भी सत्य का सेवी, ज्ञान का उपासक तथा अमृत का अभिलाषी दिव्य पुत्र हो; पुत्री हो; महाशय और महिला हो। भगवती अंजना ने इसीलिए वानर जाति में जन्म धारण किया तथा श्री राम भक्त हनुमान को जन्म दिया है। आर्य– वानर मैत्री के प्रचोदक महात्मा हनुमान हैं– यह मैं श्री रामजी की साक्षी से कहता हूँ।"

"महात्मा– महात्मा हनुमान!"-ध्वनियाँ उठीं।

महाराज सुग्रीव ने अभय वरद मुद्रा में हाथ उठाते हुए कहा– "सुनो वानरों! सुनो! हमने वचन दिया था कि आर्य– शिरोमणि रामवल्लभा श्रीमती सीता की खोज हम करेंगे और श्रीमती सीता का शोक हरेंगे। महात्मा हनुमान ने श्री राम– प्रताप से भगवती जगदम्बा स्वरुप सीता जी माता का पता लगा लिया है। रावण! महर्षि पुलस्त्य का पौत्र आसुरी रावण, राक्षसराज रावण, अकेली वनवासिनी सीता को माया से छल कर उठा ले गया था। अपनी राजधानी की अशोक वाटिका में राक्षसियों के घेरे में उस दुर्दान्त दुष्ट ने हमारी भगवती सीताजी को घेर रखा है। श्री राम का स्मरण करती हुई हमारी देवता, हमारी राज्ञी, भगवती, जगदम्बा स्वरुप सीताजी श्री राम की प्रतीक्षा कर रही हैं। निरंकुश और दुर्घर्ष राक्षसराजा रावण ने दो मास अवधि दी है– वह बलात् भगवती सीता से विवाह करना चाहता है। अन्यथा वह सीताजी को मौत के घाट उतार देगा– जघन्य।"

"जघन्य।" व्याकुल ध्वनियाँ उठीं।

"अवश्य ही जघन्य।" महाराज सुग्रीव ने कहा– "अतः श्री राम ने हमें आज्ञा दी है हमें कि हम सत्वर, शीघ्र श्रीलंका पर आक्रमण करें। वानरों की कोटिशः सेना सत्वर श्रीलंका की ओर कूच करे और वायु-वेग से श्रीलंका पहुँचकर श्री राम और श्री लक्ष्मण के निर्देश तथा नियमन में लंका के साम्राज्य पर आक्रमण करें। कहिये आप लोगों का क्या कहना है?"

"आक्रमण!" गगनभेदी ध्वनियाँ उठीं।

हनुमान ने महाराज सुग्रीव की मौन स्वीकृति से विशाल वानर– मेदिनी को सम्बोधित करते हुए कहा– "उस अनन्त से तटहीन विराट् समुद्र को पार कर जब मैं मध्यरात्रि के अँधेरे में लंकागढ़ में घुसने लगा, लंकागढ़ की रक्षिका राक्षसी लंकिनी ने मुझे टोका; रोका और मुझे परास्त करने के लिए आक्रामक चेष्टा की, किन्तु श्री राम– कृपा से मैंने लंकिनी को दिग्मूढ़ कर दिया और लघिमा द्वारा लघुतम होकर लंकागढ़ में घुस गया। अर्धनिशा के घने अँधेरे में लंका के भवनों, प्रासादों, विमानों, निकेतनों के जटिल रत्न चमक रहे थे। लंका सोने की महानगरी है, रत्नभूषित, हीरकजटित, माणिक्यमण्डित अद्त व आश्चर्यजनक है यह मायावी महानगरी। सीताजी को मैंने रावण के राजमन्दिर के प्रत्येक निकेत में खोजा, किन्तु वह वियोग से तपी, उदासीन वैराग्य– मूर्ति सी अपनी पूज्या भगवती मिली, रमणीय कमनीय अशोक वाटिका में। लंकेश रावण भगवती को बलात् अपने वश में करना चाहता है। तने हुए खड्ग के साथ दी गयी उस दुर्दान्त की धमकी मैंने अपने कानोंकान सुनी है। वानरों! भगवती का परित्राण श्री रामजी अतिशीघ्र कर सकें– इसके लिए आज और अभी लंका पर आक्रमण करना अनिवार्य हो गया है। लंका की यांत्रिक सेना– सज्जा मैंने श्री रामजी के प्रताप से नष्ट– भ्रष्ट कर दी है। रावण को तो राम– कृपा से मैं ही मार सकता था, किन्तु भगवती जगदम्बा सीता मैया ने कहा– यह रामजी को ही करना है। असुरों का नाश परात्पर परमेश्वरी दुर्गा ही करती हैं और राक्षसों का नाश महामानव श्री राम को ही करना है। यह विधि है, वानरों!"

"निस्संदेह विधि विधाता।" वानरों के समूह चिहुँके।

हनुमान ने कहा– "श्री लंका का मार्ग, समूची यह दक्षिण दिशा दुर्गम है– अगम्य सी है। जम्बूद्वीप में भारतवर्ष की यह दक्षिण दिशा– आसुरी दिशा है और मायावी राक्षसों के बल विक्रम से सुसज्जित है। राक्षसों ने जल– थल– नभ

में आश्चर्यकारक मायावी उपकरणों, यंत्रों तथा अस्त्र– शस्त्र व्यूहों से समूची यह दक्षिण दिशा मानो ठठा रखी है। सागर! सागर– पार राम प्रताप से उड़कर तो किया जा सकता है, किन्तु चलकर उस अगाध सागर को पार करना देवों की कृपा तथा पितृओं के आशीर्वाद के ही अधीन है– वरदान। वानरों! हमें अन्तिम वानर तक अपने प्राण श्री राम– चरणों में निछावर करने के संकल्प के साथ ही आज अभी लंका की ओर कूच करना है– जय राम! श्री राम! जय– जय राम!"

"जय राम!" तुमुल गगनभेदी स्वर गूँजे।

श्री राम आगे आये, मानो प्रगटे। अपने नाराच मण्डित हस्तलाघव गगन– मण्डल में ऊपर उठाते हुए श्री राम बोले– "मित्रों, साथियों, मेरे प्रिय वानर बन्धुओं! वानर देवी सम्पदा में आर्य से आगे हैं। आर्य को तो कठोर तपस्या और अविराम साधना से ही अष्ट सिद्धि और नवनिधि प्राप्त होती है। किन्तु वानर को इच्छा मात्र करने से जल– थल– नभ में विचरने तथा किलकारी एवं मुष्टि– प्रहारपूर्वक अपूर्व युद्ध कौशल प्राप्त हो जाता है। आर्य को अमृत चाहिये, वानर को भक्ति चाहिये। आर्य और वानर की मैत्री ज्ञान, आनन्द, तप तथा भक्ति की अपूर्व मैत्री है। मानव की विश्वजनीन सभ्यता के दिव्य पथों पर राक्षसों, असुरों, आततायी, अधर्मियों के काले साये अनादि काल से पड़ते ही आये हैं। आज तो समस्त पृथ्वी राक्षसों के अत्याचारों तथा अधर्मियों के कर्मों से आकण्ठ आ गयी है। गौ पुकार रही है, सन्त त्रस्त हैं, सज्जन भीत हैं, ऋषि– मुनि अवरुद्ध हैं। आज चारों वर्ण जैसे राक्षसों के घटाटोप उद्दाम से स्तब्ध से हो गये हैं। अतः आज पृथ्वी पर धर्म की रक्षा तथा मानव जाति के सद्भाग्य तथा शान्तिमय भविष्य के लिए राक्षसों का समूल नाश अनिवार्य हो गया है। यही ऋषि-मुनियों की अनगिनत हड्डियों के ढेरों की साक्षी से मेरी प्रतिज्ञा है। आप सभी के सहकार, सहयोग और अजय पुरुषार्थ के बल पर मैं राघव रामचन्द्र पृथ्वी को राक्षसों से विहीन करूँगा और मानव जाति को वेद– वेदान्त और वैदिक वर्णाश्रम धर्म की आर्य सभ्यता में पुनः अभिसिक्त करूँगा। लक्ष्मण! महाराज सुग्रीव! वानर सथियों! यह मैं पृथ्वी की सौगन्ध तथा आकाश की साक्षी से कहता हूँ।"

"जय! जय– जय राम!" ध्वनियाँ गूँजी।

श्री राम ने उस ओर छोर हीन वानर– मेदिनी को जैसे नयनों से पीते हुए कहा– "सीता के परित्राण के लिए आप सब वानर कुल अरण्यवासी ही आगे आये

हैं। वनवास की इस घोर स्थिति में हम आर्यावर्त के क्षत्रिय नरेशों से सहायता माँग नहीं सकते। सीताहरण मेरे वनवास की घटना है। राक्षसों का समूल नाश तथा अत्याचार और अधर्म की समाप्ति मेरे वनवासी जीवन की समग्र प्रतिज्ञा है। मेरे इस भव्य की इस अन्यतम संकट की घड़ी में आप वानर ही मुझे धैर्य बाँधने में तथा अपराजित संकल्पपूर्वक राक्षसों पर अन्तिम आक्रमण करने के लिए आप लोगों ने ही मुझे प्रेरित तथा प्रतिबद्ध किया है। निस्संदेह यह ऐतिहासिक समय युग परिवर्तनकारी है। आर्यों की चैतन्य सीमाएं निस्संदेह संकुचित हो गयी हैं। वर्ण स्वयं में बन्ध से गये हैं। ऋषि मण्डल गोत्रों के संकोचों से किलित हो गये हैं। ज्ञान की सरिताएं सच्चिदानन्द परम ब्रह्म– चैतन्य से समुद्र में मिल नहीं पा रही है। वह पृथ्वी के शोषित तथा कंपित भूमि में ही सूखी– शोषि जा रही है। इस पृथ्वी को अबाध करना होगा और यह तब होगा, जब नृशंस राक्षस राज्य को मिट्टी में मिला दिया जाय। सथियों! यह मानव और दानव के अद्वितीय संघर्ष के अन्तिम निष्कर्ष का द्वन्द्व है। हमारी रणभूमि हमारे अन्तःकरण के आदर्शों की रणभूमि है। हम चारों पुरुषार्थों के सफल तथा धन्य मानव समाज तथा वसुधैवकुटुम्बकम् के लिए ही अपना रक्त बहाएँगे। हम धर्म की जय साध कर रहेंगे। श्री हरि विष्णु विष्णु महाविष्णु हमें शक्ति देंगे, शौर्य देंगे और विद्या तथा विज्ञान के सभी आसुरी बलों, शक्तियों तथा संज्ञानों को बुझाकर पुनः सत्य ज्ञान की ब्रह्म मुहूर्त की वन्दना के लिए हमें कृतार्थ करेंगे। जय आर्य! जय वानर! जय वेद! जय वेदान्त!"

"जय वैदिक वर्णाश्रम धर्म! जय श्री राम!" महाराज सुग्रीव ने कहा– "अपना निर्णय श्री राम से कहो। अन्तःकरण की साक्षी तथा बुद्ध बुद्धि तथा निर्मल चित्त से किया गया अपना अन्तरात्मा का निर्णय हमें सुनाओ, वानरों!"

"लंका पर आक्रमण, अत्याचारियों तथा अधर्मियों का समूल नाश, जगद्कल्याण जीवों को अभय तथा भगवती जगदम्बा स्वरुप माँ सीता जी के अपमान का प्रतिशोध अवश्य महाराज! अवश्यमेव महात्मा श्री राम!"

लक्ष्मण ने अपने धनुष की प्रत्यंचा पर बाण लगाते हुए कहा– "तथास्तु।"

"आभार, वानरों!" श्री राम ने कहा।

महाराज सुग्रीव ने हाथ जोड़कर कहा– "आभार आपका मित्र मेरे! आपने आज सहज उदारतावश समस्त वानर जाति को सेवा का अलभ्य अवसर प्रदान

किया है। हम वानरों ने बहुत सहा है– शताब्दियों से हम मदोन्मत्त राक्षसों से पीड़ित रहे हैं। उनकी आसुरी संस्कृति से हम विषाक्त हो गये हैं। अमृत की अभिलाषा को हम बिसर ही गये। अज्ञान–तिमिर से अंध हम निस्संदेह अरण्य–बरबर ही हो गये। मानव– सभ्यता के चैतन्य हम वानरों से बिछलते गये। हमारे अरण्य साम्राज्य की सीमाओं के जनपद अरक्षित हो गये। हमारे शत्रु त्रस्त हो गये। हमारी महिलाएँ और बालक भयभीत हो गये। तब आप पधारे– राम हमारे। आपने हमें धैर्य बँधाया। हमें पुनः– पुनः आशा दी; अभिलाषा दी और हमें पुनः अभय और योगक्षेम का मार्ग बताया। हम आपके धनुष– बाण के साथ पुनः निर्बाध हो गये और आज कोटि– कोटि संख्या में आपको, राघव राम आग्रहपूर्वक कह रहे हैं– लंका पर आक्रमण आज और अभी।"

लक्ष्मण ने धीर– गम्भीर किन्तु अमर्ष भरे स्वर में कहा– "राक्षसराज रावण का यह साहस कि वह निरीह – सी रघुकुल की कुल देवता यों छल से हर ले जाएं। यह तो आर्यकुल का अपमान है। यह मानव जाति के प्रति द्रोह है। भगवती भाभी हम रघुकुलजनों की ही नहीं, आर्य जाति की श्रद्धेया तथा मानव मात्र की प्रेरणा शक्ति हैं। पृथ्वी के लिए, भगवती भाभी सौभाग्य तथा प्राणियों के लिए योगक्षेम की मंगलमयी विभूति हैं। उनके इस घोर अपमान, उनकी इस अत्याचारपूर्ण अवज्ञा तथा आर्य जाति के स्वाभिमान एवं मानव जाति के गौरव संरक्षण के लिए कोई चारा शेष नहीं रहा। युद्ध ही एकमात्र चारा है। जय ही एकमात्र आधार है तथा वानरों एवं आर्यों के स्वाभिमान के लिए एकमात्र उपाय है। आक्रमण– जय श्री राम! जय वानर! जय राजेश्वर महाराज सुग्रीव!!"

"जय हनुमान!" महाराज सुग्रीव ने हुँकार की– "लंका की ओर, अवश्यंभावी विजय की कामना जगाकर वानरों! कूच करो। ईश्वर और विधाता के लिए लंका पर आक्रमण। श्री राम हमारे साथ हैं।"

श्री राम ने वरदहस्त उठाते हुए कहा– "वानर सथियों! महाराज सुग्रीव हमारे नायक हैं, हनुमान हमारा बल हैं, वानर– श्रेष्ठ हमारा विश्वास हैं, आप सब हमारी हरावल में हैं। लक्ष्मण और मैं आप सब के पीछे हैं। निस्संदेह विधाता हमारे अनुकूल है और ईश्वर की हम पर दया है।"

हनुमान ने चीत्कार की– "राम!"

श्री राम ने सस्मित कहा– "यह जगत ईश्वर के नियमन और नियंत्रण में है। यह सृष्टि उसकी करुणा से ही चल रही है। राम? मानव राम का भक्त हो सकता है, साधक हो सकता है, परन्तु राम नहीं हो सकता। राम तो आत्माराम हैं।"

✦✦✦

वानरों के कोटि– कोटि पग दक्षिण दिशा में लंका-समुद्र की ओर चले, धँसे, उछले, कूदे। और छोरहीन वानर सेना का तरंगित और हिल्लोलित प्रवाह ही उमड़ उठा। वानर-श्रेष्ठ रथियों, अतिरथियों और महारथियों के नियमन तथा नियंत्रण में रथहीन पैदल ही कोटिशः वानरों का किलकारी करते हुए वानर-समूह-समुदायों का विराट् जलधि ही मानो धरती पर उभरा-उमड़ा– घुमड़ा। श्री राम के पीछे ओजस्वी मुद्रा में चलते हुए लक्ष्मण ने अपने आगे चलते हुए बजरंगबली हनुमान को उचकते– उझकते और कूद-कूदकर दौड़ते हुए देखा और मुस्कुरा दिये। अपने आगे धीर-गम्भीर और विकारहीन गहन चैतन्य में लीन श्री राम की कंजों की बनी दिव्य देह को भी लक्ष्मण ने निहारा। तापसी वनवासी राम आज कोटिशः वानरों के साथ पृथ्वी के सौभाग्य को लौटा लाने के लिए धीर चरणों से चल रहे हैं। राग और द्वेष की दृष्टि से रहित श्री राम की अगाध आँखें कभी वानरों को देखतीं और कभी अन्तर्मुखी हो जातीं। लक्ष्मण को लगा, श्री राम वन्दिनी, उदासीन, विषाद् की प्रतिमूर्ति– सी अपनी प्राण वल्लभा की आकृति मानो कल्लोलित क्षितिज के पार खोज रहे हैं। वे लंका की रणभूमि की ओर एक– एक चरण चाँपते हुए चल रहे हैं। लक्ष्मण रोम– रोम में सिहर उठे; चिहुँके– "राम! भैया मेरे!"

श्री राम ने उच्छवासित स्वर में कहा-"हां, लक्ष्मण!"

"क्या होगा?" लक्ष्मण ने सहसा पूछ लिया।

"सत्य की विजय होगी , लक्ष्मण! भूलो मत– सत्यमेव जयते।" श्री राम ने एक धार चाल चलते हुए कहा– "असत्य है ही नहीं, अनित्य है ही नहीं– नित्य है, शाश्वत है, अज है। सच्चिदानन्द रूप परात्पर परमेश्वरी शक्ति है– शिव है, शंभू है। यह जगत और सृष्टि शिव की साँभवी तपस्या है और सृष्टि कल्याण धन आराधना है। हाँ, वानरों की जय होगी। आर्य भूमि पर छाए अत्याचार और अधर्म के आश्रेय मेघ छितर कर बिखर जाएंगे। रणभूमि के शोणित प्रवाहों में वे डूब जाएंगे। रक्त– हाँ, लक्ष्मण! सत्य की जय के लिए मानव को पवित्र रक्त प्रदान

करना ही होता है। अधर्म और अत्याचार से सना आसुरी रक्त पृथ्वी पर घिनौना कीच ही उत्पन्न करता है। किन्तु उस कीचड़ से भी दिव्य कमल उत्पन्न होते हैं। आश्चर्य होता है– यह लंकेश रावण चाहता क्या है?"

"अपनी मौत चाहता है– और क्या?" लक्ष्मण ने कहा।

श्री राम तनिक थमे... "मौत चाहता है?... नहीं तो– कोई भी जीव किसी भी योनि में मृत्यु नहीं चाहता। मृत्यु की अनुभूति ही नहीं– अमृत की चेतना ही है। जीव अमृत चाहता है, प्रकाश चाहता है, विद्या चाहता है।"

"शस्त्र और शास्त्र भी" लक्ष्मण ने कहा– सस्मित कहा।

"कामिनी और कांचन भी" राम बोले।

हनुमान ने सहसा कहा – "राज्य भी, राज्य श्री भी।"

श्री राम सहसा ठठाकर हँस पड़े– "उपयुक्त कहा हनुमान! यह जगत उस परम पिता परमात्मा का राज्य ही तो है। ऐश्वर्य ईश्वर का राज है और इसकी परात्पर स्वरूपित शक्ति का चिद्विलास यह भव सृष्टि है। विधाता का रंगमंच यह जगत है। सृष्टि परमेश्वर की आनन्दोंन्मादी लीला है। गुरूदेव वशिष्ठ ने यही बताया है और यह सत्य कथन है।"

लक्ष्मण ने ओजस्वी स्वर में कहा– "यह सब वेदान्त की ऊहापोह है। जीव को या तो राम चाहिये या राज्य चाहिये– राम– राज्य।"

"मैं नहीं, आत्माराम, लक्ष्मण! और राज्य?" श्री राम ने कहा– "अनित्य, निस्सार झंझट एवं उलझन मात्र। चिन्ता मात्र, लक्ष्मण! भरत से पूछो– राज्य की चिन्ता क्या होती है?"

"भरत– महाराज भरत!" लक्ष्मण ने कहा– "प्रारब्ध वश राज्य मिलता तो है, पर क्या भोगा भी जाता है। पुण्यबल से ही राज्य सुरक्षित रहता है, तपोबल से शक्तिशाली तथा साधना से गतिशील– प्रतिभाशाली।"

"ठीक कहते हो भैया लक्ष्मण! इसीलिए मुझे राज्य नहीं चाहिये, शान्ति चाहिये, ज्ञान– तल्लीनता चाहिये। राज्य नहीं, मुझे आत्माराम चाहिये, भाई मेरे! राज्य? वह तो धर्ममूर्ति धर्मधुरीन भरत का।"

"भरत का..... और आपका कुछ भी नहीं?" लक्ष्मण ने कहा।

"प्रभु! परमात्मा।" श्री राम ने कहा और हँस दिये।

लक्ष्मण ठाड़े होकर चिहुँके, हँसे और बोले– "सब परमात्मा का? जीव का कुछ भी नहीं। तब? भैया राम! मुझको वेदान्त वार्ता सुनना तो रूचिकर है– समझना मेरे बस की बात नहीं।"

श्री राम ने सस्मित कहा– "सीता भी यही कहती है, किन्तु स्त्रियों को वेद और वेदान्त समझ में नहीं आता? वह तो अपने गृहस्थ, स्वजन– परिजन अपने कुटुम्ब तथा पुत्र– पौत्र– कलत्र, पुत्री, ढेर सी सम्बन्धिनियों को समझती हैं– अनुभव करती हैं। इसका कारण है; स्त्री जननी, माँ ही सृष्टि है– भव है, भव– लीला है– चिद्विलास। पुरुष? वह सृष्टि में क्षणों के भोग के लिए आसक्त होता है और फिर मन ही मन मुँह फेर लेता है.... स्त्री नहीं। स्त्री अपने पुरुष को ही परमात्मा मानती है। क्योंकि वह उसकी सन्तति का पिता है– रक्षक और पालक– पोषक है– राजा है।"

लक्ष्मण– "स्त्री! कामिनी कहना अधिक उपयुक्त है भैया और मैं कामिनी का दास हो नहीं सकता। कामिनी में आसक्त मैं भव– भवों का स्वैर हो नहीं सकता।"

श्री राम तनिक थमे– "इसीलिए कदाचित् उर्मिला को याद तक नहीं करते तुम, लक्ष्मण!"

"मैं अपनी जननी और भगवान को ही याद करता हूँ।" लक्ष्मण ने कहा– "हनुमान से पूछिये ना! मैं बजरंगबली हनुमान नहीं हूँ। किन्तु मैं प्रभु का सेवक हूँ। ईश्वर का दास और उसकी दया पर जीने वाला एक क्षत्रिय कुमार हूँ। मैं क्षत्रिय धर्म को ही जानता हूँ। जैसे– तप ऋषियों का है, मेरा नहीं– साधना योगियों की है, मेरी नहीं, पराक्रम और पुरुषार्थ, जय– निरन्तर सतत् जय मेरी नहीं भैया राम! जय आपकी।"

हनुमान ने ग्रीवा मोड़ कर दोनों को देखा, घूरा, कहा– "वीर लक्ष्मण ठीक ही तो कह रहे हैं। जगत? जब तक शरीर में हूँ तब तक ही तो है जगत। स्वप्न, सुषुप्ति और भव? जब तक कामिनी और कांचन में राग है– आसक्ति– जब तक इन्द्रियज भोगों की घोर अमित सी कामनाएं हैं, तब तक। किन्तु क्या स्वप्न है? स्मृति है? नहीं, राम मेरे! जगत तुम्हारी दृष्टि का आश्चर्य है। जन्म– मरण भव चक्र तुम्हारे चित्त का इन्द्रजाल है। मैं जीव? हूँ क्या? क्या मैं हूँ, मेरे भगवन्?"

श्री राम ने हँसकर कहा– "हो तो। कह दो– तुम नहीं हो?"

"मैं नहीं हूँ, तब..... तब आपकी भक्ति कैसे करूँगा, प्रभो! मेरे राम! मैं आपकी अपावनी भक्ति के लिए ही जीव बना रहना चाहता हूँ।"

"तथास्तु मेरे प्रिय हनुमान! तुम्हारा मनोरथ पूर्ण हो।" श्री राम ने कहा– "संध्या होने आयी। रूको, छितरे किन्तु पास– पास पड़ाव डालो। लक्ष्मण! आज मैं अनन्त आकाश और उसकी निहारिकाओं को जी भरकर निहारना चाहता हूँ। इस अँधेरे और उसकी आत्मा को निहारना चाहता हूँ। मैं रात्रि को जानना और पूर्ण रूप से समझ लेना चाहता हूँ। हाँ, भाई मेरे!"

"अनन्त आकाश?" लक्ष्मण चिहुँके।

"हाँ, हम जीव जगत के रूपों को देखा करते और उनके मोह में उनको पकड़ने– धरने तथा उनको आत्मसात् करने के लिए ही तो जीते हैं। सृष्टि के नामों को हम सुनते और उसकी चेतना में व्यष्टि रूप ग्रहण करते रहते हैं। किन्तु क्या हम पृथ्वी के विषय में सोचते हैं? जल को देखकर क्या कभी हम विचार करते हैं कि जल क्या है? यह अग्नि एक पलक में भभक उठने वाली तथा प्रज्वलित होने वाली आश्चर्यजन्य अग्नि क्या है? और वह वायु? रोम– रोम में हम उसको अनुभव तो करते हैं, किन्तु क्या वायुदेव के विषय में चिन्तन करते हैं? नहीं– तो आकाश शब्द की गतिविधि तक प्रसारित यह आकाश– सतार निहारिकाओं से परिपूर्ण आकाश– गंगाओं से उल्लोलित यह आभा–नीलिमा का यह अगाध अपरम्पार।"

श्री राम ने निसास रखते हुए कहा– जैसे पुनः कहा– "हाँ, लक्ष्मण यह रूप सिन्धुओं से हिल्लोलित जगत आश्चर्य है, दिव्य, विचित्र–विलक्षण! पड़ावों और शिविरों में अग्नि प्रज्वलित होने दो, पृथ्वी पर छाते हुए अंधकार में अग्नि–ज्वालाओं के प्रकाश से कुछ तो ढाढ़स बँधे। जीव का ढाढ़स अन्धकार में प्रकाश की किरण है, साधना का ढांढस प्राणायाम है और तप का धैर्य है, लक्ष्मण! किन्तु मेरा ढाढ़स तो अनन्त के परे और पार प्रभु का अमोघ अथाह निर्विवाद विश्वास है– जीव का अमोघ विश्वास परमात्मा का विश्वास है। यही विश्वास जगत में नामों तथा अर्थ में चैतन्य का बोध करवाता है। चलायमान क्षणों के विश्राम को हम प्रभु का विश्वास नहीं कह सकते। भक्ति.... भक्ति भगवान का भजन अर्थात् उसके विश्वास का भजन है– नहीं, हनुमान?"

हनुमान ने मुस्कुराते हुए कहा– "प्रभु तो मानो जगत के दर्पण में स्वयं को देख रहा है-पेख रहा है। मेरे लिए तो राम का नाम ही विश्वास है, भव है, जगत है– सर्वस्व है, जन्म और मृत्यु भी है।"

श्री राम ने हँसकर कहा– "तुम मेरी पकड़ में नहीं आओगे– कभी नहीं आओगे। मुझे ही पकड़े रहोगे। क्यों?"

हनुमान ने घूमकर सहसा ही श्री राम के चरण पकड़ लिए, कहा– "छलिया जो हो। हृदय–गुहा में स्थित हो, किन्तु हृदयाकाश में दिखते नहीं हो। घट– घट व्यापी हो किन्तु रूप ही दिखता है– तुम नहीं, राम! रोम– रोम में सिहर रहे हो, किन्तु जैसे स्पर्श में प्रसरते ही नहीं– रग– रग में साँस– साँस में रमे हो, राम! परन्तु प्रत्यक्ष होते ही नहीं। अनन्त कोटि भवों की इस भूल– भूलैया में भ्रमने के बाद अब इस वानर भव में पकड़ में आये हो-तो पकड़े रहूँगा– जकड़े रहूँगा।"

श्री राम ने हनुमान का मस्तक सूँघते हुए कहा– "भक्त यह करेगा, भगवान के साथ यह व्यवहार।"

हनुमान ने किलकारी की– "भगवान पकड़े रखने के लिए ही हैं। हृदय में भरकर इन्द्रियों में जकड़े रखने के लिए ही हैं– भक्त हैं तो भगवान हैं।"

"राम हैं तो हनुमान हैं।" लक्ष्मण ने कहा।

श्री राम बोले– "नहीं लक्ष्मण! हनुमान है तो राम भी है "

✦✦✦

लक्ष्मण ने पाषाण का सिराना कर अधलेटे हुए तथा सतार आकाश को अपलक निहारते हुए श्री राम को घूर– घूरकर पेखा– "राम भैया! स्वामी श्री राम।" लक्ष्मण का अन्तःकरण आर्द्र स्वर में मानो कह उठा– "राम! छवि! श्यामल धूमिल– स्वर्णिम मणियों की आभाओं की बुनी छवि। खंजन– नयन, कंज मुख, विशाल आजानुबाहुएं। आकाश की क्षितिज की पिरोही हुई सघन भवें। कामदेव के धनुष सी कज्जल भवें और सुनासापुट– नीलमणि की आभा से भरे, पदमरागमणि से बने वह कीलन करने वाले नासापुट। तभी भाभी कभी– कभी स्वयं को भूलकर अपने आत्माराम को अपलक देखती रहती थीं। तभी भाभी अपने को बिसरकर मन ही मन अपने प्राण प्रिय राम पर मन ही मन निछावर हो जाया करती थीं। लक्ष्मण ने आधी रात के घने अंधकार में अनन्त कोटि तारों की आभाओं को

उल्लोसित होते हुए देखा और मानो श्री राम को उन आभा – उर्मियों को साँसों के सहारे सींचते और अपने अगाध सरोज -नयनों में भरते हुए पाया| श्री राम मानो जाग्रत किन्तु एकाग्र चित्त अनन्त आकाश के क्षितिजों को गिन रहे हैं, उनके पार, व्योमों के परे श्री राम मानो अपनी पलकों पर ओर – छोरहीन निहारिकाओं की विशाल तरंगों से तरंगित और आकाश गंगाओं से तनिक हिल्लोलित आकाश को जानलेना चाहते थे– बूझ लेना चाहते थे| लक्ष्मण आश्चर्यचकित– से श्री राम को सतार आकाश में मन से खो जाते हुए देखने लगे– स्तब्ध से, चकित से|" सहसा लक्ष्मण बोल पड़े– "श्री राम! राम भैया!!"

श्री राम ने मानो आकाश में लक्ष्मण के स्वर को देखा और चिहुँके– "गगन व्योम आकाश और– और अवकाश– महाशून्य|"

"महाशून्य?" लक्ष्मण ने पूछा|

श्री राम जगे| करवट फैरते हुए बोले – "यह अनन्त कोटि जगत और भव सृष्टियां कहाँ से उद्भवित होती हैं? कहाँ से? अवश्य ही कोई महाशून्य है– शून्य..... केवल शून्य, जो कभी समाप्त नहीं होता, जिसका कभी थाह नहीं लगता| जो था, है और रहेगा| शून्य, सत्–लक्ष्मण! मैं-मैं जैसे उसी महाशून्य के निर्विकार निरीह सत्व में समा जाना चाहता हूँ|"

लक्ष्मण को लगा– "कोई अपरिमित तेज झबककर– उबककर, प्रगट होकर अनन्त– अनन्त में अन्तर्ध्यान होना चाहता है|" लक्ष्मण सिहरे, बोले– "भाभीजी का पता चल गया है, अब तो उनको प्राप्त करना ही करना है| आपके धनुष की प्रत्यंचा की गूँजों से ही लंका के गढ़ की अभेद्य सी प्राचीरें ढह जायेंगी| नाराच बाण के सहस्त्र विधि प्रहारों से कौन अत्याचारी, दुष्ट, दानव, अधर्मी बच सकेगा?"

श्री राम सहसा उठ बैठे– "तो तुम क्या समझ गये? सीता के वियोग में मैं तब क्या मरना चाहता हूँ? नहीं, लक्ष्मण! भाई मेरे! सीता के लिए मैं शाश्वत जीवन जीना चाहता हूँ| अनेक रूपों में सीता की छवियों के सौन्दर्य को नयनों से पीना चाहता हूँ– पीते रहना चाहता हूँ| सीता सी कान्ता, भार्या, जीवन संगिनी तथा प्रेयसी पाकर कौन मरना चाहेगा भला! कोई भी नहीं, मैं तो कभी..... कदापि नहीं|"

लक्ष्मण ने सहसा उल्लासपूर्ण हँसी हँसते हुए कहा– "भाभी भाग्यशाली हैं, जो आप– सा पति मिला|"

श्री राम ने हर्षोल्लासित स्वर में कहा– "जनकपुरी के रमणीय कमनीय उस उद्यान में सौन्दर्यघन रूपयसी सीता ने भगवती गौरी की पूजा कर मुझे वर स्वरुप जो माँगा था– शिव– शिवा ने मुझे सीता को दिया है| समझे, भाई मेरे?"

"जी आपको अब समझने लगा हूँ|" लक्ष्मण ने कहा|

"मुझे समझना ही क्या है?" श्री राम ने प्रसन्न गम्भीर स्वर में कहा– "मैं तुम्हारी भांति ही मानव हूँ| अवश्य जगद्कल्याण साधना चाहता हूँ| प्राणियों का अमोघ योगक्षेम करते रहना चाहता हूँ| मैं मानवों को भय, अज्ञान तथा रोग– शोक से परित्राण करना चाहता हूँ|"

"परन्तु यह सब आप करेंगे कैसे?" लक्ष्मण ने उदास भाव से कहा– "इसके लिए समाज का नेतृत्व तथा राष्ट्र का राज्य चाहिये| व्यष्टि के लिए पुण्य और श्रेय कर्म ही कदाचित् यथेष्ट है, किन्तु समष्टि के लिए तो राज्य, राज्य दण्ड तथा सैन्य शक्ति आदि चाहिये ही|"

श्री राम ने जैसे सहसा कहा– "संसार त्याग दो कुछ भी तो नहीं चाहिये| पुण्य के लिए गृहस्थ– सद्गृहस्थ चाहिये, श्रेय के लिए वानप्रस्थ वय वृद्ध सज्जन नागरिक चाहिये किन्तु जगद्कल्याण के लिए तो आचार्य शिव– स्वरुप आचार्य ही चाहिये तथा गुरु ज्ञानदाता गुरु मानव– जीव के अज्ञान तिमिर को हटाकर ज्ञान देने वाला गुरु चाहिये| मुझे सौभाग्य से दो गुरु श्रेष्ठ मिले हैं– महर्षि वशिष्ठ और महर्षि विश्वामित्र| हाँ, लक्ष्मण! रघुवंशी हम, अत्यन्त भाग्यशाली|"

"जी, हैं|" लक्ष्मण ने सव्यंग्य कहा– "तभी तो हम यह वनवास भोग रहे हैं| तभी भगवती भाभी का हरण हुआ है|"

"ठीक हुआ|" श्री राम ने कहा– "वनवास नहीं करता; आर्य भूमि के सघन अरण्यों में नंगे पाँव नहीं घूमता तो आश्रमों, यज्ञों, ऋषिकुलों की संतप्तावस्था का पता ही नहीं चलता| दुःख तो अरण्य की पर्णकुटियाओं पर पड़ा है| वज्राघात तो ऋषि– मुनियों पर हुआ है| आज वेद मन्त्रों से अभिमंत्रित यज्ञ– ज्वालाओं के बुझने का तथा आर्यमण्डपों का रक्त– धाराओं से भीजने का है| राक्षसों ने समस्त और समग्र आर्यचेतना पर ही रक्तरंजित घिनौना आक्रमण कर दिया है| चित्रकूट से दण्डकारण्य तथा समस्त दक्षिण दिशा में क्रूर, निर्दय तथा विभत्स राक्षसों के स्थल स्थापित हो गये| आश्रमों पर प्रहार आरम्भ हो गये और हम क्षत्रियों को जैसे पता ही नहीं चला| आश्चर्य होता है मुझे|"

लक्ष्मण– "पता तो था, किन्तु राक्षसों को ललकारने का साहस न था| नहीं रहा, राम मेरे! भगवान परशुराम के परशु से त्रस्त, भयभीत हम आर्य क्षत्रिय अपने राज्यों की सीमाओं में सुरक्षित अपने राजप्रासादों में स्वयं को बन्दी बनाकर अरण्यों में उठी अग्नि की लपटों को देखते रहे| आप प्रथम आर्य क्षत्रिय हैं जिन्होंने ऋषि– मुनियों की हड्डियों के ढ़ेरों की साक्षी से सौगन्ध ली है– राक्षसों के समूल सर्वनाश की|"

"और तुमने लक्ष्मण! इस त्रस्त समय में भगवान परशुराम को सावधान किया है|" श्री राम ने कहा|

"भगवान परशुराम|" लक्ष्मण ओजस्वी– अमर्ष स्वर में बोले– "उनका परशु क्षत्रियों का संहार कर सकता है; क्षात्र वट का नहीं| उनका विष्णु धनुष टूटना ही था, राम! आर्य क्षात्र धर्म को भगवान भी अन्यथा कर नहीं सकता| वर्ण और आश्रम की दिव्य सुसंगत चेतना में अभिव्यक्त जीवन का सत्य अजर है, अमर है, राम मेरे!"

श्री राम ने कहा– "वाह दार्शनिक मेरे! तथास्तु! अब मुझे चुपचाप आकाश के तारों को जी भरकर देखने दो| लक्ष्मण! भाई मेरे! मुझे स्वयं में खो जाने दो| यह मानव व्यष्टि की जाग्रत, स्वप्न और सुषुप्ति अवस्थाओं से मैं जैसे अघा गया हूँ| जाग्रतावस्था में जैसे त्रिकाल देखता हूँ| सप्तलोक और चौदह भुवनों की धारणाओं का सेवन करता हूँ– जैसे जगत के सभी स्वप्न देखता हूँ| जैसे भव सृष्टियों की सभी स्मृतियों का सेवन करता हूं, थक गया हूँ, अघा गया हूँ जन्म कर जैसे, लक्ष्मण! अब शून्य में, आकाश में, महाशून्य में पुनः रम जाना चाहता हूँ– किन्तु यह सीता| सीता मुझे जाग्रत, स्वप्न तथा सुसुप्ति में जिला रही है| वह मुझसे और मैं उसमें जी रहे हैं| हम दोनों एक दूसरे के आश्रय, सम्बोध, संज्ञान और सम्पर्क में जी रहे हैं|"

"राम!" लक्ष्मण ने तनिक भीत होते हुए कहा|

"जैसे मैं कई बार भव– योनियों में अपने संकल्पपूर्वक प्रगट होता रहा हूँ" राम ने कहा– "किन्तु यह सब स्वप्न और स्मृतियाँ महाशून्य की घनी शान्ति में अन्तर्धान हो जाते हैं और एक अनहदनाद गूँजता रहता है– एक ओमकार लक्ष्मण!......"

"ओमकार?" लक्ष्मण यों ही बोले|

"परमात्मा– राम– परम् शिव।" श्री राम ने कहा।

"शिव।" लक्ष्मण चिहुँके– "लंकाधिपति रावण भी तो कहते हैं, आशुतोष शिव का उपासक, पुजारी है– परम् शिव। हाँ तो शिव ही ने उसको यह विपुल वरदान भी दिए हैं। शिव ही ने कहते हैं, उसको सभी महामंत्रों से चैतन्य कर रखा है।"

श्री राम ने कहा-"महर्षि गुरुदेव विश्वामित्र ने मुझे भी यह बताया है। पशुपति शिव का यह रावण घोर उपासक है– सिद्ध है।"

लक्ष्मण– "तभी तो उस लम्पट अत्याचारी ने निरंकुश होकर भगवती भाभी का हरण किया है– तभी।"

श्री राम– "पृथ्वी के दिव्य शान्त तथा कल्याण शोभित भाग्य तथा संसार के भविष्य के अभय के लिए सीता एक विधि– रहस्य है और हम– तुम यह वानर भी। विधाता का रहस्य किसे ज्ञात होता है? ऐसा लगता है विधि स्वयं अपना रहस्य नहीं जानती। विधि अपना इतिवृत्त तो जानती है– रहस्य नहीं।"

"हुँ...." हनुमान ने सहसा कहा– "राम तेरी दो अधिष्ठाता– एक विधि, दूसरा यम– एक जन्म, दूसरा मृत्यु।"

श्री राम हँसे– "हनुमान! जन– मरण से इतने भयभीत हो तुम?"

"जी, हूँ......।" हनुमान ने कहा– "नव मास तक जननी के जठर में तपकर अब उस अँधेरी गाढ़ रक्त और माँस से बने रुधिर भरे उदर में सोना और अपने परित्राण की प्रार्थना, मूक– अवाक् प्रार्थना करना नहीं चाहता। जन्म धारण करने के विचार मात्र से भय लगता है। राम, मेरे! मृत्यु से नहीं।"

"क्यों?" लक्ष्मण ने पूछा।

"मेरे राम जो हैं।" हनुमान ने कहा– "राम – नाम मृत्यु के भय को मेट देता है। भव की पीड़ा को वह हर लेता है।"

श्री राम ने सस्मित पूछा– "तुम्हारा यह राम, हनुमान? कौन है? कहाँ? सुनूँ तो.....।"

हनुमान ठाड़े रह गये। अपलक राम को घूरते हुए बोले– "नटनागर कहीं के। राम, मेरा राम कौन है? तुम– तू है, कहाँ है? इस छाती में, हृदय में। सुनो क्यों? मेरे हृदय में स्वयं को देखो राम।"

श्री राम ने हँसते हुए कहा– "मान गया, हनुमान! मान गया| अपना दोनों का राम– अपने हृदय में ही है|"

"राम हृदय में नहीं होगा, तो कहाँ होगा.....?" हनुमान ने झल्लाकर कहा– "राम घट– घट में, हृदय में। राम रोम– रोम में, साँस– साँस में– राम यहाँ मेरे प्राणों में, चित्त में, बुद्धि और मन में राम ही राम| आपकी नहीं कह सकता, मैं आपके राम की नहीं जानता– अपने राम की ही जानता हूँ| तुम राम! तुम|"

✦ ✦ ✦

लक्ष्मण श्री राम के पीछे, कभी कन्धे तक हो लेते हुए चलते रहे और हनुमान भी कभी राम का स्तवन और कभी गुणगान करते हुए कूद– कूदकर चलते रहे| महाराज सुग्रीव कभी उचककर आगे– और आगे दौड़ कर चलते रहे| कोटिशः चरणों को चाँपते हुए कोटिशः वानर भी उछलते– कूदते कभी पृथ्वी से ऊपर मानो उड़ते हुए चलते रहे| संध्या होते ही श्री राम पड़ाव डलवा देते और सहस्त्र– सहस्त्र पड़ावों के वर्तुलों में अग्नि प्रज्वलित हो जाती| शिविरों की यह अग्नि मानो उन्मुक्त यज्ञ– वह्नियाँ थीं और श्री राम उनको देखते हुए मौन स्वयं में खोये हुए बैठे रहते| अवश्य श्री राम त्रिकाल पूजा करते| अयोध्या के राजमन्दिर की वैभव शालिनी यह त्रिकाल पूजा नहीं होती| यह त्रिकाल पूजा नदियों के पवित्र जल से अभिषिक्त पुण्यमण्डित कन्द– मूल फल के नैवद्य से सम्पन्न पूजा ही होती| श्री राम पूजा का एक दीप नहीं अनेक दीप जलाते| प्रत्येक दीप को संजोते हुए श्री राम मन ही मन कोई सम्बोधन किया करते| ब्रह्म मुहूर्त होते ही शिविरों तथा वर्तुलों की अग्नियाँ बुझ जातीं किन्तु तुरन्त मानो पूजा के सहस्त्र– सहस्त्र दीपकों में उजागर हो उठती है| श्री राम ने इच्छा व्यक्त की थी कि वानर आर्य– पूजा सीख जायं तथा अपने इष्टदेव का पूजन किया करें| त्रिकाल नहीं तो एक काल की ही पूजन किया करें| अवश्य महाराज सुग्रीव ने विशाल वानर सैन्य को श्री राम की इच्छा जताकर इस विषय में वानरों की अनुमति भी चाही| वानर यूथपतियों ने महाराज सुग्रीव को निवेदन किया कि हम श्री हरि विष्णु की पूजा करेंगे| हम भी श्री राम का स्तवन करेंगे| श्री राम ने उन हर्षोल्लासित चेहरों को जी भरकर निहारा; कहा– "पूजा श्री हरि की मित्रों!"

'मित्रों' वानरों के मन में आश्चर्यजनक किन्तु सुखद ध्वनि गूँजी| जाम्बुवन्त ने तनिक आगे आते हुए तथा श्री राम को स्नेह से निहारते हुए कहा– "श्री राम! हम वानर आप आर्य श्रेष्ठ के मित्र? नहीं, मित्र तो महाराज सुग्रीव ही हैं– हो सकते हैं|"

अंगद आगे धँस आया– "हम...... हम आपके सेवक|"

हनुमान चिल्लाए– "दास– राघव राम! हम वानर आपके दास|"

वानर श्रेष्ठों और सामन्तों ने 'हाँ' जताई| वानरों के उस ओर– छोर हीन समुदाय से ध्वनि उठी– "राम–राम! हमारे चक्रवर्ती पृथ्वी के राजा राम|"

महाराज सुग्रीव ने पुकारा "आकाश के देवता– देवाधिदेव राम– जय राम!"

श्री राम ने पुकारकर कहा– "मैं? नहीं.. नहीं| हम सब जीवमात्र– प्राणीमात्र, यह जड़– चैतन्य मात्र| वह समस्त, यह समग्र, यह इदम्| ब्रह्म चैतन्य निरीह, निर्विशेष हृदय– कमल के मध्य में स्वयं स्वयंभू इस ब्रह्म– चैतन्य की विधि हरि और हर वन्दना करते न थकते, सुग्रीव! यह भुवन बीज है और जन्म– मरण की भीति को भृंश कर जीवात्मा के अहम् को सच्चिदानन्द में विलीन कर देता है– यही है श्री हरि विष्णु महाविष्णु|"

"चतुर्भुज विष्णु|" लक्ष्मण ने स्वयं से ही कहा– "क्षीरसागर... शेष शैया विष्णु|"

"कमला भी|" श्री राम ने कहा|

लक्ष्मण ने मुस्कुराकर कहा– "सीताजी भाभी भगवती?"

"यही समझो|" श्री राम ने कहा– "प्रत्येक नर नारायण ही है और नारायण ही नर है, नर-नारायण! इस नर– नारायण की आदि ब्रह्माणी नारी ही कमला है और मेरे लिए सीता और तुम्हारे लिए उर्मिला वत्सला है|"

"जी|" लक्ष्मण ने तनिक लजाते हुए कहा– "किन्तु यह तो बताइये, मेरे राम! आप-आप नर हैं या नारायण?"

श्री राम ने कहा– "संध्या होने में ही है– पड़ाव– लक्ष्मण! आज भी मैं तारों और अग्निपुंजों को जी भरकर देखना चाहता हूँ| आकाश को दृष्टि द्वारा पैरा तो जा सकता है, भेदा नहीं जा सकता| गगन के गगन, व्योम के व्योम और आकाश के आकाशों का यह अनादि अनन्त ओर– छोर हीन वितान सा आकाश और यह तारे असंख्य, अनन्त कोटि तारे| झिलमिलाते हुए तारे– जगमगा तारे| मैं स्तब्ध हो जाता हूँ| और जैसे देह की सीमाएं तयाग कर इसी अनन्त में खो जाता हैं। तब मुझे वहाँ एक अग्नि– ज्वाला सी ब्रह्म ज्योति सी दिखती है| हाँ, दिखती– प्रतीत होती है| मैं जैसे अणु इसी आत्मवह्नि में जल जाना चाहता हूँ, लक्ष्मण! मैं नर हूँ या नारायण? तुमने पूछा, किन्तु मैं क्या कहूँ? तुम्हीं कहो| मानव– जीवन नर तो है,

परन्तु क्या वह नारायण भी है? नर ब्रह्म– चैतन्य से सीदकर, जलकर ही अपने छविमय धारणामय अहम् को भस्म कर अन्त में नारायणत्व पा सकता है| कभी– कभी आभास होता है, लक्ष्मण! मैं नारायण था, किन्तु सीता के पीछे चलते, दौड़ते, भागते और अहर्निशि उसी की कामना करते हुए मैं नर हो गया हूँ|"

लक्ष्मण– "आप नर और नारायण के पूर्णावतार ही मुझे लगते हैं|"

श्री राम मुस्कुराए– "और तुम ? नर और नारायण में क्या हो?"

"दोनों का सेवक, दास|" लक्ष्मण ने कहा– "मैं नर और नारायण को ही अपना राम कहता हूँ और उसका स्वरुप आप हैं| आप ही मेरे नर हैं, नारायण हैं, स्वामी हैं|"

श्री राम ने लक्ष्मण का आलिंगन करते हुए कहा– "हम– तुम दोनों महाराज, राज– राजेश्वर रघुकुल – चूड़ामणि , दशरथ के पुत्र तथा अनुज हैं भाई– भाई|"

लक्ष्मण ने श्री राम के चरण छुए और हनुमान से कहा– "पड़ाव|"

हनुमान ने गर्जना की– "ठहरो| पड़ाव|"

"अग्निपुंज|" महाराज सुग्रीव ने रूकते हुए कहा– "आज मैं भी, राम! इस अग्नि को देखना चाहूँगा|"

"तुम स्वयं अग्नि स्वरुप राजपुरुष हो, सुग्रीव!" श्री राम ने हँसते हुए कहा|

पड़ाव ही पड़ाव– पास–पास, तनिक दूर–दूर शिविर ही शिविर| किलकारियाँ करते तथा कन्दमूल फल जो भी हस्तगत हो, उसे प्राप्त कर खाते हुए वानर ही वानर| वृक्ष की घटाओं में छिपकर किलकारी करते तथा डालियों पर झूम– झूम कर 'श्री राम' बोलते हुए वानर ही वानर| संध्या का लोहिताकाश सहज ही अंधकार के गहन में समा गया और सहस्त्र सहस्त्र अग्निपुंज जल उठे| वानरों के वर्तुलों में काष्ठों के ढेरों से स्फुटित अग्नि– कण दिव्य तथा चकित करने वाले वह्नि– पुंजों में झबकने– भबकने लगे| आकाश के तारे पृथ्वी की ओर देखकर संभ्रम में पड़ गये– क्या यह अग्निपुंज पृथ्वी के तारे हैं? श्री राम अधलेटे लेकिन रोम– रोम में शिथिल इन कोटिक अग्निपुंजों को अपलक देखने लगे| उनको आज सहसा लगा कि सीता– सीता मानो इन्हीं अग्निपुंजों में चिन्मय है, दिव्यातिदिव्य छवि में चिन्मय है|

"लक्ष्मण!" श्री राम ने कहा– "सीता सर्वत्र है। इन अग्निपुंजों को देखो– दाह से भरी और भस्म कर देने वाली यह वह्नि– ज्वालाएं सीता के शीतल किन्तु आग्नेय रूप की ज्वालाएं जैसे हों। हाँ, मुझको यही लग रहा है– दिख रहा है। सीता इसी अग्नि में समा गयी है। अशोक वाटिका की उदासीन सीता तो उसी की मायामयी धारणा मात्र है, लक्ष्मण! हाँ.... है।"

"मायामयी?" लक्ष्मण ने सहज ही पूछा।

"और क्या ?" श्री राम बोले– "यह देखो, सहस्र विधि अग्नि शिखाएं मानो स्वर्ण के ज्योतिर्मय तारे पृथ्वी पर कोई दिव्य लास कर रहे हैं। अग्नि दाहक दिव्य ज्वाला, परमात्मा का ताप– प्रकाश। यही अग्नि– वह्नि निसंदेह मेरी दिव्य सीता को जैसे समाये हुए हैं। अन्यथा क्या वह सीता मायामयी सीता की भांति तुमको ऐसे घोर कटुवचन कह सकती थी। नहीं, दिव्य परात्पर परमेश्वरी की ऐश्वर्य शक्ति पवित्र की पवित्र तथा पुनीत की पुनीत है, कल्याणी और काव्य लक्ष्मी है-आत्म चैतन्य की ज्ञानगंगा है। सीता को मैं ही जानता हूँ। और कोई सुर– असुर, नर– नाग कोई भी नहीं जानता। ऋषि– मुनि अवश्य सीता को जानने की ध्यानस्थ साधना करते हैं, किन्तु वह मूल प्रकृति स्वरुप ही उनके शान्त अविचल ध्यान में कदाचित् जाग्रत होती हो। मेरे तो हृदय– स्पन्दन में ही वह परात्परी ऐश्वर्या धड़क रही है। यह जीवन उस आद्या शक्ति का चिद्विलास है, लक्ष्मण!"

"जी।" लक्ष्मण ने कहा– "भगवती भाभी जगदम्बा।"

"अवश्यमेव, लक्ष्मण" श्री राम ने निसास रखते हुए कहा– "इन सभी अग्नि ज्वालाओं को उस दिव्य चैतन्य के दीपक में संजो दो। फिर देखो, एक अति दिव्य और वीतरागी दिव्य देह की सीता आविर्भूत होगी। होगी लक्ष्मण! सीता अग्नि की वर-वधु तथा भूमि माता की पुत्री है– जनकदुलारी। उस मेरी सीता को यह दुष्ट राक्षस हर ले गया। धिक्कार है मुझे, लक्ष्मण! यह मेरा धनुष– बाण किस काम का? यह मेरा अमोघ रामबाण किस अर्थ का? इस अपमान का प्रतिशोध ही नहीं है– नहीं है। यह रावण उसी दिन मर चुका है, जिस दिन उसने छल से मेरी प्राणवल्लभा सीता को हर लिया– लक्ष्मण! तुमको और भी घोर वचन सुनकर भी सीता को यों विजन छोड़ना नहीं चाहिये था, लक्ष्मण रेखा अमोघ अस्तित्व की अग्नेय रेखा है। सुना?"

"जी क्षमा! अभय! राम मेरे!" लक्ष्मण ने कहा।

"अभय! तुमको मैं दूँ?" श्री राम ने कहा– "नहीं लक्ष्मण तुम निर्भय कर रहे हो मुझे| हमारी सेवा कर रहे हो और रक्षा भी| तुम लक्ष्मण शेषनाग के अवतार ही प्रतीत होते हो| मैं जानता हूँ; तुम भी दिव्य हो, तेजस्वी और ओजस्वी चैतन्य की मूर्ति हो| शौर्य के पराक्रमांक हो| तुम रघुकुल के गौरव हो, मेरे भाई|"

और राम ने लक्ष्मण को छाती से लगाया– "लक्ष्मण! अग्नि, अग्निपुंज! देदीप्यमान| मुझे...... मुझे जैसे सीता का चेहरा ही इस अग्निपुंजों में दिखाई दे रहा है|"

13

"विवाह कर अयोध्या लौटा तो न जाने क्या हो गया मुझे?" श्री राम ने हँसते हुए कहा– "उन्मन हो गया, लक्ष्मण! तुम तो जानते ही हो।"

लक्ष्मण सजग सावधान हो गये– "जी ज्ञात है। तब आप आर्यावर्त के तीर्थों की पवित्र यात्रा कर लौटे थे– सपत्नीक। यह आपका पवित्रकर तीर्थाटन था। गंगा, यमुना, कृष्णा, गोदावरी तथा नागाधिराज हिमालय के दर्शन से महात्माओं के चित्त में वीतराग होता रहता है।"

श्री राम ने चुटकी ली– "सीता तुम्हारी भाभी जो मेरे साथ थी। उसके अपूर्व सौन्दर्य ने मुझे जैसे जगत से उदासीन तथा सृष्टि से उन्मन कर दिया। तभी मुझे विश्वास हो चला, मैं नहीं तुम्हारी भगवती भाभी महान आत्मा है। महान आत्माओं का ईश्वरीय सौन्दर्य होता है। जीव का नाम– रूप प्रभु का अनाम– अरूप सौन्दर्य आत्मज्योति की जगमग– आभास। परात्पर परमेश्वरी भगवती भवानी का सौन्दर्य कैसा है, जानते हो?"

"मैं तो आपके चरण– कमलों को और अपने इस धनुष– बाण को जानता हूँ। प्रत्यंचा की ध्वनि– प्रतिध्वनियों का ताण्डव गीत सुनता रहता हूँ और काल, विधि और यम से निश्चिन्त मैं स्वमग्न आपका अनुचर हूँ।"

"अनुचर नहीं अनुज।" राम बोले– "कई बार कह चुका हूँ– तुम, भरत, शत्रुघ्न मेरे अनुज हो। रघुकुल के रक्त का ही अपना सम्बन्ध नहीं है, अपना जैसे अनादि सनातन शाश्वत सम्बन्ध है– आत्मा का, लक्ष्मण! सीता मेरी इसी भव की संगिनी थोड़े ही है-सीता मेरी है आत्मवल्लभा, कल्प कल्पों की संगिनी तथा प्रलयों की रक्षिका शान्तिदा। उसके सौन्दर्य की अरुण आभा में यह इदम् जैसे तैर रहा है। तुम तनिक देखो तो।"

"जी।" लक्ष्मण तनिक लजाते हुए बोले– "आधी रात बीत रही है। राम! अब विश्राम कीजिये।"

श्री राम ने अनगिनत से पड़ावों की बुझती हुई अग्नि शिखाओं की ओर देखते हुए कहा– "विश्राम! नहीं, विश्राम तो सीता के साथ अयोध्या के राजमन्दिर में ही

मिलेगा– माँ के चरणों में ही मिलेगा-भरत के विश्वास में और शत्रुघ्न की सहायता से ही मिलेगा। माता कैकयी की पुनः प्रसन्नता की मुस्कुराहट देखकर वनवास की यह उदासीन थकान उतर जायगी| माँ कैकई प्रसन्न हो जायं– यही मैं भगवती भुवनेश्वरी से माँग रहा हूँ|"

लक्ष्मण– "अयोध्या? क्या अपनी थी? अपनी हो सकती है ? सरयू अपनी है– हो सकती है, किन्तु अयोध्या? राजसत्ता और इसके सिंहासन का नाम अयोध्या है, प्रभो!"

श्री राम ने चिहुँकते हुए कहा– "अयोध्या अर्थात् आत्मा का अभय, शान्ति- युद्ध मात्र नहीं, संघर्ष मात्र नहीं| युद्ध और योध्या रहित महानगरी अयोध्या वैदिक वर्णाश्रम धर्म का त्रिकाल केन्द्र अपनी जन्म-भूमि अयोध्या लक्ष्मण! प्रणाम करो, अयोध्या को|"

आधी रात के सुनसान अँधेरे में राम- लक्ष्मण ने क्षितिज के पार अयोध्या की धारणा कर प्रणाम किया| श्री राम साष्टांग प्रणाम करते हुए बोले– "क्षमा कर अयोध्या! राजसिंहासन पर बैठकर तेरी प्रजा का कल्याण करने की तेरी इच्छा की पूर्ति मैं नहीं कर सका हूँ| भरत, हाँ भरत-वही तेरी इस जनमनरंजन और कल्याण की कामना पूरी कर रहा है– अवश्य ही| भरत ही रघुकुल की ओर से मेरे वनवास और माँ कैकई के इच्छानुसार अयोध्या का राजा- महाराजा है| पूज्यपाद पिताश्री के स्थान पर है| हाँ, वह संकल्पपूर्वक मेरी पादुका ले गया है| भरत का संताप मिटाने तथा उसको प्रसन्न- मगन रखने के लिए मैंने अपनी पादुकाएं उसे दी हैं– सिंहासन पर रखने के लिए| भरत राघव राम की पादुकाओं के मिस से राज्य कर रहा है| धर्म राज्य भरत चला रहा है|"

लक्ष्मण ने श्री राम का यह स्वयं कथन सुना और श्री राम की शिथिल निश्चिन्त और सीता की प्रतीक्षा की आकुलता से भरी शान्त, धीर–गम्भीर मूर्ति को मानो नयनों से पिया, कहा– सहसा कहा– "धर्मराज्य? राजधर्म धारण और पालन के लिए निर्देश तो दे सकता है, किन्तु राज नहीं, सम्प्रदाय या एक विशेष सामजिक- दार्शनिक विचार- संस्थान नहीं है और न ही वह आम्नाय ही है|"

श्री राम जागे, बोले– "अच्छा? तब राज्य क्या है?"

लक्ष्मण ने आधी रात के अँधेरे में मानो टोकते हुए कहा– "राज्य, समाज तथा राष्ट्र के प्रेय तथा श्रेय की न्यायानुसार तथा न्यायानुकूल पूर्ति का मन्त्र एवं तन्त्र है|

आधार रूप से राज्य लोकमत के अनुसार– अनुरूप संयोजित सामाजिक तन्त्र– मन्त्र और यन्त्र है। राज्य न्याय करता तथा प्रजा का योगक्षेम साधता है– सुरक्षा करता है। राज्य धर्म– संस्थान कदापि नहीं है और नहीं हो सकता, राम! राजा महन्त नहीं है। दण्ड और आज्ञा शक्ति, यही– यही राम!"

श्री राम ने शान्तिपूर्वक कहा– "राज्य जनमनरंजन के लिए मन्त्र है, तन्त्र है। प्रजा प्रसन्न रहे और समग्र तथा लोकमत राजा को आशीर्वाद देता रह सके, ऐसा राज्य समाज तथा राष्ट्र के लिए अनिवार्य साधन है। राज्य की साध्य देवता प्रजा है, लक्ष्मण! आज्ञा, दण्ड और निर्देश देना तथा कोरी सैन्य शक्ति पर अवलम्बित तन्त्र भला राज कैसे हो सकता है?"

"क्षात्रवट, क्षत्रिय धर्म, राम!" लक्ष्मण चिहुँके।

"क्षत्रिय वर्ण की आशा– अभिलाषा केवल कर्त्तव्य है।" श्री राम ने कहा– "किन्तु मानव के राजधर्म से ही जनमनरंजनकारी प्रजा वत्सला का राज्य उदित होता है। कल्याणकारी तथा धर्मधारी राज्य मुझे पूर्ण– परिपूर्ण राजधर्म का तन्त्र– मन्त्र प्रतीत नहीं होता।"

उत्ताल हास्य हँसते हुए लक्ष्मण बोले– "हूँ..... तब राम– राज्य? नहीं, राम!"

"जैसे तुम समझो– कहो। राम– राज्य?" राम ने स्वयं से तथा रात के सतार आकाश से पूछा– "किन्तु सीता..... सीता बिना कैसा घर– बाहर और राज्य, लक्ष्मण भाई मेरे! सीता बिना यह जग सुना है, मेरे लिए– राज्य व्यर्थ है तथा वैभव त्याज्य है। सीता बिना ही जीना शेष है तो यह भिक्षुक वनवास ही अच्छा है। यह सघन अरण्य और सघन पर्वत ही भले। सीता बिना मैं अयोध्या नहीं लौटूँगा। नहीं।"

हनुमान ने अँधेरे में मानो प्रकट होते हुए पूछा– "क्या हुआ, प्रभो!"

"कुछ नहीं।" श्री राम ने कहा– "महाराज सुग्रीव और सबको कह दो, सुरों और देवताओं को कह दो, हनुमान! सीता के बिना राम अयोध्या नहीं लौटेगा। किष्किन्धा के पड़ोस में कुटिया बना कर रहेगा और सीता की प्रतीक्षा करेगा। मेरे लिए सीता के बिना यह सब श्री, शक्ति, सौन्दर्य, सन्तोष सब असार है– व्यर्थ।"

लक्ष्मण ने रोम– रोम में जागते हुए कहा– "अयोध्या राम लौटेंगे। भगवती भाभी पुनः प्राप्त होंगी– अग्नि स्नात, पवित्र– पुनीत सीताजी। हाँ, राम मेरे। अयोध्या

का राज और उसका राजसिंहासन आपका है; भरत का नहीं, मेरा नहीं, शत्रुघ्न का नहीं| वंश परम्परा और ज्येष्ठ पुत्र के आपके सत्व को कौन छीन सकता है| पिता के वचन तथा विमाता की इच्छापूर्ति के लिए आपने वनवास स्वीकार कर लिया– तो वह आपका कर्त्तव्य है– समाज का नहीं, राष्ट्र का नहीं, वंश का नहीं प्रभो!”

“लक्ष्मण….” श्री राम अधीर होकर बोले– “राज्य प्रजा का है, राजा तो केवल प्रजा का पिता और अभिभावक है– नायक है| राज्य और भूमि किसी भी व्यक्ति की सम्पत्ति है नहीं, बपौती सम्पत्ति परम्परा की एक दूषित प्रथा है| मैं नहीं मानता कि जगत में जीव का स्वामित्व हो सकता है| ज्येष्ठ पुत्र– क्या? जननी के लिए सभी पुत्र समान हैं– पुत्रियाँ हैं| जन्म– लग्न से यह ज्येष्ठ– कनिष्ठ आदि का भेद करना– मानव जीवन की गरिमा के विपरीत है| है लक्ष्मण!”

“यह राज्यधर्म का सनातन व्यवहार है|” लक्ष्मण ने कहा– “सत्य की दृष्टि से आप ठीक हैं , किन्तु राजनीति के अनुभूत और सिद्ध व्यवहार को मिटाया नहीं जा सकता| प्रजा का राज्य है– है तो– किन्तु प्रजा राजा नहीं है| मेरा तात्पर्य है राज्य प्रजा का सनातन सत्वाधिकार है| मंगलमय और कल्याणजन्य लोकमत के विवेक द्वारा ही राजधर्म का धारण और पालन किया जा सकता है|”

“जी! ठीक ही तो है|” लक्ष्मण ने कहा– “आधी रात भी बीतने में है और राजनीति, राजधर्म, राज्य और राज्यसिंहासन आदि की चर्चा चली आती रही और चली जाती रहेगी| तनिक विश्राम प्रभो!”

श्री राम ने कहा– “मेरा मन लंका की अशोक वाटिका की ओर है| न जाने सीता क्या भोग रही होगी| क्रूर और दुर्दान्त राक्षसियों से घिरी भयभीत हिरणी सी सीता| लक्ष्मण! मैं उड़कर लंका पहुँच जाना चाहता हूँ| एक ही प्रहार में रावण का वध कर सीता को वक्षस्थल से चाँपकर अभय और आश्वासन देना चाहता हूँ| कल प्रातः से सैन्य गति और तेज कर दो| महाराज सुग्रीव तथा उनके सेना नायकों से कहें वे रात– दिवस चलें और अपने पाद– प्रहारों से लंकागढ़ को ढहा दें| अवश्य कहो, लक्ष्मण!”

“राम!” लक्ष्मण ने पुकार की– “आपकी यह स्थिति अब मैं सह नहीं सकता|”

श्री राम सहसा स्वस्थ होते हुए बोले– "तुमने बेचारी उर्मिला से आत्मसात् नहीं किया है, मेरे भाई| पत्नी से अगाध और अभंग प्रीति होनी होगी– तभी यह जगत, यह भव– सृष्टि, यह जीव और ब्रह्म समझ में आयेगा|"

"जी|" लक्ष्मण ने कहा– "अयोध्या आपके साथ वापस लौटकर प्रयास करूँगा| परन्तु|"

"परन्तु क्या?" श्री राम ने हौले – हौले हँसते हुए पूछा|

"पत्नी से प्रेत|" लक्ष्मण ने लजाते हुए कहा|

"आभार, लक्ष्मण!" श्री राम बोले

◆◆◆

तीव्र गति से सैन्य की तरंगित– उल्लोलित हल– चल के केन्द्र की भांति सुग्रीव उछलते हुए, कूदते हुए चल रहे थे और किलकारी करते जा रहे थे| इस बार वे श्री राम और हनुमान के आगे– आगे चल रहे थे और अपार उत्साह में मानो गगन के परे और पार किसी को ललकार रहे थे| "रावण– लंकेश!" सुग्रीव ने चिल्लाकर श्री राम से ग्रीवा मोड़– मोड़कर कहा– "बाहुबली को राक्षसियों के मोह जाल में फँसाया| बाल मैत्री! मैत्री दुर्दान्त रावण! दुर्दान्त रावण की, राक्षसराज की एक कुटिल वानर– नरेश से मैत्री| यह रावण हमें, हम वानरों को निगल जाना चाहता है| हमारे सनातन अरण्य साम्राज्य को ढाह देना चाहता है| यह राक्षस मित्र बनेगा? किसका? जब वह स्वयं अपना ही हितैषी नहीं है| धोखा– रावण ने राजनीति को कलुष बना रखा है| रावण– राज्य पाशविक बल तथा मायावी मन्त्र– बल पर ही चलता है, राम मेरे! मित्र तो आप हैं| धन्य भाग हम वानरों के| आपने हमें दिया ही दिया| मुझ जैसे कातर वानर को राज्य दिया– बाहुबली को स्वर्ग दिया और अब लंका युद्ध में हम वानरों को प्रमुख बनाकर आप हमें आर्य क्षत्रियत्व प्रदान कर रहे हैं| हाँ महात्मा– मेरे प्रभो! इस रावण के दिन भर चुके हैं, राम!"

"अवश्यमेव|" हनुमान ने गर्जना की– "उसके, उसके वंश के कुल के– समूची राक्षस जाति के| रामबाण महाराज! सभी बाणों की नोंक सही जाती है– रामबाण की नहीं| रामबाण या तो नष्ट करता है; या मुक्त कर देता है|"

लक्ष्मण ने कहा– "तपस्या की दिव्य अग्नि से मढ़ा हुआ यह बाण है| यों दिव्य अस्त्र भी है भैया के पास|"

"दिव्य अस्त्र?" महाराज सुग्रीव ने घूमकर तनिक ठाड़े होते हुए पूछा|

लक्ष्मण ने कहा– "मन्त्र– साध्य तथा मन्त्र से आहूत होने पर ही यह दिव्य अस्त्र आह्वानीय हैं|"

"कहाँ है?" सुग्रीव ने पूछा|

हनुमान– "राम के अन्तःकरण में, महाराज, आर्य ऋषियों का यह परात्पर शक्ति उद्धवित दिव्य अस्त्र है, ब्रह्मास्त्र है|"

"ब्रह्मास्त्र|"– सुग्रीव|

लक्ष्मण– "शिव धनुष, विष्णु धनुष जैसे|"

सुग्रीव घुमे, बोले– "यह फिर कौनसे धनुष हैं, वीर लक्ष्मण!"

लक्ष्मण ने हँसते हुए कहा– "आप वानर तो ये परम्परागत धनुष जानते हैं| आर्य क्षत्रियों के यह धनुष तो रणभूमि के प्रत्यंचा धनुष हैं और यह विष्णु धनुष तो भगवान परशुराम का दिव्य अस्त्र है– दिव्यातिदिव्य| शिव धनुष तथा विष्णु धनुष सुरों और देवताओं द्वारा मन्त्र सिद्ध दिव्य धनुष है| क्षत्रियों का भयंकर संहार कर भगवान परशुराम ने विष्णु धनुष की शब्द– ब्रह्ममयी प्रत्यंचा के घोष में अपने संरक्षण में उन क्षत्रियों को लिया, जिन्होंने भगवान परशुराम के आगे नतमस्तक किया तथा आत्म समर्पण किया| किन्तु यह धनुष एक दिन टूटना ही था– सो राम ने हाथ के स्पर्श मात्र से तोड़ दिया|"

"लक्ष्मण!" राम बोले– "भगवान परशुराम के दिव्य धनुष का एक जीर्ण रूप ही टूटा है, किन्तु अपनी अमोघ दिव्य शक्ति स्वरुप वह आज भी ब्रह्म– लोक में स्थित है उसको मन ही मन प्रणाम करो। आर्य क्षत्रियों के लिए शिव धनुष और विष्णु धनुष दोनों ही वन्दनीय हैं, पूज्य हैं|"

"विष्णु धनुष को मेरा प्रणाम!" लक्ष्मण ने कहा– "किन्तु भगवान परशुराम को पता चल गया, क्षत्रिय राघव राम का स्पर्श सभी धनुषों के लिए वज्राघात से भी अधिक है|"

श्री राम ने हँसकर कहा– ”दिव्य अस्त्रों का आह्वान ही होता है और वह आर्य ऋषि ही कर सकता है| हम आर्य क्षत्रिय तो उसके आशीर्वाद प्राप्त प्रायोजक हैं|”

हनुमान– ”शिव धनुष पूज्य?”

श्री राम– ”परात्पर त्रिपुर सुन्दरी की शक्ति के प्रभाव का धनुष है– और मैं क्या कह सकता हूँ| मैं दिव्यास्त्रों का उपयोग जानता हूँ– आविष्कार नहीं| शिव ही मन्त्र तथा यन्त्र एवं अस्त्र– शस्त्र के रहस्य जानते हैं| बम् भोले!”

”बम् भोले!”– वानरों ने सहसा किलकारी कीं– ”बढ़ चलो वीरवरों– लंका की ओर अथक चलते रहो| भगवती सीता अपनी आतुर– व्याकुल प्रतीक्षा कर रही हैं| अवश्य वह अत्याचारी, अधर्मी रावण हँस रहा है, परन्तु कितने दिन?”

लक्ष्मण ने कहा– ”रावण और उसके वंश का समूचा प्रारब्ध ही रीत जाने में है| पुण्य से ही प्रारब्ध गहन तथा संजीवित होते हैं| पाप प्रारब्ध को ही चबा जाता है| रावण का यह अभिमान ही उसके सर्वनाश का कारण होगा– है|”

”आत्मा अजर है, अमर है– सत् चित्त आनन्द है, लक्ष्मण!”

श्री राम ने कहा– ”कौन मारता है और कौन मरता है? कोई नहीं मारता और कोई नहीं मरता– नाम– रूप ही समाप्त होता है| रावण भी एक संतप्त नाम– रूप है, किन्तु आत्मा स्वरुप वह अजर– अमर है, ईश्वर की दया का पात्र है|”

''अर्थात आपकी?'' सुग्रीव ने पूछ लिया श्री राम-''प्रभु की, मित्र मेरे।''

हनुमान ने सिर धुनाया, कहा– ”वह प्रभु कहाँ है, राम मेरे? मुझे तो वह प्रभु आप ही दिखते हैं, प्रभो!”

श्री राम ने हँसते हुए कहा– ”यह तुम्हारी मेरे प्रति श्रद्धा है, निष्ठा....”

”नहीं– श्री राम!” हनुमान चिल्लाये– ”यह भक्ति है| आपको पूर्ण समर्पण। परमात्मा हैं? तो वह आप ही हैं| प्रभु? वह भी आप| यह जगत? आप, आप राम मेरे! और यह सृष्टि? आपकी बंकट माया और क्या? मैं यह जैसे अनादि से जानता हूँ– अनादि के आदि से मैं जानता हूँ मानता हूं। आप ही श्री नारायण हरि हैं– हैं|”

”हनुमान! प्रिय मेरे!” राम बोले– ”मैं मानव हूँ– मानव| मैं देव भी नहीं हूँ| महाराज दशरथ का दशरथनंदन ज्येष्ठ पुत्र राघव रामचन्द्र|”

हनुमान घूमे– "आपका जन्म हुआ तो मैं आशुतोष शिव के साथ अयोध्या आया था। भगवान शिव के साथ आपके शिशु स्वरुप के दर्शन किये थे। आपने मुझे रोक लिया था और मैं आप चारों भ्राताओं के साथ खेला करता था। भूल गये श्रीमन्! भूल ही जाएंगे। भगवान भक्तों को तभी याद करते हैं जब भक्त पीछे पड़ जाता है। भक्त का अहर्निशि स्मरण उन्मुक्त भगवान को मानो घेर लेता है, जैसे.... जैसे यह माया जगत और जीव को घेरे हुए है।"

श्री राम ने सस्मित कहा– "पृथ्वी पर मानव ही भगवान की छवि है, रूप है। सृष्टि का प्रत्येक नाम शब्द– ब्रह्म की गूँज है और भगवान का नाम है। राम– नाम भी वैसे ही है। महर्षि वशिष्ठ ने ही मेरे इस स्वरुप का नाम 'राम' रखा था। यों मेरे इस स्वरुप का कोई नाम नहीं है, हनुमन्ते!"

"तब फिर सभी नाम तुम्हारे नाम हैं, राम!" हनुमान ने कहा।

सुग्रीव ने कहा– "सभी नाम काल के, सभी रूप काल के, किन्तु हनुमान! तुमने ठीक कहा– राम नाम तो न काल का और न विधाता का। राम– नाम सबका, जड़– चेतन का। ओह! न जाने यह लंका के समुद्र का तट कब दिखेगा।"

जाम्बुवन्त– "दिखेगा.... दिखेगा, महाराज! अधीर न होइये। चलिये– तीव्र गति से चलते रहिये– अपने इस महासैन्य के साथ। चरैवेति-चरैवेति!"

"आज्ञा हो तो मैं उड़कर पहुँच जाऊँ?" हनुमान ने कहा।

श्री राम ने कहा– "अब तुम दूत नहीं हो। महाराज सुग्रीव तथा हमारे एक महान सेनापति हो। तुम और सेनापति सैन्य के साथ ही चलता है।"

"जी!" हनुमान चमके – "क्या कहा? मैं सेनापति?"

सुग्रीव ने कहा– "समस्त सैन्य के.... सुन लो?"

हनुमान ठहाका मारकर हँसे– "लो, मैं सेनापति? हो गया मेरा भला। महाराज! मैं तो श्री राम का सेवक– अनुचर, आपका कृपा– पात्र वानर हूँ। मुझसे जो भी बना, बन पड़ा और बन पड़ेगा वह तो आपके प्रोत्साहन की आशीष तथा श्री राम प्रभु के नाम का अमोघ प्रताप ही है। राम! सेनापति बनकर मैं सभी नरकों में रेंगना नहीं चाहता– सभी भवों में बँधना नहीं चाहता। राम! मैं तुम्हारे चरणों में चिरकाल के लिए समर्पित हूँ, मुक्ति चाहता नहीं– नहीं।"

"तब क्या चाहते हो?" लक्ष्मण ने पूछा।

"सीताराम को।" हनुमान ने ऊर्ध्व साँस भरकर कहा– "राम को नहीं जी, केवल राम– नाम को।"

सुग्रीव ने साश्चर्य पूछा– "केवल राम– नाम को चाहते हो। स्वयं मर्यादा पुरुषोत्तम मानव रूप उपस्थित हैं और तुम उनके मानव विग्रह को नहीं केवल उनके नाम को ही चाहते हो– आश्चर्य है!!"

हनुमान ने मुस्कुराकर कहा– "राम आश्चर्य हैं तो राम– नाम परमात्मा का शब्द-ब्रह्म सिद्ध नाम है। श्री राम– राघव राम तारेंगे तो कुछेक को, किन्तु उनका त्रिकाल में गूँजता हुआ नाम-राम-अनन्त कोटि जीवों को तारेगा, पतितों को पावन करता रहेगा। हाँ, महाराज। पूछ लो रामजी से।"

सुग्रीव– "राम? प्रभो!"

श्री राम ने कहा– "जीवों के लिए परमात्मा नहीं, परमात्मा का नाम स्मरण ही अन्त का आरम्भ है। राम मैं नहीं किन्तु घट– घट वाला सच्चिदानन्द स्वरुप राम ही है, किन्तु उनका प्रतिक्षण गुँजित नाम तो विधि, यम और काल से मुक्ति देता है– देता ही रहता है।"

श्री राम सहसा चुप हो गये। अपने गहन में डूबते हुए उन्होंने पुनः क्षितिज के पार देखा और मुस्कुरा दिए। राम– राम नाम एक अजपा जाप ही उनके हृदयाकाश पर सहसा ध्वनित हो उठा। राम सहज ही स्वयं ही राम– नाम जैसे जपने लगे। राम– एक शान्त– गहन ध्वनि श्री राम के अन्तःकरण में उठी और उनकी रग– रग में फैल गयी। रोम– रोम में सिहरते हुए राघव राम चिहुँके– "राम ही तो– राम– नाम ही तो हनुमान! तुमने मेरे मन की आँखें खोल दी हैं। हां, जैसे काल का किनारा मुझे दिखने लगा। सीता-सीता ही मेरा त्रिकाल बन्धन है। सीता ही जैसे मेरा भव– बन्धन और मुक्ति है।"

✦✦✦

महाराज सुग्रीव ने एकत्र अपने अपार वानर– सैन्य को देखा– निहारा– घूरा और कहा– "मेरे प्रिय वानर बन्धुओं! खूब किया– लम्बी और दुरूह दक्षिण दिशा आप लोगों ने आधी से अधिक खूंद दी है। जिस तीव्र गति से अनुशासनबद्ध आप लोग चले हैं, वह हम सबके लिए उदाहरणीय है। आप सब का आभार मानता हूँ और पुनः आज्ञा करता हूँ– अब श्रीलंका के समुद्रतट पर छा जाओ। लंकागढ़ पर प्रलय

के मेघों के समान उमड़ उठो| उठो– दौड़ो, वानरों! अपना अभीष्ट प्राप्त करो| बोलो– अपना अभीष्ट क्या है?"

अनहद सी ध्वनि उठी– "राम की कृपा! भगवती सीता!"

"तथास्तु!" महाराज सुग्रीव ने कहा– "भूलो मत राम– रावण का यह युद्ध– सत्य और न्याय का, आत्म गौरव और अभय का, शान्ति और उत्कर्ष का युद्ध होगा| भगवती सीता पृथ्वी की नवनिधियों तथा मानव जाति की सिद्धियों की प्रतीक अपनी देवता है और राम? अपने मित्र, स्नेही– बाँधव वानरों के साथी त्राता और विधाता हैं| श्री राम के संरक्षण में हम अपने सनातन वानर साम्राज्य की श्री, सुकृति और ऐश्वर्य को साधेंगे| श्री राम के मार्गदर्शन में वानर जाति अँधेरे को चीरती हुई ज्योति की ओर चलेगी| सत् को जानेगी ताकि कालान्तर में मृत्यु को छोड़ अमृत की शाश्वत आकांक्षा से भरपूर हो जायगी| वानर जाति आर्य जाति के सत्य, ज्ञान, अनन्त में दिव्य मणि– पुंज जैसी सुशोभित होगी| हमने अब तक देवताओं की साधना की है| अब से हम श्री हरि विष्णु चतुर्भुज परमात्मा की उपासना कर आर्यत्व प्राप्त करेंगे– हम मृत्यु के पुत्र नहीं, अमृत के पुत्र– पुत्री होकर रहेंगे| राम! इस पर अनुग्रह करेंगे|"

"राम तेरी जय हो|" ध्वनियाँ– प्रतिध्वनियाँ|

श्री राम ने अपना वरदहस्त गगन में उठाया– "तथास्तु! वानर बन्धुओं! आर्य– वानर मैत्री तो मंगलारंभ है, यह युग परिवर्तनकारी, मंगलमय आदि है और इसका अन्त? अन्त पृथ्वी की मानव जाति सत्य, ज्ञान एवं अमृत की उपासक मानव जाति हो जायगी| अत्याचारी अधर्मी और आततायी शक्तियों का संहार पृथ्वी से भय और अंधकार के मूल ही उखाड़ देगा| आज धरती ऋषि– मुनियों, सन्तों– सज्जनों के रक्त से भींज कर गाढ़ हो गई है– बंजर हो गई है और मानव मात्र घरों में, निकेतनों, भुवनों में, प्रासादों और विमानों में भयभीत, सिकुड़ा बैठा है| मानव का साहस जैसे टूट गया है, मनुष्य शस्त्र रहित और श्राप हीन होकर अपने ही अन्तःकरण में मण्डूक बन बैठा है। आर्य क्षत्रिय निस्तेज हो गया है| आर्य ब्राह्मण अत्याचारियों से त्रस्त होकर अपने यज्ञ मण्डपों में मानो ऋषि– मुनियों का श्राद्ध भी जैसे कर नहीं सकता| शूद्र ढिलमिला रहा है तथा अपनी वंशानुगत वर्ण मर्यादा का पालन जैसे करना नहीं चाहता| वानरों! आर्य जाति वेद– वेदान्त तथा वैदिक वर्णाश्रम धर्म पंथ का पथिक है| आप वानरों को

भी शुद्ध– बुद्ध आर्य बनकर मानव जाति के इस अमृतशील का शीलवान बनना है। वानर संस्कृति देवी सम्पदा की संस्कृति है। परन्तु प्रत्येक दिव्य सम्पदा का अमृताभिषेक होना ही चाहिये। सत्य को मानव बुद्धि में श्रुत होना ही होगा। चित्त को निर्मल आत्मलोक से भरना होगा और आनन्द? आनन्द से जन्म आनन्द से ही मोक्ष। आनन्द वियोगात् जीवन और आनन्द संयोगात् मोक्ष।"

हनुमान ने सिर हिला– हिलाकर कहा– "मोक्ष।"

"मानव मात्र को, प्राणीमात्र को मोक्ष प्राप्ति के लिए वैदिक वर्णाश्रम धर्म की साधना तथा तपस्या करनी ही होती है। मानव योनि अन्त में परम् सत्य की निश्चित अचूक प्राप्ति की साधना की भव– योनि है। आत्मज्ञान मनुष्य ही प्राप्त कर सकता है, पशु नहीं।" श्री राम ने आगे कहा– "इसीलिए वानरों! आर्य जीवन की अमृताभिलाषा के लिए सत्य ज्ञान स्वरुप वेदान्त के अवगाहन के लिए तथा वेद मन्त्रों के अन्तःकरण में चैतन्य के लिए अँधेरे से ज्योति, असद् से सद् तथा मृत्यु से अमृत की ओर गतिमान जीवन जीने के लिए आप सबका हृदय से स्वागत है। आर्य वंशों तथा उनकी परम्पराओं, सम्प्रदायों आदि का मानव नहीं है। आर्य वेद का मानव– जीव है और उसका केवल वेदान्त ही दर्शन है और अन्त में चारों पुरुषार्थों को साधते हुए मोक्ष प्राप्त करते– आत्म साक्षात्कार तथा परमात्मा के दर्शन करने के लिए वैदिक वर्णाश्रम धर्म की यज्ञोपवीत मैं आप सबको पहनाता हूँ।"

"राम तेरी जय हो!"– गगनभेदी ध्वनि उठी।

"जय महाराजा सुग्रीव की!" लक्ष्मण ने हुँकार की।

"जय राम-लक्ष्मण की!" महाराज सुग्रीव ने दोनों अपने आजानुभुज गगन में उठाते हुए कहा।

हनुमान चिल्लाए– "जय सीता मैया की।"

"सीता नहीं, राम नहीं। मानव के चैतन्य की जय कहो, मित्रों! राक्षस संस्कृति तो भोग की संस्कृति रही है। परम् सुख येन केन प्रकारेण प्राप्त करो। शोषण, दमन, अत्याचार या अधर्म भी करना पड़े इन्द्रिय भोग के लिए तो करो, किन्तु क्षणिक इन्द्रिय सुख ही प्राप्त करो। यह मृत्यु की संस्कृति है तथा तम– तिमिर ही इसका वरदान है। इस जगत में चाहे वह कोई लोक और उसका कोई भव हो– मृत्यु अवश्यंभावी है। स्वर्ग प्राप्त करने और वहाँ अपने पुण्य रीत जाने के

बाद– मृत्यु सहना ही होगा– आओगे यहीं, इस धरा पर मानव योनि में उद्भवित होकर पुनः सुख, सतत निरन्तर इन्द्रिय-संतुष्टि प्राप्त करने के लिए हर्ष और दुःख में– शोक में जीओगे| सृष्टि जन्म है, मरण है, भवबन्धन है– अज्ञान की मूढ़ क्रीड़ा है, अविद्या की लीला है| इसीलिए आर्यावर्त के मानव का एक ही सन्देश रहा है प्राणी मात्र को -उत्तिष्ठत! जागृत प्राप्य वरान्नि बोधत बोधित‘– यह वरेण्य क्या है? ज्ञान की प्राप्ति, अमृत का अनुभव| मृत्युंजय होना ही आर्य होना है| मृत्युंजयी हो जाओ वानरों! मृत्यु को पराजित कर भव को तरो| आपकी भव– पीर आर्य संस्कृति के भजन से ही मिटेगी| भव–पीर भगवान की करुणा से ही मिटती है|“ श्री राम ने गगनभेदी स्वर में कहा|

जाम्बुवन्त ने कहा– ”जैसे स्वयं से-”भव– पीर– राक्षसों की, रामजी! अपनी तो भव– साधना, अमृतोपासना, तपस्या....!“

हनुमान ने गर्जना की– ”मृत्यु नहीं अमृत, राम!“

”राम– राम!“ ध्वनि उठीं– ”जय राम! जय– जय राम!“

लक्ष्मण ने सम्बोधित कर कहा– ”मित्रों! साथियों! भगवती भाभी का शोक मिटाने अब धरती पर उड़ते हुए चलो| हमें अतिशीघ्र ही लंका के समुद्रतट पर पहुँचना है| भगवती भाभी को उस दुष्ट रावण ने दो मास की अवधि दी है| अन्यथा वह उनका राक्षसियों से ही कलेवा करवा देगा| पापी और नीच, अहंकारी और कामुक यही करेगा| हमें अवधि के पूर्व ही भगवती सीताजी को रावण के कारागार से मुक्त करवाना है| श्री राम का अमोघ सिद्ध बाण– रामबाण यह करेगा ही| लंका समुद्रतट तक अब पड़ाव बहुत कम होंगे| हम अनवरत चलते रहेंगे और लंका के समुद्रतट को शीघ्र ही घेर लेंगे| हम इस समुद्र को फिर थाम लेंगे|“

”निस्संदेह” नल ने कहा– ”हम समुद्र को नाथ लेंगे|“

श्री राम ने कहा– ”अब शान्ति! विश्राम करो मेरे वीरों!“

वानरों का समुदाय लौटती हुई तरंगों सा अपने– अपने पड़ावों में लौट गया| विजन! वानरों के यूथों के लौटते हुए चरणों से मानो विजन ही उद्भवित होने लगा| श्री राम वानरों के लौटते हुए चरणों को उस आभा भरे सतार अँधियारे में देखने लगे| कोटि चरण– कोटि– कोटि चरण वीर वानरों के धरती चाँपते हुए चरण– उछलते, उड़ते से, द्रुत और मन्थर गतियों के चरण| चरणों की इस मौन हलचल

से जैसे उस आसमान के अंधकार और धरती की धूल की वीचियाँ हो गयें| धरती स्वयं ही वानरों के चपल चरणों के रूप में यों लौटकर पुनः अचल होने लगी थी| राम देखते रहे| उस शून्य से विजन में राम मानो आकाश के तारों को एक– एक कर धरती पर लाकर उस अँधेरे को ज्योतिर्कुलों से मण्डित करना चाहते हैं| –अंधकार! इस तमतोम को तनिक दूर करने– मिटाने यह सूर्य तपता है; यह चन्द्रमा अपनी ज्योत्सना बहाता है| यह अग्नि स्वयं जलकर पृथ्वी और आकाश के इस घन तिमिर को– अंधकार को मिटाना चाहती है और यह जैसे मिट– मिटकर पुनः उद्द्वित होता है| तब अंधकार ही है क्या?

श्री राम ने ऊर्ध्व साँस भरा और कहा– "लक्ष्मण! अंधकार है क्या? नहीं– नहीं है|"

लक्ष्मण चौंके– "अंधकार? प्रकाश का क्षणिक अभाव| क्षण– क्षण रेंगता हुआ यह अभाव– अंधकार ही तो है| आपके पूर्णेन्द मुख– मण्डल के होते हुए अंधकार कैसा, राम मेरे!"

श्री राम ने कहा – "मुझे लग रहा है , तुम्हारे धनुष की प्रत्यंचा की ध्वनियों से अग्नि– किरणें ही फूटती हैं और यह नयनों का भ्रम अंधकार हटता रहता है| अंधकार– तम– तिमिर– अज्ञान लक्ष्मण|"

"जी!" लक्ष्मण ने कहा|

"यह जगत न जाना जा सकता है और न गुना जा सकता है|" श्री राम ने तनिक सिर धुनाते हुए कहा– "किन्तु मैं जैसे जगत को सम्पूर्णतः जानना और गुन लेना चाहता हूँ| जगत के नाम– रूपों की ये अनित्य सृष्टियाँ मुझमें भीति ही उत्पन्न करती हैं| यह क्षणिक, यह अनित्य मुझमेँ राग– द्वेष तथा भय ही आविर्भूत करता है और मैं अभय चाहता हूँ|"

सुग्रीव ने अनायास ही कहा– "राम! आप तो अपराजित हैं, कालजयी हैं– आपको भय? मैं विश्वास नहीं करता– नहीं कर सकता| आप निस्संदेह मानव देह में ईश्वरीय ज्योति हैं| आपको जब अभय चाहिये, तब हम जीवों का क्या होगा?"

श्री राम हँसे– "जीवों का क्या होगा? होना क्या है? जीवात्मा भाव आपके रामजी को ही एक से अनेक होते रहने की अमोघ और स्वयं प्रगट, स्वयं फलवती इच्छा है| हम– आप प्राणीमात्र उसी परमेश्वर परमात्मा परम् ब्रह्म की इच्छा हैं, कामना एवं अभिलाषा हैं| परम शिव द्वारा कल्पित एवं ओढ़े हुए उस अज्ञान की

कालरात्रियों के विविध स्वप्न हैं-यही| अन्यथा इस जगत और भव– सृष्टि का कोई भी संगत कारण या अकारण दिखाई नहीं देता– समझ में नहीं आता| इसीलिए ब्रह्म को अगोचर, इन्द्रियातीत तथा कालोत्तर एवं तुरीय माना है|"

हनुमान ने कहा– "परमतत्व? होगा| किन्तु भगवान! हाँ, रामजी! प्रभो! भक्त, भगवान, भागवत जी!"

श्री राम ने कहा– "अभय चाहने और अभय के लिए साधना करने वाला जीव ही भक्त हो– सकता है| भगवान– भक्त के अन्तरात्मा की चाह का सगुण मूर्त रूप है और भागवत सतत् भक्ति|"

"सगुण......?" लक्ष्मण पूछ बैठे|

"यह सगुण, लक्ष्मण! सच्चिदानन्द स्वरुप|" श्री राम ने कहा– "परमात्मा की वार्ता से मन का बोझ हल्का होता है| सीता का सोच मिट जाता है| मैं जैसे सभी सीमाओं के पार, सभी बन्धनों से परे तुरीय हो जाता हूँ|"

"राम हो जाते हो प्रभो!" हनुमान ने किलकारी करते हुए कहा|

✦✦✦

पड़ाव की रात्रि के सुनसान में जागते हुए सहस्त्र शत पड़ाव की अग्नियों को श्री राम ने बुझते हुए देखा और अनायास ही स्वयं से बोले– "सीता– सीते! लक्ष्मण को वह घोर कटुवचन तुमने क्यों कहे? क्या तुम जनकपुरी के उद्यान की सीता थीं या राक्षसी माया से विकृत कोई मायाविनी हो गयी थीं? सीते! तुम– तुम क्या थीं– क्या हो? तुमको मैं जैसे जानता हूँ, पूर्णरूपेण जानता हूँ| तुम मेरी शक्ति हो, क्षमता हो, प्रतिभा और ऋतुम्भरामती हो| किन्तु तुमको जैसे मैं यह मानते हुए भी जानता नहीं, जान सकता नहीं| कहो सीते! कुछ तो कहो|"

"श्री राम के हृदय के गहन में ज्योति कौंधी| मैं तुम्हारी अनुचरी, दासी हूँ| मायाविनी नहीं हूँ– नहीं| राम! मेरा तुमसे अगाध– अमोघ प्रेम है|"

"मोह........ और क्या?" श्री राम ने कहा– अपने मन में कहा| श्री राम स्वयं शान्त होते गये, स्थिर तथा स्थितिप्रज्ञ होते चले गये| सीता शब्द– नाम स्वयं ही जाग्रत चिन्मय ध्वनि हो गया था, जो श्री राम की रग– रग में उमड़ रहा था, रोम– रोम में सिहर रहा था| सीता शब्द अब अनहदनाद में लीन होकर अनन्त चिन्मय मन्त्र मातृ का होकर श्री राम की समस्त चेतना में समा गया था और स्वयं ही

जाग्रत होकर श्री राम के प्राणों में उबल रहा था– श्री राम के मन में झूम– झूर रहा था| "सीते!" गहरे दीर्घ निश्वास के साथ निसृत यह शब्द– ध्वनि मानो परात्पर ऐश्वर्यमयी राजराजेश्वरी को ही पुकार रही थी| राम की बुद्धि सूर्यनारायण सी प्रज्वलित होकर 'सीता' की शब्द ब्रह्ममयी ध्वनि से आल्होड़ित हो उठी और रात्रि के सुनसान अंधकार में लीन हो गयी| श्री राम की सीता के सोच से भरी बुद्धि मतिमान स्वयं के अहं को झेल गयी। श्री राम स्वयं सीता के श्री चरणों की छवि को निनिर्मेष मानो स्वयं के चिदाकाश में देखने लगे| घन नील ज्योति के आलोक में ज्योतिर्मय कमलों की प्रस्फुटित छवि दिव्य– दिव्यातिदिव्य "सीते!" श्री राम अपने भूताकाश में हहरे, चित्ताकाश में उभरे तथा चिदाकाश में चीत्कार कर उठे– "सीते!"

14

"**लं**का समुद्रतट? वह रहा...... वह क्षितिज के पार...... वह रहा|" अंगद ने चलते– चलते चक्कर काटते हुए कहा| "वह!"– नल नील और द्विविद ने हँसते हुए कहा| द्विविद ने उचककर क्षितिज की ओर देखते हुए कहा– "वह......? सागर? कहाँ?" अंगद ने फिर खड़े रहते हुए कहा– "वह क्या है? सागर-समुद्र ही तो है|" नल ने कहा– "वह तो आकाश है, नीलाभ गगन|" अंगद– "तुम्हारा सिर नल! वह तो वही सागर तट है, जिस पर बैठ सब हम वानरों ने उसको पार करने की चिन्ता में कष्ट किया था और श्रद्धेय हनुमान ने हमारा– तुम्हारा भी परित्राण किया था| किन्तु तुम को समुद्र से भला क्या वास्ता?" नल ने खीझकर कहा– "तुम तो समुद्र को देखकर घबराने वाले वानर श्रेष्ठ हो, किन्तु मैं और नील समुद्र को थामने, रोकने संकुचित करने तथा बाँधने वाले श्रेष्ठ वानर सामन्त हैं|" अंगद ने कहा– "मेरे विमान की जल निसृकायें ठीक हुईं? नहीं– जल को बाँधने वाले वानर महाशय! पता लग जायगा, अभी|" नील ने तपाक् से कहा– "क्या लग जायगा? पता– किस बात का?"

"इतने विशाल सैन्य को समुद्र के उस पार लंका तट पर ले जाना और उतारने का"– अंगद ने कहा– "पूज्य हनुमान जी ने समुद्र को गगन– मार्ग से पार किया था– धरती से नहीं| इसमें लंका तट तक समुद्र को पैदल ही पार करना पड़ेगा, नहीं?"

नील ने गम्भीर होते हुए कहा– "दिखता तो ऐसा ही है, किन्तु अभी से इसकी चिन्ता कैसी? जब समुद्र के पास आएंगे, तब करेंगे चिन्ता|"

दधिमुख ने कहा– "चिन्ता तो रामजी करेंगे| हम वानर तो रणभूमि में शत्रुघात की चिन्ता करेंगे| बाप रे! इतना विशाल समुद्र चरण गति से पार करना पड़ेगा?"

महाशय जाम्बुवन्त ने कहा– "चुप भी रहोगे? राम राखे– उसको कौन चाखे| श्री राम के हम वानर– सैनिक हैं| राम ही समुद्र– पार उतारेंगे|"

"हम महाराज सुग्रीव के सैनिक तथा रामजी के अनुचर है"– गद ने कहा– "महाराज सुग्रीव सम्पत्ति एवं ऐश्वर्य देंगे| किन्तु श्री राम स्वर्ग देंगे, स्वर्ग! रणभूमि

में वीरगति प्राप्त होने पर महाराज सुग्रीव को भी स्वर्ग तो श्री राम ही देंगे| बाहुबली को दिया कि नहीं.........?"

"स्वर्ग?" निशठ ने सिर धुनाया, कहा– "स्वर्ग तो कहते हैं, पुण्यशालियों को ही मिलता है| पापियों को तो मृत्युलोक ही मिलता है| आर्यशास्त्र तो यही कहते हैं|"

विकटास्य बोले– "मृत्युलोक कर्म करने तथा अपनी इच्छापूर्ति करने के लिए है| विविध विभिन्न भवों में जीव अपने द्वारा किये गये अच्छे– बुरे कर्मों का फल भोगता रहता है| पुण्य का पूरा फल तो कहते हैं, स्वर्ग में ही मिलता है| पुण्य से स्वर्ग, श्रेय से श्री हरि का लोक तथा मंगल से सिद्धलोक और कल्याण से परमधाम मिलता है– ऐसा मैंने आर्य मनीषियों को कहते हुए सुना है|"

अंगद– "कब मित्र मेरे?"

"समाधि में"– विकटास्य ने कहा और उत्ताल हास्य हँस दिया– "छोड़ो भी इन धार्मिक बातों को| इस समय तो भगवती सीता के परित्राण के लिए राम– रावण युद्ध और रामजी की जय ही हमारा सोच– विचार है– सागर पार कैसे करेंगे?"

"श्री राम– कृपा से|" अंगद को हनुमान ने हुँकार कर कहा– "तुम सबको रामजी में अटल विश्वास नहीं है– ऐसा मुझे लगता है| श्री राम–नारायण हरि का नर– अवतार हैं| अटल– अमोघ विश्वास रखो– रामबाण ही रक्षा करेगा, राम– नाम ही जय देगा| श्री राम! राम मेरे!!"

चलते हुए वानर– सैन्य में धुन उठी– "जय राम! सीता– राम!"

"सीता-राम" की धुन वानरों के सहस्त्र– सहस्त्र कोटि कण्ठों से जैसे एक अनहद आर्द्र चीत्कार सी उठी और गगन के गगन पार कर व्योम को उद्वेलित कर उठी| हनुमान के आजानुभुज सहसा किरताल लिए गगन– मण्डलों को तरंगित कर उठे| लक्ष्मण दिग्मूढ़– से उस असीम दया की पुकार को सुनने लगे| यह 'सीता– राम' परमात्मा राम से दया की भिक्षा माँगना ही था| हनुमान ने उछल– उछलकर करताल बजाना आरम्भ किया| राम! तेरी जय– तेरी जय कृपा निधान, करुणा के सागर| हम वानर शताब्दियों से तेरी दया की भीख माँगते आये हैं| आज तूने हमें समान साथी बनाया है| वानरों पर यह तेरी अमोघ कृपा है, राम! तेरी जय हो!

"जय!" श्री राम चलते– चलते भी जैसे स्वयं ही स्वयं के अतल में गहनातिगहन चिदाकाश में खो गये| "राम! परमात्म! सत्– चित्– आनन्द, चिदानन्द, आनन्दघन तुम क्या हो? परम् ब्रह्म हो, परम् शिव हो, परम् तत्व हो? परम् सत्य हो। यही हो तुम-यही हो! तुम क्या हो, यह भ्रमित अज्ञान तिमिर से अन्ध मानव जीव पूछता ही रहता और पुनः तुम्हें भूलकर मृत्यु की आराधना ही करता रहता है और तुम अन्ततोगत्वा उसकी भव– पीर हर लेते हो| किन्तु मैं भव– पीड़ा अनुभव करूँ तब तो! पीड़– पीड़ा! यह भव– बन्धन पीड़ा ही तो है| भव– भोग का सुख यह परात्पर का मिलन, संयोग निस्संदेह शाश्वत नित्य नहीं है| यह भव– भोग क्षण– सनातन है| मानव– प्राण यों ही हिलते– डुलते, चलते रहेंगे| यों ही कातर, यों ही उन्मादित, यों ही स्तब्ध से होते रहेंगे| मानव– मन यों ही रूप– रूप के पीछे भटकता रहेगा| अनित्य क्षणिक, क्षण भंगुर कै घट मोह में अंधा होकर यह मन भटकता ही रहेगा– भव– भवों में मृत्यु का पुजारी सा होकर| तब तुम राम! तुम मृत्युंजय हो, अमृतमय करुणा की निधि हो– तुम ही हो| मैं-मैं जैसे तुम्हारा अनुभव करता हूँ -जागृति में, स्वप्न में, समृति में-मूर्छा और निद्रा में तुम्हारा अनुभव करता हूं-तुम परम आत्मज्योति हो, सत्य का प्रकाश, स्वयं प्रकाश्य प्रकाश हो| तुम जीवन चैतन्य हो, आत्मचैतन्य और तुम क्षण– क्षण सुखों की अनुभूतियों के अन्तराल में सुप्त अक्षय अमोघ आनन्द हो| तुम चिद् हो, तुम चिद्घन सचिदानन्द हो| हां– हो| और मैं? मैं तो जैसे तुम्हारे असीम-अपार सच्चिदानन्द अपरम्पार की तरंग हूँ– कल्लोल– हिल्लोल हूँ| मैं तुम्हारी एक से अनेक होने की चैतन्य ऊर्मि हूँ– वीचि हूँ| हाँ यही– यही मैं राम हूँ|"

हनुमान का अनहद– सा स्वर सुनाई दिया– "यह राम, राघव राम ही राम है– परमात्मा है– श्री हरि का स्वरुप है| आया है धराधाम पर गौ की पुकार सुनकर, सन्तों का आर्तनाद सुनकर, ऋषि– मुनियों की हड्डियों के ढेर देखकर दुःखी दुःखी तथा संतप्त यह निराकार साकार हुआ है– यह निर्गुण वेद ज्ञान सगुण वेदान्त पुरुष हुआ है| राम! तुम कुछ भी कहो– हम भुलावे में आ नहीं सकते| हम मरकट हैं तो क्या हुआ; वानर हैं तो क्या हुआ– हम देवता और प्रभु को जानते हैं| हम वानर तुमको मन से, बुद्धि से, चित्त से और अपने– आप से जानते हैं| हम तुम्हारे प्रेमी हैं, स्नेही हैं, भक्त हैं, भक्त|"

"नहीं" श्री राम ने गगनभेदी स्वर में कहा– "वानर मात्र, प्राणीमात्र मेरे साथी हैं, मित्र हैं, स्नेही हैं, बन्धु हैं, बांधव हैं| मैं मानव आर्य क्षत्रिय राजपुत्र सबका सेवक, अनुचर, भक्त हूँ– भक्त|"

सुग्रीव चिहुँके– "धन्य हो राम! संसार आपको भगवान मान रहा है और आप स्वयं को मानव मानकर घोषणा ही कर बैठे कि आप प्राणीमात्र के मित्र और बांधव हैं| आज पृथ्वी विश्वस्त हुई, राम!"

"पृथ्वी सदैव त्रिकाल में विश्वस्त ही है, अचूक है तथा आकाश की परिव्राजक महिषी होने पर भी स्वयं में स्थितिप्रज्ञ है, मित्र मेरे!" श्री राम ने कहा– "यह पंचभूत परमात्मा के दिव्यतम अन्यतम संकल्प से ही बने हैं| यह संसार उसकी आनन्दोर्मि से ही उद्धवित है| वही– वही सच्चिदानन्द वही| जय सच्चिदानन्द !"

"जय सच्चिदानन्द!"– वानर श्रेष्ठों ने एक स्वर में कहा|

लक्ष्मण ने कहा– "यह सैन्य– कूच मानो परिव्राजक आश्रम हो गया है| वेद, वेदान्त, आर्यत्व, धन्य वानरत्व-मानवता, वसुधैव कुटुम्बकम्| श्री राम! आप निश्चित ही वेदान्त पुरुष हैं– मर्यादा पुरुषोत्तम– अब मुझे अटल निश्चय हो गया है|"

श्री राम हँसे, बोले– "यह तुम्हारी मेरे प्रति अगाध श्रद्धा है– श्रद्धा लक्ष्मण! श्रद्धा ही परमात्मा का अमोघ सम्पर्क है| परमात्मा कैसे कहूँ? कहा नहीं जाता| आश्चर्य, आनन्द, निरीह, निर्विशेष्य , हृदय– कमल स्थित भुवन बीज ब्रह्म चैतन्य| यह समस्त सृष्टि इस वेदान्त पुरुष की सत्य शिव सुन्दर धारणा है– यह शाश्वत जीवन उसकी ही नानाविधि प्रतिभासित होने और अहेतुक जीवन की लीला, नाट्य करने की अमोघ अत्यन्त रहस्यमय चैतन्य चिन्मय इच्छा है, अभिलाषा है– आशा है! यही परमात्मा की ऐश्वर्य शक्ति परमेश्वरी है, यही कल्याण शोभना शिवा है, यही कामेश्वरी सुन्दर रमणीय त्रिपुर सुन्दरी है, यही लक्ष्मी है– कमला है| परमात्मा स्वयं अपनी इस शक्ति स्वरुप स्थिति आविर्भूत कर काल के पटल पर जगत के रंगमंच खड़े करते हैं और भव लीलाएं किया करते हैं| सूत्रधार हैं प्रभु"

''राम हैं'' -हनुमान बोले ही

✦✦✦

श्री राम लंका समुद्र की ओर जैसे लपककर चलने लगे| श्री राम का एक– एक चरण श्री लंका की ओर जैसे स्वयं ही चल पड़ा हो| लक्ष्मण मानो श्री राम के पीछे दौड़ने लगे| और हनुमान हुँकार लगाते हुए आगे– आगे चलने लगे| श्री राम सबसे आगे निकलते हुए चाँपते हुए चरणों से चले– लंका की ओर चले| महाराज सुग्रीव जैसे धाये, हनुमान जैसे लपके| वानर यूथपति और वानर श्रेष्ठ सामन्त भी शीघ्र– शीघ्र चले| लक्ष्मण भी पीछे रह गये और श्री राम सबसे आगे चल निकले| "सीते! मैं आ रहा हूँ| लक्ष्मण भी| सुना? महाराज सुग्रीव और उसका वीर विराट् वानर सैन्य भी| सीते! यह समस्त वानर अपने मित्र हैं, साथी हैं, बन्धु हैं; सुना! सीते!"

श्री राम सिर धुनाते हुए सीता को बार– बार मन्द मुकुलित ध्वनि में पुकारते हुए चले| श्री राम के नंग किन्तु वन पगडंडियों पर चलते हुए कुछ सिक से गये चरण मानो कालगति की समस्त आकांक्षा लिए चले| श्री राम के सिके से चरण वन के घोर मार्गों पर चलते हुए अकड से गये किन्तु उनकी स्वयं प्रकाशित दिव्य गहरी रक्ताभा मानो माणिक्य की प्रभा सी धरती पर बिखर रही थी| उस प्रतापी चरणों के नखों में मानो पद्मराग मणि ही हँस रही थी| महाराज सुग्रीव ने सहसा श्री राम के शीघ्र वायुवेग से चलते हुए चरणों को देखा– तथा देखते ही रह गये| श्री राम के चरण दिव्य– भव्य, पद्म– पल्लव से श्री चरण– सीता– सेवनीय यह रक्षक श्री चरण| श्री राम के चरण– यम को हल्की ठोकर से सदैव के लिए दूर कर देने वाले, विधि की वाम विधियों को छूदं देने वाले प्रेमियों के अभयदाता यह चरण| श्री राम तुम– तुम मेरे मित्र? नहीं राम! आप– आप मेरे प्रभु हो| प्रभो! अन्तरात्मा से अधिष्ठाता, मेरे राजसी वानर जीवन के अधिदेव, राघव राम! श्री राम के चपल किन्तु गम्भीर और धीर चरण देखते हुए सुग्रीव स्वयं में ही स्थिर होने लगे| अनेक आर्य ऋषियों के धूसरित चरण सुग्रीव देखते आए हैं, राजाओं के पनिहां– मण्डित चरण भी देखे हैं| महाराजाओं या सम्राटों के रत्नजटित पनिहों से जगमग चरण भी देखे हैं| बाहुबली बालि के दृढ़ और कठोर, सदैव धँसते हुए चरण भी उन्होंने पेखे हैं, लेकिन ये राघव राम के चरण? अनन्य पतित– पावन चरणारविन्द हैं| अवश्य हैं– सुग्रीव का देह तो चल रहा था किन्तु मन एकाग्र सा हो गया| आर्य– वानर मैत्री वानरों का अध्यात्मिक– दार्शनिक जागरण तथा वानर– राज्य का अनवरत मंगल इत्यादि मनोरथ जैसे श्री राम के चरणों की सधी हुई लटपट चाल में समा गये| श्री राम का चरण और उसका पड़ता हुआ गहरा चिन्ह– सुग्रीव को लगा, श्री राम के चरण– चिन्ह धरती को पुनीत करने वाले महामानव के चरण

चिन्ह हैं– पतितों के अन्तिम आश्रय हैं| विद्या व्यसनियों के धैर्य का आश्रय हैं तथा मानवों के अर्थ, धर्म, काम और मोक्ष के चारों पदार्थों की ध्रुव प्राप्ति के लिए गन्तव्य– चरण हैं| श्री राम के चरण समस्त कालगति के चरण हैं|

सहसा श्री राम रुके– "लक्ष्मण! लंका-समुद्रतट कितना दूर है? हनुमान?"

हनुमान रुके| सभी रुके| सैन्य थमा| हनुमान ने विनीत स्वर में कहा– "आज्ञा प्रभो!"

"कितना दूर है यह लंका समुद्र?" राम ने धीर आतुरतापूर्वक किन्तु तनिक व्याकुल स्वर में पूछा– "कितना? चलते– चलते जैसे यह मार्ग– इस मार्ग का क्या अन्त नहीं है? तुम सब इस मार्ग से लंका तट तक गये हो, तुमने सागर पार किया है| मैं– हम सब चल ही रहे हैं और तट नहीं दिखता| मैं तट चाहता हूँ– अनवरत और असीम पथ नहीं| मैं तट के लिए ही चलता हूँ– चलूँगा| मैं सीता के परित्राण के लिए ही लंका समुद्र– तट पर पल भर में पहुँच जाना चाहता हूँ| सीता की वेदना मुझसे सही नहीं जाती, वत्स हनुमान! तुमने ठीक ही कहा, सीता के लिए अत्यन्त अल्प अवधि है, किन्तु उस रावण को पता नहीं है, मैं काल को क्षण में पराजित कर सीता को प्राप्त करूँगा| सीता मेरी जीवन चेतना है, जिजीविषा है, गति है, विधि है| मैंने जन्म जन्मों से स्वयं को सीता को सौंप दिया है| हाँ, लक्ष्मण! हाँ– मैं ठीक कह रहा हूँ| सत्य– हनुमान! सीता की प्रसन्नता, उसके अमोघ सुख के लिए, अक्षय सौभाग्य के लिए मैंने जन्म लिया है– लेता हूँ, सुना?"

"जी!" लक्ष्मण ने कहा|

"सीता– राम!" हनुमान ने गगनभेदी किलकारी की|

सीता– राम! ध्वनि श्री राम के कर्ण – कुहरों में स्वतः समाई और श्री राम भी मन ही मन सीता– राम का अजपा जाप करने लगे| सीता– राम, राम, राम, राम– सीताराम! मन के आतुर व्याकुल यह जाप स्वयं ही जैसे 'सीता' ध्वनि में होने लगा| राम स्वयं ही जैसे 'सीता' सम्बोधन ध्वनि में समा गये| चुपचापी छा गई– आकुल– व्याकुल शान्ति छा गयी| श्री राम के नयन कमल-लोचन अर्धोन्मीलित होने लगे और वे अन्तःकरण के दिव्य गहन में विचारहीन, सोचहीन, कल्पना और धारणा रहित होकर स्वयं एक शून्याकाश से अपने चित्ताकाश में व्याप्त होने लगे| राम– राम– राम! ध्वनि अनहद ओमकार में लीन होकर श्री राम के रोम-रोम को सिहर गई और सीता! सीते! सीते!''

''अन्तःकरण की यह सीदती हुई ध्वनि अपनी प्रतिध्वनियों के साथ 'राम' की अनहद पुकार में समा गयी| सीता? राम? कौन? मैं? नहीं, सीता नहीं, 'सीता– राम'| किसी ने श्री राम के गहन में श्री राम को झकझोर कहा– "भूल गये– बिसर गये स्वयं को क्या? राम! क्षण में बाँधो मत, सीमा में अटको मत, अनन्त का भान करो| तुम क्षण नहीं हो, सीमा नहीं हो, संकोच नहीं हो| तुम अनन्त हो, सार सत्य हो, नित्य– बुद्ध तथा आत्मा ही नहीं ; परमात्मा हो|"

"नहीं"– राम बोल उठे– "नहीं लक्ष्मण! मैं परमात्मा नहीं हूँ– नहीं|"

सुग्रीव ने पूछा– "तब क्या हो राम?"

"मानव" श्री राम ने कहा– "वानर हूँ, सुग्रीव! मानव– वानर|"

महाराज सुग्रीव सहसा प्रसन्नता पूर्वक और अट्टाहास करते हुए बोले– "सुनो वानरों! राम स्वयं को वानर कहते हैं– मानव– वानर|"

श्री राम ने भी हँसते हुए कहा– "हाँ मित्रों! मैं अब आर्य वानर हो गया हूँ| मैं प्रतिज्ञापूर्वक कहता हूँ– प्रत्येक वानर अब आर्य शुद्ध– बुद्ध ज्ञान ज्योति से जगमग महामानव होगा|"

हनुमान ने गर्जना की– "भक्त– भगवान का भक्त| श्री राम! श्री हरि!"

हनुमान ने चाल तीव्र की– शीघ्रातिशीघ्र की और धुन मचाई– "श्री हरि श्री राम! आत्माराम! भगवान!"

महाराज सुग्रीव ने गगन में तनिक उछलते उचकते हुए पुकारकर कहा– "राघव राम! दशरथनंदन राम! मेरे सखा- साथी-मित्र, स्वामी राम! राघव राम!"

✦✦✦

श्री राम ने सैन्य के पड़ाव भी स्थगित कर दिये– "चलो– चलते रहो| चरैवेति चरैवैति-'' महाराज सुग्रीव ने भी ध्रुवतारे को देखकर कहा– "सत्युत, मैं भी यही सोच रहा था| अवधि– अवधि के दो माह का समय आधा बीतने को है| शीघ्र चलो वानरों! अब विश्राम कहाँ......| अनवरत चलना है| लंका समुद्र के परले पार को पहुँचना है, और ...... और|"

अंगद ने चीत्कार किया मानो– "लंकागढ़ को तोड़ देना है|"

जाम्बुवन्त ने फुदकते हुए कहा– "विश्रवा का पुत्र रावण– दशग्रीव को उसके जघन्य पापों का फल मिलने ही वाला है| कुल– कलंक कहीं का......|"

हनुमान ने कहा– "पवित्र ऋषि कुल में जन्मा यह दशग्रीव और दशग्रीव की माता? महर्षि भारद्वाज की सुपुत्री श्रीमती कौसुकी|"

महाराज सुग्रीव बोले– "सच? तभी बाहुबली ऋषि कुल के नाती के मित्र बने| तभी बालि बचपन से ही दशग्रीव के सम्पर्क में आये| हाँ, जी! महर्षि भारद्वाज के आश्रम के बाहुबली यात्रिक थे– बचपन से, यह मैं जानता हूँ| वानरों को पता न चले और आर्य ऋषि के यहाँ उनकी अवर-जवर बनी रहे– इधर लंका और उधर ऋषि| बाहुबली भी दशग्रीव के समान ही चित्रित थे– विलक्षण, रहस्यमय और महान महत्वाकांक्षी|"

लक्ष्मण ने कहा– "राजा का दूसरा नाम, पर्यायवाची– महत्वाकांक्षी और महारथी ही है; श्रीमान् सुग्रीव! किन्तु मुझे समझ में नहीं आता, ऋषि दौहित्र होते हुए भी राक्षस कुल में ऐसे जघन्य कैसे पैदा हुए?"

हनुमान ने सिर धुनाया, कहा– "विधि! राक्षस जाति का प्रारब्ध! किंवदंती है, कौसुकी देवी दशग्रीव के पिता विश्रवा से विवाह– प्रस्ताव लेकर संध्याकाल के समय पहुँची थी| मुनि विश्रवा ने सुन्दरी कौसुकी के प्रस्ताव को स्वीकार करते हुए कहा– "संध्याकाल का यह परिणय तामसिक है| तुम्हारी कोख से राक्षस उत्पन्न होंगे| किन्तु कालान्तर में तुम्हारे ज्येष्ठ राजपुत्र का एक कनिष्ठ, सबसे छोटा पुत्र भी होगा| वह सतोगुणी तथा आर्य ऋषित्व में श्रद्धा रखने वाला, श्री नारायण हरि का गुणानुवाद करने वाला होगा|"

"कौन ?" लक्ष्मण ने पूछा|

"महात्मा विभीषण" हनुमान ने कहा– "उन्हीं ने मुझे भगवती अम्बे सीताजी का पता बताया तथा अशोक वाटिका का मार्ग बताया था– उन्हीं ने| लंका में उन्हीं के सदन के द्वार पर "श्री राम" लिखा हुआ है| केवल विभीषण ही श्री राम की प्रतीक्षा सी करते रहते तथा श्री राम– नाम लिया करते हैं| उठते ही श्री राम और सोते समय भी श्री राम!"

सुग्रीव ने कहा– "आत्मवंचक कहीं का!"

श्री राम ने कहा– "नहीं, मित्र मेरे! विभीषण को जैसे मैं जन्म– जन्मों से जानता हूँ| मैंने भी इस राक्षस– पुत्र का नाम सुना है| हनुमान तो उनसे मिल चुके हैं| तब हनुमान की बात में संशय कैसा? निस्संदेह विभीषण राक्षस राजपुत्र होते हुए भी आर्य– भक्त हैं|"

सुग्रीव ने कहा– "पूज्य! बाहुबली ने मुझे 'राक्षस' का इतिहास कहा था| जब कभी रावण उनका अतिथि होता वह अदम्य उत्साह में प्रसन्नचित्त हो जाते थे और हमको राक्षस– वार्ता कहा करते थे| राक्षस जाति नहीं, कर्म के आधार पर निर्भर मानव ही है|"

श्री राम ने सस्मित कहा– "वेद में भी ऐसी कर्मावलम्बित मानव जातियों का उल्लेख है| आर्य धर्मशास्त्र ऐसे समुदाय का देवता, दैत्य, राक्षस, किन्नर, यक्ष, दानव, नाग– इनका इसी भांति उल्लेख करते हैं|"

जाम्बुवन्त ने सिर हिला– हिलाकर कहा– "ठीक है– ठीक है, राम! प्रारम्भ में दैत्य, दानव और राक्षस श्रेष्ठ जातियाँ मानी जाती रही हैं; क्योंकि उनके कर्म सत्य, न्याय, दया और करुणा पर आधारित हुआ करते थे| किन्तु अबाध सत्ता ने उन्हें पूरी तरह भ्रष्ट, विकृत, अत्याचारी, अन्यायी कर दिया| उनके कर्म अधर्मी, अत्याचारी, अन्यायी तथा प्राणीमात्र के लिए जघन्य होते गये|"

श्री राम ने कहा– "यही, जाम्बुवन्त महाशय! यही| गुरुदेव महर्षि विश्वामित्र ने हमें बताया था कि सृष्टि के आविर्भाव के पश्चात् तुरन्त ही परम् पितामह ब्रह्मा जी ने जलभूत की रक्षा के लिए प्राणियों का उद्भव किया था| राक्षस उनमें प्रमुख थे| इन प्राणियों में से कुछ ने जल– रक्षण का दायित्व स्वीकार किया था और कुछ ने जल– भूत की पूजा ही करना माना| जिन्होंने जल की रक्षा का भार स्वीकार किया उनको पितामह ब्रह्मा ने राक्षस कह कर पुकारा और जिन्होंने जलभूत की पूजा स्वीकार की उनको यक्ष कहकर सम्बोधित किया– यही| क्यों लक्ष्मण! यही सूचित किया था गुरुदेव ने, क्यों?"

"यह विचित्र– विलक्षण वार्ता थी वह|" लक्ष्मण ने कहा– "सृष्टि के समस्त जल की रक्षा का दायित्व ग्रहण करने वाला राक्षस सत्कर्मी ही माने जाते थे|"

"पवित्र" श्री राम बोले– "गुरुदेव वशिष्ठ ने भी मुझे राक्षस जाति की वार्ता कही थी| राक्षसों के प्रतिनिधि प्राचीन काल में हेति और प्रहेति थे| प्रहेति धर्मानुरागी और हेति राज्यानुरागी थे| अवश्य ही राक्षस वार्ता रोचक और विलक्षण है|"

लक्ष्मण ने कहा– "तब यह रोचक वार्ता समस्त सैन्य को सुनाइये न प्रभो!"

श्री राम बोले– "आज के पड़ाव के पश्चात् समस्त वानर सैन्य को एकत्र करो तब! हम राक्षस वार्ता सुनायेंगे| क्यों मित्रजू सुग्रीव!"

"जब आप अयोध्या वापस पधारेंगे, तब मैं समस्त आर्यावर्त के गुणों को पुनीत वानर वार्ता कहूँगा| अवश्य, प्रभो! आर्य, वानर, राक्षस– यह तीनों मानव जाति की सनातन वार्ताएं हैं, श्री राम!"

"अवश्य हैं|" श्री राम ने कहा और चाल और भी तीव्र कर दी| बोले– "अतीत की यह वार्ताएं हमें अपने कूच में ठहराएंगी नहीं| इतिहास से हम सत्य– संग्रह करेंगे, प्रेरणा लेंगे और भविष्य को उजागर करेंगे|"

महाराज सुग्रीव ने कहा– "राक्षसों की यह पुराण वार्ता पृथ्वी पर मानव संस्कृति की अँधेरी– उजेली कहानी है, प्रभो! विद्त्केश हेति– पुत्र, कालपुत्री भया का बेटा, यह विद्त्केश कहते हैं प्रसिद्ध रसिका सालक अंकटा का निश्चिन्त पति था| जैसे यह सालक अंकरा शूर्पणखा बनकर जन्मी हो| राघव! इस विलक्षण दम्पति ने सुकेश नामक पुत्र को जन्म दिया| उस विलासिनी मायाविनी राक्षसी सालक अंकटा ने उसे त्याग दिया| कहते हैं धूर्जटी शिव तथा शिवा की दृष्टि उस त्यक्त नवजात शिशु पर पड़ी| शिव– शिवा ने सुकेश को अपनाया| उस ओढ़रदानी शिव ने सुकेश को अभय दिया तथा वरदान दिया| सुकेश को आशुतोष शिव ने आकाशचारी यान भी दिया– जी| शिव– वरदान से मण्डित तथा आकाश यान में सुशोभित सुकेश त्रैलोक्य में भ्रमण करने लगा| वह गन्धर्व– कन्या देववती पर मुग्ध हो गया। विवाह हुआ तथा इस दम्पति ने सचमुच राक्षसों के प्रतापी पितृ उत्पन्न किये– माल्यवान, सुमाली, माली| यह माल्यवान ही दशग्रीव के नाना थे– जी हाँ|"

लक्ष्मण ने कहा– "इतिहास आप खूब जानते हैं|"

सुग्रीव ने कहा– "प्रत्येक राजपुत्र को पृथ्वी के मानव वंशों का इतिवृत्त इतिहास अवश्य ही जानना चाहिये| राक्षस तो वानरों के पड़ोसी की भांति रहे हैं| वानरों के कई बड़े राक्षसों के बड़ों से मिलना– जुलना रहा है| जब तक राक्षसों के पूर्वज धर्ममार्गी रहे, तब तक हम वानरों की उनसे बनी रही| किन्तु अधर्म और अत्याचार के आदि राक्षस जब होने लगे– हमने उनसे दूरी करना आरम्भ किया| बाहुबली इसी दूरी को समाप्त करना चाहते थे| आर्यावर्त की छिन्न–भिन्न

स्थिति को देखकर बाहुबली वानर– राक्षस राज्यों की एक धुरी ही बनाना चाहते थे। मैं इसका घोर विरोधी था और आज भी हूँ। हम वानर बुद्धिशाली भले ही कम हों, किन्तु हम श्री नारायण हरि चतुर्भुज के अनुचर हैं– भक्त हैं। हम सदा ही मानव धर्म के पालन का प्रयास करते रहे हैं। अपनी प्रकृति दैवी शक्तियों को हम जगद्कल्याण और सृष्टि– मंगल के लिए ही व्यय करते हैं। तभी हे राघव राम! हमने मन-वचन-कर्म से आपके साथ अटूट मैत्री की है और अब तो यह मैत्री राघव राम की स्तुति होती जा रही है। हनुमान ने हम सबको, राम! आपके साथी, अनुचर, भक्त, मित्र तथा स्वजन ही बना दिया है। किसकी जय कहूँ– हनुमान की या आपकी?"

राम बोले– "महाराज सुग्रीव की।"

समस्त वानर सैन्य गाज उठा– गूँज उठा– "जय श्री राम! जय महाराज सुग्रीव की!"

हनुमान ने अपने दोनों आजानुभुज गगन में उठाते हुए गर्जना की– "भगवान शिव तथा पितामह ब्रह्मा के वरदान से पुष्ट तथा अहोभागी यह राक्षस जाति आज कैकसी– पुत्र के नायकत्व में विश्व को रुलाने वाली जाति हो चुकी है। महात्मा विभीषण ने मुझको राक्षस जाति के अपने विभूतिपाद पितृओं की वार्ता कही है। माल्यवान, सुमाली व माली– इन तीनों राक्षस महात्माओं ने समस्त राक्षस जाति का गौरव बढ़ाया। तीनों जब तक जीवित रहे, तब तक एक रहे– आपस में कभी लड़े नहीं, किन्तु अपनी घोर तपस्या के फल स्वरुप उन्होंने अपूर्व ऐश्वर्य प्राप्त किया। शक्ति, प्रताप और ऐश्वर्य के मद में यह अहंकारी होते गये तथा देवताओं और असुरों को, सभी मानवों को दुःख देने लगे। त्रिकुट पर्वत पर विश्वकर्मा से श्रीलंका निर्मित करवा कर ये तीनों राक्षस पितृ विश्व पर आतंक फैलाने लगे– जैसे आज यह रावण कर रहा है। ये विश्व विजय चाहते थे। तभी से राक्षस नृपति विश्व विजय का स्वप्न देखते आ रहे हैं। और पृथ्वी की मानव जातियों को बलात् अपने वश में करना चाहते हैं। वे चाहते हैं कि राक्षसों के सिवाय सब दास हो जायं। राक्षसों के दासानुदास तथा परतन्त्र। उनके राज्य, ऐश्वर्य और सम्पदा सब राक्षसों के अखण्ड स्वामित्व में आ जाय। यही यह लंकेश दशग्रीव रावण भी चाहता है। वानरों! समय आ गया है कि हम राघव राम के नेतृत्व में लंकागढ़ ढहा दें। राक्षस जाति के अहंकार को, आतप को, आतंक को, अत्याचार तथा अधर्म को सदैव के लिए समाप्त कर दें। सन्नद्ध वानरों!"

"जय! जय जय राम!"– गगनभेदी ध्वनियां उठीं।

✦✦✦

बिना पड़ाव, बिना वार्ता, बिना विश्राम विशाल वानर सैन्य लंका समुद्र की ओर लपका, धँसा– दौड़ा। हनुमान को जैसे पर लग गये थे। जाम्बुवन्त अपनी वृद्धावस्था बिसर कर एक अधेड़ की भांति चल रहे थे। थकान जैसे किसी भी वानर के पास फटकती नहीं थी। श्री राम ने जैसे महर्षि विश्वामित्र द्वारा सिखाई गयी विधा वानरों में जगा दी थी। थकावट, भूख– प्यास सब अन्तध्यान होकर वानरों के चित्त में अपूर्व उत्साह हो गयी थी। प्रत्येक वानर सैनिक केवल लंका तट को ही जैसे क्षितिज के पार खोज रहा था। राक्षस– प्रत्येक वानर राक्षस कुल की वार्ता सुनकर अब समझने लगा था। प्राचीन और सनातन इस राक्षस वंश में धर्मात्मा और लोकमान्य राक्षस तो इने– गिने हुए। महात्मा लोकपाल कुबेर और कहते हैं विभीषण– बस। वरिष्ठ वानर सामन्त जान गये थे कि-"रावण राक्षसों का राजा था– स्वयं तो ब्राह्मण था। पितामह ब्रह्मा के पौत्र पुलस्त्य विश्रवा का पुत्र, किन्तु राक्षसों के नृशंस राजा के रूप में वह विख्यात हुआ है। विश्व विजय ही सनातन से चले आते राक्षस– राजाओं का एक गुह्य किन्तु प्रबल मनोरथ था। त्रैलोक्य विजय करना चाहते थे। प्रत्येक राक्षस नरेश विश्व को अपनी वस्तु मानकर चलता था। आर्यों से जैसे राक्षस जाति का वैर था, अरण्यों में बसने और अपने छोटे– छोटे राज्यों का संगठन, जाति संगठन चलाने वाले अरण्यकों से राक्षसों का द्वेष था। वानरों को तो यह राक्षस अपना भोज्य मानते थे। राक्षस सभी प्राणियों का माँस अपने लिए गरिष्ठ अन्न समझते थे। गन्धर्व और किन्नर दास, नाग और पक्षी अनुचर। वानर मरकट तथा भोज्य और आर्य? कौन आर्य? आर्य यदि कोई है तो वह केवल राक्षस है– जगत के दिव्य विज्ञान को जानने वाला तथा शक्तियों के अनवरत साधक, सिद्धियों का स्वामी पशुपति आशुतोष, धूर्जटी शिव का यह तो भक्त, नवनिधियों का लुटेरा राक्षस ही पृथ्वी का स्वामी है; सम्राट है– चक्रवर्ती है।त्रैलोक्य की सुन्दरियों का भोक्ता, किन्नरियों का चहेता तथा अप्सराओं का प्रीतम राक्षस ही पृथ्वी का महामानव है– महान है; गौरवशाली और अपराजय, महाराजाधिराज पराक्रमांक परमवीर भट्टारक सेनानी, राजा तथा गणाधिपति है।राक्षस पृथ्वी के प्राणियों को अपना दासानुदास, अनुचर, सेवक और आज्ञाकारी बनाकर, स्वयं ही पृथ्वीपति बनकर वसुधा की सुधा पीते रहना चाहता है। राक्षस पृथ्वी का सेवक और आकाश का सन्त बनना नहीं चाहता– अधिराज बनना चाहता है, बनता रहा

है– चक्रवर्ती तो आर्य सम्राट ही हुए हैं किन्तु सत्य के धारण, न्याय के चलन और वैदिक वर्णाश्रम धर्म के धारण करने पर ही वह नरेश, राजा– महाराजा, नृपति तथा अधिराज प्रतिष्ठित हुए हैं| दया, करुणा, स्नेह और दान– पुण्यों के धनी आर्य राजा पृथ्वीपति नहीं, पृथ्वीपुत्र ही हुए हैं| तब यह राक्षस– यह रावण"| वानरों के शीघ्रगामी चरण मानो ठहके– ठिठके| "राम! राक्षस को मृत्यु दो| मृत्यु दो, राम! अधर्मियों और अत्याचारियों को| भगवती मैया सीता का अपमान करने वाले इस राक्षसराज को सदैव के लिए परास्त करो, राम! पुनः इस पृथ्वी को विश्वस्त करो| भक्त, सज्जन तथा सन्त, गौ और गज को अभय दो राम!"

"राम! राम! जय राम!" स्वतः ही कोटि कण्ठों से धुन उठी और चरणों की बहकी ठुमुकों के साथ गाजती– गूँजती रही| राम– नाम की मानो गगन में लूट ही मच गई| "जय श्री राम!" की मर्मस्पर्शी ध्वनि समस्त वानर सैन्य के कोटि चरणों की गति में इठलाने– इतराने लगी| हनुमान मानो आकाशचारी होकर राम– नाम का जाप करने लगे| स्वयं राम सस्मित राम– नाम की इस दिव्य निष्काम धुन को सुनकर स्वयं ही डूबने लगे| राम धुन से मानो लंका समुद्र का तट खिंचकर पास आने लगा और अगाध समुद्र राम– भक्ति के अश्रुओं में आ समाया| राघव राम मानो एक अचूक मिस थे वानरों के लिए| वह जैसे राघव रामचन्द्र की स्नेह– सगाई को परमात्मा की भक्ति के लिए ही पूर्ण करना चाहते थे| वानर जाति के इतिहास में यह लंका– आक्रमण मानों भारत भूमि का आर्यावर्त की प्रजा के भाग्य तथा भविष्य के अभ्युत्थान के लिए आक्रमण था| और वह प्रत्येक वानर जैसे इस मानव– सभ्यता की अभय, ज्ञान और शान्ति की महान संस्कृति पुनरुत्थान का अनुष्ठान ही था| अन्याय, अत्याचार, हिंसा तथा तामसिक अहम् के दुराग्रहों से मानव धर्म की पगडंडिया धुंधला जाती हैं, मार्ग अवरुद्ध हो जाते हैं और तभी प्रभु के द्वारा प्रेरित महामानवों के चरण उस धुंधली पगडंडियों को पुनः स्पष्ट करने तथा धर्म के अभ्युत्थान के मार्गों को निष्कंटक किया करते हैं| प्रभु एक क्षण के लिए भी अपनी सृष्टि के प्रति अपने अभेद्य स्नेह का दायित्व नहीं त्यागता, जीव नहीं?, ब्रह्म शिव ही जगत तथा सृष्टि के लिए अन्तिम सहायक है, मित्र है, साथी है– आचार्य तथा नियामक है, राजा है| महाराज सुग्रीव यही सोचते हुए डग पर डग भर रहे थे और क्षितिज के पार देखते जा रहे थे और श्री राम का यह लंका– आक्रमण अंधकार पर आक्रमण है– सत्य का– असत्य को मिटाने का दिव्य संघर्ष है| यह सत्य, अहिंसा, न्याय को पुनः उजागर करने का युद्ध है|

यह अत्याचारियों और अधर्मियों को हिंसक तथा नितान्त भोगियों और शोषकों को मृत्यु देने का युद्ध है-अवश्य है| सत्यमेव जयते! श्री राम बार– बार लक्ष्मण की ओर देखकर आतुर प्रतिक्षापूर्वक प्रतिपल पास आते हुए लंका– समुद्रतट की रेखा खोज रहे थे और लक्ष्मण वानर सैन्य के कोटि चरणों की तीव्र गतियों में चलते हुए देख रहे थे| यह मानव का पृथ्वी पर 'चरैवेति' महानुष्ठान था| यह मानव के पुरुषार्थी हाथों की सफलता के लिए चरणों का सहारा था| यह चारों पुरुषार्थों की प्राप्ति के लिए एक बार और "मानव" अभ्युत्थान के लिए सिंहनाद था| यह श्री राम के रामबाण का निशान था| मानव जाति ही नहीं प्राणीमात्र के अभय और उत्कर्ष के लिए यह प्रभु का परिश्रम था| पृथ्वी पर अभय, शान्ति एवं वसुधैव कुटुम्बकम् के अगाध स्नेह को उद्द्वित करने के लिए यह ईश्वर के महामानव का रणभूमि– काव्य था| कोटिक वानर चरणों के साथ-साथ– सतत श्री राम, लक्ष्मण, हनुमान, अंगद, जाम्बुवन्त तथा वानर श्रेष्ठ यूथपतियों के चरण मानो आर्यावर्त के इतिहास के अन्तिम दौर में चले| वानरों के ये अनुशासित चरण पृथ्वी को अपनी चाँप से विश्वस्त करते हुए चले| लंका तट– लंका समुद्र जम्बूद्वीप का ऋषि– मुनियों के रक्त से रंजित समुद्र था| पृथ्वी की प्रजाओं के लिए भय से भरा खौलता हुए अंधकार– समुद्र था| श्री राम क्षितिज पर लूमती हुई श्रीमती सीता की दिव्य आकृति को निहारते हुए, टेरते हुए लंका समुद्र के तट की ओर बढ़ते चले गये और लो! वह, वह रहा-वह लंका तट|

श्री राम खड़े रह गये| सस्मित से खड़े रहकर श्री राम ने लक्ष्मण की ओर देखा– "वह रहा लंका समुद्र लक्ष्मण!"

लक्ष्मण ने धनुष उठाया और प्रत्यंचा बजाई| लक्ष्मण की शक्तिशाली अटूट धनुष की अटूट तथा गाढ़ प्रत्यंचा बजी| घोर ध्वनि में गाजकर वह भयार्त प्रतिध्वनियों में गूँजी– "जी देख रहा हूँ– लंका– समुद्र|"

श्री राम ने सहसा धनुष की अपनी प्रत्यंचा कान तक खींची और वह प्रलय घोष सी करती हुई काँपी, तनी, सिकुड़ी तथा सहज हो गयी| श्रीराम ने गगन में अपने आजानुभुज उठाते हुए कहा– "वानरों! लंका– समुद्र वह, वह रहा!"

"जय राम!" ध्वनियाँ गूँज उठीं|

स्तब्धता धीरे– धीरे पसर गयी और विराट् वानर– सैन्य मानो उमड़े हुए प्रवाहों– सा लंका– समुद्र के इस ओर के तट की ओर बह चला– ललक उठा|

वह नीरव शान्ति में कोटि– कोटि वानर– चरणों की धसपसती हुई चालों की मन्द आहटें क्षितिज के पार पहुँचकर सहसा व्योमों में गूँज उठीं| श्री राम और महाराज सुग्रीव लंका तट पर जा खड़े हुए| महाराज सुग्रीव ने देखा– गहरा नील आकाशी समुद्र अपने लत में अगाध वारापार था– अजेय था, सर्वथा दुर्गम्य था| मानो पृथ्वी के सभी तट इस अगाध समुद्र में डूब रहे थे| सुग्रीव तनिक स्तम्भित हुए, कहा– "श्री राम!"

श्री राम मुस्कुराए– "धैर्य महाराज सुग्रीव, धैर्य|"

15

श्रीलंका -समुद्र के विशाल तट के पास– कुछ दूर-कुछ दूर विराट् वानर सैन्य के शिविर लग गये| सहसा ऐन्द्रजाल से जैसे शिविरों का महापुर ही धरती फोडकर उद्भवित हो गया हो| वानर सैनिकों, यूथपतियों तथा सामन्त– सेनापतियों का यह शिविर– समूह देखने लायक था| रंग– बिरंगी श्वेत– श्यामल छोलदारियों और मण्डपों का यह शिविर जैसे विजड़ित तरंग– मालाओं का बना और बुना हुआ था| श्री राम– लक्ष्मण की कुटीर ही बीचो-बीच, मध्यस्थ बनाई गयी| श्री राम कुटिया के द्वार से लंका तट की क्षितिज सी मेखला तो दिखती ही थी| कुछ दूर– सुदूर लंका द्वीप और पर्वत त्रिकुट पर बसी स्वर्ण लंकापुरी के कोट के रत्नजड़ित कंगूरे भी दिखते थे| त्रिकुट पर्वत के सपाट श्रृंग पर यह सोने के रत्नों से जगमगाती हुई अलकापुरी से भी श्रेष्ठ और सैनिक दृष्टि से अद्वितीय लंका नगरी थी| लक्ष्मण ने ऊर्ध्व स्वाँस भर कर उसको देखा, निहारा तथा घूरते हुए कहा– "यही वह विश्वकर्मा– निर्मित महानगरी स्वर्ण लंका है तब|"

"यही|" श्री राम ने शान्त– गम्भीर स्वर में कहा– "हाँ, लक्ष्मण! इसी लंका नगरी की किसी गुह्य और अगम्य वाटिका में मेरी प्राणवल्लभा सीता, तुम्हारी भगवती भाभी बन्दिनी है| धिक्कार है मुझे, लक्ष्मण! परन्तु मैं क्या कहूँ? विधि– विधाता, लक्ष्मण!"

"शान्ति, राम मेरे!" लक्ष्मण ने कहा|

"शान्ति? कहाँ, कैसे?" श्री राम ने स्वयं में खोजते हुए कहा– "देखा, यह वायु सीता का स्पर्श कर इस ओर उन्मुख हो रहा है, परन्तु न जाने यह मेरे गात्र को स्पर्श करेगा? और कब मैं सीता– स्पर्श का सुख प्राप्त करूँगा? अब यह विरह सहा नहीं जाता, भाई मेरे! सीता के कोमल अंगों का स्पर्श मेरे लिए संजीवनी ही रहा है– है| सीता को देखता हूँ तो यह रूपवान जगत बिसर जाता हूँ| ओझल हो जाती है यह जगती| भगवान का यह दिव्य आश्चर्य अन्तर्ध्यान हो जाता है तथा समस्त सृष्टि सीता के अगाध सौन्दर्य में समा जाती है– हाँ, लक्ष्मण!"

"जी!" लक्ष्मण ने संकोचपूर्वक कहा|

"सीते!" सहसा श्री राम चिहुँके– "मैं.... हम आ पहुँचे हैं| धैर्य, सीते! समुद्र लांघकर श्रीलंका पर पादाघात करूँगा| हाँ! और अशोक वाटिका के कारागार से तुम्हारी मुक्ति होगी। हां, तुमको साथ लेकर अयोध्या जाना ही होगा, अन्यथा वह...... वह भरत जो है– प्राण त्याग देगा! हाँ, लक्ष्मण|"

लक्ष्मण ने अमर्षपूर्वक कहा– पूछा– "प्राण त्याग देगा? भरत ? यह क्या कह रहे हैं? राम!"

श्री राम ने लक्ष्मण को घूरकर देखा और कहा– "चित्रकूट में पादुका शिरोधार्य कर भरत ने पहला वाक्य यही कहा था| भरत को शंका हो गयी है, मैं अयोध्या वापस नहीं लौटूँगा| भरत अयोध्या का राजसिंहासन अपना नहीं, मेरा ही मानता है| यह उसका जीवन– विश्वास है, किन्तु मैं अयोध्या का राज्य चारों भाइयों और ऋषि– मण्डल का मानता हूँ– प्रजा का मानता हूँ| राजा तो प्रजा के राज का सर्वोच्च सेवक है| किसी भी मनुष्य को पृथ्वी का स्वामी तथा सृष्टि नियामक बन बैठने का सत्व है ही नहीं, भाई मेरे!"

लक्ष्मण कण्ठ में ही गुर्राये– "कामिनी और कंचन, राज्य तथा सत्ता कौन त्यागता है भैया! राजा मरकर ही त्यागता है| भरत, ऐसा लगता है, राजसिंहासन पर बैठकर भटकना नहीं चाहते किन्तु आपकी पादुका के बहाने राज्य– संचालन तो वही कर रहे हैं| नन्दीग्राम अयोध्या के राज्य की राजधानी हो गयी है|"

"शत्रुघ्न ही राज्य– व्यवहार चला रहा है|" श्री राम ने कहा– "भरत तो मेरी अपलक प्रतीक्षा कर रहा है सच्चा वनवास तो भरत ने ही लिया है| मैं तो सुफल, सघन, सजल, अरण्य का राज ही जैसे भोग रहा हूँ| मैं अरण्य की पर्ण कुटीर में ही स्वस्थ रहता हूँ| राजमन्दिर में मैं जैसे अपने आप को ही बिसर जाता हूँ| मुझे राज नहीं, सीता– सीता ही चाहिये| जगत का कल्याण तथा सृष्टि का मंगल ही मुझे अभीषिप्त है| मुझे प्राणीमात्र का योगक्षेम चाहिये| मुझे ज्ञान चाहिये, वैराग्य चाहिए, भक्ति चाहिये, परमात्मा का अभयपूर्ण और शान्तिपूर्ण साक्षात् चाहिये– सच्चिदानन्द, लक्ष्मण!"

लक्ष्मण ने हँसकर कहा– "तो आप अयोध्या नहीं लौटेंगे? तो मैं भी आप तथा भगवती भाभी की सेवा में अरण्य में ही बना रहूँगा– निश्चय ही|"

"नहीं लक्ष्मण!" राम बोले– "भरत की प्राण रक्षा और उसकी भक्ति– भावना को चरितार्थ करने के लिए मुझे, तुम और सीता को अयोध्या लौटना ही होगा|

एक बार अयोध्या जाकर सबको सांत्वना देनी ही होगी| वनवास का यह घोर संताप मेटना ही होगा|"

"वनवास का घोर संताप?" लक्ष्मण ने कहा– "किसको है? यह संसार अन्ततोगत्वा निर्मल है, उदासीन है, प्रभो ! मृत्यु होने पर सभी मृत्य को बिसर जाते हैं| जग दिखावे के लिए श्राद्ध किया करते हैं| यह काल स्मृति तो क्षण भर की है– अनन्त तो यह विस्मृति है|"

"महाकाल|" श्री राम ने स्वयं से ही कहा– "जैसा भी संसार है, उसी में सत्य, न्याय तथा धर्मपूर्वक जीना है– जीना ही होगा| मोक्ष अनिवार्य है क्या? जीवन अनिवार्य है| यह जीवन परमात्मा की इच्छा है– जिजीविषा है| दिव्यतम ऐश्वर्य से भरपूर जीवनेच्छा स्वयं में अमोघ है| करोड़ों जन्म के बाद कहीं वैराग्य की धन्य पल आती है और वह भी परम् ब्रह्म की कृपा से| मोक्ष जीव को परमात्मा के अनुग्रह से ही मिलता है| गुरु– कृपा तो ज्ञान देती तथा अज्ञान का शमन करती है|"

"मैं तो राम मेरे! आपकी दया चाहता हूँ|" लक्ष्मण ने कहा– "हनुमान ने मुझे बता दिया है, भक्ति केवल भक्ति ही मानव जीवन का एकमात्र ध्येय है|"

"भक्ति? किसकी?" राम ने पूछ लिया|

"सीता राम की– भगवान की– और किसकी?" लक्ष्मण बोले – "राजा राम की नहीं; राम की, सच्चिदानन्द की|"

राम ने कहा– "लक्ष्मण तुमको क्या हो गया है? तुम क्या वानर– श्रेष्ठ हनुमान हो? तुम मेरे अनुज आर्य क्षत्रिय हो| तुम सब समझ सकते हो| भक्ति वानप्रस्थ ही कर सकता है– गृहस्थ नहीं| और तुम– हम गृहस्थ हैं| फिर सीता– राम की भक्ति? क्या? आश्चर्य है मुझे कि तुम अपने ज्येष्ठ भ्राता को परमात्मा का मनुजावतार मान रहे हो| मैं कई बार कह चुका हूँ कि प्राणीमात्र परमात्मा का अंशावतार है| मैं, हम– तुम सब मानव हैं और मानव ही परमात्मा की पूर्णरूपेण कृति है| इस पृथ्वी पर परमात्मा मानव स्वरुप ही व्यक्त हुआ है– होता है| मानव योनि सभी योनियों में अत्यन्त उत्तम है, अत्यन्त श्रेष्ठ योनि है| मानव योनि धर्मधारण के लिए कर्म योनि है| विद्या तथा पुरुषार्थ द्वारा मानव ही परम् तत्व या परम सुख के लिए संग्रह कर सकता है|"

"सुख के लिए संग्रह?" लक्ष्मण बोल पड़े|

"हाँ, सुख के लिए पुण्य संग्रह।" श्री राम ने कहा– "मानव इस मृत्युलोक में निश्चिन्त अबाधित तथा अजर सुख पा नहीं सकता। मृत्युलोक का इन्द्रिय सुख अन्त में जीर्ण हो जाता है, अपूर्ण और क्षणिक सन्तोष देता है। पूर्ण सुख– सन्तोष इस सृष्टि में किसी भी प्राणी को नहीं मिलता। सुख काल बाधित है और परम् सत्य कालातीत महाकाल के परे और पार पूर्ण आनन्दानुभूति है।"

"मनुष्य!" लक्ष्मण चिहुँके।

"हाँ मनुष्य, मानव, मेरे भाई!" श्री राम बोले– "अज्ञान के आवरण में सुप्त तथा अंधकार से घिरा– लिपटा मनुष्य अपने जीवन की प्रत्येक पल परम् सत्य की और परमात्मा की ओर ही कर्षित होता है। प्रत्येक इन्द्रियज सुखानुभूति का अन्त एक विषाद् में ही होता है तथा उस सुख की स्मृति अन्ततोगत्वा दुखद ही होती है। मृत्यु क्षणिक होते हुए भी, पुनर्जन्म होते हुए हुए भी जन्म– मरण अन्त में जीव को शोक से भर देता है। तभी अनित्य के घोर विश्वास को आघात लगता है, प्रिय मेरे!"

"आघात?"– लक्ष्मण।

"आघात ही तो।" राम बोले– "यह अज्ञान तिमिर भ्रम है, विभ्रम है– भ्रान्ति, लक्ष्मण! यह राग? कीच है– मूल तो अगाध जल-राशि है। यह मोह? मेघ है; मूल तो आकाश है। जीव सच्चिदानन्द का धारित अज्ञान– जन्य चेतना मात्र है।"

"जी! अधिक विषाद क्या उचित है?" लक्ष्मण ने पूछ ही लिया।

"विषाद? मुझे?" श्री राम ने हुँकार सी की– "नहीं, नहीं। मैं आर्य क्षत्रिय हूँ– राजपुत्र हूँ। महाराज सम्राट दशरथ का पुत्र हूँ। मैं पुरुषार्थ को ही जानता हूँ। धर्मपालन करता हूँ। आर्यत्व मेरे जीवन का एकान्त लक्ष्य है। आर्यत्व विषाद्, विषमता तथा मन के अँधेरे में घुटते रहना नहीं है। आर्यत्व प्रकाश के लिए सतत् उत्स है, सत्य के लिए अमिट प्रेरणा है तथा ज्ञान के लिए अविराम सतत् पिपासा है। आर्य अमृत्य में ही मानता है। अतः उसको विषाद् नहीं, वैराग्य ही प्राप्त होता है। हाँ, मैं ठीक कहता हूँ, लक्ष्मण! सीता को लेकर मुझ में विषाद् नहीं, विरह ही विरह है।"

"जी!" लक्ष्मण ने कहा– "अभय, राम! अभय।"

श्री राम मुस्कुराए– "तुम मुझसे अभय माँग रहे हो?"

"हाँ|" लक्ष्मण ने कहा– "यह असीम सा, अगाध समुद्र जो सामने छाया पड़ा है| उसको पार करना है– कैसे होगा? सभी वानर तो हनुमान नहीं हैं, जो गगन में पैर कर इस उद्दाम– अगाध जल निधि को पार कर लेंगे| समुद्रतट पर पहुँचना सुगम्य हो सकता है, चाहे तनिक कष्ट हो– किन्तु सागर पार करना अत्यन्त ही दुस्साध्य है– दुरूह प्रभो! आपके अभय वर के बिना हम आपके अनुचर यह समुद्र पार कैसे कर पाएँगे|"

"ईश्वर पर विश्वास रखो, भाई मेरे!" श्री राम ने कहा|

"जी, ईश्वर...." लक्ष्मण ने कहा– "ईश्वर का विश्वास ही पुरुषार्थ के लिए उत्साह उत्पन्न करता है| राम मेरे! लंका इस अगाध सागर के उस पार है| उस पार हम सबको पहुँचना है| क्या समुद्र मार्ग देगा?"

"क्यों नहीं?" श्री राम ने कहा– "मनुष्य की प्रार्थना में ही वह अमोघ चैतन्य है, जिसके स्पर्श से जड़ में चैतन्य का क्षणभर के लिए ही सही प्रादुर्भाव हो जाता है| अवश्य यह जल निधि जड़– भूत है, किन्तु उस परात्पर चैतन्य की चित्–अचित् अभिव्यक्ति जो है| चित् और अचित्– जड़ और चेतन उस सच्चिदानन्द चेतन की दो चिन्मय अभिव्यक्तियाँ हैं| महोदय समुद्र को हम मनाएँगे|"

"जी" लक्ष्मण ने कहा|

श्री राम ने विशाल, विराट्, अगाध समुद्र को मानों पलकों पर ही झेलते हुए स्वयं से कहा– "समुद्र! जलधि! हाँ, मैं तुम्हें जैसे अनादि से जानता हूँ| तुम को मेरे पूर्वज ही धराधाम पर लाए थे| धरती की मेखला रूप तुम को मेरे प्रतापी पूर्वज सागर ने ही स्थापित किया था| हाँ, याद आया? लक्ष्मण!" श्री राम ने कहा– "यूथपतियों से पूछो– कितने यूथ तैर कर समुद्र पार कर सकते हैं, यह समुद्र लांघ सकते हैं? सुना? जितने तैर कर जा सकें उतना ही सोच कम होगा|"

"जी" लक्ष्मण ने कहा|

✦✦✦

महाराज सुग्रीव ने यूथपतियों को सम्बोधित करते हुए कहा– "इस लंका समुद्र के लंका तट पर हम सबको शीघ्र ही पहुँचना है| लंका– आक्रमण को लेकर अब हम अधिक देर नहीं कर सकते| भगवती सीताजी को दुष्ट लंकाधीश द्वारा दी गई अवधि का आधा से अधिक समय बीत गया है और वह हमारी पूज्या– श्रद्धेया

भगवती कुरूप और विकराल राक्षसियों से घिरी मृत्यु की मानो प्रतीक्षा कर रही है और श्री राम का भजन ही कर रही है| सीता मैया ने स्वयं को श्री राम के हाथों में समर्पित कर दिया है| श्री हनुमान ने यह भयंकर परिस्थिति स्वयं देखी है| इसीलिए श्री हनुमान ने लंका जलाई और माता सीताजी से निवेदन किया कि वे उनकी पीठ पर सवार हो जायं और वे उनको श्री राम के पास ले आएं| किन्तु सीताजी ने मना किया– कहा कि श्री राम ही आकर मुझे ले जाएँगे| हनुमान तो मेरा वत्स है किन्तु राक्षस वंश के समूल नाश का यश तो श्री रामजी को ही मिलना चाहिये| यश श्री रामजी का| हम सबकी तो राम– काज करने की प्रतिज्ञा है, संकल्प है, पुरुषार्थ है| अतः श्री रामजी चाहते हैं कि आप में से जितने समुद्र तैर कर लंका तट पर पहुँच सकें, उतने अवश्य प्रयास करें|"

लक्ष्मण ने सहसा कहा– "प्रथमतः तो यह विराट् समुद्र तैर कर पार करना असम्भव है| श्री हनुमान ने उदधि आक्रमण किया था– तैर कर पार नहीं किया था| हनुमान जी को महाकाल का प्रत्येक प्रकार का आशीर्वाद प्राप्त है| अष्ट सिद्धियाँ श्री हनुमान के वश में हैं; अतः वे उदधि– आक्रमण जैसे अत्यन्त आश्चर्यकारी तथा असम्भव सा पुरुषार्थ कर सके| परन्तु क्या प्रत्येक वानर, प्रत्येक आर्य, गन्धर्व–किन्नर, नाग, रिच्छ और पक्षी इस प्रकार की देवी सम्पदा का धनी है? हनुमान वानर है, किन्तु वे आर्य भी हैं, सुर भी हैं, देव भी हैं| फिर मानो यह मान भी लिया जाय कि कुछ वानर वीर तैर कर लंका तट पर पहुँच सकते हैं, किन्तु दुर्दान्त राक्षस उन कतिपय वानर वीरों को तीरों से बेंध देंगे और उनका वहीं भक्षण कर लेंगे|"

"ओफ....." महाराज सुग्रीव ने कहा– "यह तो हमने सोचा ही नहीं था| किन्तु श्री रामजी ने जो इच्छा व्यक्त की है......."

"की थी; सुग्रीव बन्धुवर्य!" श्री राम ने सहसा कहा– "किन्तु वह तो इच्छा मात्र थी, आज्ञा नहीं| लक्ष्मण की बात मुझे दिख गई है| हम समुद्र एक साथ ही पार करेंगे| तैर कर नहीं, चलकर पार करेंगे|"

महाराज सुग्रीव ने आश्चर्यवशात् पूछा– "....... किन्तु कैसे प्रभो!"

"हम समुद्र से मार्ग देने के लिए निवेदन करेंगे|" श्री राम ने कहा– "समुद्र देव मेरी प्रार्थना सुनेंगे, मित्रवर्य! हाँ, पंचभूत के अधिष्ठाता देवों को मैंने सदैव

नमस्कार किया है! जगद् मंगल के लिए उनको मैंने आर्तस्वर में निवेदन किया है| देवताओं की मुझ पर कृपा रही है| महाराज सुग्रीव आप निश्चिन्त रहें|"

"किन्तु श्री राम!" महाराज सुग्रीव चिहुँके– "यह पंचभूत जड़ है; विज्ञान जन्य, विज्ञान घन है| यह जड़ अगाध जल राशि का समुद्र कैसे सुनेगा? प्राणियों की वाणी तो आत्मचैतन्य की ध्वनि-प्रतिध्वनि, घोष– उद्घोष है , प्रभो !"

श्री राम हँसे, सस्मित बोले– "मेरी चिति में सभी चैतन्य हैं, सच्चिदानन्द की वीचि हैं, उर्मि हैं, तरंग हैं, गति और विधि हैं| मेरा सच्चिदानन्द सम्पर्क, सम्बन्ध और सन्निवेश जड़ को चैतन्य देगा– जड़ को चैतन्य देना तथा प्राण देना और अनुभव करना ही तो जीना है| मेरा यह अमोघ विश्वास है, मैं सच्चिदानन्द स्वरुप हूँ और यह जगत, यह इदम्– सर्वम् खलु इदम् ब्रह्मः|"

"ब्रह्मः?" महाराज सुग्रीव फुसफुसाये– "सच्चिदानन्द श्री रामजी मेरे! मेरे आचार्य! मेरे गुरुदेव! ब्रह्म को लेकर जब मैं श्रवण करता हूँ स्तब्ध, आश्चर्य चकित हो जाता हूं और जब चिन्तक करता हूं, तब उन्मन हो जाता हूँ, स्वयं ही में खो जाता हूँ – अवाक् हो जाता हूँ|"

श्री राम ने कहा– "आप भाग्यवान हैं, महाराज सुग्रीव! जो ब्रह्म, जगत और जीव को लेकर श्रवण करते हैं, मनन भी करते हैं| ब्रह्म चिन्तन बुद्धि को निस्संदेह आश्चर्यचकित करता है, जीव को अन्तःकरण में स्तब्ध करता है, वाणी से अवाक् तथा आकाश में अपलक करता है| मैं भी जब ब्रह्म चैतन्य को मींड़ता हूँ, तब स्वयं में लीन होकर सब– कुछ विसर जाता हूँ| स्मृति और विस्मृति, स्वप्न और निद्रा के पार हो कर जैसे मैं अगाध दिव्यतम अमृतमय आलोक में डुल जाता हूँ| मेरा आत्मविश्वास ही जड़– चेतन का प्रचोदक है महाराज!"

लक्ष्मण ने सहसा कहा– "समुद्र नहीं सुनेगा? यदि नहीं सुनेगा तो अवश्य ही दण्डित किया जायगा|"

"नहीं लक्ष्मण!" श्री राम ने गम्भीर– शान्त स्वर में कहा– "भूतों की पूजा तथा तत्वों की आराधना ही होती है| हम समुद्र से मार्ग देने के लिए प्रार्थना करेंगे| समुद्र-वरुण देव की पूजा करेंगे| मुझे अटल विश्वास है– समुद्र देव मुझे– हमें जानते हैं और हम उनको जानते हैं| पंचभूतों का सहज ज्ञान जीव को है, तत्वों का संज्ञान सहज है| यह शरीर भूतों और तत्वों की दिव्यतम कृति है| इसका

सहज जन्मजात ज्ञान– संज्ञान जीव मात्र को है। इसी ज्ञान संज्ञान से चैतन्य जड़ को जगाता है– जगा सकता है– तुम देखना।"

महाराज सुग्रीव ने हाथ जोड़ते हुए पूछा– "तो फिर वानरों को समुद्र में जाने से रोकूँ, प्रभो!"

"अवश्य रोकिये।" श्री राम बोले– "कोई भी वानर समुद्र में उतरेगा नहीं। हम समुद्र को निस्संदेह पार करेंगे। अवश्य– समुद्र को मार्ग देना होगा। वरुण देव हम पर कृपा करेंगे– अवश्य करेंगे।"

लक्ष्मण ने अमर्षपूर्वक कहा– "देव– कृपा! श्री राम! यह देवताओं की कृपा, ईश्वर की दया– क्या? मुझे जीव की यह लाचारी समझ में नहीं आती– नहीं आयगी। मानव जीवन सतत्– अविराम पुरुषार्थ ही है। अर्थ, धर्म, काम और मोक्ष के लिए स्वप्न और स्मृति में भी, जागृति और सुषुप्ति में भी पुरुषार्थ करना ही मानव की अटल नियति है। आपने ही राम! हमें यह पाठ पढ़ाया है– तब यह वरुण देव की कृपा? क्यों? क्या?"

श्री राम ने लक्ष्मण को निहारा; तनिक घूरते हुए कहा– "वरुण देव, लक्ष्मण! प्रपातों, सरिताओं, नद, नदियों, सरोवरों और सागरों– समुद्रों और जलधियों का धारण, लालन तथा पोषण करने वाले देवता वरुण।"

"जी, किन्तु......" लक्ष्मण ने साहसपूर्वक कहा– "पुरुषार्थ पूर्वक ही हमें इस समुद्र को पार करना होगा। देव कृपा क्या हमें समुद्र में मार्ग देगी? प्रति लव, काष्ठा, पल और पलक में अभिनिश्चित् तथा अटल अनिवार्य सृष्टि की गतिविधि, नियति क्या देवताओं की कृपा और दया पर ही निर्भर है? जी नहीं, राम! अद्वितीय दिव्य ज्ञान और विज्ञानपूर्वक तथा परक यह जगत है– ऐसा श्रीमान् ने ही हमें बताया था।"

"मैंने सही कहा था, सत्य को ही बताया था।" श्री राम ने कहा– "जगत का यह अभूतपूर्व आश्चर्य ईश्वर की मौज के दिव्यतम वरदान का ही फल है। यह सृष्टि निस्संदेह उसकी आनन्दोन्मादिनी लीला–वृत्ति का ही परिणाम है। ईश्वर की मौज उसकी चिरन्तन चिर गहन कृपा ही है– उसकी यह लीला– वृत्ति ही परमात्मा की दया कहलाएगी। कृपा, दया, अनुग्रह – यह सब ईश्वर की स्वाभाविक सच्चिदानन्द वृत्तियाँ– चेतनाएं हैं। जीव अज्ञानपूर्वक और परक है, परमात्मा ज्ञान और जगत विज्ञान परक तथा पूर्वक है। हम वरुण देव की पूजा करेंगे।"

"जी, प्रभो!" सुग्रीव ने हाथ जोड़कर कहा– "नल– नील! श्री रामजी की वरुण– पूजा के लिए तैयारी करो।"

"उपवास पर रहकर मैं वरुण– पूजा और समुद्र से निवेदन करूँगा।" श्री राम ने कहा– "निश्चय ही महाराज सगर के प्रति चिर कृतज्ञ समुद्र जीवित होगा– जागृत होगा तथा मेरी प्रार्थना सुनेगा– हाँ लक्ष्मण!"

श्री राम ने समुद्रतट पर स्वच्छ और शुद्ध स्थान पर पद्मासनबद्ध उपविष्ट होकर पाँच बाण चारों दिशाओं तथा एक मध्यस्थ स्थापित किये। अपने दिव्य तेजस्वी धनुष्य को चढ़ाकर श्री राम ने पृथ्वी, जल, अग्नि, वायु तथा आकाश को सविनय सम्बोधित करते हुए पंचबाण धरती में गाड़े और बार– बार नमस्कारपूर्वक कहा– "हे पृथ्वी! पुष्ट कर– रक्षा कर। हे जल! पोषण कर– कृपा कर। हे अग्नि! पापों को भस्म कर तथा पुण्य संस्कारों को तेजस्वी कर। हे वायुदेव! शक्ति दे– स्फूर्ति दे। अबाध गति और प्रगति प्रदान कर। हे आकाश! अनहदनाद दे– सत्य का भान करा– ज्योति दे। काल की सद्गति तथा विधि की पुण्यविधि दे। कृपा करो देव! मुझ राम पर कृपा करो। हे वरुण देव! हे सागराधिपति समुद्र देव! मुझे, महाराज सुग्रीव तथा वानर सैन्य को मार्ग दो। जय हो वरुण देव!!"

श्री राम के नीलकमल से आभा भरे नयन स्वयं ही उन्मीलित हो गये। वे बड़रे सरोज नयन समस्त पृथ्वी को मानो स्वयं में समाकर ध्यानस्थ हो गये। वह अरुणारे तनिक रक्ताभा नीलाभ नयन समूचे अपनत्व को उसकी अन्तर्निहित जलराशियों सहित उन्मीलित पलकों में समाहित करते हुए स्वयं ही ध्यानमग्न होते गये। श्री राम ने अग्नि को अपने कमल लोचनों की कीकियों में भर लिया और त्रिकाल के स्पर्शों को द्विदल में सोख लिया– आकाश ही आकाश श्री राम के विशाल ध्यानस्थ लोचनों में तैर उठा, उद्भासित हो गया। असीम, अगाध, अपार, अपरम्पार गगन के गगन सींचकर व्योमों के अनन्त में मानो अवतरित हो गया और छोरहीन, कालहीन, भवहीन अवकाश में समाता गया। श्री राम ने अपने प्राणों को मन द्वारा दमित कर अपनी अनन्त कोटि ब्रह्माण्डों का नाम– रूप जानने तथा ज्ञान कराने वाली मेधा में भर दिया। श्री राम की बुद्धि शुद्ध-बुद्ध होकर चित्त के अगाध में विराट् में डूबती गयी। स्वयं श्री रामचन्द्र, दशरथनंदन, रघुकुलतिलक श्री राम स्वयं में ही लीन होकर दिव्यतम आकर्षण बनते गये। इच्छा मात्र से मानो काल की गतिविधि चलने लगी और श्री राम को लगा जैसे वही जगत और उसकी सृष्टियों के अनवरत अविराम महाकाल हैं, शिव हैं–

परमशिव हैं| श्री राम के सहस्त्रदल में अनहदनाद डमरू की डिम-डिमों में गूँजकर ताण्डव के तोड़ों में बज उठे| श्री राम जैसे पंचभूतों को अपनी इच्छा मात्र से नियमित करने लगे| अपनी आज्ञा मात्र से यम और विधि जैसे श्री राम को देखने पहचानने लगे श्री राम के इंगित मात्र से यह देवता अपने लोकों से चले आने लगे– "राम! राम! प्रसन्न हो जाओ, राम!" देवताओं के कण्ठों से यह विनंती निकलने लगी– "आज्ञा? राम!"

श्री राम अपने गहनातिगहन दहराकाश में पश्यन्ति में ही बोले– "आज्ञा? और मैं......... मैं एक मानव हूँ, जीव हूँ– किसे आज्ञा करूँ? देवों को– देवाधिदेवों को– तत्वों को, भूतों को! मैं..... मैं तो विधाता की कृपा और यम की करुणा ही चाहता हूँ| ईश्वर! तेरी दया ही चाहता हूँ| दया कर और सागर देव को चैतन्य कर दे| मुझे मार्ग चाहिये– इस विशाल वानर सैन्य को उस पार ले जाना है| सीता का परित्राण करना है, हे देवाधिदेव! मुझे इस लंकापति रावण से लड़ना ही होगा| वह नराधम, दुष्ट, कुकर्मी मेरी प्राणेश्वरी को हर ले गया– यह सूर्यवंशी रघुकुल की ही नहीं, समस्त आर्यावर्त तथा मानव जाति का घोर अपमान तथा जीवन की गरिमा को ही लील लेना है| सीता आज निरीह है; भयत्रस्त है तथा प्रतिपल मृत्यु से संघर्ष कर रही है और मैं समुद्र के इस तट पर विवश अटका बैठा हूँ| वरुण देव! कृपा करो| अपने समुद्र को चैतन्य कर दो|"

गगन के गगन मानो व्योमों में अर-भरे| श्री राम का वेणु-निनाद सा स्वर स्वतः ही स्वयं में समा गया| श्री राम मानो सृष्टि के तत्वों तथा जगत के पंचभूतों के अचित् चित् से एकाकार होने लगे| श्री राम की चिद्‌घन सच्चिदानन्द चिति अखिल-निखिल ब्रह्माण्डों को स्वयं में समा कर अणु-अणु, परमाणु, त्रिश्रेणु तथा दिव्यातिदिव्य अनन्त को स्वयं लीन कर परात्पर शक्ति-चेतना ही हो उठी| श्री राम की सर्वशक्तिमान कुण्डलिनी मानो जागृत होने लगी| मूलाधार की सुष्मणा में भरपूर तेजोमयी सुधामयी ज्योति सहज ही जाग उठी और अपनी कल्याणी ऊर्ध्वगति से सहस्रार की ओर एक के बाद एक चक्र भेदती हुई बढ़ने लगी| श्री राम अपने द्विदल में स्थित सहस्रार के ब्रह्म रंध्र में परम शिव का एकधार चिन्तन करने लगे| श्री राम के दिव्यतम सहस्रदल कमल की पंखुड़ियाँ ज्योतिर्मय लास में रिमझिम उठीं तथा सभी सिद्धियाँ प्रगट होकर श्री राम को नमस्कार करने लगीं– मानो श्री राम ही उन सिद्धियों के स्वामी होते गये| अपने परावाक् में श्री राम ने गुहार की– "समुद्रदेव! प्रगटो|"

अपार समुद्र में हिलोरें उठीं– तरंगें मचलीं और क्षान्ति उत्पन्न हुई| समुद्र ज्यों का त्यों प्रसरा ही उल्लोलित होता रहा| श्री राम ने द्विदल में ध्यानस्थ होकर जाप आरम्भ किया, घनीभूत किया – घट्ट किया| तेल की धार के समान "ॐ नमः शिवाय" महामंत्र का अजापा जाप श्री राम करने लगे| सेना के वरिष्ठ नायक तथा महाराज सुग्रीव अपने श्रेष्ठ सामन्तों के साथ श्री राम को घेरे रहे| श्री लक्ष्मण अधीर आकुल–व्याकुल श्री राम की ध्यानस्थ मूर्ति को देखते रोम– रोम में जाग्रत खड़े रहे| समुद्र अपने तट को हिलोरों से छूने का बराबर प्रयत्न करता रहा| श्री राम ने अपनी घनी श्याम पलकों पर समुद्र की वारि–राशि मानो झेल ली– "प्रगट होओ समुद्रदेव!" अन्तःकरण में अनहद प्रार्थना गूँजी और उसकी प्रतिध्वनियां जगत के कोनों में लीन होकर अनन्त में प्रसर गईं| जगत के देवता हठात् अवाक् आकाश में स्थित श्री राघव राम के पंच बाणों को सागरतट की धरती में गड़े हुए देखने लगे और मन ही मन मानो भयभीत से हो उठे| राम के ये बाण– 'रामबाण'– यह बाण जब लगता है तब समूची घनी घट्ट त्रिगुणमयी माया ही भिद् जाती है| रामबाण भव के अज्ञान को चीर कर ज्ञान की अग्नि उत्पन्न करने वाला, जन्म– मरण के चक्र को तोड़ देने वाला बाण है| रामबाण! लक्ष्मण ने मन ही मन झुँझलाते हुए स्वयं से मौन ही कहा– "क्या हो गया है राघव! आप को क्या हो गया है? जड़ जल का यह अपार क्या देवस्वरूप प्रगट हो सकता है? प्रगट होगा भी? नहीं...... नहीं, राम! जागो और-और इस विपुल जल– राशि को अपने बाण से शासित करो– सोख लो समुद्र को, राम! और अपनी विशाल सेना को समुद्र पार ले जाओ, राघव! सुनते हो.....|" श्री राम ने लक्ष्मण की मौन पुकार अपने गहन में सुनी– एक विलमाई हुई प्रतिध्वनि की भांति सुनी|

✦✦✦

श्री राम ध्यानस्थ वरुण देव का आह्वान करते रहे और दिवस– रात विशाल वानर सैन्य स्तब्ध सी श्री राम को निहारती खड़ी रही| पल क्षण और क्षण प्रहर में सरकते रहे और दो ब्राह्म मुहूर्त प्रभाकर में लीन हो गये| तीसरा ब्राह्म मुहूर्त क्षितिज पर उदित हुआ और अडिग खड़े हुए लक्ष्मण का धैर्य खूट गया– चीत्कारपूर्वक बोले– "श्री राम !"

श्री राम आकाश से उतर कर शरीर में जागते हुए बोले– "हूँ.... वरुण देव?"

"नहीं, श्री राम! यहाँ कोई देव प्रगट नहीं हुआ। आप ही हैं देव– देवाधिदेव, जो कुछ हैं– आप ही हैं।"

श्री राम अब पूर्णतः जाग गये थे; चिहुँके– "तब वरुण देव प्रगट नहीं हुए? मेरी प्रार्थना नहीं सुनी। समुद्र को मेरी प्रार्थना नहीं रुचि तब?"

"यही........ यही, प्रभो!" महाराज सुग्रीव ने कहा– "लातों के देव बातों से नहीं मानते, प्रभो!"

श्री राम ने सिर धुनाकर अट्टहास्यपूर्वक कहा– "अच्छा! मैं समझ गया, मित्रवर्य! लातों के देव बातों से नहीं मानते। ये पंचभूत तब ताड़ना के पात्र हैं– विनय के योग्य नहीं हैं। मैं पूछता हूँ लक्ष्मण! तब प्रार्थना के योग्य कौन है? कौन?"

"मैं नहीं जानता, प्रभो! राम! मैं नहीं जानता।" लक्ष्मण ने सिर धुनाकर कहा– "आपको सभी ऋषि– मुनि, सन्त सज्जन आर्य और वानर परमात्मा का मनुजावतार मानते हैं। हनुमान आप को भगवान श्री हरि नारायण हरि मानकर आपकी अपायनी भक्ति करते हैं। आप इन जड़ भूतों से प्रार्थना करें ही क्यों? आप अपने रामबाण से इस धृष्ट समुद्र को सोख लें, राम! शठम प्रत्ये शाठ्यम कर्म्यात्– यही नीति है, रामजी! यही। परमात्मा के अवतार की जगत अवेहलना करे, सृष्टि न माने तो एक ही न्याय शेष है– दण्ड! समुद्र को दण्ड दीजिये, राघव राम!"

राम चिहुँके– "दण्ड?"

"हाँ, दण्ड।" सहसा महाराज सुग्रीव ने भी निवेदन किया– "और क्या उपाय है? इस समुद्र को नाथे बिना हम श्रीलंका तट पर उतर नहीं सकते। आकाश मार्ग से हम सब जा नहीं सकते, तैर कर भी कौन इस अगाध जलनिधि को पैर सकता है, प्रभो! इसीलिए वीर शिरोमणि लक्ष्मण ठीक ही कहते हैं – दण्ड।"

"दण्ड" श्री राम को लगा– "व्योम से, गगन से, आकाश से ध्वनि धँसी आ रही है– दण्ड। श्री राम ने नयन मींचे और अपने शान्त, धीर अन्तःकरण से कहा, मानो पूछा– "दण्ड?" श्री राम को मानो देवताओं ने मौन ही मौन सूचित किया– "वरुण देव दुराग्रह व्यक्त कर रहे हैं। सागर का ही यह दायित्व है कि वह श्री राम के प्रति अपना दायित्व निभाये– हाँ, दायित्व। जड़– चैतन्य, भूतों–तत्वों का दायित्व है, सच्चिदानन्द अंश प्राणियों के प्रति, जीवों के प्रति और यह अटल, अकाट्य एवं सदैव गुण– धर्म सहित विज्ञान स्वरुप जड़ में निहित है, अन्तर्निहित है, प्रदत्त है,

समलीन है– है|" श्री राम ने पुनः स्वयं में निहारा– "सीते! क्या करूँ? यह सागर नहीं सुनता.... क्या करूँ?"

सहसा श्री राम ने अपने गहन में सुना– "दण्ड! सुखा दो, राम! सागर को| इस धृष्ट जड़ अपार को सुखा दो| महर्षि अगस्त्य ने इसी सागर को अंजलि बनाकर पी लिया– हाँ| आप तो अवतार हो, मनुजावतार– सर्व समर्थ सर्वशक्तिमान आप महामानव हो| धृष्टों, शठों और अधर्मियों को शासित करना आपका धर्म है– रामबाण, राम!"

श्री राम ने सहसा धनुष चढ़ाया और बाण प्रत्यंचा पर चढ़ाते हुए पुकारा– "प्रगट होओ, समुद्र! अन्यथा....."

श्री राम के धनुष की प्रत्यंचा पर चढ़कर बाण थमा| श्री राम ने समुद्र को घूरा– "जाग्रत होओ, वरुण– पुत्र– जाग्रत! प्रगट!!"

श्री राम– बाण से मानो अग्नि झरने लगी| श्री राम का गम्भीर प्लुत और शीर्ण स्वर गूँजा– "प्रगटो, समुद्रदेव! अन्यथा मैं तुमको अपने जलचरों के साथ, रत्नों सहित भस्म कर दूँगा, जला दूंगा-सोख लूंगा-सीता! सुना! सीता का परित्राण ही इस समय मेरा सर्वोच्च कर्त्तव्य है| उसकी साधना में तुम्हारा यह हठ विघ्न है, किन्तु मेरा बाण– रामबाण समर्थ है तुम्हारी इस जड़ जल राशि को सुखाने में| इसकी नोक का स्पर्श ही यथेष्ट है|"

अगाध समुद्र जैसे हिला; काँपा– स्वयं ही खलभला|

श्री राम ने धनुष खींचा– कन्धे पर खींचकर श्री राम जलद-गम्भीर स्वर में बोले– "प्रगटो समुद्र! मुझे मार्ग दो| मैं पुनः अन्तिम बार विनय करता हूँ, अन्यथा मेरा यह बाण अमोघ है, वरुण पुत्र! अमोघ– यह जला सकता है; भस्म कर सकता है| यह विपुल मेघ उठाकर बरसा सकता है तथा खण्ड प्रलय कर सकता है| मुझे सीता की रक्षा करनी है| उसको नीच, दुष्ट, दुर्दान्त राक्षसराज की कारा से मुक्त कराना है| सुना? हनुमान ने लंका को इसीलिए भस्म किया था| अपना धृष्ट हट त्यागो, समुद्रदेव!"

श्री राम की विनन्ती के स्वर– व्यंजन, ध्वनि– प्रतिध्वनि होकर समुद्र की प्रत्येक उर्मि में समाने लगे और एक कर्षण मानो समुद्र की अगणित वीचियों में खलभलने लगा| समुद्र जैसे उनींदी आँखें खोलने लगा| ताराओं की आँखों को मूँद कर प्रगाढ़ निद्रा में निमग्न विशाल, विराट्, अपार समुद्रदेव जैसे आँखें

खोलने के लिए वीचियों की पलकें टिमटिमाने लगा| वह अगाध जलराशि मानो एक जिजीविषा सी आकाश में लहर उठी| श्री राम ने धनुष की अपनी प्रखर प्रत्यंचा को कन्धे के ऊपर कान तक खींचने का प्रयास करते हुए गर्जना की– "समुद्रदेव!" समस्त समुद्र में उत्ताल तरंगें उठीं और जलचर जीव क्षुब्ध होकर उछलने लगे| श्री राम का जलद– गम्भीर स्वर पुनः गरजा– "समक्ष आओ.... उपविष्ट होओ समुद्रदेव!"

समुद्र के अगाध से मानो एक दिव्य देव आविर्भूत होने लगा| सभी वानरों तथा उपस्थितों के नयन स्वयं ही जैसे उन्मीलित होकर अन्तर्मुखी हो गये| लक्ष्मण खड़े ही खड़े जैसे समुद्रदेव को प्रगट होते हुए देखते रहे| महाराज सुग्रीव चीत्कार सी कर उठे– "समुद्र.... श्री राम! समुद्र आ गया– समुद्र, राम!"

श्री राम ने समुद्र के मध्य में निहारते हुए कहा– "हाँ, वह हैं, वह रहे समुद्रदेव|"

आकाशवाणी हुई– "आज्ञा, प्रभो! वरुण देवता का सन्निष्ठ प्रणाम स्वीकार करें, भगवन!"

श्री राम ने कहा– "मुझे मार्ग चाहिये| समुद्र से कहो कि वह हमें मार्ग दे| समुद्र की यह धृष्टता! कि वह मुझे दिवसों तक नहीं सुने|"

आकाश की दिव्य परावाक् बोली– "क्षमा! अभय, प्रभो! भूतों की मर्यादा को निश्चित् करने वाले तो आप ही हैं– भूल गये क्या?"

"मैं?" श्री राम ने साश्चर्य पूछा|

वरुण देव ने प्रकाशित होते हुए कहा– "आप परम् तत्व, परम् शिव, श्री नारायण हरि आप ही तो हैं|"

श्री राम ने हँसते हुए कहा– "अच्छा....... अच्छा| प्रणाम वरुण देव! हमें लंका तट तक पहुँचने के लिए ससैन्य मार्ग दीजिये| इस बाण से हम समुद्र को सोख सकते थे, किन्तु मर्यादा! जगत् के दिव्यातिदिव्य अनन्य विज्ञान की स्वतः सहज मर्यादा तथा सृष्टि के कल्याण की अनिवार्य जिजीविषा– इस परात्पर वृत्ति ने हमें धैर्य दिया और सौभाग्य की आपके साक्षात् दर्शन हुए|"

"तथास्तु! राम! तथास्तु!" वरुण देव ने कहा– "आपके सैन्य में नल– नील हैं| वे समुद्र के लिए मार्ग तैयार करेंगे|....... सेतु|"

"सेतु!" श्री राम ने कहा-"सेतु ही तो।"

पुनः आकाशवाणी गगन के गगन गुंजायमान करती हुई मानो बोली– "सेतु! सेतु बन्ध ही एकमात्र मार्ग है, राम!"

"तब ऐसा ही हो।" श्री राम ने कहा और बाण को सुदूर की ओर संधानते हुए कहा– "जहाँ भूमि ऊसर है, जहाँ जल और सघन पल्लव नहीं हैं, जहाँ दुष्ट तथा आत्मद्रोही बसते हैं– वहाँ.... बाण मेरे, वहाँ।"

रामबाण अज्ञात दिशा की ओर छूट चला।

16

दशानन रावण ठहाका मारकर हँसा– "अच्छा| तब यह मरकट समुद्र को नाथेंगे? सेतु..... सेतु बाँधेंगे? अहो रूपम् अहो ध्वनि ही तो| सौ योजन के विस्तार के दोनों तटों पर सेतु बन्ध! असम्भव!! दुष्ट कहीं के| हमें ऐसी लचर बातें सुनाकर व्यर्थ ही क्षुभित करता है| ले जाओ इसे भूगर्भ में डाल दो|"

गुप्तचर राक्षस ने रावण के चरणों में साष्टांग दण्डवत करते हुए कुररी विलाप किया– "प्रभो! महाबली हे अजय दशानन! महाराज राजराजेश्वर लंकाधिपति! निस्संदेह मैंने जो निवेदन किया वह अत्यन्त विश्वस्त सूत्रों से प्राप्त समाचार है, श्रीमन्!"

"सेतु बन्ध! सौ योजन लम्बा सेतु समुद्र में– इस समुद्र में? जो त्रैलोक्य में क्षुभित समुद्र की भांति विश्रुत है| तू हमें मूर्ख समझता है, शठ कहीं का! महात्मा विश्वकर्मा ने इसी समुद्र के प्रकृतिस्थ क्षोभ को जानकर ही यह द्वीप चुना था| त्रिकुट के श्रृंगों को धोती हैं लंका समुद्र की तरंगें, सुना!"

गुप्तचर ने पुनः नाक रगड़– रगड़ कर कहा– "जी!"

"लंका समुद्र की प्रत्येक तरंग हमारी नापी हुई है|" रावण गर्जा– "अहर्निशि की इन तरंगों की हलचल, उमड़– घुमड़, उभर, उल्लोल– कल्लोल हमारी परीक्षित है| इस समुद्र में मेनाक पर्वत भी डूब गया है तथा यन्त्रस्य हमारे सैनिक उपकरण भी चारों दिशाओं में धक्के खाते ही रहते हैं| उस मरकट हनुमान ने सुरसा को समाप्त कर दिया| छाया ग्राहय संयत्र को ठार कर दिया| मेनाक का तीव्र श्रृंग तैरता था– उसको भी उस मायावी वानर ने नष्ट कर दिया| लंका जला दी, भस्मीभूत ही कर दी थी किन्तु हमारे समर्थ शिल्पियों ने उसको दिन-रात एक कर पुनः खड़ी कर दी| आज त्रिकुट पर गगनभेदी ध्वजों को फहराती हुई लंका नगरी श्री यन्त्र की भांति खड़ी है| दशरथनंदन श्री रामजी अब पधार रहे हैं– लंका विजय के लिए| पहले वे अपनी पत्नी को तो छुड़ा लें मेरे वश से– तब जानूँगा उसका बल, उसका सामर्थ्य| हम अजय हैं, अपराजय, सुना|"

"जी, प्रभो! अजय|" गुप्तचर ने कहा– "वानर नल– नील जी तोड़कर पत्थरों और पेड़ों को समुद्र में डाल रहे हैं और वे पल भर में डूब जाते हैं और....... और पुनः उभर से आते हैं|"

"तब सेतु क्या बाँधेगा, मूर्ख!" रावण ने अट्टहास किया|

"जी!" गुप्तचर ने नमनपूर्वक कहा– "मरकटों ने कभी एक छोटा पर्वत भी खड़का है, क्या, प्रभो! नहीं| यह इन मानवों और वानरों का शैशव ऊधम है| अगाध समुद्र को कौन बाँध पाया है, श्रीमान् राजराजेश्वर? कौन? यदि समुद्र पर कोई सेतु बाँधने में समर्थ है तो वे श्रीमानेश्वर के शिल्प विज्ञानी हैं| वस्तु शिल्प, ज्योतिष, आयुर्वेद– इन सभी विद्याओं के लिए आप श्रीमान त्रैलोक्यख्यात आचार्य हैं– मनीषी हैं|"

हमने आर्यों के वेद– मन्त्रों का उद्धार किया है, सुना?"

रावण ने कहा– "आर्यों के तथाकथित ऋषि– मुनियों ने वेद मन्त्रों का जो अर्थ प्रसिद्ध किया, हमने उस अर्थ को तर्क से खण्डित कर शुक्ल का कृष्ण और कृष्ण का शुक्ल अर्थ सिद्ध किया है| हमने वेद और वेदांग वांग्मय को शिव के डमरू की स्वर– व्यंजन ऋचाओं से अनहद को नाथ कर वेद मन्त्रों को दहराकाश में पुनः– पुनः आल्होड़िदित किया है– हम ही आर्य वेदों के सच्चे तन्त्र– सिद्ध मन्त्र द्रष्टा हैं| कृष्ण यजुर्वेद तूने पढ़ा है?"

सहसा इन्द्रजीत ने प्रवेश करते हुए कहा– "मैंने श्रीमुख से सुना है; पूज्य पिताश्री! आर्यों के ऋषि प्रणित वेद– मन्त्रों के अर्थ धारणाएं मात्र हैं| मातृकाओं की ज्ञान– चिन्मयता से प्रसूत अनहदनाद की चैतन्य अनुभूतियाँ नहीं| राक्षस मन्त्र द्रष्टाओं ने ही शिव– शक्ति की दश महाविधाओं का साक्षात् किया है– और किसी ने भी नहीं|"

रावण ने प्रसन्न होकर कहा– "आओ, इन्द्रजीत! तुम वीरवर हो, मनीषी हो, तन्त्राधिपति प्रबुद्ध साधक हो– तुम वीर हो, कौल हो|"

"अवधूत नहीं|"– इन्द्रजीत ने हँसते हुए कहा– "अवधूत तो वह दशरथनंदन श्री रामचन्द्र ही प्रतीत होता है| समुद्र में वानरों से पत्थर डलवा रहा है और कहता है, सेतु बाँध रहा हूँ|"

पिता– पुत्र दोनों कटि से इठलाते हुए हँसे| रावण ने हँसी थामते हुए कहा– "इन मरकटों को तीरों से बेंध दो, इन्द्रजीत! बेंध दो इन हठी दुराग्रही वानरों को| प्रहस्त... कहाँ है वह हमारा शानदार सेनापति| प्रहस्त, विरूपाक्ष और दुर्धर-इसे देखें|"

इन्द्रजीत ने तनिक सहमते हुए कहा– "किन्तु वह सौ योजन दूर हैं, पिताश्री!"

"तो क्या सौ योजन पार करने वाले तीर नहीं हैं हमारे शस्त्रागार में?" रावण ने बमकते हुए कहा– "थे तो सही|"

इन्द्रजीत ने हताश होते हुए कहा– "थे तो, किन्तु उस वानर, क्या नाम था– हाँ, हनुमान ने हमारा सुरक्षित शस्त्रागार ही जलाकर भस्म कर दिया है|"

"तो नये बनाओ|" रावण ने क्रोधपूर्वक कहा– "शस्त्रागार भस्म कर दिया, तो आप सब क्या कर रहे थे? सो रहे थे? प्रहस्त ही इस विलक्षण घटना के लिए उत्तरदायी है|"

"इन्द्रजाल, पिताश्री!" इन्द्रजीत ने कहा– "वह वानर हनुमान देवी शक्तियों से मण्डित लगता था| जो सौ योजन समुद्र उड़कर पार कर सकता है– वह क्या नहीं कर सकता?"

"क्या नहीं कर सकता......" रावण चिल्लाया और कहा– "एक मरकट– शाखामृग हमें नीचा दिखा गया| शस्त्रागार में सभी आवश्यक अस्त्र– शस्त्र नहीं हैं तो इन वानरों से हम कैसे लड़ेंगे? कैसे, उत्तर दो। सप्ताहभर में अस्त्र – शस्त्र बन जाने चाहिये| तब तक मायावी शक्तियों से समुद्र पर सेतु बन्ध कीलित कर दिया जाय| सुना?"

"जी!" इन्द्रजीत ने कहा– "कुछ उपाय अवश्य करूँगा| वह प्रहस्त मायावी अस्त्रों को जानता तक नहीं| मैं जानता हूँ| ब्रह्मास्त्र! अवश्य ही! ब्रह्मास्त्र से मैं सेतु बन्ध को ढाह दूँगा| वानर सैन्य को भस्म कर दूँगा और उस रामचन्द्र और उसके भाई लक्ष्मण को लाकर आपके चरणों में झुका दूँगा– तभी मैं इन्द्रजीत|"

"वाह! पूत मेरे!" रावण ने कहा– "सावधान और जागते रहो| लंका तट का चप्पा– चप्पा सशस्त्र सैनिकों से पाट दो| वानरों को देखते ही ठार कर दो| यह हमारी आज्ञा है| सभी सेनापति लंका तट की रक्षा के लिए सन्नद्ध किये जाते हैं,

सुना? जाओ| हम क्लान्त हैं। धान्यमालिनी को हमारा नमस्कार कहलाओ– आज हम धान्यमालिनी देवी का स्वागत झेलेंगे|"

धान्यमालिनी ने अपने पति रावण के अन्तरंग कक्ष के द्वार में चित्रलिखित सी खुभते हुए कहा– "आज क्या बात है, नाथ! आज मुझ पर तूठे हैं आप| सखी मन्दोदरी से मन भर गया?"

"मन्दोदरी" रावण ने झल्लाते हुए कहा– "उसने तो हमसे असहयोग ही कर रखा है| 'सीता को वापस करो'– एक ही रट लगा रखी है| हम कदापि– कदापि सीता को वापस नहीं करेंगे| सीता या तो हमारी अंकशायिनी होगी अथवा राक्षसियों का आहार होगी| मन्दोदरी संकीर्ण है, द्वेषी है– सौत को सह नहीं सकती| और तुम? तुम उदार हो| तुम पति के सुख– विलास के लिए सौत को सहती हो| यह मन्दोदरी धृष्ट है हमसे सदैव विपरीत दिशा में चलती आई है| मन्दोदरी हमारी पट्ट महादेवी है, किन्तु हमारी वृत्ति के अनुकूल आचरण करने वाली पत्नी नहीं है| हमारी मनोरमा तो वह है, किन्तु हमें उसका यह विपरीत आचरण रूचिकर नहीं| हम तुमको शीघ्र ही पट्टमहिषी बनाएँगे| पहले इस रामचन्द्र राघव राम से निपट लूँ|"

"वह तो आप निपट ही लेंगे|" धान्यमालिनी ने हँसौहे नयन नचाते हुए कहा– "पहले आप मुझसे तो रतिरण में निपट लें| आज रति– रंग नहीं– रति– रण!"

रावण ने धान्यमालिनी के कर थामे और अपनी ओर खींचते हुए कहा– "उस राघव से रण– रंग और तुमसे रति– रंग– वाह! हमारे सद्-भाग्य की सीमा नहीं है|"

धान्यमालिनी मुलकी– "रहने दीजिये अपने इस सद्-भाग्य को| उस मानवी के मोह में पड़े हो| वह मानवी स्त्री आपको क्या सुख दे सकेगी?? रण रंग में आप राक्षस– नर कुशल हो, तो हम राक्षस– नारियाँ रति– रंग में अत्यन्त कुशल हैं|"

"हम सुर, नर, नाग, किन्नर, गन्धर्व, मानव इत्यादि सभी नारियों के सहवास का सुख चाहते हैं|" रावण ने हँसते हुए कहा– "नारी चैतन्य, चिति, समझी ? गहन है, अत्यन्त मधुर, अत्यन्त रागमय, अत्यन्त रसमय है| राक्षसी उद्दाम तथा गहन सकला है, मानवी शान्त किन्तु मलयज मन्द सफलिनी है| हम शाश्वत नर हैं, शिव– नन्दी हैं, पुरुष हैं| रण– रंग में निष्णात् हैं तो अति– रंग में पारंगत हैं|"

धान्यमालिनी ने भवें हँसौही करते हुए कहा– "तब ठीक है| जीत किसकी?"

"हमारी, प्रिये! हमारी"– रावण ने कहा– "उस राघव रामचन्द्र को समुद्र में पत्थर डालते रहने दो– डाल पत्थर अहर्निशि। समुद्र के अथाह को पत्थरों से भरा नहीं जा सकता। तब तक; जब तक तुम अपने वानरों सहित इस तट पर आ नहीं जाते, हम रति– रण में ही व्यस्त होंगे।"

"मेरी बड़ी सखी...." धान्यमालिनी ने नयन नचाते हुए पूछा।

"वह? वह तो भयत्रस्त, मूढ़मति हो गयी है।" रावण ने कहा– "पूजन, प्रार्थना– बस उसको यही स्वीकृत है। जब से सीता आयी है– हम लाये हैं– इस अनन्य मानव– सुन्दरी को– तब से तुम्हारी बड़ी दीदी– सखी समझ लो, हम से दूर– दूर रहती है। किसी ने उससे कह दिया है, यह राघव राम परम् शिव का मनुजावतार है– डर गयी है वह। सीता उसको कालरात्रि सी लगती है। अरे! तुम्हारे ये कजरारे हँसौहे नयन तो सीता के नयन जैसे ही हैं।"

"मानव सुन्दरी तो राक्षसी रूपयसी।" धान्यमालिनी ने कहा– "चलिये जी।"

"कहाँ?" रावण ने पूछा।

"हमारे शयनागार में" धान्यमालिनी ने हँसते हुए कहा– "पुरुष शयनागार नहीं; नारी का शयनागार, समझे? बालम मेरे। रति-रण के योग्य तो मेरा शयनागार है। आपका? आपका तो त्रैलोक्य की महिलाओं के लिए है। हम राक्षसियाँ अपने पुरुष को अपने ही शयनागार में बधाती है– हाँ जी– चलिये तो।"

"हूँ....." रावण ने कहा– "तुम...... तुम तो भली भांति परिचित हो। नारी अपरिचित ही चाहिये। नारी के अंग– प्रत्यंग का रूप जब नर उद्घाटित करता है, रति– रंग जमता है। तुम तो– तुमको तो मैं खूब जानता हूँ।"

"किन्तु मैं आपको सम्पूर्णतः नहीं जानती।" धान्यमालिनी ने कहा– "हम मदमाती राक्षस बधूटियाँ होते हुए भी आप राक्षसराज एक मानवी के घट्ट मोह में। आश्चर्य! आज मैं आपको जीतूँगी और आपके इस मोह को भंग करूँगी। अपनी अगाध सी कुक्षी में आपको डुबो दूँगी। चलिये, जी।"

✦✦✦

मन्दोदरी ने नम्रनपूर्वक खड़ी हुई त्रिजटा से कहा– "अपनी उन सभी साथिनों से कह देना; सीता जी को कोई भीति न हो– त्रास न हो। समझी?"

त्रिजटा ने बार– बार नमस्कार करते हुए कहा– "जी, समझ गई, किन्तु स्वामिनी! महाराज की जो-जैसी आज्ञा है...."

"उनकी आज्ञा मुझको ज्ञात है, त्रिजटा!" मन्दोदरी ने कहा– "उनकी इच्छा भी मुझे रह– रह कर दुःखी करती है| परायी स्त्रियों को बलात् भोगने की उनकी इच्छा मुझे नहीं भाती| यह-यह अनीति है, अधर्म है| परायी स्त्री, विवश उसकी स्थिति तथा बलात् उसके साथ दुर्व्यवहार| स्त्री की लज्जा उसका शील है– शील ही उसकी लाज है| शीलवान पतिपरायण स्त्री ही इस सृष्टि की गरिमा है, शोभा है, श्रृंगार है|"

"किन्तु महाराज तो राजा हैं, महाराजा|" त्रिजटा ने कहा– "राजा माने– सो रानी|"

"राजा हो, या सुर हो– स्वैर तो स्वैर ही है|" मन्दोदरी ने कहा– "सीताजी की रक्षा का दायित्व मैं तुझे देती हूँ| यदि वे महाराज हैं तो मैं भी महाराज्ञी हूँ| राक्षस कुल के सिंहासन पर महाराज्ञी भी बैठती है| महाराजा की वामा ही महाराज्ञी होती है|"

"महाराज राजराजेश्वर का क्रोध श्रीमती को पता नहीं है|" त्रिजटा ने कहा– "आप पर तो महाराज दशानन सदैव प्रसन्न रहते हैं, प्रसन्न मुद्रा में ही बात करते हैं| आपका वे मन से आदर करते हैं|"

"आदर करते हैं और प्रेम किस से करते हैं?" मन्दोदरी ने पूछा|

"महाराज रावण किसी से प्रेम करते ही नहीं| राजा भोग करता है| प्रेम करना राजा के बस की बात नहीं है| प्रेम तो जीव भगवान से ही करता है| भक्त से प्रभु की करुणा और भक्त का प्रभु से प्रेम– यही भक्ति है, त्रिजटा ! मैं पतिपरायणा राक्षसी हूँ– पति को ही भगवान मानकर चलती हूँ|"

"तब फिर महान् दशानन की प्रत्येक इच्छा भी आपको स्वीकार करनी चाहिये|" त्रिजटा ने कहा|

"धर्म– संगत इच्छा– पुण्यभृत कार्य तथा प्रभु से उनकी प्रार्थना– यही मुझे स्वीकार्य है| कहते हैं राघव राम श्री नारायण हरि के मनुजावतार हैं| तूने देखे हैं? जा, मुझे उनका वर्णन करने के लिए राघव राम को देख आ| चुपके से जाना| समझी?"

त्रिजटा ने प्रणामपूर्वक कहा– "सीताजी को देख लें, श्रीमती! श्री राम को स्वयं ही देख लेंगी– मन की आँखों से|"

"ऐसा.....?" मन्दोदरी ने साश्चर्य कहा– "सीताजी को देखने से ही क्या राम के दर्शन हो जायेंगे? मन में? त्रिजटे! मेरा यह मन आसन्न अँधेरे से भर गया है| उनकी चिन्ता मुझे प्रतिपल जला रही है| क्या करूँ, त्रिजटे! त्रैलोक्य सुन्दरियों से उन्होंने अपनी राझी निवास भर दिया– मैंने कुछ नहीं कहा| राक्षस पुरुष और उसमें भी महाराजा| मन बहलाने के लिए रमणी चाहिये– परन्तु सीता......|"

मन्दोदरी ने अपने बड़रे नयन भींचे, तनिक सिर धुनाया और कहा– "किन्तु सीताजी! नहीं, सीता नहीं– यह मानवी सीता– राक्षस कुल के लिए कालरात्रि है| उनको हो क्या गया है? मुझे समझ में नहीं आता| इतने दुराग्रही तो वे कभी नहीं थे| कितनी बार समझाया सीता को वापस कर दो; परन्तु नहीं| निश्चय ही राक्षस– कुल का अमंगल होने वाला है| अब तो सीताजी की दया ही माँगना शेष रहा है क्या?"

त्रिजटा ने विनयपूर्वक कहा– "महाराझी! आप स्वयं सती हैं| महाराज का मन फेर क्यों नहीं देंती?"

मन्दोदरी हँसी– "स्वैर पुरुष का मन कभी फिरा है क्या? और फिर दशानन का; जो शिव को ही लंका ले आना चाहता था– शिवा को| आशुतोष शिव से वरदान प्राप्त किया और उन्हीं की वल्लभा को ले भागना! तब से मुझे उनसे जैसे अरुचि सी हो गयी है– ग्लानि त्रिजटा!"

"सती अपने पति से कभी ग्लानि कर सकती है क्या? नहीं|" त्रिजटा ने कहा– "आप ही श्रीमती, राक्षसराज तथा समस्त राक्षस कुल के भाग्य की मंगल कामना तथा भविष्य की अभिलाषा हो गई हैं– अपनी शक्ति से अपने पति, कुल तथा वंश का उद्धार कीजिये| साहसपूर्वक महाराज को बरजिये|"

"महाराज दशानन! कौन बरज सकता है उनको?" मन्दोदरी ने निसास रखते हुए कहा– "हरिहर विधि भी उनको बरज नहीं सकते| महर्षि पुलस्त्य की भी उन्होंने सुनी नहीं थी| महाशय कुंभकर्ण उनको समझा– समझा कर थक गये| उदार चित्त महोदय विभीषण भी अब उनको नीति वाक्य कहकर चुप हो जाते हैं| अपने मदमस्त सेनापतियों से घिरे महाराज रावण त्रिलोक के लिए भय बन गये हैं| क्या विधाता वाम हो गयी है?"

त्रिजटा ने कहा– “अधर्म खजा देता है, अन्याय तोड़ देता है, अत्याचार विषाद् देता है| इस पृथ्वी पर जीवन न्याय, नीति, धर्म और सत्य का जीवन है| आर्य ऋषियों का सतत् उपनिषद् मानव को अँधेरे से ज्योति, असद् से सद् तथा मृत्यु से अमृत की ओर जाने का कहते रहते हैं| बचपन से मैंने तो आर्य– संस्कृति का यह पियूष ही पिया है, महाराज़ी!”

मन्दोदरी ने निसास रखा, सिर धुनाया– कहा– “काश! मैं भी यह अमृत–पान कर सकती| देवताओं ने जिस अमृत का पान किया, उसे मैं भी पीना चाहती हूँ| किन्तु भाग्य!..... विष की घूँटें ही पीने को मिली हैं। सोचती हूँ, सत्याग्रह करूँ|”

“महान रावण महाराज के सामने किसकी चली है? सत्याग्रह! आप करेंगी.... तो कीजियेगा|” त्रिजटा ने कहा– “महाराज आपकी ओर आँख उठाकर भी नहीं देखेंगे| उनको तो इस समय चौदह भुवनों में सीता ही दिखती है|”

मन्दोदरी ने सहसा पूछा– “आज–कल महाराज बहुत ही कम दिखायी देते हैं– हैं कहाँ?”

“श्रीमती धान्यमालिनी के आवास में|” त्रिजटा ने कहा– “वहीं निवास– सा कर लिया है महाराज ने| गुप्तचर, दुर्मुख और सेनापति एक के बाद एक आते रहते हैं और राघव राम और उनके सैनिकी गतिविधि के समाचार देते हैं|”

“क्या?” मन्दोदरी ने सहसा भयार्त होते हुए पूछा|

“सुना है राघव रामचन्द्र महासागर पर सेतु बाँध रहे हैं|” त्रिजटा ने कहा– “श्री राम ने अपने रामबाण से समुद्र के अथाह जल को बाँध दिया है, कीलित कर दिया है| विश्वकर्मा से भी अधिक समर्थ और पारंगत वरुण दीक्षा दक्ष कोई नल– नील वानर हैं– वह सेतु बाँध रहे हैं|”

“सच?” मन्दोदरी ने पूछा– स्वयं से कहा|

“जी, पत्थर समुद्र में डूबते नहीं, तैर कर स्थिर हो जाते हैं|” त्रिजटा ने कहा– “समुद्र– बन्धन का यह दिव्य विज्ञान वानर दक्षों की अपनी आविष्कृति है| वरुण देव को मन्तबल से वशीभूत कर लिया है– नल– नील ने| ऐसी चर्चा है|”

“तब वानर सैन्य लंका पर आक्रमण करने में समर्थ होगा| यही न ?” मन्दोदरी ने कहा– “तब क्या होगा, त्रिजटा!”

"महाविनाश...... और क्या होगा|" त्रिजटा ने कहा– "सीता को वापस लौटा कर अब भी राघव रामचन्द्र के क्रोध का शमन किया जा सकता है| महाशय विभीषण सीता को लेकर श्री राम की शरण में जायें और श्री राम का समाधान करें| यही एक मात्र उपाय शेष है, श्रीमती!"

"ठीक है– मैं अभी जाती हूँ– महाराज को मनाती हूँ|" मन्दोदरी ने कहा– "मैं अवश्य अन्तिम बार यह निवेदन राक्षसराज से करूँगी| ...... फिर चाहे मुझे वे त्याग दें|"

"मैं सीता से भी कह रही हूँ कि वे महाविनाश न होने दें|" त्रिजटा ने कहा– "किन्तु वे सुन लेती हैं; कहती कुछ भी नहीं हैं| दो मास की अवधि को क्षण– क्षण गिनती रहती हैं और मनसा– वाचा– कर्मणा राम– नाम लेती रहती हैं|"

"धन्य! सीते!!" मन्दोदरी ने कहा|

"धन्य आपको होना है, महादेवी!" त्रिजटा ने कहा– "आर्यों और वानरों से यह वैर आप ही समाप्त करा सकती हैं|"

"मैं? – मन्दोदरी|

"हाँ आप|" त्रिजटा ने कहा– "महाराज आपका आदर करते हैं| राजकाज में भी आपकी सुनते आए हैं| महाराज राक्षस ही नहीं, राजा हैं| अपने वंश– कुल और राज की रक्षार्थ आपको सुनेंगे ही, श्रीमती! लंका के राक्षसगण भी मन ही मन भयभीत– त्रस्त तथा आकुल– व्याकुल हैं|"

"हूँ...... हे हरि ! रक्षा करो|" मन्दोदरी ने कहा|

✦✦✦

धान्यमालिनी के साथ प्रगाढ़ आलिंगन में रावण लेटा हुआ था| विशाल शयन– पर्यंक को घेरकर उत्तम राक्षस– दासियाँ किलोल करती हुई बैठी हुई थीं और धान्यमालिनी तीव्र किन्तु अत्यन्त मधुर मदिरा का स्वयं पान कर शेष रावण को पीला रही थी| शयन कक्ष के बाहर चर और अनुचर सावधान उपस्थित थे|

रावण ने चषक रीता करते हुए कहा– "आह! प्यास....... इतनी प्यास? किन्तु....... किन्तु यह क्या मदिरा से बुझेगी? इस प्यास को बुझाने के लिए सहस्र धान्यमालिनियों के बिम्बाधर ही चाहिये|"

"चलो, हटो|" धान्यमालिनी ने मान प्रदर्शित करते हुए कहा– "तुम सब पुरुष ऐसे ही हो|"

"कैसे......?" रावण ने धान्यमालिनी की कवरी में उंगलियाँ उलझाते हुए कहा– "हम पुरुष जैसे भी हैं; पुरुष हैं| पुरुष तो नारी के बिना भी चल सकता है, किन्तु नारी नहीं| नारी नर की अन्तरात्मा है| समझीं, प्रियदर्शिनी मेरी|"

तभी एक दासी ने पुकारकर कहा– "महादेवी! पट्टमहिषी! पधार रही हैं|"

रावण ने चौंकते हुए कहा– "मन्दोदरी....... अभी यहाँ? क्या हुआ?"

धान्यमालिनी ने हड़बड़ाते हुए वस्त्र संवारे, कहा – "आ गईं न? आपसे मैं केलि करूँ– यह सखी से सहन नहीं होता|"

"और तुमको?" रावण ने स्वस्थ होते हुए पूछा|

"सखी, दीदी आपसे अहर्निशि केलि करें, मैं प्रसन्न ही हूँगी|" धान्यमालिनी ने कहा– "आपसे प्रीति तो मेरी अपनी है| उनकी प्रीति उनके पास|"

मन्दोदरी ने द्वार पर ठिठकते हुए पूछा– "आ सकती हूँ|"

धान्यमालिनी उठ खड़ी हुई और मन्दोदरी के पास जाकर नमनपूर्वक बोली– "यह शयनागार आप श्रीमती का भी है| स्वागत!"

मन्दोदरी ने धान्यमालिनी को घूरा और रावण की ओर उन्मुख होते हुए कहा– "स्वामी! क्षमा करें, किन्तु यह समय केलि-कल्लोल का नहीं है| समस्त राक्षस कुल पर मृत्यु के घनघोर बादल मंडराने में हैं| राघव रामचन्द्र का विशाल सैन्य समुद्र बाँध रहा है| तब अपने कुल और राज्य की रक्षा की चिन्ता न कर आप श्री केलि मना रहे हैं– आश्चर्य!"

रावण ने हँसते हुए कहा– "अच्छा ही हुआ तुम आ गईं| अब मेरे दोनों पार्श्वों में दो प्रियायें गमकी होंगी| अवश्य– राघव रामचन्द्र...... वह तो अपने मरकटों के साथ समुद्र में डूब मरने वाला है, प्रिये! सुमुखि! दिवस हो गये तुमने मुझे सुख नहीं दिया है| यह धान्य और तुम– दो ही तो हो जो पूर्ण सुख रति– सुख दे सकती हो| आओ, आज मुझे सफल करो– धन्य करो, प्रिये|" और रावण ने सहसा उठकर मन्दोदरी को पकड़ लिया– "अच्छी आयी तुम सुमुखि!"

"आर्य !" मन्दोदरी ने कहा, किन्तु रावण ने मन्दोदरी का मुँह बन्द करते हुए कहा – "मैं आर्य ? नहीं – मैं राक्षस हूँ – राक्षस – पृथ्वीपति राक्षसराज हूँ।"

मन्दोदरी ने कहा– "मानव मात्र आर्य है। आर्य अर्थात्– शान्ति, न्याय और सम का दर्शी, सत्य का सन्धक और अमृतोपासक। आप आर्य नहीं हैं, तो बनना है? राक्षस क्या मृत्यु का उपासक ही बना रहेगा? राक्षस को भी सत्य– साधना करनी होगी। ज्ञान प्राप्त करना होगा। यह राग– द्वेष त्यागना होगा।"

"मैं समर्थ हूँ। मुझे किसी दर्शन की आवश्यकता नहीं है।" रावण ने कहा– "मैं केवल शिव– शिवा और अपने महान राक्षसत्व को ही जानता हूँ तथा मानता हूँ।"

"राक्षसत्व क्या न्याय– नीति और शाश्वत मानव धर्म के विपरीत और विरुद्ध है, स्वामिन्!" मन्दोदरी ने क्षुब्ध होते हुए पूछा– "क्या आपके अधार्मिक और नीति, न्याय विरुद्ध कार्यों ने समस्त जम्बूद्वीप को त्रस्त नहीं कर रखा है? आर्यावर्त में कभी भी किसी भी काल में सत्य, न्याय और धर्म को नहीं त्यागा है और न ही उसकी ग्लानि होने दी है। मैं आपके पैर पडती हूँ इस कालरात्रि रुपी सीता को वापस कर दो। महाशय विभीषण द्वारा यह सौकार्य सम्पादित करें, प्रभो!"

रावण ने दाँत खिचखिचाते हुए कहा– "नहीं...... सीता मेरी थी, मेरी है और मेरी ही रहेगी। स्वयंवर सभा में इसी सीता ने मुझे भर्त्सना भरी दृष्टि से देखा था – मेरी हँसी उड़ाई थी और इसी रामचन्द्र ने गर्व से मुझे घूरा था। सीता को वापस कर दूँ– महाशय विभीषण द्वारा? मैं दशानन– पृथ्वीपति यह कहूँ? विभीषण कुल और वंश का दुखद अपवाद ही है। जन्म से राक्षस किन्तु कर्म से वह आर्य है। मैं आर्य विहीन कर दूँगा इस दरिद्र पृथ्वी को। इस पृथ्वी को मैं सिद्धियों से पुष्ट और तुष्ट करूँगा। अपनी प्रबल साधना से देवताओं को वश में मैंने किया है– तभी तो यह तथाकथित श्री हरि विष्णु के मनुजावतार पृथ्वी पर पधारे हैं– तभी; सुना?"

"सुन लिया........।" मन्दोदरी ने अस्त– व्यस्त धान्यमालिनी को घूरा; कहा– "तुमको तो यह ज्ञान होना चाहिये कि यह समय राग– रंग का नहीं है। अपने प्रिय कान्त को कान्ता वाक्य से समझाना क्या तुम्हारा इस कठिन समय में धर्म नहीं है?"

रावण ने ठहाका मारकर हँसते हुए कहा– "रति– रंग और फिर रण– रंग– इस पार या उस पार।"

धान्यमालिनी ने आँखें नमित करते हुए कहा-"पति की इच्छा पूरी करना मेरा सर्वोपरि धर्म है| सखी...... दीदी! तुम इनके इस अपूर्व साहस एवं धैर्य को तो देखो| कोटि असंख्य वानर– सेना टिड्डीदल की भांति लंका पर मंडराने में ही है– तब भी यह स्वस्थ्य तथा सुखी हैं– अपनी पत्नियों से सुख चाहते हैं, तो क्या मैं मना करती?"

मन्दोदरी ने कहा– "सुख तो ये मानवी सीता से ही चाहते हैं| हम– तुम राक्षसियाँ, देव– कन्याएँ आदि अब इनके काम की नहीं रहीं| इनको राघव राम की पत्नी सती सीता चाहिये| निश्चय ही विधि वाम हो गया है|"

रावण ने सहसा अट्टहास्य किया– "विधि इतना सानुकूल कभी न था, पट्टमहिषी! वानरों का यह टिड्डीदल पहले तो समुद्र में ही डूब मरेगा और यदि लंका तट तक पहुँच भी गये कुछ वानर तो मेरे राक्षस उनका सहज कलेवा कर लेंगे| परात्परा निष्कुम्भा देवी हम पर प्रसन्न हैं| मेघनाद– इन्द्रजीत जो है। इन्द्रजीत को यम भी पराजित नहीं कर सकते| व्यर्थ का यह सोच त्याग दो| आओ, तुम दोनों को आज मैं अपने पार्श्व में संवारूँगा|"

"नहीं|" मन्दोदरी ने कहा– "मैं अन्ततोगत्वा आपकी दासी हूँ| आज्ञा नहीं, प्रार्थना ही कर सकती हूँ| मैं अपने धर्म को जानती हूँ| इस समय सद्बुद्धि के लिए प्रार्थना करना ही मेरा धर्म है|"

"सद्बुद्धि? किसे?" रावण ने हँसते हुए पूछा|

"आपको भगवान सम्मति दे|" मन्दोदरी ने कहा और उल्टे पाँव ही जैसे लौट गयी| रावण ने ठहाका मारकर कहा– "अच्छा! करो प्रार्थना| हम दशानन हैं तो बीस बाहु भी हैं| हम अजय हैं– मानव हमें मारेगा? क्या खा कर मारेगा हमें– हम अपराजित सिद्ध राक्षस हैं| राक्षसराज! तन्त्राधिपति धूर्जटी शिव के शिष्य हैं| राघवेन्द्र रामचन्द्र! तुम अच्छे आये – अब तुम्हारी समाप्ति निकट है| रघुकुल भूषण! राघवेन्द्र रामचन्द्र ! तुम एक निरीह मनुष्य मात्र हो – सिद्ध राक्षसराज नहीं|"

धान्यमालिनी ने मुँह बिचकाते हुए कहा– "होगा|"

"क्या होगा प्रिये?" रावण ने झुँझलाते हुए कहा– "होगा वही जो मैं– हम चाहेंगे| देवता हमारा रुझान देखते रहते हैं| त्रैलोक्य की देवियाँ हमारा वन्दन करती रहती हैं| चौदह भुवन में राजराजेश्वर महाबली परम् पराक्रमांक वांग्मय– वाचस्पति हम

रावण के प्रति रथी, अतिरथी, महारथी नमन करते हैं| वह बाहुबली बालि हमारा बाल साथी भी हमें नमस्कार करता था| मैं उसकी काँख में दबा रहा– षड़मास तक! झूठ है– मुझे निर्बल बताने के लिए यह आर्य मोही व्यक्तियों की वाचाल प्रतारणा है| हम वर्षों तक बालि से कन्धा मिलाकर चलते रहे| एक साथ उठते और बैठते रहे| एक साथ राग– रंग में भी साथ रहे | बाहुबली ने अपनी श्रेष्ठ वानर महिलाएं भी हमें भेंट की और हमने भी त्रिजटा जैसी राक्षसी को अर्पित किया| किन्तु यह सुग्रीव–यह मरकट खूब निकला! अयोध्या के निर्वासित राजकुमार रामचन्द्र से मैत्री साधी और अब लंका तट पर आ उतरने का दुस्साहस कर रहा है| किन्तु हम हैं हम| देखें कौन लंका तट पर पैर रखता है|"

धान्यमालिनी ने रावण को अपनी बाहों में भरते हुए कहा– "उस कलमुँही मानवी को वापस क्यों नहीं कर देते? यह सब झंझट और उत्पात ही समाप्त हो जाए|"

"सीता लौटाई नहीं जायगी|" रावण ने झटका खाते हुए कहा– "तू भी मन्दोदरी की भांति बतियाने लगी? तू क्या जानती है हमारी रहस्यमय राजनीति को| और तेरी वह गर्वीली दीदी मन्दोदरी भी क्या जानती है कि राघव रामचन्द्र की धर्मपत्नी को हर लाना कितना कठिन और साहसपूर्ण कार्य था| मामा मारीच ने अपने प्राण दिये हैं इस सीता के पीछे| उस राघव रामचन्द्र ने अपने ध्वनिभेदी बाण से मेरे मायापति मातुल को मार डाला है| मेरी भगिनी का घोर अपमान किया है और मेरे सार्वभौम वर्चस्व को ललकारा है इस निरीह तापसी मनुष्य ने| हमारे धीर–वीर श्रेष्ठ शतकोटि राक्षसों को इसने छल– बल से मार दिया है| खर– दूषण, ताड़का? मारीच और अन्य हमारे समर्पित राक्षसों को धराशायी किया है| इस रामचन्द्र ने आर्यावर्त– विजय का हमारा मनोरथ ही जैसे कुंठित कर दिया है, सुना?"

"सुना, स्वामिन्!" धान्यमालिनी ने कहा|

"तो अब तुम समझी होगी– हम अपनी कान्ताओं से उपदेश सुनना नहीं चाहते| हम अपनी प्रेमिकाओं से नीति– धर्म की व्याख्याएं सुनना नहीं चाहते| हम अपनी पत्नियों से वैराग्य की वार्ता सुनना नहीं चाहते| हम अपनी कान्ताओं से राग चाहते हैं– आलिंगन चुम्बन चाहते हैं| हम रति चाहते हैं अपनी प्रियाओं

से| हमें तुम नारी! क्या उपदेश दोगी? हम वेद– वेदांग, शास्त्र तथा शस्त्र– अस्त्र, हम मन्त्र और तन्त्र जानते हैं| हम धूर्जटी के शिष्य हैं, सुना?"

"जी! सुना" धान्यमालिनी ने कहा– "अभय, स्वामिन्!"

रावण ने कहा– "दिया" और पर्यंक पर लेटते हुए कहा– "आओ मेरे पार्श्व में दुबक जाओ और तीव्र, मधुर, मादक सुरा के चषक चलने दो|"

धान्यमालिनी ने इंगित किया और चषक के दौर आरम्भ हुए| शयन– कक्ष के बाहर विशाल मण्डप में संगीत के सभी वाद्यों की झंकारें आरम्भ हुईं| चषक पर चषक पीकर रावण झूम उठा और ऊर्ध्व स्वाँस भरकर बोला– "प्रिये! प्रिये मेरी! इस राघव राम को समुद्र में डूब मरने दो| त्रिकुट पर्वत के सपाट– श्रृंग पर स्थित यह लंका नगरी अभेद्य है| यह तो उस देशद्रोही लंकिनी ने वानर हनुमान को घुसने दिया– अन्यथा वह समुद्र का आक्रमण करने वाला दुस्साहसी वानर लंकागढ़ में आ ही नहीं सकता था| रण व्यूह के भेद ले जाने से होता क्या है? हमने रण के सभी व्यूह बदल दिये हैं| रण– रंग! आज दिन तक रण– रंग ही खेलता रहा हूँ और अब रणभूमि में जाना ही नहीं चाहता| रति– रंग– हाँ, यक्षिणी रति– प्रिया का तुझ में अभिनिवेश हो– अवश्य हो और तू मुझे– दशानन को स्वयं में लीन कर दे| इस रामचन्द्र को समाप्त करने के पश्चात् रणभूमि उठा दूँगा| राक्षस वंश के प्रताप एवं ऐश्वर्य को चिरस्थायी करने के लिए अभय और शान्ति अनिवार्य है| और-और पिला, प्यारी! चषक के इन प्यालों में सभी वानरों को डूब जाने दे|"

✦✦✦

मन्दोदरी ने इन्द्रजीत को बुला भेजा| निष्कुम्भा देवी के मन्दिर में ध्यानस्थ इन्द्रजीत ने नयन खोले| अनुचर को घूरते हुए कहा– "क्या है? मेरे ध्यान में विक्षेप कर रहा है तू, शठ कहीं का|"

"माँ जी बुला रहीं हैं, श्रीमन्!" भयभीत अनुचर ने कहा|

"श्रीमती मन्दोदरी माँ जी?" इन्द्रजीत ने अपनी भवें टेढ़ी करते हुए कहा– "वही राग आलापेगी– सीता को वापस कर दो| किन्तु तू ही बता शठ! पिताजी को यह मैं कैसे कहूँ ? जा, कह दे मैं पूजा में हूँ| पूजा समाप्त कर दर्शन करूँगा|"

"जो आज्ञा , प्रभो!" अनुचर ने नमनपूर्वक कहा| इन्द्रजीत अनुचर को जाते हुए देखता रहा| 'सीता'– इन्द्रजीत मन में ही बोल उठा| इस दुबली– पतली इकहरी मानवी में ऐसा तो क्या है जिससे पिताश्री अभिभूत हो गये हैं? क्या है? कुछ भी तो नहीं| यह मानवी नारियाँ स्पर्श करते ही ढह जाती हैं| खर– दूषण यह कहते ही रहते थे| चित्रकूट के जनस्थान में इन मानव नारियों को राक्षस भोगते ही रहते थे– बलात्| तो?...... नारी तो बलात् ही भोगी जाती है| इन्द्रजीत ने पुनः ध्यानस्थ होने की चेष्टा की, किन्तु ध्यान नहीं लगा| एक के बाद एक सुन्दर युवतियाँ उसके मानस पटल पर झबक– झबक कर नृत्य कर उठीं| इन्द्रजीत के भूताकाश में मधुर रागिनियाँ गूँज उठीं| और उसे लगा, त्रैलोक्य की देवांगनाएं उसके चित्ताकाश में प्रकट होंगी| तिमिर दूर हो गया– श्वेत ज्योति का बिन्द चमक उठा और उस बिन्द के नारंगी आलोक में सुर– सुन्दरी यक्षिणी जैसे व्यक्त होने लगी| इन्द्रजीत का साँस स्वयं ही यमित होकर स्थिर हो गया– "आह! यह....... यह कौन ?" सुर– सुन्दरी ने अपने कंटीले नयनों से इन्द्रजीत को बेंध दिया और कहा– "मैं सुर– सुन्दरी ...... यक्षिणियों की नायिका| कहो.... मुझे क्यों बुलाया?" इन्द्रजीत विजड़ित हो गया– "मैंने बुलाया तुमको? नहीं|" सुर-सुन्दरी मानो हँसी– "देवी ने मुझे आज्ञा दी कि तुमसे प्रत्यक्ष करूँ| क्या चाहते हो? भोग? संभोग? क्या?" इन्द्रजीत रोम– रोम में सिहर उठा– "मैं? भोग– संभोग कुछ भी नहीं चाहता| मैं जय चाहता हूँ.... पराजय नहीं| अपने पिता का योगक्षेम चाहता हूँ| हाँ तो तुम ही सुर– सुन्दरी हो| सुन्दर.... सुन्दरतर...... सुन्दरतम किन्तु मैं निष्कुम्भा देवी का दास हूँ– सेवक हूँ|" सुर– सुन्दरी ने मानो कहा– "हम याक्षिणियाँ उसी महामाया की छवियाँ हैं|" इन्द्रजीत जैसे सहसा शरीर में जागृत हो गया| वह पुकार उठा– "ॐ ह्रीं क्लीए श्रीं महायक्षिण्ये सर्व ऐश्वर्य प्रदात्रे नमः|" सुर– सुन्दरी ने मानो परावाक् में कहा – "तथास्तु! किन्तु अपने पिता से कह– न्याय, धर्म तथा सत्य को अंगीकार करे| सीता– सुना? सीता को वापस कर दे; अन्यथा हमारा यह तथास्तु विफल हो जायगा| क्या?" इन्द्रजीत ने अन्तरंग मन्दिर के गर्भ को भयत्रस्त सा होकर देखते हुए पूछा– "क्या? यक्षिणी का वचन मिथ्या होगा? सीता| यह सीता है क्या? कौन है?" इन्द्रजीत के नयन अर्धोन्मीलित होने लगे– सीता कौन है? प्रश्न के प्रतिघोष मानो पृथ्वी की धूलि को उड़ाते हुए गगन मण्डल में फ़ैल उठे| सीता?........ कौन? रहस्यमय विस्मृति के गर्भ में इन्द्रजीत लीन होने लगा| परावाक् ने कहा– "सीता? महामाया, मायापति परमेश्वर की ऐश्वर्य शक्ति– सीता|" इन्द्रजीत ध्यानस्थ ही, पद्मासनबद्ध आसन पर विजड़ित सा

हो गया| "तब........ तब निष्कुम्भे तब|" निष्कुम्भा देवी की मूर्ति ने मानो चिन्मय होते हुए कहा– "सीता? कालरात्रि, सती, विभूति|"

"नहीं...... नहीं!" इन्द्रजीत ने मन के गहन में चीत्कार सी की– "तुम.... तुम निष्कुम्भे! तुम परमेश्वरी, राजराजेश्वरी तुम और...... और मैं! मैं मेघनाद! मैं|"

मेघनाद रोम– रोम में जागृत व्यर्थ ही अट्टहास्य कर उठा| तभी अनुचर ने दौड़कर आते हुए कहा– "राजराजेश्वर दशानन महाराज रावण पधार रहे हैं|"

मेघनाद तुरन्त उठ खड़ा हुआ– "आप, पिताश्री? क्या हुआ?"

रावण ने निष्कुम्भा देवी को प्रणाम करते हुए कहा– "मन्दोदरी– तुम्हारी माँ|"

"फिर वही विलाप?" मेघनाद ने कहा– "किन्तु मैं क्या कर सकता हूँ? आपश्री की जय के लिए मैं प्राण दे सकता हूँ, किन्तु माताजी को समझाना मेरे लिए कठिन है|"

रावण ने झुँझलाते हुए कहा– "उससे अन्तिम बार मेरी ओर से कह दो– सीता वापस नहीं होगी...... मेरे जीतेजी नहीं| रामचन्द्र राघव को मुझे मारकर ही सीता वापस प्राप्त करनी होगी| इस रामचन्द्र राघव को मैं फूटी आँख से भी देखना नहीं चाहता| मेरा बस चले तो अयोध्या को भस्मीभूत कर दूँ| किन्तु अयोध्या दूर है और राक्षसों के दरम्यान शिविरों का ध्वंस हो चुका है| दण्डकारण्य का अपना अधिष्ठान भी नष्ट हो चुका है| राक्षसों के इस आश्चर्यजनक संहार और तुम्हारी– हमारी आदरणीया शूर्पणखा देवी के अपमान का बदला राम– लक्ष्मण को मार कर ही लिया जा सकता है|"

"ठीक ही तो है पिताजी!" मेघनाद ने उत्साहपूर्वक कहा– "माताजी को मैं आपका सन्देश दूँगा और सावधान भी कर दूँगा– अधिक हठ अच्छी नहीं|"

"स्त्रीहठ..... और क्या?" रावण ने सहसा अट्टहास्यपूर्वक कहा– "तुम्हारी माँ ने सौतों को कभी नहीं पसन्द किया| कहा कुछ भी नहीं, किन्तु मन ही मन झुँझलाती रही| सीता को तो वह सौत के रूप में देखना तक नहीं चाहती| उधर सीता की हठ और इधर तुम्हारी माँ की हठ| हम स्त्रीहठ के दो पाटों के बीच में हो गये हैं| क्या करूँ? तुम्हारी माँ सती, साध्वी तथा हमारे प्रति निष्ठ महिला है, उत्तम राक्षसी महिषी हैं| हम उनका आदर करते हैं– इसीलिए भी करते हैं कि उसने तुम– सा त्रिकाल विजय देवताओं को नाकों चने चबवाने वाले अपराजित

साधक वीर पुत्र उत्पन्न कर हमें भेंट दिया| मेघनाद इन्द्रजीत के रूप में त्रिलोकी में विख्यात हो गया| ब्रह्मा ने प्रसन्न होकर तुमको ब्रह्मास्त्र दिया| अवश्य इन देवाधिदेवों ने दिव्यास्त्रों का मूलभूत रहस्य तो प्रगट नहीं किया......."

"सुना है राघव रामचन्द्र को यह रहस्य ज्ञात है|" मेघनाद ने कहा|

"क्या ख़ाक ज्ञात है|" रावण बमका– "उसका नाराच बाण मैंने देखा है– लोहे का टुकड़ा मात्र है| दिव्य अस्त्र! वह केवल तुम्हारे पास है| दिव्य शक्तियों के अस्त्र तथा उनके मन्त्रों की सिद्धियाँ हमारे पास हैं| राघव रामचन्द्र ने हमें भ्रमित करने के लिए यह बात फैला रखी है कि सभी दिव्यास्त्र उनके आज्ञाचक्र के अधीन हैं| क्या राघव राम इच्छा वीर्य और इच्छा मृत्यु है? नहीं हम है– हम दशानन......|"

मेघनाद ने निष्कुम्भा की मूर्ति को सम्बोधित करते हुए कहा, मानो पुकार की– "सुर– सुन्दरी नहीं, महादेवी! तुम काली– कराली ही मुझे दर्शन दो| रामचन्द्र लक्ष्मण सहित वानर सैन्य को धराशायी करने का अचूक वरदान दो| दे, माँ! मैं इस वर– प्राप्ति के लिए तेरा अखण्ड आराधन करने का संकल्प करता हूँ.... निस्संदेह| वरदे! जय दे! जय दे!!"

रावण ने सहसा प्रसन्न होकर कहा– "हम विश्वस्त हुए पुत्र|"

17

अपलक , एक टक राघव राम खड़े- खड़े सेतु- बन्धन के उमंग, स्फूर्ति तथा विचित्रता से भरपूर कार्य को देखते रहे| लक्ष्मण नल- नील की देख- रेख के लिए सबके साथ जुटे हुए थे| हनुमान प्रत्येक पत्थर को राम- नाम से अभिमन्त्रित करते जा रहे थे| उस अथाह से हिल्लोलित समुद्र में एक भी पत्थर बिना अभिमन्त्रित किये नहीं रखा जा रहा था| "राम!"

"श्री राम!" "सीता-राम" तथा "जय श्री राम" के मन्त्रों से सेतु बन्ध का प्रत्येक उपकरण मानो समुद्र में कीलित तथा यों स्तम्भित किया जा रहा था| लक्ष्मण हुँकार कर नल- नील को उत्साहित कर रहे थे तो महाराज सुग्रीव स्वयं स्वयं विशाल पत्थर उठा- उठाकर हनुमान के आगे कर रहे थे| "राम!" हनुमान का जलद- गम्भीर स्वर वारि-धारा की एक धार ध्वनि में गूँज रहा था और श्री राम समुद्र के लंका तट के पार अशोक वाटिका को देखकर सीता को मन ही मन टेर रहे थे| श्री राम सीता को परम् प्रसन्न किन्तु परम् विरह के भाव में मानो समुद्र में खोज रहे थे-आकाश में देखना चाहते थे। 'सीते!' श्री राम मन के गहन में मानो स्वयं की अन्तरात्मा का ही अनुभव करना चाह रहे थे| हनुमान की 'श्री राम! जय श्री राम! जय- जय राम!' की नाम- ध्वनि वह जैसे बिना कान मन के भूताकाश में ध्वनि- प्रतिध्वनि स्वरुप सुन रहे थे और समुद्र सेतु बन्धन की प्रत्येक गतिविधि को मानस- पटल पर अंकित सी पाते थे| विशाल समुद्र को यों योजनों तक बाँधना निस्संदेह वानर- विज्ञान का आश्चर्यजनक कुतुहल ही था| प्रथम बार जब कुछ पत्थर स्वयं ही स्तम्भित होकर समुद्र में स्थिर हुए तो हनुमान ने महाराज सुग्रीव को पुकारकर कहा- "देखा, महाराज! राम- नाम का प्रताप देखा......?" वानरराज सुग्रीव ने भौंचक सा होते हुए कहा था- "देख रहा हूँ, हनुमन्ते! देख रहा हूँ| निस्संदेह श्री राम प्रभु हैं, विभु हैं- ईश हैं|" "कवि भी हैं!" हनुमान ने प्रसन्न गर्जनापूर्वक कहा था-"यह जगत श्री राम जी की रूझान पूर्वक सीता मैय्या रचती है; – सोचती तथा हरती है! सीताजी श्री राम सच्चिदानन्द की सम्पूर्ण एवं समस्त ऐश्वर्य शक्ति है; परात्पर परमेश्वरी है! मैं चाहता हूँ, महाराज! प्रत्येक वानर इस भगवती के दर्शन प्राप्त करे! रामजी से कहूँगा यह मैं, महाराज! क्या आर्य मानव ही रामजी का दर्शन कर सकता है! नहीं महाराज वानर भी! प्रत्येक भव योनि

में रामजी के नाम की भक्ति भरी हुई है| राम घट– घट व्यापी है और राघव राम रूप हम लोगों के मध्य स्थित है! जय श्री राम!"

समुद्र बंधता गया; विशाल पर्वत के पर्वत तुल्य पत्थर तरते रहे-श्री राम की जय अनवरत गूंजती रही! श्री राम अचल बैठे रहे और सेतु-बंध की प्रगति को नयनों से मानो नापते रहे! लक्ष्मण ने अन्त में कहा ही-'भैय्या! प्रभो! राम!"

"हूँ!" श्री राम जागे; बोले-"सेतु बंध गया न, लक्ष्मण!" लक्ष्मण ने कहा-"बंध रहा है! कुछ ही दिनों में यह विचित्र विलक्षण सेतु लंका-तट को छू लेगा, प्रभो!"

प्रभो! नहीं-ना! राघव राम!" श्री राम ने कहा-"हनुमान से कहो-मुझे और तुमको लंका तट पहुंचा दे! मैं स्वयं लंका को ध्वस्त करूंगा-तुम राक्षशों का संहार करोगे और मैं सीता को लेकर यह समुद्र पार करूंगा! सीता के बिना अब मेरी एक पल भी नहीं कटती जैसे!"

लक्ष्मण ने शान्त गंभीर स्वर में कहा-"इसकी आवश्यकता ही नहीं है, श्रीराम! सेतु प्रायः बंध गया है और हम अब शीघ्र ही लंका पर आक्रमण कर सकेंगे! भगवती भाभी आपकी अहर्निशि प्रतीक्षा कर रही हैं-यह आप श्री जानते हैं! क्या संसार नहीं जानता? सीता-राम एक अभिन्न हैं! धैर्य्य, प्रभो!"

श्री राम ने सहसा स्वस्थ होते कहा-"तुम ठीक कहते हो, भाई मेरे! तुम वनवास में मेरे साथ नहीं होते? तो मैं क्या करता? क्या कर सकता हूं! सेतु बंध जाने में है-सभी लगे हैं; रात-दिन लगे हैं! नल-नील तथा वानरों के इस उपकार का ऋण कैसे चुकेगा, लक्ष्मण!"

लक्ष्मण ने कहा-"यह ऋण नहीं है, श्री राम-काज के लिये उनकी समर्पित सेवा है! रघुवंशी राघव राम की मैत्रि, विश्वास और स्नेह से समस्त वानर जाति के भाग्य खुल गये हैं! समूचे जम्बुद्वीप में आशा की लहर दौड़ गई है। अब तो रावण-वध की प्रतीक्षा में देवता भी आकाश में आ डटे हैं? ।श्री राम मेरे! अब यह उदासीन बने रहने तथा विषाद से भरे रहने का समय, बीत गया है-टंकार! श्री राम के अमोघ अटूट धनुष की टंकार! आकाश की दिशायें आपके धनुष को सुनना चाहती हैं, राम!"

समुद्र बंधता गया; विशाल पर्वत के पर्वत तुल्य पत्थर तरते रहे-श्री राम की जय अनवरत गूंजती रही! श्री राम अचल बैठे रहे और सेतु-बंध की प्रगति को नयनों से मानो नापते रहे! लक्ष्मण ने अन्त में कहा ही-'भैय्या! प्रभो! राम!"

"अवश्य!" श्री राम ने अपूर्व उत्साह से कहा– "हमारे धनुष की प्रत्यंचा राक्षसों को काल का ताण्डव सुनाएंगी। पृथ्वी को शान्त और आकाश को आंधियों से रहित करेगी| हम रावण ही नहीं, समूचे राक्षसों का पृथ्वी से चिन्ह मिटा देंगे| सीता को हरने का यही दण्ड है| सर्वनाश होकर रहेगा राक्षसों का| नल– नील से कह दो– हम सब तीन दिवसों पश्चात् सेतु पर ससैन्य होंगे| सेतु से समुद्र पार कर हम लंकागढ़ पर आक्रमण करेंगे| सीता! मैं आ रहा हूँ...... धैर्य प्रिये– धैर्य|"

लक्ष्मण ने गर्जना की– "निस्संदेह आक्रमण| अत्याचारियों और अधर्मियों पर आक्रमण| मानव संस्कृति के अरियों पर आक्रमण। जय श्री राम!"

हनुमान ने जय– ध्वनि को उठा लिया– "जय राम! जय– जय राम!!"

वानर सैन्य में कोटि कण्ठों से राम की जय– ध्वनि गूँजी तथा उसका विपुल प्रतिघोष लंका के कंगूरों से जा टकराया| रावण और उसके सन्नद्ध सेनापति इस तुमुल कोलाहल को जानकर चौकन्ने हो गये| लंका के निवासी अनायास ही भयभीत से हो उठे और महात्मा विभीषण अपने विमान की सर्वोच्च आकाशी पर खड़े सुदूर समुद्र के उस पार देखने लगे| "राम!" विभीषण मन ही मन बोल उठे| तब उस विलक्षण वानर महाशय हनुमान ने ठीक ही कहा था– राम आएंगे...... आ रहे हैं और भगवती सीता को दुर्घर्ष रावण के रमणीय कारागार से छुड़वा ले जाएंगे– राम! विभीषण भयार्त से हो गये– "अपनी प्राण– प्रिय धर्मपत्नी सखी कान्ता श्री सीताजी के हरण से राम निश्चय ही घोर अपमानित अनुभव कर रहे हैं| इस हरण को वे एक निरीह वनवासी आर्या का हरण मान रहे हैं| निश्चय ही रामबाण प्रलय कर सकता है| यह महाविनाश जैसे सामने ही है| यह राम नाम की जय– ध्वनि राक्षसों और राक्षस महाराज्य के लिए काल की– महाकाल की ललकार है| क्या करूँ? राक्षसों– आर्य भक्ति– दर्शन का बटुक होने पर भी मैं राक्षसकुल का राजपुत्र तथा महाराजा राजराजेश्वर रावण का कनिष्ठ भ्राता हूँ| राज के प्रति मेरा उत्तरदायित्व भले ही न हो किन्तु राक्षस कुल के प्रति मेरा उत्तरदायित्व है| श्रीमान रावण को एक बार और तथा अन्तिम बार समझाना ही होगा– राजेश्वर समझते हैं तो यह विनाश टल जायगा तथा समूचे राक्षस कुल के लिए नई संभावनाओं का नवप्रभात होगा| आर्यों के साथ चला आ रहा संक्रामक राक्षस– क्रोध तथा द्वेष स्वयं ही छितर जायगा| विभीषण भान भूले से अपने कक्ष में उतर आये| क्या करूँ? उन्होंने जैसे मन के नयनों से देखा– विराट् वानर सेना समुद्र के उस पार तट पर छाई पड़ी है और सेतु प्रायः बन्ध गया है| आकाश मार्ग

गामी उनके विश्वस्त दूतों ने उनको बता ही दिया था; वानर सैन्य के साथ–साथ राघव रामचन्द्र लंका तट की ओर रवाना होने वाले हैं| सेतु की पूजा हो रही है और लक्ष्मण शेषनाग को मना रहे हैं कि यह समुद्र के साथ इस विराट् सैन्य का बोझ भी सह ले| विभीषण को लगा, देवता सेतु के स्वरुप में स्वयं ही समुद्र के अगाध में ढल गये हैं और अद्दश्य दिव्य से पर्वतों की सपाट दिव्य चोटियों का स्तम्भन सेतु को प्राप्त हो गया है| 'नल– नील! विभीषण ने सोचा महाराज बालि कहते तो थे कि नल– नील वरुण देवता की कृपा से मण्डित दक्ष हैं| वे चाहें तो आकाश में समुद्र को बाँधकर स्तम्भित कर सकते हैं| आश्चर्य है! उन्होंने जैसे मन के सुनसान में क्षितिज के पार से सुना; कोई कह रहा है हनुमान ही तो है– वह राम– नाम का अमोघ प्रभाव है, वानर बन्धुओं! राम नाम स्वयं श्री राम को तार रहा है इस सेतु बन्ध के द्वारा| इस सेतु का कण– कण राम की जय– ध्वनि से भरा है– ओत: प्रोत है| इस पृथ्वी पर ही नहीं चौदह भुवनों में प्रभु राम की ही जय है– होती है| सुर– असुर, मानव, गन्धर्व, नाग, किन्नर तथा देवताओं की जय होती नहीं| जय केवल श्री राम की है| राम नाम ही श्री राम की जय– गूँज है| जीवों की जय हो ही नहीं सकती| जय तो प्रभु की; परमात्मा की, परमेश्वर की ही है|" "हनुमान ही तो", विभीषण ने स्वयं से कहा– "हनुमान– राम– लक्ष्मण– महाराज सुग्रीव यह वानरराज? श्री राम ने ही सुग्रीव को राज्य दिया है| श्री राम विलक्षण हैं– राज ही दिया करते हैं| भरत को राज दिया और अब सुग्रीव को दिया| न जाने अब और किसे देंगे राज्य?" विभीषण ने सहसा जाग्रत होते हुए स्वयं से पूछा– "राज्य! इस संसार में झगड़े की जड़ यह राज है– कांचन है– कामिनी है|" विभीषण ने सोचा तथा शून्य से होकर स्वयं के अथाह में खो गये| राम! राम! जय श्री राम! विभीषण के अन्तःकरण ने बरबस ही कहा जैसे– "क्या करूं?" विभीषण पुनः– पुनः स्वयं को कहने लगे– "भाभी से जाकर कहूँ– महाशय कुंभकर्ण जी से कहूँ| राक्षस– कुल की रक्षा का, उसके महाराज्य के समूचे भविष्य की यह काल– घड़ी है|" विभीषण उठे और धड़धड़ाते हुए पट्टमहिषी मन्दोदरी के प्रासाद की ओर चले| मार्ग में अनुचरों को इंगित से समझाते हुए विभीषण मन्दोदरी के अन्तरंग आवास की ओर चले और मन्दोदरी के अन्तरंग आवास के द्वार पर खड़े हो गये– "हमारा सन्देश दें, दासी!"

दासी ने नमनपूर्वक कहा– "महाराज हैं– अन्दर श्रीमान्!"

विभीषण ने आज्ञापूर्वक तनिक उत्साह के साथ कहा– "तब तो और भी अच्छा है। हमारा सन्देश दें, जा।"

"जी!" दासी ने नमनपूर्वक कहा – "जी।"

विभीषण ने कहा– "तू आगे – आगे चल, हम पीछे – पीछे आ रहे हैं। महाराज रावण तो मेरे पितातुल्य हैं और महाराज्ञी मातातुल्य हैं। दोनों का मैं निकटस्थ कृपा पात्र हूँ। तू जानती है न?"

"हाँ, श्रीमान!" दासी ने कहा– "तभी यह साहस कर रही हूँ।"

✦✦✦

रावण ने विभीषण को घूरते हुए कहा– "कैसे दर्शन दिये भ्राता जी।"

विभीषण ने रावण के चरण छूकर कहा– "बहुत दिवसों से इच्छा थी कि आपश्री के दर्शन करूँ। इस समय जो परिस्थिति उत्पन्न हो रही है, उसको लेकर चिन्ता होना स्वाभाविक है।"

"क्या परिस्थिति?" रावण ने तनिक तीव्र स्वर में पूछा।

"लंका पर वानरों का आक्रमण।" विभीषण ने कहा– "सुना है राघव रामचन्द्र जी ने समुद्र नाथ लिया है।"

"मैंने भी सुना है।" रावण ने कहा– "समुद्र पर सेतु बाँध लेने से विजय नहीं आती, भ्राता जी!"

"ठीक है श्रीमान!" विभीषण ने विनयपूर्वक कहा– "विजय तो शत्रु के संहार के परिणाम स्वरुप ही मिलती है, किन्तु नर– संहार से बचना भी महान राक्षस का कर्त्तव्य है। आपश्री राक्षस कुल के नायक और महान राक्षस राज्य के अधिष्ठाता हैं। आपका ही यह अनिवार्य कर्त्तव्य है कि सत्य, न्याय तथा धर्मपूर्वक राज्य चलाएं तथा अपने प्रजाजनों को शान्ति और अभय प्रदान करते रहें।"

"तो क्या हम सत्य, न्याय और धर्मपूर्वक राज्य नहीं चला रहे हैं?" रावण ने तीव्र स्वर में पूछा– "हम अधर्मी हैं? क्या तात्पर्य है आपका? भ्राता जी?"

विभीषण ने नमनपूर्वक कहा– "परायी स्त्री का हरण अधर्म नहीं है तो और क्या है, महाराज? आर्य राघव रामचन्द्र की धर्मपत्नी का हरण कर क्या आपने राक्षस कुल का गौरव बढ़ाया है? नहीं, श्रीमन्! सत्य कटु भी होता है। मेरी सविनय

प्रार्थना है आपश्री राजसभा बुलाकर इस विषय पर पुनर्विचार करें और राज्य सभा के धर्मपूर्वक निर्णय के अनुसार करें।"

"राज्यसभा से इस विषय का कोई सम्बन्ध नहीं है, विभीषण!" रावण ने कहा– "यह हमारा अपना व्यक्तिगत विषय है। हम चाहें उस स्त्री को लाकर अपने राज्ञी– आवास में रख सकते हैं।"

"किन्तु किसी की धर्मपत्नी को यों बलात् नहीं, श्रीमन्!" विभीषण ने पुनः विनयपूर्वक कहा– "मानव धर्म यही कहता है।"

रावण ने ठहाका मारते हुए कहा– "किन्तु हम तो राक्षस हैं। सुना, राक्षस! मानव तो आप श्रीमान हैं।"

विभीषण ने कहा– "धर्म का अनुशासन सर्वव्यापी है, प्रभो! धर्म का धारण और पालन– पोषण यक्ष, राक्षस, सुर– असुर, नर, नाग– सभी को करना ही होगा। सृष्टि की यह रहस्यमयी अभिव्यक्ति धर्ममय है, धर्मपूर्वक और धर्मपरक है।"

"राजा की इच्छा ही धर्म है, श्रीमन्!" रावण ने कहा– "हम अब तुम्हारा उपदेश अधिक बार सुनने के इच्छुक नहीं हैं। सुना?"

"सुन लिया, श्रद्धेय! सुन लिया।" विभीषण ने अमर्षपूर्वक कहा– "किन्तु मैं अपनी अन्तरात्मा की ध्वनि को दबा नहीं पाता। मैं जो भी कह रहा हूँ– निवेदन कर रहा हूँ, वह एक राक्षस नागरिक की भांति, आपके प्रजाजन की भांति ही कह रहा हूँ। निश्चय ही एक सीमा के बाद राजा का कोई बन्धु– बाँधव नहीं रहता– सभी विनीत प्रजाजन ही हो जाते हैं। इसी नाते मेरी यह पुकार सुन लें, प्रभो!"

"क्या सुनूँ? उपदेश?" रावण ने झल्लाकर कहा।

"यही कि श्री राघव रामचन्द्र जी की धर्मपत्नी सीता को वापस कर दीजिये और आर्यों तथा वानरों के साथ मैत्री– सन्धि कर लीजिये। देश– काल यही इंगित कर रहा है। अन्ततोगत्वा वानर तथा आर्य मैत्री सम्पन्न हो गयी और राघव राम विशाल वानर सैन्य के साथ लंकागढ़ के प्रवेश द्वार तक पहुँचने में ही हैं।"

रावण ने फिर घूर– घूरकर विभीषण को घूरा और कहा– "मैंने तुम्हारी पुकार और राजनीति की सीख सुन ली। अब तुम जा सकते हो।"

विभीषण ने शान्त खड़ी मन्दोदरी को विनयपूर्वक कहा – "भाभीजी इनको समझाइये। और तो मैं क्या कहूँ? इस विशाल राक्षस कुल में मैं एक अकेला हूँ

सभी वंश और कुल के अभिमान से भरे हुए युद्ध में विश्वास रखकर चलने वाले हैं| तब मैं लंका का निरीह नागरिक, अकेला राक्षस– पुत्र सम्पूर्ण पृथ्वी के मंगल तथा प्राणी मात्र के कल्याण को लेकर सोचता– समझता हूँ| प्रभो! मेरी पुकार मानवता की पुकार है|"

रावण– "और मेरा कथन एक सम्राट की आज्ञा है| अब तुम लौट जाओ| हमने तुमको अब तक स्वतन्त्रता दे रखी है| हमें पता है तुम अन्दर से वानरों तथा आर्यों से मिले हुए हो| तुम खुल्लमखुल्ला किसी राम की पूजा करते हो| हमें पता है, हनुमान सबसे पहले तुम से ही मिला था और तुम्हीं ने उसे सीता का अशोक वाटिका का पता बताया था| यह सब जानते हुए भी हमने तुमको कुछ नहीं कहा| हम पूछते हैं– यह सब देशद्रोह नहीं है, तो क्या है?"

"निरीह और दयनीय महिला के परित्राण का प्रश्न था, प्रभो!" विभीषण ने कहा– "स्त्री शक्ति, सृष्टि स्वरुपा है, परिपालिका है, कामरूपिणी है| अतः वह समस्त जगत की श्री है, सुकृति है, मंगलमयी स्वामिनी अथवा मातृरूपा है| इसीलिए मैंने एक राक्षस– पुत्र के नाते हनुमान जी को पूछने पर सीताजी का पता बताया था– मेरा आप श्रीमान से आग्रह है, बार– बार आग्रह है– सीताजी को लौटा दें| सच तो यह है हम सभी आपके सगे– सम्बन्धी, बन्धु– बाँधव– सभी यही चाहते हैं| व्यर्थ का संहार मनुष्य कभी नहीं चाहता, श्रीमन्!"

और विभीषण मानो उल्टे पाँव लौट चले| रावण ने मुँह बिचकाकर, दाँत पीसकर कहा– "नालायक ! हमें उपदेश देता रहता है| अब हम तुम्हें समझ लेंगे|" रावण त्वरापूर्वक चक्कर लगाने लगा| उपदेश...... जब देखो तब उपदेश| सीमा आ गयी है इस आत्मवंचना की, विभीषण! रावण ने दोनों हाथों की मुट्ठियों को भींचते हुए गर्जना सी की– "सुना? सीमा आ गयी है, स्वामिनी! अपने द्विवर से कह दे– अब हम उसके ये व्यर्थ कथन नहीं सुनेंगे| हम दशानन, राक्षस कुल के अधिनायक तथा राक्षस महाराज्य के सम्राट हैं| हम अपने राजधर्म को जानते हैं| राक्षस संस्कृति में स्त्री पुरुष की भोग्या ही रही है और रहेगी| स्त्री को अपने पति या प्रेमी से प्रतिनिष्ठ रहना होगा| तुम सब मेरी महिषियां मुझसे प्रतिनिष्ठ हो| रहना होगा– समझीं........?"

मन्दोदरी ने शान्त, गम्भीर स्वर में कहा– "समझ गयी| राक्षस सभ्यता क्या स्त्री को भोग्या ही मानती आयी है? नहीं, स्त्री सभी संस्कृतियों में जननी, माता

तथा स्वामिनी मानी जाती रही है और रहेगी| स्त्री की सृष्टि की वत्सला माँ है| मैं आपके पुत्रों और पुत्रियों की जननी हूँ, माँ हूँ, सुना आपने|"

"सुना| चिल्लाओ मत|" रावण ने झुँझलाते हुए कहा– "किन्तु तुम क्या मेरी भी जननी हो?"

मन्दोदरी ने स्मितपूर्वक कहा– "अपरोक्षतः मैं पुरुष तथा स्त्री मात्र की जननी हूँ– माँ| पुरुष ही ओजस स्वरुप स्त्री की कुक्षी में पौढ़ता है और वही पुत्र या पुत्री स्वरुप जन्मता है| स्त्री इस सृष्टि में प्रणयिनी नहीं है, माँ है, आर्य!"

"आर्य?" रावण बमका– "मैं आर्य नहीं हूँ| स्त्री! सावधान! जो मुझे आर्य कहा है तो| हम राक्षस हैं– महान और महिमामय राक्षस हैं| आर्य– संसार का भगोड़ा, तपस्वी, सन्यासी– अन्त में शववत्|"

मन्दोदरी– "यह आप क्या कह रहे हैं, प्रिय मेरे! आपके पुरखे तो ऋषि रहे हैं| महर्षि पुलस्त्य तो आज भी आर्य ऋषियों में पूज्य हैं| आप उन्हीं के तो वंशज हैं|"

"पुलस्त्य! महर्षि पुलस्त्य!" रावण ने सिर धुनाकर कहा– "हठ योगी है, और क्या? सिद्धियाँ चाहता है, हठ योग से मृत्युंजयी होना चाहता है| किन्तु हम कहते हैं– सृष्टि का पर्यायवाची नाम मृत्यु है| जगत का परिवर्तन, रूपान्तरीकरण, विधाता! हम जानते हैं, जीव शाश्वत है और सिद्धियों सहित जगत की विभूति है|"

मन्दोदरी ने शान्त स्वर में कहा– "जीव..... विभूति? नहीं, प्रिय मेरे! जीव आत्मा का अज्ञानवशात् संभ्रम है– संज्ञान मात्र है| सच्चिदानन्द परमात्मा, ब्रह्म– हाँ, सभी मानव– संस्कृतियाँ भुवन बीज ब्रह्म– चैतन्य को ही मीड़ती हैं|"

"वेद– वेदान्त" रावण ने चिल्ला कर कहा– "चुप रहो| वेदान्त? नहीं, सांख्य| अव्यक्त– व्यक्त जगत के वैभव एवं सृष्टि के यौवनोल्लास के लिए| जीवन अनादि जीव का चिद्विलास है| समझी? आर्य ब्राह्मण की भांति ज्ञान मत छाँट| हम सब जानते हैं– समझते हैं| विभीषण को समझा देना– अन्यथा हमसे बुरा कोई नहीं होगा|"

"आप ही अपने अनुज को समझाएँ"– मन्दोदरी ने कहा– "आप और मैं अनुकूल नहीं हैं और कदाचित् हो भी नहीं सकते| मेरे प्रत्येक वाक्य आपके लिए निरर्थक हैं, तब|"

"तुम चाहती क्या हो मुझसे?"-रावण|

"सीता को वापस कर दो, यही। यही मेरी पुकार है, स्वामिन्!" मन्दोदरी ने आर्द्र स्वर में कहा।

"नहीं।" रावण ने कहा और कक्ष के बाहर चल दिया।

"नहीं।" विद्रुत की कड़कड़ाहट की भांति शब्द– ध्वनि मन्दोदरी के कानों में आ टकराई, गूँजी, मानो गाजी। रावण कक्ष के विशाल स्वर्ण मण्डित प्रकोष्ठ में खड़ा स्वयं ही चौंककर सुदूर आकाश में देखने लगा। सीता वापस नहीं– नहीं, नहीं, नहीं। चाहे कुछ हो जाय। क्या हो जाय? पराजय? हमारी पराजय? यह विचार आते ही रावण ठठाकर अट्टहास्य कर उठा। "हमारी पराजय? कौन करेगा? सुर? तुम भोगी– विलासी, अकर्मण्य– तुम हराओगे हमें? नहीं– असुर? तुम? नाग, किन्नर, गन्धर्व, ब्रह्म राक्षस? कौन? क्या हमें राक्षस हराएँगे?.... असम्भव उस अनादि वृद्ध धूर्जटी ने हमें वरदान जो दिया है। मानव के सिवाय हमें कोई भी हरा नहीं सकता– मार नहीं सकता। हम मृत्युंजयी राक्षस राज हैं। चौदह भुवनों में हमारी धाक है। त्रैलोक्य के प्राणी स्वप्न और स्मृति में हम से चौकन्ने तथा भयार्त बने रहते हैं।" रावण ने ऊर्ध्व स्वाँस भरते हुए स्वयं से ही पुकारकर कहा– "चित्रकूट से दण्डकारण्य तक हमने आर्य– मुनियों तथा उनके आश्रमों तथा उनके यज्ञों का सफाया कर दिया था। आर्यों के रक्त से हमने मन्दाकिनी और गोदावरी के जल को रक्त– रंजित कर दिया था। आर्य भूमि हमारी है– हम राक्षसों की है। जम्बूद्वीप में मारे– मारे फिरने वाले इन आर्य वर्णों की यह भूमि प्राचीनकाल में थी ही नहीं। परशुराम के परशु से भीत इन विलासी क्षत्रियों को हमने उनके प्रासादों में धकेल दिया– हाँ, धकेल दिया। यह तो वह शूर्पणखा– उसने हमारी नीति बदल दी। बल से नहीं, कल से वह इस रामचन्द्र को वश में करना चाहती थी। हम वानरों को वश में करना चाहते थे, किन्तु वह मूर्ख बालि अपने ही वानरों से लड़ पड़ा। राक्षस और वानर एक हो जाएं तो आर्यावर्त पर उनका एक छत्र साम्राज्य हो जाय– एक छत्र राज्य.... साम्राज्य। रावण सहसा गर्ज उठा– "रामचन्द्र, लक्ष्मण, सुग्रीव हम तुम्हारा कलेवा कर जायेंगे। हमारे क्रुद्ध और बलशाली, माया से सक्षम राक्षस– वानरों! तुम्हारा भक्षण कर जायेंगे। लंका समुद्र को मैं इन वानरों की कोटि लाशों से पाटकर सेतु बना दूँगा– अवश्य ही। हम.... हम मृत्युंजयी पुरुषार्थी हैं। हम दशानन– राक्षस महाराज– छत्रपति।"

रावण बार– बार अट्टहास करने लगा| उस भीषण अट्टहास की ध्वनि प्रतिध्वनि गगन के गगन कंपा गयी, व्योमों को घुमा गयी तथा आकाश में मानो उमड़ उठी|

❖❖❖

विभीषण ने अपने एकान्त कक्ष में नयन उन्मीलित करते तथा आह भरते हुए पुकार की– "राम! रक्षा करो, देव! रक्षा करो| क्या करूँ? किससे कहूँ? पितातुल्य बड़े भ्राता महाशय रावण तो किसी की सुनते ही नहीं| भाभी श्री मन्दोदरी को अधिक कहने पर एकान्त वास की धमकी दी है| अनुज कुंभकर्ण घोर निद्रा में है| वह समझा सकते थे किन्तु दुर्भाग्य! वह सदैव की भांति सो रहे हैं| राक्षस मात्र इस अंधकार में सो रहा हैं और मैं– केवल मैं ही जाग रहा हूँ| किन्तु मैं अकेला निरीह क्या कर सकता हूँ| तब लंका! क्या तेरा ध्वंस होकर ही रहेगा? राक्षस– कुल! तेरी अवगति होगी ही क्या? विभीषण रोम– रोम में सिहरे| "नहीं...... श्री राम ! राक्षस जाति का मंगल हो– रक्षा करो, राम! विभीषण ने अपने कक्ष की खिड़की से गगन को देखा और सुदूर टिमटिमाती हुई निहारिकाओं को भी देखा| राम! यह तुम्हारी रचना है– आश्चर्यमयी! नवल, रमणीय, मुह्यमान और अगाध सुन्दर| यह जगत तथा उसके अन्तर्गत– अधीन यह उद्भवित होती हुई सृष्टियाँ| राम! मैं..... मैं धर्मसंकट में हूँ| मैं मूलतः मानव हूँ और मानव– कुल ही मेरा जन्म-कुल है| महाराज रावण मदोन्मत्त हो गये हैं| निश्चय ही धर्म– अधर्म, उचित– अनुचित का विवेक ही जैसे नष्ट हो गया है| धूर्जटी! हे महाकाल! ये कैसा वरदान दिया है कि मनुष्य के सिवाय कोई रावण श्रीमान् राजराजेश्वर को रणभूमि में मार नहीं सकेगा| इसी वरदान ने भाईश्री को स्वयं के उबलते हुए अहम् में डुबो दिया है| अब यह जैसे राक्षस भी नहीं रहे– विकराल व वीभत्स अहंकारी हो गये हैं| अहम्..... अहम् ही तो| यह कुल, वंश, जाति, समाज और राष्ट्र मानव जीव की बद्धमूल धारणायें हैं| मनुष्य ही अपनी रहस्यमय चेतनाओं द्वारा यह अभिमान किया करता है|" विभीषण ने आकाश में पुनः देखते हुए स्वयं से कहा– "नहीं, राम! मैं-मैं यह विनाश नहीं होने दूँगा| प्राणपण से अन्तिम बार चेष्टा करूँगा कि महान रावण स्वस्थ हो, उनका विवेक जागृत हो जाय, उनका ब्राह्मणत्व सजक हो उठे| अन्ततोगत्वा हम सभी प्रजापति ब्रह्मा की सन्तान हैं| महर्षि और मुनि हमारे पूर्वज हैं और रहेंगे| प्राणीमात्र के इन अहंकारों को आर्य संस्कृति ही पचा सकती है| अमृत चैतन्य ही मृत के तिमिर को मेट सकती है।"

विभीषण खड़े– खड़े ही जैसे स्वयं में डूब कर आकाश के व्योमों में भटकने लगे| हनुमान तुम राम के दूत अवश्य ही थे– राम के अनन्य सेवक हो| मैं...... मैं तो एक निरीह राक्षस हूँ| राम को जन्म– जन्मों से देखना चाहता हूँ| हम राक्षसों का देवाधिदेव शिव है– महाकाल शिव| किन्तु हमारा परमात्मा? कौन है, हनुमान? राम ही तो है| राम– राघव राम– अवश्य! एक-एक अतिन्द्रिय ज्योति जैसे अन्तःकरण की घने तिमिर जलने ही वाली है– निभा| उस ज्योति– ज्योति की निभा में यह निहारिकायें तैर रही हैं। व्योम पसर रहे हैं-गगन उमड़ रहे हैं। उसी निभा में यह आकाश, यह काल, यह महाकाल– "ओह!" विभीषण खड़े के खड़े रह गये|

तभी नूपुर ध्वनि बज उठी| आहटों की आहों से भरी पदध्वनियाँ द्वार पर आकर रुकीं| मानो रूपयसी की भव्य देह की आभा से द्वार चमक उठा– "स्वामिन्!"

विभीषण चमके| जागते हुए बोले– "तुम पीहर से कब लौटीं? हम तो जैसे..."

"मुझे भूल ही गये थे|" विभीषण की महिषी राज्ञी ने सस्मित कहा– "सभी को अपनी पत्नियों और प्रेमिकाओं की पड़ी रहती है, किन्तु एक आप हैं, मेरी ओर जैसे सचेत ही नहीं|"

विभीषण ने हँसते हुए कहा– "नहीं री! हम तुम को बहुत– बहुत चाहते हैं| अपनी इस देह से भी अधिक चाहते हैं|"

"मन से?" राज्ञी ने पूछा– "या सदैव की भांति मुझे रिझा रहे हो? मैं तुमसे रुष्ट होकर मायके चली तो गयी थी, परन्तु उस कोलाहलपूर्ण एकान्त में मेरा मन नहीं लगा| फिर अनेक विचित्र अफवाहें जो उड़ रही हैं| यह राघव रामचन्द्र है कौन? सुना है लंका समुद्र को नाथ लिया है| आक्रमण? पुनः वही हनुमान आयगा? लंका जलायगा?"

विभीषण ने सहसा गम्भीर होते हुए कहा– "सर्वनाश! भाईश्री किसी भी मूल्य पर, सीता जी को वापस करना नहीं चाहते| भाभीश्री ने समझाया, किन्तु वे सुनते ही नहीं| राघव राम? परमात्मा श्री हरि के मनुजावतार हैं|"

"परमात्मा– मानव?" राज्ञी ने पूछा|

"परमात्मा मानव ही है, प्रिये?" विभीषण ने कहा|

“तब फिर वह मरता क्यों है? वृद्ध क्यों होता है? सुखी और दुखी क्यों होता है?” राझी सहसा आकर विभीषण के पार्श्व में समा गयी।

“परमात्मा ही एक से अनेक, नाना होने के लिए अज्ञान का अभ्यास करता है और एक से अनेक होने का नाटक करता है। परम् ब्रह्म परमात्मा– मानव जीवात्मा। जीवात्मा और परमात्मा एक है– अभिन्न।”

“मुझे तो कुछ भी समझ में नहीं आया।” राझी बोली– “कई बार आपने यह कहा है, किन्तु मुझे तो तुम ही जँचते हो, तुम्हारी वाणी मैं माधवी की भांति पीती रहना चाहती हूँ। तुम्हें– तुम्हें स्वयं में घोल लेना चाहती हूँ। परन्तु तुम मेरी ओर जैसे दत्त चित्त हो ही नहीं। निर्मम हो– और क्या!”

विभीषण हँसे– “मैं निर्मम? तुम्हारे प्रति? नहीं तो प्रिये!”

राझी ने भवें तरेते हुए कहा– “प्रिये– प्रिये! तो कहते हो, किन्तु मैं प्रिय हूँ क्या? पूछती हूँ, दिन– रात तुम किसे भजते रहते हो, जी!”

“इस सृष्टि को देखता रहता हूँ– सृष्टि के रचियता को भजता रहता हूँ।” विभीषण ने कहा– “जगत के इस अपूर्व अनन्य आश्चर्य को टेरता रहता हूँ। परमात्मा– परमात्मा का मैं दर्शन जो करना चाहता हूँ। किन्तु इसका यह अर्थ नहीं है कि मैं तुमसे आसक्त नहीं हूँ– हूँ। देह में हूँ, तब तक जगत के सम्मोह में हूँ, देह की आसक्ति में हूं। राग और द्वेष मुझ में है।”

राझी ने साश्चर्य देखते हुए कहा– “राक्षस जन्मे हो और बातें आर्य ब्राह्मणों सी करते रहते हो। आपके बड़े भाई तो कभी परमात्मा का नाम तक नहीं लेते। लंका में सभी निकुम्भा को मानते हैं। सिद्धि और नवनिधि देने वाली उस राजराजेश्वरी को भजते हैं।”

“राक्षस जन्मजात जगत को अपने वर्चस्व में करना चाहता है।” विभीषण बोले– “वृत्ति से राक्षस अबाध भोग भोगना चाहते हैं। तुम ठीक ही तो कहती हो– राक्षस संसार का अधिपति तथा जगत का अधिष्ठाता बनना चाहता है– किन्तु मैं? मैं नहीं। राक्षस कुल में जन्मा हूँ, किन्तु जगत के आश्चर्य को देखकर मैं स्तब्ध हो जाता हूँ और सोचता हूं–किसने रचा है यह रूपवान जगत? किसने सृजी है यह नाना विधि राग–द्वेष, मद, मोह तथा मात्सर्य से भरी लोभ से लिपटी यह अनेक असंख्य भव– योनियों की सृष्टि? निस्संदेह निश्चय ही परमात्मा ने, ईश्वर ने रची है यह सृष्टि। यह उनकी लीला है– चिद्विलास है– यह उस सर्वेश्वर

की प्रसन्न अनासक्त क्रीड़ा है। यह उसका कौतुक है। जीव परमेश्वर के कौतुकों का जीवात्मा है। अनित्य–हाँ और क्या? मरणाधीन प्राणी परमात्मा का अंश तो है– परमात्मा नहीं।"

राझी ने सहज स्तम्भित होते हुए अपने विलक्षण पति को देखा और कहा– "न जाने मैं किस ब्राह्मण के पाले पड़ गयी?"

"ब्राह्मण ही ब्रह्म की आराधना करते हैं– वह ज्ञान का पिपासु तथा सत्य का संधक है।" विभीषण ने कहा– "मानव मात्र अन्ततोगत्वा ब्राह्मण ही है। जो जीव परमात्मा का अंश है, वह ब्राह्मण नहीं, तो क्या है? राक्षस भौतिक वृत्तियों की सशक्त समर्थ चेतना है; आर्य आध्यात्मिक वृत्तियों का आराधक तथा अभूतपूर्व अमृत आनन्द का, सत्य का उपासक है। वेद– वेदान्त वैदिक वर्णाश्रम धर्म मैं तुमको समझा दूँगा– इस समय तो लंका के अभूतपूर्व संकट को देख कर मुझे नींद भी नहीं आती।"

"नींद नहीं आती! क्यों? क्या तुम राजा हो?" राझी ने पूछा– "महान रावण लड़ते ही रहे हैं। चौदह भुवनों और त्रैलोक्य में उनकी दुहाई चलती है। स्वयं शिव उनकी रखते हैं। तब वे राघव रामचन्द्र और उनके वानर क्या कर लेंगे?" राझी ने कहा– "मुझे समझाओगे– कैसे? मैं तो संसार चाहती हूँ, सन्तति चाहती हूँ, ऐश्वर्य और परम् सुख चाहती हूँ।"

विभीषण– "परम सुख मृत्युलोक में नहीं मिलेगा, राझी! उसके लिए तो पुण्यों का भंडार उत्पन्न करना होगा तथा स्वर्ग जाना होगा। तुम मूलभूत मानवी हो– अनित्य संसार का मोह कम करो। नित्य, अनन्त, अच्युत की कामना करना सीखो, प्रिये।"

"मैं तुमको चाहती हूँ– तुम्हारे परमात्मा को नहीं।" राझी ने कहा।

"परमात्मा, ईश्वर तुम्हारे भी हैं। सभी प्राणियों के केवल एकमात्र परमेश्वर ही हैं। मैं? मैं नहीं। मैं एक अनादि जीव हूँ। नहीं जानता कब और क्यों जगत में आया, सृष्टि में जगा। अगाध रहस्य के तिमिर में डूबा, मैं जैसे स्वयं का ही अज्ञान हूँ– अध्यास-भ्रम–विभ्रम! अब तो यह भव पीर भी मैं जैसे सह नहीं सकता, राझी।"

"भव– पीर सह नहीं सकते?" राझी ने भवें तरेरते हुए कहा– "तो जन्में ही क्यों? हम भी तो हैं– जन्मे हैं, भव– बन्धन में बँधे हैं तथा पुरुषार्थ कर सुख प्राप्त

करने के लिए निरन्तर प्रयास करते हैं| मुझे सुख चाहिये, भूति– विभूति, प्यार चाहिये– पुरुष का और वह पुरुष नर, तुम हो|"

विभीषण ने अपनी राझी को घूरा; फिर हँसकर बोले– "और मुझे तुम, रानी! तुम भी वांछित हो| यों मैं निश्चय कर चुका हूँ कि राघव राम के दर्शन करूँगा|"

"राक्षसों के जन्मजात शत्रु का?" राझी ने पूछा|

"मुझे ज्ञात है, श्री राम अजात शत्रु हैं|" विभीषण ने कहा– "वे दीनबन्धु तथा करुणानिधान हैं, भक्त वत्सल हैं|"

"राम– राम– जब देखो– सुनो, तब राम राघव राम|" राझी ने झल्लाते हुए कहा– "मैं तो यह सुनते– सुनते ऊब उठी हूँ|"

विभीषण ने राझी के कन्धे थामते हुए कहा– "ऐसा लगता है, तुम्हें अभी अनेक जन्म लेने हैं| नहीं, राझी क्षण में मत जीओ, अनन्त में रहो| मैं तो अब इस मायाजाल से जैसे ऊब गया हूँ|"

"यह आपकी आत्मवंचना है|" राझी ने कहा– "मुझे ज्ञात है; आपको राज्य चाहिये– राज्य |"

विभीषण को जैसे राझी ने थप्पड़ मारा हो, यों वह हठात् हो गये– "राज्य? मुझे चाहिये? हो सकता है|" विभीषण ने विस्फारित नेत्रों से राझी को देखते हुए कहा– "तुम, तुम कदाचित् ठीक ही कहती हो| आज पता चला सत्य कितना कटु है?"

राझी ने विभीषण का आलिंगन करते हुए कहा– "राज्य चाहना क्या बुरा है? मानव जीवन का सर्वश्रेष्ठ, महानतम उद्देश्य है– लक्ष्य है| किसी निराले प्रदेश को हथियाओं और अपना राज्य बनाओ| लंका का राज्य तो मिलने से रहा|"

"लंका का राज्य|" विभीषण चिहुँके– "वह... वह तो मेरा नहीं है| था कब? मैं....... मैं छुट भैया जो ठहरा| किन्तु राघव राम तो बड़े भैया हैं| उन्होंने छुट भैया भरत को राज्य सौंप दिया– प्रसन्नतापूर्वक| वानर सुग्रीव को राज्य दे दिया| राज्य देना– प्रदान करना जैसे राम का स्वभाव है| राजा बनना, राज्य करना नहीं– यही श्री राम का महान गुण है– दिव्य– दिव्यातिदिव्य|"

राझी ने विभीषण को तनिक झकझोरते हुए कहा– "अब छोड़ो भी.... तुम मेरे हो, इस समय मेरे प्रगाढ़ आलिंगन में हो– किन्तु तुमको तो राम की पड़ी है, मेरी नहीं|"

विभीषण जागे– "अरे हाँ!....... तुम........ प्रिये! तुम!"

राझी अपने पति से लिपट गयी| मगन– प्रसन्न होकर विभीषण के वक्षस्थल में मुँह भरकर फुसफुसाई– "प्राण प्रिय| प्रिय प्रियतम|" विभीषण ने राझी का मस्तक थपथपाते हुए कहा– "प्रिय! मैं प्रिय! प्रिये! श्री हरि राम ही सबके प्रिय हैं|"

राझी ने विभीषण के वक्षस्थल के गहरे बालों को सूँघते हुए कहा– "तुम| राम नहीं|"

विभीषण ने ऊर्ध्व स्वाँस भरते हुए कहा– "राम! श्री हरि, प्रिये! हम दोनों का वही माता– पिता, रक्षक और कल्याणकर्त्ता हैं| वह प्रभु, विभु, कवि, ईश– सर्वव्यापी है– राम घट– घटवासी हैं| मानव जाति के ऋषि– मुनि, शुद्ध– बुद्ध, सज्जन– सन्त सभी यह कहते हैं| देवता उसी की दिव्य स्तवनों से स्तुति करते हैं; वेद– वेदाना साहित्य उसी का गान करते हैं और योगी ध्यानस्थ होकर उसी को देखते हैं| मैं तुमको प्यार करता हूँ, तुम मेरी प्रिय अर्धांगिनी हो, जीवन संगिनी हो| क्रूर और अत्याचारी, अधर्मी, निरे भौतिक राक्षसों के बीच रहकर मैं अब अघा गया हूँ| किन्तु क्या करूँ?"

रात्री ने सहसा तनकर कहा–"क्या करूँ? छोड़ दो लंका को और अपने इस राम के पास चले जाओं। मैं तो राक्षसी जन्मी हूँ, राक्षसों के साथ ही जीऊंगी ओर मरूंगी। देवी नुकुम्भा!"

विभीषण ने कहा– "राक्षस मूलतः ब्राह्मण है, देवी! मनुष्य मात्र जीवात्म भाव से ब्राह्मण है| राक्षस तो भौतिक वृत्तियों और भोग की बद्धमूल चेतनाओं के कारण है| जो मृत्यु को भजता है वह राक्षस और जो अमृत को चाहता है, वह ब्राह्मण| अमृत ज्ञान का रस है, सत्य का प्राण है, प्रिये!"

राझी ने तीव स्वर में कहा– "मैं जगत, सृष्टि तथा उसमें भी तुम और अपने राक्षस कुल को जानती हूँ| मैं जीव हूँ, तो हूँ– मैं परमात्मा को क्या जानूँ? ब्राह्मण क्या? वेद मन्त्रों को गाने वाला, यज्ञकर्त्ता, आश्रमवासी एक निरीह व्यष्टि| मैंने आर्यों के बारे में अपने पिता से बहुत कुछ सुना है– जाना है|"

''आर्य''। विभीषण ने कहा-''यह पृथ्वी आर्यों से सफल होती है, धन्य होती है तथा इन्हीं से सृष्टि का सौभाग्य बना रहता है। असुर राक्षस देहाभिमान में विश्वास कर चलने वाला जीव प्रतिपल सच्चिदानन्द हरि को भूले रहते हैं। ईश्वर में अटल अमोघ विश्वास करने वाला मानव जीव ही आर्य है, ब्राह्मण है।''

राझी ने तमककर कहा– ''अच्छा बाबा! मैं चलती हूँ।''

''क्यों?'' विभीषण ने हंस कर पूछा।

''क्या करूँ तुम्हारे पास रहकर?'' राझी ने अमर्षपूर्वक कहा – ''ईश्वर, परमात्मा, श्री हरि राम की सुनती रहूँ और ऊब्बासी खाती रहूँ? मैं तो अपने प्राणप्रिय वल्लभ नर के पास आई हूँ– आती हूँ। चाहती हूँ मैं सफल बनूँ, उत्तम वीर तथा समर्थ राक्षस– पुत्र तथा पुत्रियाँ उत्पन्न करूँ– राक्षस कुल में एक वन्दनीय मातुश्री बनूँ। पर तुम.... तुम।''

''मैं........?'' – विभीषण।

''नपुसंक...... क्लीव।'' राझी ने सहसा मारे क्रोध के कहा– ''तुम न नर हो , न ही नारी हो।''

विभीषण ठठाकर हँस उठे– ''वाह! प्रिये! वाह! जीव हूँ, तब तक या तो नर हूँ अथवा नारी हूँ। इस भव में राक्षस– नर हूँ और तुम राक्षस– नारी हो। सन्तति तो प्रारब्धवशात् होती है। यदि मेरे तुम्हारे भाग्य में सन्तति नहीं है तो तुम और मैं विवश हैं।''

राझी ने अब धैर्यहीन स्वर में कहा– ''मुझे माँ बनना है, सुना? मैं भी महिषी मन्दोदरी की तरह पुत्रवती– पुत्रीवती होना चाहती हूँ। तुम मुझे सफल नहीं करोगे तो.....।''

''और कौन करेगा? .... यही न?'' विभीषण बोले– ''अच्छा मैं भी सन्तति के लिए श्री हरि से प्रार्थना करूँगा।''

''श्री हरि? नहीं।'' राझी ने कहा– ''धूर्जटी आशुतोष ओढ़रदानी शिव की। हम– तुम दोनों ही शीव की आराधना करेंगे– अभी से।''

विभीषण ने कहा– ''क्यों नहीं? किन्तु देवी! लंका का यह घोर संकट मिट जाने दो।''

"लंका का संकट क्या तुमने– मैंने उत्पन्न किया है?" राझी ने कहा– "यह तो आपके ज्येष्ठ भ्राता महाराजाधिराज राजराजेश्वर राक्षस कुलभूषण दशानन रावण श्री ने किया है| अब तक तो वे अविवाहित सुन्दरियों को लाकर अपने रंग महल में रखते थे– तब तक तो ठीक था| राक्षस– नर जन्म से ही अनेक स्त्रियों को भोगने वाला पुरुषार्थी नर रहा है-है। किन्तु अब तो वह परायी स्त्रियों को उड़ा कर लाने लगे हैं।"

"इसका परिणाम सर्वनाश है, देवी!" विभीषण ने उदास स्वर में कहा– "और इसीलिए मैं अवसर मिलते ही भरी सभा में दशानन रावण श्री के पैर पकड़कर प्रार्थना करूँगा कि सीताजी को लौटा दो– राघव रामचन्द्र जी से मैत्री सन्धि कर लो|"

"क्या तुम्हारे राघव रामचन्द्र इसके लिए तैयार होंगे?" राझी ने पूछा|

"अवश्य होंगे, देवी! राघव राम करुणा– सागर हैं, राग द्वेष से रहित सच्चिदानन्द ब्रह्म के मनुजावतार हैं– अवश्य हैं| महान रावण को वे अवश्य ही क्षमा कर देंगे| सीताजी को पराये पुरुष का बलात् स्पर्श हुआ है| वह पुनीत हैं– पवित्र हैं, वह सती हैं, विभूति हैं और कालरात्रि हैं|"

"ऐसी हैं सीताजी?" राझी ने आश्चर्यअभिभूत होते हुए पूछा|

"हाँ देवी ! श्री राम की वे ऐश्वर्य शक्ति हैं|" विभीषण ने कहा– "महात्मा हनुमान ने मुझे कहा है| सीताजी का गुणानुवाद अनन्त है– शाश्वत है, दिव्य है– दिव्यतम|"

18

सुग्रीव ने श्री राम को नमस्कार करते हुए कहा – "हो गया , पूर्ण हो गया सेतु, श्री रामजी! आपकी कृपा– हम वानरों पर आपका अनुग्रह|"

श्री राम ने प्रसन्न वदन से मुस्कुराते हुए कहा– "यह वानर– श्रेष्ठ नल– नील का पुरुषार्थ है| मेरी कृपा? क्या ? मेरा तो वानरों से अब स्नेह हो गया है| सच तो यह है मैं वानरों की कृपा तथा आपश्री के अनुग्रह पर ही निर्भर हूँ| आप सबके अजेय पुरुषार्थ से ही मेरी सीता मुझे मिलेगी – अवश्य| और राक्षसों को...... अब मैं क्या कहूँ? रावण सीता को लौटा देता, तो मैं उसको क्षमा कर देता| मैं प्राणीमात्र का सुख, अभय तथा शान्ति ही चाहता हूँ| दण्ड-मैं किसी को भी देना नहीं चाहता, मित्र मेरे|"

सुग्रीव ने कहा– "उदार चेतानाम वसुधैव कुटुम्बकम्– आप उदारचेता महा मानव हैं, राम!"

श्री राम ने कहा– "यह आपकी गुण– ग्राहकता है| मैं तो जीव हूँ– मानव– जीवात्मा| महान् तथा पुरुष और भगवान तो परम् शिव ही हैं, परमेश्वरी दुर्गा हैं– कालिका|"

सहसा हनुमान नल – नील को कन्धों पर बिठाकर उछलते– कूदते आते दिखाई दिये| वानरों की जय– जयकार करती मण्डलियाँ उनको घेरकर बढ़ी चली आ रही थीं| राम तपाक् से उठ खड़े हुए| लक्ष्मण जी दौड़ते हुए हनुमान की ओर चले| "नल– नील भैया! हनुमान मेरे!"– राम ने अपने दोनों आजानुभुज फैलाते हुए कहा– "जीओ! कल्याण हो!! आज तुमने मानव जाति की आर्य संस्कृति का सेतु ही बाँध दिया है| हाँ, साथी मेरे!"

नल– नील दोनों हनुमान के कन्धों से उतरने लगे, तो हनुमान ने उनको रोकते हुए कहा– "नहीं– मेरे कन्धों पर ही चढ़कर तुम वानर श्री रामजी को नमस्कार करो|"

नल ने श्री राम को नमस्कार करते हुए कहा– "राम! तुम्हीं को तुम्हारा यह सेतु अर्पित है|"

नील बोला– "प्रणाम सहित" नल ने कहा– "निस्संदेह पंचभूत तथा अखिल जगत के आप नियामक हैं| आपके रामबाण ने समुद्र के जल को भूमि की भांति कर दिया| अगाध समुद्र स्वयं ही जैसे सेतु का निरीह और सब आधारों का आधार बन गया| पत्थर तर गये, राम! हाँ.... प्रभो! राम– नाम के पत्थर तर गये| समुद्र की तरंगे अटल स्थिर अवलम्ब बन गयीं| सेतु श्री राम के प्रताप का भव्य दिव्य उदाहरण बन गया, श्री राम!"

"सेतु ईश्वर का हम पर अनुग्रह है, मित्रों! साथियों|" श्री राम ने कहा– "प्राणीमात्र के मन– समुद्र को तरने के लिए सेतु की आवश्यकता है सेतु! लक्ष्मण! लंका– विजय के पश्चात् हम सेतु की पूजा करेंगे और भगवान शिव की प्रतिष्ठा भी करेंगे|"

"रामेश्वर" हनुमान ने गर्जना की|

"अवश्य, रामेश्वर!" लक्ष्मण ने कहा|

सुग्रीव ने कहा– "जो इस सेतु को पार करेगा , वह भव– समुद्र भी तर जायगा| ईश्वरीय प्रतिभा का यह प्रतीक, उदाहरण सेतु है| यह सेतु वानरों की अद्वितीय उपलब्धि तथा श्री राम-लक्ष्मण का उत्तम मनोरथ है| जय श्री राम!"

"जय श्री राम" गगनभेदी ध्वनि उठी|

श्री राम ने नयन उन्मीलित करते हुए कहा– "सीते ! हम आ रहे हैं| सेतु पार कर आ रहे हैं| सावधान राक्षसों! सावधान| अब भी कहता हूँ सीता को लौटा दो|"

"अवश्य!" वानरों की गर्जना उठी– "भगवती को श्री राम को लौटा दो, अन्यथा– महाकाल.... ध्वंस|"

लक्ष्मण ने प्रत्यंचा चढ़ाते हुए भीमनाद किया– "रावण सुन ले| श्री राम– प्रताप से प्रत्येक वानर वीर काल बनकर आ रहे हैं| श्री राम ! आपकी जय हो!"

"मेरी जय?" राम बोले– "महाराज सुग्रीव की, तुम्हारी वानर वीरों की जय! पृथ्वी माता की जय! आकाश यशस्वी हो| महाराज सुग्रीव हम सेतु का पूजन कर आपकी अगवानी में लंका की ओर प्रस्थान करेंगे|"

महाराज सुग्रीव ने गर्जना की– "पूजन अवश्य; फिर प्रस्थान| जय श्री हरि!"

श्री राम लपककर सेतु के मुहाने पर पहुँचे| हनुमान पूजा का थाल लेकर आगे– आगे चले और लक्ष्मण पीछे– पीछे– धनुष पर बाण चढ़ाये हुए तत्पर|

महाराज सुग्रीव अपनी भीम गदा से गगन– मण्डल को मथते हुए श्री राम के साथ– साथ चले|

श्रेष्ठ वीरवर महारथी वानर– सामन्त अंगद, नल– नील तथा जाम्बुवन्त घोर किलकारी करते हुए श्री राम लक्ष्मण को घेर कर चले। तुमुल कोलाहल तथा तीव्र हलचल पूर्वक राम– लक्ष्मण उस अपार से, किन्तु लंका तट से छूते हुए विशालकाय सेतु के मुहाने पर आ खड़े हुए| श्री राम खड़े रह गये| सेतु मानो समुद्र की तरंगों पर ही स्थित था– स्थिर था| आकाश की तत्व शक्ति पर निरीह सेतु मानो पंचभूतों के अटल आश्रय पर दौल रहा था। तनिक हिलता, तनिक डुलता काँपता सा सेतु मानो कोटि– कोटि वानरों को आमंत्रण दे रहा था– मूक ही| श्री राम ने सेतु के मुहाने पर जल– समुद्र की अंजलि भरकर कहा– "लक्ष्मण अपने समर्थ और अमोघ बाण से सेतु को दोनों ओर बाँध दो| सेतु को शेषनाग– शक्ति से अटल, अडिग एवं ध्रुव कर दो– हाँ, लक्ष्मण! अपने धनुष की टंकार से चारों दिशाओं को जगा दो|"

लक्ष्मण ने अपने धनुष की प्रत्यंचा पर बाण चढ़ाते हुए कहा– "श्री हरि शेषशायी विष्णु! देवाधिदेव! अपने शेषनाग से सेतु को नाथ दें, बाँध दें| इन्द्र का वज्र भी इस सेतु की रंच मात्र भी हानि नहीं कर सके| जय श्री राम!"

घोर ध्वनि करते हुए लक्ष्मण का बाण छूटा और प्रतिक्षण एक से अनेक बाण निसृत होने लगे| सेतु के दोनों ओर लक्ष्मण के अचूक बाण मानो शेषनाग के मस्तक पर ही गड़ने लगे| चारों दिशाएं मानो स्तम्भित होने लगीं और तुमुल भीमनाद से गगन के मगन थर्रा गये। श्री राम अपलक लक्ष्मण के बाणों को गगन भेदकर सेतु के दोनों पार्श्वों में थमते हुए तथा गड़ते हुए देखते रहे| श्री राम के अपलक राजीव लोचन दिव्य रतनारे आरक्त प्रकाश से भरते चले गये| वह विशाल अरुणारे कंज लोचन जैसे कालाग्नि की गहन धधक से भर उठे| श्री राम ने मन ही मन पुकार की– "सीते! हम-हम आ रहे हैं| धैर्य, देवी! धैर्य|"

"भगवती भाभी! महाकाल ही आ रहा है|" लक्ष्मण ने पुकारकर कहा– "प्रतिज्ञापूर्वक कहता हूँ , श्री राम महाकाल के मनुजावतार हैं| महाकाल! भगवती! आपका कल्याण हो– आपकी जय हो!"

हनुमान ने सेतु के मुहाने पर आसन बिछाया और श्री राम उस पर आसीन होते हुए बोले– "सीता मेरी धर्मपत्नी और तुम्हारी भगवती भाभी है, किन्तु वह सतियों की शिरोमणि तथा सृष्टि की विभूति है। सच, रावण ने सीता को शोक देकर अपना ही विनाश बुलाया है। हनुमान! सीता को मेरा सन्देश देकर तथा उसका पता लगा कर तुमने उसका शोक मिटाया है। मैं जानता हूँ, वह हमारी प्रतिनिमिष प्रतीक्षा कर रही है।"

लक्ष्मण ने कहा– "मृत्यु रावण की व्याकुल प्रतीक्षा कर रही है। भगवान शिव ने क्या उसे मृत्युंजयी किया है? नहीं।"

"मानव के सिवाय वह और किसी से भी मारा नहीं जायगा।" सुग्रीव ने कहा– "सुर, असुर, नर– नाग, देव, किन्नर, गन्धर्व ये जितनी भी भव–योनियाँ हैं, उनमें से केवल मानव जाति का मनुष्य इस घोर पापी का हनन कर सकेगा। वाह! शिव महाराज देवाधिदेव! कितनी चतुराई से वरदान दिया है। इसी वरदान के कारण श्री हरि को मनुजावतार धारण करना पड़ा है। यही, यही हनुमन्ते! यही।"

हनुमान– "जगद्कल्याण तथा पृथ्वी और गौ तथा भक्त की पुकार पर परमात्मा को धरती पर आना ही पड़ता है। धर्म की हानि होने पर प्रभु ही आते हैं तथा पुनः सत्य, न्याय, धर्म– मानव धर्म– उनकी पुनः पूर्ण प्रतिष्ठा करते हैं।"

जाम्बुवन्त ने सिर हिला– हिलाकर कहा– "यह जगत परमात्मा का कौतुक है, यह सृष्टि उसकी लीला।"

हनुमान ने सिर धुनाया, कहा– "यह जगत, सृष्टि, भव बन्धन– सभी कुछ यह काल सब राम की माया है– भगवती सीता की इच्छा है। हम सब जीव तो जन्मे तब से, जन्म– जन्मान्तरों से, अनादि काल से सीता– राम की शरण में है। महाराज सुग्रीव! भव– पीर तो राम जी ही हरते हैं।"

श्री राम ने सस्मित कहा– "समुद्र तथा उसके सेतु का पूजन।"

"सेतु! पूजन!" वानरों के मन में सहज ही ध्वनि उठी– "श्री राम!"

श्री राम ने नयन उन्मीलित किये, पद्मासन बद्ध उपविष्ट हुए और भ्रूमध्य एकाग्र होते हुए उन्होंने पंचभूतों का ध्यान आरम्भ किया। सहसा श्री राम के विराट्, अनन्त, गहन चित्ताकाश में निभा मानो प्रगट हुई। दिवस्पति की निभा श्री राम के आकाश में छा गयी। श्री राम की वैखरी परा में पौढ़ गयी और पश्यन्ति में

प्रगट होकर स्वयं ही गा उठी– हे स्वर्ण कमल में स्थित, हे पूर्ण वात्सल्यमूर्ति, हे परात्परी, हे महादेवी, हे कालरात्रि, महाकाल की अधिष्ठात्री! इस सेतु को विशाल वानर सैन्य के लिए स्थिर रख, थामे रख| हे शंकरी! शिव वल्लभे! मैं दीन, अनाथ, तृष्णातुर, बन्धनग्रस्त जीव हूँ| अनादि से तेरे ही भरोसे, तेरे ही आसरे जन्मता– मरता आ रहा हूँ– तेरी ही खोज में, भगवती! श्री राम का चित्त जैसे पिघलने लगा| काल में अन्तर्निहित ईश्वर की दया जैसे जाग्रत हो उठी| "राम! यह क्या? यह कातरता! यह आर्द्र पुकार! क्यों? तुम...... तुम मेरे ही स्वरूप हो–रूप हो|" श्री राम ने मन के गहन में कहा– मूक मौन ही कहा– "सीता का शोक मैं सह नहीं सकता| वही तो मुझे भव– भवों में उतार लाती है| जगद्कल्याण सीता ही की सेवा है, प्रभो! यह भव– सृष्टि उसी परमेश्वरी का चिद्विलास है| हाँ, है| यह पापी रावण मेरी सीता को हर ले गया| तब..... तब मैं कितना विवश हो गया हूँ– व्यर्थ हो गया हूँ| नर तो प्रतिशोध कर सकता है; नारी नहीं| निरीह नारी का परित्राण तो तेरा ही काम है| नारी का मोक्ष स्वयं ईश्वर की मुक्ति है| माया से मुक्ति और योग माया से मोक्ष| अतः मुझे सामर्थ्य दे, भगवान! विशाल, अनन्तकोटि वानर सैन्य के साथ मैं सेतु पार कर सकूँ| इस सेतु को विकम्पित समुद्र लहरों में स्थिर कर दे, स्थायी कर दे– अटल– अडिग कर दे| हे महाकाल इस सेतु को थामे रह– प्रलयों तक– युगों तक थामे रह| सीता का परित्राण करने के लिए मेरे प्राण प्रस्तुत हैं|" श्री राम का अन्तःकरण मानो दिव्य आभा में डूबकर शान्त हो गया| श्री राम को लगा, स्वयं ईश्वर उनको आश्वस्त कर रहा है| स्वयं काल अपनी क्षणों में श्रृंखलाबद्ध होकर अडिग हो रहा है| समुद्र की उर्मियों में देवताओं का आशीर्वाद उल्लोलने लगा है तथा पंचभूत सेतु के अणु– अणु में ज्योतिर्मय शक्ति होकर प्रविष्ट हो रहे हैं|

श्री राम समाधिस्थ हो गये|

विशाल वानर सैन्य मानो हृदय की धड़कनों द्वारा काल को नापने लगा| स्वाँस– प्रस्वाँस की लहरियाँ काल– पटल पर ही हिल्लोलित होने लगीं– चुप– चापी छा गयी| श्री राम का ध्यान गहन, अटल तथा स्वयं ही स्वयं में लीन अगाध ज्योतिर्मय अनुभूति में स्थित हो गया| स्वयं राम जैसे शरीर के बाहर होने तथा सर्वत्र त्रिकाल में व्याप्त होने लगे| तभी श्री राम के हृदय– दहर में शेषशायी महाविष्णु जैसे कह उठे– "राम! आत्माराम! भगवान! हे राम|"

सेतु– पूजन के यज्ञ में अन्तिम आहुति डालकर श्री राम तपाक् से उठ खड़े हुए और गर्जना– गम्भीर स्वर में बोले– "महाराज सुग्रीव! सैन्य को सेतु पार करने के लिए आवश्यक प्रवीण प्रबन्ध आरम्भ किये जायं| शत सहस्त्र यूथ वार सैन्य सेतु पार करेगा| लक्ष्मण! सैन्य जब तक सेतु पार न कर ले तुम शेषनाग की शक्ति जगाये रहो| मैं मन्त्र शक्ति से सेतु को ढाबे रहूँगा|"

"जी!" लक्ष्मण ने कहा– "जैसे मतिमान की इच्छा|"

हनुमान ने कहा– "मेरे कन्धों पर आसीन हो जाइये श्री राम, भैया लक्ष्मण| मैं क्षणों में सेतु– पार हो जाऊँगा|"

"सैन्य के सेतु पार हो जाने पर अवश्यमेव|" श्री राम ने कहा– "हनुमान! तुम तुम हो, आंजनेय! तुम्हारी माता धन्य है|"

"पिता भी|" हनुमान ने कहा|

श्री राम ने मुस्कुराकर कहा– "अवश्य, महात्मा केसरी भी|"

हनुमान ने श्री राम के चरण थामते हुए कहा– "माता– पिता तो हैं ही पूजनीय, वन्दनीय| उनका ऋण मैं आपका काज करके उतार रहा हूँ| किन्तु श्री हरि! आप ही मेरे माता, पिता, सखा, मित्र, कलत्र, बन्धु-बन्धव हैं| हाँ, आप ही हैं| आपका काज मैं निस्वार्थ बुद्धि से कर सकूँ– करता रहूँ– यही कृपा कीजिये, प्रभो!"

"तथास्तु!" श्री राम ने कहा– "सेतु पार|"

यूथपतियों का समूह आगे धँस आया| प्रमुख यूथपति ने हाथ जोड़कर विनती की– "आप प्रभु, वीरवर लक्ष्मण हमारे साथ ही हों| आप और वीरवर लक्ष्मण के बिना हम सेतु पार कैसे करेंगे? हनुमान जी के कन्धों पर आरूढ़ आप और लक्ष्मण को मध्य में पाकर हम सेतु क्या समुद्र भी पार कर जायेंगे| आप हमारा अवलम्ब हैं; विश्वास हैं| आपके बिना हम भयार्त तथा भीतिग्रस्त जीव मात्र हैं|"

श्री राम ने महाराज सुग्रीव की ओर देखा|

महाराज सुग्रीव ने विनयपूर्वक कहा– "यूथपतिगण ठीक ही कह रहे हैं, राघव राम! आप वानर मात्र के अन्तरात्मा के अमोघ विश्वास हो गये हैं– जीवन के अवलम्ब भी हैं| आप हमारे योगक्षेम के वाहक भी हैं| आप हमारे स्वामी, रक्षक तथा भय से मुक्तिदाता भी हैं| हनुमान के कन्धों पर सुशोभित लक्ष्मण जी सहित आप हमें काल के मुँह से भी बचा लेंगे– यही हमारा मनोबल है| अगाध

जलराशि में तैरता हुआ यह सेतु आपकी ईश्वरीय शक्ति से ही हम सबका भार झेल लेगा– हाँ..... प्रभो!"

श्री राम ने शान्त जलद– गम्भीर स्वर में कहा– "तब ऐसा ही हो| हनुमान! हमें अपना समर्थ सबल कन्धा दो| तथास्तु!" श्री राम ने अपने दोनों आजानुबाहु गगन में ऊपर उठाते हुए कहा– "वानरों, साथियों! मित्रों! कृपालु मेरे! लक्ष्मण के सेतु पार करने के लिए सन्नद्ध हो जाओ| हनुमान के कन्धे पर मैं और लक्ष्मण आपके मध्य रहेंगे| अपने बाण से हम सेतु थामे रहेंगे| जय महाकाल!"

✦✦✦

"जय रामेश्वर!" महाराज सुग्रीव ने किलकारी की| घोर किलकारियों का ध्वनित– प्रतिध्वनित स्वर कोलाहल से भरा गुम्फित गुँजित चारों दिशाओं में फैल गया| इस तुमुल कोलाहल की प्रतिध्वनियाँ अशोक वाटिका की वृक्ष– घटाओं को मानो चौंका गयीं| सीताजी को घेरकर बैठी हुई राक्षसियाँ अनायास ही अज्ञात भय से भर गयीं| सीताजी मानो राम– रटन की जाग्रत तंद्रा से जाग गयीं– "कौन? कौन पुकार रहा है? त्रिजटा? कौन? समुद्र पार से मैं जैसे उनका स्वर सुन रही हूँ| वह आ रहे हैं क्या? त्रिजटा!

त्रिजटा ने कहा– "चुप, पुत्री! अन्तरात्मा में सुनो| चुप! ऐसा लगता है, सेतु बन्ध गया है– थम गया है और सैन्य सेतु पार करने के लिए किलकारियाँ कर रहे हैं| मैं पता लगाती हूँ| लंकिनी की दृष्टि दूरदर्शि है तथा कान शब्द– बेधी| इसीलिए वह लंकागढ़ की नियामक और अधिष्ठात्री रक्षिका है|"

सीताजी– "हे राम|"

"श्री राम ही तो|" त्रिजटा ने कहा– "परम सौभाग्यवती हो तुम पुत्री! जो राम जैसा पति, भर्ता, जीवन– साथी मिला है| भगवती शिवा पति प्रदान करने में तुम पर जैसे स्वयं ही निछावर हो गयी थी|"

"शिवा! उमा! पार्वती!" सीताजी चिहुँकी– "हे माँ ! मेरी रक्षा करो| इस घोर अत्याचार से मेरा परित्राण करो| श्री राम को सेतु पार करवा दे, परमेश्वरी! लक्ष्मण! मुझे-मुझे क्षमा कर दो और अपने बाणों से सेतु को थामे रहो| वानरों! सेतु पार करो– यह मेरा तुमको आशीर्वाद है| महाकाल! मेरी सुनो|"

अशोक वाटिका की वृक्ष– घटाएँ सहसा सिहरीं, झूमी– झिमीं। सीताजी ने चारों ओर उदास दृष्टि से देखा। हनुमान द्वारा ध्वस्त वृक्ष– धड़ यहाँ– वहाँ चित् पड़े थे। फलों के लिए झूमती हुई वृक्ष – घटाएँ सभी छितरीं तथा त्रस्त दिखाई दे रही थीं। हनुमान जी के चरण– चिन्ह ताण्डव के चरण– चिन्ह की भांति इधर– उधर सर्वत्र छपे पड़े थे। हनुमान के आक्रमण से ध्वस्त अशोक वाटिका अभी सँवरी नहीं थी। इन्द्रजीत के दृश्य– अदृश्य युद्ध तथा ब्रह्मास्त्र के प्रयोग से अशोक वाटिका की धरती और आकाश भय से भर गये थे। सीताजी ने हनुमान के चरण– चिन्हों को घूरते हुए कहा– "हनुमान वत्स! चिर जीओ! मेरे श्री राम को, उनको ले ही आये। मैं....... मैं तुम्हारी कृतज्ञ हूँ, हनुमन्तो! वत्स मेरे!"

सीता के उदास और उद्विग्न अन्तःकरण से एक दिव्य तेजस्वी आशीर्वाद की ज्योति ही उद्-भवित हुई और समुद्र पार हनुमान के लोचनों में मानो भर गयी। हनुमान ने अपने नयन सहज ही तनिक चमक कर बन्द किये और अपने चित्ताकाश में मानो ज्योति के स्त्रोत को ही खोजने लगे। हनुमान को लगा कोई वरद हस्तलाघव क्षितिजों के पार गगन को अपनी हथेली में भरकर वरद मुद्रा में उठा हुआ है। नील गहन स्वयं प्रकाशित ज्योति– वर्तुल में वह दिव्य पद्मपाणि है और उसकी पद्मरागमणि की कान्ति से उभरी हुई अँगुलियों से अमृतमयी शीतल ज्योति निसृत हो रही है। "हनुमान.... हनुमान, वत्स मेरे!" हनुमान को समुद्र पार अशोक वाटिका के वृक्षों की घटाओं को स्तब्ध करता हुआ सम्पूर्ण वात्सल्य शील से परिपूर्ण स्वर सुनाई दिया।

हनुमान जागे, रोम– रोम में जागे, किलकारी करते हुए बोले– "स्वामिन्! राम मेरे! राम सबके– जग के जीवन के। भगवती पुकार रही है-"

"प्रस्थान हो!" श्री राम ने कहा।

राम– लक्ष्मण हनुमान के कन्धों पर– सैन्य के वर्तुलों के मध्य, गगन में श्याम– गौर मूर्तियों की भांति स्थित। धनुष पर दिव्य बाण चढ़े हुए– लक्ष्मण और राम। महाराज सुग्रीव ने पुकारा– "सेतु पार, वानरों! भव – सागर पार। राघव रामचन्द्र की जय!"

गगनभेदी जय– जयकार उठी और श्री राम– लक्ष्मण हनुमान के कन्धों पर उपविष्ट विशाल सैन्य के मध्य सेतु पर पहुँचे और चले। सेतु तनिक हिला– डुला, तनिक उल्लोलित, तनिक हिल्लोलित हुआ और पुनः सहसा सहज ही स्थिर

हो गया। लक्ष्मण ने शेषनाग का ध्यान किया– लक्ष्मण ने धारणा की, मानो वह स्वयं ही क्षीर सागर के शेषनाग हैं और सैन्य सहित उस विशाल सेतु को अपने हस्त– फनों पर टिकाए हुए हैं। कोटि– कोटि चरणों की गति गतिमान होकर स्वयं ही सेतु को दृढ़ करने लगी। वानरों के प्रत्येक चरण– चाप से वज्र मानो पिघलकर सेतु में ढलता चला गया। श्री राम हनुमान के कन्धे पर सहसा ध्यानस्थ हो गये। "सीते! रक्षा.... कर। हे दुर्गे! इस अपार सागर को पार करवा दे। हे शिवे! हे सर्वमंगल मांगल्ये! हे सर्वार्थ साधिके! सीता तो तेरा ही स्वरुप है। मैं भी! प्रत्येक नर-नारी तेरा ही स्वरूप है। ऐ एंकारी। यह सृष्टि तेरा ही स्वरूप है। हे ऋकारी। हे प्रति– पालिके! हे क्लींकारी काम रूपिणी! सच्चिदानन्द रूपे! शिवे! योगक्षेम कर! सैन्य को सेतु पार कर दे।"

श्री हनुमान के, वज्र– दृढ़ स्कन्ध पर उपविष्ट श्री राम ने नयन खोले और आकाश को निहारा और फिर ऊर्ध्व स्वाँस खींचकर नयन उन्मीलित किये– वे कंज– लोचन स्वयं ही उन्मीलित हो गये। पृथ्वी के अचल और आकाश सा निर्विकार ध्यान मानो सृष्टि से, कण– कण से, घट– घट से निकल कर श्री राम के भूताकाश, चित्ताकाश तथा चिदाकाश में प्रसर गया, रम गया, अचल हो गया। श्री राम का रोम– रोम सिहर कर शान्ति से पूर्ण हो गया। हीं ॐ हीं का मन्द मन्द्र अजापा जाप स्वयं ही श्री राम के मन में होने लगा। दक्षिणे कालिके! हे क्रींमयी क्रीं क्रीं क्रींमयी हीं हीं स्वाहा। श्री राम अचल शान्त तथा गहर– गम्भीर समाधिस्थ हो गये और महादेवी महाकुंडलिनी जैसे सजीव हो गयी। षड़ाधार चक्रों के अन्तिम मूलाधार से महादेवी की तेजोमयी अनुभूति श्री राम की सुष्मना में जागृत हो उठी और योगमाया स्वयं ही सगुण स्वरुप धारण करने लगी। "राज राजेश्वरी! शिवे!" श्री राम मन ही मन पुकार उठे– "रक्षा कर स्वामिनी! हे सीते! रक्षा करो। श्री राम विच्चे। ऊं ग्लौं हुं क्लीं जूं स: ज्वालय ज्वालय ज्वल ज्वल प्रज्वल प्रज्वल ऐं हीं क्लीं चामुण्डायै विच्चे। मन ही मन समाधिस्थ से होकर जाप आरम्भ किया– ॐ ऐं हीं क्लीं चामुंडाय शिवे ज्वल ज्वल। सुषुम्ना में पौढ़ी हुई श्रृंगार मूर्ति, सुधा मूर्ति अभिराम सच्चिदानन्द स्वरुपा परात्पर परमेश्वरी शक्ति जागृत हो उठी।"

अभय वर प्रदान करती हुई वह मानो कह उठी– "तथास्तु, राम! तेरे नाम में ही, मैं रक्षा, जय, सुकृति श्री तथा योगक्षेम एवं मंगल की तेजस्विताएं खींच देती हूँ। राम तेरी जय हो– विजय हो। सीता मेरा स्वरुप है– उसकी चिन्ता मुझे है। निर्भय होकर रावण से धर्मयुद्ध लड़, राघव राम।"

श्री राम अपने अथाह अनन्त में मानो विश्वस्त हुए। उनको लगा वह स्वयं परात्परा शक्ति के चिद्घन स्वरुप और दुर्गा– कालिका तथा सरस्वती की विधाओं के ज्ञाता हैं। श्री राम अपने असीम को ही भ्रूमध्य केन्द्रित करते हुए अपने सहस्त्र दल के ब्रह्म रंध्र में स्थित होने को और ध्यानस्थ होकर जैसे त्रिपुर तथा त्रिकाल को ही भूल गये। अनन्त, अथाह, अपार असीम घनश्याम ज्योति के सहस्त्रों बाल सूर्य प्रकट हो गये। उस घनीभूत आलोक में स्वयं राघव राम व्यक्त होने लगे।

"राम!" श्री राम पश्यन्ति में चिहुँके– "राम यही, श्री हरि, राम।" श्री राम का धनुष पर चढ़ा हुआ रामबाण तथा वानरों के पैरों की थमकती– धमकती, लड़ती– लुड़ती, सर– सराती हुई आहटें– चापों की इतरती– हिलती तथा थमती– थमथमाती ध्वनियाँ– मन्द– मन्द्र आहों की आहटें। श्री राम देहातीत चेतना से जाग्रत होते गये। जगत के भूताकाश को उन्होंने अपने दीर्घ महाप्राण स्वाँस– प्रस्वाँस में समा लिया तथा तत्वों के दिव्य गुणधर्मों को आत्मसात् करते हुए वानर सैन्य के कोटि-कोटि चरणों को विश्वस्त किया।

सैन्य सेतु पार होने लगा– मानो समुद्र ही एक सम शान्त मन्द– मन्द्र प्रवाहसा वानर– चरणों का स्वरूप धर चल पड़ा हो। शत सहस्त्र गदाएँ गगन में उठी हुई तनिक दौल रही थी और शत कोटि मुष्टिकाएं आकाश को मानो प्रताड़ित कर रही थीं। श्री राम मन ही मन देह– भान से उपरत एक विराट् चैतन्य हो गये। उनको लगा, भगवती महात्रिपुर सुन्दरी उनके त्रिपुर– शरीर में जाग्रत हो गयी है। ॐ ऐं ह्रीं श्रीं क्लीं की बीज– ध्वनि समस्त जगत के घट– घट में गूँज उठी। ह्रीं ध्वनि– गूँज व्योमों में भर गयी तथा वह सकल ह्रीं ध्वनि जगत के प्रतिभासिक अस्तित्व को जैसे थाम गयी। सकल ह्रीं की ह्रींकार ध्वनि मानो षडचक्रों को जगा गयी। महात्रिपुर सुन्दरी का मन्त्र जाप सप्तलोक तथा चौदह भुवनों को स्पर्श कर श्री राम के बाणों में समा जाने लगा। दिव्य अस्त्र स्वयं ही श्री राम के दिव्य चित्त में समाने लगे। श्री राम अणु के विराट् चेतना में अपने सभी बन्धनों से मुक्त होकर हृदयाकाश में लहर उठे– विहर उठे। श्री राम के मनुज– भव की शेष भीति मानो काल की घोर लहर सी उमड़ी और श्री राम की उदासीन शान्ति के दिव्य आलोक में खो गयी। सीते! सीते! हे सीते! दुर्गे! शिवे!– श्री राम का कण– कण सीता नाम से संध्वनित हो उठा। रोम– रोम सिहर कर सीता की परात्पर दिव्य छवि की दिव्यातिदिव्य विभा से दिव्य हो उठा।

वानर सैन्य चला– सेतु पार चला और गगन के गगन, व्योम के व्योम समूचा अनन्त असीम आकाश घोर किलकारियों से गूँजने लगा, गाजने लगा| ज्यों– ज्यों वानर सेना सेतु पार कर रही थी| घोर आतप भरी किलकारियाँ बिजली की घोर कड़कड़ाहट के समान लंका के गढ़ के कंगूरों से जा टकराईं तथा लंकावासियों को चौंका गयी| किलकारियों की तुमुलनाद अगम भय से लंकावासियों को भर गया और वह सब महाराज रावण के राजप्रासाद में एकत्र होने लगे– "महाराज! दुहाई है – रक्षा करो महाराज! रक्षा|"

मन्दोदरी के साथ महाराज रावण प्रासाद के दर्शन– प्रकोष्ठ में दिखे| राक्षस जनता ने तुमुल स्वर में पुनः– पुनः चीत्कार किया|

"राक्षस राजेश्वर! रक्षा|" जनता के वरिष्ठ नागरिकों ने पुकार की| श्रीलंका के महापौर ने चिल्लाकर दुहाई दी– "महाराज राजेश्वर! हे दशानन! सुना है राघव रामचन्द्र की सेना में कपि हनुमान के समान सहस्त्र कोटि योद्धा हैं| एक हनुमान ने सोने की लंका जलाकर भस्म कर दी| तो यह सहस्त्र कोटि वानर क्या नहीं करेंगे|....... ध्वंस........ महाविनाशा| हम आपके नगर निवासी मारे जायेंगे| हमारी सन्तति ही नष्ट हो जायगी, महाराज!"

रावण ने विकल तथा वेपथु जनता को घूरा, फिर कठोर रूद्र स्वर में कहा– "कायरों! इन मरकटों से डरते हो! हनुमान लंका जला गया| अकस्मात उस हठी दुराग्रही कपि ने ऐसा किया| अब हम सावधान हैं| लंका की रक्षा के लिए हमने सम्भव उपाय किये हैं| अग्निशमन का रसायन हमने तैयार किया है, सुशेण ने किया है। वह भयंकर अनल में भी श्रीलंका के भवनों की रक्षा करेगा| इस रसायन को अग्नि छू भी नहीं सकेगी| मैं तो समझता था लंका के राक्षस वीर हैं, साहसी हैं तथा पराक्रमी हैं| भय? किसका? उस निरीह त्यक्त राजपुत्र रामचन्द्र का? वह नंगे पाँव है| एक धनुष और कुछ बाणों से भरा तरकस ही उसके पास है| यही रण– सज्जा उसके अनुज लक्ष्मण के पास है और ये वानर मुष्टि तथा पाषाण और वृक्षों से ही युद्ध करते हैं| कायरों! जाओ– अपने– अपने आवास पर लौट जाओ|"

लंका के महापौर ने कहा– "असीम समुद्र में सेतु बन्ध गया और उस लहरीले सेतु पर सैन्य पार हो रहा है| मन्त्र शक्तियों से सेतु थम गया है, महाराज! कोटि नागाधिराजों का बोझ वह सह सकता है|"

"कौन कहता है मूर्खो!" रावण चिल्लाया।

"महात्मा विभीषण ने हमें सूचित किया है।" लंका– महापौर ने कहा– "हम आपश्री से निवेदन करने ही आये हैं।"

"क्या? क्या है वह निवेदन?" रावण बमका।

"राघव रामचन्द्र दिव्य अपराजित मनुष्य हैं।" लंका के महापौर ने नमनपूर्वक कहा– "परम शिव– शक्ति के अवतार हैं, महाराज! उनकी शक्ति स्वरूपा सीता देवी को सादर श्रीराम चन्द्र को लौटाकर मैत्री सन्धि कीजिये और हमारी– आपकी प्रिय जनता तथा उसकी सन्तति की सदैव के लिए रक्षा कीजिये।"

"जी हाँ...... हाँ– रक्षा.......। रक्षा कीजिये, महाराज!" लोग चिल्लाये।

मन्दोदरी ने धीमे से स्वर में कहा– "मैं कहती थी न?"

"हूँ......।" रावण ने हुँकार की– "नहीं...... लौट जाओ, कायरों! भगोड़ों! लौट जाओ। उस हनुमान ने हमारे पुत्र को मार डाला। हमारे अनेक सेनापति घायल हो गये। लंका की ईंट– ईंट जला दी। हमारी भगिनी शूर्पणखा का अपमान किया। हमारे बाहुस्वरूप खर– दूषण तथा महिषी ताड़का तथा अनेक महारथी राक्षसों को धराशायी भी किया। उस रामचन्द्र को मैं उसकी स्त्री लौटा दूँ? रामचन्द्र की स्त्री सीता का अपहरण हमने राम को ललकारने को किया है।"

लंका– महापौर– "सुना है आप उससे विवाह करना चाहते हैं। दो मास की अवधि भी दी है।"

"हाँ तो– करना चाहता हूँ।" रावण चिल्लाया– "सीता अनन्य सुन्दरी तथा कोमल मानवी है। विशालाक्षी सीता मनमोहिनी है। हम निस्संदेह उससे विवाह करना चाहते हैं। हमने इस मानिनी से कहा– राम को त्याग दे और हमें अपना लें, परन्तु वह हठी हाँ नहीं करती। राम – नाम जपती विलाप करती रहती है। हम दो मास की अवधि समाप्त होने पर बलात् उससे विवाह करेंगे– निश्चय ही।"

महापौर– "महाराज! सावधान! राम का विशाल अनगिनत सैन्य सेतु पार प्रायः प्रारम्भ कर चुका है।"

"मरकटों के इस समूह को हम एक फूंक में क्षितिज के पार फेंक देंगे।" रावण ने अपनी वज्र मुट्ठी गगन में उठाते हुए कहा।

❖❖❖

लंका के वरिष्ठ एवं विशिष्ट नागरिकों का एक शिष्ट मण्डल विभीषण के द्वार पर आकर रूका| महापौर ने पुकारा– "महात्मा विभीषण जी! दुहाई है– आपके इष्ट देव की दुहाई है|"

विभीषण तपाक् से बाहर निकल आये– "आइये .... पधारिये| मेरे अहोभाग्य! अन्दर आओ, शुष्ठ होकर बैठो और शान्ति से कहो| धन्य भाग्य मेरे, जो श्रीलंका ने मुझे दर्शन दिये हैं|"

सब अन्दर धँस आये, बैठे| महापौर ने कहा– "महाराज राजेश्वर दशानन ने हमें दुत्कार दिया| हमें कायर कहा– भगोड़े कहा| हमारी पुकार नहीं सुनी| अब हम क्या करें, किस के पास जायें? निराश और हताश हम आपश्री के पास आये हैं|"

"आज्ञा करो, भवान्!" विभीषण ने सबका अभिवादन करते हुए कहा| "श्रीलंका का यह सेवक आपकी सेवा के लिए सदैव सन्नद्ध है| कहिये– क्या करना है?"

महापौर ने अधीर स्वर में कहा– "हम चाहते हैं, आप महाराज रावण को समझाइये| हम वानरों से युद्ध नहीं चाहते| राघव रामचन्द्र से हमारा कोई संघर्ष नहीं है| महाराज ने उनकी धर्मपत्नी का अपहरण कर अधर्म किया है– अत्याचार किया है| हम चाहते हैं राघव रामचन्द्र से मैत्री की जाय तथा उनकी पत्नी को सादर उनको लौटा दी जाय| लंकावासियों का यह सर्वसम्मत निवेदन है| हमने महाराज्ञी मन्दोदरी देवी से भी प्रार्थना की थी, किन्तु उन्होंने कहा– वे मेरी एक नहीं सुनते| पत्नी होने के नाते वे सीमा में ही कह सकती हैं|"

विभीषण ने म्लान स्वर में कहा– "पट्टमहादेवी भाभीजी ने भाईजी को बहुत कहा है, अनेक बार मनाने की हठी चेष्टाएं की हैं, किन्तु महाराज सीता को वापस करने को तैयार नहीं हैं| वह इस प्रतिज्ञा को सुनना तक नहीं चाहते– विनाश काले विपरीत बुद्धि, और क्या? मैंने भी प्रणामपूर्वक कई बार विनंती की है– धर्म मार्ग पर चलिये, राजन्| यह अत्याचार, यह घोर अधर्म छोड़िये, परन्तु मुझे तो व्यंग्य– बाणों से बींध देते हैं| मुझे वे व्यर्थ और राजवंश एक एक व्यर्थ का बोझ समझते हैं– आर्यों का छद्म दूत मानते हैं| मैं तो कह– कहकर हार गया हूँ|"

महापौर ने सिर धुनाते हुए कहा– "किन्तु महात्मन् लंका का भयंकर विनाश हो जायगा| हमें चरों से ज्ञात हुआ है; राघव रामचन्द्र जी की सेवा में हनुमान जैसे

एक नहीं, सहस्रों वीर वानर हैं| एक हनुमान ने स्वर्ण लंका जला दी, अशोक वाटिका उजाड़ दी, मुष्टि प्रहार से अनेक सेनानियों को मार दिया| स्वयं राजकुमार हत् हुए| लंका की आग से पड़े दाझ अभी भी तो रूझे ही नहीं हैं, श्रीमान्! और यह सर्वनाशी युद्ध के घोर रक्त से भरे बादल उमड़ आये हैं| वानर सैन्य शीघ्र ही सेतु पार कर लंका तट पर टिड्डी दल की भांति उतर आने वाला है| शीघ्रता कीजिये और दशानन को समझाइये| किसी भी भांति मनाइये| हम युद्ध नहीं चाहते– नहीं, हम शान्ति चाहते हैं| हम सभी का कल्याण चाहते हैं| राक्षस जाति अधर्म और अत्याचार करने वाली जाति नहीं है| हम धर्मपूर्वक सबका मंगल साघते हुए जीना चाहते हैं| हमारा परित्राण कीजिये, श्रीमान् विभीषण जी!”

विभीषण ने ऊर्ध्व स्वाँस भरते हुए कहा– ”महाराज की बुद्धि विपरीत हो चुकी है| काल ने उनको अपनी डाढ़ों में भर लिया है| मेरा तो वह मुँह तक देखना नहीं चाहते| वयोवृद्ध तथा गुरुजन महाशय माल्यवान जी तक को इन्होंने सभा से बहिष्कृत कर दिया| उन्होंने भी सीता को लौटाने की सलाह दी थी|”

महापौर– ”इन सीताजी ने ऐसा क्या कर दिया है?”

विभीषण– ”सीताजी परात्परा शक्ति का मायावी अवतरण हैं| श्री राम प्रभु हैं– परमात्मा, श्री हरि का मनुजावतार हैं| पृथ्वी पर धर्म का उद्धार करने के लिए ही वह अपने परम् धाम से पधारे हैं| ऐसा ऋषि– मुनि, सज्जन, साधु तथा भक्तजन कह रहे हैं| किन्तु काल ने महाराज को बहरा और अंधा जैसा कर दिया है| तब क्या हो? जैसी विधाता की इच्छा, महाशयों!”

महापौर– ”नहीं जी! हम नागरिकों की इच्छा| लंका का राज्य हम प्रजाजनों का भी है| राक्षस वंश हम हैं; कुल भले ही महामना दशानन और उनका परिवार, परिसर हों| अतः आपसे साग्रह सादर प्रार्थना है कि आप महामना दशानन को समझायें| हम लंका–निवासी राक्षस महाराज्य की आसन्न प्रजा युद्ध नहीं चाहती| हम शान्ति और आर्यों के साथ मैत्री चाहते हैं| वानरों के राजा महाराज सुग्रीव ने जो मित्रता की, वैसी ही मैत्री हम चाहते हैं|”

विभीषण ने गम्भीर स्वर में पूछा– ”भाईश्री दशानन तो वैसी मित्रता रामचन्द्र के साथ नहीं करेंगे| रामजी भले ही राजी हो जायं– दशानन नहीं| आर्यों के साथ मैत्री करना तथा धीरे– धीरे वैदिक वर्णाश्रम धर्म, जो राक्षसों में लुप्तप्रायः ही है, उसको हम पुनर्जीवित करें| हम मूलतः वैदिकजन हैं| महर्षि पुलस्त्य तक हम

वैदिक मूल्यों से चिपके रहे, किन्तु महाराज राजराजेश्वर दशानन रावण श्रीमान ने अनाचार, अत्याचार, अधर्म का नंगा नाच आरम्भ किया। आर्यावर्त में बिना कारण ही ऋषि मुनियों का संहार आरम्भ किया। आर्य संस्कृति के आधार यज्ञों को दूषित तथा नष्ट- भ्रष्ट किया- आश्रमों को उजाड़ा। चित्रकूट दण्डकारण्य तक जनस्थान स्थापित किये- राक्षसों के शिविर। इन शिविरों के राक्षसों ने अरण्य प्रजा पर अत्याचार ही किये। ऋषि- मुनियों की हड्डियों के ढेर लगा दिये। मुझे राघव रामचन्द्र के दूत हनुमान जी ने यह बताया। मेरा हृदय स्तब्ध सा हो गया, यह सब सुनकर।"

महापौर ने साश्चर्य कहा- "ऐसा? ऐसा हुआ?"

"हाँ, ऐसा ही हुआ।" विभीषण ने कहा- "देवी शूर्पणखा के अपमान का बहाना बनाकर भाईश्री ने श्री राम की सती पत्नी सीता का हरण किया। अपने मातुल को मरवाकर भी यह घोर कृत्य श्रीमान राजेश्वर रावण ने किया। धिक्कार है हम राक्षसों को।"

महापौर ने गम्भीर स्वर में कहा- "राक्षस वंश पर ग्रहण तब लग गया। किन्तु श्रीमन् आपको लंका की प्रजा की रक्षा तथा परित्राण के लिए आगे आना ही है- अवश्य।"

"अवश्य- हम आपकी शरण में हैं।" राक्षसों ने एक स्वर से कहा।

विभीषण ने निसास भरते हुए कहा- "अच्छी बात है- तब मैं महाराज की राजसभा में जाकर उनके चरण थामकर प्रार्थना करूँगा- सीताजी को लौटा दो और आर्यों से मैत्री कर लो! आवश्यकता हुई तो मैं स्वयं इसके लिए महाराज रावण का दूत बनूँगा।"

"जय महात्मा विभीषण! आपका कल्याण हो!" राक्षसों ने विभीषण को आशीर्वाद दिया और उनके चरण छूकर बिखर गये। अनाथ से उस राक्षस समुदाय को विभीषण खड़े- खड़े बड़ी देर तक देखते रहे और मन्द गति से चलते हुए अपने कक्ष की ओर गये।

राझी अपने पर्यंक पर सो रही थीं। विभीषण पर्यंक के पास जाकर खड़े हो गये। किन्नरी से भी अधिक उत्फुल्ल, गन्धर्वी से भी अधिक संगीतमय, अंग- अंग में लसित राझी मानो आसुरी माया की मंदिर मूर्ति थी। विभीषण स्थिर खड़े अपनी धर्मपत्नी राझी की निश्चिन्त निद्राधीन सुनहली- रूपहली काया को तनिक

आश्चर्यपूर्वक देखने लगे| यह कामिनी है तब| यही माया मूर्ति है तब| यही मोह की खानी है| कामिनी– राग भरी– यह रागोत्फुल्ल कामिनी इस भव में मुझे भोगने के लिए मिली है– सन्तति उत्पन्न करने के लिए| किन्तु..... किन्तु कामिनी का भोग तो मैं जैसे अनादिकाल से करता आया हूँ| कामिनी मुझे और मैं कामिनी को भोगते ही आये हैं| किन्तु सार क्या निकला? एक शून्य... विषाद से भरी रिक्तता| तब फिर इन्द्रियज भोग जीवन का अन्तिम लक्ष्य नहीं है| भोग तो क्षणिक सुखानुभूति है और मैं निश्चिन्त निर्विघ्न भीति और भय रहित परम् सुख ही चाहता हूँ| राक्षस हूँ जन्म से; किन्तु भोगते हुए जीर्ण होकर मरना नहीं चाहता| मैं मरना चाहता ही नहीं| मैं मृत्यु के भय से मुक्त होकर चिर प्रसन्न तथा शान्त जीवन चाहता हूँ| हाँ, राम! मैं यही अब चाहता हूँ|

सहसा राझी ने आँखें खोलीं और मुस्कुराकर बोली– ”और देखो, घूरो मुझे| मुझे ज्ञात है, मैं तुमको नहीं भाती| महामना दशानन महाराज– धान्यमालिनी तथा मन्दोदरी जी को कितना चाहते हैं| रमणियों से घिरे महाराज रावण अपनी पत्नियों को कितना चाहते हैं|“

विभीषण ने म्लान हँसते हुए कहा– ”ऐसा होता तो वह यों सीताजी का हरण नहीं करते| युद्ध में बदला लेते| राघव राम को ललकारते| कामुकता और प्रीति अलग– अलग चेतनाएं हैं; श्रीमती!“

राझी ऐंचती हुई उठ बैठी– ”हम तो पृथ्वी के जीव हैं| आप होंगे देव| जीव को तो सब चाहिये| काम सर्वोपरि चाहिये| आपके आर्य स्वामी भी तो कहते हैं– अर्थ, काम.....“

”अर्थ, धर्म, काम, मोक्ष“ विभीषण ने सुधारा– ”काम मैं भी चाहता हूँ| इन्द्रियज भोग भोगना ही जीवन है, किन्तु मुझे ज्ञात होने लगा है, मैं देह नहीं हूँ| मैं पल सुख की अभिलाषा हूँ| प्रिये! समझो! मानव जीवन बार– बार नहीं मिलता|“

कौन कहता है?‘‘ ’’राझी ने कहा-’’मैं जब भी जन्मी हूं, मानव ही जन्मी हूं| पशु? मैं नहीं|‘‘

विभीषण– ”मानव में पशुत्व है, राझी!“

”होगा........ मुझे नहीं ज्ञात|“ राझी ने कहा– ”यह लोग क्या कहने आये थे? महाराज को सीता को वापस करने को समझाओ| तुम समझाओगे? वह नहीं

? क्यों नहीं महाराज दशानन को घेरकर बैठ जाते? महाराज के पुत्र– पुत्रियाँ सेनापतिगण तथा गुरुजन क्या हुए? ऐसे अपदार्थ सिद्ध हुए तब?”

“विधाता भी महाराज को समझा नहीं सकता।” विभीषण ने कहा– “शिव के वरदान से उनमें हठ, दुराग्रह और विपरीत मति ही आविर्भूत हुई है। अपार अहंकार, देवी!”

“और तुममें विनय? दैन्य? क्या?” राझी बोली– “तुम भी राज्य चाहते हो। तुम भी लंका के राजा होना चाहते हो। हो नहीं सकते; क्योंकि राजा बनने का पुरुषार्थ तुममें नहीं है। राम– नाम की माला फेरना ही तुम्हारा पुरुषार्थ है। तुम वास्तव में अपदार्थ हो।”

“तुम्हारी दृष्टि में?”– विभीषण।

“हाँ, मेरी दृष्टि में। मैं अपने पीहर चली जाऊँगी।”– राझी।

“मुझे त्यागकर?”– विभीषण।

“तुम नहीं; तो मैं इस रत्नभूषण भरे निवास को क्या करूँगी?” राझी आर्द्र कण्ठ से बोली-“अनुकूल पति के बिना संसार व्यर्थ है, असार है, स्वामिन्!”

“प्रिये!” विभीषण ने चीत्कार किया।

“जाओ, अपने भाईजी को समझाओ। और वह न समझे तो रामचन्द्र की शरण में जाओ। तुम राक्षस होते हुए भी राक्षस– शिरोमणि नहीं हो। तुम, तुम…… न जाने क्या हो? कौन हो? मैं तो रक्त से राक्षस को जानती हूँ– भिक्षुक ब्राह्मण को नहीं।”

19

भरी राजसभा में दशानन रावण ने विनय–मूर्ति विभीषण को कठोर दृष्टि से घूरा ओर सव्यंग्य हँसते हुए कहा– "तो आप लंका की प्रजा के प्रतिनिधि के रूप में पधारे हैं, क्यों?"

विभीषण ने विनीत स्वर में कहा– "श्रीलंका की शान्ति प्रिय प्रजा अत्यन्त त्रस्त है, महाराज रावण! उसने आपके इस सेवक को घेर लिया और अपनी इच्छा व्यक्त की कि मैं श्रीमानेश्वर की राजसभा में राजेश्वर महाराज आपश्री के समक्ष उपस्थित होऊँ और उनकी इच्छा का सन्देश आपको अर्पित करूँ– जी, हाँ|"

रावण ने सव्यंग्य खिल्ली उड़ाते हुए पूछा– "सुनूँ तो वह इच्छा क्या है? प्रजा का वह सन्देश क्या है? फरमाईये, अनुजश्री!"

विभीषण ने नमस्कारपूर्वक कहा– "मेरी तो लंका की प्रजा की ओर से प्रार्थना है, राजेश्वर!"

"प्रार्थना और हमें?" रावण ने बिलबिलाते हुए स्वर में कहा– "आज्ञा! आपका तो हमें सदैव उपदेश ही रहा है| आप ही श्रीलंका में धर्मपरायण, नीति और न्याय परायण, सत्य वक्ता तथा महाशय राक्षस– शिरोमणि हैं| हम? हम तो अन्यायी हैं, अत्याचारी हैं, पर स्त्री परायण हैं| आप जैसे सन्त और महन्त हम जैसे क्षुद्र राक्षस से क्या प्रार्थना करेगा| प्रार्थना! विभीषण हमने तुमको बहुत सहा है| एक तो यह वृद्ध माल्यवान हैं, हमें कहते हैं, हम उनकी चुपचाप सुन लेते हैं| उनकी वयोवृद्धावस्था में हम बन्धन नहीं चाहते| किन्तु तुम? तुम आर्यावर्त के मानसिक दास तथा उस निठल्ले और त्यक्त राजपुत्र रामचन्द्र के सहायक हो-उपासक! हमें अनुचरों ने तुम्हारी और उस मरकट हनुमान की भेंट के बारे में तभी बता दिया था| किन्तु हमने तुमको सहा, क्योंकि अन्ततोगत्वा तुम हमारे अनुज हो, लंका राज्य के राजपुत्र हो, राक्षस– कुल के वरिष्ठतम सदस्य हो– वंशज हो– किन्तु अब हम तुम्हारे उपदेश सुन-सुन कर अघा गये हैं– समूचे त्रस्त हो चुके हैं| क्या कहना है तुमको?"

“वही प्रभो! जो अब तक निवेदन करता आया हूँ।” विभीषण ने कहा– “वही जो राजमहिषी श्रीमती मन्दोदरी कहती आई हैं, जो आप्तजन माल्यवान से कहते आ रहे हैं, जो पृथ्वी के समस्त सन्त– सज्जन कहेंगे।”

“क्या? हम अन्तिम बार तुमको सुनेंगे।” रावण ने कहा।

“आपका आभार, महाराज!” विभीषण ने जलद– गम्भीर स्वर में कहा– “निस्संदेह मैं राक्षस होते हुए भी मानव जाति का एक सत्य और ज्ञान का अभिलाषी जीव हूँ। राक्षस होने का मुझे गर्व है तथा मैं राक्षस जाति का मंगल चाहता हूँ– अभ्युदय चाहता हूँ। मैं नहीं चाहता कि राजा के पापों का फल प्रजा भोगे। सच तो यह है, प्रजा के पतन का उत्तरदायी राजा ही है। किन्तु राजा के पतन से प्रजा का अन्ततः सर्वनाश ही हो जाता है। आज राक्षस वंश और राक्षस जाति के सर्वनाश की स्थिति उत्पन्न हो गयी है.....”

“हमारे पाप के कारण ही तो, क्यों?” रावण ने दाँत पीसकर पूछा।

विभीषण ने कहा– “सीता–हरण आपका घोर पाप कर्म है; आपका घोर पतन है, महाशय दशानन! लंका की प्रजा का एक दैन्य प्रतिनिधि की भांति मैं कहूँगा, आपने आर्यावर्त को उजाड़ा है। आर्य संस्कृति को जड़– मूल से समाप्त करने के लिए संगठित प्रतारणा की है और मानवता के प्रति निरन्तर अन्याय तथा अत्याचार किया है। वह समय काल ने सह लिया; किन्तु श्री हरि के मनुजावतार अवतार राघव रामजी की सती– साध्वी धर्मपत्नी का अपहरण कर आपने सप्तलोक तथा चौदह भुवनों को यतो भ्रष्ट ततोभ्रष्ट किया है, महाराज!”

दशानन रावण अट्टहास्य कर उठा, कठोर तीव्र स्वर में बोला– “जी, हमने जगत को भ्रष्ट और सृष्टि को म्लान कर दिया है और आपश्री ने जगत को पावन तथा सृष्टि को स्वच्छ कर दिया। विभीषण तुम राक्षस– कुल का कलंक हो। जन्मे राक्षस वंश में, पले–पुसे लंका महाराज्य में तथा राजपुत्र के नाते, हमारे अनुज के नाते तुमने अक्षय भोग भोगे हैं, किन्तु तुमने राक्षस– शौर्य का सदैव विरोध किया है, मूर्ख! राज्य की स्थापना, रक्षा तथा विस्तार शक्ति से होता है– खड्ग से, समझे? भिक्षुक ब्राह्मण बनकर ओमकार जपने से नहीं। इसीलिए हमने वेदों का नया अर्थ किया। समूचे वांग्मय को राक्षस– चेतना से ओत– प्रोत किया। हमने वैदिक वर्णाश्रम धर्म के स्थान पर अपना धर्म– पंथ राक्षस धर्म ही स्थापित किया है। बल, बुद्धि, शक्ति तथा जय हमारे आधारभूत सिद्धान्त– बीज हैं। राक्षस

ब्राह्मण है– तुम्हारा सिर.....! हमने राक्षसों के समूचे रक्त को बदल दिया है| राक्षस पृथ्वीपति है, प्राणियों का स्थायी और मानव जाति का एक छत्र अधिष्ठाता, राजराजेश्वर! पृथ्वी का एक ही राज्य हो सकता है– रावण साम्राज्य! राक्षसों का अटल प्रभुत्व|"

विभीषण ने शान्त स्वर में कहा– "महाराज! यह आपका अहम् बोल रहा है|"

"हम मृत्युंजयी हैं|" रावण ने कहा– "आशुतोष धूर्जटी शिव ने हमें मृत्यु पर वश प्रदान किया है|"

विभीषण ने हँसते हुए कहा– "और मानव के अधीन कर दिया है| शिव जी ने जो वरदान आपश्री को प्रदान किया है, उसमें तो आपको और कोई नहीं, मानव ही.....|"

"मार सकता है.....|" रावण गर्जा– "यही| हमें सुर– असुर, देव– गन्धर्व, किन्नर, नर– नाग, भूत– भभूत– कोई नहीं मार सकता| मानव हमें रण-भूमि में मार सकता है किन्तु यह मानव है क्या? पंचभूतों का एक देह मात्र है|"

"मानव परमात्मा की समूची और समस्त विभूति है, महाराज!" विभीषण ने कहा– "आर्य ऋषियों ने ही नहीं, महर्षि पुलस्त्य ने भी कहा है, मानव योनि ही सप्तलोक और चौदह भुवनों में शीर्षतम योनि है– धर्म– योनि है, कर्म– योनि है| मानव ही परम् सुख का परम् सत्व पा सकता है|"

"आर्य?" रावण ने बमकते हुए पूछा|

"जी, हाँ|" विभीषण ने कहा|

रावण ने ठठा-ठठाकर हँसते हुए कहा– "राक्षस सत्य को पा नहीं सकता, तो न सही; पृथ्वी पर राज्य तो पा सकता है| हम राज्य और राज्य के ऐश्वर्य को ही मानव योनि का परम् ध्येय मानते हैं| परम सत्य! क्या? इस सृष्टि का सत्य प्रतिक्षण है, प्रतिरूप है| चौरासी लक्ष योनियों के भव का लक्ष्य सन्तानोत्पत्ति है| मानव में आर्य नहीं , राक्षस ही महान हैं, नादान !"

विभीषण– "सत्य केवल ब्रह्म है, महाराज! श्री नारायण हरि|"

रावण ने दाँत पीसकर कहा– "तू महर्षि नहीं है– राक्षस राजपुत्र है। वाचाल! हमें ज्ञात है, तू पुनः हमें सीता को लौटाने तथा रामचन्द्र से हाथ मिलाने को कहने आया है| लंका की प्रजा ने तुझे प्रतिनिधि मनोनीत किया है– आश्चर्य है!"

“जी, आपके लिए आश्चर्य हो सकता है, मेरे लिए नहीं|” विभीषण ने कहा– “मैं आपका अनुज हूँ; राक्षसराज वंश का राजपुत्र हूँ, मेघनाद का चाचा हूँ तथा आपके सामन्तों में मुख्य हूँ| मुझे ही तब लंका के गणमान्य नागरिक अपना प्रतिनिधि मनोनीत कर सकते थे|”

“परन्तु क्यों?” रावण ने कहा– “एक निर्वीर्य ब्राह्मण वृत्ति के भ्रष्ट राक्षस को अपना प्रतिनिधि चुनकर लंका के प्रजाजनों ने हमारी हँसी की है|”

“सम्मान किया है, प्रभो!” विभीषण ने कहा– “राजा प्रजा का पालन करता है, रक्षा करता है, किन्तु प्रजा ही अन्ततोगत्वा राजा का सम्मान करती है|”

रावण ने कठोर स्वर में कहा– “सीता हमारी है| हम रखेंगे– उस निरीह दरिद्री रामचन्द्र को नहीं लौटाएंगे, समझा? जा कह दे लंका की धृष्ट प्रजा को– सीता का हरण कर हमने राम– लक्ष्मण द्वारा की गयी राक्षस– हत्याओं का बदला ले लिया है| हमने अपनी भगिनी के घोर अपमान का बदला ले लिया है| सीता से हम विवाह करेंगे| उसे पट्टतम महादेवी बनाएंगे| सीता को हर कर हमने आर्यावर्त को ललकारा है| साहस हो तो हमें रणभूमि में मिले यह आर्य नरेश| परशुराम के परशु की छाया से भीत यह विलासी क्षत्रिय नरेश हमें क्या ललकारेंगे? हम ललकार रहे हैं| सुना?”

“काल सुन रहा है, दशानन!” सहसा माल्यवान ने कहा– “आपकी अपनी प्रजा के दूत का तनिक सम्मान तो करें, महाराज! प्रजा का दूत सामन्तों और सेनापतियों से भी विशिष्ट सम्मान का पात्र होता है| फिर महात्मा विभीषण......”

“महात्मा! विभीषण .... महात्मा” रावण गर्जा|

“एक निरीह अनाथ मानव|” विभीषण ने कहा– “महात्मा मैं नहीं| जो धर्म की हानि ना होने दे, जो सत्य और न्याय के अनुसार समाज तथा राज्य का प्रबन्ध एवं शासन करे– वही महात्मा है| महान आत्मा राजा की; परम् आत्मा सन्त की– साधु की|”

“हमने कह दिया..... उपदेश देना बन्द करो|” रावण गर्जा|

विभीषण ने कहा– “राक्षस– राज्य पर रामबाण की बौछार होने ही वाली है| राक्षस– कुल की यह कालरात्रि है| यह काल घड़ी है जो सेतु पार कर रही है, महाराज! राक्षस राज्य की समस्त प्रजा तथा सामन्तों की ओर से, महिलाओं

तथा बालकों की ओर से राक्षस राज्य के मंगलमय भविष्य तथा राक्षस सन्तति के भाग्य के लिए मैं हाथ जोड़कर, पाँव पड़कर निवेदन करता हूँ कि आर्यों से मैत्री कर लें – श्रीमती भगवती सीता जी को लौटा दें| हनुमान जी ने मुझे कहा है– श्री राम करूणानिधि हैं, कृपालु हैं|"

रावण– "चुप रह, नीच!"

विभीषण ने कहा– "राजसभा का प्रकोष्ठ लंका के वरिष्ठ नागरिकों से भरा है, महाराज! हमारे इस अन्तिम निवेदन को स्वीकार करें, महाराज! और राक्षस वंश का परित्राण कीजिये| महाकाल के जबड़ों में धकेल दी है राक्षस जाति को आपके अहंकार ने| मान जाइये, प्रभो! सीता जी को लौटा दीजिये, यह समस्त राक्षस जाति की प्रार्थना है|"

रावण हँसा|

"आज्ञा है, रावण!" विभीषण ने सहसा कहा|

"आज्ञा! प्रजा हमें महाराज चक्रवर्ती राजराजेश्वर को आदेश देने की धृष्टता करती है? मूर्ख! आज्ञा राजा की, शाप ऋषि का, उपदेश उपाध्याय का– समझा!" रावण ने दाँत किटकिटाते हुए कहा– "हम समस्त राक्षस जाति, वंश और कुल के सर्वोच्च अपराजित सर्वसमर्थ राजा हैं– राजराजेश्वर– हम जो कहते हैं, वही उचित है| हम जो आज्ञा करते हैं, वही न्याय है तथा हम जो कहते हैं वही सत्य है|"

विभीषण ने सस्मित कहा– "सत्य ऋषि ही देखता है, उचित कथन शास्त्रियों का ही होता है| जिस राजाज्ञा में न्याय तथा सत्य नहीं है– वह राजाज्ञा हो ही नहीं सकती| न्याय ईश्वर का समदर्शन है, सत्य परमात्मा का स्वरुप है– यह सत्य है; ज्ञान अनन्त है, रावण! आप श्रीमान के पाँव पड़कर फिर गुहार करता हूँ– सीताजी को लौटा दीजिये– राघव श्री राम से मैत्री कर लें|"

रावण ने अट्टहास्यपूर्वक कहा– "तेरी राम की शरण में जाऊँ क्या? पापी, कुलकलंक! मेरी दृष्टि से दूर हो जा– जा!"

विभीषण ने कहा– "राघव राम की शरण तो मैं जाऊँगा और लंका की प्रजा और राक्षस राज्य के लिए अभय माँगूँगा|"

"तो जा, माँग अभय| जा अपने राम की शरण में पापी, दुष्ट, कुलकलंक विभीषण|"

रावण गर्जा और विभीषण को झपटकर लात मारते हुए राजसभा से बाहर धकेलता हुआ पुनः बोला– "हमें मृत्यु स्वीकार है, किन्तु सीता को वापस करना स्वीकार नहीं| जा, कह दे लंकावासियों से– उनका निवेदन हम ठुकराते हैं| कोई है..... ! इस कुलकलंक को धक्के मारकर राजसभा से निकाल दो|"

विभीषण ने लातों के प्रहार से बच उठते हुए कहा– "तब जैसी विधाता की इच्छा| दशानन! सुन लीजिये काल आपके सिरहाने खड़ा है| मैं तो जाता हूँ– राघव राम दयालु हैं| वे अवश्य लंकावासियों की पुकार सुनेंगे|"

"और तुझे लंका का राज्य दे देंगे, नहीं?" रावण गर्जा|

"श्री राम सर्वसमर्थ कृपा सिन्धु हैं|" विभीषण ने कहा– "उन्होंने महाराज सुग्रीव को वानर राज्य पुष्पांजलि की भांति अर्पित किया| मुझे राज्य नहीं, लंकावासियों की सुरक्षा तथा योगक्षेम चाहिये| मुझे आपका तथा राक्षस राजवंश का कल्याण ही चाहिये|"

"अयोग्य, अपदार्थ! हमारी स्वर्ण थाली में खाता है और उसी में छेद करता है| हमारे अरि से मिलकर हमारा नाश करना चाहता है– तू हमारा सिंहासन चाहता है| हम तेरी रग-रग जानते हैं।"

"नहीं, दशानन!" विभीषण ने कहा– "मैं आपका कल्याण चाहता हूँ|"

✦✦✦

राजसभा के प्रकोष्ठ से लड़खड़ाते हुए विभीषण राज्यसभा के विशाल प्रांगण में जा लुढ़के| लंका– निवासियों ने देखा, विवर्ण विभीषण खड़े होकर स्थिर हो रहे हैं| लंका के महापौर ने दौड़कर विभीषण को थाम लिया– "क्या हुआ, श्रीमन्!"

"कुछ नहीं|" विभीषण ने कहा– "आप लोगों का सन्देश मैंने राजेश्वर रावण श्री को दे दिया है|"

"क्या कहा?" लंका के महापौर ने पूछा– "मान गये?"

"नहीं, विधाता वाम हो चुकी है, मित्रों! लंका के निवासियों और राक्षस महाराज्य की रक्षा तथा अपनी सन्तति के मंगल तथा अभ्युदय के लिए मुझे श्री राम की शरण में जाना ही होगा| मैं संकल्प करता हूँ आप सबकी रक्षा तथा राक्षस जाति के अभ्युदय निश्रेय के लिए मैं अपना उत्सर्ग कर दूँगा|"

"धन्य– धन्य!" एकत्र लंकानिवासियों ने एक स्वर में कहा

विभीषण ने स्थिर और अडिग होते हुए सबको नमस्कार किया और कहा– "यह मेरी अटल प्रतिज्ञा है कि मैं श्रीलंका और उसकी प्रजा तथा समस्त राक्षस वंश की रक्षा और उसके अभ्युदय के लिए श्री राम जी के चरणों में स्वयं को समर्पित करूँगा, निश्चय ही|"

विभीषण ने पुनः लोगों को नमस्कार किया और भूमि पर साष्टांग प्रणाम करते हुए कहा– "श्री हरि! परित्राण करो, देव!"

विभीषण के निजी अंगरक्षक तथा सामन्त मानो भीड़ से प्रकट हुए| मुखिया ने कहा– "चलिये...... पधारिये श्रीमान्! महाराज श्रीमान राजेश्वर के लोग कहीं नंगे खड्ग लेकर धँस नहीं आवें| पधारिये|"

अपने विश्वस्त अनुचरों से घिरे विभीषण अपने प्रासाद की ओर चल दिये| मार्ग में दोनों ओर लोग साश्चर्य विभीषण को देखते खड़े थे| विभीषण दोनों हाथों को जोड़कर प्रणाम की मुद्रा में चल रहे थे| नागरिकों में से एक ने दूसरे को कहा – "लात मारकर निकाल दिया महाराज ने अपने अनुज को– आश्चर्य है!" दूसरे ने तीसरे से कहा– "महान दशानन को हो क्या गया है?" चौथे ने पाँचवे से कहा– "कामिनी, भाई! कामिनी होती ही ऐसी है| नर को अंधा, बहरा तथा पशु तुल्य कर देती है, किन्तु तब, जब उसमें घोर आसक्ति हो जाय|" छठे ने सातवें से कहा– "कामिनी को दोष क्यों दिया जाय| यह कामुक नर की घोर कामुकता के कारण है| महान दशानन रसिक शिरोमणि हैं| किन्तु एक मानवी स्त्री के पीछे क्यों पड़े हैं|" नौवें ने पूछा– "इस राघव रामचन्द्र की भार्या सीता को आपने, महाशय! देखा है?" आठवें ने कहा– "सुदूर अशोक वाटिका में बन्द है यह सीता| पंछी तक जा नहीं सकता और परायी स्त्री को देखकर क्या करना है?" नौवें ने कहा– "कहते हैं– सती है, साध्वी है, शक्ति रूप है|"

"होगी जी|" दसवें ने कहा– "महाराज को सीता को वापस करनी ही चाहिये अन्यथा हम सब नष्ट हो जाएंगे|" ग्यारहवें नागरिक ने कहा– "रणबाँकुरे अपने महारथियों के पराक्रम में आपका विश्वास नहीं है क्या?" "है, जी|" नागरिक ने कहा– "किन्तु रामचन्द्र की वानर सेना विलक्षण सेना है| देवी सम्पदा है उसके पास| प्रत्येक वानर जल–थल– नभ में गतिशील है| मुष्टिका प्रहार से प्राणान्त कर देते हैं वह वानर|"

विभीषण अपने प्रासाद में पहुँचे| राझी धमकी हुई आयीं और बोलीं– "क्या हुआ?"

"लात मारकर निकाल दिया– और क्या होना था?" विभीषण अपने कक्ष की ओर जाते हुए बोले– "भाईजी की बुद्धि ही विपरीत हो गयी है| उनको सीताजी ही दिखाई देती हैं– सीता ही चाहिये– फिर चाहे लंका भस्म हो जाय, राक्षस वंश नष्ट हो जाय, राक्षस– राज्य छिन्न– भिन्न हो जाय| कामुक– घोर कामुक, भीषण अधर्मी|"

"कौन जी?" राझी ने पूछा|

"रावण– यह दशानन" विभीषण ने कहा– "हमने लंका के नागरिकों को वचन दिया है– लंका तथा राक्षस जाति और राज्य की रक्षा, मंगल और अभ्युदय के लिए मैं महात्मा रामचन्द्र की शरण लूँगा, उन्हें मनाऊँगा| निश्चय ही श्री हनुमान मेरी सहायता करेंगे| मैं जाऊँगा, राझी|"

"मुझे छोड़कर?" राझी ने भीत होते हुए पूछा|

"रामजी तुम्हारी रक्षा करेंगे, स्वामिनी!" विभीषण ने कहा– "तुम भोग– विलास चाहती हो , तो रहो लंका के प्रासाद में और भोगो| मुझसे तो यह भव– पीर सही नहीं जाती| सुना है, श्री राम भव– पीर भी मिटा देते हैं|"

''भव-पीर? क्या?''-राझी।

"यह भव– बन्धन की जकड़न – पीड़ा, परमात्मा से अलग पड़ जाने का घोर कष्ट– यह जीवन की वेदना, राझी!" विभीषण ने कातर स्वर में कहा– "जीतेजी मैं राक्षसों का विनाश देख नहीं सकता| राक्षस– राज्य का अस्त होना मैं सह नहीं सकता| मैं राक्षस– वंश के नाश को देख नहीं सकता| मैं पृथ्वी पर शान्ति, अभय तथा ज्ञान– सत्य की सार्वभौम चेतना ही व्याप्त देखना चाहता हूँ; सो रामजी के बिना नहीं हो सकती| रावण अंधकार है; घोर कामुकता तथा भयंकर अभिमान की मूर्ति है| उनके अत्याचारों , अधर्मों, घोर पापों के सहस्त्र घट भर चुके हैं| काल उनके सिरहाने आ खड़ा हुआ है, प्रिये!"

"नहीं, तुम– तुम जा नहीं सकते| मरना ही है तो लंका निवासियों के साथ मरेंगे|" – राझी ने कहा

"मैं मरने के लिए नहीं, जीने के लिए जा रहा हूँ, राझी!" विभीषण ने कहा– "राम रक्षा करेंगे ही| मैं, मैं तुमको श्री राम के आसरे छोड़कर जाता हूँ|"

राझी ने विभीषण को अपने दोनों बाहुओं में जकड़ लिया; चीत्कार कर बोली– "मैं, मैं तुम्हारे भरोसे हूँ– तुम्हारे राम के भरोसे नहीं– नहीं|"

विभीषण ने राझी की पीठ सुल्हाते हुए कहा– "अबोध कहीं की| श्री राम की कृपा से ऋषि – मुनियों को मोक्ष मिलता है, राजाओं को स्वर्ग तथा धराधाम में राज्य मिलता है| श्री राम की करुणा से प्राणीमात्र अपना भव सुखपूर्वक काटता है| श्री राम की दया से ही प्राणियों के जीवन की रक्षा होती है| यह मुझे श्री हनुमान ने तो कहा ही है, किन्तु में राम– नाम के जाप से यह जैसे जान गया हूँ|"

"नहीं...... नहीं" राझी ने सिर धुनाकर कहा– "मैं तुमको नहीं जाने दूँगी– नहीं|"

विभीषण ने गम्भीर स्वर में कहा– "तब मुझे तुम्हारा त्यागकर श्री राम की शरण में जाना होगा| श्री राम ही लंका को, राज्य को, हम सबको अपनी दया से बचा सकेंगे| रामजी ही उबारेंगे, भगवती! विश्वास रख|"

राझी घुटनों के बल सरकती हुई विभीषण के चरणों में थम गयी, बोली– "तब मैं कुछ नहीं, लंका कुछ नहीं, राक्षस जाति भी तुम्हारी कुछ नहीं लगती| तुम्हारे तो केवल राम हैं– यही न .....?"

"मेरा तो अब सारा जगत है; सृष्टि का मंगल है, प्राणियों का सुख है|" विभीषण ने कहा– "रामजी की शरण में जाने का संकल्प करते ही जैसे मैं आँधियों में स्थिर हो गया हूँ| विदत मालाओं को पचाकर मैं जैसे मेघ मण्डल हो गया हूँ, प्रिये! श्री राम– नाम का जाप मुझे अँधेरे से ज्योति की ओर ले जाता है, अशान्ति से शान्ति की ओर| किन्तु रामजी की शरण में जाना जैसे मेरी भव– पीड़ा ही हर लेगा| श्रीलंका, राक्षस तथा राक्षस राज्य की रक्षा तथा उत्कर्ष के लिए ही नहीं, मैं तुम्हारे लिए, समस्त जगत तथा सृष्टि के शुभ के लिए श्री राम की शरण में जाऊँगा| प्रसन्न मन से मुझे विदा दो, श्रीमती!"

"निर्दय........ निर्मोही......" राझी चिल्लायी|

"मुझ पर दया करो, भगवती! और मुझे श्री राम की शरण में जाने दो| भव– भव के लिए मैं तुम्हारा ऋणी रहूँगा| कृपा करो शुभे!"

तभी अनुचरी ने द्वार पर दिख कर कहा– "यान प्रतीक्षा कर रहा है|"

"अच्छा तब हम यह चले|" विभीषण ने कहा– "क्या वानर सैन्य श्रीलंका के तट पर उतर गया है?"

"उतर रहा है, प्रभो!" अनुचरी ने कहा– "क्या होगा?"

"मंगल होगा| श्री रामजी राजी तो काल भी क्या कर लेगा?" विभीषण ने कहा– "अपनी स्वामिनी को सम्भाले रखना, समझी?"

अनुचरी ने कहा– "मेरी पलकों पर, प्रभो!"

राज़ी ने हताश होते हुए कहा– "अच्छी बात है, जाओ| मैं तुम्हारी प्रतीक्षा करूँगी| वचन दो, श्रीलंका वापस लौटोगे– वचन दो|"

"वचन देता हूँ" विभीषण ने कहा– "श्रीलंका वापस लौटूँगा और तुम्हारा प्रेमपूर्वक अभिवादन करूँगा|"

"मुझे सफल करोगे|"-राज़ी|

"अवश्यमेव, प्रिये!" – विभीषण|

✦✦✦

श्रीलंकागढ़ के कंगूरों से राक्षस महाराज्य के सेनापतियों, रथियों, महारथियों तथा अतिरथियों ने देखा– "राघव रामचन्द्र का विशाल अनगिनत वानर सैन्य सेतु के विस्तृत सपाट पर हिल्लोलित– उल्लोलित चला आ रहा है| श्रीलंका के गण– मान्य नागरिकों ने अपनी ऊँची आकाशियों से देखा– वानरों का विशाल समुदाय तरंगों की भांति सेतु पर बहा, लंका– तट की ओर उभरा– उमड़ा आ रहा है और जैसे श्री लंका का तट जैसे उनके समीप खिसकता जा रहा है|" दशानन ने मानो अपने दसों मुख बिचकाए और महासेनापति प्रहस्त से कहा– "इन वानरों के बल पर यह राघव रामचन्द्र लंकागढ़ जीतेगा? और अट्टहास्यपूर्वक पुनः बोला– "बाणों की सतत् बौछारों से इन मरकटों को बेंध दो| शतघ्नियों को अग्नि ज्वालाओं तथा गोलों से इन वानर अद्विज को ध्वस्त कर दो– मिटा दो|"

"जी, प्रभो!" महासेनापति प्रहस्त के पास ही खड़े विरूपाक्ष ने कहा– "राजराजेश्वर की इच्छानुसार आक्रमण का सामना किया जायगा| सब सेनापतियों से कह दो| महापार्श्व राक्षस सेनापतियों के स्तम्भों द्वारा लड़ेंगे| भूमाक्ष, आजू– बाजू, दुर्धर सीधा आक्रमण करेंगे| दुर्धर, प्रहस्त, भासकर्ण सभी चौकन्ने, सन्नद्ध तथा आतुर रहेंगे| व्यूह– बन्ध किया जाय|"

विरूपाक्ष ने कहा– "जी! जैसी आज्ञा|"

रावण ने दूरदर्शन यन्त्र आँखों से हटाते हुए कहा– "इन्द्रजीत की अध्यक्षता में वानर सैन्य का सामना करने का व्यूह निर्धारित किया जाय| हम केवल राम से ही लड़ेंगे|"

प्रहस्त ने नमनपूर्वक कहा– "आप श्रीमान का राम से भिड़ने का अवसर ही नहीं आयगा| इसके पूर्व ही हम शत सहस्र राक्षस इन वानरों को निगल जायंगे| महान इन्द्रजीत के प्रहारों से यह लक्ष्मण कब तक जीवित रह सकता है भला? हम सब हैं, जो एक हनुमान नहीं, दसों– पचासों लाखों ऐसे वानरों को मुष्टिक– प्रहार से धराशायी कर देंगे, निश्चय ही| महाकाली निष्कुम्भा जाग्रत होंगी– प्रत्येक राक्षसवीर के हृदय में| सभी अग्नियों से भी अधिक आग्नेय आग राक्षसों के नयनों में भड़क उठेगी और जला देगी, भस्मीभूत कर देगी रामचन्द्र के इस सैन्य को|"

"तब सेतु पार कर ही लिया सैन्य ने?" रावण ने क्षितिज पार देखते हुए कहा– "अच्छा?"

प्रहस्त ने कहा– "सेतु बाँधा है तो, पार करने के लिए ही तो| किन्तु लंका का तट पार कर लंकागढ़ पर आक्रमण करना टेढ़ी खीर है, प्रभो!"

"अडिग है लंका– अजेय है लंकागढ़|" रावण ने कहा|

प्रहस्त ने कहा– "महाकालिका निष्कुम्भा जो हैं– अपने शत कोटि हाथों से वरद है| महाराजकुमार इन्द्रजीत पर उसकी अटल कृपा है| फिर वीर राक्षसों की भरमार है आपके सैन्य में|"

"सेतु बाँधने ही क्यों दिया?" रावण ने पश्चात्ताप करते हुए कहा– "समुद्र ने हमें छला है तब| हम सप्तसिन्धुओं को अग्निबाणों से सुखा देंगे| इन्द्रजीत से कहो– दृश्य– अदृश्य युद्ध के लिए वह स्वयं, हमारा प्रत्येक पुत्र और पुत्र से भी अधिक प्रत्येक राक्षस– सेनानी सन्नद्ध रहे– आक्रमण! राघव रामचन्द्र का पाँव लंका तट पर नहीं पड़े– ऐसा करो..... जाओ| सुना नहीं?........ जाओ| मेरा मुँह क्या देख रहे हो! वह शत्रु चला आ रहा है....... देखते नहीं?"

प्रहस्त ने उपस्थित सेनापतियों तथा महारथियों को महाराज रावण का आदेश पुनः सुनाते हुए कहा– "आक्रमण! राम– सेना लंका तट पर पाँव न जमाने पाये| तत्पर...... सन्नद्ध|"

तभी रावण ने दूरदर्शन यन्त्र से देखा, राम– सेना प्रचण्ड तरंगों की भांति हिल्लोलित होते हुए लंका के तट पर उमड़ी चली आ रही है| विशाल कोटिक वानर– सैन्य लंका तट के विस्तार पर बिछावट में प्रसर रही है और श्री राम– लक्ष्मण हनुमान के कन्धों से उतरने की चेष्टा कर रहे हैं| रावण ने चिल्लाकर कहा– "मेरा धनुष! मेरा बाण!....... यह राम– लक्ष्मण लंका के तट पर उतर रहे हैं– देखो– देखो....."

प्रहस्त ने कहा– "उतरने दीजिये| लंकागढ़ की हमारी शतध्रियाँ, हमारे कोटि– सहस्त्र बाण राम– लक्ष्मण को छलनी ही कर देंगे| लंका तट पर उतर जाने भर से क्या होता है, महाराज! लंका– खाई को पार कर लंकागढ़ के अटूट द्वारों को खोलकर ही राम– लक्ष्मण सैन्य सहित लंका में प्रवेश कर सकते हैं और वहीं हम अजेय हैं– सुरक्षित हैं|"

इन्द्रजीत ने तभी पीछे से कहा– "राम स्वयं ही काल के मुख में चला आ रहा है, देव! पिताश्री!"

रावण ने सहसा निश्चिन्त होते हुए कहा– "ठीक है| अग्नि– अस्त्र, वायु– अस्त्र, सर्प– अस्त्र, प्रभंजन– अस्त्र तथा अन्य अस्त्रों को मन्त्रों द्वारा सजीव– सक्रिय कर दो| अस्त्र शस्त्रों से युद्ध होगा– युद्ध | राक्षसों से कहो– रात्रि के घोर अँधेरे में वानरों को पकड़ लें– चबा जायं| राक्षसियों से कहो वह वानरों को अपने माया– जाल में फँसा लें| मदिरा, स्वर्ण, कामिनी– सभी प्रकारों से हम रामचन्द्र को छट्टी का दूध याद दिला देंगे| जाओ..... युद्ध की तैयारी करो|"

इन्द्रजीत ने ठहाका मारकर कहा– "काल के मुख में स्वयं आ रहा है यह निरीह रामचन्द्र| त्यक्त और तिरस्कृत क्षत्रिय राजकुमार वन में अपनी स्त्री की रक्षा नहीं कर सका– वह हमें क्या जीतेगा?"

"हाँ, हमें क्या जीतेगा?" रावण बमका– "हम अजेय हैं| देव, दानव, किन्नर, गन्धर्व, सुर– असुर– हमें पराजित नहीं कर सकते– हमें मार नहीं सकते| तब यह तापसी मानव क्या कर लेगा?"

इन्द्रजीत ने पास आकर रावण के मान में कहा– "महाशय विभीषण लंका त्याग रहे हैं– राम की शरण में जा रहे हैं|"

"जाने दो उस कुल कलंक को|" रावण ने सिर धुनाकर कहा|

इन्द्रजीत ने कहा– "विभीषण को रोकना होगा, प्रभो! घर का भेदी लंका ढाहे|"

"नहीं..... उस चाण्डाल का हम मुँह भी नहीं देखना चाहते|" रावण ने कहा– "लंका में रहेगा तो लंकावासियों को हमारे विमुख करता रहेगा| हमारे रण–व्यूह को निरस्त करता रहेगा| रामचन्द्र की शरण में जाकर वह क्या पाएगा? राम की खड़ाऊ ही तो| लंका के भेद बताकर वह क्या करवा सकता है? हमारा रण व्यूह हमारे बाहुबल का प्रदर्शन है– होगा|"

इन्द्रजीत ने गर्व से कहा–"निश्चिन्त रहें, पिताश्री! हम हैं, हम सब हैं– रथी, अतिरथी, महारथी, रणबाँकुरे पराक्रमी हम आपश्री के वंशज, कलत्र तथा शक्तिवान नागरिक हैं| क्या कर लेगा यह मानव? राम और उसका अनुज लक्ष्मण? क्या कर लेंगे पाषाण और वृक्षों से लड़ने वाले यह वानर? राक्षस तो अस्त्र–शस्त्रों से तथा मन्त्र–सिद्ध बाणों से, कालकूट में बुझाई हुई असियों से लड़ता है| हम राक्षस जल में, थल में, नभ में– सभी प्रकार से लड़ते आये हैं| हम अस्त्रों की मायावी शक्तियों में पारंगत वीर योद्धा हैं– हम राक्षस हैं|"

रावण ने तनिक आश्वस्त होते हुए उत्साहपूर्वक कहा– "निस्संदेह हम राक्षस हैं| पृथ्वी तल पर मानव नहीं, राक्षस होना ही स्वयं में सिद्ध सौभाग्य है| राक्षस परम् सुख भोगने स्वर्ग–सुरों के स्वर्ग में नहीं जाता, पृथ्वी तल पर ही स्वर्ग बसाता है|"

इन्द्रजीत– "हमने सुरों को जीत कर श्रीलंका को अलकापुरी से भी अधिक श्रेष्ठ महापुरी बना दिया है| श्रीमान् राजेश्वर दशानन महान की प्रतिभा ने श्रीलंका के उद्यानों में सूर्य और चन्द्र प्रज्वलित कर दिये हैं| लंका के नाट्य ग्रहों में कायर सुरों के युद्धों के नाटक होते ही रहते हैं| गन्धर्वों और किन्नरों के कला– प्रदर्शनों से लंका के रंगमंच गूँजते ही रहते हैं| स्वर्ण–पात्रों में हम मदिरा और रजत–पात्रों में हम दूध पीते हैं| हम रत्नों से खेलते एवं अपूर्व वस्त्रों से जगमगाते हैं| राक्षस संस्कृति उत्तमोत्तम सुख प्राप्त करने के सक्षम पुरुषार्थ की संस्कृति है| भगवान धूर्जटी ओढ़र वरदानी शिव हमारे अधिदेव हैं– महामाया निष्कुम्भा हमारी परात्पर शक्ति है, महाप्राण है, जीवट है|"

सहसा रावण ने गर्जना की– "हम राम से युद्ध के लिए अब सन्नद्ध हैं| हम आज्ञा करते हैं– हमारा विशाल राक्षस–सैन्य उपस्थित हो| हम अपनी सेना को देखेंगे– जी भरकर देखेंगे|"

इन्द्रजीत ने फिर कहा– "चाचा विभीषण?"

रावण ने दाँत पीसकर कहा– "वह तापसी राघव रामचन्द्र का दास बनने जाता है तो जाने दो| उस कुल कलंक को हमने राक्षस वंश से निष्कासित तथा राक्षस जाति से बहिष्कृत ही कर दिया, समझो| अन्ततोगत्वा उस पापी को श्रीलंका में वापस आना ही होगा| उसका प्रासाद, जागीर, रत्नाभरण, सम्पदा– सब राज्याधीन है– सुना?"

"श्रीमती राझी?" प्रहस्त ने प्रश्न पूछा|

"वह यदि हमारे साथ है तो विभीषण की धन– सम्पदा, ऐश्वर्य, प्रासाद– सब उसका|" रावण ने सिर धुनाकर कहा|

20

लंका के गणमान्य नागरिक विभीषण के द्वार पर बैठ गये| लंका के महापौर ने दिग्मूढ़ से खड़े विभीषण को अन्तिम बार कहा– "हमारी रक्षा कौन करेगा, श्रीमन्! महाराज दशानन ने तो हमें धुत्कार दिया है| कहा– लंका की रक्षा उनके बाहुबल से होगी| एक वानर हनुमान को तो वश में किया नहीं जा सकता और हनुमान जैसे प्रबल सहस्त्रों वानरों से महाराज हमारी रक्षा कर लेंगे! समझ में नहीं आता, प्रभो! निश्चय ही महाराज दशानन ने विवेक खो दिया है| स्थिति ऐसी हो गयी कि हम लंका के नागरिक निर्णय करें| हमने निर्णय किया है कि आपश्री हमारी ओर से भी श्री राघव रामचन्द्र जी से आर्य– राक्षस शान्ति सन्धि करेंगे और राक्षस जाति का इस भयावह घोर संकट से परित्राण करेंगे|"

विभीषण ने सिर धुनाया; कहा– "राज्ञी नहीं मानती हैं| हम तो जा ही रहे थे, किन्तु राजमहिषी ने हमें पकड़ रखा है|"

महापौर ने कहा– "आपश्री को जाना ही है| हम लंका के नागरिक आपको अपना प्रतिनिधि, दुत-सबकुछ नियुक्त करते हैं| यह 'प्रजा– आज्ञा' है, भगवन!"

विभीषण ने कहा– "जैसी जनता की इच्छा– आज्ञा| शिरोधार्य है| किन्तु हम जायेंगे कैसे? हमारे मार्ग बन्द हैं कदाचित्|"

महापौर ने कहा– "रात्रि के घने अँधेरे में निकल जाइये, प्रभो! हमने श्रीमती लंकिनी को सूचित कर दिया है| आपका यान यों भी निःशब्द यान है| आप स्वयं देवी शक्तियों के धनी हैं– अवश्य ही निकल जाएंगे| फिर दशानन ने आपको लंका से निष्कासित जो कर दिया है|"

"तब ठीक है|" विभीषण ने कहा|

"मैं तुमको त्याग दूँगी, सुन लेना|" राज्ञी ने पीछे से कहा|

विभीषण– "लंका की प्रजा के हित– साधन के लिए मुझे यह भी स्वीकार है| राक्षस वंश, राज्य तथा राक्षस जाति के अभ्युदय तथा उत्कर्ष के लिए प्राण भी दे सकता हूँ| मैं मानव जाति का कल्याण– मंगल चाहता रहा हूँ| राक्षस हूँ किन्तु प्राणीमात्र का योगक्षेम और अभय चाहता हूँ| निस्संदेह श्री राम मुझे जैसे बुला रहे हैं| राम! रक्षा करो! लंका तथा समूची राक्षस– प्रजा की रक्षा करो, प्रभो!"

महापौर– "तब विदा! विभीषण जी!!"

विभीषण– "जैसी विधि की इच्छा– जैसी रामजी की मर्ज़ी| हम लंका की प्रजा की आज्ञा शिरोधार्य कर राघव राम की शरण में तब जाते हैं| श्री हरि! तुझे नमस्कार है| दया कर ईश्वर! दया कर| हम दीन अनाथ तृष्णातुर तथा भयार्त भयभीत बँधे हुए अज्ञानी जीव हैं| हमें अभय दे, प्रभो!"

राज़ी ने तमककर कहा– "अच्छा! तब ठीक है| एक आर्य क्षत्रिय की शरण में जा रहे हो– तुमको लाज नहीं आयी? राक्षस– कुल के तुम वरिष्ठ कलत्र हो, महान दशानन के अनुज हो| तुमको तो इस समय अपने राजा और ज्येष्ठ भ्राता के साथ रहना चाहिये| रणभूमि में शत्रु का सामना करना चाहिये, किन्तु तुम? तुम निस्संदेह कुलकलंक राक्षस हो– वर्ण संकर हो| मैं...... मैं जाती हूँ अपने पीहर में शेष जीवन काट लूँगी|"

विभीषण ने आर्द्र कण्ठ से कहा– "देवी! मुझे क्षमा कर दो| लंका तथा राक्षस– प्रजा के हितों की रक्षा तथा राक्षसों के राजा दशानन द्वारा जो अधर्म, अन्याय तथा अत्याचार किया गया है– सती – साध्वी शिरोमणि आर्य ललना को यों अपमानित किया गया है– बलात् उसको पाप के गर्त में धकेलने की घोर चेष्टा की गयी है| इस सब कुकृत्य के प्रायश्चित के लिए मुझे राघव श्री रामचन्द्र जी की शरण में जाकर क्षमा याचना करनी ही होगी|"

राज़ी ने तमक– झमक कर कहा– "मेरी ओर से तुम मर चुके हो|"

विभीषण– "न्याय, सत्य और धर्म के लिए मरना भी पड़े, तो मरूँगा| किन्तु प्राणीमात्र के योगक्षेम, राक्षस वंश के अभ्युदय तथा लंका की जनता के अभय के लिए मैं अपना कर्त्तव्य करूँगा, देवी! मैं जाता हूँ| तुम्हारी प्रसन्न विदाई मिलती तो मुझे विश्वास हो जाता; श्री राम मुझे अपनाएँगे, किन्तु यह मेरा दुर्भाग्य है कि तुम अप्रसन्न हो|"

राज़ी– "मैं राक्षस– राजमहिषी हूँ अपने कुल में ही जीऊँगी और मरूँगी| मैंने कह दिया, तुम जानो और जाने तुम्हारा वह राम| मेरे लिए तो राक्षस– राज्य है, राक्षस वंश है और मैं हूँ राजमहिषी|"

"राजमहिषी........" विभीषण चिहुँके और लंका के गणमान्य गणों को सम्बोधित करते हुए बोले– "तब जैसी ईश्वर और विधाता की इच्छा| मुझे ज्ञात है; मैं कुलकलंक की भांति कदाचित् जगत में कहा जाऊँ, किन्तु श्री रामजी की

शरण में मैं जनहितार्थ ही जा रहा हूँ और आप श्रीलंका के गणमान्यों की आज्ञा को शिरोधार्य करके ही जा रहा हूँ| मुझे आप सब आशीर्वाद दीजिये भवान्‌|"

लंका– महापौर ने कहा– "आपको जो अपयश देंगे, उनको हम निपट लेंगे| हम लंका के नागरिक राक्षस जाति की ओर से आपको श्री राघव रामचन्द्र के पास अपना प्रतिनिधि तथा दूत स्थापित कर भेज रहे हैं| हम सब महाराज दशानन को अपना रक्षक तथा योगक्षेम साधने वाला नरेश मानकर जी नहीं सकते| हमें योगक्षेम चाहिये, शान्ति चाहिये, अभय चाहिये| राक्षस– सन्तति के समूचे भविष्य को हम सदा के लिए अंधकारपूर्ण होने नहीं दे सकते|"

"अंधकार?" विभीषण चिहुँके– "नहीं, नहीं नागरिकों!– प्रकाश| हमें अपने भाग्य के लिए मंगल तथा भविष्य के लिए प्रकाश ही चाहिये| आर्य अमृतपुत्र हैं| आर्य ही हम राक्षसों को सत्य तथा ज्ञान की संस्कृति प्रदान करेगा| मेरा अन्तःकरण कह रहा है, नागरिकों! कि पृथ्वी पर रामराज्य आ रहा है– अवतरित हो रहा है| रामराज्य-वेद– वेदान्त तथा वैदिक वर्णाश्रम धर्म का अभय तथा शान्तिपूर्ण राज्य| धरती के टुकड़ों का राज्य नहीं| अब प्राणीमात्र के योगक्षेम तथा मानव जाति के उत्कर्ष– अभ्युदय तथा निःश्रेय का राज्य चाहिये| ऐसा राज्य राघव रामचन्द्र ही स्थापित कर सकते हैं| राम पृथ्वी तल पर प्रभु की करुणा, पतितों के उद्धार की आशा तथा जन– मन– रंजन के शास्त्र लेकर ही अवतरित हुए हैं| इसीलिए उनको पृथ्वी के श्रेष्ठतम जन श्री हरि का मनुजावतार कहने लगे हैं| ब्रह्म! श्री राम सगुण ब्रह्म का मनुज स्वरुप हैं– निश्चय ही| अच्छा! तो मैं श्री राम– शरण में जाता हूँ| हे ईश्वर! मुझे क्षमा करो|"

"जाओ|" राझी ने प्रासाद के द्वार बन्द करते हुए कहा– "जाओ– हम अपना भाग्य निपट लेंगे|"

विभीषण– "राम सबकी रक्षा करेंगे– यह मेरा वचन है|"

राझी को प्रासाद में विलीन होते हुए विभीषण खड़े देखते रहे| लंका के महापौर ने सिर हिला– हिलाकर कहा– "विचित्र विलक्षण व्यवहार|"

विभीषण ने स्वस्थ चित्त पूर्वक कहा– "माया– मोह– राग, भवान्‌!"

✦ ✦ ✦

इन्द्रजीत ने अपने पिताश्री रावण को बताते हुए कहा– "वह.... वह जा रहा है, विभीषण, जी देखिये।"

रावण ने इन्द्रजीत को घूरा; कहा– "वह तेरा चाचा है। कुलकलंक है तो है, परन्तु रक्त का सम्बन्ध अमिट है, पुत्र मेरे! जाने दे – वानर उसको अपने शिविर में घुसने ही नहीं देंगे। शुक! शुक कहाँ है?"

शुक ने द्वार पर दिखते हुए कहा– "उपस्थित हूँ, महाराज राजेश्वर! क्या आज्ञा है?"

रावण ने पूछा– "श्रीमान विभीषण जी उस क्षत्रिय की शरण में सिधार गये क्या?"

"जी, ऐसा लंका में प्रवाद है, जी।" शुक ने कहा।

"तो तुम सारण और शार्दुल क्या कर रहे थे?" रावण ने पूछा।

"श्रीमानेश्वर की जो आज्ञा थी– लंका से निष्कासन। जब श्रीमानेश्वर ने विभीषण जी को लंका से निष्कासित कर दिया तो वे लंका त्यागकर अन्यत्र जायेंगे ही।" शुक ने कहा।

"किन्तु वह रामचन्द्र की शरण में जा रहा है।" रावण बमका।

"जाने भी दीजिये, महाराज।" शुक ने कहा– "वानर सामन्त उनको अपने शिविर में घुसने तक नहीं देंगे।"

दास ने सारण तथा शार्दुल को भेज दिया है– "वानरों में यह कहने कि विभीषण मायावी राक्षस है तथा वानर सैन्य के भेद लेने आ रहे हैं।"

"शाबास!" रावण ने प्रसन्न होकर कहा– "यह ले माणिक्य का हार तूने तो कूट राजनैतिक कार्य किया है। वाह, जी! इन्द्रजीत युद्ध के बाद इसको वरिष्ठ राक्षस– सामन्त का दर्जा दिया जाय।"

"जी, पिताश्री!" इन्द्रजीत ने कहा– "मैं राजनैतिक कूट में समझता नहीं। मैं तो रणभूमि को समझता हूँ– अस्त्र– शस्त्र को जानता हूँ। रण– व्यूह का मैं शीर्ष रचयिता हूँ। मैं शत्रु को ही जानता हूँ। राम– लक्ष्मण, यही....... यही श्रीमन्! मेरी क्रुद्ध आँखों में ये क्षत्रिय छोकरे ही मानो भर गये हैं।"

"यही– यही राक्षस शिरोमणि वीर का स्वभाव है|" रावण ने कहा– "तुम स्वयं जाओ, शुक! और किसी भी भांति उस सुग्रीव को इंगित पहुँचा दो– अवश्य, अभी जाओ|"

शुक ने अभिवादन करते हुए कहा– "जी, जैसी राजराजेश्वर दशानन की इच्छा|"

रावण ने सहसा गर्जना की– "उस कुलकलंक को लंका समुद्र में डुबो दो| नष्ट कर दो उस नीच को| हम उसको वध्य घोषित करते हैं| जाओ, घोषणा कर दो– विभीषण कुलकलंक, राजद्रोही तथा वध्य है|"

"जी, प्रभो! अभय!" शुक ने नमनपूर्वक कहा|

"दिया| तथास्तु! हम क्लान्त हैं; विश्राम करेंगे|" रावण ने इन्द्रजीत को सम्बोधित करते हुए कहा – "हमारे विश्वस्त रंग मंच को सजा दो| हमारी स्त्रियों को कह दो– सज– धजकर आयें, नाचे, गायें| अपनी माताजी से कह दो...... क्या कह दो? तीव्र अत्यन्त मादक वारूणी के घट भर लाएं और हमें पिलाएं| मुस्कुराते हुए पिलाएं| सुना? यह रामचन्द्र हमारी चुटकी में फँस गया है| ये वानर हमारे जाल में फँस गये हैं| महाराज सुग्रीव........ ऊँह मरकट और क्या...... मूढ़ – शाखामृग|"

"शान्त ..... पिताश्री!" इन्द्रजीत ने कहा– "वानरों से युद्ध होगा| इसमें इतना क्षुब्ध होने की आवश्यकता ही कहाँ है? हम आग्नेय अस्त्र से वानर सेना को- जलाकर भस्म कर देंगे| राम– लक्ष्मण को सर्प– बाण से बाँध देंगे| अवश्य, पिताश्री ! अपना अमोघ आशीर्वाद हमें दीजिये | आप तो निश्चिन्त हो जाइये– विश्राम कीजिये| रणभूमि का दायित्व मैं लेता हूँ– आज्ञा, प्रभो!"

रावण ने कहा– "तब ठीक है| प्रहस्त! सुना! इन्द्रजीत के सर्वोच्च संचालन में प्रत्येक सेनापति सन्नद्ध रहेगा– सुना तुमने? रामबाण– लोहे का टुकड़ा– अवश्य लोहे का तीर मात्र| हमने उसका निरिक्षण कर लिया है| रामबाण काल की छाती चीर सकता है – बात भर है – किंवदन्ती भर है| बाण तो ब्रह्मास्त्र ही है और वह तुमको सिद्ध है, इन्द्रजीत नहीं ?"

"अवश्य है|" इन्द्रजीत ने कहा– "सुरेश इन्द्र से हमने इन दिव्य अस्त्रों को सिद्ध करने की विधा जान ली है| तभी हमने इस सुराधिप को मुक्त किया था– तभी|"

रावण ने इन्द्रजीत का सिर सूँघते हुए कहा– “वाह पुत्र मेरे! वाह– धन्य!”

रावण स्वस्थ एवं विश्वस्त अपने रंग भवन की ओर चला– ठिठकता– ठुमकता तनिक लड़खड़ाता सा चला| प्रकोष्ठ में सुन्दरियाँ सजी-धजी खड़ी थीं| किसी का चिबुक चिन्हता, किसी के अधरों सुल्हाता, किसी के नितम्बों पर चुटकी काटता तथा किसी-किसी का अर्द्धालिंगन करता हुआ वह चला| धान्यमालिनी ने रंगभवन के द्वार पर वारुणी के चषकों से रावण के चरण चाँपते हुए उसका स्वागत किया| धान्यमालिनी इन्द्रधनुष के रंगों की पारदर्शी साड़ी में लिपटी तथा कजरारी आँखों में स्वयं मुग्ध सी रावण के पार्श्व में आ सिमटी; फुसफुसायी– “उस कलमुँही सीता के पीछे आपने हमें जैसे भुला ही दिया था|” रावण सहसा ठिठका– चिहुँका– “सीता! हाँ! ऊँह! अन्ततोगत्वा वह मानवी स्त्री है| तुम मादक मदान्ध मोहन राक्षस राजमहिषी हो| तुम्हारे बडरे नयनों में वारुणी भरी है– तुम्हारी पलकों में पुष्पधन्वा के फूल बिंधे हैं| तुम्हारी कवरी? आषाढ़ के प्रथम मेघों सी उभरी हुई है| तुम्हारे स्तन अमृतफल से गदकारे और कठोर हैं| तुम्हारी नाभि? विष्णु के चक्र की धुरी है| हाँ– तुम स्वयं वारुणी हो, रस हो| तुम– तुम हो, ललने!”

धान्यमालिनी ने चिहुँकते हुए कहा– “ललने?”

रावण ने रंगकक्ष के शयनागार की ओर लटपटाते हुए कहा– “ललने ही तो, मन रंजित ललने| तुम, सब–वह, वह राजपट्ट महिषी मन्दोदरी नहीं| वह– वह तो साध्वी है| देह– सुख नहीं, आत्मसुख– आत्मानन्द चाहती है| आत्मानन्द? क्या? इस देह– शरीर, जगत और सृष्टि के सिवाय और कौनसी आत्मा है? आत्मा? है तो मैं वह भी हूँ| वह राघव रामचन्द्र हमसे लड़ने आ रहा है| आया है तो लड़ ले– हम राजराजेश्वर अजेय हैं ललने! मेरी मन रंजनी| अपनी सखियों को बुला ले| आज वारूणी रास होगा| तलछट तक मदिरा के चषक– पान करते हुए हमारे चरण थिरकेंगे– हाँ, लटपटाएंगे| हमारी कटियाँ ऐंचेंगी– इतराएंगी| मेरे बाहु तुम सबको एक बार ही आलिंगनबद्ध करने के लिए हुमुसेंगे| तुम सब मुझे मदिले कान्त को स्वयं अर्पित करोगी– सुना? हम तुम सबके रूप की वारुणी में डूबकर विश्राम करेंगे और फिर जागकर रणभूमि में उस रामचन्द्र के छक्के छुड़ाएंगे| मुष्टि के प्रहार से हम उस हनुमान को धराशायी करेंगे– गदा– प्रहार से इस मरकट सुग्रीव को चित् कर देंगे| अवश्यमेव हम यह करेंगे|”

धान्यमालिनी ने रावण को कटि से भरते हुए कहा– "मेरे कान्त! मेरे प्रिय! प्रियतम मेरे!"

"मैं, तुम्हारा कान्त?" रावण ने पर्यंक पर पड़ जाते हुए कहा– "मैं तुम्हारा ही नहीं, जगत की सुन्दरियों, रूपगर्विताओं, रतिप्रियाओं– सबका कान्त हूँ, सुना?" ''सुना! सुनती आ रही हूँ।'' धान्यमालिनी ने कहा– "महान दशानन पृथ्वीपति रावण जगत की स्त्रियों का नायक-कान्त अब विश्राम कीजिये स्वामिन्!"

"विश्राम" रावण ने आधा लेटते हुए कहा– "शयन? नहीं| मैं शस्त्रों में खनक उठना चाहता हूँ; अस्त्रों में भभक उठना चाहता हूँ| रणभूमि के शवों पर ताण्डव करना चाहता हूँ| मैं–मैं महाकाल स्वरुप होकर इन मरकटों को भख लेना चाहंता हूँ|"

"अवश्य ही प्रभो!" धान्यमालिनी ने पास लेटते हुए कहा|

"रामचन्द्र? स्वयं को क्या समझता है?" रावण बमका– "परमात्मा का अवतार मानता है स्वयं को? मरणाधीन वह मनुज ईश्वर है? बता? यह रामचन्द्र ईश्वर है?"

"लोग कहते हैं!" धान्यमालिनी बोली|

"ईश्वर! यह रामचन्द्र है? नहीं|" रावण गर्जा – "ईश्वर मैं हूँ| मृत्युंजयी जो है, वही ईश्वर है| बाण के लोहे के टुकड़े को लिए फिरने वाला तापसी, निरीह और अनाथ मनुज ईश्वर नहीं हो सकता| ईश्वर मैं हूँ, सुना?"

"हाँ|" धान्यमालिनी ने रावण को कटि प्रदेश से अपनी मांसल कदली स्तम्भ सी जंघाओं में समेटते हुए कहा|

"हाँ? क्या?" धान्यमालिनी को रावण ने अपने दोनों बाहुओं से प्रगाढ़ आलिंगन में कसते हुए पूछा– "क्या? बोल?"

"ईश्वर!"– धान्यमालिनी|

"कौन? वह– वह राम या.... या मैं? कौन?" – रावण|

"आज तुम, जी! महान राजराजेश्वर दशानन रावण ईश्वर|"– धान्यमालिनी|

"अवश्य| मैं– रावण ईश्वर हूँ| ईश्वर हूँ मैं|" रावण ने धान्यमालिनी के पीन-पुष्ट पयोधरों की सन्धि में मुँह छिपाकर कहा – "बोल , हूँ या नहीं मैं ईश्वर ? बोल प्रिये ? रंजनी मेरी ! कह तो...... |"

ईश्वर है तो वह महान दशानन महाराज राजराजेश्वर मेरे कान्त, मेरे प्रिय आप ही हैं| धान्यमालिनी ने रावण को अपने वक्ष स्थल में भर लेते हुए कहा– "जिसके भय से सुरों ने स्वर्ग छोड़ दिया, जिसके आतप से कैलाश डगमगा उठा, जिसके क्रोध से काल की दिशाएं मूर्च्छित हो गयीं| नर– नाग, किन्नर– गन्धर्व जिसकी भृकुटी का भंग देखते ही परास्त हो जाते हैं– वह राक्षसों का शिरोमणि ईश्वर नहीं है तो और कौन है?"

"कोई नहीं|" रावण फुसफुसाया– "मेरे एक मुख से शास्त्रों और वेदांगों के मुख खुल जाते हैं| मेरे चिन्तन से वेद मन्त्रों का अर्थ अपना गुह्य ज्ञान प्रकट कर देते हैं– जिसने जगत के पंचभूतों, तत्वों तथा प्राणों को वशवर्ती कर रखा है, जो अष्टसिद्धियों का स्वामी तथा नवनिधियों का भर्ता है, वह – वह मैं हूँ ; पृथ्वीपति, त्रैलोक्य का अधिष्ठाता तथा चौदह भुवनों का चक्रवर्ती, मैं रावण, दशानन, ईश्वर हूँ– हूँ और तू? तू ईश्वरी है? ईश्वरी, शंकरी|"

"शंकरी?" धान्यमालिनी ने पूछा|

"उस अनादि योगीश्वर आशुतोष ओढ़र शिव की शिवा कैलाशवासिनी, शैलपुत्री! आह! क्या सुन्दर है?.... सुन्दर– अति सुन्दर| वह शंकरी इस सीता से भी सुन्दरतम है| रस– सिन्धुओं को अपने प्रवाल– अधरों में भरे वह शंकर– वल्लभा दर्शनीय है, रमणीय है– भला!"

"शिव तो तुम्हारे इष्टदेव हैं– उनकी पत्नी के प्रति वासना...... हुँ ....|" धान्यमालिनी इतरायी– "और मैं कुछ भी नहीं हूँ? ढेर– सारी रमणियाँ भर रखी हैं– किन्तु एक भी आयी इस समय तुम्हारे पार्श्व में? सीता सुन्दरतम है– क्या सुन्दर है वह मानवी सीता? हाड़ – माँस की पुतली है और मैं? मैं मद की मूर्ति हूँ|"

"है| तू|" रावण ने धान्यमालिनी के अधरों को दाँतों से पकड़ते हुए कहा– "मदिरा के समुद्र तूने अपने इन अधरों में भर रखे हैं| तूने, मेरी मदिली– मेरी तू|"

"हुँ ऊं हुँ|" धान्यमालिनी ने अधरों में ही जैसे कहा|

रावण ने धान्यमालिनी को प्रगाढ़ आलिंगन में भींसते हुए कहा– "पुरुष अब प्रकृति को सोख लेगा| तू मेरी मूल प्रकृति और मैं? पुरुष– ईश्वर! ईश्वर! ईश्वर! मैं– मैं– मैं|"

✦✦✦

रावण अपने रंगभवन में रमणियों के बीच मदिरा में धुत्त पड़ा रहा और वानर सैन्य सेतु पार होकर श्रीलंका के विस्तृत तट पर प्रसर गया। महाराज सुग्रीव ने सैन्य को सम्बोधित करते हुए कहा– "वानरों! अद्त है तुम्हारा अनुशासन धैर्य और साहस। श्रीलंका– तट पर यूथों में गड़ जाओ और श्री राम की आज्ञा की प्रतीक्षा करो। महाशय जाम्बुवन्त! आपश्री राघव रामजी के सान्निध्य में बने रहोगे और सैन्य व्यूह का निरिक्षण करते रहोगे। अंगद तुम हमारे तुरन्त पश्चात् सहायक महासेनापति होंगे। और हनुमान हम सबके परामर्शदाता होंगे। द्विविद, गयन्द, नल, नील, गद, विकटास्य, दधिमुख, निशठ और शठ यूथों के विशाल समूह के सेनाध्यक्ष होंगे। तत्पर! जय श्री राम!"

"जय श्री राम!" गगनभेदी ध्वनि उठी।

जाम्बुवन्त ने कहा– "भगवन्! श्री राम! श्रीलंका के इस विस्तृत किन्तु दुरूह तट को निहारो– उबड़– खाबड़ है, किन्तु वानर ऐसे पथों पर चलने के आदी हैं। सघन वन हैं और यथेष्ट काष्ट है। घटाओं से लदे वृक्ष के थड़ों के मारक प्रहारों से राक्षस इन मार्गों में ही रोक लिए जायंगे। महाराज सुग्रीव! प्रभो! आक्रमण हमें ही करना होगा। रावण तो लंका में दुबका रहेगा। लंकागढ़ के कंगूरों से वानरों पर सतत् तीरों, पाषाणों और शतध्वियों की मार होगी। शतध्वियों के गोलों से बचकर हम वानरों को युद्ध करना होगा।"

लक्ष्मण ने कहा– "शतध्वियों को मैं तीरों से भर दूँगा और आग्रेय अस्त्र से पिघाल दूँगा। श्री राम आज्ञा करें, उतनी ही देर है।"

श्री राम ने कहा– "व्यूह स्थापित हो। सैन्य शिविर गढ़ से सुदूर हो। मित्रवर्य सुग्रीव! महासेनापति का दायित्व सम्भाल लो।"

अंगद ने सहसा कहा– "यान? वह........ लंकागढ़ को पार कर वह कोई यान आ रहा है क्या?"

नील ने कहा– "निःशब्द यान है। तत्वों का बना।"

श्री राम– "सघन मेघ में इन्द्रधनुष–सा प्रतीत होता है। नहीं? लक्ष्मण! सबको सावधान कर दो। वानर सैन्य के शिविर के समीप उतरता दिखता है। रावण ने कदाचित् शान्ति के लिए दूत भेजा है। सीता को सादर लौटा दे, मैं और कुछ नहीं चाहता। राक्षस जाति से मेरा कोई द्वेष नहीं है। राक्षस– राज्य को मैं चाहता हूँ। महान राक्षस वंश ने तपस्यापूर्वक अपना राज्य स्थापित किया है– वह बना रहे।

लंका की प्रजा सुखी रहे| उसका मंगल होता रहे| किन्तु सीता को सादर वापस करना ही होगा, अन्यथा मैं लंका को प्रज्वलित भस्मीभूत कर दूँगा|"

हनुमान ने चीत्कार– सी की-"राम! भगवान मेरे|"

श्री राम ने हठात् हनुमान की कातर मुख– मुद्रा को देखा और स्वस्थ होते हुए कहा– "सीता को यह पतित रावण बलात् हर ले गया है| मैं उसे परास्त कर बलपूर्वक वापस प्राप्त करूँगा| क्षत्रिय दान नहीं देते, दया नहीं माँगते| आर्य क्षत्रिय गौरव और प्रताप के लिए अपने बाहुओं पर ही अमोघ विश्वास कर चलते हैं| रावण को मैं सीता हरण के घोर पाप करने के लिए कभी क्षमा नहीं कर सकता| रावण वध्य है| हाँ.... हनुमान!"

हनुमान ने आर्द्र कण्ठ से कहा– " पतित है, कामी है, क्रोधी है और घोर अन्यतम अहंकारी है| मर कर भी वह प्रभु के शरण में ही तो आयेगा| हाँ, राम मेरे! भगवान मेरे! रावण वध्य है– अवश्य है| किन्तु क्या लंका की प्रजा भी रावण के कुकृत्य के कारण वध्य हो गयी?"

"नहीं|" श्री राम ने कहा – "इस पृथ्वी पर प्रजा वन्दनीय है – आराधनीय है, करुणा और सहानुभूति की सहज पात्र है| उसके मत में ही शास्त्र समाये हुए हैं| प्रजा के अन्तरात्मा में वेद हैं, वेदांग हैं और वेदान्त हैं|"

"प्रजा ही नहीं, प्राणीमात्र के घट– घट में भगवान हैं, राम मेरे!" हनुमान ने कहा– "नहीं?"

"है|" श्री राम ने सस्मित कहा– "महाराज सुग्रीव! वह यान क्या हुआ? देखिये तो श्रीमन्!"

महाराज सुग्रीव ने कहा– "इधर आ रहा था– भटक गया| जी, देखता हूँ|"

महाराज सुग्रीव शिविर की गलियों से गुजरते हुए शिविर से सुदूर छोर की ओर चले| अंगद, नल, नील, निशठ और शठ साथ हो लिये| शठ ने पूछा– "कौन हो सकता है, श्रीमन्?"

"भेदिया और कौन?" महाराज सुग्रीव ने कहा– "कुछ भेदिये तो वानर वेश बनाकर कदाचित् घुस आये हैं| मानना होगा, रावण सावधान है|"

निशठ ने कहा– "अपने सैन्य रहस्य जानना चाहता है| प्रत्येक रणभूमि का यह गुप्त क्रम तो होता ही है| परन्तु क्या भेद जानेगा हमारा? क्या?"

महाराज सुग्रीव बोले– "हमारा भेद है नहीं| प्रभु राम की कृपा से हम रक्षित हैं| तुम सबके पराक्रम से निर्भय हैं| हम निश्चिन्त हैं| वानर शत्रु सैन्य के भेद कल्पित कर लेता है| फिर हनुमान ने हमें श्रीलंका का सैन्य मानचित्र बता दिया है|"

सहसा सारण तथा शार्दुल पकड़ लाते हुए कुछ वानर वीर दृष्टिगत हुए हैं| अंगद ने चिल्लाकर कहा– "कौन है– यह क्या हो रहा है?"

"राक्षस|" वानर यूथपति ने कहा– "पापी रावण के भेदिये|"

महाराज सुग्रीव झपटे-"दुष्ट तुम कहीं के......"

सारण ने नमनपूर्वक कहा– "अभय– वानर– नरेश! अभय!"

"दिया| क्या बात है?" महाराज सुग्रीव ने पूछा|

"सावधान, वानरराज!" शुक ने कहा– "महाराज महान रावण के अनुज– कनिष्ठतम भ्राता श्री विभीषण अपने विश्वस्त पार्षदों सहित आपके शिविर में उतरेंगे– सावधान!"

"अच्छा?" अंगद ने कहा– "महाराज सुग्रीव! प्रभो! अवश्य ही रावण ने राक्षस, इस अपने अनुज को अपनी सेना के रहस्य जानने को ही भेजा है|"

शुक ने नमनपूर्वक कहा– "महाराज रावण ने हमें आज्ञा दी है कि आप सब श्री विभीषण जी से सावधान रहें| महाराज रावण धर्म युद्ध लड़ते हैं| शत्रु से किसी भी भांति का लाभ लेना नहीं चाहते| शत्रु की निर्बलता पर नहीं, सबलता पर आक्रमण करना ही पृथ्वीपति रावण की रणनीति है| श्री विभीषण को यों तो महाराज रावण ने लंका से निष्कासित किया है– राजनैतिक कूट का मुखौटा, श्रीमन्! किन्तु महाराज विभीषण जी को नहीं चाहते, कदापि कचित् भी नहीं चाहते|"

"परन्तु क्यों?" महाराज सुग्रीव ने पूछा|

"लंका की प्रजा के विद्रोह के विभीषण जी छद्म नेता हैं– इसीलिए|" सारण ने कहा– "लंका की प्रजा सीताजी को वापस करना तथा शान्ति चाहती है| लंका क्या सदैव ही युद्ध की नगरी बनी रहेगी? नहीं| युद्ध से हम तंग आ चुके हैं| हम नहीं चाहते व्यर्थ ही यह राम– रावण युद्ध हो, किन्तु विभीषण जी ऊपर से कुछ और अन्दर से कुछ हैं| वे लंका के राजा बनना चाहते हैं और इसीलिए लंका की

प्रजा का बहाना बना राघव रामजी के सैन्य शिविर के रहस्य जानना चाहते हैं| अन्ततोगत्वा युद्ध तो रावण और विभीषण के बीच होता दिखता है|"

"सो कैसे?" अंगद ने पूछा|

शार्दुल ने कहा– "सीताजी वापस हो जाने पर भी क्या राम– रावण युद्ध होगा? नहीं| प्रजा के असन्तोष का लाभ लेकर लंका के राजसिंहासन के लिए अनुज विभीषण जी विद्रोह करेंगे– और तब राघव रामचन्द्र के सैन्य की सहायता भी माँग सकते हैं|"

महाराज सुग्रीव ने सिर धुनाकर कहा– "व्यर्थ! हमें क्या लेना– देना है, राक्षसों के राजसिंहासन से| यह विभीषण हमसे कोई सहायता प्राप्त नहीं कर सकता| हम उसको अपने शिविर में घुसने नहीं देंगे और यह रावण? दुष्ट, पतित, पापी, अधर्मी, अत्याचारी रावण– अपने वंश के साथ नष्ट होकर रहेगा| जाओ तुम भी| रावण से कह देना– अब भी समय है, श्रीमती भगवती सीताजी को श्री राम को लौटा दे और श्री राम की शरण में आवे, समझे? जाओ; अन्यथा......."

"अभय, वानरराज!" शुक ने प्रस्थानोद्यत होते हुए कहा|

"दिया| अंगद! इनको शिविर के बाहर छोड़ आओ|" सुग्रीव ने कहा– "और ये यदि इधर– उधर जाने की चेष्टा करें तो बाणों से इस त्रिमूर्ति को भेद दो और शव उस रावण की लंका के प्रवेश द्वार पर रख दिया जाय|"

सुग्रीव अपलक से शुक, सारण और शार्दुल को ले जाते हुए देखते रहे| रावण ने इनको भेजा है? क्यों? रावण जैसे शत्रु– शत्रु को सावधान करता है? अवश्य ही कोई गूढ़ रहस्य है| विभीषण? हाँ, हनुमान ने विभीषण को लेकर कुछ कहा तो था| सीताजी का पता हनुमान को इसी विभीषण ने बताया था| तब वह हमारा भेद जानने को कैसे आ सकता है, रावण की ओर से ? तब उस छोटे घने मेघ से तथ्य यान में वही तो नहीं था...... विभीषण? हो सकता है– सावधान! सुग्रीव ने अंगद से कहा– "सावधान! यदि यान इधर आये और विभीषण घुसने की चेष्टा करे तो उसको पार्षदों सहित पकड़ लिया जाय और हमारे समक्ष उपस्थित किया जाय| हम यहीं शिविर छोर पर बैठे मिलेंगे| सुना?"

"सुना जी|" अंगद ने कहा|

"रावण ने अपने अनुज को भेजा है हमारे भेद जानने के लिए|"

सुग्रीव स्वयं से ही बोले– "भेजेगा ही। हनुमान को स्थिति से अवगत करो, अंगद! वत्स मेरे।"

"जी।" अंगद ने प्रस्थानोद्यत होते हुए कहा– "विभीषण क्या जानेगा हमारे सैन्य रहस्य? यह श्री राम का वानर सैन्य है– स्पष्ट और धर्मानुसार युद्ध लड़ता है– लड़ता आ रहा है। अस्त्र– शस्त्र तो लक्ष्मण जी, श्री रामजी के पास हैं। वानरों के पास तो वृक्ष हैं; पाषाण हैं, पर्वत हैं तथा मुष्टिका है। जय श्री राम!"

"जय श्री राम!" सुग्रीव ने जयकार करते हुए कहा– "हम विभीषण को लंका वापस जाने ही नहीं देंगे। शिविर के चौक में उसको और उसके पार्षदों को श्रृंखलाओं से बाँधकर खड़ा रखेंगे। हम उसको अंधा कर देंगे, जिससे वह हमारे सैन्य को देख ही न सकें।"

"जी।" अंगद ने जाते हुए कहा– "लो वह हनुमान आ गये– इधर ही आ रहे हैं।"

महाराज सुग्रीव ने हनुमान की अगवानी करते हुए कहा– "हनुमान! सुना! विभीषण– रावण का अनुज आ रहा है......"

"विभीषण आ रहे हैं?" हनुमान ने साश्चर्य पूछा– "परन्तु..... क्यों? निश्चय ही रावण ने उनको लंका से निष्कासित कर दिया है। भगवती माता सीता जी के अपहरण के घोर कृत्य के वे विरोधी थे, हैं और मैं कहता हूँ– रहेंगे। मुझे ज्ञात है रावण उन सबको अपना वैरी समझता है, जो भी सीता जी को वापस लौटाने की सलाह देता है। जघन्य है रावण, प्रभो!"

◆◆◆

विभीषण का यान सहसा वानर– शिविर के सुदूर छोर पर उतरा और विभीषण तथा उनके पार्षद सावधानीपूर्वक भूमि पर उतरे। विभीषण ने मानो समस्त वानर– शिविर को टटोला और श्री राम कहाँ होंगे? यह विचार करते हुए हुमुसपूर्वक आगे बढ़े। श्रीलंका से वे बड़ी कुशलता के साथ निकल आये थे। स्वयं लंकिनी ने उनके यान को ऐसी दिशा दिखाई कि वह और नहीं भी दिखे। इन्द्रजीत के रणबाँकुरे देखते ही रह गये और विभीषण का यान समस्त समुद्र की प्रदक्षिणा कर वानर– शिविर के तट स्थल की ओर बढ़ता चला गया। समुद्र में स्वयं ही हलचल मची हुई थी। उत्ताल तरंगें उमड़– उमड़ कर स्वयं ही शम रही थीं। गगन में मानो समुद्र तरंगों के दिव्य बिम्ब बनकर स्वयं ही मिट रहे थे। विभीषण ने

विशाल शिविर को घूरते हुए स्वयं से ही कहा– "श्री राम कहाँ हो? हनुमान जी? हनुमन्ते! उस छोर पर दिखते हैं, राम– लक्ष्मण। वहीं तो– ऐं? यह कौन झपटे आ रहे हैं? विशालकाय वानर हैं..... मुकुट पहने हुए.... महाराज सुग्रीव तो नहीं? वही– वही।"

सुग्रीव अपने पार्षदों सहित विभीषण को घेर लेने के लिए झपटे आ रहे थे। अंगद उचक– उछलकर आगे बढ़े जा रहे थे। अन्य– नल– नील और शठ-निशठ भी अंगद के पीछे-पीछे मानो दौड़े आ रहे थे। महाराज सुग्रीव ने विभीषण को पार्षदों सहित कुछ दूर से ही देखा, घूरा और चिल्लाये– "वही, राक्षस! वही ठाड़ा रहे। एक तसु भी आगे बढ़ा तो....."

विभीषण ने हाथ उठाकर याचना की– "अभय, महाराज सुग्रीव!"

सुग्रीव ने ठिठकते हुए पूछा– "हमें कैसे पहचाना, राक्षस? तुम विभीषण हो क्या? हनुमान– ऐ हनुमन्ते! यह कौन हैं?"

हनुमान दौड़ते हुए आये; चिहुँकि और चमकते हुए बोले– "अरे यह.... यह तो श्रीमान विभीषण जी हैं– विभीषण।"

"विभीषण?" महाराज सुग्रीव ने पूछा– "क्यों आये हो? हमारे भेद लेने? उस पतित रावण ने भेजा है? तुम्हारे राक्षसों ने आकर हमें यह कूट नाट्य बता दिया है। लंका से निकाल दिया है– जाओ, राघव राम के पास और विशाल वानर– सैन्य को भाँप आओ। तुम्हारे ज्येष्ठ भ्राता राजा रावण तुमसे अप्रसन्न हैं तो उसने इस युद्ध काल में तुमको लंका से बाहर निकलने कैसे दिया? इतनी कूटनीति तो हम वानर भी समझते हैं।"

विभीषण ने नमनपूर्वक कहा– "वानर– महाराज श्री! आपके दर्शन कर मैं कृतार्थ हुआ। मैं तो श्री राम जी की शरण में आया हूँ। लंका नरेश रावण, लंका की प्रजा, गणमान्य राक्षस, सामन्त तथा राक्षस कुल के कलत्रों के कहने पर भी भगवती सीता जी को लौटाना नहीं चाहता। काल उसके सिरहाने खड़ा हुआ है। लंका की प्रजा ने मुझे अपना प्रतिनिधि भी नियुक्त किया है कि मैं श्री राम के शरण में जाऊँ और श्रीलंका की प्रजा का योगक्षेम चाहूँ। हमने भी अधर्मी, अत्याचारी, नीच और पतित अपने महाराज को त्याग ही दिया है– लंका राज्य की प्रजा सत्याग्रह कर रही है और मुझे श्री चरणों में भेजा है।"

"श्री चरण?" अंगद ने पूछा– "किसके? राक्षस राजपुत्र!"

"राघव रामजी के, पतित– पावन श्री राम के।" विभीषण ने कहा– "मैंने सुना है राघव राम दीनबन्धु हैं, करूणा सागर हैं, पतित– पावन हैं। शरणागत को अपने चरणों में निस्संदेह स्थान देते हैं। लंका नरेश ठुकराया हुआ निरीह राक्षस श्री राम की जय उच्चारता हूँ और उनकी शरण में आया हूँ।"

महाराज सुग्रीव ने सहसा कहा– "हनुमान?"

हनुमान ने कहा– "महात्मा हैं विभीषण। राक्षसों की उस विशाल नगरी में इन्हीं का प्रासाद जलने से बचा रहा। इन्होंने मुझे सीता मैया का पता बताया। रावण के क्रोध की चिन्ता नहीं की इन्होंने। मेरा तो इनमें विश्वास है; फिर भी श्री रामजी से पूछ लें, महाराज! तब तक हम इन्हें घेरकर यहीं खड़े हैं।"

"अच्छा।" सुग्रीव ने कहा– "ठीक है। श्री रामजी जैसा चाहें। श्री राम जिसे राखे, उसे कौन चाखे ?" सुग्रीव एड़ियों पर ही घूमे और जाते– जाते बोले– "राक्षस विभीषण ! शत– सहस्त्र वानर तुम्हें घेरे खड़े हैं। हनुमान हैं, अंगद है , नल– नील, शठ– निशठ भी हैं। हिले नहीं कि धरती में समा दिये जाओगे, सुना?"

"सुना, महाराज! जय श्री राम!" विभीषण ने जलद– गम्भीर स्वर में कहा– "जय राम! श्री राम! जय – जय राम !"

सुग्रीव ने पैर पटकते हुए कहा– "यहीं– यहीं ठहरो तुम राक्षस! मैं स्वयं श्री राम से निवेदन करूँगा– एक राक्षस विभीषण वानर– शिविर में घुस आया है। हनुमान! तुम चलो मेरे साथ, सुना?"

हनुमान ने कहा– "जी सुना। जैसी आज्ञा; किन्तु ...."

"किन्तु– परन्तु कुछ नहीं।" सुग्रीव ने कहा–"यह मायावी कूट, उसकी कूटनीति है। इनके मामा मारीच ने तो स्वर्णमृग का रूप धर कर भगवती सीता को छलने के लिए रावण की सहायता प्राण देकर भी की थी। यह आपका विभीषण भी कदाचित् यही कर रहा हो।"

"नहीं जी।" विभीषण ने शान्त किन्तु दृढ़ स्वर में कहा– "मैं राक्षस हूँ , किन्तु मानव भी हूँ। मैं श्री हरि में ही मानता हूँ। आर्य– ऋषियों से मैंने राम– रहस्य को जाना है, भवान्! मैं अपने ज्येष्ठ भ्राता दशानन रावण को मन– वचन-कर्म से त्याग चुका हूँ। और उन्होंने मुझे सर्वान्त में त्याग दिया है। मैं लंका का नागरिक हूँ– लंका महाराज्य की विनीत प्रजा हूँ। इस नाते श्री राम की शरण में आया हूँ।

मैं राक्षस वंश का सर्वनाश नहीं चाहता। मैं कुल- कान्ति की रक्षा चाहता हूँ, मैं राक्षस- महाराज्य तथा राक्षस प्रजा का मंगल, योगक्षेम चाहता हूँ। सुना आप श्रीमान ने?"

सुग्रीव- "सुना, जी। हम अभी रामजी से मिलकर वापस आते हैं। अंगद! घेर कर खड़े रहो- जब तक हम वापस नहीं आते। हनुमान! चलो। रामजी को तुम जितना जानते हो- मैं तो छदाम भी नहीं जानता। मैं तो उनका स्थापित वानर राजा मात्र हूँ। अवश्य मित्र तो हूँ।"

विभीषण मुस्कुरा दिये। सुग्रीव को हनुमान के साथ जाते देखते खड़े रहे। यह वानरराज भोला नहीं है, कुशाग्र बुद्धिमान है, अनुभवी राजवी है। राजपुरुष है निस्संदेह- किन्तु राजा क्या परमेश्वर की विभूति को जानता है- जान सकता है? राजा स्वयं परमेश्वर की ऐश्वर्य- किरण है, किन्तु राज्याकांक्षा से भरपूर वह एक आक्रामक मानव भी है। राज! विभीषण ने सहसा सोचा- "राज- मैं..... मैं भी क्या नहीं चाहता? रावण ज्येष्ठ है; अतः राजा बना और मैं कनिष्ठ अतः राजपुत्र ही बनकर रह गया। किन्तु हमारी जननी का उदर तो एक और अनन्य है। फिर यह भेद क्यों? कैसा? निस्संदेह राजा गुणों के शील को देखकर ही बनाना चाहिये। राजा प्रजापालक है, प्रजा- संहारक नहीं है। राजा धर्म की ध्वजा लेकर राष्ट्र का अनुशासन करता है। अधर्माचरण द्वारा प्रजा का भाग्य तथा पृथ्वी का भविष्य नहीं बिगाड़ता। नहीं, दशानन राजा रहने का पात्र अब नहीं रहा। अधर्मी और अत्याचारी, कामुक व्यभिचारी और अन्यायी आज यह रावण अपने कुटुम्ब, कुल, कलत्र परिजन तथा पुरजन सभी को भूलकर सत्ता के अहंकार के मद में मदान्ध हो गया है। जो स्त्री, सन्त, साधु तथा सज्जन को पीड़ित करे- वह राजा तो क्या मानव भी नहीं कहा जा सकता- नहीं।"

"नहीं।" सुग्रीव ने लम्बे डग भरते हुए कहा- "हनुमान! मुझे तो यह भेदिया मायावी राक्षस ही प्रतीत होता है। रावण ने अपने इस अनुज को राम रटने को कह रखा हो, जिससे अन्ततोगत्वा हम सब छले जा सकें। सम्मोह में पड़कर अपना राजधर्म बिसर जायें। रण- व्यूह को छिन्न कर अन्त में रामजी को अपयश दें। नहीं?"

हनुमान– "जी! जैसे राम जानें और राम मानें| लंका में विभीषण को देखते ही मेरा विश्वास हो गया था– राम– नाम, प्रभो! राम– नाम बुद्धि की शंका या जिज्ञासा नहीं है– यावत्– जीवन का निस्संकोच निःशंक आत्मविश्वास है|"

सुग्रीव ने मानो सहसा कहा– "इस राक्षस को देखते ही मुझ पर कुछ ऐसा ही प्रभाव पड़ा है, किन्तु मैं राक्षस को जन्मजात, चतुर, मायावी, कुतर्की, अधर्मी एवं अत्याचारी मानता हूँ| आर्यावर्त की क्या स्थिति कर दी है इन जनस्थानियों ने? मार– काट हिंसा और ऊधम– यही इन राक्षसों का काम हो गया है| आश्रमों को नष्ट करना, यज्ञों को माँस तथा रुधिर से पाटना– यह जघन्य नृशंस कार्य राक्षस ही कर सकता है|"

हनुमान ने कहा– "सभी राक्षस ऐसे नहीं होते| यह जघन्य कार्य तो रावण के सेनापति, सैनिक और सामन्त ही कर रहे हैं– रावण की आज्ञा से ही यह कार्य हो रहा है | उदाहरणार्थ रावण मामा मारीच रामजी को छलना नहीं चाहता था, तो रावण ने खड्ग बताया| तब मारीच ने निश्चय किया कि रावण के हाथों मरकर नर्क मिलेगा– राम के हाथों मरने से स्वर्ग और रामजी ने उसे स्वर्ग भेजा – हाँ|"

"धन्य श्री राम! कृपासिन्धो! धन्य!!" – सुग्रीव ने कहा|

हनुमान ने श्री राम को कुछ दुरी पर लक्ष्मण के साथ उपविष्ट देखा| आकाश की नीलाभ कान्ति में मानो कंजों से बनी घनश्याम मूर्ति अचल अपलक स्थित हो पद्मराग मणि की ज्योति से भरे गौर वर्ण की सुघड़ मूरत लक्ष्मण धनुष– बाण संधाते हुए पास खड़े थे| महाशय दक्ष जाम्बुवन्त पास बैठे थे और श्री राम का घुटना सुलह रहे थे| लंका तट वानरों की हलचलों से उभर– उफन रहा था| कृपासिन्धु पतित– पावन राम आर्यावर्त ही नहीं, पृथ्वी के सर्वगुण निधान अमित पराक्रमांक परमवीर भट्टारक क्षत्रिय शिरोमणि राघव राम|

21

महाराज सुग्रीव श्री राम के पास खड़े हुए; बोले– "प्रभो! कोई विभीषण नामक राक्षस अपने पार्षदों सहित शिविर के छोर तक घुस आया है।"

श्री राम चिहुँके– "विभीषण जी! वह, वह आये हैं?"

सुग्रीव ने कहा– "रावण ने उनको लंका से निष्कासित कर दिया है, ऐसा वह कहता है। राक्षस जो ठहरा, मायावी– कुतर्की।"

श्री राम– "विभीषण राक्षस अवश्य हैं, किन्तु प्रभु के जन हैं, महाराज सुग्रीव! अवश्य किसी घोर आपदा से वह ग्रस्त हैं।"

हनुमान ने कहा– "विभीषण आपकी शरण में आने की कहते हैं। कहते हैं– मैं सर्वस्व त्यागकर राम की शरण आया हूँ।"

"हमारी शरण?" श्री राम ने सहसा प्रसन्न होते हुए कहा।

"जी।" महाराज सुग्रीव ने नमनपूर्वक कहा– "आपकी शरण और किसकी शरण में जायगा यह राक्षस? पतित– पावन आप हैं, राम! दीनबन्धो!"

श्री राम ने हनुमान को निहारते हुए कहा-"हनुमन्ते! यह क्या बात है?"

हनुमान ने शान्त किन्तु गम्भीर स्वर में कहा– "विभीषण जी आये हैं। रावण ने उनको लात मारकर निकाल दिया है। रावण तथा उसके सेनापति विभीषण जी को नहीं चाहते। रावण उनका मुँह भी नहीं देखना चाहता, जी।"

महाराज सुग्रीव– "किन्तु वह राक्षस कुल का दीक्षित राजपुत्र है, श्री राम! हम उस पर सहसा विश्वास कैसे करें? कैसे, प्रभो!"

"शरणागत?" श्री राम चिहुँके– "हमने महात्मा जटायू से सुना है, लंका के विस्तृत तथा सघन राक्षस कुल में श्री विभीषण ही सत्य तथा ज्ञान के निगड़ आकांक्षी हैं। राक्षस तो वे जन्मे हैं, किन्तु अन्तःकरण से आर्य हैं– हाँ हमें कई लोगों ने यह कहा है। क्यों लक्ष्मण?"

लक्ष्मण ने कहा-"जी! किन्तु महाराज सुग्रीव परम् पराक्रमांक महासेनापति हैं। उन्हीं की राय पर इस मायावी राक्षस के भाग्य का निर्णय होना चाहिये।"

हनुमान ने हाथ जोड़कर कहा– "सोचिये प्रभो! लंका से भागकर विभीषण जी वानर सेना में निहत्थे आये हैं| उनके पास अस्त्र- शस्त्र नहीं हैं| अत्यन्त उदास, चकित तथा स्वयं विस्मित हैं| हमें बुद्धिमत्ता, विवेक तथा रणनीति की गर्भावश्यकताओं के अनुसार ही निर्णय करना चाहिये| मेरा निश्चित् मत है, श्री विभीषण जी से बढ़कर हमारा अन्तरंग सहायक कोई और नहीं हो सकता| जो राम का स्मरण करता है, वह मायावी, दुष्ट और भेदिया कैसे हो सकता है? राम का ध्याता– शुद्ध है, बुद्ध है, निर्मल तथा परम् विश्वस्त मानव है|"

महाराज सुग्रीव ने तनिक हुँकार की और कहा– "मानव! हमें विश्वास नहीं होता| दिखने में तथा वार्तालाप में तो यह विभीषण जी सुथरे प्रतीत होते हैं, किन्तु इनकी अन्तरंग राक्षस प्रकृति का पता ही क्या? क्या आर्य वैदिक जन्मजात आर्य वैदिक हैं| वानर जन्मजात वानर हैं और राक्षस? है लंका में यही श्री हरि के भक्त हैं, तो होंगे| राज- काज और रण में भक्त को नहीं, रण- निपुण तथा राजनीति के कूट में पारंगत सामन्त को ही देखा जाता है| महाराज बालि बाहुबली भी श्री हरि नारायण में मानते थे– वानरों के इष्ट- देवता जो ठहरे; किन्तु मित्र तो थे रावण के| आर्यों के साथ मैत्री सन्धि के लिए तैयार नहीं हुए– उल्टा हमारा दमन किया– हमें किष्किन्धा से निकाल दिया| यह तो श्री राम! आपश्री ने ही हमारा परित्राण किया; अन्यथा हम कहीं के नहीं रहते|"

लक्ष्मण ने चुटकी ली– "राजा हो गये और क्या चाहिये?"

महाराज सुग्रीव ने मुस्कुराते हुए कहा– "रामजी की कृपा, महारथी लक्ष्मण जी! और राजा? राज? तो भूतल पर केवल दो ही अभीष्ट हैं मानव को– राज्य और राम| हम निस्संदेह राज्य चाहते थे– रामजी ने कृपा कर हमारी इच्छापूर्ति की है| किन्तु हम राज्य मानव- मैत्री के लिए चाहते थे| राज्य के विस्तार तथा युद्धों की जय के लिए नहीं|"

"राज्य का अर्थ ही विग्रह है, महाराज सुग्रीव!" हनुमान ने कहा– "इसीलिए मैंने तो राम को ही चाहा है|"

लक्ष्मण बोले– "श्री राम का भक्त राजाओं का भी राजा है|"

"अवश्यमेव|" हनुमान ने कहा– "राम! विभीषण जी आपकी शरण में आये हैं| उनके बिना मैं भगवती मैया सीताजी का पता पा ही नहीं सकता था| दर्शन दीजिये विभीषण जी को, रघुवीर!"

श्री राम ने सस्मित कहा– "शरणागत शत्रु भी है, तो हमारा प्रिय है– हमारा विश्वस्त है, महाराज सुग्रीव! आपश्री और हनुमान तथा अन्य सामन्त विभीषण श्री को सादर हमारे समक्ष ले आएं| शरणागत की रक्षा हम प्राणपण से करते हैं और करेंगे|"

महाराज सुग्रीव ने प्रस्थानोद्यत होते हुए कहा– "जैसी राम प्रभु की इच्छा– आज्ञा| चलो, हनुमान! आज हमें विश्वास हो गया– पक्का विश्वास कि राघव राम मानव देह में महान आत्मा हैं– श्री हरि विष्णु के कृपासिन्धु अवतार हैं| जय श्री राम!"

श्री राम मुस्कुरा दिये और सहसा गम्भीर चिन्तन में डूब गये| सुग्रीव और हनुमान को जाते हुए देखते रहे| कुछ ही दूर किन्तु जैसे पास ही समुद्र की निश्चिन्त तरंगों का उर्मि-विलास देखते रहे| "शरणागत"– श्री राम चिहुँके– "शरणागत ही महान है, लक्ष्मण! जगत के ऐश्वर्य और जीवन के सभी पुण्य तथा सुख त्यागकर वह शरण में आता है, तो महानतम हो जाता है| शरणागत के हम भक्त हैं– भगवान भक्त के भक्त हैं तो शरणागत के सेवक भी भगवान् हैं| मैं मानव हूँ, लक्ष्मण! और शरणागत मानव की महानता जानता हूँ| क्यों?"

लक्ष्मण ने कहा– "जी ठीक है| भगवान ही जीव को शरण में ले सकता है| मनुष्य-मनुष्य को शरण में ले ही नहीं सकता|"

श्री राम हँसे– "अच्छा तो भगवान ही सही, किन्तु विभीषण को मन– वचन– कर्म से स्वीकार करूँगा– निस्संदेह करूँगा| श्री हरि मुझे सन्मति दें! क्षत्रिय का परम धर्म है– शरणागत, दीनार्त का परित्राण करना| युद्ध जीतना ही क्षत्रिय का एकमात्र कर्त्तव्य है क्या? सत्य, न्याय, धर्म तथा दीन हीन का परित्राण करना भी राजपुत्र क्षत्रिय का कर्त्तव्य है|"

"जी|" लक्ष्मण ने सात्विक अमर्षपूर्वक कहा– "आप समर्थ हैं और समर्थ को कोई दोष नहीं होता किन्तु विभीषण जी को लेकर हमें चौकन्ना तथा सावधान रहना होगा|"

श्री राम ने कहा– "नहीं! शरणागत में अमोघ विश्वास ही करना होगा| मैं प्राणीमात्र में विश्वास करता हूँ– उनकी दिव्य आत्मीयता ही मेरा उनसे स्नेह– सम्बन्ध है| प्राणी परमात्मा की रूपयसी चेतना है| सृष्टि के प्राणी और उनके भव

उसी सच्चिदानन्द परम् ब्रह्म का लीला– विलास है– विश्वास, स्नेह तथा धर्म से पूर्ण, अनन्य और अद्वितीय जीवन चेतन्य है।"

लक्ष्मण ने कहा– "जी। लो, वह विभीषण जी सामन्त वानरों से घिरे चले आ रहे हैं।"

श्री राम ने विभीषण को वानर– श्रेष्ठों से घिरे धीर-गम्भीर चाल से चलते हुए आते देखा और उठ खड़े हुए, बोल उठे– "विभीषण जी! महात्मा विभीषण!"

और श्री राम दौड़े, विभीषण का स्वागत करने के लिए लपके। श्री राम मानो पलक मारते हुए ही विभीषण के पास पहुँचे। विभीषण ने चपकाये नयनों से कंजारुण श्री राम को देखा तथा साष्टांग प्रणाम में धरती पर ढल पड़े– "राम! मेरे राम! राघव राम! दीनबन्धो!"

श्री राम ने विभीषण को उठा लिया और सिर सूँघकर बोले– "मेरे विभीषण! स्वागत!!"

✦✦✦

श्रीमान विभीषण ने श्री राम के चरण पकड़ लिए और आर्द्र कण्ठ से चीत्कार करते हुए बोले– "राम! मेरे राम! शरण दो– शरणागत हूँ। सुना है आप भव– बन्धन काट देते हैं, दीनार्त शरणागत के परित्राण में पारंगत हैं। मेरे स्वामी! शरण में लीजिये।"

श्री राम ने विभीषण जी को उठाते हुए कहा– "मनुष्य ही मनुष्य का साथी है, मित्र है, सम्बन्धी और सगा है। शरण तो प्रभु ही देते हैं, विभीषण जी! क्या हुआ?"

विभीषण ने अश्रु भरे नयनों से घनश्याम राम को निहारते हुए कहा– "राक्षसराज दशानन श्री रावण ने मुझे भरी सभा में अपमानित किया और लात मारकर निकाल दिया। भगवती सीताजी को आपश्री को वापस सादर लौटाकर आपश्री की शरण में आ जाने के लिए मैंने अन्तिम आग्रह किया था। हाँ, प्रभो! लंका की प्रजा और हम कुछ सामन्त भगवती सीताजी के अपहरण को घोर पाप मानते आये हैं। दशानन ने राक्षसों के राजा नृपति होने का सत्व इस घोर पाप कर्म से खो दिया है– मिटा दिया है। आज हम लंकावासियों ने रावण को अपना राजा मानने से मन से मना कर दिया है। राक्षस जाति की जड़ ही काट दी है, रावण ने भगवती सीताजी का यों अपहरण करके, प्रभो!"

"रावण मुझसे बदला ले रहा है|" श्री राम ने सस्मित कहा– "किन्तु सीता हमारी भार्या ही नहीं, जीवन संगिनी है, प्राणेश्वरी है– मेरी अन्तरात्मा तथा शक्ति है| उसका अपहरण कर रावण ने धरती का अपमान किया है|"

"अवश्य किया है|" विभीषण ने कहा– "इसीलिए हम सभी ने आप प्रभु की शरण में आने का निश्चय किया है| लंका की प्रजा के मनोनीत दूत की भांति मैं समस्त राक्षस जाति, राक्षस राज्य तथा राक्षस जनता के योगक्षेम, अभय, मंगल तथा कल्याण के लिए शरण में आया हूँ, राघव राम! प्रभो! हाँ|"

श्री राम ने सस्मित कहा– "तथास्तु! क्या चाहते हो? कहो|"

विभीषण ने आर्त स्वर में कहा– "श्रीलंका और उसके निवासियों की रक्षा, योगक्षेम और मंगल| राक्षस राज्य का भावी, प्रभो!"

श्री राम ने कहा– "राज्य? नहीं चाहते आप क्या?"

"आपके रमणीय दर्शन के होते ही जैसे मेरा चित्त निर्मल हो गया|" विभीषण ने कहा– "पुनीत चन्द्रमा जैसे उदित हुआ और प्राणों के भार, मन के सम्मोह और चित्त की आसक्तियाँ जैसे स्वयं ही उड़ गयीं| कौए उड़ गये और हंस निखर आया|"

श्री राम ने कहा– "सभी राजपुत्र राज्य तो चाहते ही हैं– यह परम्परा ही अनुचित है कि जेठे भाई को राज्य मिले| मैं नहीं चाहता था, राज्य परम्परा की रक्षा करते हुए मुझे मिले| मैं स्वयं धर्मावतार भरत को ही राज सौंपना चाहता था| सो माँ कैकई ने मुझे धर्म संकट से उबार दिया| यही नहीं, मुझे पृथ्वी की प्रजाओं और उनके राज्यों के कल्याण के लिए कुछ करने योग्य मति– धृति और कृति प्रदान की| अरण्य का राज्य, ऋषि– मुनियों का मनो राज्य है, विभीषण जी!"

"जी, है|" विभीषण ने प्रणामपूर्वक कहा– "राजसिंहासनों के राज्य, वैभव के राज्य, ऐश्वर्य के राज्य, शासन और दण्ड के राज्य अच्छे लगते हैं– भव्य लगते हैं| किन्तु वे सत्य, न्याय एवं धर्मपरक और पूर्वक राज्य नहीं हैं| दशानन को देख कर पता चल गया, रघुवीर! इस प्रकार के राज्य को प्राप्त करने के लिए अनादिकाल से छल– छद्म, प्रपंच, कूट और मार– काट होता ही आया है| राजा और राज्य क्या मानवीय संस्थान हैं भी?"

श्री राम ने तनिक हँसते हुए कहा– "राज्य निस्संदेह मानवीय संस्थान हैं। राज्य मानवता के विकास तथा धर्म के धारण, पालन तथा पोषण के लिए है। राज्य परमात्मा का दिव्यतम ऐश्वर्य है। राज्य केवल सिंहासन और छत्र– चम्मर ही नहीं है, आज्ञा और दण्ड विधान ही नहीं है– उत्तमोत्तम कर्म है, आत्मज्योति की मीमांसा है, प्राणियों के योगक्षेम और मानव के कल्याण, अभ्युदय और निःश्रेय के लिए काल का मंगलमय, मंगलजन्य विधान है। सत्य की सत्ता है राज्य, विभीषण जी!"

विभीषण ने प्रणामपूर्वक कहा– "सुनता था– वैसा ही सुन रहा हूँ। बचपन से ही मैंने मन में एक दिव्य घनश्याम देवता की धारणा पाली– पोसी है। राम मेरे! वह..... वह आज प्रत्यक्ष हुई। धन्य, प्रभो!"

राम बोले– "राज्य क्षत्रिय का पुरुषार्थ है और मानव के चारों पदार्थों की प्राप्ति के लिए मार्गदर्शक और नियामक संस्था है। राज्य सत्ता न्याय पर ही आधारित है। अतः राज्य तो है और चाहिये भी। अपने अन्तःकरण से पूछो विभीषण जी!"

विभीषण ने श्री राम के चरणों में पुनः प्रणाम किया; कहा– "जी, राज्य चाहता था– अवश्य चाहता था। अमर्ष रहा प्रभो! कि दशानन को राज्य और मुझे नहीं। किन्तु आपके चरणारविन्दों को थामते ही जैसे अन्तःकरण का अँधेरा दूर हो गया। अब– अब मैं राज्य नहीं चाहता– नहीं चाहता राज्य, राम मेरे!"

लक्ष्मण ने सहसा कहा– "तब आप लंका की प्रजा के दूत क्यों बने? लंका और राक्षस जाति का अभ्युदय और निःश्रेय तो आप राज्य सत्ता के बिना कैसे साधोगे?" कैसे?''

विभीषण ने लक्ष्मण के तप्तसुवर्ण की कान्ति से दमकते हुए मुख– मण्डल को देखा; बोले– "लंका तथा उसके प्रजा के भाग्य तथा भविष्य को मैं श्री रामजी के चरणों में अर्पण करता हूँ। मुझे कुछ भी नहीं चाहिये– रामजी की दया ही चाहिये। रामजी रक्षा करें प्रजा की, लंका की, राक्षस– राज्य की– सब की। महाशय वीरवर लक्ष्मण जी! मैं तो एक राक्षस हूँ– राम मुझे मानव बनाएं, अपनी भक्ति प्रदान करें। राम– नाम रटकर मैं मानव बनना चाहता हूँ।"

"धन्य विभीषण, धन्य!" हनुमान ने कहा।

श्री राम ने कहा– "तथास्तु! विभीषण! हम अपने हृदय से आपका स्वागत करते हैं और आपको लंका की प्रजा का दूत ही नहीं, राजा भी स्वीकार करते हैं|"

"राम!" लक्ष्मण चिहुँके|

"हाँ, लक्ष्मण!" श्री राम बोले– "सिन्धु का जल ले आओ| हम श्रीलंका का राज्य महाशय महात्मा विभीषण को अर्पित करते हैं– राजतिलक करते हैं|"

विभीषण चिहुँके– चिल्लाये– "राम! राघव राम! प्रभो!"

श्री राम ने जलद– गम्भीर स्वर में कहा– "जिस विश्वास से आप हमारी शरण में आये हो उस विश्वास की अमोघ सच्चाई के लिए ही नहीं, लंका की प्रजा, राक्षस जाति तथा राक्षस– राज्य के भाग्य और भविष्य के लिए हम अब उत्तरदायी हो गये हैं| हमने आपकी शरण स्वीकार की है और आप सभी को अभय प्रदान किया गया है| इसीलिए मैं आपका लंका के भावी नरेश की भांति राजतिलक करता हूँ| हमारा संघर्ष अब केवल कुकर्मी, अधर्मी और अत्याचारी रावण तथा उसके सहयोगियों से है| हम लंका का सिंहासन नहीं चाहते -हम अपनी सीता को सादर वापस चाहते हैं। हां, हम भगवती सीता को चाहते हैं और यह दुष्ट दशानन सीता को वापस नहीं करना चाहता– चाहे फिर वह अपने सगे– सम्बन्धियों तथा सेनापतियों और सैनिकों सहित मारा जाय| सीता मेरी मेरा शक्ति है, मेरा शील है, मेरे जीवन का सौन्दर्य है, विभीषण जी! लंका की जनता को दिया गया आश्वासन हम आपका राजतिलक कर वचन में बदलते हैं| हम चाहते हैं, वानरों की भांति राक्षस भी आर्यावर्त के मित्र हों– शत्रु या दस्यु नहीं|"

विभीषण ने श्री राम के चरण थाम लिए– "प्रभो! इस किंकर पर यह अढ़लक कृपा| नाथ मेरे! राम मेरे!"

लक्ष्मण समुद्र का जल लेकर आये और घट श्री राम को थमाते हुए बोले– "जैसी श्री राम की इच्छा|"

"अवश्य लक्ष्मण!" राम बोले– "इस राजतिलक से मुझे यह विश्वास हो गया है कि इस पृथ्वी पर मानव जाति के अभय, अभ्युदय और उत्कर्ष का ब्राह्म मुहूर्त ही आरम्भ हो रहा है| पृथ्वी के छोटे– मोटे राज्य एक अनन्य सत्य, न्याय और धर्म– धारण के सांस्कृतिक– सामाजिक साम्राज्य के केतु के नीचे जगमगें– यही हम

चाहते हैं| हम जगद्कल्याण, प्राणियों का योगक्षेम तथा मानवों के अभय, उत्कर्ष, अभ्युदय तथा निःश्रेयस के लिए ही जीना चाहते हैं– हाँ, भाई मेरे!"

लक्ष्मण ही नहीं, उपस्थित वानर सेना ने जयघोष किया– "जय राम– जय– जय राम|"

श्री राम ने विभीषण के भाल पर सिन्धु जल से तिलक करते हुए कहा– "जय! मानव धर्म की जय! जय राक्षसराज विभीषण! आपकी जय हो|"

◆◆◆

रावण अपने अन्तरंग रंग– कक्ष में मदिरा में धुत्त पड़ा हुआ था और धान्यमालिनी सहित राक्षस सुन्दरियाँ उसे घेर कर-कोई खड़ी थी, कोई पर्यंक के पास लेटी हुई थी, कोई एक-दूसरी से गल– बहियाँ किये सो रही थी| धान्यमालिनी रावण को अपनी पुष्ट बाहों में झेले मदिरा– पान करवा रही थी और वह स्वयं भी चुस्की भरती जा रही थी| कोई सुन्दरी रावण के घुटनों से लगी झपकी ले रही थी| राग– रंग का तलछट वातावरण था और रावण मानो बीस– बीस हाथों से सुन्दरियों का आलिंगन करने की स्मृति– विस्मृति चेष्टायें कर रहा था| कभी– कभी वह स्वयं ही चमक कर उठ बैठता– "राम आ गया? आ गया क्या वह? दुष्ट पतित तू विभीषण! तू उस आर्य क्षत्रिय की शरण में गया| गया क्या? गया ही तू कुलकलंक, वानरों की सहायता और इस राघव रामचन्द्र का सहयोग लेकर तू हमें सिंहासन से अपदस्थ करना चाहता है| अवश्य चाहता है| लंका की प्रजा का कल्याण तो तेरा बहाना है, शठ! क्या हम लंका की जनता का कल्याण नहीं करते? नहीं करते तो लंका में स्वर्ग से भी अधिक यह अतुल्य सम्पाति, वैभव कैसे है? लंका अलकापुरी से भी समृद्ध कैसे है, प्रिये! नहीं? है ..... है .... है|"

धान्यमालिनी ने झूमते हुए कहा– "अवश्य है| यह देखो राम– यह भरण- भूषण आभूषण| यह मेरा तोटक ही अयोध्या को क्रय कर सकता है| लंका का राक्षसजन संसार में सबसे अधिक समृद्ध है, सम्पन्न है| उसकी जूतियों में रत्न जड़े हुए रहते हैं| हाँ| कौन? शुक? क्या बात है? आ– कह , क्या बात है?"

शुक भीत सा, भयार्त द्वार पर ही खड़ा रह गया– "अभय, प्रभो!"

"दिया|" रावण ने मदहोश झूमते हुए कहा– "अभय! अभय उस विभीषण से क्यों नहीं माँगता? किन्तु वह कुलकलंक क्या देगा अभय? जोगटा है– नहीं? हम कहते हैं विभीषण दुष्ट है, पतित है, राक्षस– कुलकलंक है| उसका बहिष्कार|

जाओ, राक्षसों से कह दो– सम्पूर्ण बहिष्कार करें, इस विभीषण का– हमारे अनुज श्रेष्ठ का| श्रेष्ठ? ...... अधम कहीं का|"

शुक ने कहा– "अभय प्रभो!"

"दिया न! कह– क्या कहने आया है?"– रावण ने तनिक जागते हुए कहा– "हम स्वर्ग की अप्सराओं के साथ नन्दन वन के ताल के किनारे पारिजात और कल्प वृक्षों की घटाओं को देख रहे हैं| देखता नहीं? हम सोमरस के घट के घट पीकर अजर– अमर हो गये हैं| सीता वापस चाहता है वह रामचन्द्र? जाओ कह दो उसे– सीता मेरी मृत्यु होने पर ही मिल सकती है| सीता हमारे रोम– रोम में समा गयी हैं, हम सीता की कल्पना मात्र से रग– रग में उफन उठते हैं| न जाने इस सीता में क्या है? मदिरा से भींजे पारिजात पुष्प तथा कल्प वृक्ष के फलों के गुदे से बनी हुई यह वारुणी है– मदिरा, समझा?"

"जी" शुक ने कहा– "राघव रामचन्द्र जी ने विभीषण जी को लंका के राज्य का तिलक कर दिया है|"

"क्या कहा, शठ! नालायक– अपदार्थ, शठ कहीं का!" रावण उठकर झपटा– "तेरी ग्रीवा ही मरोड़ देता हूँ|"

"अभय महाराज! स्वामिन्! मैं आपका दासानुदास हूँ|" शुक ने धूजते हुए कहा– "क्षमा प्रभो|"

"अभय, क्षमा|" रावण रुक गया| रोम – रोम में सिहर कर वह रग– रग में जाग उठा– "राजतिलक कर दिया उस कंगाल राम ने| विभीषण को लंका नरेश घोषित कर दिया, हमारे जीवित होते हुए उस अपदार्थ ने यह किया? अक्षम्य! जाओ, इन्द्रजीत से कहो कि राजसभा एकत्र करे| हम अभी आते हैं| स्त्रियों! भाग जाओ| हम दशानन रावण जाग गये हैं| हम जाग उठे हैं– तत्पर हैं– सन्नद्ध हैं| हम अपना सिंहासन सीता के वक्षस्थल पर गाड़कर रखेंगे| सुना? जाओ, हटो– दूर हटो, तुम छलनाओ! सुना?"

नूपुरों और पायलों की भयत्रस्त झनकारें उठीं, तनिक हहर कर गूँजी तथा शून्य में जैसे बिला गयीं| धान्यमालिनी ने रावण को थामा– "स्वामिन्!"

"तू भी जा|" रावण गर्जा– "मुझे मदिरा में तुम सबने डुबोये रखा और उधर राम ने विभीषण को हमारा राज दे दिया| जा भी– अब हमारा कोई नहीं| केवल

सीता ही मेरी है| हम राम से लड़ेंगे– राम– रावण युद्ध होगा– ऐसा युद्ध जिसे कल्पों तक संसार याद रखेगा| जा, मायाविनी! तू जा| हे निष्कुम्भे! आज तेरे चरणों में मैं अपने त्रिपुर अर्पित करता हूँ| राम! छोकरे! आ, रणभूमि में आ| आक्रमण......| वानर सैन्य पर आक्रमण| इन्द्रजीत ! प्रहस्त! कुंभकर्ण! .... आक्रमण! जय लंकेश!!"

"जय लंकेश!" भीमनाद से रावण की राजसभा की गूँज उठी| मेघनाद इन्द्रजीत ने पिता की इंगित अनुमति प्राप्त कर उठकर सभी को घूरते हुए कहा– "हमारे चक्रवर्ती महाराज और मेरे महान पिता दशानन अब जाग उठे हैं| रंगभवन त्यागकर अब वे राजसभा में उपविष्ट हो गये हैं वानरों– मरकटों के आक्रमण को गम्भीरता से लेने की आवश्यकता न तब थी और न आज अब है| पाषाणों, वृक्षों और मुष्टियों से लड़ने वाले यह वानर शाखामृग, सशस्त्र राक्षस योद्धाओं का क्या बिगाड़ सकते हैं? हम कहते हैं, उसका बाल भी बांका नहीं कर सकते|"

माल्यवान ने कहा – "रामबाण ! उसका क्या ?"

इन्द्रजीत ने माल्यवान को घूरते हुए कहा– "रामबाण? लोहे का टुकड़ा| पिताश्री ने उसको देख लिया है| हमारे पास तो मन्त्र कीलित बाण हैं, अस्त्र– शस्त्र है– ब्रह्मास्त्र तक हैं| हमने वायुअस्त्र, आग्नेय अस्त्र ही नहीं अन्य रहस्यमय अस्त्र– शस्त्रों का भी निर्माण कर लिया है| तान्त्रिक विज्ञानियों का दल आज ठीक समय पर सफल हो गया है| हम चाहें तो वानर सेना का भृकुटीभंग में समूचा विनाश कर सकते हैं|"

सारण ने नम्रतापूर्वक कहा– "वानरों के पास भी देवी शक्तियों सिद्धियाँ हैं, श्रीमन्! हमने यह वानरों के मुख से सुना है| मधु पीकर ये वानर शिथिल और असावधान हो जाते हैं और चीचियाने की उनकी प्रवृत्ति– मरकृत प्रवृत्ति प्रदीप्त हो जाती है|"

"हमें यह ज्ञात है, सारण महाशय!" इन्द्रजीत ने कठोर स्वर में कहा– "तुम.... तुम.... अब मैं क्या करूं? पिताश्री का तुम में अटूट अनन्य विश्वास है; किन्तु...."

रावण ने सहसा बमकते हुए पूछा– "किन्तु क्या.....?"

"यह तीनों– सारण, शार्दुल और शुक विभीषण के स्वभाव के हैं| शत्रुओं के प्रति इनकी छद्म सहानुभूति है| निस्संदेह है| अन्यथा रावण इनको पकड़कर

दण्ड क्यों नहीं देते| दिया दण्ड उन्होंने? नहीं| पकड़ा– मुक्त कर दिया| उल्टा इन्हीं के मुखों से हम भयार्त– भयत्रस्त करने की चेष्टा की जाती है| राक्षसों के महासैन्य का मनोबल गिराने का घिनौना प्रयास भी किया गया|"

शुक ने शान्त विनीत स्वर में कहा– "हमने तो महाराज की इच्छा को शिरोधार्य किया है| स्वयं महाराज दशानन राजराजेश्वर चक्रवर्ती रावण महान ने हमें.......|"

प्रहस्त ने बीच में ही कहा– "तुमको अपने गुप्तचर की भांति भेजा था– यही न?"

"जी हाँ|" शुक ने कहा– "हमें अपने राजा से वास्ता है| हमारे तन, हमारे प्राण, हमारे राज राजेश्वर के लिए हैं|"

"रामचन्द्र से भी मिले थे?" महापार्श्व ने पूछा|

"दूर से दर्शन किये थे|" सारण ने कहा|

"दर्शन किये थे?" महापार्श्व ने व्यंग्यपूर्वक कहा– "बड़े रमणीय– कमनीय थे वे दर्शन– क्यों?"

"जी!" शार्दुल बोला|

"विश्वासघाती !" सहसा रावण ने चीत्कार की– "दूर हो जाओ मेरे समक्ष से|इन तीनों को निकाल दो...... लंका की खाई में डाल दो|"

प्रहस्त ने कहा– "किन्तु प्रभो! ये तीनों राजराजेश्वर के विश्वस्त सेवक ही रहे हैं| इस समय भी वह सिद्ध गुप्तचर की भांति हमें महत्वपूर्ण सूचना मात्र कर रहे हैं| राजतिलक का नाट्य तो उस रामचन्द्र ने किया है– इन्होंने नहीं|"

रावण थमा; बोला– "अच्छा– ठीक है| किन्तु इन तीनों को लंकागढ़ के बाहर कर दो| हम नहीं चाहते– ये हमें दिखें| राजतिलक....... हमारा राज्य विभीषण को प्रदान करने का उस क्षत्रिय आर्य का क्या सत्व है? क्या अधिकार है? लंका का राज्य हमारा था, है और रहेगा| हम कहते हैं| सुना?"

"काल सुन रहा है इन्द्रजीत|" मेघनाद ने कहा– "लंका का राज्य आपश्री ने अपने बाहुबल और बुद्धिबल से प्राप्त किया है| स्वर्ग से भी बढ़कर है– यह लंका का राक्षस– राज्य| विश्वभर की सुन्दरियाँ, गन्धर्वियाँ, किन्नरियाँ तथा वीरों से भरी यह लंका नगरी सप्तलोक और चौदह भुवनों में विख्यात है| लंका का सिंहासन

विश्वराज्य का सिंहासन है| विभीषण को लंका का राजा, हम सब जीवित हैं, तब तक कौन मानेगा?"

माल्यवान ने कहा– "निस्संदेह यह घटना विधाता का इंगित है, महाशय रावण! अभी भी समय है| सीताजी को सादर श्री राम को वापस कर दीजिये| हाँ राजेश्वर! मुझ वयोवृद्ध राक्षस को सुनो– हम पर दया करो, दशानन !"

"निकल जाओ, आप– तुम, माल्यवान!" रावण गर्जा– "तुम्हारी यह बकवास पुरानी और प्रभावहीन हो गयी है| सीता हमारी है– हम उसको ले आये हैं| सीता को यम भी हमसे नहीं छीन सकता| सीता को लेकर हम विधाता का लेख बदल देंगे|"

माल्यवान– "रावण यह तुम नहीं, काल ही बोल रहा है|"

रावण – "तो हम महाकाल हैं, माल्यवान! धूर्जटी शिव ने हमें अपराजय बना दिया है| हमें जल– थल– नभ में कोई मार नहीं सकता, मानव मार सकता है-तो वह मारकर देख ले| हमने अपने शरीर को अमृत संजीवनी से सींच रखा है| हम सिद्ध हैं– रिद्ध हैं, सुना ?"

माल्यवान– "तो अब बुद्ध भी बनिये, राजेश्वर ! पर– स्त्री को देखना भी घोर पाप है|"

रावण– "राक्षस– राजराजेश्वर के लिए जननी और भगिनी को त्यागकर स्त्री मात्र भोग्या– गृहणीय है| हम सीता के साथ विवाह करेंगे| हमने दो माह की अवधि दे दी है|"

माल्यवान– "यह तथाकथित अवधि कुछ ही दिनों में समाप्त हो जायगी| सीता– पति विश्वविख्यात तपस्वी महामानव रामचन्द्र लंका के तट पर अपना रामबाण तानकर आ खड़े हुए हैं| दशानन! अब भी चेत जाओ– मैं तो यह चला| मैं प्रभु के आदेश की प्रतीक्षा करता हुआ पर्वत– कन्दरा में पृथ्वी के सौभाग्य तथा प्राणीमात्र के अभय तथा मानव मात्र के योगक्षेम के लिए प्रार्थना करूँगा|"

"मेरी ओर से यह प्रार्थना करते हुए आप चल बसे तो भला होगा| राज्य, स्त्री, पृथ्वी और वैभव शक्ति से ही मिलता तथा शक्ति से ही बसाये– बनाये रखा जा सकता है| हमें ईश्वर नहीं, ऐश्वर्य चाहिये| ईश्वर? कहाँ है? कौन है यह आपका ईश्वर? हम हैं, हम राजराजेश्वर दशानन– जाओ |"

माल्यवान ने नमन कर प्रस्थानोद्यत कहा– "निष्कुम्भा देवी आपकी रक्षा करे, दशानन!"

✦✦✦

सुग्रीव ने सहसा गगन में देखते हुए कहा– "राम! राघव! वह – वह देखिये|"

श्री राम ने लंकागढ़ की एक उत्तुंग प्राचीर पर स्थित प्रकोष्ठ की ओर देखा– "कोई है– निरिक्षण कर रहा है कदाचित्|"

सुग्रीव ने अपनी पुष्ट भुरभुरी भारी भवों पर हथेली से वितान सा तानकर देखा– और देखा और सहसा बोले– "यह तो रावण दिखता है– रावण ही तो........|"

श्री राम ने देखा– सुग्रीव ऐंठकर, इतरा कर मानो उमड़– घुमड़ कर धरती से उछले– उझलकर उछले और लंकागढ़ के उस प्रकोष्ठ की ओर मानो उड़े– हड़बड़ा कर उड़े| श्री राम ने पुकारकर कहा– "सुग्रीव– सुग्रीव! यह क्या.......?"

लक्ष्मण ने धनुष पर बाण चढ़ाया और गर्जना की– "वापस जाओ, सुग्रीव महाराज अन्यथा ......"

"लक्ष्मण!" श्री राम ने कहा– "यह वानर स्वभाव की क्रिया है| महाराज सुग्रीव स्वयं ही नीचे मानो गिर पड़ेंगे|"

महाराज सुग्रीव प्रकोष्ठ तक उड़कर मानो थम गये– स्तम्भित से हो गये| देखा– रावण था, वानर सैन्य तथा उनको दूरदर्शन यन्त्र से देख रहा था| सुग्रीव ने न आव देखा न ताव, मुष्टिका का प्रहार करते हुए कहा– "मैं सुग्रीव – महाराज सुग्रीव|"

रावण चौंधिया गया, बोला – "कौन ? कौन है ? पकड़ो– मारो|"

प्रहस्त ने खड्ग निकाल कर गगन में पैरते हुए कहा– "कौन है? अरे...... यह तो – यह तो वानर है|"

सुग्रीव ने नीचे उतरते हुए कहा– "हम वानरों के अधीश महाराज सुग्रीव हैं| हमारे सामन्त, सेनापति, रथी, अतिरथी इसे गढ़ सहित अपनी हथेलियों पर उठा लेंगे, सुना?"

रावण गर्जा– "पकड़ो– पकड़ो इस महाराज सुग्रीव को|"

सुग्रीव– "थामो– थामो इस अधम राक्षस रावण को|"

श्री राम ने पुनः पुकारा– "सुग्रीव! लौटो ..... उतर आओ।"

सुग्रीव हड़बड़ा कर लौटने लगे तभी श्री राम ने मुस्कुराकर अपने धनुष पर बाण चढ़ा कर ऊपर रावण के दशशीश मुकुट की ओर संधान कर छोड़ा। तीव्र वायुवेग से सरसराता तथा सन्नाट करते हुए रावण के विशाल मुकुट से जा भिदा। वह राजराजेश्वर– मुकुट अरभरा कर रावण की ही गोद में गिरकर सरकता हुआ रावण के पैरों में आ गिरा। इन्द्रजीत ने झपट कर मुकुट को बटोरते हुए गर्जना की– "महादेवी यह क्या अपशकुन है?"

रावण ने सहसा स्वस्थ होते हुए कहा– "असावधानी– हम अब तक असावधान और प्रमाद में डूबे हुए थे। मदिरा और उधर– रस। हम समझते थे, शत्रु पिद्दी है, मरकट है, वानर है, एक निरीह मानवी है। किन्तु नहीं, इस विडम्बनापूर्ण घटना से पता चला है मेघनाद! शत्रु साहसी– दुस्साहसी! उसके बाण में सामर्थ्य है। हमारा विशाल शोभनीय मुकुट फिर हमारे ही चरणों में गोद से गिरकर आ टिका और तुमने उसे बटोर लिया। अब यह राजमुकुट तुम्हारा है– तुम्हारा।"

मेघनाद ने कहा "जब तक राजराजेश्वर आप हैं, तब तक यह विशाल राजमुकुट आपके ही शीर्ष पर शोभायमान रहेगा। मैं? मैं तो एक महारथी वीर राक्षस – राजपुत्र हूँ। सिद्ध हूँ। महादेवी कालिका की दया है मुझपर– कृपा। मुझे तो राजा नहीं, शत्रु चाहिये। शत्रु जो स्वयं को अजेय कहता और समझता हो। मुझे रणभूमि चाहिये। दिग्दिशाओं को क्षुभित करने वाले अस्त्र– शस्त्र चाहियें। रथ चाहिये विशाल दिव्यातिदिव्य अस्त्रों तथा चण्ड-प्रचण्ड शस्त्रों से भरपूर रथ चाहिये– अभेद्य। पिताश्री! यही आशीर्वाद मुझे दीजिये।"

रावण ने सगर्व कहा– "तथास्तु! पुत्र मेरे! मेरे गर्व, मेरी गरिमा, मेरा सर्वस्व, मेघनाद! आज तुम्हारा प्रथम प्रदर्शन सार्थक हुआ। तुम्हारी गर्जना ही प्रलय के मेघों की गर्जना है– है। तुम्हारी जय हो– वत्स मेरे !"

"जय राक्षसराज की, पिताश्री !" मेघनाद ने कहा– "मैं कहता न था, शत्रु की छाया से भी सावधान रहना चाहिये । इस मरकट की यह हिम्मत ! उछलकर लंका की प्राचीर पर कूद आये और.... आपका अपमान कर लौट जाये। इस अपमान का प्रतिशोध लेना ही होगा। उस रामचन्द्र का यह साहस कि राक्षस साम्राज्य के विशाल मुकुट को भूलुन्ठित करे। इस दुस्साहस के लिए एक दिन रामचन्द्र को रणभूमि में धराशायी होकर हमारी गदा से चूर होना होगा। हम राम

लक्ष्मण को ही शत्रु मानते हैं| ये मरकट वानर तो दया के पात्र हैं| उनसे युद्ध करना हम अपना गर्व नहीं मानते| शाखामृगों से कौन लड़े? पक्षी और कौन?"

रावण– "इन्द्रजीत से इन्द्र लड़कर हार गया और यह वार्ता अब पुराण– वार्ता बन गयी है|"

"और इस युद्ध में आप एक महापुराण ही बन जायेंगे, पिताश्री|" मेघनाद ने प्रणामपूर्वक कहा– "आप इतिहास– पुरुष हैं, प्रभो पिताश्री! मेरे! मेरे स्वामिन्!"

"सत्युत्!" रावण ने कहा– "हम क्या नहीं हैं ? इतिहास– पुरुष हैं, युग पुरुष हैं| आसमुद्रात राक्षस साम्राज्य के स्वप्न–द्रष्टा विधाता हैं| वैभव तथा ऐश्वर्य की संस्कृति के हम उन्नायक हैं– हम मृत्युंजयी महत्वाकांक्षा के महापुरुष हैं– साक्षात् पुरुष हैं, पुत्र मेरे! और तुम हमारे किर्तिकेय| हम राक्षसों ने शताब्दियों तक वेद– वांग्मय के अनुशीलन में जीवन व्यतीत किया है– मिला क्या? पर्ण कुटिया, कन्दमूल फल तथा वल्कल वसन| अरण्य महिलाएं तो अनाकर्षण तथा शीतल स्वभाव की ऋषि– मुनियों तथा अपने नरों की सेविकाएं हैं| वह रमणियाँ नहीं हैं और न ही सुन्दरियाँ हैं| नारी– देह का एक मूक, भीत और चकित स्वरूप हैं– विजड़ित| राक्षस नारियाँ श्रृंगार, मदिरा तथा सम्मोहन की ज्योतियाँ हैं|"

भासकर्ण ने पूछा– "मानवी नारी, प्रभो?"

रावण ने भासकर्ण को घूरते हुए कहा– "न जाने क्या है– भासकर्ण! हम नहीं जानते| मानवी नारी तो केवल एकमात्र यह सीता है– सभी सिद्धियों और रिद्धियों की अधिष्ठात्री, सृष्टि के मोह के अमोघ सम्मोहन के उदात्त रूप– सी, मायाविनी, छलनी, बिम्बोकों से भरी हुई यह तन्वंगी मनोहर अद्वितीय– अनन्य| आह! हमारा रोम– रोम सिहर उठा है| हम सीता का भोग कर चौदह भुवनों के भोग भोग लेंगे– त्रिकाल के अक्षय सुखों को पा लेंगे| रस के निधियों का पान कर लेंगे– हम परम तुष्ट हो जायेंगे| इस परम् तपस्वी निरीह क्षत्रिय राजकुमार को सीता जैसी श्रीनिधि को प्राप्त करने का क्या अधिकार था भला? शिव– धनुष तोड़ा– यही न ? शिव– धनुष हम तोड़ न सके , तो क्या हुआ? हमने इन्द्र का वज्र चूर– चूर कर दिया था| उस दिन भी यह सीता व्यंग्य से हँसी थी| तो क्या उसका राम ही नर है, हम नहीं हैं?"

भासकर्ण ने कहा– "श्रीमानेश्वर तो नरपुंगव हैं– नरसिंह हैं| नर हैं और साथ ही नारायण भी हैं– नर– नारायण|"

रावण ने सब सामन्तों को घूरते हुए पूछा– "तो तुम सब मानते हो, हम नर–नारायण हैं?"

"ईश्वर, प्रभो!" प्रहस्त ने कहा – "ईश्वर वह जो काल को भगा दे, यम को हरा दे, विधि को झुका दे| आप श्रीमान ने तो शिव– शिवा सहित कैलाश को डगमगा दिया है | ईश्वर ही यह कर सकता है|"

रावण ने परम् प्रसन्नतापूर्वक कहा– "तब हमें इस वानर सैन्य से क्या भय है? इस रामचन्द्र से क्या हानि हो सकती है? हम पराजेय हैं| हम.... हम अमृत से सिंचित देवी सम्पदाओं के स्वामी राजाधिराज महाराज चक्रवर्ती पृथ्वीपति दशानन रावण हैं| हम युद्ध की घोषणा करते हैं– राम से रावण का युद्ध– अयोध्या और लंका का युद्ध| युद्ध– सावधान! रामचन्द्र! लक्ष्मण! छोकरे तूने परशुराम को छेड़ा, किन्तु हमें तुम दूर से भी छेड़ नहीं सकते| हमारे दिग्विजयी रथ में हम सुरक्षित हैं, सदैव सुरक्षित हैं| रामबाण हमारे रथ से टकराकर बूंठे हो जायंगे| हनुमान हमारे रथ से टकराकर सातवें पाताल में गिर जायगा और वह मरकट सुग्रीव! हमारे रथ के पहियों द्वारा धूल में ही डट मरेगा– अवश्य| जय महाकाल! जय महाकाली, कराली! जय घोरे!"

22

"**रा**म!" – राम – नाम का अजापा जाप करती हुई सीताजी ने अशोक वृक्ष की सघन घटा को सहज ही निहारा और मन ही मन चिहुँकी– "हनुमान! वत्स हनुमन्ते!" सीताजी के चिदाकाश को मथती हुई यह ध्वनि मानो यह ध्वनि हनुमान के मन के शून्य में गूँज उठी| हनुमान सिहर उठे; बोले– "प्रभो! राम! माँ याद कर रही हैं– भगवती माँ|"

श्री राम ने हनुमान को निहारते हुए कहा– "किसको याद कर रहीं हैं सीता– तुम्हें या मुझे?"

"आपको– मैं तो बीच में हूँ– ठोकर की भांति, हाँ, प्रभो! भगवती सीता माँ अहर्निशि आपको ही देख रही हैं– ताक रही हैं, प्रभो! अवधि समाप्त प्रायः है| अब तो आक्रमण कीजिये| इसीलिए जैसे भगवती माँ मुझे पुकार रही हैं कि मैं आपको उनकी ओर से और समस्त देवताओं की ओर से निवेदन करूँ| रावण– इस घोर पापी का अविलम्ब संहार कीजिये भगवन्, प्रभो!"

श्री राम ने जलद गम्भीर स्वर में कहा– "मैं किसी का संहार– नाश करना नहीं चाहता| चाहूँ, तब भी ऐसा कर नहीं सकता| यह सृष्टि नित नवीन भवों की घटमाला है| इस अद्वितीय अनन्य सुखपूर्ण मंगलमय सृष्टि में किसी का भी नाश नहीं होता– पुनर्जीवन हनुमान! हम सब प्राणी महाकाल का शाश्वत जीवन– संजीवन है, अमृत की लहरें हैं| रावण अपने कर्मों का फल भोगेगा, किन्तु वह भी शाश्वत सच्चिदानन्दघन शाश्वत जीव है! नर्क जायगा या स्वर्ग| आक्रमण! हाँ, ठीक ही तो, किन्तु हमने विभीषण जी को लंका और लंका की जनता के अभय तथा योगक्षेम का वचन दिया है| इसीलिए हम अपनी रक्षा करेंगे| और रणभूमि में ही संहार करेंगे| रणभूमि में हम रावण को मारेंगे और...... और जगद्कल्याण का अपना अटल कर्त्तव्य पूरा करेंगे| रावण हमारा शत्रु नहीं है, मित्र भी नहीं है– वह मेरी भांति महाकाल के अपरम्पार में एक जीवन– तरंग है| उसको ही आक्रमण करना होगा| हमारा एक भी बाण लंका की ओर नहीं जायगा, हनुमान!"

"किन्तु भगवती सीता मैया!" हनुमान ने कहा– "रावण उनको मार डालेगा| अवधि पूरी होने में ही है– दो मास प्रभो!"

"रावण सीता को मार डालेगा?" लक्ष्मण ने कहा– ""हनुमान! भगवती भाभी शक्ति का स्वरुप हैं| ऐं हैं, हीं हैं , क्लीं हैं| रावण स्वयं काल के जबाड़ों में गुथ गया है| किन्तु मैं मानता हूँ लंका पर आक्रमण का समय प्रारम्भ हो गया है|"

श्री राम ने कहा– "महाराज सुग्रीव! सैन्य के दलों को सावधान कर दो– सन्नद्ध| हम आक्रमण के लिए कभी भी कह सकते हैं| आक्रमण! युद्ध–संहार– नाश-जीवन के ये रक्त रंजित दौर! हमें रुचते ही नहीं| हम शान्ति, अभय, सुख तथा मंगल ही चाहते हैं– जगत का, प्राणीमात्र का| हाँ|"

महाराज सुग्रीव ने कहा– "जी! राघव!"

श्री राम ने महाराज सुग्रीव का शान्त– मौन मुख– मण्डल घूरते हुए कहा– "हाँ, हम युद्ध नहीं चाहते| राज्य के लिए हमने कभी युद्ध नहीं चाहा– नहीं चाहेंगे| किन्तु समाज और उसके गृहस्थ की मर्यादा की रक्षा के लिए हमें युद्ध करना भी पड़ा तो हम करेंगे| आर्य क्षत्रिय राजपुत्र वेद, वेदान्त तथा वैदिक वर्णाश्रम धर्म के समाज की रक्षा, अभ्युदय एवं निःश्रेय के लिए ही है– आर्य का राज्य तथा समाज वेद, वेदान्त तथा वैदिक वर्णाश्रम धर्म का उत्कर्ष ही है.....।"

लक्ष्मण चिहुँके– "राम– राज्य!"

हनुमान ने किलकारी की– "अवश्य राम– राज्य| श्री राम का राज्य| वेद का, वेदान्त का, वैदिक वर्णाश्रम धर्म का आसमुद्रात राज्य| प्रभो! भगवती मैया सीताजी की मूक पुकार सुन लीजिये| आज्ञा दीजिये– हम आक्रमण करें| मैं स्वयं अशोक वाटिका जाकर भगवती मैया सीताजी को वापस ले आऊँगा| आशीर्वाद दीजिये – मेरा मार्ग आपकी कृपा के प्रताप से निर्विघ्न हो|"

"नहीं, हनुमन्ते!" श्री राम ने कहा– "दशानन के वध के बाद जब रणभूमि मौन हो जायगी, सीता को लाने के लिए हम व्यवस्था प्रदान करेंगे| सीता को विजित किया जायगा, हनुमान! सीता हमारी प्राण प्रिय जीवन संगिनी है! उसका अपहरण रावण कर सका, तो हम रावण को मार कर प्रायश्चित करना चाहते हैं| युद्ध तो हम महाशय विभीषण के राज्य के लिए जीतना चाहते हैं– रावण को परास्त और पराभूत कर| तब महाराज सुग्रीव! महासेनापति! अपने विवेक से आक्रमण निश्चय कर युद्ध के लिए आज्ञा दो|"

सुग्रीव– "हम आपके महासेनापति हैं– युद्ध की आज्ञा तो, राघव! राम ही को प्रदान करनी है| अभय, प्रभो!"

श्री राम ने मुस्कुराकर कहा– "तथास्तु ! रावण और उसके घोर सैन्य से युद्ध कर सीता की मुक्ति के लिए अन्तिम प्रयास करने के लिए हमारी आज्ञा है| किन्तु लंकावासियों की सम्पति तथा प्राणों को तनिक भी हानि नहीं होगी| अब लंका कभी नहीं जलेगा, हनुमान! सुना?"

"सुना प्रभो!" हनुमान ने कहा– "लंका तथा राक्षस राज्य की प्रजा अक्षुण्ण रहेगी| आप प्रभु का अभय जो मिला है|"

"हम शान्ति और सीता की मुक्ति चाहते हैं, हनुमान मेरे!" श्री राम ने कहा|

हनुमान ने कहा– "जैसी– जैसी श्री राम की इच्छा|"

सुग्रीव ने अपने सेनापतियों को घूरते हुए कहा– "राघव राम, हमारे प्रभु को आप लोगों ने सुन लिया है| राघव राम की इच्छा अब हमारी इच्छा है| राघव राम की आज्ञा शिरोधार्य है हमारे लिए| सुना? युद्ध!!"

श्री राम– "शान्ति .....| परमात्मा ! पृथ्वी पर शान्ति|"

"शान्ति!" भगवती सीता के गहन मन में ध्वनि उठी– "पृथ्वी पर अभय, शान्ति|" सीताजी ने अशोक वाटिका की वृक्ष– राजि को देखा; हरी? घनी घटाओं पर आकाश की नीलिमा झुक– झूम रही थी| प्रभाकर दिवाकर होकर जगमगा रहा था| सीताजी ने अपने विशाल नयन स्वतःही ध्यानस्थ किये: "राम! मेरे राम! अन्तर्यामी मेरे! तुम्हारे सिवाय मेरा और कौन है? माता– पिता, भाई– बन्धु– बाँधव आदि सभी हैं– ठीक है ; किन्तु मेरी इस घोर दुःख की घड़ी में तो तुम ही आये हो– तुम ही ने मेरी सुधि ली है| यह रावण मुझे मार डालता– टुकड़े कर डालता, किन्तु हनुमान द्वारा भेजे गये मेरे संवाद को सुनते ही, तुम राम! मेरे परित्राण के लिए चल दिए| हाँ, राम! मैं– मैं तुम्हारी अनुचरी हूँ, दासी| मैं अनाथ हूँ– राघव राम! मुझसे अब यह पीड़ा सही नहीं जाती| यह मनोहर अशोक वाटिका जीवन के तिमिर से पूर्ण एक मौन कारागार हो गयी है| यह तन अब असह्य हो रहा है– यह मन टूटने में है| मैं जीवन के अनादि गहन तिमिर से, उसके विषाद से, विष से भर गयी हूँ, राम! तेरी शरण में हूँ| मैं पतित हो गयी हूँ| क्या करती? यह दुष्ट मुझे माया से छलकर उठा लाया| मैंने छूटने का प्राणपण से प्रयास किया– हाँ, राम! पिताश्री जटायू की बलि साक्षी है, किन्तु अनायास परपुरुष के स्पर्श मात्र से मैं अपावन – सी हो गयी हूँ| यह तो तुम्हारा नाम मुझे पवित्र बनाये हुए है| मैं अन्तरात्मा में स्वाहा हो चुकी हूँ– मैं राम मेरे! तुम्हारे अजापा जाप यज्ञ में

अब हव्य मात्र रह गयी हूँ| मेरा उद्धार करो राम! मेरा उद्धार करोगे तो जगत में अवश्य ही "पतित– पावन" माने जाओगे| राम! मेरी यह भव बाधा मिटा दो|" श्री सीताजी के अन्तःकरण की यह गुहार मानो गगन– मण्डल को हहरा गई और व्योमों को मथित करती हुई अनाहत आकाश में विरम गई| "राम!" ध्वनि सीताजी की करुणा पुकार बनकर अनहदनाद में लीन हो गयी और पुनः– पुनः जगत के घट– घट में व्याप हो गई– सृष्टि के अणु – अणु को रिमझिमा गई| "राम! मेरे प्राणेश्वर! मेरे नाथ! मेरे वल्लभ ! स्वामिन्!"– सीता मन ही मन पुकार उठीं– "जन्म– जन्म में मैं तुमको ही खोजती रही हूँ, तुमको रिझाने के लिए ही यह भव– भव बिताती रही हूँ| राम! मैं तुम्हारे नाम के साथ-साथ जन्मती और मरती रही हूँ| तुम राम अगाध हो– अगम्य हो| मेरे..... मेरे प्राणों में रमे हुए हो! तुम राम मेरे हृदय में विराजमान हो| आज मैं आततायी राक्षस के चंगुल में फँस गई हूँ| उसने मुझे अपावन किया है, किन्तु मैं आत्मा की दिव्य वह्नि ज्वाला में तपती हुई तुमको ही पुकारती रहती हूँ| तुम ही मुझे मेरे प्राणों में, मन में, बुद्धि और चित्त में भरे हुए मिलते हो| तुम हो तो मैं हूँ| तुम्हारे बिना, तुमसे त्यक्त, तुमसे तिरस्कृत होकर मैं जीना ही नहीं चाहती| नहीं, राम! मुझे, मुझे तुम्हारे आत्मसात् के लिए ही जीना है| मेरा उद्धार करो, राम!"

राम को लगा– गगन से छनकर, व्योमों को भेद कर कोई पुकार उनकी अन्तरात्मा के अगाध चिदाकाश में ध्वनित हो रही है| "कौन? कौन मुझे पुकार रहा है, लक्ष्मण! कौन? सीता क्या! हाँ, सीता ही तो। हनुमान! सीता मुझे पुकार रही है|"

लक्ष्मण ने कहा– "धैर्य प्रभो! आक्रमण– युद्ध के लिए आपने कह दिया है| किन्तु प्रभो!"

"किन्तु क्या भाई मेरे?" श्री राम ने पूछा|

"युद्ध का संकल्प...... प्रत्यंचा पर रामबाण|" लक्ष्मण ने कहा|

श्री राम उठ खड़े हुए और धनुष पर बाण चढ़ाकर बोले– "सीता की मुक्ति के लिए तब युद्ध आरम्भ हो| हे शिव! जगत की रक्षा करो– सृष्टि का मंगल साधो| दुष्ट और अत्याचारी दशानन को अब– अब समाप्त करो| मुक्त करो यावत् जीवन को भय से तथा शाश्वत मंगल के लिए विश्वस्त करो| ॐ नमः शिवाय|"

रामबाण गर्जन करता हुआ छूटा| वानर सेना ने लंकागढ़ के सभी द्वारों पर प्रथम प्रहार किया||

इन्द्रजीत ने गगन भेदी स्वर में घोषणा की–''युद्ध! आक्रमण! वानर-सैनिकों प्रथम प्रहार ही मैं नष्ट कर दो, राक्षस वीरों!''

लंका के सभी द्वार मानो इन्द्रजाल से खुल गये और चीत्कार करते हुए अनगिनत राक्षस सैनिक प्रहार करते हुए वानरों पर टूट पड़े| घमासान मचने लगा और राक्षस रथी अपने – अपने रथों को शीघ्र गति से रणभूमि की ओर ले चले, जाने लगे|

रामबाण युद्ध के पूर्व वानरों और राक्षसों का युद्ध आरम्भ हो गया| चीत्कार– किलकारियाँ परस्पर वज्रतुल्य प्रहार| पाषाणों से, वृक्षों से प्रहार– आक्रमण– प्रत्याक्रमण| घात– संघात, प्रहार ..... वानर सेनापतियों ने अपने– अपने यूथों को राक्षसों पर टूट पड़ने के लिए प्रोत्साहित करना आरम्भ किया– "जय राम!" की किलकारियों से रणभूमि मानो ध्रूज उठी|

✦✦✦

त्रिजटा ने प्रसन्नवदन से म्लानमुख सीताजी से कहा– "अरे, किस विषाद में डूबी है तू पुत्री ? वानर सेना ने राक्षसों पर प्रत्याक्रमण आरम्भ कर दिया है| श्री राम ने युद्ध की घोषणा कर दी है| अब निश्चिन्त हो जा वत्सले! तेरी मुक्ति अशोक वाटिका के द्वार तक आ पहुँची है| राम– श्री राम! तुम्हारी जय हो| इस दशानन से तो समस्त राक्षस जाति, कुल, वंश और राज्य अपयश का भागी बन गया| महर्षि पुलस्त्य के ब्राह्मण उत्तराधिकारी सचमुच दैत्य बन गये– दैत्य| इस रावण का नाश अवश्यंभावी है, पुत्री! हाँ, मुझे स्वप्न आया था– स्वप्न| मुझे ब्राह्म मुहूर्त में जो स्वप्न आते हैं, सच निकलते हैं| यह मझे महर्षि पुलस्त्य का आशीर्वाद है| रावण गया ही समझो|"

सीताजी के सरोज नयन स्वच्छ आँसुओं से डबडबा गये| निरीह दृष्टि से त्रिजटा के भरे भारी बंकट मुख को घूरते हुए सीताजी ने सहज शान्त स्वर में पूछा– "कैसे? सपना? क्या?"

त्रिजटा ने आशा से भरे उत्साहपूर्वक कहा– "मैंने देखा– तू विशाल यान में श्री रामजी के पास घुटने से घुटना मिलाए बैठी है– कमल– माला से सुशोभित है और श्री राम त्रैलोक्य को प्रसन्नवदन में मुस्कुराते हुए देख रहे हैं| यान अयोध्या

की ओर जा रहा है– हाँ, यह तो भूल ही गयी| इसके पूर्व सपने में मैंने रावण को तेल में डूबा गधे पर सवार दक्षिण दिशा की ओर जाते देखा था– रणभूमि में उसको क्षत– विक्षत धराशायी भी देखा– मैं कहती हूँ यह दुष्ट अधर्मी महापापी दशानन मर कर रहेगा| इस अत्याचारी ने मुझे तथा मेरे कुल को भी नहीं छोड़ा| मेरी प्रत्येक पुत्रवधू को छेड़ा और बलात् कलंकित किया | तब भी मैंने राम की पुकार की थी| लंकिनी ने मुझे श्री राम का परिचय दिया था|"

"लंकिनी?" सीताजी ने पूछ लिया|

"हाँ , लंकिनी!" त्रिजटा ने कहा-"लंकिनी के पितृ पुराकाल में ब्राह्मण थे| दण्डकारण्य में तपस्या करते थे| रावण ने उनको पकड़ लिया और शूर्पणखा की सेना में भर्ती कर लिया| राक्षस सैनिकों की सेवा करते हुए वह मर–मिटे| इस कुटिल कलमुँहे राक्षस का तो सत्यानाश ही होगा|"

सीता ने कहा– "मैं किसी का भी सत्यानाश नहीं चाहती| मैं तो प्राणीमात्र का सुख सन्तोष चाहती हूँ| श्री राम से यही प्रार्थना करती हूँ कि वह ईश्वर से कहें प्राणीमात्र का योगक्षेम साधें– हाँ, राम ही ईश्वर से कह सकते हैं|"

"क्यों री!" त्रिजटा ने पूछा|

"मुझे रह– रह कर लगता है; राम स्वयं ईश्वर के मनुजावतार हैं|" सीताजी ने कहा|

"तब तू पुत्री! तू उनकी समस्त शक्ति, शान्ति और धैर्य है– उनकी आत्मज्योति है|" त्रिजटा उत्साहपूर्वक बोली|

"मैं निरीह अबला मात्र हूँ|" सीताजी ने कहा और रो पड़ी|

"नहीं|" त्रिजटा ने झपट कर उठते हुए कहा– "नारी अबला? नहीं हम सृष्टि की जननी हैं– शिव की शक्ति हैं और तू पुत्री! राघव राम की आशा– अभिलाषा है, तू उनका सर्वस्व है|"

"तभी तो......." सीताजी कहते – कहते रूक गयी|

"क्या तभी तो?" त्रिजटा ने पूछा– "तुम्हारी सुधि आज दिन तक नहीं ली, यही क्या? किन्तु यह दशानन तुमको अज्ञात मार्ग से ही लंका ले आया था| मुझे लंकिनी ने बताया था कि तुमको खोजने में कोटि वानर पृथ्वी की चारों दिशाओं में गये थे, परन्तु तुम्हारी खोज न मिली| यह तो राघव राम के दूत भक्त यह

हनुमान जो है| बाप रे! हनुमान को देखते ही मेरे छक्के छूट जाते हैं| हनुमान| हूँ...... हनुमान ने तुमको खोज निकाला– सम्पाति के कहने से , सुना?" सम्पाति पक्षीराज ने तुमको यहाँ बैठे देख लिया – "गरूड़ दृष्टि से देख लिया, हाँ| तुम्हारा पता मिलते ही रामजी वानर सैन्य के साथ लंका की ओर चल दिये थे........."

"मैं उनको दोष नहीं दे रही हूँ|" सीताजी ने कहा– "दोष मेरा ही था– मेरा| मैं ही स्वर्णमृग के मोह में अन्धी हो गयी थी| मैंने ही लक्ष्मण को कोसा था– न कहने योग्य कहा था| मैं ...... मैं ही दोषी हूं, मातु ...... मैं ही| मैं, मैं .... शरीर त्याग दूँगी|"

"अच्छा?" त्रिजटा बमकी– "तो फिर अपने राम से कैसे मिलेगी?"

सीता ने स्वयं से ही कहा जैसे– "राम! तब....... तब कैसे मिलूँगी तुमसे? ..... कैसे? मैं, मैं तो तुममें समा जाना चाहती हूँ| या तो तुममें, या इस पृथ्वी में| मैं, मैं अपवित्र अपावन हो गयी हूँ| रावण का बलात् स्पर्श हुआ ही | और यह उसके घर में जो बन्दिनी हूँ| परन्तु मैं क्या करती? तुमने मुझे मरने भी नहीं दिया|"

त्रिजटा– "मरने से राम नहीं मिलते, पुत्री! जीने से ही राम मिलते हैं| तुमको श्री राम का आलिंगन चाहिये– मुझे श्री राम के चरण चाहिये| यह राक्षस– भव में आर्य बनकर धन्य करना चाहती हूँ| सभी भवों में, जीवों के अन्तःकरण में राम – दर्शन की अटूट आकांक्षा रहती है| कभी– कभी मैं आर्य– देवता को देखती हूँ| ब्रह्मा को– चार मुख वाले पितामह को देखती हूँ और तब कहती हूँ– पूछती हूँ– राम मिलेंगे ? ब्रह्मा अपने चारों मुख हिलाकर मानो कहते हैं– हाँ मिलेंगे|"

सीताजी ने त्रिजटा को तनिक आश्चर्यपूर्वक देखते हुए कहा– "आप पर ईश्वर की कृपा है, माते! यह तो मैं ही अभागिन हूँ कि राम जैसे नाथ, स्वामी , भर्ता तथा पति मिला और यह दुष्ट रावण मुझे हर सका| निस्संदेह यह मेरे पूर्वजन्मों के पापों का ही फल है , जिसे मैं भोग रही हूँ|"

"नहीं, पुत्री!" त्रिजटा ने कहा– "यह विधि का विधान है| तुम जैसे पवित्र महानदियों से भी अधिक पुनीत पृथ्वी– पुत्री को पाप छू तक नहीं सकता| राक्षस जाति के उद्धार तथा अभ्युदय के लिए दशानन का मरना अनिवार्य है| श्री राम को वनवास मिलना और तुम्हारा अपहरण यह सब घटनाक्रम विधि का विधान है– यह मैं कह सकती हूँ| मेरे अन्तःकरण में जैसे मुझे कोई भविष्य का संकेत कर जाता है| जिस दिन तुमको इस वाटिका में बन्दिनी बनाया गया, उसी दिन

मुझे मेरे अन्तःकरण ने कहा– "अब रावण का समय समाप्त हो रहा है| वह सदैव के लिए काल के गर्त में समा जायगा और सभ्य तथा सुसंस्कृत राक्षस का राज्य पुनः उदित होगा| भविष्य और भाग्य जगत्कल्याण तथा प्राणियों के अभ्युदय को लेकर ही विधाता देखती रहती है|"

"विधि? विधाता?" सीताजी ने कहा– "मेरे राम! तुम्हीं जानो| हे प्रभो! अब तो यह जीना दूभर, असह्य हो गया है, राम! कब, कब मुझे इस कारागार से मुक्त कराओगे?"

"शीघ्र ही, पुत्री!" त्रिजटा ने कहा– "कौन है?"

वायु के झोंकों में जैसे मानो प्रतिध्वनि हुई– "राम !"

✦✦✦

"राम !" राम मानो रोम– रोम में जागृत हो गये; कौन? सीता! श्री राम ने सन्नद्ध खड़े लक्ष्मण को निहारते हुए कहा – "सीता– सीता मुझे पुकार रही है, किन्तु उसके पास जाऊँ कैसे? नगर, पुर और ग्राम में मैं जाता नहीं-जा नहीं सकता– वनवास की अटल मर्यादा जो है और फिर सीता राक्षसराज के बन्दीगृह में है| वाटिका हुई तो क्या हुआ? कितने द्वार टूटे?"

"प्रायः सभी द्वार टूट चुके हैं|" लक्ष्मण ने कहा– "घमासान युद्ध चल रहा है| उधर से प्रहस्त, महापार्श्व, विरूपाक्ष आदि महारथी हैं और इधर से सभी विश्वस्त हमारे रथी, अतिरथी तथा महारथी हैं| हनुमान लंका के प्रवेश द्वार पर अपनी वज्रतुल्य गदा के प्रहार कर रहे हैं| तुमुल कोलाहल मचा है और रणभूमि चीत्कारों से भर गयी है|"

"किसकी हानि अधिक है ?" श्री राम ने तनिक चिन्तित होते हुए पूछा – "वानर निहत्थे से हैं| पाषाण तथा वृक्ष बाणों तथा खड्गों के सामने कितना तुलेंगे|"

"वानरों के पाषाण तथा वृक्ष तीर तथा खड्ग के सामने अभी तो तुल रहे हैं| पाषाण को तीक्ष्णतर कर घात के साथ फेंका जा रहा है– पाषाण के तीर ही हैं| और वृक्षों को भी काष्ठ – खड्गों का रूप दिया जा रहा है| वानर इस शस्त्रों की कला में त्रैलोक्य में प्रसिद्ध हैं; भवान्! फिर ......"

"फिर क्या?" राम ने पूछा|

"आपका प्रताप|" लक्ष्मण ने कहा – "वह राक्षसों के पास नहीं है| आपकी शान्त , गहन रहस्य से भरी दृष्टि ही अस्त्र-शस्त्रों से कहीं अधिक क्षेमकारी और भेदक है| राम! आपकी प्रेममयी मुस्कान को देखते ही वानरों में ऐरावतों का बल भर जाता है|"

"महाराज सुग्रीव?" राम ने पूछा|

"अत्यन्त कुशलतापूर्वक सैन्य का संचालन कर रहे हैं|" लक्ष्मण ने कहा– "राक्षस– सेनापति प्रहस्त का रथ उन्होंने मुष्टिका से ही हचमचा दिया और गदा – प्रहारों से उसके टुकड़े कर दिये| प्रहस्त लहूलुहान होकर धराशायी हो गया|"

"शान्तम् पापम्|" श्री राम हँसे– "युद्ध शीघ्र ही समाप्त हो, लक्ष्मण! हम सीता को सत्वर ही अपने पास बुलाना चाहते हैं| हम उसके दर्शन करना चाहते हैं| सीते! प्रिये! धैर्य|"

श्रीराम चुप हो गए| कुछ दूर रणभूमि की उड़ती हुई धूल को देखते रहे| चीत्कारें सुनते रहे| इस तुमुल कोलाहल में सीता की पुकार राम मानो सुनते रहे और सहसा सहज होकर मन ही मन सीता को पुकारने लगे| "सीते! तुम शरीर ही नहीं, मेरी आत्मा हो, मेरे जीवन– मरण का अमोघ विश्वास हो| तुम मुझे मुझसे अधिक प्रिय हो| मैं जैसे तुम्हारे प्रेम के लिए ही जन्मा हूँ| यह भव– पीर तुम्हारे वियोग की पीड़ा है, सीते! लक्ष्मण!"

"जी|" लक्ष्मण ने कहा|

"तुम रेखा खींचकर आश्रम नहीं छोड़ते तो सीता का अपहरण हो ही नहीं सकता था|" राम ने कहा– "नारी कटु से कटु कह देती है| मधुर से मधुर भी बोलती है| माया, लक्ष्मण! निस्संदेह विधाता ने ही सीता की बुद्धि वाम कर दी थी– निस्संदेह|"

"भगवती भाभी क्या सामान्य मानवी नारी नहीं है?" लक्ष्मण ने पूछा– "नहीं है भगवन् ! वह गंगा है , यमुना है– शिवा हैं– जगदम्बा| उनका वह कटुवचन कालकूट की तीव्र अग्नि से भरा था – उसने मुझे भस्मसात कर दिया था, प्रभो!"

"नर हो न ?" राम ने कहा– "इसीलिए नारी के असाधारण, कटु और निन्दनीय वाक्य को सुन न सके, किन्तु नारी तो माया का स्वरुप है| राग– द्वेष, उचित– अनुचित, सच– झूठ, मिथ्या सब नारी मोह की सहज अभिव्यक्ति है, काम..... वह

कामेश्वरी भी है– हाँ, है तो| रावण के बन्दीगृह में राक्षसों से घिरी भयभीत सीता ही सच्ची सीता है, लक्ष्मण! मैं कह सकता हूँ, वह पश्चात्ताप से भरी हुई है| उसी कटु वाक्य का अभिशाप वह भोग रही है|"

"नहीं, प्रभो! राम! नहीं|" लक्ष्मण ने गिड़गिड़ाते हुए कहा– "भगवती भाभी मेरी जगदम्बा हैं, नहीं! उनको क्षमा कर दो, राम!"

श्री राम के सरोज– नयन आँसुओं से भर गये| म्लान मुस्कुराहटपूर्वक बोले– "जैसी तुम्हारी इच्छा, भाई मेरे!" श्री राम के विशाल कंज– नयन बन्द हो गये– अर्धोन्मीलित हो गये| मानसरोवर के मुक्ताओं के समान पवित्र अश्रु जल बह उठा और श्री राम ने सिर धुनाते हुए कहा– "सीता! मैं..... मैं तुझे क्षमा करूँ? देवि! नहीं....... नहीं तू मुझे क्षमा कर देवि! प्रिय! मैं....... मैं अपराधी हूँ, तेरे समक्ष| तुझे निरीह अकेला छोड़कर उस मायावी स्वर्णमृग के पीछे भागा| स्वर्णमृग? हो सकता है क्या? क्या मैं नहीं जानता था कि हेम मृग असम्भव है-नहीं जानता था, तो मैं ही मूर्ख था-नादान था-असावधान था। हाँ, सीते ! मुझे क्षमा कर!"

लक्ष्मण द्रवित हो उठे– "भैया राम! राघव राम!!"

श्री राम ने अश्रुपूरित नयनों में तप्त सुवर्ण कान्ति से मढ़े सुबाहु सुदृढ़ श्री लक्ष्मण को देखा और कहा– "तुम्हारी खींची लक्ष्मण– रेखा सीता ने ही ..... हाँ उसी ने उसका उल्लंघन किया था– एक साधु को अन्न देने के लिए| सीता ने अतिथि धर्म ही निभाया था| तभी तुम्हारी लक्ष्मण– रेखा त्रैलोक्य में ख्यात हो रही है| लक्ष्मण– रेखा सदा अटल और अमोघ रेखा बनी रहेगी, लक्ष्मण ! महाराज सुग्रीव ने कहा, हम सब अधिक रणभूमि के छोर से दूर शिविर में बैठे रहकर युद्ध की चीत्कार सुन नहीं सकते| सीता की पुकार वायु के प्रत्येक बुल्ले में गूँजकर हमारी कर्ण कुहरों में टकराने लगी है| सीता भयंकर राक्षसियों से घिरी हमें पुकार रही है| हम युद्ध करते हुए लंका में जाकर क्यों न अपनी प्राणेश्वरी का उद्धार करें? क्यों नहीं?"

लक्ष्मण ने कहा– "रावण जीवित है, राम!"

श्री राम– "तो...... तो? समझा, रावण की मृत्यु होने पर ही हम लंका से सीता को बुला सकते हैं | रावण जीवित है? कितने दिन? कितने लव? काष्ठा, पल, पलक, क्षण, दिवस– कितने? रावण मेरे लिए मर चुका है, लक्ष्मण! वानर वीरों से

कहो, लंका के गढ़ को तोड़-फोड़ दो| हनुमान से कहो– वह पुनः लंका में घुस जाय को सीता और आश्वस्त करे– हाँ| कहीं वह सुमुखी प्राण न त्याग दे, लक्ष्मण!"

"आपका अहर्निशि स्मरण धैर्य देगा– आत्मविश्वास देगा| भगवती भाभी ने आपको हृदय में बसा रखा है, राम !"

"हाँ– हाँ, तुम ठीक कहते हो, लक्ष्मण!" राम ने तनिक मुस्कुराकर कहा– "मेरा मन– प्राण चैतन्य सभी कुछ सीता ने अपने हृदय में बसा लिया है| मैं तो स्वयं में शून्य हूँ| सीता– सीता ही जैसे मैं हो गया हूँ|"

लक्ष्मण ने सहसा ठहाका मारते हुए कहा– "राम सीता हो गये हैं.....| नहीं भैया मेरे! राम और सीता मिलकर सीताराम हो गये हैं|"

श्री राम मुस्कुरा उठे– "सीताराम ! ठीक ही तो है– सीता पहले , बाद में मैं| सच तो यही है, सीता ही है| राम कहाँ है? जिधर देखता हूँ सीता को ही देखता हूँ| जगत की रूपवती शक्ति सीता है| सृष्टि का विलक्षण और विचित्र रूप– लावण्य सीता है– जीवन का विष और अमृत– सभी कुछ तो सीता है| राम........ ? सीता के बिना शून्य, एकाकी, उदास, निर्वीर्य– शक्तिहीन, शव मात्र| सृष्टि का यह विलक्षण लीला विलास, काल की यह सतत् अनादि क्रीड़ा– परम् ब्रह्म का यह सच्चिदानन्दमय विलास– सीता ही तो|"

लक्ष्मण ने श्री राम के चरण थामते हुए कहा– "सीता– भगवती, कल्याणी, कलुषहारिणी– काल लक्ष्मी सीता– मेरी जगदम्बा स्वरुप भाभी, हनुमन्ते!"

हनुमान मानो पृथ्वी से प्रगट हुए– "आ ही रहा हूँ, श्रीमान् लक्ष्मण!"

लक्ष्मण ने कहा– "राघव राम अधीर हो गये हैं......"

"माँ सीता जी बुला रही होंगी|" हनुमान ने कहा "प्रभो! राम, मेरे राघव ! आप महिमन भाग्यशाली हैं जो सती– शिरोमणि सीता देवी को प्राप्त किया है| विधाता माता– पिता, पत्नी, सन्तान, मित्र, जामातृ तथा शत्रु तथा इष्ट जन्म पूर्व ही जीव के प्रारब्ध में लिख देती है| सीता-राम अखिल-निखिल जगत को, यावत् सृष्टि को महाकाल और समस्त देवताओं के लिए अमोघ आत्मविश्वास है; अन्तःकरण की शक्ति एवं अन्तरात्मा का चैतन्य है|"

श्री राम बोले– "हम स्वयं लंकागढ़ पर चढ़ाई करेंगे|"

हनुमान ने कहा– "लंकागढ़ के सभी द्वार टूट चुके हैं| हम पर रावण के विख्यात सेनापति भीषण आक्रमण कर रहे हैं| और हम वानर मुष्टियों से उनको धराशायी कर रहे हैं| प्रभो! युद्ध को देखिये और वानरों का मनोबल बढ़ाइये| यही निवेदन करने मैं आ रहा था|"

श्री राम हुमुस के साथ उठ खड़े हुए– "सीते! हम आ रहे हैं– धैर्य, प्रिये! हनुमान, चलो तुम्हारी इच्छा पूर्ण हो|"

◆◆◆

"क्या?" रावण चिल्लाया– "क्या कह रहा है यह मूढ़?........ हैं? प्रहस्त ? क्या? मारा गया? नहीं .... नहीं .... असम्भव |"

शुक ने नमनपूर्वक कहा– "असम्भव का ही सम्भव हो गया, महाराज राजेश्वर! सेनापति प्रहस्त जी अपने सैनिकों सहित रणभूमि में खेत रहे| महापार्श्व जी अब महाराजकुमार, इन्द्रजीत मेघनाद जी के नियमन में सैन्य – संचालन कर रहे हैं – जी, हाँ|"

"तेरा सिर|" रावण ने चषक फेंकते हुए कहा– "प्रहस्त अजेय है|"

"था|" शुक ने नमन करते हुए कहा– "काल किसी को भी छोड़ता नहीं|"

"हूँ...." रावण ने सिर धुनाया, कहा– "हम इस यम को ही परास्त कर देंगे| राम सीता चाहता है? नहीं मिलेगी| ना कर दे, सुना?"

"सीता को वापस करने का समय बीत गया, राजेश्वर!" शुक ने कहा– "राघव रामचन्द्र अपनी भार्या को मुक्त करवाएँगे अब|"

रावण ने अट्टहासपूर्वक कहा–"वह मानवी! करवायेगा? अभेद्य लंकागढ़ में नंगे पाँव घुसेगा? आकाश– कुसुम....... शठ! राम– लक्ष्मण को गढ़ की खाई में ही डुबो दिया जायगा| जाओ, महापार्श्व को हमारी यह आज्ञा दो, जाओ| हम युद्ध के एक– एक प्रहार को कूंत रहे हैं| व्यूह की राडों और तिराडों को पेख रहे हैं– तुमुल घनघोर युद्ध| वानरों को चबा जाओ, राक्षसों! मेरे वीरों! हम केवल इस राम से लड़ेंगे। केवल रामचन्द्र से| मेघनाद से कहो, लक्ष्मण को बींध दे– भेद दे– समाप्त, धराशायी कर दे| ब्रह्मास्त्र से उसको चिर नींद में सुला दे| जाओ– यह हमारी आज्ञा है|"

"जी|" शुक ने कहा– "जी|"

"मेघनाद से कहो हम से मिले|" रावण चिल्लाया– "हमारा वीर सेनानी महारथी प्रहस्त मारा गया? जैसे...... हम मारे गये| हमारा एक महाबाहू टूट गया| किन्तु हमारे बीस हाथ हैं| इन्द्रजीत है, कुंभकर्ण है और अन्त में मैं हूँ– मैं महान दशानन|"

"जी|" शुक ने कहा– "हैं महान दशानन, किन्तु....."

"किन्तु? क्या? परन्तु क्या?" रावण ने दाँत पीसते हुए कहा– "शूर्पणखा का अपमान, अक्षय कुमार का निधन और अब हमारे बाहुस्वरूप प्रहस्त का वध| इस रामचन्द्र ने सोच क्या रखा है? राक्षस तो चिरंजीवी हैं, सुना? उसके रक्त की एक–एक बूँद से सौ– सौ राक्षस पैदा होते हैं– रक्तबीज| इन्द्रजीत को भेजो– इन्द्रजीत!"

इन्द्रजीत ने जैसे द्वार पर प्रगट होते हुए कहा– "जी, पिताजी! आ ही रहा था| जी ......?"

"युद्ध की स्थिति क्या है?" रावण ने बमकते हुए पूछा– "यह शुक कह रहा है प्रहस्त मारा गया?"

"जी, पिताजी|" मेघनाद ने कहा– "वानरों का भीषण प्रहार है| हमने आरम्भ में आक्रमण का भीषण वेग किया– बनाये रखा, वानरों के पाषाण तीरों और काष्ठ खड्गों के चतुर्दिक प्रहारों के सामने हमें लड़खड़ाते हुए पीछे हटना पड़ा है| प्रहस्त को तो निशठ– शठ आदि सामन्तों ने, वानरों ने रथ सहित आकाश में फेंक दिया| उसका रथ आकाश में ही बिखर गया और वह क्षत–विक्षत रणभूमि में मृत गिर गया| आश्चर्य!" रावण बौखलाया– "आश्चर्य? तुम क्या कर रहे थे?"

"सेनापतियों के रण संचालन पर दृष्टि गड़ाये हुए था|"

"समय– समय पर रण– पंक्तियों के विश्रृंखल होने पर उनको सम्भाल रहा था| प्रहस्त के बल में किसको अविश्वास-सन्देह हो सकता था, प्रभो!"

"हुँ....... किसी को भी नहीं|" रावण ने कहा– "प्रहस्त महारथी था......? तब क्या हमारे सेनापति इन वानरों से पराजित हो रहे हैं– वानर उनका वध कर रहे हैं? नहीं मेघनाद इस स्थिति को पलट दो| वानर मरना चाहिये– राक्षस नहीं| तुम स्वयं अब महासेनापति हो| युद्ध जीतकर मुझे मुँह दिखाओ| सुना........?"

“जी! जैसी राजेश्वर की आज्ञा|” इन्द्रजीत ने कहा– “शुक! सभी को सूचित कर दो अब रण-व्यूह हम देख रहे हैं– देखेंगे| लक्ष्मण! इस लक्ष्मण को तो मैं जीवित नहीं छोड़ूँगा|”

“मैं राम को जीवित नहीं छोड़ूँगा|” रावण ने चिल्लाकर कहा– “मैं ही राम को मारूँगा| तुम सब वानरों से लड़ते रहो| मैं तो इस सीता-पति राम से ही लड़ूँगा| वानरों को धरती में मिला दो– उनको मिटा दो और तब वानर सैन्य के शवों के ढेरों को देखते हुए इस राघव रामचन्द्र को मैं मुष्टिका– प्रहार से ही समाप्त कर दूँगा|”

इन्द्रजीत ने अपने नशे में धुत्त किन्तु सजग पिताजी को घूरते हुए कहा– “आप– आप पिताजी!”

“क्या? मेघनाद! क्या?” रावण बमका– “हम वानरों और राक्षसों को ही नहीं, केवल रामचन्द्र को देख रहे हैं| लक्ष्मण से तुम निपटोगे| शेषनाग का अवतार है यह लक्ष्मण? उड़ा रखा है– इन आर्य ब्राह्मणों से बढ़कर कोई कुशाग्र बुद्धि नहीं है– अत्यन्त चतुर हैं ये वर्णाश्रम धर्मी ब्राह्मण| अमुक तो ईश्वर का अवतार| यह तो भगवान का अवतार– और भगवान भी कितने? पूर्ण कलावतार, मर्यादा पुरुषोत्तम अवतार, अंशावतार| शेषनाग? जैसे मैंने क्षीरसागर का अद्वितीय आख्यान नहीं पढ़ा? पढ़ा है– मेघनाद! वह तो परात्पर शिव– शक्ति के प्रथम चरित्र का परिच्छेद मात्र है| मधु– कैटभ दैत्यों का उस निद्राधीन विष्णु से युद्ध| जगन्मोहिनी रूप वह महादेवी मन्दोदरी सी, धान्यमालिनी सी– नहीं...... नहीं सीता जैसी वह|”

“परन्तु......|” मेघनाद ने कहा– “रामचन्द्र महारथी वानरों से सुरक्षित है और वह लक्ष्मण राघव का मन– वचन– कर्म से दास है– सेवक| ऐसा लगता है, देवताओं की राम– लक्ष्मण पर कृपा है| निष्कुम्भा मुझे उत्तर देती ही नहीं| मैंने महादेवी कुलदेवता निष्कुम्भा से इंगित चाहा, किन्तु शून्य से भरा मौन ही दिग्दिशाओं को कंपाता रहा है| कुलदेवी मौन है-मूक|”

“तुमने निष्कुम्भा का अजस्त्र मदिरा– धार से अभिषेक किया क्या?” रावण ने ऊर्ध्व स्वाँस भरते हुए पूछा– “कितने महिषों का माँस नेवैद्य में रखा? जितने अपने महारथी सेनापतिगण हैं, कुल कुटुम्बी हैं, इष्ट मित्र हैं– उतने ही महिषों को काटकर महादेवी निष्कुम्भा को चढ़ा दो– बलि दो| हम कहते हैं, तब यह

सभी सुरक्षित हो जायेंगे| वानरों के हाथों को जंभित– स्तम्भित कर दो, मेघनाद! सुषेण वेद से कहो, वह ऐसी घातक औषधि का द्रव बनावे| उसको वानर शिविर पर छिड़क दो, वायु से भर दो| प्रहस्त चल दिया? जैसे, जैसे मैं आहत हो गया हूँ| हम अत्यन्त क्लान्त हैं, पुत्र! हम सोयेंगे घनी घोर निद्रा में हम जगत को भूल जाना चाहते हैं| यह सीता नहीं भूलती| स्वप्न में यह मानवी सुन्दरी घन नीलाभ में जैसे दिखती रहती है| मेरे कारण, मुझे वह जैसे सुर– सुन्दरी बनकर फबती रहती है| सीता– आह! मेघनाद! मैं जल रहा हूँ– रोम– रोम में दग्ध हो उठा हूँ| हम अपने अन्तरंग नन्दन विपिन में जायेंगे| शतदल कमलों से लहरते हुए कुण्ड में नहाएंगे– जल– केलि करेंगे| धान्ये? प्रिये? कहाँ हो?"

धान्यमालिनी पार्श्व से व्यक्त हुई– "आई महाराज .... आई|"

"तुम सीता के पास गई थीं? क्या कहा उसने? उस हठी मानवी ने क्या कहा?" रावण बमका– "वह महान दशानन को क्या साधारण राक्षस मानती है?"

धान्यमालिनी– "वह अपने भर्ता पति रामचन्द्र को सूर्य कहती है|"

रावण– "तो हम साक्षात् शिव हैं– उस हत भागिनी से कह दो| उसको समझाया?"

"जी, कहा|" धान्यमालिनी|

"क्या समझाया तूने? अभी से तू सौतिया डाह में भस्म हो रही है| बोलती क्यों नही?" रावण गर्जा|

उसने कहा– "मर जाऊँगी, किन्तु श्री राम के सिवाय किसी भी पुरुष को न तो देखूँगी और न ही स्पर्श करूँगी| वह राज्य, वैभव तथा जगत का ऐश्वर्य नहीं चाहती| वह तो अपने राम को चाहती है| वह कहती है– वैभव की लालसा ही राक्षस है और त्याग, तपस्या, पवित्रता, शील और साधना ही आर्यत्व है– राम|"

"राम |" रावण ने दाँत पीसे, सिर धुनाया-"राम? क्या वह ईश्वर है ? शिव है? ब्रह्म है? – नहीं| वह मानवी सीता उसको ईश्वर मानती है| आश्चर्य है! जो नर उसकी वनवास में रक्षा नहीं कर सका– वह ईश्वर कैसे हो गया? उड़ा लाया मैं, रावण सीता को-किसने बचाया सीता को? वह वृद्ध पक्षीराज जटायू मेरे खड्ग के प्रहारों से ही घायल हो गया, शिथिल, धरती पर ढेर हो गया| ईश्वर इस पृथ्वीतल पर यदि कोई है तो वह महान दशानन रावण है| अपने अन्तरंग विपिन

में मैं इस राम को घोर कालिका मन्त्र की अमोघ शक्ति से ही निस्तेज कर दूँगा| धान्यमालिनी? तू– तू मुझे क्या मानती है? बता|"

धान्यमालिनी ने आँचल पसारते हुए कहा– "प्रभु मानती हूँ– अपना सर्वस्व मानती हूँ| हम सब आपकी सखियाँ, प्रियायें तथा पत्नियाँ, उपपत्नियाँ, पासवान सभी आपको महान दशानन ही मानती हैं| यह तपस्वी मानव राम आपकी भृकुटी भंग से ही प्रभाव से हीन मिट्टी का ढ़ेर हो जायगा|"

रावण ने झूमते हुए कहा– "वाह ! क्या कहा है? आज से तू ही हमारी पट्टमहिषी है| वह मन्दोदरी? छद्म आर्या है वह– साधुड़ी है ; यौवनोन्मादिनी राक्षसी नहीं है| तू... तू रति– प्रिया तथा कसीले यौवन की मूर्ति है, प्रिये! हमें अपने विपिन में ले चल|"

धान्यमालिनी ने रावण को कटि से थामा– "जी! चलिये, महाराज ! युद्ध तो होते ही रहेंगे – होते ही आये हैं | किन्तु रण – रंग से रति – रंग अधिक सुखद है – कल्याण कर है|"

✦✦✦

त्रिजटा ने सहर्ष कहा– "मारा गया– वह महापार्श्व भी मरा| बड़ा मूछें तानता था | मुझे देखते ही मुँह फेर लिया करता था– कहता था– मैं तो आर्यों की क्षुद्रक हूँ| ले, तो मरा! हाँ, पुत्री ! दशानन के ये सेनापतिगण सब ऐसे ही हैं| रावण की प्रतिकृति हों जैसे| कहते हैं; वानरों के प्रखर दल ने घेरकर मुष्टिका के प्रहारों से उसे अधमरा कर दिया| शेष गव और नल ने कर दिया– धराशायी, लहूलुहान– मार गिराया|"

सीता ने सिहर कर कहा– "हे राम! रणभूमि की यह मारकाट मैं सुन नहीं सकती| इन पुरुषों को क्या हो गया है , जो युद्ध करते ही रहते हैं? अपने राज्यों की सीमाओं को लेकर सेनाएं टकराती ही रहती हैं| विवाहों के झगड़ों को लेकर मारकाट मचा ही करती है| सिंहासन तो भव्य सुन्दर दिखता है, किन्तु सीमाओं पर ही राज्य का विकराल स्वरुप व्यक्त होता है| माते ! क्या ये युद्ध कभी बन्द नहीं होंगे? राम यदि सौभाग्य से पुनः राजा बने, तो पहले दिन ही सबसे पहली विनती यह करूँगी कि युद्ध न हो| पृथ्वी पर अभय छा जाय – सदा के लिए|"

त्रिजटा ने हँसते हुए कहा– "स्त्री , धन, धरती तथा राज्य के लिए युद्ध होते ही आये हैं| सत्य और न्याय तथा सत्व की तो दलील दी जाती है– राज्य और न्याय

तथा सत्व सबसे बड़ा स्वार्थ है; राजवंशों का! फिर पापी, अत्याचारी, अधर्मी इन समाज दस्युओं को मृत्यु देनी ही पडती है| आर्यावर्त में सदैव धर्म युद्ध ही रहे हैं| यह लंका का युद्ध है? श्री राम धर्मपूर्वक ही लड़ रहे हैं| सूर्यास्त होते ही रणभूमि में चीत्कारें थम जाती हैं और घायलों की सेवा सुश्रुषा आरम्भ हो जाती है| आश्चर्य तो यह है; रावण ने भी यह युद्ध– मर्यादा पाल रखी है|”

सीता ने कहा– “ब्राह्मण वर्ण है न! किन्तु मुझे शान्ति और मंगल चाहिये| प्राणियों का जीवन कितना सा? इस थोड़े से जीवन में मनुष्य दिव्य स्वप्न क्यों न सेवे? क्यों न सतत् पुण्य करे; परस्पर स्नेह से रहे– बरते, एक– दूसरे का दुःख दूर करें; संकट काटें| क्यों नहीं? मनुष्य ही सृष्टि की सिद्धियों तथा समस्त सत– चित्– आनन्द की कामना लेकर जन्मता है| मानव पृथ्वी का देवता है, माते!”

त्रिजटा– “है, तो| किन्तु सुर– असुर, देव– दानव– ये सभी प्रभु की लीला के पात्र हैं| राम जानते हैं कि सब में वह हैं, फिर भी अँधेरे और प्रकाश का यह युद्ध चलता ही रहता है|”

सीता ने निसास भरते हुए कहा– “मानव को प्रत्येक पल ज्योति की ओर जाना है| प्रकाश में ही जीना है| मानव को देखने के लिए अन्तरात्मा है और मरने के लिए श्री हरि के चरणों में सो जाना है| मैं ..... मैं कितना चाहती हूँ – श्री हरि के चरणों में सो जाऊँ या पृथ्वी में गड़ जाऊँ|”

“पृथ्वी में गड़ जाऊँ? ...... क्यों? गड़े तेरे वैरी, पुत्री!” त्रिजटा ने कहा– “तू त्रैलोक्य की त्रिपुर सुन्दरी का अवतार है| जुग– जुग जी, पुत्री ! राम तेरी मुक्ति के लिए ही लड़ रहे हैं – लंका के राज्य के लिए नहीं|”

“यह मुझे ज्ञात है|” सीता ने कहा– “रामराज्य नहीं, प्राणीमात्र की सेवा करना ही चाहते हैं| धर्म की रक्षा तथा अन्याय का दमन करना ही चाहते हैं| सत्य, न्याय तथा शान्ति ही चाहते हैं। राम-हां माते!’’

“तब तू प्रसन्न क्यों नहीं है ? पुत्री !” त्रिजटा ने भवें तरेरते हुए पूछा– “राजपुत्रों को वधुओं की कमी नहीं रही – रही? नहीं रही, किन्तु राघव ने, राम ने एक पत्नीव्रत स्वीकार किया और राज– पाट, वैभव– ऐश्वर्य सब त्यागकर आज तेरी आराधना ही कर रहे हैं, राम! हाँ, मैं सच कहती हूँ| फिर तुझे तो गर्व होना चाहिये– गर्व| रावण जैसे ऐश्वर्यशाली, सशक्त महा महारथी को तूने ठुकरा दिया–

यह कम बात है क्या ? महान है, समझी? प्रसन्न हो जा| युद्ध समाप्त होकर रहेगा ही|"

सीता– "राक्षसों की गिनती नहीं है, माते! यह युद्ध चलता ही रहेगा क्या? और मैं राम दर्शन के लिए रोती ही रहूँगी क्या? नहीं? माँ! राम के बिना यह एक पल भी कटनी दूभर हो गयी है|"

"मुझे क्या नहीं ज्ञात?" त्रिजटा ने कहा– "राम तेरे प्राण हैं– जीवन– संजीवनी, तेरे परमेश्वर हैं| धन्य! सीते!" फिर चारों ओर दृष्टि डालकर सहसा त्रिजटा ने कहा– "चुप! वह– वह कदाचित् आ रही है– वह धान्यमालिनी महिषी....... और........ और कदाचित् दशानन भी साथ है| बाप रे! अरे, महाराज रावण तो झूम रहे हैं– धुत्त..... तब?"

सीता ने त्रस्त नयनों से उस ओर देखा| राक्षसियों से घिरी धान्यमालिनी रावण को कटि से थामे चली आ रही है| सीता अरभरा कर उठ खड़ी हुई और अशोक वृक्ष के थड़ के पीछे हो ली| भयार्त किन्तु शान्त सीता ने अपलक उस हुजूम को शनैः शनैः पास आते देखा और धान्यमालिनी सीता के समक्ष आकर खड़ी हो गयी और बोली– "समझाओ तुम| प्रिय ! मुझ से तो यह नहीं समझती| त्रिजटा भी हार गयी, समझाते हुए |"

रावण झूमता हुआ बोला– "मानेगी– हम...... हम मनवायेंगे| हमारी बड़ी प्यारी है, सीता ! यह मानवी तुम सभी श्रेष्ठ राक्षस सुन्दरियों से बढ़कर है| तुम सब इस सीता के कोमल चरणों की धूलि भी नहीं हो सकतीं| नहीं .... तुम धूलि हो, कीच और यह-यह कमलिनी है जी|"

धान्यमालिनी ने बिदकते हुए कहा– "मैं धूलि ही सही और यह मेरी सौत कमलिनी सही| मुझसे तो यह नहीं समझी| मैं तो जैसे इसके तनिक पास जाते ही डर गई| एक ज्वाला सी मुझ में झुलस गयी|"

रावण ने झीम कर कहा– "सती है सती| ऐं? सती? यह सीता? मेरे आजानुभुजाओं में कसी यह ललना अब सती कैसे है, री! नहीं ..... यह मानव– ललना मेरी है– केवल मेरी ही है| मेरी ही रहेगी | सुना, री ! सीता ? तू मेरी है – मेरी | तेरा राम तो गया – समाप्त| रणभूमि में इन्द्रजीत के खड्ग से मारा गया|"

सीता ने चिल्लाकर कहा– "नहीं .... नहीं ....|"

"अवश्यमेव।" रावण ने कहा – "देख ले – अपनी बड़री आँखों से देख ले। यह रहा राम का कटा हुआ लहूलुहान सिर। देख....... देख।"

परिचारिका ने विशाल थाल रावण के आगे धर दिया। रावण ने लाल वस्त्र झपटते हुए उघाड़ा। राम का लहूलुहान मस्तक– सीता ने विस्फारित नयनों से देखा – स्तम्भित और जंभित होकर देखा। थर – थर काँपती हुई सीता धरती पर ढल पड़ी– "राम ! हा राम!"

रावण ने प्रचण्ड अट्टहास्यपूर्वक कहा– "त्रिजटा! इसे हमारे अन्तःपुर की रंगशाला में ले आना, समझी? राम मारा गया है– यह उसके माथे में गाड़कर बिठा देना। राम मारा गया है। एक दिन राम को मरना ही था। हमारे इन हाथों के द्वारा पिचककर मरना था – सो, सो इन्द्रजीत ने ही कर दिया।"

त्रिजटा ने आँचल बिछाते हुए कहा– "इन्द्रजीत जी ने नहीं; उनकी गहन माया ने!" रावण गर्जा–"चुप रह शेरनी!" त्रिजटा ने कहा-''मैं, मैं शेरनी? नहीं, प्रभो!'' एक निरीह राक्षसी, आपके कुल की विनीत सेविका। सीता को मैंने आज दिन तक जीवित ही रखा है। यह कई बार अग्नि स्नान करना चाहती थी-प्राण देना चाहती थी। सीता राममय है और राम सीतामय है। जब तक सीता जीवित है, राम जीवित है, प्रभो!"

रावण ने दाँत पीसते हुए कहा– "राम मर चुका है, कुलटे!"

त्रिजटा ने कहा– "राम घट – घट व्यापी है, श्रीमन्! वह अजर है– अमर है ; शाश्वत है– ईश है, कवि है, विभु है।"

रावण– "विभु? ईश? हम, हम, कुलटे ! हम हैं लंकाधिपति राजराजेश्वर महान दशानन रावण।"

23

म‍न्दोदरी ने हतप्रभ होते हुए मानो स्वयं से ही कहा– "क्या? मारे गये? मेघनाद के सिवाय सब?"

धान्यमालिनी ने कहा– "सब नहीं........ तुम्हारे बड़े पुत्र अभी जीवित हैं और वैरियों के छक्के छुड़ा रहे हैं| पुत्र हम सब के थे, जो मारे गये हैं|"

"नहीं, तुम सब के पुत्र– कलत्र मेरे भी हैं| मेरे पुत्र और कलत्र भी खेत रहे हैं| यह सर्वनाशी युद्ध है भगिनी! यह सीता कालरात्रि होकर छा गयी है, राक्षस कुल पर| अभी भी उनको, महाराज को समझाओ– सीता को वापस कर दे– वापस कर दे| मैंने, तुमने– सबने समझाया कि इस कालिका को वापस कर दो, किन्तु उन्होंने, महाराज ने एक न सुनी| जिसने भी सन्मति के लिए कहा, उसका तिरस्कार किया गया| विभीषण जी, माल्यवान जी, सभी को ठुकराया गया| लातें मारकर राजसभा से निकाल दिया गया| लंका की प्रजा ने कहा, गणों ने कहा, किन्तु महान दशानन मदमस्त झूमते ही रहे|"

धान्यमालिनी ने मुँह बिचकाया– "कहा तो मैंने भी था, किन्तु राक्षस नर वापस– पीछे कभी नहीं हटता| मुझको भी तो, मेरे पिता की अनिच्छा थी, तब भी ले आये थे| राक्षस तो अधरामृत का पिपासु है| उसको आत्मानन्द का अमृत नहीं चाहिये, दीदी !"

मन्दोदरी– "नारी के अधर अमृत से भरे कालकूट से सिंचित रहते हैं| नारी के स्तन– मण्डल में पियूष है; पालन का दुग्ध है– अमृत है| नारी भोग्या नहीं है, प्रणयिनी अवश्य है| सन्तानोत्पत्ति की गहन ऊर्जा, जननी बनने के लिए नारी तो छटपटाती रहती है– यही प्रणय है| किन्तु इसी काम का मोह.... ओह! काम, मोह, मद, मात्सर्य, लोभ– सभी नारी के प्रति काम मोह से ही उत्पन्न होते हैं| उनको काम– मोह, घोर कामुकता, नारी देह में घनीभूत आसक्ति ही ले डूबी है| मालिनी, अब भी समय है– तुम त्रिजटा से कह दो|"

"क्या कह दूँ? सीता को वापस कर आयें ? नहीं, दीदी!" धान्यमालिनी ने कहा– "मैं अकाल मरना नहीं चाहती| मैं पृथ्वी पर शाश्वत यौवना नारी रहकर जीना चाहती हूँ|"

मन्दोदरी ने धान्यमालिनी को घूरा; कहा– "मैं तो अब साध्वी होकर किसी ऋषि– आश्रम में सेविका बनना चाहती हूँ| सुहाग लुट जाने के बाद.....|"

"चुप! दीदी! अभी तो वह जीवित हैं|" धान्यमालिनी ने कहा– "मद के प्याले पर प्याले पीकर झूम रहे हैं तथा सैन्य के लिए कुशल निर्देश दे रहे हैं|"

"कुशल निर्देश?" मन्दोदरी ने कहा– "एक के बाद एक सेनापति और अपने पुत्रों को, पौत्र– कलत्र को मरने के लिए कट जाने के लिए, भेज रहे हैं– स्वयं तो सीता के पास जाते हैं, धमकियाँ देते हैं और मन ही मन सीता का कामुक रटन किया करते हैं|"

"यह राक्षस स्वभाव ही तो है|" धान्यमालिनी ने कहा– "महान दशानन समर्थ हैं, तन्त्र – मन्त्र के लिए सिद्ध हैं, विज्ञानी और महान पण्डित हैं| अस्त्र– शस्त्र के तो वे अक्षय आगार हैं| मैं कहती हूँ– रावण जीतेगा, राम हारेगा |"

"राम कभी हारता नहीं|" मन्दोदरी ने कहा– "अंधकार ही हारता है; छिटकता है, दूर हो जाता है| प्रकाश तो सघन होकर चिन्मय हो जाता है– फैलता है| राम प्रकाश है– प्रकाश है| मानव परमात्मा का चिन्मय घट– घट व्यापी प्रकाश है| राम– हाँ, गहन निद्रा में मुझे सहसा दिखा| राम के चरणों में देवर जी स्वयं को अर्पित कर रहे हैं| भव पीर हरो राम– पुकार रहे हैं|"

धान्यमालिनी– "तुम दीदी! राम को पुकार रही हो?"

"मन्दोदरी के सरोज– नयन आँसुओं से डबडबा उठे| हाँ, मैं पुरुषोत्तम आर्य श्री राम को पुकार रही हूँ| मेरा सौभाग्य, घर– बाहर, राज– पाट, कुल, वंश, कुटुम्ब, परिजन, पुरजन– सभी का भाग्य अंधकारपूर्ण हो गया है| मृत्यु का सघन भय छा गया है| भगिनी मेरी! तब राम– पुरुषोत्तम राम ही रक्षा करेंगे| त्रिजटा ने मुझे बताया है, विभीषण जी को श्री राम ने लंका, लंका के वासी, राजपाट सभी को अभय कर दिया है और प्रमाण स्वरुप लंका का राजतिलक भी विभीषण जी को कर दिया है| किन्तु मैं अपने पतिदेव को लेकर क्या कहूँ? मेरा सौभाग्य ही लीलने में है| सीता– तू भी मेरे पति को क्षमा कर दे | अपने राम से कह कि वे उन्हें प्राणदान दे|"

धान्यमालिनी– "श्रीलंका के गणमान्य नागरिकों ने महाराज से अन्तिम बार सीता को वापस करने के लिए निवेदन करने की ठानी है.......|"

कक्ष के द्वार पर कर्कश स्वर फूटा– "निवेदन? हम से? लंका के नागरिकों ने? मन्दोदरी ! हम बेसुध भी सुधि में थे और अब सुधि में भी असुध से हैं| हम अपना दायित्व जानते हैं| शत्रु ने रणभूमि में राक्षसों के शवों के पर्वत ही खड़े कर दिये हैं| हमारे सेनापति एक के बाद एक मारे गये – मारे जा रहे हैं| हमारे पुत्र– कलत्र सभी खेत रह गये| युद्ध प्रतिपल चरम सीमा तक पहुँच रहा है| हम तो तुमसे रणवेश धारण करने के लिए आ रहे थे| लंका के नागरिक क्या– हमारी प्रजा ही तो| हम प्रजा की नहीं, अपनी इच्छा को ही सुनते हैं| सीता कल्प– कल्पों से हमारी है| यह राम उसे झपट ले गया है| राम यदि ईश्वरीय अंश है, तो हम भी, हैं-हम भी, सुना?"

"सुना|" मन्दोदरी ने कहा– "हम कहती हैं, सीता को सादर वापस कर दो| मैं स्वयं राघव रामचन्द्र से विनंती कर लंका राज्य, कुल, वंश तथा आप ...."

रावण ने दाँत पीसते हुए कहा– "और हमें बचा लोगी? हमारे प्राणों की भिक्षा उस राम से मांगोगी? मन्दोदरी! यह सुनकर हमें मरणान्त आघात लगा है| हम मर–मिटेंगे, किन्तु सीता को वापस नहीं करेंगे| राग–रंग सबको तिलांजलि देकर हम रणभूमि में उतर रहे हैं| विदा! मन्दोदरी! विदा!"

'विदा'! रावण के अट्टहास्यपूर्ण तीव्र कर्कश स्वर की कर्ण – कटु ध्वनि मन्दोदरी तथा उपस्थित व्यक्तियों के भूताकाशों में प्रतिध्वनित हो उठी| विदा! तब निश्चय ही महाराज दशानन ने अपना और अपने कुल का सर्वनाश हो जाने का जैसे धार रखा है| "नहीं..... नहीं|" मन्दोदरी ने चिल्लाकर कहा– "आपकी मति मारी गयी है| हे हरि ! अब क्या होगा? क्या? हम सब मारी जायेंगी– लंका की प्रजा ठार होगी| लंका जलेगी और लंका– समुद्र शवों से पट जायगा| धान्यमालिनी! लंका के प्रजाजन को मेरा सन्देश दो– वह उनको घेर ले तथा सीता को वापस करवादे| जाओ, भगिनी मेरी! जाओ|"

धान्यमालिनी ने कहा– "जैसी श्रीमती की इच्छा|"

"यह मेरी इच्छा या आज्ञा नहीं है, सखी!" मन्दोदरी ने रोते हुए कहा– "यह घोर काल की प्रार्थना है| त्रिजटा को बुला भेजो | मैं स्वयं राघव राम से विनती करूँगी – यह युद्ध विसर्जित कर दें– समाप्त| मैं कहती हूँ– सीता को आँच नहीं आयेगी| यह महाराज रावण महान दशानन कितना क्रूर, निर्लज्ज एवं हृदयहीन

है– अपने कुल का एक– एककर विनाश देख रहा है और अब गर्जना करता है– युद्ध भूमि में जा रहा हूँ| तो – प्रारम्भ से ही क्यों नहीं गये?”

“राजा युद्ध भूमि में अन्ततोगत्वा ही जाता है|” धान्यमालिनी ने कहा– “महाराज युद्ध की विभीषिका को अब जान गये हैं|”

“सीता की घोर कामासक्ति में अन्धे महाराज क्या तो जानेंगे और क्या देखेंगे? प्रारब्ध– विधि !”

“विधि? क्या? पुरुषार्थ– पराक्रम|” धान्यमालिनी ने कहा – “महाराज अमृत – सिंचित हैं| वह अमर हैं| आप निश्चिन्त हो जायं दीदी! त्रैलोक्य जिसके नाम को सुनकर स्तब्ध रह जाता है, उसका यह राघव राम क्या बिगाड़ लेगा? वानरों और राक्षसों को कट जाने दीजिये | वंशनाश ? तो हम इतनी सारी हैं | शतवंश उत्पन्न कर लेंगी|”

मन्दोदरी ने साश्चर्य स्वस्थ होते हुए कहा– “यह तुम क्या कह रही हो?”

“हाँ, मैं– पट्टमहिषी |” धान्यमालिनी ने कहा– “मुझे उन्होंने पट्टमहिषी कहा है|”

“अच्छा, तब, अब मैं केवल राज़ी रह गयी हूँ| मन्दोदरी ने कहा– “अच्छा ही हुआ| अब मूढ़ और मूक रहकर सर्वनाश देखूँगी|”

त्रिजटा ने द्वार पर नमनपूर्वक कहा– “आज्ञा महादेवी !”

“त्रिजटा !” मन्दोदरी ने चिल्लाकर कहा– “राघव – राघव राम से मिलना चाहती हूँ| मेरी विनंती उन तक ले जा| देवरजी से सम्पर्क कर| जा, विभीषण जी से कह दे , वह श्री राम से युद्ध बन्द करने को कह दें| सीता को वापस करना ही होगा| लंका के प्रजाजनों से कह, मेरा सन्देश दे कि वे महाराज पर दबाव डालें– सीता वापस| अवश्य, सीता रामजी को वापस– सादर, सविनय, क्षमा याचनापूर्वक वापस|”

त्रिजटा ने नमन करते हुए कहा– “जैसी श्रीमती की इच्छा|”

◆◆◆

लंका के गणमान्य नागरिकों के विशाल समुदाय को घूरते हुए दशानन रावण ने गर्जना की – “असम्भव! नहीं, सीता वापस नहीं होगी| लौट जाओ अपने– अपने

घरों को ; अन्यथा एक– एक को भूगर्भ में पहुँचा दूँगा| मैं महान रावण– तुम्हारा अधिनायक, अधिराज, राजराजेश्वर| सीता को हम हरण कर लाये हैं– हम उससे विवाह करेंगे| हमने उसको दो मास की अवधि दी है| यह अवधि कुछ ही दिनों में समाप्त हो रही है | राक्षस विजित भूमि, प्राप्त ऐश्वर्य तथा हरी हुई स्त्री वापस नहीं करता| नहीं|"

लंका के महापौर ने विनयपूर्वक कहा– "सर्वनाश उपस्थित है, श्रीमन्!"

"तो ? सर्वनाश? कहाँ है?" रावण गर्जा– "क्या हमने पूर्व में युद्ध नहीं रचाये? हमने त्रैलोक्य को युद्धों में पराजित किया है| हमारा वीर पुत्र और तुम्हारा राजकुमार मेघनाद इन्द्रजीत की पदवी से विभूषित हुआ है| हम अपराजित हैं, अपराजेय हैं| निश्चिन्त हो जाओ, हमारे बाहुबल और युद्ध की रणनीति में विश्वास रखो, बन्धुओं! जाओ|"

"किन्तु एक के बाद एक सुर, सैनिक और राजपुत्र मारे जा रहे हैं, प्रभो!" ध्वनि उठी|

"यह युद्ध है, नाच– कूद नहीं है|" रावण गर्जा– "युद्ध है-रण-रंग! युद्ध में मरना और मारना पड़ता है| कायरों! लंका के नागरिकों की ख्याति कलंकित मत करो| जाओ| इन्द्रजीत!"

"जी !" इन्द्रजीत ने सबको घूरते हुए कहा– "जी, आज्ञा!"

"सैनिकों से कहो इन भगोड़े कायरों को इनके घरों में ही बन्दी कर दें|" रावण ने आज्ञा दी– "युद्ध समाप्ति पर इन्हें हमारे समक्ष प्रस्तुत किया जाय| इनमें से लड़ने वालों को सेना में भर्ती कर लिया जाय– तुरन्त इनका प्रशिक्षण आरम्भ कर दिया जाय| आज्ञा न मानने पर– मृत्युदण्ड|"

इन्द्रजीत मेघनाद ने गर्जना की– "लौट जाओ .... अन्यथा भूगर्भ, मृत्युदण्ड| वानरों के आक्रमण से भयभीत हो गये हैं आप सब? अपने राजेश्वर और राजा की प्रचण्ड अद्वितीय तथा असाधारण सैनिक शक्ति में विश्वास ही खो बैठे| सीता की वापसी अब इस समय नहीं हो सकती| यह आर्यावर्त और राक्षसवर्त का निर्णायक युद्ध है| लंका तट के इस युद्ध में, राम– रावण युद्ध में आर्यावर्त ही नहीं, समस्त जम्बूद्वीप के भाग्य का निर्णय होगा| हम समूचे जम्बूद्वीप को राक्षस– राज्य के महान साम्राज्य में कर देंगे| हम आर्यावर्त नहीं राक्षसवर्त ही चाहते हैं और चाहते ही रहेंगे|"

रावण ने गर्जना की– "अयोध्या, किष्किन्धा तथा लंका– श्रीलंका, यह तीनों महानगरों का समूचा और समस्त संघर्ष है| श्रीलंका की विजय होकर रहेगी| किष्किन्धा को हम भग्नावशेष कर देंगे– अयोध्या को नष्ट कर देंगे| सीता– हरण इस संघर्ष का सोचा– सोचाया प्रारम्भ था| हमारी भगिनी के नाक– कान काटे तुमने, रामचन्द्र! तो हमने इक्ष्वाकु वंश की सर्वश्रेष्ठ कुलवधू का हरण कर समस्त राक्षस जाति की ओर से बदला ले लिया है| युगों– युगों तक सीताहरण की कहानी कही जाती रहेगी और रामचन्द्र के कुल में नाक कान स्वयं ही कटते रहेंगे| अतः जाओ – वापस लौट जाओ|"

लंका के महापौर ने नमनपूर्वक कहा– "जैसी आज्ञा, किन्तु महाराज हम सब मर जायेंगे|"

"तो मर जाओगे....... तुम्हारा प्रारब्ध|"इन्द्रजीत ने कहा– "समस्त राक्षस कुल का नाश कर रामचन्द्र अपनी भार्या सीता को वापस ले जा सकता है| हम सीता को वापस नहीं करेंगे|"

"हनुमान पुनः लंका भस्म कर देगा|" किसी ने कहा|

"हम हनुमान को ही धराशायी कर देंगे|" इन्द्रजीत ने कहा– "हम लक्ष्मण को मारेंगे और पिताश्री राम को| निश्चिन्त घर लौटो, नागरिकों! यह राम– रावण युद्ध त्रैलोक्य के लिए निर्णायक होगा| जय रावण की होगी– दशानन की जय!"

भीड़ में से कुछेक ने पुकारा– "महाराज दशानन की जय!"

"जय!" रावण ने कहा– "दिग्दिशाओं में हमारी जय| हम जीतने के लिए जन्मे हैं, हारने के लिए नहीं| हारते तो यह देवता हैं, हम असुर– राक्षस नहीं हारता– जीतता तो मानव है| सुर– असुर, देव– दानव, राक्षस – ब्रह्म राक्षस सब मृत्युंजय योग के साधक हैं| हम कहते हैं, यह राघव रामचन्द्र जीवित अयोध्या लौट नहीं सकता| और यह सीता? हमारी नहीं तो हम इसके शरीर के टुकड़े राक्षसों को भक्षण के लिए दे देंगे|"

लंका– महापौर ने कहा– "जैसी विधाता की इच्छा|"

रावण– "विधाता की नहीं, हमारी| राजराजेश्वर महाराजाधिराज दशानन रावण की इच्छा| अब लौट जाओ|"

लंका के महापौर ने मस्तक नमाते हुए कहा– "भगवान धूर्जटी आपको, आपके कुल को तनिक भी हानि न होने दें| हम प्रजाजन अपने राजा को यही आशीर्वाद दे सकते हैं| निश्चय ही विधाता की इच्छा का वाहक तो राजा ही होता है– प्रजा नहीं| मैं समस्त राक्षस– महाराज की कोटिशः प्रजाओं की ओर से पुनः पुनः और अन्तिम बार निवेदन करता हूँ, राघव रामचन्द्र से मैत्री सन्धि कर लें, जी|"

"लंका की रणभूमि ही इसका निर्णय करेगी, वाचाल|" रावण ने गर्जना की– "हम आर्यावर्त को मिटा देंगे| समस्त पृथ्वी पर हमारा– महान दशानन का राज्य होगा– राम का नहीं| राम– राज्य नहीं; रावण– राज्य|"

"नहीं माते!" श्रीमती सीता ने त्रिजटा से कहा– "मैं वापस नहीं होऊँगी| मुझे मेरा राम ही इस घोर कारागार से मुक्त करेंगे| इस दशानन को पराजित कर वे ही मुझे इस नरक से छुड़ाएंगे| उन सभी राक्षस महिषियों को मेरा आभार कि उन्होंने मुझे वापस करने के लिए आपको दुति बनाया है| वापस क्यों? क्या यह दया– दान है? शील– सौजन्य है? यह पराजित होने का अज्ञात भय है– भय| राक्षस कुल के सर्वनाश का भय ही इन राक्षस– महिषियों को यह सद्मति दे रहा है| क्यों नहीं अब तक इन्होंने मेरे हरण का विरोध किया? क्यों नहीं? मैं पूछती हूँ, माते!"

त्रिजटा ने कहा– "कैसे करतीं? श्रीमती मन्दोदरी तो अत्यन्त विनम्र हैं, शान्त हैं, पति– सेवा करना ही अपना धर्म समझती हैं और धान्यमालिनी श्रीमती? महाराज की सखी हैं, प्रिया हैं, सुरसिक महिषी हैं| महाराज बहुपत्नीवादी हैं– यह उनको ज्ञात है और स्वीकार्य है| राक्षस नर एक पत्नीवादी कभी नहीं रहा, नहीं| आर्य चतुर्वर्ण भी तो बहुपत्नीवादी हैं| आपके श्वसुर को ही लो|"

सीता ने कहा– "सत्य है, किन्तु मेरे राम तो एक पत्नीवादी हैं| पति– पत्नी के अखण्ड आत्मिक सम्बन्ध को ही मानते हैं| उनका मन मेरे पास है और मेरा हृदय उनके पास है| राम मेरे वक्षस्थल पर हैं और मैं? उनके श्री चरणों में पड़ी हूँ| मृत्यु हमें छुड़ा नहीं सकती , विधाता हमें अलग नहीं कर सकती| जन्म और मृत्यु के परे और पार हम दोनों हैं | प्राणों से , मन से , बुद्धि से , चित्त तथा अहम् से – हम आत्मा से एक हैं|"

त्रिजटा ने कहा– "राम – सीता! सीता – राम !!"

सीताजी ने सिर धुनाया; कहा – "केवल राम ! राघव राम ! पतित-पावन राम!"

त्रिजटा ने सिर धुनाया ; कहा – "तेरे सिवाय पुत्री ! राघव रामजी की स्थिति ही नहीं है– नर– नारी| दोनों ही ब्रह्म हैं, सत्– चित् हैं और उनका प्रणय ? आनन्द है| नारी शाश्वत है, अनादि है| नर? नर का तो मोक्ष है– नारी का नहीं | नारी नारायण के लिए ही चिर चिरन्तन है – ऐसा मेरे गुरु मुझसे कहते हैं |"

सीताजी त्रिजटा का मुख – मण्डल देखने लगीं| ललाट को तनिक आच्छादित कर उभरे – उमड़े केश मरोड़ खाते हुए बादलों की भांति छोटी किन्तु भरी भारी भवें और होठों के ऊपर ही रुझ जाने वाली नासिका| श्याम– धुसर वर्ण और सरल अधर उभरी हुई चिबुक तथा कंबु ग्रीवा | राक्षसी त्रिजटा के अंग– अंग से एक सौम्यता मानो फूट रही थी| सीताजी ने दीर्घ निस्वास रखते हुए कहा– "तुम माते! मेरी माँ से मिलती – जुलती हो| जनकधाम में मेरी माँ देवी है और तुम इस राक्षस पुर में अभय का आश्वासन हो|"

त्रिजटा– "तो हनुमान जी से सम्पर्क न करूँ? तुमको त्रास से बचाये रखने के लिए अब मेरे पास सब कुशलताएं रीत गई हैं| स्वप्न की भयंकरता से ही यह तामसिक राक्षसियाँ भयभीत रहती हैं| स्वप्न की भयंकर विभीषिका से यह माँसाहारी राक्षसियाँ मन ही मन विकम्पित और विडम्बित रहती हैं| राक्षस के गहन चित्त में अहम् ही तीव्र रहता है| अतः भय! भय अतः द्वेष ! द्वेष अतः भीति– अभय? नहीं? शान्ति नहीं| परमार्थ नहीं– घोर स्वार्थ|"

सीताजी ने कहा– "मेरे राम मेरे पास हैं, मन में, प्राणों में हैं | वह मेरी रक्षा करते हैं– रक्षा करेंगे| तुमने माते मुझे राक्षसियों के भयंकर आतंक से बचाये रखा| निश्चय ही श्री राम तुम्हारा उद्धार करेंगे| राम, मेरे राम ही उत्तम और सदाशयी आत्माओं को प्रकाश और श्रेय के मार्ग पर जीवन की दिव्य यात्राओं के लिए भेजते हैं|"

त्रिजटा– "राक्षसी जो हूँ| आर्य शूद्रा भी नहीं हूँ, जो मुक्ति– मार्ग पर स्वतः ही लग सकूँ| यह अँधेरा मुझे बचपन से ही नहीं रुचता| निद्रा के गूढ़तम में मैं चौंक उठती थी– भयंकर स्वप्नों से मैं चिल्ला उठती थी| तब मैंने ईश्वर से प्रार्थना आरम्भ की– प्रभो! उस अँधेरे से, तम से मुझे बाहर कर दो| मुझे अभय दो| मैं......

मैं अनाथ भयभीत भयार्त जीव हूँ– जीव, भय से भरा, अज्ञानांधकार में डूबा, तृष्णातुर जीव हूँ| न जाने ईश्वर ने हमें ऐसा क्यों बनाया?"

सीता ने म्लान स्मितपूर्वक कहा– "हम भवेच्छा से ही जीवात्मा का भाव धारण करते हैं| राघव ने मुझे समझाया है कि जीव, जगत और सृष्टि है ही नहीं – सब कुछ ब्रह्म है| यह इदम् ब्रह्म की संकल्प– विकल्पमयी माया है, लीला है, क्रीड़ा है| मैं तो अपनी जड़ें श्री राम राघव के मन में ही गड़ी पाती हूँ| त्रिजटे! मैं कहती हूँ– तुम इस भव के पश्चात् श्रेष्ठ आर्य भव प्राप्त करोगी|"

"मैं मोक्ष चाहती हूँ, पुत्री!" त्रिजटा ने सिर धुनाकर कहा– "मुक्ति| बहुत हो चुका यह जन्म– मरण| खूब देख चुकी यह स्वप्न– संसार और बहुत ही भोग चुकी यह स्मृतियों की क्रीड़ाएं– अब नहीं| राम राघव! अब मोक्ष दे|"

"मैं मुक्ति नहीं चाहती| मैं तो राम में लीन हो जाना चाहती हूँ|" सीता जी ने कहा – "राम जैसा पति– परमेश्वर परमात्मा मिला है, तो मुक्ति व्यर्थ है| जो राम चाहता है, वह मुक्ति नहीं चाहता| मैं राम ही चाहती हूँ– राज नहीं, कुछ भी नहीं| राम, केवल राम, राम! हे राम!"

सीता जी की चीत्कार गूँजी– गाजी तथा गगन पैर कर श्री राम के चित्ताकाश में प्रतिध्वनित हो उठी|

श्री राम चमके– स्वयं से ही बोले– चिहुँके – "सीते!"

लक्ष्मण ने पुकारा– "राम ! प्रभो!"

श्री राम ने आधी रात के सतार अँधियारे में निहारते हुए कहा– "युद्ध जैसे समाप्त हो ही नहीं रहा और सीता मुझे पुकार-पुकार रही है|"

लक्ष्मण ने कहा– "मेघनाद रण भूमि में उतरने ही वाला है| रावण के सभी महारथी कट गये हैं– मारे गये हैं| राक्षसों का विपुल संहार हो चुका है|"

"वानर भी तो" श्री राम ने आर्द्र स्वर में कहा– "हम लोगों के हितों की पूर्ति के लिए राक्षस और वानर मारे गये हैं ; बलि चढ़ गये हैं| लक्ष्मण ! मैं विधाता को क्या कहकर कह सकूँगा– क्षमा करो, विघ्ने ! रावण के घोर पापों की चिता में ये वानर होम दिए गये हैं| श्रेष्ठ राक्षस बल रीत गया और यह मस्त वानर, प्रसन्न और निर्विकार वानरगण– सीता की मुक्ति के लिए बलि हो गये| क्या कहूँ? चाहता हूँ, मैं अकेला ही रावण से लड़ता – लड़ लेता|"

लक्ष्मण ने कहा– "राजा अन्त में लड़ता है और शत्रु राजा से ही लड़ता है| यह राम– रावण युद्ध धर्म और अधर्म, सत्य और न्याय, भौतिक और आध्यात्मिक चेतनाओं का तुमुल संघर्ष है| फिर यह केवल अम्बे भगवती की मुक्ति के लिए ही नहीं, जगत में मर्यादा की स्थापना के लिए और सत्य की जय के लिए भी है| मुझे अपने अन्तःकरण ने मानो कह दिया है– आप राम ! सत्यनारायण के प्रतीक हैं, न्याय– मूर्ति हैं तथा धर्म धुरीण हैं | मानवों में आप महामहिम मानव हैं और भगवती माँ सीता? साक्षात् लक्ष्मी स्वरूपा ऐं हीं क्लीं हैं|"

राम ने सस्मित कहा– "ऐं हीं क्लीं| आभारी हूँ, लक्ष्मण! याद दिला दिया| इन्द्रजीत का युद्ध वेश– वह तुम्हें लक्ष्य करके ही युद्ध करेगा| रावण ने मुझे और इन्द्रजीत ने तुमको मारने की प्रतिज्ञा की है| इसलिए भगवती दुर्गा की जय ही पुकारना होगा ऐं हीं! क्लीं!"

लक्ष्मण ने मस्तक नमाया– "ऐंकारी वह सृष्टि रूपा है, हींकारी वह अमृतमयी प्रतिपालिका है; क्लींकारी यह भगवती कामेश्वरी सच्चिदानन्द विग्रहा है| दुर्गा, शिवा, अम्बा|"

"दुर्गे! शिवे! कालिके!" राम ने पुकारा– "सीता तुमको अर्पित है– तुम्हारी शरण में सीता को रखता हूं और युद्ध के लिए रावण को ललकारता हूँ|"

श्री राम सहसा मूक हो गये; अन्तर्ध्वनि सी हुई– "नवरात्र राम ! नवरात्र आरम्भ करो|"

श्री राम ने लक्ष्मण से कहा– "जाओ, मेघनाद को परास्त करो, लक्ष्मण! तुमको मेरा आशीर्वाद ! प्रभात होते ही मेघनाद को ललकारो| यदि वह रणभूमि में न उतर आवे तो लंका में प्रवेश कर उसको घेर लो|" तभी विभीषण ने द्वार पर दिखते हुए कहा – "राघव राम प्रभो ! सावधान मेघनाद को लेकर कुछ कहना है|"

"आओ लंकापति!" राम ने कहा– "क्या कहना है? लक्ष्मण को हमने आज्ञा दी है – मेघनाद को परास्त करने के लिए अभय दिया है|"

"मेघनाद अभी कुलदेवी की पूजा के लिए सन्नद्ध हो रहा है|" विभीषण ने कहा– "इन्द्रजीत की पूजा भंग करनी होगी, राम प्रभो! यदि इन्द्रजीत की पूजा सफल हुई तो वह अजर – अमर है| उसको कोई हरा नहीं सकता– मार नहीं सकता|"

लक्ष्मण ने कहा– "प्रभो!"

राम ने कहा– "हनुमान आप तथा लक्ष्मण मेघनाद को रोकें, थामे– उसकी पूजा का बीड़ा वह होम न सके और उसके पूर्व ही वह रणभूमि की ओर दौड़ आये– ऐसा कीजिये।"

विभीषण ने चिन्तातुर स्वर में कहा– "यही– यही प्रभो! एकमात्र उपाय शेष है। इन्द्रजीत मेघनाद तन्त्र शक्ति में अपने पिता से भी अधिक पारंगत और निष्णात् है। वह घोर साधक है और शमशान जगाता ही रहता है।"

श्री राम ने शान्त स्वर में कहा– "लक्ष्मण शेषशायी शक्ति का धनी रण – धुरंधर है। एक तो क्या दसों मेघनाद लक्ष्मण के सामने अधिक टिक नहीं सकते। लक्ष्मण! मेघनाद को परास्त और विफल करो। हनुमान और विभीषण जी को साथ ले जाओ।"

हनुमान ने कहा– "जो आज्ञा, प्रभो! लक्ष्मण भैया जी को अपने कन्धे पर बिठा लेता हूँ– उड़ चलेंगे, राम! हम सूक्ष्म से सूक्ष्म होते हुए भी गढ़ के अन्दर घुस जायेंगे। प्रभु– प्रताप से मैं पूर्व में यों ही गढ़ में घुसा था– हाँ, राम प्रभो! हाँ।"

श्री राम ने कहा– "उस समय युद्ध नहीं था और गढ़ की प्राचीरें सुनी थीं। इस समय तो घोर युद्ध– मार– काट मची हुई है।"

हनुमान ने तनिक कूदते हुए कहा– "चीत्कारों और ढ़ेल– पेल में हम सरक जायेंगे।"

लक्ष्मण ने हनुमान को घूरते हुए कहा– "वानर– मति से नहीं काम चलेगा, हनुमान जी! हमें कुशल अनुभवी रण– कौशल से ही लंका में प्रवेश करना होगा।"

हनुमान ने ठहाका मारकर कहा– "वानर तो हूँ, श्रीमन् ! मेरी माँ ने अपने अप्सरीपन को त्याग कर स्वेच्छा से वानर जाति में जन्म लिया– तो वानर– मति तो है ही। किन्तु महोदय लक्ष्मण! जब सब मतियाँ असफल हो जाती हैं, तब वानर– मति ही काम आती है।"

श्री राम ने मुस्कुराते हुए कहा– "समुद्र– उत्क्रमण वानर – मति से ही तो। वानर मतिवान बाद में , पहले प्रज्ञावान क्यों नहीं है? हनुमान प्रज्ञा– पयोनिधि वानरोत्तम वानर है।"

महाराज सुग्रीव ने निकट आते हुए कहा– "हम सबके आदरणीय भी हैं| महाराज राघव राम! राक्षसों के घुसपैठिये को अंगद – टोली ने पकड़ लिया है|"

लक्ष्मण– "क्या कहता है?"

"यही कि महाराज्ञी मन्दोदरी चाहती हैं कि श्रीमती सीताजी को हनुमान या अन्य कोई समर्थ वानर आकर ले जाय| सीताजी के वापस लौटने के मार्ग निर्विघ्न कर दिये जायेंगे|"

लक्ष्मण ने साश्चर्य कहा– "अच्छा? रावण की पट्टमहिषी ने यह सन्देश भिजवाया है? आश्चर्य!"

हनुमान ने कहा– "मरता क्या न करता?"

श्री राम ने कहा– "सीता को, हम रावण को उसके वंश सहित नष्ट कर लौटा लायेंगे| सीता प्रतापी यशस्वी इक्ष्वाकु वंश की सर्वश्रेष्ठ कुलवधू है| सीता का हरण कर इस रावण ने, फिर चाहे वह लंका साम्राज्य का अधीश्वर एवं भगवान शिव का आराधक हो, तन्त्रेश्वर और मन्त्रेश्वर हो–घोर पाप किया है| सब अधर्मों का अधर्म किया है| रावण मृत्यु का पात्र है और उसका वंश समूल नष्ट करने योग्य वंश हो गया है| इस पापी ने त्रैलोक्य को दुःखी कर रखा है| इस मूढ़ अहमन्य ने भगवती सरस्वती की वीणा ही तोड़ दी है| इसने वेदों के सहज ज्ञान को तरोड़– मरोड़ कर क्लिष्ट किया है– वैदिक ज्ञान के नाम पर अज्ञान को ही सघन किया है| अतः लक्ष्मण! महाराज विभीषण! हनुमान! लंका में सावधानी के साथ प्रवेश कर मेघनाद के यज्ञ को भंग कर दो|"

विभीषण ने कहा– "मैंने श्रीमती लंकिनी को सचेत कर दिया है| वह हमें गढ़ के गुप्त द्वार से अन्दर ले जायगी| उस द्वार के कुछ पास ही मेघनाद का साधना स्थल है, यज्ञ– मण्डप एवं बलि खूँट स्थित है| श्री राम आपकी जय हो!"

"जय आपकी भी हो|" श्री राम ने कहा– "अपने कुल और जाति के द्रोही बनने का कलंक स्वीकार कर आपने राक्षस– जाति के आर्य– अभ्युदय के लिए हमारा साथ दिया है| आपकी सलाह तथा दिशा– निर्देश के बिना महाराज सुग्रीव, उनके सेनापति एवं मैं और लक्ष्मण कर ही क्या सकते थे? वानरों और राक्षसों के संहार से हार– जीत का निर्णय नहीं होगा| मेघनाद या लक्ष्मण, मैं या रावण– हाँ, यही, महाराज विभीषण!"

हनुमान ने सहसा किलकारी की– "जय राम! जय श्री राम!"

विभीषण ने दीर्घ निश्वास भरते हुए कहा– "जय लक्ष्मण|"

श्री राम हँसे, बोले– "जय बजरंगबली हनुमान!"

हनुमान ने श्री राम के चरण थाम लिए– "त्राहिमाम् शरणागत प्रभो ! क्षमा राम ! क्षमा | अभय प्रभो!"

"तथास्तु ! हनुमान !" श्री राम ने कहा|

✦ ✦ ✦

घोर अभेद्य अरण्य में अपने यज्ञ – मण्डप में मेघनाद यज्ञ की निर्णायक आहुतियाँ दे रहा था| शत– शत मन्त्रविद् मन्त्र का उद्धीथ कर रहे थे| बलि स्तम्भों पर कुछ दूर पशु बलि किये जा रहे थे| स्वयं मेघनाद आहुति के साथ – साथ पक्षियों की एक – एक कर बलि होम कर रहा था| घनीभूत आतपमय भय और स्तब्धता का वातावरण छाया था| मेघनाद के नयन, बड़े– बड़रे नयन उन्मीलित थे और वह जैसे तन – बदन की सुधि बिसर कर कुल देवी को जाग्रत करने में लगा था| ऐसा लगता था, दिग्दिशाएं घोर आशंका के घने तम से भर गयी हैं और जगत में भीषण उल्कापात होने वाला हो| मेघनाद के घोर मन्त्र – जाप से अनन्त में जैसे आकाश ही सिमटने लगा हो| मेघनाद ने मन्त्र– बल से सुरों को जैसे अणूठ कर दिया, देवों को कीलित कर दिया और केवल लक्ष्मण के शरीर के आकाश के गगन को बाँध – सा दिया| लक्ष्मण को लगा, कोई सूक्ष्मतम अजगर उसको बाँध रहा है स्वयं से ही झुंझला कर लक्ष्मण बोले-"हनुमान! मैं-मैं जैसे बंध रहा हूं-कोई मुझे कर्षित कर रहा है|"

हनुमान गाजे– "राम ! तेरी जय हो! राम का स्मरण, मेघनाद के पाश से राम नाम ही छुड़ाता है| यह मेरा अनुभव है| समुद्र– लंघ के दरम्यान सभी आपदाओं से मुझे राम ने ही छुड़ाया| मेनाक, सुरसा, छाया राक्षसी– सभी से श्री राम– नाम से ही छूटा| इस जगत में रक्षा केवल राम ही करते हैं भाई मेरे! यह मेघनाद सिद्ध राक्षस पुरुष है| यह राम की टेढ़ी भृकुटी से ही मारा जायगा| मेरी मुष्टि तथा आपका बाण, खड्ग राम की कृपा से ही सफल होगा|"

"किन्तु हनुमान! मेघनाद जैसे हम सब को यज्ञ में बलि दे देगा|" लक्ष्मण बोले– "राम! राघव राम! आपकी जय हो! देवताओं– जय हो! सुरों! जय हो! महाकाल, जय दे– जय!"

और लक्ष्मण जैसे विशाल होते गये| विशाल से विराट् होते गये| मेघनाद को लक्ष्मण ने रामबाणों से घेर लिया तथा एक ही अमोघ तीर से उसके हाथ का हवन का बीड़ा सरका दिया| होम के बीड़े के धरती पर गिरते ही मेघनाद लड़खड़ा गया और झूम – सा उठा, बोला – "कौन ..... कौन है?"

"मैं लक्ष्मण|" लक्ष्मण ने मेघनाद को तीरों से बींध देते हुए कहा– "यज्ञ कर रहा है? रणभूमि में क्यों नहीं आता? चल– इसी समय रणभूमि में चल| निकल इस यज्ञ – मण्डप से| वीरों का यज्ञ रणभूमि है, सुना?"

"हुँ" मेघनाद ने जम्मन किया-"तब छोकरे! चल– यह आया|"

यज्ञ– मण्डप दोनों ओर के तीरों से भर गया| हनुमान की मुष्टिका के प्रहारों से यज्ञ मण्डप के चरों– अनुचरों का जैसे चूर्ण ही हो गया| क्षत– विक्षत राक्षसों के देह यज्ञ मण्डप की विशाल वेदी पर ठठ गये| लक्ष्मण ने त्वरा से लंकागढ़ की प्राचीर की ओर लौटते हुए कहा– "तेरी प्रतीक्षा करूँगा, मेघनाद! अपने पिता का सपूत हो, तो मेरी यह ललकार झेल| यह मेरा तुझे रण– निमंत्रण है, सुना?"

"सुना|" मेघनाद बोला – "आ रहा हूँ|"

"अवश्य आइये मेघनाद जी!" गढ़ की ओर त्वरा से लौटते हुए लक्ष्मण ने पुकारकर कहा– "मेरा बाण तुम्हारी प्रतीक्षा करेगा| सभी शस्त्र लेकर आना, सभी दिव्य शस्त्र! महादेवी कालिका हमें भी जानती हैं| राक्षस कभी अजेय नहीं हो सकता| दिव्य मृत्यु– शक्ति उसे लील ही लेती है| अधर्म, अत्याचार, अन्याय, परपीड़न, शोषण– कभी अजेय नहीं हो सकते| शक्ति का उपयोग परमार्थ के लिए ही होना चाहिये| तुम, तुम्हारे पिता दशानन रावण– सभी अधर्म– अन्याय अत्याचार के प्रतीक हो – मूर्तिमान स्वरुप हो|"

इन्द्रजीत ने अपना धनुष उठाया और संधानते हुए कहा– "राक्षस ही पृथ्वी का पति और भोक्ता है– वर है| बड़भाषी लक्ष्मण! मामा मारीच की माया को तो पराजित– पराभूत नहीं कर सका| ले, यह प्रसाद लेता जा| रणभूमि में आमने– सामने मिलेंगे|"

मेघनाद की धुआँधार बाण वर्षा को झेलते हुए लक्ष्मण ने इन्द्रजीत के तीरों को विफल कर दिया और वे लंकागढ़ से बाहर हो गये| हनुमान ने किलकारी की– "यज्ञ– भंग– रामजी मेरे, तेरी कृपा से मेघनाद का यज्ञ भंग हो गया| विभीषण जी अब आप निश्चय ही लंकापति हो गये|"

विभीषण ने कहा – "आप सब वानर – बन्धुओं की कृपा|"

हनुमान ने गर्जना की– "नहीं, विभीषण महाराज! कृपा तो श्री राम की– श्री राम की करुणा| मेरा राम करुणानिधान है, दीनबन्धु है, पतितपावन है| आर्य सभ्यता से रहित तथा आर्य संस्कृति से च्युत हम वानरों के लिए ही नहीं, घोर पापियों के लिए राम– श्री राम – सीताराम पतितपावन हैं जो अन्धकार में भोग का जीवन जीता है, वही पतित है-आत्म पतित| हम वानर आदि काल से ज्ञान और सत्य की सभ्यता के सदस्य रहे हैं| वैदिक वर्णाश्रम धर्म के पंथ के पथिक तथा शान्त अभयपूर्ण वेदान्त जीवन के दिव्य यात्रिक रहे हैं, किन्तु काल प्रभाव से हम प्रकाश से दूर होते गये तथा अज्ञान में डूबते चले गये| देवी सम्पदा के धनी होते हुए भी हम मानवता से दूर होते गये| हमारे महाबली बालि ने हमें राक्षसों के पार्श्व में खड़ा रख दिया और हम अनायास ही भोग की मृत्यु– संस्कृति के वशीभूत होते गये| हम मुक्ति के जीवन उद्देश्य से बिछुड़ते चले गये– हम जीवन की धुरी से ही बिछुड़ गये| तभी राम ने सुग्रीव से मैत्री की और विशाल अरण्य साम्राज्य की महान वानर जाति का हमारा हाथ पकड़ा| हमें इस घनांधकार से प्रकाश के सामर्थ्य से लड़ने के लिए ले आए| सीता– भगवती भवानी सीता मानव जाति की दिव्यतम अन्तरात्मा की ज्योति है; और राम? राम तो ..... राम ही हैं– सच्चिदानन्द ...."

विभीषण बोले– "धन्य ! हनुमान ! तुम को कुछ नहीं चाहिये तब?"

हनुमान ने हँसकर कहा– "चाहिये क्यों नहीं ? मुझे राम चाहिये|"

विभीषण ने रणभूमि के मध्य पैर जमाते हुए लक्ष्मण को देखा और बोले – "रणबाँकुरे लक्ष्मण! क्या तेजस्वी ऊर्ध्व मूर्ति है| महासर्प की मरोड़ों जैसा उनका वज्र देह पृथ्वी पर आकाश को उठाने वाला जैसे स्तम्भ हो|"

हनुमान ने भी देखते हुए कहा– "रामानुज लक्ष्मण! प्रणाम!!"

तभी मेघनाद का विशाल रथ तीव्र गति से लड़खड़ाता – सा लक्ष्मण की ओर लपका| तुमुल मेघ– गर्जना में मेघनाद ने कहा– "रामचन्द्र के छोटे भाई लक्ष्मण! यह ले, मैं आ गया| चला, प्रथम तीर तू ही चला| तेरे ये तीर रामबाण हैं न? तो मेरे तीर रावण बाण हैं| रामबाण और रावणबाण का यह दृश्य तथा अदृश्य युद्ध है – युद्ध| जय दशानन!"

लक्ष्मण ने पुकारा– "जय श्री राम!"

और एक ही क्षण में दोनों ओर से बाणों की बिजलियाँ कौंध उठीं| गगन धनुषों की प्रत्यंचाओं की गगनभेदी ध्वनियों से भर उठा और दिशाएं जैसे भयत्रस्त होकर स्वयं में ही मूढ़ हो गयीं| राक्षसों के यूथ वानरों के यूथों से जा भिड़े| तभी मेघनाद ने चीत्कार किया– "नहीं ..... न राक्षस और न वानर– हम दोनों| यह लक्ष्मण और मैं इन्द्रजीत मेघनाद| यह युद्ध हम दोनों का है, और किसी का नहीं| मेरा युद्ध दशानन रावण के नाम का है|"

लक्ष्मण ने पुकारा– "मेरा युद्ध श्री राम के नाम का है| वानर जाति के लिए है| आर्य संस्कृति और वैदिक वर्णाश्रम धर्म के लिए है| बढ़ बढ़ कर न बोल मेघनाद! रणभूमि में केवल बाण ही बोलते हैं , खड्ग ही नाचते हैं|"

✦✦✦

श्री राम ने अपलक श्री लक्ष्मण को मेनाक पर्वत की भांति रणभूमि में खड़े तथा धुआँधार बाण – वर्षा करते हुए देखा| मेघनाद ने अपने विशाल रथ से समूची वानर सेना को ही बाणों से आवृत कर दिया| वानर यूथपति, महारथी तथा भट्टवीर वानरों ने भीमकाय पाषाणों की सतत् वर्षा से मेघनाद के रथ को खलबला दिया। बजरंग बली हनुमान ने भीम वृक्षों की निरन्तर मार से मेघनाद के रथ के अंग– अंग को विश्रृंखलित कर दिया और महारथी अंगद ने एक ही ठोकर से रथ को भूमिशायी कर दिया| मेघनाद तनिक चकित, तनिक स्तम्भित सा पलक में अदृश्य हो गया| गगन मण्डल के परे और व्योम में स्थित हो वह त्रिपुरारी अस्त्रों से रणभूमि पर अग्नि की वर्षा करने लगा| श्री राम तब कुछ चमके , सहमे और सहसा जाग्रत होकर स्वयं से ही बोले– "सावधान लक्ष्मण ! वीर मेरे, सावधान!"

लक्ष्मण ने शीघ्र ही पास आती हुई श्री राम– वाणी सुनी और बोले – "आप पास हैं तो मैं जाग्रत हूँ, सावधान हूं किन्तु यह मेघनाद....."

"अस्त्रों से अदृश्य आक्रमण कर रहा है|" श्री राम ने कहा– "असुरों की यह अत्यन्त गुप्त रण विद्या है| मानव शस्त्रों से, असुर अस्त्रों से तथा देवता वाणी से ही युद्ध करते हैं| देखो ..... देखो|"

श्री लक्ष्मण ने एक प्रज्वलित से स्वयं दीप्त अस्त्र को वायुवेग से आते हुए देखा और उसको अभिमन्त्रित रामबाण से बरजते हुए चिल्लाये– "राम! श्री राम!"

हनुमान ने उछलकर लक्ष्मण को थामा– "राम – रक्षा करो राम!"

लक्ष्मण मूर्च्छित होकर धराशायी हो गये| श्री राम चिल्लाये– "लक्ष्मण – लक्ष्मण! क्या ...... क्या हुआ ?"

मेघनाद का स्वर व्योम से गगन– मण्डल को गहराता हुआ सुनायी दिया– "मर गया– और क्या हुआ? जय! जय दशानन महाराज राजराजेश्वर राक्षसाधिपति रावण की जय! रामचन्द्र अब तेरी बारी है| पिताश्री के एक ही गदा– प्रहार से तेरा रामबाण– तरकस चूर– चूर हो जायगा|"

अंगद ने गगन में उछलते हुए कहा– "ठहर मेघनाद!"

मेघनाद ने कहा– "लक्ष्मण की चिता रचाओ, वानर राजकुमार अंगद! इस राम ने तुम्हारे पिता को छल से मारा था| मैंने उसका बदला ले लिया है| निस्संदेह महाराज रावण युद्ध जीतने के पश्चात् तुमको वानर– नरेश बनाएंगे| मैं स्वयं तुम्हारे तिलक के लिए आऊँगा|"

अंगद ने गगन में ऊर्ध्वगति से उछलते हुए फिर कहा– "तू रामबाण से बच नहीं सकता मेघनाद!"

"लोहे का टुकड़ा– बूंठा– और क्या!" मेघनाद ने कहा– "हम चल दिये| आज लंका लक्ष्मण की चिता को जलांजली देगी|"

श्री राम ने सहसा सिर धुनकर चीत्कार किया – "लक्ष्मण भैया...... ! महाराज सुग्रीव ! लक्ष्मण को क्या हुआ ?"

महाराज सुग्रीव ने श्री राम को ढाढ़स बँधाते हुए कहा– "मूर्च्छा....... तीव्र सघन मूर्च्छा?"

"मृत्यु– मूर्च्छा?" विभीषण ने कहा– "सुषेण!– वैद्यराज सुषेण– उनको मेरा सन्देश दो| शीघ्र|"

महाराज विभीषण के साथ आये सामन्त ने कहा– "जी, यह गया| सुषेण यों घायल राक्षसों की सुश्रुषा से लिए रणभूमि में आने ही वाले हैं|"

विभीषण ने रणभूमि के ओर – छोर को देखते हुए कहा– "वह– वह तो नहीं? वैद्यराज का कमल– पहियों का ही रथ है न? तब तो वही हैं| "सुषेण!" महाराज विभीषण स्वयं ही सुषेण के रथ की ओर भागे| श्री राम ने मन ही मन प्रार्थना की– दुर्गे– दुर्गे! .... मैं तेरा दासानुदास हूँ| लक्ष्मण को जीवन– दान दे| मेरी आयु में से लेकर भी लक्ष्मण को दीर्घायु कर, जगदम्बे|"

रणभूमि का आकाश तभी मेघों से छाने लगा| दिशाओं को ललित कर विशाल मेघ झूम– झूम उठे| विलक्षण अँधियारा छा गया| ओर– छोरहीन से वानर सैन्य के प्रत्येक वानर वीर का चिन्तातुर मस्तक स्वतः ही झुक गया| महाराज सुग्रीव मूक– मूढ़ से चिन्तामग्न श्री राम की पीठ के पीछे ठाड़े रह गये| अंगद ने सिर धुनाया और चीत्कारपूर्वक कहा– "मेरे आदर्श वीर महाबाहो लक्ष्मण महोदय! श्रीमन! मेरे! यह ...... यह क्या हो गया, महाराज सुग्रीव! चाचाजी?"

महाराज सुग्रीव ने कहा– "रणभूमि की प्रवृत्ति तार्किक नहीं होती, अंगद! धनुर्धारियों की अचूक कुशलता ही रणभूमि का प्रारब्ध है|"

विभीषण सुषेण के साथ भागे हुए आए-"राम! राघव! प्रभो! सुषेण!"

श्री राम ने सुषेण को निहारा– "वैद्यराज! मेरे प्राणप्रिय अनुज लक्ष्मण को बचाओ– यही .... यही मेरी साग्रह प्रार्थना है|"

सुषेण ने घुटनों के बल होते हुए कहा– "राघव आर्य राम! आदेश दीजिये| वैद्य तो जातियों, कुलों और वंशों का सेवक नहीं होता– प्राणीमात्र का निस्वार्थ सेवक होता है| वैद्य जीवन वैद्य है, आयुर्वेद का शिष्य है|"

श्री राम ने कहा– "इस समय तो आप वैद्यराज आप हम सबके इष्ट हैं| लक्ष्मण को कुछ भी हो गया तो मैं अयोध्या वापस नहीं जा सकूँगा– सीता को पुनः प्राप्त नहीं कर सकूँगा| मैं अग्नि स्नान कर लूँगा, वैद्यराज!"

सुषेण ने नेत्र अर्धोन्मीलित करते हुए कहा– "प्रारब्ध! जैसी अश्विनी कुमारों की इच्छा| जैसी चन्द्रमौलीश्वर की अनुकम्पा|"

"चन्द्रशेखर आशुतोष!" श्री राम ने नयन बन्द किये, प्रार्थना की– "मेरे लक्ष्मण को बचा दो, हे ओढ़रदानी! मैं उर्मिला और सुमित्रा मैया को क्या मुँह दिखाऊँगा?"

सुषेण ने नयन खोले; शान्त– गम्भीर स्वर में कहा– "संजीवनी, कोई संजीवनी ले आये तो....... तो लक्ष्मण बच सकते हैं|"

"संजीवनी?" हनुमान ने पूछा|

"हिमालय के श्रृंग पर दिव्य औषधि है|" सुषेण ने कहा– "वायुवेग से कोई जाकर सूर्योदय से पूर्व उसे ले आये तो मैं त्रिपुरारी चन्द्रमौलीश्वर का स्मरण कर उसको इस वीर को पिला सकता हूँ– संजीवनी का अमृतिकरण तो मैं पलभर

में कर दूँगा| यह संजीवनी का दिव्य महारसायन है– कौन? हनुमान जी? वही–
जिसने लंका जलाई थी?"

हनुमान ने कहा– "वही| क्यों? राम प्रभो! आज्ञा?"

श्री राम ने कहा– "विशाल समुद्र लांघकर लंका को आनन– फानन में भस्म
करने वाला महान हनुमान ही संजीवनी ला सकता है|"

हनुमान ने सिर धुनाया; किलकारी की– "जय श्री राम!"

सबने आश्चर्याभिभूत होते हुए देखा – हनुमान विराट् होकर विशाल मेघ
से गगन में मंडराने लगे और फिर सूक्ष्म होकर एक जगमग तारे की भांति
नागाधिराज हिमालय की ओर अदृश्य हो गये| तिमिराच्छन्न आकाश मानो
हनुमान को ही निगल गया| श्री हनुमान– बजरंगबली, अंजना सुनू, वायुपुत्र,
महाबली हनुमान हिमालय की ओर निःशब्द उड़े| गगन मण्डलों के परे, व्योमों
के पार, आकाश मार्ग से सिद्धि– स्वामी, नवनिधि से सम्पन्न श्री हनुमान, श्री
राम के भी दृष्ट, उदधि, उत्क्रमक हनुमान अदृष्य ही, वायु से भी अत्यंत द्रुत
गति में प्रभंजन की चाल चले| रात्रि का प्रथम प्रहर प्रायः समाप्ति पर था और
अनन्त ब्रह्माण्डों की निहारिकाओं में देव– देवांगनाएँ आलिंगनबद्ध सोये पड़े थे|
आकाश के अवकाश में डुबकी लगाकर श्री हनुमान सीताजी के शोक को हरने
वाले श्री रामदूत हनुमान, हिमालय के श्रृंग की ओर उभरे नागाधिराज हिमालय
का विस्तृत सघन शान्त तिमिरलीन गगन– मण्डल मानो झलक उठा| हनुमान
चिद्घन रेखाकृति से नागाधिराज के कैलाश की दिव्य चोटी की ओर लपके|
व्योम में उभर– उमड़ कर हनुमान कपीश्वर एक ज्योति – तीर की भांति दिव्य
श्रृंग से जा लगे| मन ही मन "जय श्री राम !" की तुमुल हर्ष ध्वनि करते हुए हनुमान
ने दिव्य औषधियों से पटी– ठठी श्रृंग के सपाट विस्तार पर ज्योति– लहर के
समान उछलते हुए अपना चरण धरा, दिव्य, दिव्य, दिव्य जगमग जगमगाहट
दिव्यतम दिव्यतम, सुन्दर, सुन्दरतर सुन्दरतम| हनुमान पलभर अपलक दिव्य
औषधियों के कानन को निहारते रहे– संजीवनी? क्या? कौन? हनुमान अपने
ही मूक प्रश्नों की अजपित ध्वनि में डूबकर सकपका गये– हक्का – बक्का हो
गये| संजीवनी? हे अमृतशालिनी! हनुमान मन ही मन पुकार उठे– "दर्शन दो,
अमृतधाम परात्परे! हे अश्विन कुमारों की चिर परिचिते! हे विष्णु प्रिये! हे शंकर–
वल्लभे! दिखो.... दर्शन दो|"

श्रृंग का आकाश को छूता हुआ श्रृंग सपाट दिशाओं के आलोकित मौन से भर गया और सप्त सिन्धुओं की तरंग– मालाएं मानो हहर कर बोल उठीं– "दर्शन दो महादेवि! शिवे! करुणा करो| रामानुज राम का जीवन मृत्यु की मूर्च्छा में डूब रहा है– करुणा करो माँ|" हनुमान को लगा दिव्य औषधियों का कानन मानो स्वयं ही निद्राधीन है| काल की चादर ओढ़े दिव्य औषधियां श्री हरि के चरणों में सो रही थीं| हनुमान रोम– रोम में सिहरे– "तब, तब मैं श्रृंग! तुझे ही उठा ले चलता हूँ| राम के चरणों के दर्शन मैंने कर लिए हैं| तू और तेरी यह दिव्य औषधियों में संजीवनी प्रत्यक्ष न हो तो मैं समूचे तुझे हे श्रृंग! उठा ले चलता हूँ| समय नहीं है कि मैं तेरे अहम् को प्रसन्न करने के लिए निवेदन करता रहूँ, नहीं| हे राम! मुझे शक्ति दो– शक्ति|"

दूर– दूर– सुदूर अत्यन्त दूर और पास– पास अत्यन्त पास कोई जैसे परावाक् में बोला– "संजीवनी अश्विनीकुमारों को ही प्रत्यक्ष है तथा सुषेण को ही ज्ञात है| अमृत कुम्भ के पात्र वैद्य मनीषी ही संजीवनी को देख सकते तथा उसको जीवन-दायिनी औषधि में परिवर्तित कर सकते हैं| संसार के महाविषों की साम्राज्ञी संजीवनी बूंटी महामृतमयी है किन्तु इसको वही वैद्यराज ग्रहण कर सकता है जो स्वयं धन्वन्तरी का मूर्तिमान स्वरुप हो|" हनुमान अपने अन्तरात्मा की इस ध्वनि– प्रतिध्वनि को सुनते रहे|

और फिर रोम– रोम में जाग्रत होकर हनुमान पीछे सरके तथा गगन में स्थित होकर पल में समूचे श्रृंग को ही उठाकर व्योम में उछले, अन्तरिक्ष के व्योमों को पार कर पुनः आकाश मार्ग से लंका की ओर उड़े|

दिव्य औषधियों से जड़े– मढ़े श्रृंग शिखर सहित महाबली हनुमान तीव्रतम द्रुततम गति से उड़े, लंका की रणभूमि की ओर जहाँ लक्ष्मण मृत्य– मूर्च्छा में ढले पड़े थे और श्री राम वानर सामन्तों, सेनापतियों, यूथपतियों से घिरे आसन्न और खिन्न– दिगन्त के पार अंधकार को चीरकर हनुमान की प्रतीक्षा कर रहे थे| बीच– बीच में सिर धुनाकर श्री राम सहसा स्वयं से ही चीत्कार सा कर उठते थे– "मैं-मैं माताओं को– सुमित्रा माँ को, वत्सला उर्मिला को क्या मुँह दिखाऊँगा? क्या? सीता तुम्हारे हरण से मुझे एक कलंक लगा और दूसरा यह| मेघनाद! तुम्हारे बाणों को यम ने बूँठे क्यों नहीं कर दिये? लक्ष्मण! उठो– क्या सोये हुए हो? देखते नहीं, वानर सैन्य तुम्हें टेर रहा है| उठो, मेरे भटु, मेरे वीर, मेरे प्राणप्रिय लक्ष्मण! उठो|"

सुषेण ने कहा– "धैर्य श्री राम! धैर्य|"

"धैर्य?" श्री राम चिहुँके– "धैर्य ही तो वैद्यराज! धैर्य कैसे धरूँ? यह लम्बा वनवास हमने – सीता ने और मैंने-भाई लक्ष्मण की अहर्निशि रखवाली तथा सेवा से ही काटे हैं| लक्ष्मण हमारा इस वनवास में सब– कुछ– सेवक, साथी, मित्र तथा रक्षक रहा– सभी कुछ रहा है और आज तो वह हमारा प्राण हो गया है| हनुमान! मेरे हनुमन्ते! कहाँ हो?...... लौटो– संजीवनी लेकर लौटो| ब्राह्म मुहूर्त होने में कुछ ही प्रहर शेष हैं– हनुमान! लंका लौटो|"

क्षितिज के अंधकार में सहसा आभा फैलने लगी| झबक– झबक– जगमग – जगमग दिव्य आभा ने मानो दिवस प्रतिनिभा फैलाना आरम्भ किया और उसमें नील ज्योति पुंज से हनुमान लुढ़े, चले आते दिखने लगे| राम खड़े हो गए "वह– वह हमारा हनुमान आ रहा है| महाराज सुग्रीव! हनुमान आ गया– ले आया....... दिव्य संजीवनी|"

सुषेण भी खड़ा हो गया, आश्चर्यचकित होते हुए बोला– "दिव्य श्रृंग ही उठा लाया है! मैं ही उसे संजीवनी का परिचय देना भूल गया था– परन्तु दिव्य औषधि तो सिद्ध धन्वन्तरी वैद्य तो ही प्रत्यक्ष व्यक्त होती है| धन्य, वीर हनुमान! धन्य!!"

महाराज सुग्रीव ने रणभूमि में सहज ही उतर कर खड़े होते हुए हनुमान से पूछा– "बड़ी देर लगी हनुमन्ते ?"

"अयोध्या के ऊपर से उड़ रहा था कि नंदीग्राम से एक तीर आकर मुझे लगा|" हनुमान ने दिव्य श्रृंग श्री राम के चरणों में धरते हुए कहा– "महाराज भरत ने सोचा कि कोई राक्षस रणभूमि में राम– लक्ष्मण की हानि करने के लिए यह विशाल श्रृंग ले जा रहा है|"

श्री राम बमके– चिहुँके– "भरत ने यह किया? बाण मारा?"

हनुमान ने साष्टांग प्रणाम करते हुए कहा– "जी, प्रभो! किन्तु अपने विलक्षण गति बाण से यहाँ पहुँचा भी दिया– श्रृंग सहित| महाराज भरत को मैंने युद्ध सम्बन्धी समाचार दे दिए हैं और कह दिया है ; श्री राम अयोध्या शीघ्र ही लौटेंगे|"

श्री राम– "लक्ष्मण! लक्ष्मण जी उठे, हनुमान! तभी मैं सीता सहित अयोध्या लौट सकूँगा| रावण अब समस्या नहीं– लक्ष्मण का जीवन| वैद्यराज सुषेण! शीघ्रता करो| संजीवनी आप पर प्रसन्न हो|"

सुषेण ने श्रृंग के झुंडों से सत्वर संजीवनी को खोज लिया तथा नयन बन्दकर प्रार्थना की– "आयुर्वेद की हे ज्ञानेश्वरी! प्राणेश्वरी! जीवनेश्वरी प्रगट हो। अपने इस दासानुदास पर प्रसन्न हो....।" दिव्य संजीवनी अपनी ही दिव्यतम आभा में डूबकर प्रगट हो गयी।

◆◆◆

वैद्यराज धन्वन्तरी सुषेण ने दिव्य संजीवनी का अमृतीकरण किया और त्रिपुरारी शिव का ध्यान कर मूर्च्छित लक्ष्मण को पिलाई– तनिक बलात् पिला दी। अमृत संजीवनी के कण्ठ के नीचे उतरते ही लक्ष्मण मानो मृत्यु की घोर मूर्च्छा से घोर अतल से ऊपर जाग्रति में उभरने लगे। शरीर में व्याप्त मृत्यु की मूर्च्छा मानो दिव्य अमृताग्नि में जल उठी और श्री लक्ष्मण अपने स्वप्न– लोक में जाग जाने लगे। ओमकार का नाद रोम – रोम में होने लगा। रग– रग में– ॐ भू भूर्व स्वः ओम जन महतप सत्व ओम का जाप आरम्भ हो गया– स्वतः ही। गायत्री छन्द स्वतः ही जाग उठा और श्री लक्ष्मण जीवन– चेतना में जागते हुए महागायत्री छन्द का जाप कर उठे। ॐ नाद रग – रग में फैलकर सम्पूर्ण गायत्री के आरोह– अवरोह में बदल गया। भूर्वस्वः, लक्ष्मण का शरीर रोम– रोम में, रग– रग में झंकृत होने लगा और द्विदल में महजन तप सत्व लोक की चिद्घन ज्योतियाँ एकाकार होकर व्यक्त हो उठीं। क्षीरसागर, कमला, श्री हरि– लक्ष्मण ने अपने गहन अन्तःकरण में परावाक में कहा– "श्री हरि! ॐ हरि।"

श्री विष्णु, विष्णु महाविष्णु ने अभय वरद हस्तलाघव उठाते हुए कहा– "शेष! जीओ! इच्छा मृत्यु और इच्छा वर बनो। कल्याण हो! मैं– मैं श्री राम के मनुज स्वरुप में हूँ जो। जय! श्री राम की जय!"

श्री राम की यह अतेन्द्रिय जय हनुमान के चिदाकाश में ध्वनित होकर वैद्यराज सुषेण के अन्तःकरण में प्रतिध्वनित हो उठी। श्री लक्ष्मण के भव लोक में जीवन जाग्रति का कम्पन होने लगा। श्री लक्ष्मण का भव लोक शान्त अभय के आलोक से भर उठा और मृत्यु की मूर्च्छा स्वयं ही उस शीतल अग्निमय ज्योति से जलने लगी। लक्ष्मण के रोम-रोम हिले, सिहरे और रग-रग कांप उठी। मन्द मन्द्र उत्स से लक्ष्मण के एक लोक में संजीवन साक्षात जीवनामृत की भांति भरने लगी और लक्ष्मण ने अपने कारण शरीर में मृत्यु की इच्छा के बीजों को ही चबा लिया। लक्ष्मण अपने कारण, स्वप्न और जागृत शरीर में संजीवित होने लगे। जगत

का यह लोक जनलोक की तपःपूत शक्ति के साथ स्वस्थ होने लगा| तप लोक सत्य से सच्चिदानन्द आनन्द की उर्मियों से लहर उठा| जगत का शिव कल्याण की कामेश्वरी शक्ति सहित लक्ष्मण के मन में, प्राण में, बुद्धि में अहं तथा आत्मा में जाग गया तथा लक्ष्मण के शरीर के सभी प्राण, सभी तत्व और पंचभूत विलक्षण अमृत संजीवनी से परिपूरित हो गये| "राम ! मेरे राम! सीता भगवती कल्याणी माँ! माँ सुमित्रे!" लक्ष्मण का अन्तःकरण बोल उठा– "राम!"

लक्ष्मण अपने त्रिपुर में सस्वस्थ, संजीवित तथा सम्पूर्ण आरोग्य में रमे हुए जागे तथा उठते हुए बोले– "मैं– मैं कहाँ हूँ? रणभूमि में? मेघनाद! ठहर– मैं अभी आया|"

लक्ष्मण उठ बैठे| श्री राम ने अश्रुपूरित नयनों से लपककर लक्ष्मण का आलिंगन किया– सिर सूँघा और कहा– "सुषेण वैद्यराज धन्वन्तरी! आपका आभार! मैं...... मैं राघव रामचन्द्र आपका सदैव कृतज्ञ हूँ– रहूँगा| आपने लक्ष्मण के प्राण बचाये हैं|"

सुषेण ने शान्त प्रसन्न मुख मुद्रा में कहा– "राघव राम! हनुमान ही लक्ष्मण जी के प्राणदाता हैं|"

"नहीं|" हनुमान ने चीत्कार किया– "राम हैं, राम| मैं जानता हूँ– मेरे राम ने ही अनुग्रह किया है|"

सुषेण ने चमत्कृत होते हुए कहा– "संजीवनी आप इतना शीघ्र अतुलित पुरुषार्थपूर्वक न लाते तो मैं क्या करता? राघव रामचन्द्र क्या करते?"

हनुमान ने दीन आर्त स्वर में कहा– "आप वैद्यराज! मेरे राम को नहीं जानते| यह राघव राम, राम हैं| घट– घट व्यापी, दीनबन्धु, करुणानिधान राम हैं| राम, तेरी जय – जय हो! जय राम– सीताराम!"

हनुमान नाच उठे| उनके पिंग विशाल नयनों में से गंगा और यमुना की तरंगों के समान अश्रुधारा बह उठी| श्री राम ने हनुमान को छाती से लगाते हुए कहा– "हनुमान! बस! हनुमन्ते, शान्त! तुम संजीवनी लाये , वैद्यराज जी सुषेण ने उसको सिद्ध किया और अपना लक्ष्मण पुनः जैसे जी उठा|"

महाराज सुग्रीव ने कहा – "वैद्यराज सुषेण! किष्किन्धा नगरी में आपका श्वेत विमान ही होगा– अवश्य|"

वैद्यराज सुषेण ने कहा– "धन्यवाद, महाराज ! किन्तु मैं अपनी कुटीर में ही सन्तुष्ट हूँ। मैं राज्यों तथा जातियों, वंशों और कुलों का अनुदानित वैद्य नहीं हूँ। मैं धन्वन्तरी का शिष्य हूँ। श्री हरि का उपासक तथा प्राणीमात्र के कल्याण के प्रति अर्पित वैद्य हूँ। मुझ पर औषधियों की कृपा है, दिव्य औषधियों का मुझ पर अनुग्रह है आप श्री हरि विष्णु की दया है।"

महाराज विभीषण ने सुषेण को श्रद्धापूर्वक निहारते हुए कहा– "धन्य ! वैद्यराज, धन्य!"

श्री राम बोले– "वास्तव में ही धन्य !"

सुषेण ने श्री राम के चरणों में प्रणाम करते हुए विनीत स्वर में कहा– "महाशय धनुर्धारी वीरवर आपके अनुज लक्ष्मण देव का प्राण उभर सका तथा उन्हें दीर्घतम जीवन प्राप्त हो सका– इसे मैं अपना परम सौभाग्य मानता हूँ। आज श्रीमद् की ही कृपा से यह असम्भव– सा सम्भव संजीवनी कार्य सम्पन्न किया जा सका। यह महाकाली त्रिपुर सुन्दरी – महा त्रिपुरी का विशेष अनुग्रह ही है, श्री राम, राघव!"

श्री राम ने कहा– "तथास्तु ! वैद्यराज ! आप भव बन्धन से मुक्त होकर परम शिव के श्री चरणों में लीन हों– यही मेरी आपके प्रति शुभकामना है। श्री हरि से मैं यह प्रार्थना करूँगा। लक्ष्मण के प्राण उबारकर आपने मुझे और समस्त इक्ष्वाकु कुल को चौदह भुवनों का राज्य ही प्रदान कर दिया है। आपके इस उपकार का प्रतिदान सम्भव ही नहीं है। और हनुमान? हनुमान जी का यह दूसरा मेरे प्रति अनुग्रह है– कृपा है। हनुमान! आज से मैं तुम्हारा निष्ठ हूँ। तुम्हारा एक नाम "रामेष्ट" होगा – सुना?"

"प्रभो ! तर गया– भव सिन्धु तर गया । दया, प्रभो !" और हनुमान श्री राम के चरणों में लेट कर फफक-फफककर रोने लगे।

तभी लक्ष्मण ने कहा– "हनुमन्ते ! रोना तो मुझे चाहिये था, तुम्हारी बाहुओं में बन्धकर।"

हनुमान तपाक से उठे और लक्ष्मण को अपनी आजानुभुजाओं में बाँध लिया– "लक्ष्मण– राम, राम– लक्ष्मण– जय हो!"

❖❖❖

रावण ने आश्चर्यचकित तथा तनिक स्तम्भित होते हुए शुक से गर्जनापूर्वक पूछा– "क्या कहा? लक्ष्मण जी गया? सुषेण– वह वैद्यराज ? वह गया उपचार करने के लिए ? आश्चर्य है !"

शुक ने नमनपूर्वक कहा– "महाराज विभीषण जी ने सुषेण को बुला भेजा था|"

"विभीषण ने बुला भेजा था– हुँ|"– रावण ने पाँव पटकते हुए कहा– "परन्तु वह वैद्यराज गया क्यों? कैसे? मेघनाद को बुलाओ| हम इस विश्वासघात को सहन नहीं कर सकते| वैद्यराज सुषेण को भी उपस्थित करो – हमारे समक्ष| सुना?"

जैसे सहसा सुषेण ने द्वार पर नमन करते हुए कहा– "जी महाराज! राजेश्वर ! यह दास उपस्थित है|"

"तू सुषेण स्वयं ही उपस्थित हो गया?" रावण ने गर्जना की– "यह क्या सुन रहे हैं हम ? क्या लक्ष्मण जी गया ?"

"जी महाराज राजेश्वर!" सुषेण ने कहा– "वह हनुमान संजीवनी का शिखर ही उठा लाया|"

"क्या ? वह कपि? हनुमान? कैलाश– शिखर ही उठा लाया ? रावण ने आश्चर्यचकित स्तम्भित – सा होते हुए पूछा– "नहीं ...... असम्भव|"

सुषेण ने हाथ जोड़ते हुए कहा– "हनुमान असम्भव– सम्भव रामदूत है– भक्त है | महाबली है, प्रभो ! वानर है तो क्या हुआ? ज्ञानियों में अग्रणी और भक्तों में शिरोमणि है|"

"किसका भक्त है, यह कपि?" रावण ने पूछा|

"राघव रामचन्द्र का, प्रभो!" सुषेण ने कहा -"वह रामचन्द्र जी को श्री हरि विष्णु का मनुजावतार मानकर भक्ति करता है|"

"भक्त हनुमान – रामदूत हनुमान– ऊँह|" रावण ने सव्यंग्य हँसते हुए कहा – "हम उसको मरकट, कपि, वानर ही मानते हैं| तुमने उपचार क्यों किया?"

"जी , महाराज विभीषण ने बुला भेजा था|" सुषेण ने कहा|

"हमने उसको लंका से निष्कासित कर दिया था– तुमको ज्ञात न था क्या?" रावण गर्जा|

"राक्षस कुल का राजपुत्र सदैव राजपुत्र ही है और मैं एक वैद्य, लंका साम्राज्य का सामान्य नागरिक, उनको मना कैसे कर सकता था? फिर मैं प्राणीमात्र का सेवक वैद्य हूँ– धन्वन्तरी का भक्त हूँ, राजेश्वरी ! महादेवी दुर्गा का उपासक हूँ | मेरा कर्त्तव्य था कि मैं निस्वार्थ मानव मात्र, प्राणीमात्र की चिकित्सा करूँ| वह वानरराज मुझे किष्किन्धा में विशाल वैभव, अतुल ऐश्वर्य आदि देना चाहते थे| मैंने श्रीमानेश्वर के श्री चरणों की साक्षी से मना कर दिया था| मैंने कहा महाराज राजराजेश्वर दशानन द्वारा प्रदत्त कुटीर ही मेरा स्वर्ग है, विमान है, धाम है|"

"अच्छा? तो तुमने यह कहा ?" रावण ने स्वस्थ होते हुए पूछा– "परन्तु क्या लक्ष्मण जी गया?"

"संजीवनी दिव्यौषधि मृत को ही अमृत द्वारा संजीवित करती है– फिर लक्ष्मण तो शेषनाग के मनुजावतार हैं– ऐसा समस्त आर्यावर्त में प्रसिद्ध है|"

रावण ने पाँव पटके – "मूर्ख ! कौन ईश्वर का अवतार है, जब हम पृथ्वी पर उद्धवित हुए हैं? हम सुरों और असुरों , देवताओं तथा ईश्वरों के राक्षसावतार हैं|"

"जी, प्रभो ! अभय !" सुषेण ने कहा |

"अभय ? क्या करूँ ? हम तुमसे वचनबद्ध हैं | लंका– निवासी की तुम्हारी शर्त हमने मानी| तुमको बिना भेद भाव के सबकी चिकित्सा करने की स्वतन्त्रता हमने प्रदान की| क्या कहूँ? तुम निस्संदेह वध्य हो, किन्तु अभय के पात्र भी हो| तुमने किष्किन्धा की वैद्यराज की गद्दी ठुकराई है| जाओ– हमने तुमको अभय दिया | किन्तु अब जो ....."

"विधाता ऐसा अवसर ही न दे, प्रभो ! मेरे राज राजेश्वर!" सुषेण ने कहा – "महाराज राजराजेश्वर ! मैं राजा नहीं हूँ , मैं सेनापति या सामन्त भी नहीं हूँ | मैं वैद्य हूँ– प्राणीमात्र का निस्वार्थ चिकित्सक हूँ | मैं आत्मदाह कर सकता हूँ, किन्तु मेरा कर्त्तव्य नहीं छोड़ सकता|"

"हुँ .... बड़ा सन्त – सिद्ध बना हुआ है?" रावण ने पूछा|

"श्रीमान राजराजेश्वर महाराज दशानन की कृपा से|" – सुषेण|

24

रण – सज्जा से सजे धनुर्धर श्री लक्ष्मण ने राघव श्री राम को प्रणाम करते हुए कहा – "आशीर्वाद, प्रभो ! आज इन्द्रजीत को रणभूमि में पराभूत और परास्त ही नहीं, उसको समाप्त कर दूँगा | उसके वज्र – बाण के आघात की मृत्यु मूच्र्छा को मैं भूल नहीं पाता | लड़ता हूँ – घायल कर देता हूँ, किन्तु वह मायावी राक्षस अदृश्य होकर, दिशाओं में स्थित होकर युद्ध करता ही रहता है |"

"तुम भी करो, लक्ष्मण !" श्री राम ने कहा – "निर्मल चित्त तथा शान्त मेधापूर्वक मेरे धनुर्धर अपने अचूक बाण चलाते रहो | जय तुम्हारी होगी, भैया मेरे ! उर्मिला के सतीत्व की अमोघ शक्ति तुमको अभय और जय – दोनों देगी | इन्द्रजीत का समय ही अब कितना शेष है ? महाकाल तुम्हारी रक्षा करे, भगवती तुम्हारी रक्षा करे , भगवती दुर्गा तुम्हें जय दे, यश दे !"

लक्ष्मण ने पुनः श्री राम के चरण छूकर कहा – "जय तो राम की – जय राम !"

"जय श्री राम !" की ध्वनि प्रतिध्वनियाँ होकर गगन के गगन कँपा गयीं | समस्त विशाल और अपार – सा वानर सैन्य – "जय लक्ष्मण !" की गूँज से स्वयं ही प्रकम्पित हो उठा | प्रत्येक वानर वीर लक्ष्मण को रणभूमि के मध्य की ओर धीर – गम्भीर चाल से जाते हुए देखने लगा | लक्ष्मण का वज्र देह और पुष्ट बँट खाये हुए शेषनाग के सुगठित कुण्डल – सा था, जो वनराज की चाल चल रहा था| हनुमान, अंगद, नल – नील सब वरिष्ठतम वानर – सामन्त लक्ष्मण को घेर कर चल रहे थे | गदाओं के विशाल नारिकेल फल जैसे गुम्मटों से उनके कन्धे सज्जित थे | मानो इन्द्र स्वयं लक्ष्मण के स्वरुप में समस्त असुरों पर प्रत्याक्रमण करने जा रहे हों | लक्ष्मण के एक – एक पाँव धरने पर धरती मानो हुमसने लगी | दिशाएं मानो उनचास पवनों की गतियों के संगीत को सुनना छोड़कर लक्ष्मण के चरणों की आहटों का मौन गीत सुनने लगीं | दिक् स्तब्ध होकर स्वयं में ही स्थित हो गये – अपलक हो गये | वानर महारथियों के विशाल और वज्र– दृढ़ स्कन्धों पर टिकी उत्सुक गदाएं मानो पर्वतों के भार से भरी थीं| समस्त वानर दल दूर– सुदूर– पास वर्तुलों में इस विलक्षण युद्ध को देखने के लिए लालायित खड़ा हो गया| महाराज सुग्रीव गगन में तन उठे– विशालकाय हो उठे जैसे| 'वीरवर

लक्ष्मण' एक-ध्वनि-प्रतिध्वनि महाराज सुग्रीव के अन्तःकरण के चिदाकाश में उठी– "वाह ! भटु वाह ! धन्य भट्टारक , धन्य !"

लक्ष्मण को लगा, करोड़ों आँखें अपलक उनको देख रही हैं, निहार रही हैं – घूर रही हैं। तनिक मिचीं– तनिक विस्तृत, तनिक उन्मीलित– तनिक अपलक कोटिशः नयन धरती पर लक्ष्मण और आकाश में अदृश्य इन्द्रजीत को देखने लगे। श्री राम पद्मासनबद्ध भगवती दक्षिण कालिका के ध्यान में स्थित स्वाँस– प्रस्वाँस में क्रीं, क्रीं, क्रीं का मन्त्र -जाप करने लगे– "दक्षिणे कालिके !" श्री राम का रोम– रोम स्थिर होकर पुकारने लगा– "जय दे यश दे ! हे महादेवी ! मानव जाति को दुःख देने वाले, त्रसित करने वाले, प्राणियों का अहर्निशि अकल्याण करने वाले दस्युओं का नाश कर। सीता को असह्य यातना देने वाले अधर्मियों अत्याचारियों को अब सम्भाल – उनको पराभूत कर, कल्याणी !"

तभी धरती पर लंका की ओर से उठा धूलि का मेघ मानो रणभूमि पर इतरा कर छाने लगा। मेघनाद के विशाल रथ के पहियों की रगड़ से क्षुब्ध धूलि बादलों सी होकर एक मेघ– वितान का रूप धर लक्ष्मण की ओर लपकी। लक्ष्मण ने रणभूमि के केन्द्र में अडिग स्थित होकर बाण चलाया– "मेघनाद ! सावधान! लक्ष्मण के बाण से प्रलय का प्रभंजन मानो व्यक्त होकर गुर्राने लगा।" चिक्कारों के साथ वह मेघनाद के रथ पर उतर आया। मेघनाद ने अरभरा कर भीमनाद किया– "लक्ष्मण! छोकरे ! यह मैं आया-मरा नहीं-अब मरा ही समझ। तू! मानव! मानव राक्षस से जीत सकता ही नहीं। यह लो" मेघनाद ने एक बाण संधान कर छोड़ा– धूल के विशाल मेघ मानो बाण पर बिराज कर गगन के गगन पार कर व्योमों में अदृश्य हो गये। लक्ष्मण ने सस्मित कहा– "सभी मानव हैं, इन्द्रजीत! राक्षस भी मानव ही हैं। परमात्मा भी मानव – स्वरुप है– राम ! जय श्री राम !"

"राम मानव स्वरुप ?" मेघनाद ने चिल्लाकर कहा – "राम हाड़ – माँस का पुतला मानव है। परमात्मा ? नहीं। महादेवी ! परमेश्वरी ! देवताओं का रूप धरती हैं – मानव का नहीं – नहीं। जय दशानन !"

इन्द्रजीत मेघनाद तथा लक्ष्मण का युद्ध शुरू हुआ, खिंचा, छहरा और फिर छहरा होकर जमा। वानरों ने देखा, मेघनाद कभी दिखता, कभी नहीं दिखता, कभी दिशा धुआँधार बाण वर्षा करता, कभी गगन के पार जाकर अस्त की मार करता। अचल और अडिग लक्ष्मण उसके प्रत्येक बाण को रामबाण से विकल

करते और मन ही मन मेघनाद के आगामी पैंतरे की जैसे धारणा कर अपने बाण कल्पित करते| दोनोँ ओर सैन्य का संघर्ष थम गया| दोनों ओर अपलक प्रतीक्षा उमड़ रही थी और उत्सुकता उभर रही थी| केवल श्री राम ध्यानस्थ स्थिर तथा स्वस्थ चित्त से परात्पर परमेश्वरी दुर्गा को, दक्षिण कालिका को– दस महाविधाओं को मना रहे थे| धनुर्वेद में मानो दस महाविधाओं से अद्दत सभी अपरा विधाएं लक्ष्मण के धनुष को मानो थामे हुई थीं| और लक्ष्मण को श्री राम– बाण जैसे स्वयं कालिका के अपार, अथाह, अमोघ नयन दीठि का ही बन गया था| इन्द्र को जीतने वाले मेघनाद के मन्त्र– सिद्ध बाण अस्त्र भी थे– शस्त्र भी अधिक थे किन्तु चाहे वह शस्त्र हो या अस्त्र, इन्द्रजीत उनको अपने विलक्षण कौशल से चला रहा था| लक्ष्मण कभी– कभी मानो ये पराभूत हुए– यह हुए, हो जाते थे और तभी हनुमान की किलकारी चीख उठती थी– "श्री राम – जय राम|"

श्री राम– नाम की अप्रत्याशित जय– ध्वनि मेघनाद ने कर्ण कुहरों से टकराई– जा घुसी| कान तक तना धनुष एक बार ही जैसे तनिक प्रकम्पित हो उठा| इन्द्रजीत मेघनाद एक अज्ञात भय से भर उठा| उसे लगा; जैसे ललजिव्हा घोर कालिका ही उसे घूर रही है और एक अनिवार्य अचूक पल धीरे– धीरे सरकती चली आ रही है| "नहीं..... नहीं|" मेघनाद ने गर्जना की– "जय दशानन!" महान राक्षसाधिपति रावण की जय ! पुकारते हुए उसने अपना सधा– सिद्ध बाण छोड़ा| किलकता, मिलकता, धँसता और धड़कता हुआ वह दिव्य अस्त्र बाण गगन के गगन चीरते हुए महारथी लक्ष्मण की ओर अचूक चला| लक्ष्मण ने पल में देखा– महाकाल ही बाण के स्वरूप में लपक आ रहा है| लक्ष्मण ने मन ही मन राम की पुकार की और रामबाण चलाया| रामबाण रामबाण को अधबीच थाम कर जैसे स्वयं ही प्रलयाग्नि की लपटें निसृत करने लगा और मेघनाद के पुष्ट विशाल वक्षस्थल की छाती में जा घुसा| मेघनाद के हाथ से धनुष छूट गया; तरकस के बाण बिखर गये और वह अपने क्षत– विक्षत रथ से धरती पर आ लुढ़का| लक्ष्मण ने मेघनाद के रथ को बाणों की बौछार से घेर लिया| "जय राम!" मेघनाद के घिरते ही रणभूमि चीत्कार कर उठी– "जय राम ! जय श्री राम! श्री राम! जय राम! श्री राम !"

श्री राम ने नयन खोले| महाराज विभीषण ने तभी नमनपूर्वक कहा– "मेघनाद, प्रभो ! गया– हाँ, राम! मेघनाद खेत गया| राक्षस वंश का महारथी विलक्षण योद्धा मेघनाद इन्द्रजीत गया|"

श्री राम ने महाराज विभीषण को घूरते हुए कहा– "मृत्यु किसे छोड़ती है ? मेघनाद का काल आ चुका था| जन्म और मृत्यु की घड़ियां विधाता की प्रशस्ति के अथ और इति हैं| परम तत्व का साक्षात् किये तक जन्मना ही होगा– मरना ही होगा, विभीषण!"

विभीषण– "इन्द्रजीत ने अत्याचार और अधर्म का साथ दिया; अन्यथा वह विशाल राक्षस साम्राज्य का अधिष्ठाता, अधिपति होने योग्य महारथी था|"

"राजसिंहासन धर्मधारण, न्यायपालन तथा प्रजा के मनोरंजन का सिंहासन है, विभीषण!" श्री राम ने कहा– "अतः राजपुत्र को तितिक्षापूर्वक न्याय का साथ देना ही होगा| अन्यायी? राजा स्वयं ही जल जाता है| अधर्मी नरेश स्वयं ही खज जाता है|"

''विभीषण-रावण के कुल का अन्तिम अतिरथी, महायोद्धा चल दिया। कहां, प्रभो!''

"यह तो विधाता ही जानती है, विभीषण! मैं नहीं, आप नहीं| कर्मानुसार लोक प्राप्त होते हैं तथा इच्छानुसार भव प्राप्त होते हैं|"

✦✦✦

रावण धक्, हत्प्रभ, चकित तथा अवाक् रह गया | स्तम्भित सा वह अपने सिंहासन पर मूर्तिवत् बैठा रहा| उसके नयन जैसे किसी गहन तिमिर में डूबकर अपलक हो गये| उसके विशाल आजानुभुज रह– रहकर काँपने लगे और उसके पतले किन्तु भरे हुए होंठ मानो बौरा उठे| "मन्दोदरी! .... मन्दोदरी ! सुना ?"

शुक ने नमनपूर्वक कहा– "धैर्य, महाराज!"

सारण ने भी विनीत आर्द्र स्वर में कहा– "राजपुत्र मेघनाद जी ने उत्तम, सर्वश्रेष्ठ वीरगति पाई है राजेश्वर!"

शार्दुल ने बार– बार नमन करते हुए कहा– "पुत्र धन्य! पिता और भी धन्य ! धन्य! राजर्षि इन्द्रजीत जैसे महारथी अतिरथी पराक्रमांक पुत्र पाकर आप माता– पिता धन्य हो गये| हाँ, राज-राजेश्वर!"

रावण ने सहसा दहाड़ते हुए कहा– "मेघनाद! कहाँ हो? क्या .... क्या तुम सचमुच खेत रहे...... ? बोलो|"

रावण की चीत्कार शीर्ण प्रतिध्वनि होकर झूमी– झिमी। तभी मन्दोदरी ने द्वार पर पुकार की – "महाराज, दशानन! महान! राक्षसराज! क्या ..... क्या मेरे प्राणों से भी प्यारा पुत्र मेघनाद गया?"

सहसा रावण ने स्वस्थ होते हुए कहा– "हाँ, रणभूमि में एक को खेत करना ही पड़ता है।"

"लक्ष्मण ने मारा उसको?" मन्दोदरी ने अवाक् होकर मानो पूछा।

"हाँ" रावण ने नयन मींच कर रोते हुए कहा– "उस लक्ष्मण ने। लक्ष्मण! तब.... तब क्या वह शेषनाग का अवतार है? मनुजावतार? जो पराक्रमांक, महारथी, अस्त्र –शस्त्र– धनी, धनुर्धर मेघनाद को बाण से भेध सकता है– वह...... वह अवश्य ही......."

मन्दोदरी ने चीत्कार की– "मैं-मैं कहती न थी; राम श्री हरि के अवतार हैं, लक्ष्मण शेषनाग के अवतार हैं | अयोध्या के राजकुल में श्री हरि ने ही राम, लक्ष्मण, भरत तथा शत्रुघ्न के रूप में अवतार लिया है | आर्यावर्त के ऋषि – मुनि, भक्त तथा सन्त – सज्जन सभी यही कह रहे हैं – मान रहे हैं | किन्तु आपने मेरी एक न सुनी | उस कालरात्रि सीता को निर्लज्ज होकर हर लाये और मेरे वंश का प्रायः नाश करवा दिया | दशानन ! तुमने यह क्या किया है ?"

रावण ने मन्दोदरी को घूरा ...... घूरा किया |

तभी दौवारिक ने पुकारा– "महाराज ! विभीषण जी का सन्देश लेकर कोई वानर सामन्त आपके दर्शन करना चाहता है |"

"कौन ? वानर ? वह हनुमान ?" रावण चौंका |

"जी नहीं, महाराज ! अंगद .... अंगद कहता है स्वयं को |" दौवारिक ने कहा– "जी |"

"अंगद ? बालि पुत्र ? लिवा लाओ |" रावण ने कहा – "आज बालि तुम होते तो यह वानर सैन्य हमारा होता | यह रणभूमि फूलों की सेज हो जाती | इन्द्रजीत ! राम को मारकर मैं तेरा प्रतिशोध करूँगा – लूँगा | रामचन्द्र ! तूने मुझे पहचाना ही नहीं | मैं अजेय हूँ | मुझे मानव ही रणभूमि में हुआ तो मार सकता है | और तू मानव रूप श्री हरि है |"

दौवारिक– "क्या आज्ञा है, प्रभो !"

“अंगद ? अंगद ही है वह ? लिवा लाओ |” रावण ने कहा – “रामचन्द्र को अंगद के द्वारा ही अपना अन्तिम रण– निमंत्रण भेजा जाय , तब | अब ...... अब, हाँ, कुंभकर्ण जो शेष है |”

तभी अंगद द्वार पर दिखा – “दशानन ! मैं बालि – पुत्र अंगद आपको नमस्कार करता हूँ – मैं दूत हूँ |”

“किसका ?” रावण बमका

“राघव श्री राम का – जय श्री राम !” अंगद ने पैर जमाते हुए कहा – “जय , महाराज सुग्रीव की जय !”

रावण ने मारे क्रोध के दाँत पीसे और तमककर फिर बमका– “यहाँ लंका में केवल हमारी ही जय बोली जाती है– बोली जाती रहेगी| इस पृथ्वी – भूतल पर जय सदैव राक्षसों की ही बोली जाती रहेगी| मानव नहीं, ऋषि – मुनि नहीं, संसार से भगोड़े तथा कथित सन्त नहीं, राक्षस ही वसुंधरा को भोगता है| क्योंकि वीर केवल राक्षस ही है| तुम्हारा मानव, आर्य, त्यक्त और राजसिंहासन से च्युत राजपुत्र राघव राम नहीं| एक चेरी के पीछे लंका पर चढ़ आया? क्या राजाओं और राजपुत्रों को स्त्रियों की कभी कमी रही है? नहीं – स्वयं तेरे राघव की तीन सौतेली माताएँ हैं– हैं न? तब राक्षसों और वानरों तथा प्राणीमात्र के परार्थ में सीता को क्या राम त्याग नहीं सकता था? एक पत्नीव्रती– ऊँह– नर कभी एक नारीव्रती रहा है? रह सकता है? नर स्वभाव से ही वृषभ है| हमारा अधिदेवाधिदेव इसीलिए वृषभ पर बैठता है|”

अंगद ने कहा– “दशानन! श्री राम को तुम नहीं समझोगे| तुम अभिमानी और व्यर्थ के अहंकारी, तुमने राक्षस नाम को पतित कर दिया| पर – स्त्री का हरण कर तुमने अपने वंश– नाश के सभी बीज बो दियें हैं। राम सभी अपराध क्षमा कर देते हैं, किन्तु स्त्री – अपहरण नहीं | फिर भी .....”

“फिर भी क्या........ ?” रावण ने कहा – “मेघनाद गया तो गया– वीरों की यही गति होती है| अभी तो कुंभकर्ण और अन्त में मैं बचा हूँ| कुंभकर्ण लक्ष्मण का कलेवा कर देगा और मैं तेरे राम को पाताल में टुकड़े – टुकड़े कर डाल दूँगा| मेरा देह मर नहीं सकता – अमृत है, अमृतमय यह वज्र से भी वज्र देह| सिद्धियों से द्दृढ तथा निधियों से अभिषिक्त यह मेरा शरीर अजर – अमर है|”

"काल भी अजर – अमर नहीं है, दशानन !" अंगद ने कहा – "राघव राम करुणानिधान ने मुझे अपना सत्वाधिकारी दूत बनाकर भेजा है।"

"उस मरकट हनुमान को क्यों नहीं?" रावण ने व्यंग्य हँसी हँसते हुए पूछा।

"हनुमान जी राजपुत्र तथा किष्किन्धा के सिंहासन उत्तराधिकारी नहीं हैं। मैं हूँ, ताऊजी! मैं अंगद। अतः आप जैसे नरेश से अन्तिम शान्ति वार्ता के लिए मुझे भेजा है। भगवती सीताजी को मुझे सौंप दो और मैं उनको श्री राम को सम्भला दूँ– बस। लंका का यह सर्वनाशी युद्ध समाप्त।"

"और ?" रावण गर्जा।

"सीता भगवती कल्याणी माँ सीता राम की हैं और किसी की भी नहीं हैं।" अंगद ने कहा – "वह परात्पर शक्ति का मानवीय नारी – स्वरुप हैं। तुम सीता की छाया को भी नहीं छू सकते। उनका कोमल दिव्य देह पंचभूतों तथा सभी तत्वों का दिव्यतम स्वरुप है। भगवती सीताजी में सृष्टि के सभी प्राण बसते हैं, सभी अग्रियाँ बिराजती हैं, सभी गतिविधियाँ प्रपन्न हैं। दशानन, ताऊ मेरे ! भगवती कल्याणी सीताजी से क्षमा माँगकर उनको मुझे सौंप दो। मैं उनको लेने तथा युद्ध की समाप्ति की घोषणा के लिए आया हूँ। महाराज सुग्रीव तथा समूचे वानर सैन्य ने इस प्रस्ताव की अनुमति कर दी है।"

"प्रस्ताव ? वानर सैन्य की अनुमति ?" रावण गुर्राया– "सीता का मैं राक्षस प्रथानुसार हरण कर लाया हूँ। हम राक्षस आदिकाल से कन्याओं और स्त्रियों का हरण, वरण तथा विजय करते आ रहे हैं। हठी, पुराण पंथी, दुराग्रही और अनीच्छुक स्त्रियों का हरण राक्षस– शास्त्र विहित है। सदाग्रही, इच्छुक तथा काम– मोहित स्त्रियों का हम राक्षस प्रसन्नतापूर्वक वरण करते हैं। कुल के घेरे में बन्दी किन्तु प्रीति के लिए उत्सुक स्त्री को हम युद्ध द्वारा जीतते हैं। समझा तू वानर ! इक्ष्वाकु वंश की सर्वोत्तम राजवधू का हरण ही किया जा सकता था। सीता हरण राक्षस जाति का आर्य जाति से प्रथम प्रतिशोध है। तेरे रामचन्द्र की यह हिम्मत कि वह मेरी भगिनी के नाक – कान काट दे ? मेरे राक्षसों का अतुलित संहार करता फिरे ? वनवास क्या हम राक्षसों के संहार के लिए था ? बोल ?"

अंगद ने शान्त स्वर में कहा– "अवश्यमेव– नर हरि श्री राघव रामचन्द्र का वनवास समस्त मानव जाति के लिए सक्रिय तपस्या है| आर्य सभ्यता के अन्यतम वैरी दशानन पृथ्वी पर बोझ है– भार है– प्राणियों के लिए भव – पीर है |"

रावण– "अंगद !"

अंगद ने कहना चालू रखा– "कोई अधर्म नहीं बचा, जो तुमने किया नहीं हो, रावण ! अन्याय अत्याचार तथा संहार और संघात, जो तूने किये हैं – उनकी तुलना नहीं है – उदाहरण नहीं है | प्रतापी इक्ष्वाकुवंश की शिरोमणि – चूड़ामणि वधू का हरण करना, धर्म, न्याय – नीति तथा मानव सद्बुद्धि का घोर अनादर करना है | अत्याचार और अधर्म की यह पराकाष्ठा का तेरा घोर पाप कर्म है, ताऊ रावण !"

"चुप कर नीच!" रावण गर्जा– "इस वानर छोकरे को कक्ष से बाहर फेंक दो|"

अंगद ने अपना पाँव धरती पर और गाड़ते हुए कहा– "पहले मेरे पाँव तो हिला दे, तब जानूँ| पहले मेरा यह अडिग पाँव हिला; फिर मुझे बाहर फेंकना, राक्षस !"

रावण ने आदेश किया– "इस मरकट के पाँव तोड़ दो|"

"तोड़ो नहीं, हिलाओ|" अंगद ने अट्टहास्यपूर्वक कहा– "मैं मरकट ही सही, पर तुझे बाँधकर यम को सौंप सकता हूँ| एक बार– अन्तिम बार निवेदन है, राक्षसराज ! भगवती भामिनी सीताजी को वापस कर दे– राम को वापस कर| मेरा राम, सीताजी के बिना जैसे जी ही नहीं सकते| हाँ, दशानन– ताऊ मेरे!"

रावण – "तो, तो और भी अच्छा है | सीता वापस नहीं हो सकती | चाहे मैं वंश सहित मर मिटूँ – नहीं |"

अंगद ने दहाड़ कर कहा – "मान जा, दशानन | हम वानर राक्षसों के हितैषी हैं| तू राक्षसों का अधीश्वर है | उनका समूल नाश मत कर | जो राजा अधर्म के मार्ग पर चलता है, वह स्वयं का और अपने वंश, कुल तथा जाति का नाश करता है | यह सृष्टि न्याय की गतिविधि है, यह जगत सनातन सत्य धर्म की ही अभिव्यक्ति है | मान जाओ, दशानन!"

रावण ने द्वार पर दिखे अनुचरों से दहाड़ कर कहा– "इस वानर को लंका से बाहर समुद्र में फेंक दो| सीता मेरे क्षत– विक्षत शव को लाँघ कर ही राम

को लौटेगी| राक्षस जाति मिट जायेगी– तो मिट जाये, मेरा वंश नष्ट हो जाये तो हो जाये, किन्तु सीता राम को वापस नहीं होगी| तू बाहुबली बालि का पुत्र है; इसीलिए मैंने तेरा यह वानर उपदेश सुना| तेरी यह हिम्मत कि तू मुझसे विवाद करे, शठ कहीं के|"

"रावण!" अंगद चिल्लाया – "अब अगर एक शब्द भी कहा तो मैं तुझे ही लंका समुद्र में फैंक दूँगा| सुना?"

"सुना| निकालो इस मरकट को मेरे समक्ष से हटा दो|" रावण चिल्लाया|

अंगद – "मैं अपनी स्वेच्छा से ही जाऊँगा| मेरा यह हिमालय सा अडिग पाँव तो हिला दे, दशानन! तब जानूँ| ठीक ही है| भगवती सीता तेरे क्षत– विक्षत शव को लाँघ कर ही श्री राम के चरणों में नतमस्तक होंगी| राघव राम ने मुझे शान्ति और मैत्री की अन्तिम वार्ता के लिए ही सर्वाधिकार सम्पन्न दूत की भांति भेजा था| श्री राम और हम वानर पृथ्वी पर अभय, शान्ति, न्याय और धर्म का धारण, पालन और पोषण चाहते हैं| मानव मात्र को मैत्री और स्नेह के अकाट्य सूत्र में पिरोना चाहते हैं| राम पृथ्वी का संहार, नाश, आग तथा अंधकार से छुटकारा कर दिव्य जीवों की ओर गतिविधि चाहते हैं| मान जाओ महाराज रावण!"

"चला जा, हट जा मरकट !" रावण ने सिर धुनाकर कहा|

अंगद ने अट्टहास्यपूर्वक कहा– "मुझे धकेलना होगा, रावण ! मैं तो यह खड़ा – हटा मुझे| जय श्री राम!"

अनुचर अंगद के पाँव को पकड़कर हिलाने लगे; किन्तु अंगद का पाँव एक तसु भी नहीं सरका| अनुचर पसीने में तर हाँफ उठे और भी महारथी आये, वे भी हाँफ उठे और आश्चर्यचकित हो खड़े हो गये| रावण विस्फारित नयनों से यह अघटन घटना देखता रहा– फिर जैसे जाग कर दहाड़ा– "अच्छा तब मैं ही इस मरकट का पाँव उखाड़े देता हूँ|" और रावण लपका, झपका– झपटा| अंगद के पाँव को थामने जैसे ही वह झुका, अंगद ने कहा– "महाराज दशानन! एक मरकट के चरणों में राजमुकुट न रखो| यह तो श्री राम के चरणों में ही पड़ेगा|"

रावण हड़बड़ाया| अंगद ने एक झपाटे से राजमुकुट को नीचे लुढ़काया तथा श्री राम की जय बोलते हुए वायुवेग से कक्ष के बाहर होते हुए कहा – "नमस्ते ताऊजी |"

❖❖❖

रावण ने आदेश दिया– "कुंभकर्ण को जगाओ| जगाओ उसको|अब वही राक्षसों को बचा सकता है| सुनते नहीं?"

दुर्धर ने नमनपूर्वक कहा– "कुंभकर्ण देव! अवश्य, परन्तु उनको जगाना? अत्यन्त दुष्कर है, प्रभो!"

"दुष्कर है? क्या?" रावण चिल्लाया– "उसको जगाना ही होगा| हमारे पुत्र–पौत्र, दोहित्र खेत रहे| सभी अतिरथी, महारथी, सेनापति मारे गये| हमारे ख्यात सैन्य का संहार हो गया– अब केवल कुंभकर्ण और हम शेष रहे हैं| तुम लोग बचे रहे हो| भूपाक्ष, प्रधस, तुम दुर्धर! त्रिपुरारी! यह क्या हो रहा है? क्या हो गया? तब क्या लोग सच ही कह रहे थे– यह राघव राम श्री हरि विष्णु का मनुजावतार है? हमें मारने के लिए ही पृथ्वी पर आया है| नहीं हम अजय हैं| आशुतोष देवाधिदेव शिव तुमने ही तो वरदान दिया था– दिया था| भूल गये?"

भूपाक्ष ने कहा– "राज राजेश्वर की शिव– साधना चौदह भुवनों में ख्यात है| अवश्य ही शिव – वरदान सत्य है|"

रावण ने कहा– "अटल है, अडिग है– अमोघ है| जाओ, कुंभकर्ण को किसी भी भांति घोंचकर, गोदकर, हड़बड़ा कर जगाओ – जाओ|"

दुर्धर– "जी, प्रभो ! हम यह चले– विरूपाक्ष को भेज दूँ?"

रावण– "क्यों? क्या अकेले हम रामचन्द्र से डरते हैं? शठ कहीं के! मिला हुआ है क्या शत्रु से?"

दुर्धर– "जी? नहीं-नहीं प्रभो ! मेरा शत्रु तो मैं स्वयं हूँ और हमने राज राजेश्वर की सेवा में जीवन बिता दिया है| आज्ञा हो तो मैं रामचन्द्र राघव को युद्ध में ललकारूँ|"

रावण ने सव्यंग्य कहा– "तू ललकारेगा? बड़े – बड़े योद्धा वानरों के प्रहारों से धरती पर ढल गये– अन्ततोगत्वा उस लक्ष्मण ने मेरे मेघनाद को बींध दिया| महाराज्ञी मन्दोदरी निपूती हो गई| ऐसे ऐन्द्रजालिक राम से तू लड़ेगा? नहीं– राम से तो मैं ही लड़ूँगा| यह राम– रावण– रावण– राम का ही युद्ध था, है और होकर रहेगा| अब हम निश्चिन्त और निर्भय होकर राम को ललकारेंगे|"

प्रधस ने कहा– "राम के लिए तो कुंभकर्ण देव ही यथेष्ट हैं| समूचे वानर सैन्य का संहार कर वह महाबली राघव राम को मुष्टिका प्रहार से धरती पर सुला देंगे|"

"यही, यही तो|" रावण ने कहा– "कुंभकर्ण ही हारती हुई बाजी को विजय में बदल सकता है| उसको सत्वर जगाओ| हम कुंभकर्ण की प्रतीक्षा में यहीं खड़े हैं– जाओ|"

दुर्धर, प्रधस, भूपाक्ष, विरूपाक्ष सभी भागे कुंभकर्ण को जगाने के लिए| अपने प्रासाद में हठयोगी कुंभकर्ण अपने विशाल भरे-भारी पर्यंक में त्रिकाल को बिसर कर सोया हुआ था| छः मास जाग्रति – छः मास सुषुप्ति | अपने दृढ़ पुष्ट तथा शक्ति से भरे पूर्ण शरीर में छः मास इन्द्रियों द्वारा मुक्त जीना और छः मास स्वप्न से भी परे तथा स्मृतियों के पार सुषुप्ति में डूबे रहना| कुंभकर्ण गहन– अगाध सुषुप्ति के तिमिर में जैसे अपने ही अंधकारपूर्ण शून्य में ही सो रहा था| श्री हरि विष्णु प्रकाश के क्षीरसागर में निद्राधीन हैं और जगत के कारण स्वप्न तथा जाग्रत वैश्वानर को शाश्वत जीवन का अभय वर देते रहते हैं| कुंभकर्ण अज्ञान के घनांधकार में स्मृति तथा स्वप्न से हीन एक अपार आत्मविस्मृति ही बना रहता था| जाग्रत अवस्था में वह केवल छप्पन पकवान का विविध भोजन करना– करते रहना चाहता था| अपने भूताकाश में वह जैसे जगत के रूपों से बचकर टलता रहना चाहता था| अपने चित्ताकाश में वह घोर कालिका की ललजिव्हा को लपलपाते हुए देखते रहना चाहता था और अपने चिदाकाश में घोर कालिका के क्रीं बिज की अनहद ध्वनि सुनता तथा उस घनश्याम, श्याम दिव्य स्वरुप की धारणा करते रहना चाहता था| कुंभकर्ण का यह शयन सबको ज्ञात था| राक्षस आश्चर्याभिभूत रहते थे, असुर सव्यंग्य कुंभकर्ण को टेरते रहते थे तथा सुर कुंभकर्ण को देखकर भी अनदेखी मानो करते रहते थे| दैत्य कुंभकर्ण के इस हठ योग को पेखकर कतराते रहते थे| स्वयं रावण को भय लगता था कि कहीं कुंभकर्ण इस विलक्षण सिद्धि से नवनिधियाँ एवं अष्ट सिद्धियाँ प्राप्त कर नई लंका न रच डाले – तथा नया साम्राज्य नहीं खड़ा कर लें| पृथ्वी विजय कर वह स्वयं को भू– मण्डल का चक्रवर्ती कहीं नहीं घोषित कर दे या एक दिवस उसको ही सिंहासन से उतारकर स्वयं को लंका साम्राज्य का अधिपति न घोषित कर दे|

रावण कुंभकर्ण की प्रतीक्षा में अपने कक्ष में चक्कर काटता रहा| पुत्र, पौत्र, दोहित्र, कलत्र, कुटुम्बीजनों के निधन का शोक जैसे जलहीन बादलों– सा क्षुब्ध चित्त में उमड़ा और राम के प्रति गहन द्वेष की आग में जल गया| "मेघनाद के वध का बदला राम को मारकर लूँगा– अवश्य लूँगा|" रावण स्वयं से ही गुर्राकर कहने लगा– "मेरे वंश को नष्ट करने का फल सभी नरकों का भोग है, रामचन्द्र!"

'रामचन्द्र' शब्द– ध्वनि द्वार पर स्तब्ध खड़ी मन्दोदरी, धान्यमालिनी तथा अन्य राजमहिषियों को चमका गयी| 'राम' रावण जैसे आत्मविस्मृत बौराये की भांति पुनः– पुनः चिल्लाया– "रामचन्द्र ! मैं, मैं तेरा...... तेरा काल हूँ – यम|"

मन्दोदरी ने कक्ष में प्रविष्ट होते हुए कहा– "पति मेरे ! राजराजेश्वर हमारे ! सुनते हो ? निपूती हो गयी, हम सब पुनः आयी हैं विनती करने, अब भी समय है, रामचन्द्र जी से शान्ति कर लो, वंश के शेष को बचा लो, स्वामिन् ! हम हाथ जोड़, पाँव पड़ विनती करने आयी हैं| यह हमारी अन्तिम गुहार है, प्रभो !"

"रामचन्द्र से सन्धि ? शान्ति ?" रावण ने अपनी महिषियों को घूरते हुए कहा– "अब शवों से पटी रणभूमि में ही सुनसान की शान्ति होगी| रामचन्द्र के क्षत-विक्षत शव को ठोकरों से धरती पर ठेलते हुए मैं राज राजेश्वर दशानन पुनः अपने राजप्रासाद के इस कक्ष में आऊँगा तथा तनिक सुस्ताऊँगा| सब मारे गये तो प्रारब्ध की विषम गति ! युद्ध में तो मरना ही होता है, जीवित मरने – मारने के लिए ही युद्ध करता है | वह ऐश्वर्य से कामिनी पाता है तथा साधना से सिद्धि पाता है | हमने तप किया है, त्रैलोक्य में पशुपति शिव की शक्ति – साधना का प्रसार किया है – हम वीर हैं, कौल हैं – अवधूत हैं| हम सुर हैं, असुर हैं – देव हैं – हम चौदह भुवनों के राजा हैं, हम सृष्टि के राजराजेश्वर हैं – हम शिव स्वरुप अजर– अमर अमृत पीने वाले देवाधिदेव स्वयं हैं| कालकूट हम नहीं पीते, कालकूट रामचन्द्र को पीना होगा| त्रिजटा? कहाँ है वह? उसे कहो– हमने कुंभकर्ण को जगाया है| कुंभकर्ण को जगाना ही है– वही वानर सैन्य को समाप्त करेगा और तब शवों से भरी– पूरी श्मशान जैसी रणभूमि में हम राघव राम को ललकारेंगे– चुटकियों में समाप्त| सीता! तू हमसे विवाह नहीं करती, तो तेरा सौभाग्य ही हम लील लेंगे|"

"जघन्य|" मन्दोदरी ने कहा– "तुम सब– कुछ हो सकते हो; परन्तु महामानव नहीं -मानव नहीं| तुम दैत्य हो| चलो, सब| हम स्वयं ही अपने हाथों से अपना चूड़ा फोड़ लें, माथे का सिंदूर पोंछ लें, सुहाग बिन्दी घिस– घिसकर नष्ट कर दें| भाग्य ! विधाते ! कुंभकर्ण को जगा दे | कदाचित् वही इस युद्ध का निस्तार कर दे|"

रावण ने पाँव पटककर कहा– "हम स्वयं जाते है, उसे जगाने| छः मास सोता रहता है – आश्चर्य है! ऐसा तो इस प्रतापी कुल में कोई उत्पन्न नहीं हुआ– इस

कुंभकर्ण जैसा| अद्वितीय वीर, किन्तु निष्क्रिय– निद्रालु तथा पेटू| चुपचाप सिद्धि करता रहा– निद्राधीन बने रहने की सिद्धि| कहता है– जाग्रति और स्वप्नावस्थायें उसे अच्छी नहीं लगती| घने तिमिरांध में डूबे रहना ही उसे पसन्द है| क्या वह कोई शाश्वत ज्योति खोज रहा है ? तमसो मा ज्योतिर्गमय तो नहीं? जो हो– हम उसी के धनुष की प्रत्यंचा बजाकर उसको जगा देंगे| जगत भर के मन्द– मन्द, मन्द्र, प्रखर, घोर तथा भीमनादों से वह जाग नहीं सकता– हाँ| यही|"

धान्यमालिनी– "अवश्य, प्रियतम मेरे! हमारे! अवश्य; अन्यथा यह वानर सेना लंका के घर– घर में प्रवेश कर लेगी | क्या होगा? प्रभो!"

मन्दोदरी – "विनाश– सर्वनाश ! चलो ; सीता को हम ही विभीषण जी को सौंप आयें| हम राजमहिषी हैं– राघव रामचन्द्र जी से विनय कर युद्ध बन्द करवा दें– चलो|"

रावण द्वार पर ही मुड़ा और झपटकर मन्दोदरी को लात मारते हुए गर्जा – "क्या कहा? तू रामचन्द्र से सन्धि करेगी? तू – स्त्री? भूगर्भ में डाल दूँगा| भूल मत, मैं अभी तक जीवित हूँ– राजसिंहासन पर आरूढ़ हूँ|"

मन्दोदरी अर्ध मूर्च्छित – सी ढल पड़ी| धान्यमालिनी ने चीत्कार किया – "स्वामिन् ! क्षमा ! अभय !"

"दिया |" रावण ने अन्य महिलाओं की ओर घूरकर कहा– "बोटी – बोटी काट डालूँगा | कौओं तथा चीलों को खिला दूँगा | सीता मेरे शव को लाँघकर ही जायगी, तो रामचन्द्र के पास जायगी | कौन है ..... ? इन स्त्रियों को इसी कक्ष में बन्द कर दो | हम कुंभकर्ण को जगा कर आते हैं | विरूपाक्ष ! कहाँ है ?"

विरूपाक्ष ने दिखते हुए कहा – "उपस्थित हूँ , राजेश्वर ! श्री कुंभकर्ण देव भीमनाद से भी नहीं जागे |"

"हुँ .... !" रावण ने कहा – "माया ! राम का मायावी मस्तक उस सीता को भेंट करो | समझे ? .... सुना ?"

"जी ! जैसी प्रभु की इच्छा|" विरूपाक्ष ने कहा|

रावण– "राम का कटा हुआ रक्त रंजित धूलि धूसरित सिर उस सीता को भेंट दो – मेरी ओर से| जाओ, शीघ्र जाओ– शीघ्र; तब तक हम कुंभकर्ण को जगाते हैं| सुना ? जाओ– जाओ|"

25

राम वण ने सभी भीमनाद, गूँज, गड़गड़ाहट तथा प्रखर और तीव्र निनाद रूकवा दिये| अपना महाधनुष कन्धे से उतार कर रावण ने उसको कान तक खींचा और प्रत्यंचा को बजाया| उस शिव- धनुष की प्रत्यंचा की गहन गूँज की घोर प्रतिध्वनि कुंभकर्ण के कानों में तीर की तरह घुसी और स्वप्न तथा स्मृतियों को चीरती हुई कारण की सुषुप्ति में जा डूबी| कुंभकर्ण सुषुप्ति के घोर तिमिर में सहसा प्रताड़ित हो उठा– "कौन? कौन मुझे-मुझे जगा रहा है? कौन?" तभी रावण ने कुंभकर्ण के कानों में कहा– "जाग कुंभकर्ण! मेरे वीर ! मेरे भटु..... जाग| मैं रावण, तेरा आसन्न बड़ा भाई पुकार रहा हूँ| वंश के लिए – कुल के लिए जाग| मेरे भाई ! हम पर दया कर|"

कुंभकर्ण जैसे पल में तिमिर के सप्त सिन्धु तैरकर जाग्रति की सतह पर उभर आया – "कौन ? आप ? दशानन ! भाई, आप ?"

"हाँ, मैं तेरा हतभाग्य भाई – दशानन !" रावण ने कहा– "तुम जाग गये कुम्भ ! तो सौभाग्य की आशा पुनः जाग गयी| हमारे अपने वंश और जाति का कल्याण करो, उद्धार करो, भाई मेरे ! इस राघव राम चन्द्र को ठार करो .... मैं रावण तुमसे भीख माँगता हूँ |"

"भीख?" कुंभकर्ण ने जाग्रत होते हुए कहा– "नहीं, आदेश आपका| आप राजा हैं.... हमारे राजा और मैं– हम प्रजा हैं – हाँ, प्रजा | राजपुत्र हुए तो क्या हुआ? प्रजा ही हैं| केवल राजकुल में उत्पन्न ही हुए हैं| राघव राम ? अच्छा ? वह वनवासी तपस्वी आर्य क्षत्रिय राम? क्या किया उसने?"

"लंका पर चढ़ आया और भयंकर युद्ध आरम्भ किया| आक्रमण कर दिया वानरों को लेकर लंका पर|"

"तो?" कुंभकर्ण बोला– "क्षुधा .... लाओ भोजन– भोजन ?"

कुंभकर्ण ने भोजन आरम्भ किया| दो– तीन भीम ग्रास लेकर बोला– "वानर ? मरकट लेकर चढ़ आया? तो क्या हुआ..... खा जाते !"

रावण ने सिर धुनाकर कहा– "बड़ा ही विलक्षण, विचित्र हो गया है यह युद्ध | वानरों के वृक्षों और पाषाणों के प्रहार के सामने सुसज्जित राक्षस भी नहीं ठहरे – कट गये| फिर वानर सामन्तों की मुष्टियाँ और गदाएँ | मेघनाद भी अन्त में लक्ष्मण के हाथों मारा गया|"

"मेघनाद मारा गया ? मेरा भतीजा, प्रिय भतीजा, प्रतिभाशाली मेघनाद? लक्ष्मण ने मारा? तो मेघनाद ने लक्ष्मण को पहले ही क्यों नहीं मार दिया ?" कुंभकर्ण चिल्लाया|

"अधमरा कर दिया था|" रावण ने कहा– "परन्तु वह मरकट हनुमान संजीवनी ले आया| लक्ष्मण जी उठा| सुषेण को विभीषण ने बुलवा भेजा| सुषेण क्या करता ?"

"हुँ .... सुषेण क्या करता? किन्तु यह युद्ध हुआ ही क्यों?" कुंभकर्ण ने पर्याप्त भोजन करते हुए पूछा|

रावण ने खिसियाते हुए कहा– "सीता को लेकर|"

"सीता ? रामचन्द्र की भार्या ?" कुंभकर्ण ने पूछा – भरे हुए मुँह से पूछा – "क्या आप सीता को बलात् उठा लाये थे ?"

"हाँ|" रावण ने कहा – "रामचन्द्र ने शत– सहस्र राक्षसों का संहार कर दिया ; अपने जनस्थान उजाड़ दिये | अपनी महिषी भगिनी के नाक– कान काट दिये – घोर अपमान किया| इसका प्रतिशोध केवल यही करना था –इक्ष्वाकु वंश की भव्य वधू का अपहरण | सो मैंने किया, क्यों ?"

"क्यों ?" कुंभकर्ण ने भोजन स्थगित करते हुए कहा– "यह आपने अच्छा, उचित और आपके योग्य कर्म नहीं किया| एक पतित राक्षस और नृशंस की भांति ही आपने बरताव किया है | इसका प्रतिशोध केवल यही करना था क्या – सीता का हरण? आर्य सीता का हरण?...... क्या आपके रंग निवास में स्त्रियों की कमी थी – ज्येष्ठ भ्राता श्री!"

रावण ने झुँझलाते हुए कहा– "नहीं .... किन्तु यह दिव्य– भव्य मानवी रमणी न थी| सीता के स्वयंवर में मैं भी गया था |तब इस राघव राम ने मेरी ओर सव्यंग्य देखा था| शिव– धनुष मैं उठा न सका, उसे उठाकर तोड़ दिया और सीता ने

वरमाला उसके कण्ठ में डाल दी| आज दिवस तक मैं वह दिन और दृश्य भूला नहीं हूँ|"

कुंभकर्ण– "किन्तु आप राक्षसों के अधिपति राजा हैं| आपको विवेकपूर्वक ही व्यवहार करना चाहिये|"

"मनभावन स्त्रियों को प्राप्त करना प्रत्येक राक्षस का जन्मसिद्ध सत्व है|" रावण ने कहा – "यह पृथ्वी वीरों के भोगने के लिए है– वीर भोग्या वंसुधरा– और यह वसुंधरा स्त्री है, रमणी है, कामिनी है|"

कुंभकर्ण ने तपाक् से उठते हुए कहा– "ठीक है, जब आपने अधर्म ही कर लिया है, तो मैं क्या कर सकता हूँ| आप राजा हैं, मैं नहीं| मैं तो राक्षस जाति का एक सेवक वीर राक्षस हूँ| आज्ञा दें महाराज रावण!"

"युद्ध में विजय, कुंभकर्ण!" रावण ने कहा|

"प्राणार्पण से यत्न करूँगा" कुंभकर्ण ने कहा– "राक्षसों का शत्रु , मेरा स्वतः ही शत्रु है|"

"धन्यवाद! महाशय कुंभकर्ण!" रावण ने कहा– "तो हम आपकी रण सज्जा की तैयारी करने का आदेश प्रदान करते हैं|"

"आभारी हूँ, भाईश्री मेरे!" कुंभकर्ण ने कहा– "युद्ध की स्थिति क्या है?"

"प्रायः सभी मारे गये हैं| पुत्र, पौत्र, दोहित्र, कलत्र, सेनापति, सामन्त– सभी खेत रहे| केवल मैं और आप ही शेष हैं – जीवित हैं| इसीलिए आपको जगाया गया| अपने वंश, कुल, जाति और राज्य की रक्षा करें| मेरा परित्राण करें| यह महान कार्य आप जैसा साधक तथा सिद्ध ही कर सकता है........"

"अवश्य, दशानन ! हम आपका प्रिय कार्य करेंगे – फिर चाहे हम भी खेत रहें|" कुंभकर्ण ने कहा– "सब मारे गये ? सभी ? वंश का वृक्ष ही कट गया ? जाति का बीज ही नष्ट होने में है | तो हम अपना रक्त सींचकर जाति को जीवित रखने की साधना करेंगे | हम अभी रणभूमि में प्रभंजन वायु की भांति झपटेंगे | रण– सज्जा !! हम राक्षस जाति और राज्य के हित में अपने प्राणों की बलि भी चढ़ा देंगे | आप निश्चिन्त रहें, महाराज दशानन !"

"तथास्तु ! कुंभकर्ण !" रावण ने आर्द्र कण्ठ से कहा– "हम आपकी यह कृपा जन्म – जन्मान्तर तक नहीं भूलेंगे | महादेवी– कुलदेवी आपको जय दे – यश दे|"

"रामचन्द्र ! राम ! राघव राम !" कुम्भकर्ण गर्जा-''मैं, जैसे मैं तुझे जैसे अनादिकाल से जानता हूं-आर्य क्षत्रिय और आर्य ब्राह्मण अनादिकाल से राक्षस संस्कृति के घोर विरोधी रहे हैं – हमारी संस्कृति को ये मनस्वी अधर्म का सतत् कार्य कहते हैं | यज्ञ? क्या यज्ञ? अरण्य की यह व्रत – उपवास तथा यज्ञों की यह वैदिक संस्कृति ब्राह्मणों का पाखण्ड मात्र है | शक्ति – सिद्धि – वीर, कौल, अवधूत – पंचमकार भैया! पंचमकार की साधना ही मानव संस्कृति का आधार है-है| हम यह आज कहते हैं| रणभूमि ! हम आ रहे हैं | प्रलय के मेघ की भांति उमड़ – घुमड़कर हम आ रहे हैं |"

✦ ✦ ✦

प्रलयंकर मेघ की भांति कुंभकरण रणभूमि पर छा गया| श्रीलंकागढ़ के सिंह द्वार से वायुवेग से उसका धड़धड़ाता विशाल रथ रणभूमि में संहार की वर्षा करता हुआ घूमने लगा| वानर सैन्य ने धैर्यपूर्वक सामना तो किया, किन्तु कुंभकरण की नाचती हुई गदा के प्रहार वह अन्त में झेल न सकी| वानर– समूह मिट्टी के घरौंदों की भांति ढहने लगे| वीरवर वानर सामन्त विशालकाय वृक्षों तथा भीमकाय पाषाणों से प्रतिप्रहार करने लगे और धीरे– धीरे पीछे हटते गये| कुंभकरण अतिभोजन से सन्तुष्ट तथा निश्चिन्त और निगड़ युद्ध भूमि को रौंदने लगा| लक्ष्मण इस प्रलय कर वात– चक्र से वीरवर कुंभकरण को साश्चर्य देखते हुए सन्नद्ध तथा तत्पर खड़े रहे| वे देखते रहे और श्री राम के इंगित की अपलक प्रतीक्षा करते रहे| गगन के गगन तीरों, वृक्षों तथा पाषाणों से जैसे क्षत– विक्षत हो गये| युद्ध का भयंकर घोर वातावरण मानो प्रलय के दिवस की भांति चारों ओर सभी दिशाओं में छा गया|

तभी अंगद ने चीत्कार की– "राम! महाराज सुग्रीव!"

हनुमान ने किलकारी की– "जय श्री राम!"

नल– नील पुकार उठे– "रक्षा, प्रभो ! अभय!"

वानर सामन्तों ने मानो अन्तिम बार साहस बटोर कर कुंभकरण को घेरने का प्रयास किया और लक्ष्मण ने श्री राम का ध्यान कर धनुष को कान तक खींचना आरम्भ किया और श्री राम ने मानो स्वयं से ही कहा– "तथास्तु, लक्ष्मण! जय हो!"

लक्ष्मण ने अमोघ दिव्य अस्त्र अभिमन्त्रित कर कुंभकरण के पुष्ट विशाल वक्षस्थल की ओर संधान कर चलाया| घोर निनाद करता तथा अग्नि ज्वाला बरसाता हुआ लक्ष्मण का रामबाण लपका तथा कुंभकरण के सभी अस्त्र– शस्त्रों

को अणूठ करते हुए उसके वक्षस्थल में घुसकर स्थिर हो गया| भयंकर चीत्कार के साथ कुंभकर्ण लड़खड़ाया, गिरा– धराशायी होते हुए बोल उठा, अन्तिम बार- "राम! रामचन्द्र ! राघव!"

कुंभकर्ण के गिरते ही रणभूमि में भगदड़ मच गई| वानरों ने राक्षसों पर तुमुल आक्रमण आरम्भ किया| देखते ही देखते राक्षसों के क्षत– विक्षत समूह लंकागढ़ की ओर भाग चले| सहसा, रणभूमि में चुपचापी छाने लगी। विशालकाय लहूलुहान कुंभकर्ण फटी– फटी आँखों से मानो गगन के परे व्योमों को देखने लगा| उसके बड़रे नयनों में जहाँ मृत्यु की मूर्च्छा छायी हुई थी, वहीं जीवन का उदासीन शून्य भी व्याप्त था| कुंभकर्ण, महावीर राक्षस मिट्टी के भीमकाय पुतले की भांति मृत्यु का फाग खेल कर चिर नींद में सो गया था|

हनुमान ने प्रचण्ड किलकारी की– "जय श्री राम! जय– जय राम!"

हनुमान की किलकारी को प्रत्येक वानर वीर ने झेला| वानरों की किलकारी से लंकागढ़ मानो धूज उठा| रावण ने मदिरा का चषक फेंका और चिल्ला उठा– "क्या? ..... क्या कहा? कुंभकर्ण मारा गया?"

शार्दूल ने उदासीन स्वर में कहा– "यही विश्वस्त समाचार है, प्रभो! अभय!!"

"अभय?" रावण चिल्लाया– "अभय मुझे चाहिये अब| कुंभकर्ण खेत रहा? नहीं यह भ्रम है– झूठ है, झूठ – माया है|"

"जी, नहीं, प्रभो!" शार्दूल ने कहा– "प्रत्यावर्तन करते हुए राक्षस सैनिक महाराज कुंभकर्ण का भव्य किन्तु क्षत – विक्षत शरीर ला रहे हैं– जी|"

"जी!" रावण ने सिर पीटा– "जा ! दूर हो जा हमारे समक्ष से| तुम सब रामचन्द्र से मिले हुए हो| तुम एक– एक को भूगर्भ में ढकेल दूँगा| जाओ, सभी सक्षम राक्षस नरों से कहो– राम को पकड़ ले और उसकी ग्रीवा तराश दे| लक्ष्मण को हाथियों के पैरों तले कुचल दो| जाओ– हम तभी भोजन करेंगे– सुना? यह हमारी अन्तिम आज्ञा है, जाओ| रामचन्द्र! तूने मुझे जीवित ही प्रेत सा बना दिया| तू– तू- क्या वास्तव में महाकाल का नर – रूप है? है क्या?"

अज्ञात ध्वनि ने दिशा से लपककर कहा– "महाकाल नहीं, धर्म युद्ध का वीर क्षत्रिय– वीर क्षत्रिय आर्य!" रावण मन ही मन हहर उठा– "राक्षस संस्कृति का जन्मजात विरोधी– मेरा वैरी ! अब तू है रामचन्द्र और मैं हूँ| प्रतिशोध ! मेरे

पुत्र – पौत्रों, कलत्र, सेनापति और सैन्य के इस संहार का प्रतिशोध! रामचन्द्र! तेरा महाकाल मैं हूं। श्री हरि विष्णु का मनुजावतार तू– ऊँह! ब्राह्मणों द्वारा ख्यात करवाई गयी इस किंवदंती का भांडा– फोड़ मेरे बाणों से हो जायगा– रामचन्द्र! राम!"

रावण की अनायास निकली हुई यह चीत्कार गगन पैर कर ध्यानस्थ से श्री राम के चित्ताकाश में गूँज उठी| "कौन? .... कौन ? कोई मुझे पुकार रहा है– लंका से, हां, लक्ष्मण!"

लक्ष्मण ने कहा– "और कौन? रावण पुकार रहा होगा|"

श्री राम ने कहा– "रावण का अहंकार ही उसे समाप्त कर रहा है| अहंकार की चट्टान से रगड़ खाकर गुणों की रेशमी रस्सियाँ स्वयं ही कट जाती हैं| रावण अर्थात्– अहम्| वह स्वयं को शिव से भी बड़ा मानता है| देवाधिदेव शिव को तो ब्रह्मा, विष्णु और देवता सभी प्रणाम करते हैं| तब वह रावण भगवती पार्वती को ही ले भागना चाहता था| जघन्य! जो भगवती पार्वती पर कुदृष्टि कर सकता है, वह वास्तव में जघन्य जीव है– वध्य है, अवश्य|"

"अवश्य" लक्ष्मण ने कहा– "रावण एक बार नहीं, शत– सहस्त्र बार वध्य है, राम मेरे!"

"रणभूमि सूनी हो गयी, लक्ष्मण!" राम ने कहा– "यह संहार मैं देख नहीं सकता, किन्तु क्या करूँ? धर्म के उत्कर्ष और आर्य संस्कृति की रक्षा के लिए यह धर्म युद्ध अनिवार्य था| कभी– कभी मुझे लगता है, मेरे जीवन का समग्र उद्देश्य उदार वसुधा को अपना कुटुम्ब मानने वाला मानव– लक्ष्य है| मानव ही परम सत्य के अमोघ विश्वास पर सभ्यता खड़ी कर सकता है| अमृतपुत्र आर्य ही वेद– वेदान्त तथा वैदिक वर्णाश्रम धर्म का महान पुनीत उद्देश्य पूरा कर सकता है|"

"जी! अवश्य|" लक्ष्मण बोले– "किन्तु रावण रणभूमि में आ ही नहीं रहा है– राग – रंग में स्वयं को खो कर सिरहाने खड़े काल से आँख मूँद रहा है|"

"रणभूमि में रावण की ही अब प्रतीक्षा है|" राम ने कहा– "रावण का मैं बैरी या शत्रु नहीं हूँ| रावण पर मुझे दया आती है, किन्तु अधर्म, अन्याय और अत्याचार की इस जड़ को अब उखाड़ फेंकना ही होगा| रावण का समय समाप्त हो चुका है| दशानन! कहाँ हो? सामने आओ|"

श्री राम की यह पुकार मानो प्रभंजन की भांति रावण के मानस में प्रचण्ड चक्रवात बनकर उद्-भूत हुई– रावण दशानन सामने आओ। रणभूमि में उतरो– सामने आओ। रावण ने झुँझलाकर चषक पर चषक पिये और फेंक कर उठ खड़ा हुआ– "हमारा रथ सजाओ! विदा! हम रणभूमि में राम को ठार कर लौटेंगे और राक्षस राज्य की जयन्ती भू-मण्डल पर मनायेंगे | हम यह निश्चय ही करेंगे। रामचन्द्र! धीरज धर, हम दशानन आ रहे हैं। हमें युद्ध में कोई भी मार नहीं सकता– देव, दानव, गन्धर्व, किन्नर, सुर, असुर, नर, नाग कोई भी नहीं। तू निरीह मानव हमें क्या मारेगा ? यह पुत्र– पौत्र, कलत्र जो मारे गये– अपने प्रारब्धवशात् ही मारे गये–सीधे स्वर्ग गये हैं। त्रिपुरारी शिव राक्षसों पर प्रसन्न हैं, रामचन्द्र!"

शार्दूल ने नमनपूर्वक कहा– "रथ तैयार है, वीरवर!"

रावण ने गुर्राकर कहा– "सभी स्त्रियों से कहो– हमें रण में परम्परानुसार विदा दें। हम अपनी महिषियों के मंगल वन्दनपूर्वक रणभूमि में सिधारना चाहते हैं। सब मर गये तो क्या हुआ? मैं तो जीवित हूँ। राम! तुझे अब क्षमा नहीं करूँगा– नहीं।"

शुक ने कहा– "पधारिये श्रीमन् ! रण– रथ पर आरूढ़ होइये, प्रभो! पहले ही, आरम्भ में ही राजराजेश्वर को चाहिये था; राघव राम को सीधा ललकारते।"

"ऊँह...." रावण छणका– "राक्षस– रणभूमि का स्वयं सिद्ध अनुशासन है, मूर्ख! रामचन्द्र समान शत्रु है; मैं मानता ही न था। अब पता चला, वह भी बलिष्ठ है तथा हमसे युद्ध करने के लिए योग्य है। आर्य क्षत्रिय जो मन्त्र– सिद्ध होते हैं– सामान्य संहार कर सकते हैं। इस राघव रामचन्द्र ने तो राक्षसों से रणभूमि पाट दी और अब शेष रहा ही क्या है? मैं शेष हूँ, मैं। मेघनाद गया, कुंभकर्ण गया, पुत्र गये, पौत्र गये, सेनापति गये। अब मैं एक– अकेला निश्चिन्त और निर्भय होकर इस राघव राम से लड़ूँगा– या तो मारूँगा या मर जाऊँगा।"

"मरें आप राजेश्वर के दुश्मन।" शार्दूल ने कहा– "सत्य की सदैव जय होती है– सत्यमेव जयते।"

"सत्यमेव जयते?" रावण ने जैसे अपने आप से कहा– "सत्य? क्या? सत्य तो मैं हूँ? मैं | मैं नित्य जन्म लेता आ रहा हूँ। इस जगत पर शासन करने के लिए तथा सृष्टि के कल्पों पर राज्य करने के लिए मैं नित्य निरन्तर जन्म लेता आया हूँ और जन्म लेता रहूँगा। मैं मोक्ष नहीं चाहता– मैं शाश्वत चिरन्तन नित्य जीवन

चाहता हूँ; नादान कहीं के और यह शास्त्र तथा शस्त्र से ही मिलता है| रामचन्द्र ! मैं यह आया...... |"

उदास और खिन्न मुख– मुद्रावत् राजमहिषियों ने रावण को परम्परागत विदा दी| मन्दोदरी ने रोते हुए कहा– "हे ईश्वर! हमारे सौभाग्य की रक्षा कर|"

रावण बमका– "क्या कहा? तुमको अपने सौभाग्य की पड़ी है? हम जय चाहते हैं– जय ही हमें चाहिये| जय दशानन!"

आगत समूह के निराश कण्ठों से ध्वनि उठी– "जय! राक्षस जाति की जय!"

"अपने राजा रावण की जय पुकारो|" रावण ने चिल्लाकर कहा– "राक्षस जाति की जय दशानन की जय से ही सम्भव है– होगी; अन्यथा वानर और आर्य राक्षस जाति का बीज ही नष्ट कर रहे हैं| ये हमारे भाग्य को लील लेंगे– हमारे भविष्य को कल्प तक अंधकारमय कर देंगे| यह राम राक्षस संस्कृति का वैरी है; अतः वध्य है|"

"जय! महान दशानन की जय!" ध्वनि उठी और लंकागढ़ को कँपा कर वानर सैन्य के शिविरों को झुँझला गयी|

✦✦✦

श्री राम ने देखा श्रीलंकागढ़ के ऊपर से विशाल काले घने मेघ सहसा उमड़ आये हैं और दिशाएं सहसा मूढ़ सी हो गयी हैं| प्रचण्ड कोलाहल की तीव्र और प्रखर ध्वनि–तरंगें गगन मण्डल को हिला–हिलाकर मानो घोल रही हैं| वानर सैन्य ने चमक कर सुना– लंकागढ़ में वीथि–वीथि में जन कोलाहल बिजलियों सा कड़ककर गगन को मानो घायल कर रहा है| धूल के विशाल गुब्बार उठ – उठकर लंकागढ़ से प्रताड़ित हो, पुनः धूल में मिल रहे हैं| चीत्कार करते हुए रथ के पहिये धरती धुजा रहे हैं| तब दशानन रावण आ रहा है– अन्त में आना ही पड़ रहा है| कायर, भीरु, कामी अब तक मदिरा पीता रहा; राग– रंग करता रहा| रमणियों के पृथु नितम्बों का सिराना बना के सोता रहा| सब मर गये, मारे गये, तब आया है| अपनी पत्नियों की सुहाग बिन्दियाँ मेटकर यह निर्लज्ज रणभूमि में आ रहा है| वानरों ने मानो इस भयंकर चीत्कार कर प्रलयंकर किलकारियों से स्वागत किया– "राम, तेरी जय हो! राम, तेरी जय हो|" वानरों की किलकारियाँ आकाश अपार में विचियाँ उत्पन्न करने लगीं| किलकारियों के निनादों से गगन में भीमनाद का उद्रेक होने लगा| रावण अपने विशाल रथ में ठठाकर खड़ा वानरों

की किलकारियाँ सुनता रहा| लंकागढ़ का भयग्रस्त कोलाहल थम गया और अब रणभूमि का सुनसान वानरों की किलकारियों से उफन कर उसके स्थिर नयनों में समा रहा था| राम! रामचन्द्र! रावण मन ही मन स्वयं से कहने लगा– "तू राम! रामचन्द! राघव राम!"

रावण की यह मन– पुकार मानो श्री राम ने सुन ली; बोले– "महाराज सुग्रीव! सब से कह दो, केवल हम अकेले ही युद्ध करेंगे| सब द्रष्टा बने रहें|"

महाराज सुग्रीव ने नमनपूर्वक कहा– "किन्तु राघव! आप अकेले लड़ेंगे?"

"हाँ, मित्रवर्य! रावण से युद्ध करने के लिए हम अकेले ही जन्मे हैं|" श्री राम ने कहा– "क्यों? हम आर्य क्षत्रिय राजपुत्र हैं; इक्ष्वाकुवंशीय हैं| इस दुरात्मा ने हमारी जीवन– संगिनी धर्मपत्नी सीता का हरण कर हमारा व्यक्तिगत अपमान किया है| अतः हम अकेले ही इस दुर्दान्त दस्यु से निपटेंगे| किसी की भी सहायता लेना मेरे लिए उचित नहीं है, महाराज!"

"जी!" महाराज सुग्रीव ने कहा– "किन्तु वरिष्ठतम वानर, अतिरथी, महारथी, सामन्त आपश्री को घेरे रहेंगे और......"

"और आपत्तिकाल में हमारे साथ युद्ध करेंगे, यही न?" राम ने कहा– "जी नहीं, मुझे घेरे रहें यहां तक तो ठीक है किन्तु रावण से मेरे लिए युद्ध करें, मेरी सहायतार्थ युद्ध करें, यह नहीं होगा– मुझे घेरे रहें, यहाँ तक तो ठीक है|"

लक्ष्मण ने सहसा कहा– "मैं भी नहीं?"

"तुम भी नहीं, मेरे भाई!" राम ने कहा–"जीत होगी तो तुम्हारी जीत होगी, महाराज सुग्रीव की विजय होगी– मेरी नहीं| मैं तो अपने कुल का अपमान करने वाले दुष्ट को ही निपटा रहा हूँ| सीताहरण का एक ही दण्ड है– मृत्यु और वह दण्ड मैं दूँगा– दशानन को दूँगा|"

हनुमान ने कहा– "जय आपकी होगी, राम! हमारी नहीं| हो ही नहीं सकती हमारी जय| इस संसार में श्री आपकी, इस जगत में जय आपकी, राम की|"

हनुमान की उत्स से भरी चीत्कार रणभूमि में बिजलियों की भांति कड़क उठी| सभी की आँखें लंकागढ़ के सिंह द्वार की दिशा में मानो बिछ गयीं| कोटिशः वानरों के हृदय धड़कने लगे| इस युद्ध का यह अन्तिम चरण है| लक्ष्मण–मेघनाद, लक्ष्मण– कुंभकर्ण युद्ध प्रायः समाप्त हो गया था; किन्तु रावण शेष था और अब

देवताओं द्वारा चिर प्रतीक्षित युद्ध आरम्भ ही हुआ समझो| श्री राम के नयन अर्धोन्मीलित करते हुए अपने चिदाकाश में पुकार की– दिव्य अस्त्र का आह्वान करते हुए श्री राम ने स्वयं से कहा– "स्वागत! दिव्य ब्रह्मास्त्र! जाग्रत हो मेरे चित्त में और रामबाण के रूप में मेरे धनुष की प्रत्यंचा पर चढ़ो| महर्षे ! इस दिव्यास्त्र को केवल रावण को मार गिराने के लिए ही कर दो – शेष कीलित| जगत की कोई हानि न कर, यह अस्त्र केवल रावण को ही लील ले– केवल रावण को, राक्षसराज को, केवल| श्री राम को अपने चिदाकाश में प्रतीत हुआ– ब्रह्मास्त्र कोटि क्षीरसागरों पर विहरता हुआ पराक्रम के प्रतीक स्वरुप महाशून्य से प्रकट होकर उड़ा| अनन्त कोटि ब्रह्माण्डों को स्पर्श करते हुए यह दिव्यास्त्र श्री राम की ओर मानो मुस्कुराता हुआ और प्रणाम करता हुआ चला| क्षीरसागर में मानो कमलापति श्री विष्णु– श्री हरि जाग उठे और अपने चक्र को लपककर ब्रह्मास्त्र को घेरकर फुदकते हुए देखने लगे| जगत के दिक् स्तब्ध ही थे– सभी प्राणी स्तम्भित! श्री राम के दिव्य ब्रह्मास्त्र को अपने सूक्ष्म शरीर के हाथ में पकड़ते हुए मन ही मन स्वयं से कहा– श्री हरि! विष्णु– विष्णु महाविष्णु|"

तभी श्रीलंका गढ़ का सिंह द्वार रावण के भीषण पादाघात से लड़खड़ाकर टूट गिरा और रावण का रथ धरती पर उछलता हुआ मानो रणभूमि की ओर धँसा| रावण ने धनुष टंकार करते हुए कहा– "कहाँ है रामचन्द्र?"

श्री राम ने प्रत्युत्तर में धनुष टंकारते हुए कहा– "मैं सर्वत्र हूँ| वानरों के रूप में तुझे देख रहा हूँ और राम के स्वरूप में तुझे संधान रहा हूँ|"

रावण ने कान तक अपना धनुष खींचकर एक बाण को शत– सहस्त्र बाण बनाते हुए कहा– "यह ले– राघव ! बचा अपने वानर सैन्य को– अपने-आप, स्वयं को बचा|"

रावण ने सतत् बाण– बौछार आरम्भ की| प्रत्युत्तर में श्री राम ने रावण के शत – सहस्त्र बाणों को क्षण में मानो काटते हुए कहा– "धनुर्धर ! क्रीड़ा मत कर| तेरे कोटिशः बाणों से क्या होगा? कुछ नहीं| अब भी मान जा, रावण! हमारी सीता को सादर लौटा दे– मैं युद्ध समाप्त कर दूँगा, तुझे बक्श दूँगा|"

"नहीं........" रावण गर्जा – "सीता मेरी हो चुकी है, सुन ले राघव!"

श्री राम ने मुस्कुराते हुए जैसे कहा– "सीता केवल राम की ही थी– राम की |" और श्री राम के अमोघ तीरों की बौछार ने रावण को सहसा जैसे भेद दिया|

इसी समय हनुमान ने अपनी वज्र मुष्टि का प्रहार रावण पर किया| रावण लुढ़का और अपने ही रथ में ढुल पड़ा| तीर– तीर पर तीर– घनीभूत बौछार| रावण का अंग– अंग भिद गया और वह ढुल पड़ा| सारथी ने अपने स्वामी की गम्भीर घायल स्थिति देखकर इंगित किया और पूछा– "क्या प्रभो !" रावण ने इंगित किया– "गढ़ में अन्दर, शीघ्र|"

रावण का रथ चक्रवात– सा लंकागढ़ की ओर जैसे भागा– दौड़ पड़ा| कोटिशः वानरों के कण्ठों से जय ध्वनि निकली– "भागा– भाग गया..... जय श्री राम! राम तेरी जय!"

विभीषण ने श्री राम के पास आकर पूछा– "यह...... यह क्या प्रभो!"

श्री राम ने कहा– "अत्यन्त घायल शत्रु पर वार नहीं होता| हमारा धर्म युद्ध है| वैर की वसूली नहीं है, विभीषण जी! रावण के प्रति मेरा द्वेष नहीं है, राग भी नहीं है| मैं उसके अत्याचार, अधर्म तथा परपीड़न करने वाले कर्मों के लिए विधाता के वास्ते दण्ड ही देना चाहता हूँ| मैं आर्य क्षत्रिय राजपुत्र हूँ| केवल न्याय को ही जानता हूँ|"

महाराज सुग्रीव ने तनिक अमर्षपूर्वक निवेदन किया– "बड़ी कठिनाई से यह दुष्टराज रणभूमि में आया, आपके समक्ष हुआ और आपने उसे भाग जाने दिया| आश्चर्य है, श्री राम!"

"आश्चर्य? नहीं तो|" श्री राम ने कहा– "मानव धर्म है, महाराज सुग्रीव! और यों तो मानव मात्र...... प्राणीमात्र ईश्वर का आश्चर्य ही तो है| रावण भले ही अधर्म– अन्याय करे, राघव राम मन– वचन – कर्म से, मानव धर्म के विपरीत कार्य स्वप्न में भी नहीं कर सकता| सीता को वह यदि लौटा देता, सादर, तो मैं उसको क्षमा कर शरण में ले लेता|"

विभीषण– "रावण किसी की भी शरण में कभी नहीं जायगा, राम मेरे! रावण तो अहंकार की प्रतिमूर्ति है| वह स्वयं को परम् शिव का राक्षसावतार कर चलता है|"

"सभी परमात्मा के अंश हैं, प्राणीमात्र|" राम ने कहा– "सैन्य से कहो– शान्त हो जायं|"

"अब ?" हनुमान ने पूछ ही लिया|

"जैसी महाकालिका की इच्छा, आज्ञा, प्रेरणा|" राम बोले|

26

राजवैद्य सुषेण ने घावों को देखा, जाँचा और कहा– "घाव गहरे नहीं हैं, राजेश्वर!"

रावण ने अपनी उन्मीलित सी आँखे खोलीं और कराहते हुए कहा– "तेरा सिर, वैद्य ! गहरे घाव हैं– रोम– रोम में पीड़ा व्याप गई है| इनको शीघ्र भर दे– रूझा दे| मैं इस राम को छोड़ूँगा नहीं– नहीं, सुना ? उस लक्ष्मण को प्राणदान देने पहुँचा ? क्यों ?"

सुषेण ने विनीत स्वर में कहा– "मैं राजवैद्य हूँ, राजसिंहासन का दास नहीं हूँ | मेरा कर्त्तव्य धन्वन्तरी भगवान ने बता रखा है| वे मुझे स्वप्न– दर्शन देते हैं, प्रभो ! फिर मैं महाराज विभीषण जी के आग्रह को टाल नहीं सकता था | रणभूमि में, घर में, घर के बाहर सर्वत्र वैद्य का कर्त्तव्य रोग की चिकित्सा कर रोगियों को निरोग और स्वस्थ करना है, घायल का घाव भरना है– उनको रूझाना है और पुनः शरीर को दुरस्त करना है |"

"वज्र शरीर" रावण ने कराहते हुए कहा– "सुषेण ! ये तीव्र घाव भर दे| मेरे इस भव के शरीर को वज्र तुल्य बना दे| ऐसा रसायन दे, जिससे मैं इच्छा– वीर्य और इच्छा– मृत्यु हो जाऊँ| रसवैद्य रसौधियों से ही शरीर, मन, प्राण आदि का अमृतीकरण कर देता है – क्यों? कर देता है न? सच बोल|"

सुषेण ने कहा– "यह रोगी के प्रारब्ध पर निर्भर करता है; प्रभो! चिकित्सातुर इस संसार का प्रारब्ध भोगी जीव है| प्रारब्ध में यह लिखा है, तो रसवैद्य सफल हो जाता है|"

"तो लक्ष्मण के प्रारब्ध में यह लिखा था ?" रावण ने पीड़ा सह लेते हुए पूछा|

"जी , राजेश्वर !" सुषेण ने कहा– "अभय ! प्रभो !"

"दिया, अब सच बोल, सुना ?" रावण ने कहा |

सुषेण ने कहा– "लक्ष्मण शेषनाग के अवतार हैं, प्रभो !"

"और राम?" रावण ने तीव्र द्वेषपूर्वक पूछा |

"श्री राम श्री हरि विष्णु के मनुजावतार हैं| दुष्ट दानवों, आततायियों, अधर्मियों तथा अन्यायी – अत्याचारियों के विनाश के लिए धराधाम पर अवतरित हुए हैं |"

"अच्छा ? तू तब त्रिकालदर्शी है ? है ...... न ?" रावण ने कहा – "किसके कहने से यह राम धराधाम पर अवतरित हुआ है ?"

"गौ, भक्त, सज्जन और सन्त |" सुषेण ने कहा |

"मेरे राज्य में तुम सब सुखी, समृद्ध, सम्पन्न तथा छप्पन पकवान खाने वाले प्रजाजन हो| मैं नवनिधि एवं अष्ट सिद्धियों का स्वामी तुम्हारा राजराजेश्वर हूँ | तो क्या मैं अत्याचारी और अधर्मी हूँ ?"

सुषेण ने घावों पर लेप लगाते हुए कहा– "अपने अन्तःकरण से पूछिये राजराजेश्वर ! अन्तरात्मा के हृदय– कमल पर त्रिपुरारी शिव स्थित हैं– वही है आपको इस प्रश्न का उत्तर देंगे| हम प्रजाजन तो राजभक्त हैं और रहेंगे |"

रावण ने हुँकार की– "हुँ .... | तो तू वैद्य ! मानवधर्मी मानव है | रसवैद्य क्या हुआ – ऋषि – मुनि हो गया?"

"जी, नहीं, प्रभो !" सुषेण ने कहा– "मैं राजकृपा पर निर्भर एक अकिंचन वैद्य हूँ– भगवान धन्वन्तरी का सेवक|"

"और हम तेरे सेवक हैं ?" रावण ने गर्जन किया– "बोल– क्या महान दशानन राक्षस– राजराजेश्वर तेरे विनीत प्रार्थी हैं? हैं .... क्या ?"

सुषेण ने एक कुछ गहरे घाव पर शीतल लेप करते हुए सिर झुकाया और कहा– "राजराजेश्वर महाराज दशानन भू-मण्डल का अधिपति तथा पृथ्वी पर शौर्य तथा सिद्धि और नवनिधि के स्वामी हैं|"

"हम अद्वितीय त्रिपुरारी हैं|" रावण पुनः गर्जा– "यह रामचन्द्र असुर नहीं है – मनुष्य है, अतः हमने उसको पहली बार छोड़ दिया| मानव क्षत्रिय को रह– रहकर मारना है, समझा ?"

"जी समझा| " सुषेण ने अन्य घावों पर लेप चढ़ाते हुए कहा|

"रह– रहकर– रेंस – रेंसकर मारो, शत्रु को – यह रावण मति है| एक ही अमोघ तीर से शत्रु की छाती को बेंधकर उसको निष्प्राण कर देना तो बचकानी

क्रीड़ा है– रण– क्रीड़ा है– हम कहते हैं| इसलिए रामचन्द्र को आज हमने बक्श दिया| सुना?"

"जी |" सुषेण ने कहा – "तब यह घाव ?"

"उस मनुष्य रामचन्द्र के तीरों के हैं|" रावण ने स्वस्थ होते हुए कहा– "वाह! क्या लेप है तेरा, वैद्यराज ! जा, अशोक वाटिका तुझे दी | जा, तेरे सभी अपराध माफ! ये घाव रामबाण के घाव हैं| रामबाण ? – लोहे का टुकड़ा – पैना टुकड़ा हृष्ट – पुष्ट शरीर– वज्र शरीर को क्या समाप्त करता ! फिर तू भूल गया ! तूने ही हमारी नाभि में अमृत सींचा था| यह देह चौदह भुवनों की रमणियों को आकर्षित करता है| देवांगनाएं हमें देखती रहती हैं | गन्धर्वियाँ हमारे विशाल वक्षस्थल के कज्जल जल काले बालों की उभरी हुई लहरियाँ पेखा करती हैं| हम अपने पीन किन्तु वज्रतुल्य नितम्बों से विंध्याचल को टक्कर तथा नगाधिराज हिमालय को हिला सकते हैं | हमने कैलाश को अपने पादाघात से ही डगमगा दिया था और वह पृथु नितम्बिनी पार्वती ! चीत्कार कर उठी थी | शिवजी के क्रोध के भय से हमने उस देवी को बक्श दिया – हाँ, रे !"

सुषेण ने लेप लगाना बन्द कर एक पेय तैयार करते हुए कहा – "आपकी नाभि का अमृत सिंचन गुह्य पराविधा से हुआ है | किसी भी मूल्य पर राघव रामचन्द्र यह रहस्य न जाने – अन्यथा......... |"

"अन्यथा ?" रावण ने भवें तरेरते हुए पूछा |

"अन्यथा मुझे भय है, अमोघ दिव्यास्त्र कहीं......" सुषेण ने कहा, किन्तु रावण ने बीच ही मैं चीत्कार की – "नहीं....... दिव्यास्त्र महाविष का अमृतीकृत अस्त्र है| वह अमृत नहीं है – संजीवनी है| तब तूने क्या संजीवनी ...."

सुषेण ने कहा– "दिव्य संजीवनी ही अमृत है | तब मैं हिमालय की तीर्थ यात्रा में दिव्य संजीवनी ले आया था, सो अब आपकी सेवा में अर्पित कर दी | आपको अमर होना है, मुझे नहीं, महाराज !"

"क्यों ? अनादि जीव अजर– अमर निश्चिन्त ऋद्ध– सिद्ध जीव है| कल्पों तक सर्गों में जीवन– लीला किया करता है| परमात्मा? एक– अकेला .... उदास| किन्तु जीव ? माया – मण्डित, बुद्धिमान, पण्डित, महासेनापति राजराजेश्वर ही है| प्रलय इस अनादि जीव को डुबो सकते नहीं, वह प्रलय से जागकर कल्प में पुनः भव– भव की शक्तिशाली यात्राएं आरम्भ करता है|" रावण ने नयन

उन्मीलित करते हुए कहा– "जगत , अनादि जीव और ईश्वर, मैं, अनादि| कल्पों के सर्गों से भव यात्राएं करते हुए मैं शून्य के सुनसान में सो जाता हूँ– जगत के महाकाल तथा सृष्टि के अनादि संचित के परे और पार मैं सदाशिव के महासर्प की भांति प्रलय जल में निद्राधीन तैरता रहता हूँ| सभी देवता प्रलय में बुझ जाते हैं| सभी सुर और असुर प्रलयकाल में अदृश्य हो जाते हैं, ज्योतिहीन, शक्तिहीन, निष्प्राण हो जाते हैं और सृष्टि के जीव, प्राणी केवल गहन कारण शरीरों में प्रलय जल में डूबे रहते हैं| महाकाल की भंग – तरंग से उत्पन्न विस्मृति और स्मृति के परे अज्ञानमय तुरीय छा जाता है| वहीं, समझा, वैद्यराज ! वहीं मैं दशानन सहस्रकोटि आनन और बाहु धारण करने की महेच्छा से अपने चिदाकाश में मूर्च्छित ही नहीं, काँपता रहता हूँ– शाश्वत जीवन– स्पन्दन, समझा? ऐं? तूने विवाह– परिणय किया है?"

सुषेण ने तनिक चमककर कहा– "जी, नहीं| अभय, राजेश्वर!"

रावण सहसा ठहाका मारकर हँसा– "दिया! सदैव के लिए दिया| अभय माँगता है| कामिनियाँ, रमणियाँ, सुन्दरियाँ माँगता न! घावों की जलन मिट गई, वैद्यराज ! जीओ, शत – कोटि वर्ष जीओ ! अब चैन आया है| अब वह रामचन्द्र पुनः दिखने लगा है| कोई बात नहीं, वीर तो घाव खाते ही हैं| जिसको घाव न लगे– वह वीर ही नहीं| सुना ? शस्त्रों के घावों से वीर का मूल्य गिना जाता है| सुना? विवाह नहीं किया, क्यों? नपुंसक है क्या?"

सुषेण ने विनीत स्वर में कहा– "अब भवजाल के चक्कर काटने और कटवाने की इच्छा नहीं रही| अब तो चाहता यही हूँ, प्रभो! कि आयुर्वेद के गूढ़ रहस्य सार्थक कर दूँ तथा धन्वन्तरी के अमृत-कलश से स्वास्थ तथा आरोग्य की सरस्वती बहा दूं। शिव की जटा में गंगा– धन्वन्तरी के हाथों में अमृत कलश!"

"अमृत कलश!" रावण ने कहा– "जीवन अनादि भव– चक्र है– कर्म, कर्मफल, नादान! वेदान्तियों का मोक्ष? है ही नहीं| यह जगत, महाकाल और उसका काल चक्र है| तू है– हम हैं– यही सत्य है| विवाह कर!– तेरे लिए चौदह भुवनों से खोजकर कोमलांगी रमणी ले आऊँगा– सुना?"

"जी, सुना| प्रभु की कृपा है|" सुषेण ने कहा– "राजराजेश्वर मुझे पर आज इतने प्रसन्न हैं| मुझ सब – कुछ मिल गया| कामिनी मिल गई – कांचन मिल गया| श्री, सुकृति और यश भी मिल गया, किन्तु......."

"फिर किन्तु ? क्या ?" रावण ने पूछा।

"अमृत कलश– धन्वन्तरी के श्री चरणारविन्द!" सुषेण ने कहा।

✦✦✦

लक्ष्मण ने विनीत, किन्तु अमर्षपूर्ण स्वर में कहा– "प्रभो ! समझ में नहीं आता ...."

श्री राम मुस्कुराये – "क्या?"

"रावण को लंका में वापस जाने दिया ?" लक्ष्मण ने पूछ लिया।

"घायल हो गया था, भाई मेरे! क्या करता? नहीं, लक्ष्मण! यह आर्य क्षत्रिय का धर्म नहीं है। घायल और रणभूमि से भागते हुए शत्रु को जाने देना ही आर्य रणनीति है। यह क्षात्र धर्म की आधारभूत मर्यादा है।"

महाराज सुग्रीव ने कहा– "किन्तु राम, मित्रवर्य! क्या रावण ने घायल वानरों को बक्शा है? नहीं।"

"मेघनाद ने लक्ष्मण के मूर्च्छित हो जाने पर शस्त्र– प्रहार रोक लिया था।" राम ने कहा– "यही मानव धर्मसम्मत रण– मर्यादा है, सुग्रीव! मैं शरणागत और घायल पर कभी स्वप्न में भी शस्त्र का प्रहार नहीं करूँगा। रणभूमि में समक्ष, आमने– सामने प्रहार होता है। जय का बाण वक्षस्थल में लगता है– पीठ में नहीं।"

हनुमान ने पुकारा– "जय राम!"

"क्या है हनुमान?" श्री राम ने हनुमान को निहारते हुए पूछा।

"कुछ नहीं– यों ही।" हनुमान ने कहा– "कभी – कभी यों ही 'जय राम' पुकारने का मन हो उठता है। हर्ष में या विषाद में, प्रभो! राम– नाम लेना ही मुझे मन भावन है। राम– नाम के साथ पराजय है नहीं, जय ही है। राम– नाम ज्ञानियों, मानियों तथा भक्तों को अत्यन्त प्रिय है– सेवकों को भी।"

श्री राम ने कहा– "तुम राममय हो गये हो, हनुमन्ते ! परन्तु यह राम है कहाँ? कभी सोचा?"

"नयनों के सामने, मन में, प्राणों में, चित्त में।" हनुमान ने कहा और श्री राम के चरण थाम लिए– "छिपो मत, राम! संसार से छिप सकते हो; मुझसे नहीं। मैं नयनों से, बुद्धि से और चित्त से राम! आपको देखता हूँ, अनुभव करता हूँ। मैं

आपके चरणारविन्दों की रज हूँ| शरणागत और घायल को प्राणदान राम ही दे सकता है, अन्य नहीं|"

महाराज सुग्रीव– "मैं भी नहीं?"

"आप राजा हैं, राम नहीं हैं|" हनुमान ने कहा|

महाराज सुग्रीव ठठाकर हँसे– "अच्छा! हनुमान जी! रामजी मेरे मित्र अवश्य हैं, किन्तु स्वामी भी हैं– सुना?"

हनुमान ने किलकारी की– "जी महाराज! राजाओं के ऐसे कथन बचपन से सुनता आ रहा हूँ| मित्र– मित्र ही होता है; स्वामी नहीं| स्वामी तो दास का, सेवक का|"

लक्ष्मण ने बीच में ही कहा– "तब रावण पुनः युद्ध भूमि में आएगा क्या? महाराज विभीषण जी!"

"और कोई चारा ही नहीं है|" विभीषण ने कहा– "रामजी! सुषेण ने रावण की नाभि में अमृत सींच दिया है– संजीवनी| हाँ, प्रभो!"

लक्ष्मण– "आपने पूर्व में ही सूचित किया था| तब क्या रावण अजर है– अमर है? वह बार– बार केवल प्रहार करने आया तथा घायल होकर लंकागढ़ में घुस जाने के लिए ही तब युद्धरत होगा?"

श्री राम ने शान्त–गम्भीर स्वर में कहा– "संजीवनी को सामान्य बोलचाल में अमृत कहा जाता है| महाराज विभीषण! आपने हमें बताया था, वैद्यराज सुषेण ने रावण की नाभि में अमृतीकृत संजीवनी ही सिंची थी?"

"यही, प्रभो, यही"– विभीषण ने कहा|

राम हँसे, बोले– "विधाता पर छोड़ दो रावण की बात| हमारा कर्त्तव्य युद्ध करने का है| फल ईश्वर के हाथ में है| क्षत्रिय ही नहीं चारों वर्णों का धर्म है, अपने कर्त्तव्य किये जायें और फल की आशा न करें| रावण से हम धर्मयुद्ध करेंगे, किन्तु जय – पराजय की आशा त्यागकर|"

"किन्तु......" अंगद ने कहा– "किन्तु......"

तभी लंकागढ़ का द्वार खुला और प्रचण्ड घोष करता हुआ रावण का रथ रणभूमि में श्री राम के समक्ष आने लगा– धँसने लगा| श्री राम ने कहा– "........ किन्तु, अंगद| वह तो आ गया| घाव भर गये हैं, तब|"

"रामबाण क्या हुआ? राम! लक्ष्मण ने पूछा|"

"सामान्य बाणों से ही मैंने रावण को घायल किया था| रामबाण? है तो वह मेरे चित्त में दिव्यातिदिव्य अस्त्र की भांति सोया है|"

"जाग्रत कीजिये, प्रभो!" विभीषण ने निवेदन किया|

"रामबाण स्वतः ही जाग्रत होता और सो जाता है|" राम ने कहा– "रावण की मृत्यु का बाण अभी मिलने को है| यह दारूण अतिरथी– रामबाण से नहीं ब्रह्मा के बाण से ही वश किया जा सकता है| उस रथ को आप सब रोकें| मैं जटा बाँधकर आता हूँ|"

सभी वानर महारथी रथ पर टूट पड़े|

रथ के गहरे अन्तरंग में अस्त्र– शस्त्र थे| सारथी ने कहा– "महाराज दशानन तो रंगभवन में हैं– रथ तो मैं हाँक रहा हूँ|"

वानर सामन्त हत्प्रभ होकर लौटे| हनुमान ने कहा– "रथ में रावण नहीं है|"

श्री राम ने जटाजूट बाँधते हुए कहा– "अच्छा? तब उसको रथ में पुनः रण– सज्जा सजकर आने दो|"

हनुमान ने किलकारी करते हुए कहा– "राम इस बार वह दशानन घायल वापस नहीं जाय| यह हम सबकी करबद्ध प्रार्थना है| यह भयंकर युद्ध अब समाप्त होना ही चाहिये, राम !"

विभीषण ने कहा– "यही, प्रभो ! यही मेरा भी निवेदन है|"

महाराज सुग्रीव ने कहा– "जब तक रावण जीवित है– हम लड़ते रहेंगे| रामजी! हमने भगवती सीता जी को सादर आपके हवाले करने का शिव– संकल्प लिया है| अवश्य, प्रभो !"

श्री राम ने कहा– "विधाता ने जन्म और मृत्यु का पल ललाट में लिख दिया है, मित्रजू! अभी ऐसा लगता है; रावण के इस भव की अन्तिम पल नहीं आई है| कुछ दूर है– क्षितिज के पार है कदाचित्|"

महाराज सुग्रीव ने सहसा कहा– "खाली रथ भेजने का तात्पर्य? क्या यह दशानन हमारी हँसी करना चाहता था?"

अंगद ने कहा– "हमें सूचित करने कि वह ठीक हो गया है और शीघ्र ही रणभूमि में दिखेगा| रावण, मेरे ताऊजी को मैं भली प्रकार जानता हूँ| मेरे पालने से ये ताऊजी बँधे पड़े रहे| पिताश्री ने अपने मित्र की खिल्ली उड़ाई थी| सो....... आज उसने हमारी हँसी की है| कब तक ठिठोली कर अपनी अवश्यंभावी मृत्यु से बचता रहेगा यह ताऊ?"

विभीषण– "जब तक रामजी चाहेंगे|"

"मैं चाहूँगा? क्यों?" श्री राम ने पूछा|

"इसलिए कि राघव राम करुणासिन्धु हैं, दीनबन्धु हैं तथा उनका कोई वैरी नहीं है, वह किसी के भी वैरी नहीं हैं। राम प्राणीमात्र के स्नेही हैं– प्रेमी हैं|"

"आपका आभारी हूँ, महाराज विभीषण!" राम ने कहा– "किन्तु यह रावण मेरे लिए निर्वेर होते हुए भी वध्य है| इस दुष्ट ने प्रतापी इक्ष्वाकु वंश का, दिव्य सूर्यवंश का, हमारे बाप– दादों का, सभी कुलवधुओं, महिषियों तथा रज़ियों एवं सम्राटों का अपमान किया है– सीता का अपहरण करके| इसलिए वह वध्य है| मैं अवश्यमेव उसका वध करूँगा| मैं राह देख रहा हूँ– अब भी भगवान शिव उसमें सद्बुद्धि जाग्रत कर दे और आप सीता को सादर लौटायें......"

"असम्भव|" विभीषण ने कहा|

"तब रावण मेरा शत्रु न होते हुए भी वध्य है|" राम ने कहा– "भगवती कालिके ! दक्षिण कालिके ! माँ !"

✦ ✦ ✦

रावण ने चषक पर चषक पीते हुए मदहोश की भांति उखड़े स्वर में कहा– "वह गया ...... राम गया| त्रिजटा! बुलाओ उसको| मिलीभगत है, किन्तु राक्षसियाँ कहीं सीता को डकार न जायें–इसलिए उसको सीता के पास रखा है, सुना?"

धान्यमालिनी ने सुना; सुनते ही कहा– "सुना; इस समय भी सीता का ही रटन है, तब हम कुछ नहीं हैं? कुछ नहीं थीं?"

"तुम सब हो– हो तो|" रावण ने लड़ते हुए कहा – "सुन्दर हो, जगमग हो, यौवनोन्मादी हो– आहं! हो, किन्तु सीता...... सीता तो, सीता ही है|"

"क्या है वह?" धान्यमालिनी ने झुँझलाते हुए कहा– "एक मानवी, जिसकी क्षीण कटि है, पृथु नितम्ब हैं तथा पीन उरोज हैं– आँखें? प्रकाश में रखी पुखराज मणि जैसी| अवश्य ही सीता सुन्दर है, सुघड़ है; किन्तु यौवनोन्माद से हीन, एक शान्त दीपक की लौ जैसी है|"

"वाह! क्या कहा है!" रावण ने कहा– "सीता को लेकर काव्य ही कर डाला| कवयित्री हो गई है तू, धान्ये! ले, हम तुझे अपना प्रिय सभी रत्नों से मण्डित हार देते हैं| पहन, अपने पुष्ट उरोजों पर इसको दुलका| हम देखना चाहते हैं|"

धान्यमालिनी ने कहा– "इस समय यह राग–रंग क्या उचित है? वह मानव रामचन्द्र, वह वानर सेना, वह भीषण रण– कोलाहल|"

रावण चमककर उठ बैठा– "हम हैंन, हम दशानन राजराजेश्वर रावण, त्रिपुरारी आशुतोष का शिष्य, मनीषी रावण| हमने खाली रथ भेजा तो सब मरकट घबरा गये| त्रिजटा? आ गयी? सीता कैसी है?"

त्रिजटा ने वन्दन करते हुए कहा– "मौन|"

रावण – "कुछ भी नहीं कहती?"

त्रिजटा – "राम की प्रतीक्षा में अपलक है, प्रभो !"

रावण– "राम की प्रतीक्षा नहीं, हमारी प्रतीक्षा| समझी? उस माया का क्या प्रभाव हुआ?"

त्रिजटा ने कहा– "माया के बल से निर्मित राम का लहूलुहान मस्तक सीता देखती रही और इंगित से कहा, ले जाओ इसे, मैं देख नहीं सकती| मेरे राम का यह मस्तक विज्ञानाकृत है, जड़ है| राम का मस्तक तो दिव्य, भव्य, जगत के साम्राज्य का मुकुट– धारण करने योग्य यशस्वी मस्तक है। ले जाओ! इस पापकृत को। समुद्र में डूबे दों। मेरा राम अजर है, अपराजय है, मेरा अखण्ड सौभाग्य है, यह मैं जानती हूँ|"

"अच्छा ?" रावण ने चमत्कृत होते हुए कहा – "सीता जान गयी है यह धूर्त मायाकृत है|"

"पल में प्रभो!" त्रिजटा ने कहा|

"हुँ........ |" रावण गर्जा– "तब हम रणभूमि में जा रहे हैं| अब राम का सच्चा मस्तक काटकर लाना ही होगा| राघव रामचन्द्र– एक निरीह मानव का मस्तक| हमने तो भगवान धूर्जटी को अपना मस्तक बार– बार काटकर चढ़ाया था और उसी से मैंने भगवान शिव की मस्तक– कमल पूजा की| यह सब राजवैभव, यह ऐश्वर्य, यह भोग– विलास– उसी पूजा का विशाल तथा अक्षय वरदान है|"

त्रिजटा ने वन्दन करते हुए कहा– "प्रारब्ध, राजेश्वर! राम का मस्तक, एक तपस्वी क्षत्रिय का भव्य–दिव्य मस्तक| उसको शिवाराधना में चढ़ाना ही वास्तविक सिद्धि है?"

"अवश्य है– और हम यही करेंगे– करते हैं| हमारा रथ लाओ| सुना?"

अनुचर ने द्वार पर दिखते हुए नमनपूर्वक कहा– "राजराजेश्वर! पृथ्वीपति का रथ तो प्रासाद के सिंह द्वार पर सज्ज खड़ा है| आप श्रीमानेश्वर की प्रतीक्षा कर रहा है| जी अभय!"

"दिया|" रावण ने सहसा स्वस्थ– प्रसन्न होते हुए कहा– "घायल रणभूमि से लौट आये, तो क्या हम राक्षसों के राजा नहीं रहे ? नहीं, तू सेवक यह समझता है| रणभूमि में घायल होने पर लौट आना ही नीति है | हमारे ये घाव भर गये हैं और अब हम पुनः लड़ेंगे| पुनः घायल होंगे तो पुनः लौट आयेंगे| यह मानवी राघव राम हमें मार नहीं सकता| हमें भगवान शिव का वरदान है| हम अजर हैं; हम इच्छा मृत्यु तथा इच्छा वीर्य हैं – अपराजेय हैं| रामबाण– लोहे का टुकड़ा, बूंठा टुकड़ा|"

धान्यमालिनी– "राम तो ललकार नहीं रहा और आप ऊपर पड़ते हुए पधार रहे हैं, रण में|"

रावण ने झुँझलाकर कहा– "हमें घायल कर दिया, इस राम ने! हम घायल करते आ रहे हैं– हमने सुरों– असुरों, ब्रह्म राक्षसों, यातुधानों को, नागों, किन्नरों सबको-देवताओं तक के घायल किया है| घुस गये हैं ये बस अपने– अपने दड़बों में| तब वह मनुष्य राम हमें लोहे के टुकड़े से घायल कर गया? निस्संदेह ज्ञाता और अनुभवी सारथी ने हमारी स्थिति देखकर हमें बेसुधि में ले आया– लौटा लाया|"

धान्यमालिनी– "निष्ठावान स्वामी भक्त है सारथी! उसको उपहार नहीं दिया न?"

रावण– "भूल गया– वह दिखा भी नहीं| कहाँ है सारथी?"

अनुचर– "रथ में अहर्निशि आपकी प्रतीक्षा करता हुआ बैठा है|"

रावण– "तो क्या वह हमें रणभूमि में पुनः ले जा रहा है?"

अनुचर–"महान दशानन चक्रवर्ती पृथ्वीपति रावण रणभूमि से घायल होकर भाग खड़े हुए– यह प्रवाद वह स्वप्न में भी सुन नहीं सकता है और न ही हम आपके क्रीत दास|"

रावण– "हमारा– हमें लेकर यह प्रवाद? हम भगोड़े हैं? झूठ| ऐसी निंदा करने वालों को रेस दो– कहाँ है दुर्धर? उसको हमारी आज्ञा है– हमारी निंदा करने वालों को, सुनते ही ठार कर दें| हम वीर हैं– अतिरथी, महारथी तथा सिद्ध अस्त्रों के स्वामी तथा शस्त्रों के परम प्रवीण हैं| प्रधर, दुर्धर, शार्दूल– सब, हमारी यह आज्ञा तुरन्त पालनीय है| हम क्लान्त हैं| चषक– मदिरा– प्रिय धान्ये ! मदिरा ...... अधरामृत ....|"

धान्यमालिनी – "अभी तो रणभूमि में पधार रहे थे|"

"हाँ .... हाँ ...... जा रहे थे|" रावण झल्लाया – "किन्तु क्लान्त जो हो गया| आज्ञा, आदेश – आज्ञा – जीवनभर तक शासन किया, किन्तु अब थक गया हूँ| प्रिये! अब आज्ञा देना नहीं चाहता| अब चाहता हूँ कि लोग मेरी इच्छा स्वयं ही जान लें तथा उसकी सद्यः पूर्ति करते रहें| आज्ञा से मूर्त इच्छा तनिक सुख तो देती है, किन्तु क्लान्त ही करती है– थका देती है| हमें पता है, हमारी स्त्रियाँ हमें मन से प्रेम से स्वयं को अर्पित नहीं करती– हाँ, तू करती है| वह मन्दोदरी? नहीं करती| वह हमें नहीं, राम को गिनती है| वह विभीषण के मत की है| आर्यों से राक्षसों की मैत्री, शान्ति तथा अभय चाहती है|"

धान्यमालिनी– "अच्छा तो है, ठीक ही तो|"

"आर्य जब तक धरती पर जीवित रहेगा, वह किसी भी जाति को पनपने नहीं देगा, धान्ये!" रावण ने कहा– "आर्य पृथ्वी पर अपनी संस्कृति, अपना चक्रवर्ती राज्य और अपना वर्णाश्रम धर्म ही फैलाना चाहता है| आर्य नरेश का अश्वमेघ यज्ञ आर्य साम्राज्य के विस्तार का यज्ञ है– यह मैं जान गया हूँ | हम राक्षस पृथ्वी

को राक्षसमयी करना चाहते हैं| यह आर्य और राक्षस संस्कृतियों का प्राणलेवा संघर्ष– युद्ध है, श्रीमती !"

✦✦✦

रावण का विशाल रथ रणभूमि की ओर विशाल मन्दिर की भांति तनिक दौलता हुआ आया| रण वाद्य आगे– आगे, तुमुल ध्वनियों के वाद्य पीछे– पीछे तथा अत्यन्त निपुणतापूर्वक शस्त्रों से सज्ज मदाति राक्षस सैनिक| अवश्य चक्रवर्ती पृथ्वीपति सम्राट ही रणभूमि में साज– बाज के साथ उतरा आ रहा था| शेष राक्षस महारथी रथ के आजू– बाजू चल रहे थे| सन्नद्ध और सावधान|

विभीषण ने विनीत मृदु स्वर में कहा– "प्रभो !"

श्री राम ने सस्मित विभीषण को निहारा; कहा– "आया न? मैं नहीं कहता था– दशानन वीर है, रणभूमि से भागना नहीं जानता| घायल हो जाने पर निस्संदेह सारथी ही उनको ले गया होगा– अवश्यमेव! निष्ठ सारथी अपने स्वामी की रक्षा बड़ी कुशलतापूर्वक करते हैं| मेरी माता श्रीमती कैकई भी मेरे पिताश्री की सारथी थीं| बड़ी निपुणतापूर्वक वे पिताश्री को बचा ही नहीं लायीं, युद्ध में विजय भी प्राप्त करवाई| तभी तो पिताजी ने दो वरदान दिए थे| विवाह भी किया और यह भी माना कि मैं नहीं, भरत ही अयोध्या का राजा होगा| हम सबने वह वचन पाला था|"

"वनवास, प्रभो!" विभीषण ने पूछा|

"इस रावण के कारण|" श्री राम ने कहा– "चित्रकूट से दण्डकारण्य– दण्डकारण्य से आर्यावर्त के सभी अरण्यों और उनमें भी बहती हुई रमणिय अगाध और पुनीत नदियों को इस स्वयं भू पृथ्वीपति के रक्त, माँस– मज्जा से पाट दिया| ऋषि– मुनियों के वह शत– सहस्त्र अस्थि ढेर मैं भूल नहीं सकता| आज भी ध्यान में वे अनन्त कोटि ढेर मुझे दिखते हैं और मैं सिहर उठता हूँ| शत– सहस्त्र शान्त, अभयपूर्ण सुजलाम्– सुफलाम् आश्रमों को उजाड़ दिया तथा सूने मण्डप मुझे याद आते हैं, महाराज विभीषण ! मैंने तभी आकाश, पृथ्वी, भूत तथा तत्वों को, चौदह भुवनों को यह वचन दिया था– पृथ्वी को मैं राघव रामचन्द्र राक्षसों से विहीन करूँगा| हाँ, पृथ्वी पर राक्षस नहीं, आर्य ही रहेंगे| इस सृष्टि की रगों में मृत्यु नहीं, अमृत ही सींचा जायगा| आज वह समय आ गया, जब गुरुदेव की कृपा से मैं अपनी उस प्रतिज्ञा को पूरी कर सकूँ|"

श्री राम ने निकट आते रथ को सहसा एक बाण संधान कर रोक दिया| रथ हड़बड़ा कर पृथ्वी में मानो गड़ गया|

रावण चौंका, चमका, चिल्लाया– "राम!"

श्री राम ने पुकारा– "रावण! शरण आ| शस्त्र त्याग दे, रावण! क्षमा माँग, रावण ! अन्यथा ......"

"क्या राघव!" रावण रथ से नीचे उतरते हुए चिल्लाया|

"मृत्यु।" श्री राम ने कहा |

रावण– "यह तो एक दिवस अटल है, अवश्यंभावी है, राघव!"

श्री राम ने शान्त किन्तु तीव्र स्वर में कहा– "शरीर की मृत्यु; आत्मा की नहीं| तुम, मैं, सब प्राणी शरीर नहीं हैं, शरीरी हैं– आत्मा हैं, आत्मवत् हैं– आत्मीय हैं| सच्चिदानन्द, रावण! अभी तो मेरा कहना है, मेरी विनंती मान लो– विभीषण, हनुमान तथा महाराज सुग्रीव को लेकर लंका लौट जाओ और सीता को लेकर मेरे पास आओ| मुझसे दूर – अति दूर द्वेष में उबलते हुए, तुम न जाने कब से राक्षसीय वृत्तियों को लेकर विश्व में भ्रमण करते आ रहे हो| इस भव में लंकेश हुए, सिद्ध हुए, मनीषी हुए, किन्तु ऋषित्व प्राप्त नहीं कर सके| क्योंकि कामिनी और अहम् नहीं छूटा| कामिनी अब त्यागकर चित्त– वृत्तियों को एकाग्र कर स्वयं के परम् शिव के ध्यान में मगन हो जाओ, सुना दशानन ! मैं राघव राम तुमसे अन्तिम बार विनंती करता हूँ|"

रावण ठठाकर हँसा– "हार गया, राघव! सीता तो मेरी हो चुकी है | ठीक ही कहा, मैं सीता की खोज में ही अब तक जन्म लेता रहा | सीता तेरी कब से हुई रामचन्द्र ! वह तो अनादि से मेरी है| तू? तू एक निरीह, त्यक्त, क्षत्रिय राजकुमार है | सीता जैसी सर्वश्रेष्ठ कामिनी को प्राप्त करने का तूने कौनसा पुण्य किया है| मैंने तो अनन्त शिवरात्रियाँ जगाई हैं|"

श्री राम – "जैसा तेरा प्रारब्ध, रावण! सीता योगमाया है| मेरी थी, है और रहेगी| सीता अनादि से मेरी अन्तःकरण की ऊर्जा, अन्तरात्मा की चेतना तथा इस सृष्टि की मातृशक्ति है| सीता को सामान्य मानवी समझकर तू जो कामना कर रहा है, वही तेरी मृत्यु का कारण है| सीता यामिनी विधाता भी है, यह मैं जानता हूँ, अब तुझे बता दिया है|"

"चुप कर, राघव !" – रावण

"तब ठीक है| यह ले रामबाण और रामबाण के घाव|" श्री राम ने कहा और बाणों की झड़ी लगाकर रावण को घेर लिया| श्रीराम ने हँसते हुए कहा– "सारथी इस पामर राक्षस को ले जाओ| मैं हीन– मन, दुर्बल और पामर पर हाथ नहीं उठाता| रावण ! जा, अपने चषकों में डूब जा !"

रावण बाणों से बिंधकर रथ में ढेर सा होते हुए चीत्कारपूर्वक बोला– "राम, आह .... !"

सारथी ने कुशलतापूर्वक रथ को लंका की तरफ फेरते हुए कहा– "अभय! राजेश्वर! आपके प्राणों पर ही आ बनी है क्या?"

रावण मूर्च्छित होते हुए गुर्राया– "ओह! ...... आह!........ मेघनाद! तुम-तुम कुंभकर्ण! तुम सब कहाँ?"

सारथी ने रथ को लंकागढ़ की ओर दौड़ाते हुए कहा– "अनन्त के पार, प्रभो ! आप राजेश्वर ही शेष हैं| राम को मना लो, प्रभो!"

''नहीं-नहीं-नहीं''-रावण मूर्च्छित हो गया।

लक्ष्मण ने तनिक रोष के साथ कहा– "फिर बख्श दिया, राम!"

श्री राम ने सस्मित कहा– "हाँ, उसका सारथी बुद्धिमान है, स्वामी भक्त है, राज्य– निष्ठ है|"

"तब ऋषि– मुनियों की अस्थियों के ढेरों की साक्षी में की गयी प्रतिज्ञा? राम!" महाराज सुग्रीव ने पूछा|

"रघुकुल की रीति है, वानरराज! प्राण चला जाय, किन्तु वचन नहीं जाता| मैंने आर्य – रक्त की अंजलि भरकर यह प्रतिज्ञा की है| रावण को जी भरकर युद्ध कर लेने दो| उसका पृथ्वी से भी भारी और बड़ा अहंकार तुष्ट होने दो| रामबाण का स्वाद चख लेने दो|"

"किन्तु ....." अंगद ने कहा|

"राजकुमार अंगद!" राम बोले– "किन्तु– परन्तु कुछ नहीं| यह दशानन रावण है| रावण संसार को रुलाने वाला अधर्म और अनीति का अवतार है| उसके अहम् में ब्रह्माण्डों का भार भरा है| निश्चय ही अपने राजवंश के सत्यानाश

से वह दुर्बल चित् हो गया है| हम असमर्थ, दुर्बल और निहत्थे शत्रु को बख्श देते हैं– मारते नहीं|"

"परन्तु प्रभु!" विभीषण बोले– "मारना तो पड़ेगा– अवश्य प्रभो! अन्यथा धराधाम पर आपके अवतार लेने का उद्देश्य पूरा नहीं होगा|"

श्री राम ने गम्भीर स्वर में कहा– "मुझे भी कभी– कभी लगता है; राक्षसों के अत्याचारों से मानव जाति का परित्राण करना मेरे इस भव का एकान्त लक्ष्य है| तभी तो यह अनायास वनवास मिला| माता कैकई का अनुग्रह हुआ और मुझे अरण्य का जैसे राज्य ही मिल गया| अरण्य को सुरक्षित, भयरहित तथा आर्य संस्कृति के यज्ञों से पुनः प्रज्वलन के लिए, हाँ, महाराज विभीषण! हम सब इस रणभूमि में एकत्र हुए हैं तथा प्रबल राक्षसों के आमने–सामने हैं| भगवती दुर्गे! भवानी दक्षिण कालिके! जैसी तेरी इच्छा– आज्ञा| लक्ष्मण! हम कालिका की पूजा करेंगे– नवरात्र| मुझे विश्वास है– मुझको स्पष्ट इंगित मिलेगा| परमात्मा की आज्ञा के बिना मैं किसी भी प्राणी का हनन नहीं कर सकता| प्राणीमात्र मेरे हैं और मैं उनका हूँ| मेरा कोई शत्रु नहीं, बैरी नहीं– मित्र, साथी, सम्बन्धी नहीं| मैं ही सबका सेवक हूँ, मित्र हूँ, साथी हूँ| केवल सीता ही मेरी अपनी है| तभी तो यह भयंकर युद्ध कर रहा हूँ|"

लक्ष्मण ने कहा– "यह मैं जानता था भैया ! शिविर के मन्दिर में यज्ञ वेदी सहित पूजन – सामग्री प्रस्तुत है| हनुमान जी ने यह प्रबन्ध कर रखा है|"

"अच्छा?....... हनुमान ने?" राम ने पूछा– "हनुमान को कैसे पता हुआ?"

हनुमान कुछ दूर पृथ्वी पर साष्टांग प्रणाम करते हुए बोले– "राम ! तुम सीताराम ! मेरे मन में, अन्तःकरण में छा रहे हो; भरे हुए हो| मेरे रोम– रोम में सिहर रहे हो| रामजी ! मैं स्वयं को नहीं जानता, किन्तु तुम को जानता हूँ, राम मेरे!"

✦✦✦

घायल मूर्च्छित रावण को देखते ही मन्दोदरी ने स्तब्ध होते हुए पुकारा – "हाय राम!"

सुषेण ने मूर्च्छित रावण को टटोलते हुए कहा– "इस बार गहरे घाव हैं श्रीमती! यह तो नाभि की संजीवनी है, जो शरीर को बचा रही है, किन्तु राम के

बाणों से घायल क्षत–विक्षत यह राजसी देह अब मन्द– प्राण होती प्रतीत होती है| हे धन्वन्तरी! मेरे इष्ट देव ! मेरी लाज रख लो| महाराज को तुरन्त आरोग्य प्रदान करो| रणभूमि में राम महान रावण की प्रतीक्षा कर रहे हैं|"

'राम'– धान्यमालिनी बमकी– "यह कालपुरुष है क्या?"

"राम कालपुरुष नहीं; काल के स्वामी हैं|" सुषेण ने कहा– "मुझे भगवान धन्वन्तरी ने स्वप्न में स्वयं कहा कि राम श्री हरि– विष्णु के मनुजावतार हैं| भू भार उतारने के लिए अवतार धारण कर राघव रामचन्द्र की भव– लीला कर रहे हैं| हनुमान इस कथन के साक्षी हैं, श्रीमती!"

"वह हत्यारा मरकट वानर हनुमान?" धान्यमालिनी चिल्लाई|

"राम का अनन्य भक्त, श्रीमती!" सुषेण ने कहा– "हनुमान हैं तो राम हैं और राम हैं तो हनुमान हैं| प्रभो! औषधियों को अभिमन्त्रित कर दें| दया कर महान रावण पर दया कर! उनको स्वास्थ्य दें, जिससे जय कर, डटकर रणभूमि में राम का सामना कर सकें| वीर की यही गति है, श्रीमती!"

27

वानर सैन्य के विशाल शिविर के अन्दर, किन्तु छोर पर श्री राम के महादेवी पूजन और यज्ञ के लिए सुन्दर सुष्ठ मण्डप बनाया गया था और नयनाभिराम वितान तना था। श्री राम ने समुद्र में स्नान किया तथा हनुमान द्वारा अभिषिक्त होकर पूजन के लिए पद्मासन पर उपविष्ट हो गये। वानर सैन्य के वरवीर, यूथपति, सामन्त- श्रेष्ठ सभी मण्डप के चारों ओर घुटने पर बैठ गये। लक्ष्मण श्री राम के पीछे एक पैर पर खड़े हो गये। शत कोटि वानर दूर, किन्तु मण्डप के दर्शन में एकत्र हो गये। स्वच्छ नीलाभ आकाश के व्योम अनहद ओमकार नाद से मानो रिमझिमा उठा और पृथ्वी के गगन- मण्डल ध्यानस्थ श्री राम की दिव्य- शान्त, जलद- गम्भीर छवि से विमोहित हो उठे।

श्रीमान महाराज सुग्रीव ने मन ही मन पुकारा- "राम! जय हो! पर आपको भी महाशक्ति को जाग्रत करना होता है- आश्चर्य!"

विभीषण ने शान्त- गम्भीर स्वर में कहा- "श्री राम में परमात्मा पूर्णरूपेण जाग्रत हैं, किन्तु मानव योनि होने से देवों की उपासना करना ही होता है। शिव ध्यान से, शक्ति पूजन से, श्रीमान्!"

सुग्रीव- "वानर- आर्य मैत्री अखण्ड रहे, अमोघ हो जाय- इसके लिए मैं भी पूजन करूँगा।"

विभीषण ने हँसते हुए कहा- "वानर के लिए पूजन नहीं, प्रभु- पादारविन्दों में समर्पण- स्वयं का अर्पण ही चाहिये; जैसे हनुमान ने किया। वानर ईश्वर का सेवक है....... ।"

"और राक्षस.........?" सुग्रीव ने पूछा।

"राक्षस?" विभीषण ने तनिक सोचकर कहा- "राक्षस ईश्वर का सेवक नहीं, मित्र नहीं, शत्रु भी नहीं। राक्षस- राक्षस ही है, यथार्थ में वह किसी का भी नहीं है। वह स्वयं को शिव का शिष्य मानता है।"

सुग्रीव- "यह ओढ़रदानी वरदानी आशुतोष भी खूब है! रावण को वरदान दे दिया कि तुम रणभूमि में किसी से भी नहीं मारे जाओगे। केवल मानव ही तुमको पराजित कर सकेगा- मानव! आश्चर्य!"

"सभी देवता आश्चर्य ही हैं|" विभीषण ने कहा– "इनका देवी स्वभाव मानव – मति में समाता नहीं है| मानव देवताओं से केवल वरदान ही चाहता है; योगक्षेम, मंगल| मानव देवताओं से मुक्ति या मोक्ष नहीं चाहता, मृत्यु भी नहीं|"

"देवता?" महाराज सुग्रीव ने सिर धुनाते हुए कहा– "जीव ही देवता है– मानव| देवाधिदेव त्रिपुरारी आशुतोष देवाधिदेव के नाते महादेव हैं| उनकी प्रसन्नता असम्भव को सम्भव तथा अकृत्य को कृत्य बना देती है| भगवान शिव के वरदान को सत्युत करने के लिए ही राघव राम पूजन में बैठे हैं और स्वयं यम, विधाता और काल श्री राम का मानो दर्शन कर रहे हैं| श्री राम रहस्यों के रहस्य हैं, श्रीमान् विभीषण जी!"

"श्री राम महामानव हैं, देवताओं के इष्ट और मानवों के आदर्श हैं| सर्वगुण निधान राम, पूर्ण– परिपूर्ण मानव हैं|" विभीषण बोले– "मुझे हनुमान जी ने श्री राम का रहस्य बता दिया है|"

महाराज सुग्रीव– "क्या है वह?"

"राम|" विभीषण ने कहा– "और क्या रहस्य हो सकता है| राम बोलिए तथा सुख– शान्ति, अभय, ज्ञान, वैराग्य जो चाहें– पाइये|"

"तब राघव राम भगवान स्वयं हैं?" सुग्रीव ने पूछ ही लिया|

"भगवान राम स्वयं नहीं हैं तो फिर भगवान और क्या होगा? महाराज! मानव योनि ही सभी योनियों की आधारभूत चिति– चैतन्य से पूर्ण योनि है| मानव चाहे तो भगवान को पा सकता है, स्वर्ग पा सकता है– नर्क भी| मानव चाहे तो देवताओं का सिरमौर हो सकता है| ज्ञान मानव को ही होता है; क्योंकि मानव ज्ञान की ही स्वयम् ज्योति है| जगत को विद्या द्वारा प्राप्त कर मानव ही वैराग्य होने पर जगत को त्याग सकता है| मानव योनि ही ज्ञान, भक्ति तथा कर्म की जीवन– ज्योति है| मानव– भव ही आशाओं, अभिलाषाओं, संकल्पों, भोगों तथा ऐश्वर्यों की आकांक्षाओं की भव– योनि है| मानव ही परम् सत्य, या परम् सुख पा सकता है– अवश्य धर्मपूर्वक जीना होगा|"

"धर्म? क्या?" सुग्रीव ने कहा|

"धर्म क्या?" विभीषण बोले– "महाराज सुग्रीव! क्या आप मानव– धर्म नहीं जानते? तब फिर आप क्या जानते हैं? हनुमान जी से पूछिये– धर्म क्या है?"

महाराज सुग्रीव ने हनुमान को इंगित से बुलाया– "अरे यह धर्म क्या है?"

हनुमान ने वन्दन कर कहा-"राम की अपायनी भक्ति|"

"भक्ति?" – सुग्रीव|

"भक्ति– हरिनाम महाराज!" हनुमान बोले– "हरि– नाम ही शक्ति है, भक्ति है| जो मानव हरि– नाम लेता रहता है– जपता रहता है; धर्म स्वयं उसे प्रगट होता है| प्रभु का जीवन ही धर्म– जीवन है| मैं क्या बताऊँ महाराज! मेरे राम जगत के गुण– धर्मों तथा सृष्टि की भव– मर्यादाओं के स्त्रोत हैं| कर्म– अनासक्त कर्म करो, वैराग्य पाओ, मोह-भंग करो और ज्ञान पाओ– भक्ति रोम– रोम में भर जाएगी– राम– नाम !"

लक्ष्मण ने इंगित में कहा– "शान्त! राम ध्यानस्थ हैं|"

हनुमान ने लक्ष्मण से नमनपूर्वक क्षमा माँगते हुए कहा– "वीर लक्ष्मण! यह जगत श्रीराम का संकल्प है और यह सृष्टि श्री राम का ध्यान है| श्री राम ध्यानस्थ– वानरों! ध्यानस्थ कंजनयन कंजारुण श्री राम की अपूर्व शोभा को निहारो– पावन राम|"

"जय श्री राम!" प्रचण्ड ध्वनि उठी और गगन के गगन कँपाती हुई व्योमों के पार आकाश में लीन हो गयी| श्री राम के चिदाकाश में आलोकित ज्योतिर्मय स्वरुप विग्रह व्यक्त होने लगा| कौन? श्री राम ने पश्यन्ति में स्वयं को पूछा– "कौन?" ज्योतिर्मय शान्त सुन्दराति सुन्दर, मधुराति मधुर सीता की दिप्तीवान आकृति उन्द्रवित हुई-"मैं, मेरे प्रभो! स्वामी! मैं! अब मेरा उद्धार करो, नाथ! रावण जब तक जीवित रहेगा, मैं उसकी बन्दिनी बनी रहूँगी, प्रभो ! दया करो, मेरे स्वामी! श्री राम अपने त्रिपुर तथा आकाशों में सिहर उठे– "सीता! क्षमा करो, प्रिये! अब रावण...... उसको मारना ही होगा| हे कालिके– दक्षिण कालिके! मेरी सीता की रक्षा कर– तब तक, जब तक रावण जीवित है|"

श्री राम के चिदाकाश के सीता– स्वरुप आकृति सहसा कालिका की घनश्याम -श्याम ज्योतिर्मय मूर्ति में बदली| पश्यन्ति में दक्षिण कालिका ने कहा– "तेरा आविर्भव रावण– वध के लिए ही हुआ है| जा, रावण– वध के लिए अस्त्र तुझे प्राप्त होगा| राम, परमात्मा चैतन्य निराकार निर्गुण में अपने मनुजावतार का सगुण भाव जाग्रत कर| सृष्टि का मंगल कर, राम! जगत का कल्याण कर, राम!"

राम! राम! राम! की शब्द– ध्वनि स्वयं ही अनहदनाद की अमोघ शान्त मूर्च्छना में लीन होकर अनहदनाद बन गई। राम नाम ही अनहदनाद बन कर आकाश, व्योम तथा गगन– मण्डलों में विहरने – लहरने लगा।

पुनः ध्वनि उठी– "जय श्री राम!"

क्षितिज के पार से विमान आता दिखाई दिया। श्री राम ने नयन खोले; बोले– "सन्नद्ध– महर्षि अगस्त्य! हाँ ...... वही – अनहदनाद ॐ का केतु उनका ही है।"

लक्ष्मण ने स्वयं से, आकाश से पूछा– "महर्षि अगस्त्य! धन्य भाग हमारे! अवश्य ही कोई सन्देश लेकर पधार रहे हैं।"

श्री राम ने कहा– "महर्षि को इस मुख्यासन पर बिठाओ। हम उठ नहीं सकते। यहीं उनका पदार्चण करूँगा। जय हो, महर्षे!"

महर्षि अगस्त्य की दिव्य मूर्ति मानो गगन में उतरी– "जय श्री राम!" अभय वरद मुद्रा में महर्षि अगस्त्य ने कहा– "राम! तेरी जय हो।"

श्री राम ने महर्षि का पाद– प्रक्षालन कर उनको ब्रह्मा के स्थान पर बिठाया– बड़ा अनुग्रह किया, "महर्षे ! मेरे अनिश्चय तथा संकल्प– विकल्प के क्षणों में पधारकर मुझे जैसे असमंजस में ही तार दिया है।"

महर्षि ने कहा– "राम ! हम ऋषि– मुनियों की कृपा हो चुकी। हमारी पुकार पर तुम, हे सनातन! धराधाम पर पधारे– मानव योनि में जन्मे; पर क्यों?"

"मानवता के लिए।" श्री राम ने कहा।

"सो तो है ही, राम ! किन्तु......" महर्षि अगस्त्य बोले– "पृथ्वी भर के लिए राज्य शिथिल विकृत तथा विषम हो चुके हैं। सभी नरेश स्वकेन्द्रित हैं और उनके देखते – देखते हुए ही धर्म की हानि हो रही है। अधर्म, अत्याचार, अनीति तथा कुकर्मों का बोलबाला है। रावण और उसकी कृति– धृति सब अरण्य– सभ्यता के लिए खग्रास ग्रहण हैं– पूरा सूर्य ग्रहण। इसे घनांधकार से मुक्त करो। सत्यनारायण मेरे! रावण का वध क्यों नहीं करते, राम!"

श्री राम ने कहा– "रावण जैसे है और नहीं भी।"

"रावण है – है, राम! धर्म है, तो अधर्म भी। सुख है तो दुःख भी है– अंधकार है, तो प्रकाश भी है। राम तुम मानव हो, महामानव हो। अस्त्र धारण करो और

मानवता के जन्मजात बैरी रावण को समाप्त करो| धर्म का ब्रह्म मुहूर्त भगवती सीता की मुक्ति से ही होगा| त्रिकाल तुम्हारे इस परमार्थ की प्रतीक्षा कर रहा है, राम!"

"जैसी आज्ञा महर्षे!" राम ने कहा– "होम की पूर्णाहुति कीजिये, भगवन्! आपने महर्षे! मेरे पूजन को सफल कर दिया| आपका यह बड़ा अनुग्रह है, महर्षे!"

"इस पूर्णाहुति का फल रावण का वध| समझे ? राम!"

"जी महर्षे!" राम ने कहा– "जैसी आज्ञा, प्रभो!"

"अगस्त्य" महर्षि बोले– "राम को निहारने वाला एक प्राणी जीव| राम ही तो घट– घट में, रोम– रोम में वैखरी, परा और पश्यन्ति में, साक्षात् मुनियों के मन में, राम– राम– राम !"

श्री राम ने महर्षि के चरण थाम लिये– "राम– राम– राम– परन्तु मैं राघव रामचन्द्र इक्ष्वाकुवंशीय दशरथनंदन आपके श्री चरणों में समर्पित हूँ| महर्षे! जगत का कल्याण कर सकूँ, सृष्टि का मंगल साध सकूँ, प्राणियों का योगक्षेम कर सकूँ– पृथ्वी तथा आकाश में नमन कर सकूँ और जीवों को राम की ओर प्रेरित कर सकूँ, दुःख मेट सकूँ, प्राणियों की, जीवों की आर्ति नष्ट कर सकूँ– हाँ, महर्षे! ऐसा आशीर्वाद दो|"

महर्षि अगस्त्य ने श्रीराम को उठाकर उसका मस्तक सूँघा और कहा– "वत्स राम! तुमको आशीर्वाद नहीं, इस समय शक्ति की आवश्यकता है| ब्रह्मास्त्र लो| अपने चिदाकाश में ब्रह्मास्त्र का ध्यान करो| वह स्वयं तुमको प्राप्त होगा|"

"ब्रह्मास्त्र?" श्री राम चिहुँके|

"रावण का वध करने|" महर्षि बोले– "रावण ब्रह्मास्त्र के बिना वध्य नहीं है| उसकी नाभि की संजीवनी सोख कर ब्रह्मास्त्र रावण के शरीर के पंचभूतों को बिखेर कर पंचभूतों में मिला देगा– पार्थिव मिट्टी में मिल जायगा|"

श्री राम ने कहा– "तब रावण का वध करना ही होगा? अवश्य– रावण ने धर्म की हानि की है| अत्याचार की सीमा को लाँघ गया है वह| सीता का हरण कर उसने पृथ्वी के क्षात्र वर्ण का अपमान किया है, प्रभो! तेरी जय हो|"

महर्षि अगस्त्य ने कहा– "राम! तुम्हारी जय हो|"

"जय राम!" की गगनभेदी ध्वनियाँ उठीं और लंकागढ़ से टकराकर रावण के शयनकक्ष की प्राचीरों को बौरा उठीं| रावण चौंक गया– "कौन राम? रामचन्द्र? राघव?"

धान्यमालिनी ने कहा– "कोई राम यहाँ नहीं आया| यहाँ तो मैं हूँ और आप हैं राजाधिराज!"

"मैं हूँ– हाँ, हूँ और...... और तू है|" रावण ने प्रगल्भ स्वर में कहा– "सीता कहाँ है?"

"अशोक वाटिका में बन्दी है; क्यों?" धान्यमालिनी ने पूछा– "सीता का ध्यान अब तो छोड़ो|"

"नहीं मैं चौदह भुवन, सप्तलोक, स्वर्ग, पृथ्वी, राज्य, कांचन– सब त्याग सकता हूँ; सीता को नहीं– नहीं|"

धान्यमालिनी ने सहसा अश्रुपूर्ण दृष्टि से रावण को घूरते हुए कहा– "तुमको सीता सूझ रही है; हमें अपना सौभाग्य|"

"सौभाग्य? तो क्या मैं मर गया हूँ?" रावण बमका– "तू भी अन्त में मन्दोदरी जैसी ही निकली है क्या?"

धान्यमालिनी ने कहा– "सती तो मैं हूँगी– मैं ही|"

रावण धान्यमालिनी को कक्ष से बाहर भागते हुए देखता रहा| तब? तब अन्तिम युद्ध के लिए जाना ही होगा– राघव को मारना ही होगा| मानव ही तो है– मानव| अवश्य मारना होगा| यह सुदूर जय– ध्वनि? किसकी? रामचन्द्र की? क्यों? क्या मैं मर गया हूँ? पराजित हो गया हूँ? भगवान धूर्जटी! यह किसकी जय ध्वनि है? निस्सन्देह यह उस शठ विभीषण का ही पैंतरा है। रामचन्द्र की जय गूँजा कर हमें रणभूमि में ललकार रहा ही|

तभी "जय रा !" की ध्वनि– विलमाई हुई ध्वनि कक्ष के गगन में झूम उठी| रावण उठ खड़ा हुआ– "नहीं, जय दशानन! विधाते! हम चले रणभूमि में अपनी जय के लिए|"

28

राावण रणभूमि की ओर प्रभंजन वायु की भांति उमड़ा– घुमड़ा– बहा | सहसा गगन में घने मेघ छाने लगे और दिशाएं स्तब्ध सी प्रतीत होने लगीं | पृथ्वी पर धधकता हुआ तिमिर छाने लगा और सहसा प्राणियों के चित्त में अज्ञात भय छाने लगा| वानरों ने देखा– रावण धुआँधार बाणों की वर्षा करता हुआ सीधा श्री राम की ओर लपका आ रहा है| वानरों द्वारा किये गये वृक्षों, पाषाणों और गदाओं के प्रहार वह मानो अद्वितीय रण कौशल से गगन में व्यर्थ कर देता था| प्रचण्ड अट्टहास्य करते हुए रावण श्री राम से कुछ दूर ठहरा– "राघव! महान दशानन, तेरा वैरी, तेरे सामने है| प्रहार कर, रामचन्द्र !"

श्री राम ने कहा– "यह अपना अन्तिम युद्ध है, रावण ! प्रथम प्रहार तुम्हें ही करना है– अन्तिम प्रहार मुझे|"

रावण ने प्रचण्ड अट्टहास्यपूर्वक कहा– "अच्छा, तो पहले|" रावण के अटूट से भारी, किन्तु संधान में हल्के धनुष से तीरों की वर्षा आरम्भ हुई| श्री राम अर्धोन्मीलित नयनों से प्रार्थना भंगिमा में रावण के प्रत्येक तीर को गगन में ही व्यर्थ करने लगे| आश्चर्यसंभूत संग्राम होने लगा| राम– रावण युद्ध मानो तीरों द्वारा भू-मण्डल में खुदने लगा– आकाश में अंकित होने लगा| रावण ने मानो अपने रथ के सभी अस्त्रों और शस्त्रों का प्रयोग आरम्भ किया| "राघव ले– ले– ले|" मन ही मन कम्पित किन्तु मानो वरदान देता हो– यों रावण शस्त्रों की मार करने लगा और सभी प्रकार के अस्त्रों का भी बीच-बीच में आव्वाहन करने लगा। और राम अपलक अपनी और वानर सैन्य की रक्षार्थ सावधानी और कुशलतापूर्वक अस्त्रों से प्रतिकार करते रहे| सतत् रामबाण के प्रहार से श्री राम ने रावण का रोम– रोम भेद दिया किन्तु रावण, मानो पैशाचिक शक्तियों से मण्डित, लड़ता ही रहा| "मानव! मनुज ! महान दशानन अजर है, अमर है| तू मुझे क्या हरायेगा? हार तो राम! तेरा ही प्रारब्ध है|" राम ने मुस्कुराते हुए कहा– "हार– जीत तो प्रभु के हाथ, रावण! सम्भल| शठ, मेरी सीता को ही हर ले गया| इसका दण्ड– मृत्युदण्ड है, सुना?"

"सुना, राम!" रावण ने कहा– "मृत्यु तेरे हाथ नहीं है– हम इच्छा मृत्यु हैं|"

"मृत्यु महाकाल परम् शिव है, रावण!" श्री राम ने कहा– "मृत्यु से मुक्त कोई भी नहीं| जीवन मुक्ति है– मृत्यु मुक्ति नहीं| तेरा पाप कर्मों से मण्डित यह विशाल देह जायगा ही| अब भी सीता को लौटा दे और ....."

"और .... क्या राम !" – रावण|

"स्वर्ग जा|" श्री राम ने कहा|

"नहीं, राघव! सीता मेरा प्राण है|" रावण चिल्लाया– "तू जब तक जीवित है, रहेगा– सीता की माँग करता रहेगा | तब तो तेरा मरना ही उचित है – यह ले|"

श्री राम ने मन ही मन दिव्य ब्रह्मास्त्र का स्मरण किया और उसे पलक में प्राप्त कर रावण पर उसे छोड़ दिया| स्वयं दृश्य– अदृश्य शीतल, तीव्रतम दिव्य अस्त्र मानो स्वयं ही सजीव होकर, साकार होकर रावण की नाभि की ओर पलक– अपलक गति के साथ चला– खिंचा, हिला, सरसराया और रावण के रथ की गगन की परिधि को भेदकर मानो चारों दिशाओं की दिकों का स्पर्श करता हुआ रावण की चकित– विस्मित आँखों के सामने नाच उठा| रावण के हाथों से धनुष छूट गया और उसके सभी अस्त्र– शस्त्र ब्रह्मास्त्र की अदृश्य सूक्ष्मातिसूक्ष्म अग्निमयता से झुलस गये– पिघल गये– भस्म हो गये| रावण चिल्लाया– "राम! राम! यह....... यह क्या? राम! ठहर...... ठहर! तुझे....... तुझे......."

श्री राम ने अपने चिदाकाश में कहा– "शान्त रावण! तेरा काल आ गया है| उस परमात्मा परम शिव को समर्पित हो जा| तेरे महापापों ने तेरा सशक्त, सुदृढ़, संजीवनी से पूर्ण विशाल देह को सुखा दिया है| सीता को मैं राम ही रख सकता हूँ| सीता राम की ही प्राणेश्वरी, हृदयेश्वरी, संजीवनी तथा सर्वस्व है– हो सकती है| तेरी नहीं, राक्षसराज| प्रभो! तेरी जय हो!"

ब्रह्मास्त्र रावण की नाभि को छीलकर उसमें घुसा और रावण मानो रोम – रोम में दहक उठा, जलने लगा| रावण लड़खड़ाकर छटपटाया– "राम– हे राम!"

श्री राम ने मन ही मन रावण से कहा– "शिव, विश्वनाथ– विश्वनाथ पुकार, रावण! मुझे तेरा राज्य, तेरी जाति, ऐश्वर्य– कुछ भी नहीं चाहिये था| मुझे मेरी सीता चाहिये थी| निरीह मेरी जीवन– संगिनी को तूने छल से हरा| यह तेरा घोर कुकृत्य मुझसे सहा नहीं गया, दशानन! अब जा– स्थूल देह से निकलकर अपने कर्मों की गति पकड़ – जा|"

ब्रह्मास्त्र रावण की नाभि की संजीवनी सोख कर, उसकी रग–रग को चीरता हुआ उसके हृदयमण्डल में गड़ गया| रावण की छटपटाहट उसके विशाल आश्चर्य सम्भूत स्थिर नयनों में ही भर गयी| श्री राम ने पुनः मन ही मन कहा– "तेरा कल्याण हो, अहंकारी जीव!"

रावण का विशाल पार्थिव देह क्षत– विक्षत, भेदित तथा अमृत संजीवन से हीन होकर मानो स्वयं ही मर गया| रावण का जाग्रतावस्था का संसार मानो सिमटकर उसके सुप्त स्मृतियों में समा गया| अंधकार, तिमिरतम का अकल्पित गगन उमड़ आया और रावण मन्द गति से उदासीन जुगनू की भांति काल के असीम में अपने सूक्ष्म शरीर में तनिक जाग्रत, तनिक सुषुप्त, तनिक स्मृत एवं तनिक विस्मृत पृथ्वीलोक से चन्द्र मण्डल की ओर चला|

रावण राम के हाथों मारा गया|

"जय श्री राम!" की गगनभेदी ध्वनियाँ उठीं और त्रैलोक्य को कँपा गई| लक्ष्मण ने एक के बाद एक पाँच बाण संधान कर चलाते हुए कहा– "पंचभूत– शान्त! राम दुहाई है|"

"जय राम!" महाराज सुग्रीव ने पुकारा|

"राम! राघव राम! जय राम!" विभीषण ने पुकारा|

श्री राम ने जाग्रतावस्था में जागते हुए कहा– "प्रभु, तेरी जय हो|"

रणभूमि श्री राम की जय– जयकार में गूँज उठी; प्रतिगुंजित हो उठी| वानरों के समूह किलकारियाँ करने लगे| राक्षस सैनिक भागने लगे| श्री राम ने कहा– "महाराज विभीषण! राक्षस सैनिकों को सकुशल श्रीलंका में जाने का आदेश दो|"

"मैं?" विभीषण ने पूछा|

"और कौन? लक्ष्मण? मैं?– नहीं .... नहीं आप| लंका के महाराज अब आप ही हैं| रणभूमि की जय द्वारा मैं आपका अभिषेक करता हूँ|"

विभीषण ने श्री राम के चरण थामे– "मेरे राम! मुझे राज्य नहीं चाहिये| आपकी शरण चाहिये| अभय चाहिये|"

श्री राम ने कहा– "लंका साम्राज्य की प्रजा की सुख– शान्ति तथा भू-मण्डल की मानव जाति की संस्कृति के दिव्य तादात्म्य के लिए आपको यह उत्तरदायित्व

ग्रहण करना ही है| आपकी निस्वार्थ, निष्कपट तथा कुशल सलाह से ही लक्ष्मण ने मेघनाद को मारा और मैंने रावण को देह– मुक्त किया| राम– रावण युद्ध के सच्चे पुरोधा तो आप हैं| लंका का राज्य सम्भालिये और आर्य, वानर, राक्षस तथा अन्य मानव जातियों को अटूट स्नेह– सूत्र में पिरो दीजिये| पृथ्वीतल पर हमें अब राजाओं का राज्य नहीं; प्रजा के रंजन का पुण्य और सुकृत्यों से भारी– भरकम राज्य चाहिये|"

महाराज सुग्रीव– "राम– राज्य– श्री राम राज्य|"

◆◆◆

श्री राम ने महाराज विभीषण से कहा– "आपका तुरन्त राज्याभिषेक वांछित है| लक्ष्मण! तुम और महाराज सुग्रीव, अंगद तथा सभी मुख्य वानर श्रेष्ठ महाराज विभीषण के साथ लंकागढ़ में प्रवेश करोगे|"

श्री हनुमान ने कहा– "यह आपका दास? हनुमान?"

श्री राम ने कहा– "अरे हाँ, भूल ही गया| तुम सीधे सीता के पास जाओगे| हमारा यह सन्देश उसे देना है– "तुम्हेँ बलात् हरने वाला राक्षसराज रावण मारा गया है| आज पितातुल्य श्रीमद् जटायू का सच्चा श्राद्ध हो सका है|"

हनुमान ने श्री राम को घूरते हुए कहा– "ले आऊँ भगवती माँ को?"

"लंकेश्वर महाराज विभीषण ही सीता को लाएंगे– तुम नहीं| लक्ष्मण अगवानी करेंगे और तुम अंगरक्षक से होगे|"

विभीषण– "किन्तु देर नहीं हो जायगी?"

श्री राम ने जलद– गम्भीर स्वर में कहा– "मर्यादा .... महाराज विभीषण! लंका का राजा बलात् सीता को हर ले गया, बन्दी बनाया, कारागार में रखा| तो अब सीता की मुक्ति भी लंका का अधीश्वर ही करेगा| सीता की मुक्ति का आदेश आपको राजतिलक होते ही देना है– ऐसा मेरा निवेदन है|"

"निवेदन नहीं, आज्ञा|" विभीषण ने कहा|

"मैं एक परिव्राजक वनवासी निरीह क्षत्रिय राजकुमार हूँ|" श्री राम ने कहा– "आज्ञा तो राजा, नरेश, अधीश्वर ही दे सकता है| सीता राजबन्दिनी है| राज्यादेश से ही मुक्त हो सकती है| सीताहरण का दण्ड मैंने रावण को मृत्युदण्ड के रूप

में दिया है| सीता– प्राप्ति के आदेश के लिए आपको मेरे इक्ष्वाकु वंश के, समस्त आर्य जाति और आर्यावर्त के शत कोटि अभिनन्दन ही समझिये|"

विभीषण– "चरण रज प्रदान करें, प्रभो! वन्दन तो आपका अभिनन्दन भी आपका|"

"लक्ष्मण!" राम ने सस्मित कहा– "हमारी इच्छा पूरी करो| महाराज विभीषण को उनके साथियों सहित सावधानीपूर्वक श्रीलंका में ले जाओ| ध्यान रखो, कोई उत्पात न हो| महाराज विभीषण के लंका– प्रवेश को लेकर जो विरोध करे, उसे अनुशासित किया जाना चाहिये| जो विद्रोह करे उसका......"

लक्ष्मण – "क्षमा ? क्या ? प्रभो !"

श्री राम– "यह महाराज विभीषण को ही निश्चित करना होगा– हमें नहीं| लक्ष्मण, भैया मेरे! मेरे लिए, ऋषि– मुनियों की ओर से, आर्यावर्त तथा समस्त मानव जाति के वास्ते महाराज विभीषण को तुम अपने अंगुष्ठ– रक्त से तिलक करना– राजतिलक|"

लक्ष्मण ने धनुष की प्रत्यंचा गूँजाकर कहा– "जय राम!"

हनुमान ने किलकारी की– "जय श्री राम! जय– जय राम!"

महाराज सुग्रीव– "राघव राम की इच्छा पूरी हो| अभय, प्रभो|"

श्री राम– "तथास्तु!"

लक्ष्मण ने नमस्कार करते हुए कहा– "अभय, राम!"

श्री राम ने कहा– "दिया, भाई मेरे! दशानन रावण की देह को सादर रक्षित किया जाय| अंगद! तुम यह देखोगे| अन्ततोगत्वा दशानन रावण लंका नरेश थे| उनके कर्म उनके साथ हैं, किन्तु राक्षस जाति के सबसे बड़े होने के नाते दशानन के पार्थिव शरीर का सम्मान होना ही चाहिये| लंका को कह दिया क्या कि दशानन नहीं रहे?"

अंगद ने कहा– "जी! महाराज विभीषण जी ने महिषी मन्दोदरी को सूचित करवा दिया है| महाराज ने अपने एक विश्वस्त दूत को कभी का लंका भेज दिया है, जी|"

सहसा लंकागढ़ के खुले कपाट और खुले और द्रुतगति से एक शिविका झूलती– डोलती सी धँसी आने लगी|

श्री राम ने घूरते हुए कहा– "महिषी मन्दोदरी क्या?"

महाराज विभीषण ने कहा– "वही– हमारी भाभीश्री, श्री राम! वही| तब मैं रूकूँ?"

श्री राम ने कहा– "हमारी इच्छा शीघ्रातिशीघ्र पूर्ण हो– अविलम्ब अब मैं यहाँ हूँ, अंगद है, महाराज सुग्रीव हैं| आप श्रीलंका प्रस्थान कीजिये, कृपया|"

विभीषण ने हाथ जोड़ते हुए कहा– "जैसी मतिमान राम की इच्छा, किन्तु रामजी महिषी भाभी को सांत्वना ......"

"मैं दूँगा|" श्री राम ने कहा– "मुझे ज्ञात है, सीताहरण और उसको सतत् बन्दी बनाये रखने का महिषी मन्दोदरी देवी ने विरोध ही किया है| सीता को वे सादर मुझे सौंपना चाहती थीं| उनके वैधव्य के लिए हमें भी दुःख है, किन्तु हम विवश थे| राम क्या करें? जब जीव के प्रारब्ध भवान्त की काल– घड़ी आ जाय| दशानन को इस संसार से जाना ही था| महाराज विभीषण! यह पृथ्वी अमृतपुत्र सच्चिदानन्द विलासी मानव की प्रतीक्षा कर रही है|"

शिविका रावण के शव के पास आकर ठिठक गई| खुले बाल मन्दोदरी शिविका से लड़खड़ाते हुए निकली और रावण के क्षत और विक्षत वक्षस्थल को देखकर चीत्कार कर उठी– "अजर– अमर थे न? शिव का वरदान था न? मैं कहती नहीं थी कि सीता को सौंप दो– सीता राक्षसों के लिए कालरात्रि है| किन्तु तुमने मेरी एक न सुनी– एक न सुनी और अब धुलित में लिपटे निष्प्राण पड़े हो| मुझे भी क्यों नहीं साथ लेते गये..... क्यों नहीं?"

श्री राम उठे और रावण के शव के तनिक दूर खड़े रहकर बोले– "महिषी मन्दोदरी!"

मन्दोदरी ने सजल नयनों से श्री राम का तपस्वी मोहन स्वरुप देखा और अवाक् सी बोली– "तो तुम .... तुम राम हो? राम हो तुम?"

श्री राम ने कहा– "हाँ, देवी ! मैं दशरथनंदन राम हूँ| आपके पति ने मेरी भार्या का छल– बल से अपहरण किया था| आप इतिहास जानती हैं, तो मैं क्या

करता? अपनी जीवन – संगिनी की रक्षा कर, उसको मुक्त करवाना मेरा नितान्त कर्त्तव्य था|"

"कर्त्तव्य था– था तो|" मन्दोदरी ने सिर धुनाकर कहा– "तो राम! मुझे भी मार दो| मैं ...... मैं भी दशानन की पत्नी हूँ| दशानन महाराज रावण का वध न कर आप मेरा वध कर सकते थे– मुझे बुला लेते – मैं आ जाती, राम! सच कहती हूँ|"

राम ने आर्द्र कण्ठ से कहा– "धन्य हो महिषी! किन्तु कुकर्म कोई करे और दण्ड किसी को? नहीं– यह सृष्टि में विधाता का नियम नहीं है| अपने किये कर्म फल को सभी को– प्रत्येक प्राणी को भोगने ही पड़ते हैं| महिषी ! यह मेरा बाण साक्षी है, मैंने राक्षस– राज्य को हथियाने के लिए नहीं, पति के अनिवार्य कर्त्तव्य– कर्म के लिए ही लंका युद्ध किया है| राक्षस जाति का मैं शुभेच्छु हूँ| महाराज दशानन के अधर्म, अत्याचार, अनीति आदि घोर कर्मों का विरोधी था और हूँ| मैं ऋषि– मुनियों की यह हत्या, यज्ञों को माँस और रुधिर से भ्रष्ट करना तथा आश्रमों को जलाकर भस्म करना इत्यादि घोर कुकर्म क्षत्रिय होकर न तो देख सकता था और न ही सह सकता था| इसीलिए मैंने युद्ध के आरम्भ में ही महाराज विभीषण के ललाट पर लंका का राजतिलक कर दिया था, श्रीमती!"

"विभीषण" मन्दोदरी ने घायल सर्पिणी की भांति हुँकार किया– "आपकी शरण में आया इसीलिए न?"

"नहीं श्रीमती!" राम बोले– "विभीषण तो राक्षस, वानर और आर्य मैत्री के पुजारी हैं| धर्म, नीति और न्याय के तथा जीवन के शाश्वत सत्य के उपासक एवं पुजारी हैं| राक्षस जाति के भाग्य– विधाता तथा मंगलदायक अधिष्ठाता हैं|"

"कुलकलंक नहीं क्या?" – मन्दोदरी|

"कुलदीपक, महाशय!" राम ने कहा– "शान्त हूजिये देवी भगवती! अपने पति का दाह संस्कार कीजिये– करवाइये| विभीषण को मैंने सूचित कर दिया है| हमारे वानर सामन्त तथा लंका के नागरिक महाराज विभीषण के नियमन तथा मार्गदर्शन में महान दशानन का दाह संस्कार करेंगे|"

"और श्राद्ध?" मन्दोदरी ने हिचकियाँ भरते हुए पूछा|

"आप, विभीषण जी और अंगद!" – श्री राम|

✦✦✦

श्री लंका में प्रवेश करते हुए विभीषण को विशाल जन समूह मिला| लंकागढ़ के सिंह द्वार के पास आबालवृद्ध नागरिक विभीषण का स्वागत करने मानो मचलता हुआ खड़ा था| महाराज विभीषण के एक ओर लक्ष्मण और दूसरी ओर अंगद चल रहे थे| हनुमान आगे– आगे फुदकते हुए चल रहे थे| लंका के महापौर ने हाथ उठाकर विभीषण को ठहराया और कहा– "स्वागत है! महाराज विभीषण! स्वागत! लंका के हम पुरवासी, परिजन, कुटुम्ब तथा कुल अन्तेवासी– सभी आपका लंका में पुनः स्वागत करते हैं| आपश्री ने राक्षस जाति को बचा लिया है| लंका के विशाल राज्य को अक्षुण्ण रख लिया है| महाराज दशानन के कुकृत्यों से जो सर्वनाश हो सकता था, उससे हम कर सभी को उभार लिया है| धन्य हैं आप, राक्षस कुल – शिरोमणि, धन्य!"

विभीषण ने महापौर को माल्यार्पण करते हुए कहा– "श्रीलंका के पंचपरमेश्वर को मेरा प्रणाम! लंका के प्रत्येक आबाल वृद्ध, नागरिक से मेरा नमन– नमस्कार! सूचित करता हूँ...... सादर सूचित करता हूँ; राम– रावण युद्ध समाप्त हो गया है और राघव रामचन्द्र की विजय– जय हुई है| इस रोमहर्षक वार्ता को आप अथ से इति तक जानते हैं| आप लोगों ने चुपचाप युगान्तर होते हुए ही देखा है– निहारा है| निस्संदेह हमारे ज्येष्ठ दशानन हमारे राजा थे, राक्षस जाति के चक्रवर्ती थे, किन्तु उनकी घोर पराजय हुई| सत्यमेव जयते– लोगों! आइये, श्रद्धापूर्वक हम अपने हुतात्मा राजराजेश्वर की पूर्ण राजकीय सम्मानपूर्वक अन्त्येष्टि करें, श्राद्ध करें और श्री हरि से प्रार्थना करें कि महान दशानन को वह उनके मन का स्वर्ग प्रदान करें| भाभी जी मन्दोदरी को शान्ति और धैर्य दें और.......... और राघव राम का अनुग्रह सदैव बना रहे|"

लंका के महापौर ने कहा– "महाशय विभीषण जी! हम सब लंकानिवासी आपके कथन को शिरोधार्य कर स्वीकार करते हैं| किन्तु हम सब चाहते हैं कि राजतिलक आप श्रीमान का हो ही जाय| राघव रामचन्द्र जी का यही तो राक्षस जाति पर अनुग्रह है| विजेता होने पर भी रामजी ने राज्य आपको अर्पित किया है| श्री रामजी के इस समर्पण को हम सब अपलक पलकों पर झेल कर आपसे साग्रह निवेदन करते हैं; श्रीलंका के राज्यसिंहासन पर बिराजिये|"

श्री लक्ष्मण ने कहा– "श्री राघव रामचन्द्र जी, रामजी ने हमें आज्ञा दी है कि हम महाराज विभीषण का राजतिलक करें| राम पुर, ग्राम्य, नगर में जाते नहीं| कठोर वनवास की अवधि में यह प्रवेश वर्जित है| इसीलिए श्री राम जी ने मुझे

आज्ञा दी है कि आप सभी श्रीलंका– वासियों की ओर से तथा राक्षस जाति के वास्ते महाराज विभीषण का राजतिलक करूँ– अपने अंगुष्ठ के रक्त से|"

लोगों ने जय – जयकार किया– "जय राम! जय श्री राम!"

सहसा मन्दोदरी ने दूर से चिल्लाकर कहा– "नहीं .... राम की जय नहीं , धर्म की जय कहो, लोगों!" और मन्दोदरी खुले बालों में चण्डिका– सी और आगे आयी– "रामजी की जय क्यों? किस लिए? श्री राघव राम ने मुझे अभी– अभी कहा है, उन्होंने लंका के राज्य के लिए युद्ध नहीं किया है| राजबन्दिनी उनकी अपनी प्रिय भार्या सीताजी की मुक्ति के लिए ही यह युद्ध किया है| उन्होंने सीताजी को दो माह की अवधि दे रखी थी| वह अवधि समाप्त हो गयी है| विभीषण! पहले सीताजी को मुक्त करो, पीछे राजतिलक कराओ|"

विभीषण– "जैसा चाहो भाभीश्री! लोगों! चलो हम भगवती सीताजी को अशोक वाटिका के बन्दिघर से मुक्त करें| राजा नहीं प्रजा ही भगवती, शक्ति स्वरुप आर्या सीताजी को मुक्त करेंगी। अवश्य!"

"मैं ..... मैं भी साथ चलूँगी|" मन्दोदरी ने कहा– "नारी के सम्मान, नारी की लाज तथा प्रतिष्ठा का यह पुण्य कार्य है| सीते! मेरी आदरणीया! हमें क्षमा कर दो|"

29

सीताजी ने देखा महाराज विभीषण आगे– आगे और उनके भी आगे श्रीमती मन्दोदरी तथा हनुमान एवं लक्ष्मण चले आ रहे हैं| त्रिजटा भागी हुई आई– "पुत्री! वह देख कौन आ रहा है?"

"कौन? ..... राम?" सीताजी ने अपनी पलकों से ही मानो दिशाओं से पूछा– "कौन?"

त्रिजटा ने कहा– "अशोक वाटिका का प्रवेश–द्वार भारी भीड़ से ठठ गया है| महाराज विभीषण अब इधर ही आ रहे हैं| महिषी मन्दोदरी भी साथ हैं|"

सीता जी ने कहा– "रावण मारा गया, किन्तु वह नहीं आये? मुझे तो रामजी की प्रतीक्षा है, माते!"

त्रिजटा ने कहा– "राघव राम ने ही इन्हें भेजा है|"

महिषी मन्दोदरी ने कहा– "सीताजी को मैं मुक्त करूँगी| राजतिलक बाद में, श्राद्ध बाद में|"

"राजतिलक?" सीताजी ने पूछा|

"महाराज विभीषण का और श्राद्ध रावण का| और किसका?" त्रिजटा ने कहा– "स्वयं लक्ष्मण देव महाराज विभीषण का तिलक, राजतिलक करेंगे| लंका की प्रजा ने स्वयं महाराज विभीषण को अपना राजा स्वीकार कर लिया है| लंका की समस्त जनता तुमको पुत्री! राम के पास ले जायगी| महिषी मन्दोदरी ने श्री राघव रामजी को वचन दिया है, तुमको उनके पास वापस ले जाने का| वे सचमुच सतयुग की स्त्री हैं, निस्संदेह– भगवती मन्दोदरी, हाँ| लो, वह सब आ ही गये|"

हनुमान छटककर आगे कूदे– "माँ!" और सीता जी को साष्टांग प्रणाम कर भूमि पर लेट गये|

सीताजी लड़खड़ाती हुई उठीं और हनुमान को उठाकर सिर सूँघती हुई बोलीं– "चिरंजीवी हो वत्स हनुमान!" और लक्ष्मण की ओर मुड़कर पुनः बोलीं– "भैया मुझको क्षमा कर दो– क्षमा, मेरे वीर भाई!"

लक्ष्मण ने सीताजी के चरण पकड़कर कहा– "अपराधी तो मैं हूँ, माते! विष पीकर भी मुझे वहीं रहना चाहिये था| आप तो मेरी द्वितीय माँ हैं| माँ पूत को कुछ भी कह सकती है| भैया के योगक्षेम के लिए आपको चिन्ता होना, फलतः कुपित होने का अधिकार था| मैं– आप और रामजी का सेवक हूँ| सेवक को सुनना ही चाहिये| किन्तु मैं चल दिया| आपकी आज्ञा मानकर चला गया और यों आप निरीह हो गयीं| फलतः छली गयीं| क्षमा तो मुझे ही माँगनी है| क्षमा करो जननी– माँ, सीते! क्षमा|"

सीता जी ने लक्ष्मण को उठाते हुए सिर सूँघकर कहा– "तथास्तु, वत्स!"

लक्ष्मण ने रोते हुए पुनः कहा– "मैं अक्षम्य हूँ, माँ| माँ को निरीह और अरक्षित छोड़कर क्षुब्ध मैं चल दिया| यह मेरा प्रज्ञापराध ही था| हाँ, माँ! इस पाप के प्रायश्चित के लिए मैं अपने सभी पुण्यों के नीर से आपके पाद– प्रक्षालन करता हूँ| रामजी! मुझको क्षमा करो, राम मेरे!"

सीताजी ने लक्ष्मण के दोनों हाथ थामते हुए कहा– "नहीं, मेरे भाई नहीं| तुम हिमालय की भांति दृढ़ , शुद्ध और बुद्ध हो| इक्ष्वाकु वंश के तुम नागाधिराज हो| तुमने अपनी अथक सेवा से हम दोनों को वनवास की अवधि कटवायी है| तुम न होते, तो राम क्या करते? मैं क्या करती? मेरा हरण मेरे प्रारब्ध का परिणाम है| अच्छा ही हुआ कि मेरा हरण हुआ, मैं बन्दिनी बनायी गयी और तब अन्त में दशानन मारा गया| रामजी, मेरा हरण न होता, तो क्या लंका पर चढ़ाई करते? नहीं|"

लक्ष्मण ने कहा– "विधाता मंगल ही करता है, यम सत्य की सत्युति ही करता है| ईश्वर अमंगल टाल कर मंगल ही करता है| वनवास की अवधि सप्ताह भर में समाप्त हो जायगी और ऋषि– मुनियों तथा यज्ञों का उद्धारकर्त्ता यह बीहड़ वनवास समाप्त हो जायगा|"

सीताजी ने कहा– "भरत, शत्रुघ्न, माताएँ और मेरी सखियाँ प्रतीक्षा कर रही होंगी– नहीं?"

श्री लक्ष्मण बोले– "हाँ, यह स्वाभाविक ही है, भगवती भाभी!"

मन्दोदरी ने कहा– "चलो सखी ! भगवती सीते ! चलो, श्री राम आपकी प्रतीक्षा कर रहे हैं|"

सीताजी ने कहा– "पहले श्री रामजी की इच्छानुसार महाराज विभीषण का राजतिलक होगा| मैं भी आप लोगों के साथ दर्शक हूँगी|"

मन्दोदरी– "जैसी भगवती सीता की इच्छा| तब चलिये, राजसभा के राजसिंहासन कक्ष तक चलें| लंका की जनता तथा शेष राक्षस सामन्त आपका वन्दन करते हैं| मैं आपका वन्दन– नमस्कारपूर्वक अभिवादन करती हूँ| पधारिये, सती– शिरोमणि सीते! हमें पवित्र कीजिये|"

सजी हुई शिविका में स्वयं मन्दोदरी ने सीताजी को स्थापित किया और साथ– साथ पैदल चलीं| एक पार्श्व में लक्ष्मण और दूसरे पार्श्व में हनुमान तथा आगे– आगे अंगद चले| सीताजी ने देखा राजभवन तक शत– सहस्त्र नागरिक आबाल वृद्ध खड़े हुए थे और शिविका पर फूल बरसा रहे थे| लंका के लोगों के नयन अपलक से हो गये थे – सानन्द आश्चर्य से दमक रहे थे|

महाराज विभीषण शिविका को झेलते जाते थे| "राघव रामजी की जय!" जय ध्वनियाँ उठतीं, गूँजती, गाजती| राजभवन तक लंकावासी तरंगों की भांति लहरा रहे थे| राजभवन के विशाल प्रवेश द्वार पर ठिठक कर मन्दोदरी ने लंकावासियों को पुकारा – "मेरे प्रिय नागरिकों! लंका के लोगों! सती भगवती सीता जी को सादर रामजी को सौंपने मैं स्वयं जाऊँगी| आज्ञा और आशीर्वाद चाहती हूँ|"

भीड़ गाजी– "तथास्तु!"

लंका के महापौर ने कहा– "आपके साथ लंकावासियों के श्रेष्ठजनों का शिष्ट मण्डल भी जायगा| भगवती सीता जी की शिविका हम कन्धों पर उठाकर चलेंगे|"

महाराज विभीषण ने कहा– "तब ऐसा ही हो|"

मन्दोदरी ने वरदहस्त उठाते हुए कहा– "लंकावासियों! आज आपने राक्षस कुल का कलंक धो दिया!"

लक्ष्मण ने कहा– "रामजी की इच्छा से मैं महाराज विभीषण जी का राजतिलक करूँगा| आपका अभय चाहता हूँ| रामजी ने तो युद्ध प्रारम्भ होने के पूर्व ही समुद्र के जल से अर्पण कर लंका का विशाल राज्य महाराज विभीषण जी को सौंप दिया था|"

लंका के महापौर ने कहा– "विजेता राम महान मानव हैं– निस्संदेह| हमारे पूर्व महाराज ने जो कुछ किया, उससे तो लंका का राज्य जीतकर राघव रामचन्द्र

अपने राज्य में मिला सकते थे| किन्तु उस महान मतिमान ने ऐसा नहीं किया| निस्संदेह हम जो रामजी के बारे में सुनते थे, वह सत्य प्रमाणित हुआ| महाराज विभीषण को शरण देकर श्री राम ने राक्षस जाति को अभय प्रदान किया और हमारा अपना राज्य हमारे अपने सपूत को सौंप दिया| वाह, रामजी वाह! धन्य हो!"

विभीषण ने कहा– "धन्य! धन्य!!"

राजभवन के विशाल मण्डप में राजसिंहासन पर महाराज विभीषण को अंगद ने हाथ थाम कर बिठाया और श्री लक्ष्मण ने अंगुष्ट के रक्त से विभीषण के विशाल भाल पर राजतिलक किया| राक्षस– सामन्तों और गणमान्य नागरिकों द्वारा अभिवादन किया गया| अभिवादन की गूँजें लक्ष्मण स्थिर अपलक खड़े सुनते रहे| मन्दोदरी ने आशीर्वाद के फूलों से विभीषण का सत्कार करते हुए कहा– "महाराज लंका नरेश! धर्म, न्याय, नीति तथा सत्यपूर्वक हमारा राज्य चलाना| हम आपकी प्रजा यही चाहते हैं , हमें सुख मिले, शान्ति प्राप्त हो, अभय मिले| यह सुवर्ण और रत्नों के आकार के समान विशाल राक्षस राज्य पृथ्वी भर के राज्यों से मैत्री साधकर हरा– भरा बना रहे– यही हम चाहते हैं और यही हमारी आपसे विनती है| पृथ्वी भर की नारियाँ अपनी शील साध सकें, अपनी लाज बनाये रखें तथा पृथ्वी भर की गृहस्थियाँ शान्ति और स्नेह से संयोजित होती रहे– पृथ्वी पर मंगल, अभ्युदय और उत्कर्ष होता रहे|"

महाराज विभीषण ने मन्दोदरी को नमस्कार किया और उठकर प्रजाजनों से बोले|

महाराज विभीषण उवाच: "मेरे प्रिय आदरणीय प्रजाजनों! आप सभी का बहुत – बहुत आभार! राघव श्री राम की कृपा तथा आप सब की अनुमति एवं स्वीकृति से मैंने लंका– साम्राज्य के संचालन का दायित्व स्वीकार किया है| मैं श्री रामजी के अभिन्न दूत, साथी तथा सेवक श्रीमान लक्ष्मण वीर को नमस्कार करता हूँ और महाबली हनुमान जी का अभिवादन करता हूँ| मैं शपथपूर्वक घोषणा करता हूँ कि लंका का साम्राज्य पृथ्वी भर के राज्यों के साथ मैत्रीपूर्वक संस्थित रहेगा तथा सत्य, ज्ञान, वैराग्य तथा अमृतोपासना की संस्कृति का विकास करेगा| हम राक्षस लोग मानव हैं और मानवता ही हमारा धर्म है| मानवता, स्नेहशीलता तथा अमृतोपासना का ऊर्ध्वगामी जीवन है– वैदिक जीवन| वैदिक जीवन तम

से ज्योति की ओर, असद् से सद् की ओर तथा मृत्यु से अमृत की ओर निरन्तर विकसित होते रहना है| सच्चिदानन्द श्री हरि की उपासना करना तथा मानव धर्म का धारण, भरण और पोषण करना– यही है वैदिक जीवन| वेदों तथा उपनिषदों का अध्ययन-अध्यापन, राक्षस– सन्तति अनिवार्यतः करेगी| हम मूलतः वैदिक ब्राह्मण हैं, क्षत्रिय हैं, वैश्य हैं, शुद्र हैं| समय आ गया है जब राघव रामजी की प्रेरणा और प्रकाश में हम राक्षस आर्य राक्षस बनें| हम राक्षस लोग प्राणीमात्र के सेवक तथा मानव जाति के हितैषी होकर वसुंधरा में सुधा सुलभ करायेंगे|

"धन्य! महाराज विभीषण की जय!" गहगही ध्वनियाँ उठीं|

मन्दोदरी ने कहा– "महाराज! अब चलें, सीताजी को लेकर राघव रामजी के पास चलें|"

महाराज विभीषण सजग होते हुए बोले– "अवश्य .... अवश्य| रामजी भगवती भामिनी की प्रतीक्षा कर रहे हैं| अपलक और अवाक् रामजी मानो सीता को भज ही रहे हैं|"

"सीता– राम !" हनुमान ने किलकारी की|

अंगद ने भी आह्वान किया– "महाराज विभीषण! अब रामजी को अधिक प्रतीक्षा नहीं करवानी है, चलें| आपका राजतिलक हो चुका है|"

लक्ष्मण ने कहा– "महाराज विभीषण! श्रीमान वानर– श्रेष्ठ तथा वानर राज्य का महाराज सुग्रीव के पश्चात् उत्तराधिकारी महाशय श्रीमान अंगद, वानर राज्य की ओर से श्रीलंका में सर्वोच्च प्रतिनिधि होंगे | श्री अंगद को महामात्य का दर्जा प्राप्त होगा|"

महाराज विभीषण ने सहर्ष कहा– "मेरे मन की बात कही महाशय वीरवर श्रीमान लक्ष्मण भैया! श्री राम की जय हो|"

✦ ✦ ✦

श्री राम राह देखते हुए स्वयं से ही मन ही मन बोले– "अब सहा नहीं जाता, सीते! दर्शन दो| वनवास की अवधि समाप्त होने में ही है– भरत मेरी राह देख रहा है, किन्तु तुम्हारे बिना अयोध्या मैं किस मुँह से जाता? सीते! शीघ्र आओ| अब तुम मुक्त हो, राजबन्दिनी नहीं हो| स्वयं लंकेश तुमको मेरे पास ला रहे हैं और........

और......... हाँ, चरों ने कहा है राजमहिषी मन्दोदरी स्वयं तुमको मुझे वापस करने साथ आ रही हैं।"

श्री राम लंकागढ़ के प्रवेश द्वार की ओर तकते हुए पुनः बोले– "सीते!"

झूलती हुई शिविका में सीताजी ने अपने ही अन्तरतम में राम की पुकार मानो सुनी। मन ही मन ऊर्ध्व स्वाँस भरकर वह बोली– "राम! प्राण मेरे ! राम!" सीता के गहन अन्तःकरण में उठी श्री राम– नाम की पुकार मानो व्योम पारकर और गगन भेदकर श्री राम के भूताकाश में गूँज उठी– "राम! राम!"

श्री राम बोल ही पड़े– "सीते !"

और लंकागढ़ का सिंह द्वार खुला तथा भीड़ भरा जुलूस आता हुआ दिखाई दिया। "सीता!" राम तनिक उझके, उचके, किन्तु तुरन्त ही अर्धपद्मासन में संस्थित होते हुए बोले– "जाम्बुवन्त ! सीता...... सीता आ रही है........ देखा?"

जाम्बुवन्त ने हाथ जोड़कर कहा– "जी रामजी! देख रहा हूँ। किन्तु भगवती भामिनी सीताजी को तो आपके पास आना ही था। भगवती सीता! भाग्य! जो दुष्ट रावण छल से हर ले गया, बन्दिनी बनाकर इतने मास रखा, किन्तु सती– शिरोमणि भगवती ने सतत् आपका ही ध्यान किया। त्रिजटा ने सीता भगवती अम्बा के इस आश्चर्यजनक तप का हाल बताया। हनुमान ने तो काव्य में मुझे यह साधना बतायी, रामजी! आप धन्य हैं जो ऐसी निर्मल, निर्विकार, निष्पाप, पुण्यश्लोक धर्मपत्नी पायी। हम वानरों के भाग्य में तो ऐसी भगवती लिखी ही नहीं है जैसे।"

श्री राम ने देखा: जुलूस के आगे श्रीलंका सैन्य के घुड़सवार थे। पीछे– पीछे हाथी– सवार श्रेष्ठ सामन्तगण थे और उसके आगे श्रीलंका के गणमान्य नागरिक थे। हाथियों के पीछे रथारूढ़ मन्दोदरी और मन्दोदरी के रथ के ठीक पीछे सीताजी की शिविका थी। एक ओर हनुमान और दूसरी ओर अंगद थे तथा लक्ष्मण आगे थे, वाद्य बज रहे थे और ऐसा लगता था मानो गगन मण्डल में देवतागण प्रगट होकर सीताजी की शिविका पर ज्योति– पुष्प वर्षा रहे थे। शोभायात्रा सा यह जुलूस झूमता, गाजता, गूँजता मन्द गति से वानर शिविर में श्री राम के स्थल की ओर चला आ रहा था। मानो भारतवर्ष की सभी महानदियों की धारा मानवरूप धारण कर यों झूमती– झीमती, गूँजती – गाजती बही आ रही थी।

श्री राम उठ खड़े हुए– "जाम्बुवन्त! सीता आ गयी....... आ गयी सीता।"

"भगवती सीता" जाम्बुवन्त ने कहा और किलकारी की– "वानरों! अम्बा सीता आ गयी हैं| दर्शन करो– वानरों!"

वानरों के समूह समुद्र की प्रचण्ड तरंगों के समान हिल्लोलित होते हुए जुलूस के आस–पास विशाल वर्तुल में संस्थित होने लगे| कोटि कण्ठों से ध्वनि उठी "जय भगवती अम्बे! सीताराम! जयति जय!"

श्री राम तनकर खड़े हो गये– ऊर्ध्व, टटार, अडिग से खड़े होकर श्री राम मानो पृथ्वी पर मूर्तिमान हो गये| शिविका वानर सैन्य शिविर के घेरे में लटक आने वाली ही थी कि श्री राम ने अपना हस्त, आजानुभुज, गगन में उठाकर जलद गम्भीर स्वर में कहा– "सीते! शिविका से उतरो| धरती पर खड़ी होकर अग्नि देवता की प्रार्थना करो, आह्वान करो अग्नि का| अग्नि स्नान कर मुझसे मिलो संसार को तुम्हारे अत्यन्त पुनीत पवित्र कर चरित की दिव्य प्रतिभा चाहिये| मुझे ज्ञात है तुम पवित्र को भी पवित्र करने वाली साक्षात् परात्परा विभूति हो, किन्तु इन कोटि वानरों को तुम्हारी अग्नि– स्नान दिव्य छवि के दर्शन दो| हाँ, सीते! यह मेरी तुमसे विनती है– प्रार्थना|"

सीताजी मन ही मन चिहुँकी– "राम! अग्नि– स्नान?"

श्री राम ने पुनः कहा– "हाँ, अग्नि– स्नान! अग्नि पवित्र को भी पवित्र करती है| नारी इस पृथ्वी पर अग्नि– स्वरुप जगदम्बा चेतना है| गंगा से भी पवित्र, गंगाजल को भी पवित्र करने वाला तुम्हारा चरित है| पृथ्वी– पुत्री! संसार देखे, यह मैं चाहता हूँ|"

सीताजी ने श्री राम को नमस्कार किया और कहा– "जैसी स्वामी की आज्ञा!"

"आज्ञा नहीं, सीते! – प्रार्थना" श्री राम ने कहा– "अग्नि देवता! हमारी आदरणीया माननीया शक्तिमती और चिति– चेतना सीता के अमोघ जीवन– सौन्दर्य को श्री, सुकृति, धृति और हमारे अनन्य मिलन को आज संसार को पूर्णरूपेण उज्ज्वल स्वरुप में दिखा दे| हे परम शिव! हे सच्चिदानन्द, शिवे! मैं राघव रामचन्द्र सती– शिरोमणि सीता का स्वागत करता हूँ| सीते ! मेरी पुकार सुनो|"

"जैसी रघुवंशमणि की इच्छा|" सीता ने कहा– "अग्नि देवता!"

सीता तन्मय, ध्यानस्थ खड़ी रही| आकाश मानो और गहरा हो गया, दिशाएं सिमिट कर अनन्त सी हो गईं| श्री राम ने नयन झुका दिये, बोले– "वानरों!

राक्षसों! मर्यादा अटूट, अखण्ड तथा अनिवार्यतः साध्य है। देख लो, मेरी जीवन–संगिनी सीता को। सीता मेरे अन्तरात्मा की सच्चिदानन्द चिति– चेतना ही है– सीते! तुम्हारी जय हो।"

सहसा लोगों ने देखा, सीता के आस–पास दिव्यतम प्रज्वलित आलोक उद्द्रवित होकर फैल गया। लोगों को लगा, अग्नि ज्वालाओं के मध्य सीताजी शान्त और अडिग खड़ी हुई हैं। हनुमान ने आर्त स्वर में किलकारी की– "माँ।" सीताजी मुस्कुरा उठीं। हनुमान ने राम को पुकारा– "रामजी! यह........ यह क्या कौतुक है, प्रभो!"

"कौतुक नहीं, मर्यादा की रक्षा।" राम बोले– "धन्य, सीते!"

30

स‌ती– शिरोमणि दिव्या– भव्या सीताजी की जय– जयकार से गगन– मण्डल गूँज उठा। अघटन घटना पटियसी घटना ही सम्पन्न हो गयी। सीताजी अग्नि में प्रवेश कर मानो स्नान कर रही थीं। अग्नि स्नान– पृथ्वीपुत्री सीताजी को मानो अग्नि देवता का सहज वरदान था। अग्नि देवता ने सीताजी के दिव्य देह को और भी अधिक पूर्णरूपेण दिव्यतम कर दिया। ज्योतिर्मय आलोक मण्डित सीता धीर मन्द गजगति से श्री राम की ओर चलीं। चारों ओर से फूलों की वर्षा से तनिक ताड़ित– प्रताड़ित सीता मानो आत्मज्योति की पार्थिव तरंग– संकुल थीं। चिद्घन चिति की मूर्ति थीं। सीताजी ने अपने तेज से अग्नि को ही पुनीत कर दिया था। श्री राम निर्निमेष नयनों से अपनी दिव्य-भव्य भार्या को अपनी ओर धीर चरणों में आती देखते रहे। दिव्य पद्मराग मणि की कान्ति की घनीभूत मूर्ति सीताजी ने मन्द मुस्कुराहटपूर्वक अपने परमेश्वर पति श्री राम को देखा, निहारा और घूरा। श्री राम के पास आकर सीताजी ने साष्टांग प्रणाम किया और कहा– "श्री राम! मेरे रामजी! मेरे नाथ!"

श्री राम ने सीताजी को उठाते हुए कहा– "सीते!"

सीताजी सहसा सुबक– सुबक कर रो उठीं– "राम! राम मेरे! इतने दिवस आपके सान्निध्य के बिना जीवित रही– यही मेरा पाप है, प्रभो! मुझे क्षमा करो।"

"नहीं, सीते!" राम ने कहा– "देवताओं, ऋषि – मुनियों, सन्तों, साधकों तथा सज्जनों के मंगल के लिए ही तुमको यह वियोग सहना पड़ा है। इस पृथ्वी के सौभाग्य के लिए तुमको जीवित रहना ही था– फिर यह तो देह का वियोग था– मन का नहीं। मेरा मन तो तुम्हारे पास कल्प– कल्पों के लिए सुरक्षित है। तुम्हारा मन मेरे पास जैसे है ही नहीं– तुमने मुझे ही अपने मन में समा लिया है। मैं, तुम्हारा राघव राम, तुम में ही लीन हो गया हूँ। मैं अब हूँ ही कहाँ– तुम ही तुम हो सीते!"

"राम!" सीताजी फुसफुसाई और अर्धमूर्च्छित होकर श्री राम के आजानुभुजों में ढल पड़ीं। श्री राम ने सीताजी को कमल– दल की मूर्ति की भांति भुजों पर उठाया और कहा– "शान्त! सीते! शान्त! सृष्टि– संचित की पुनीत दिव्यता के लिए,

प्राणीमात्र की अमोघ जीवन– ज्योति के लिए तथा मानव जाति के परम् कल्याण के लिए तुम, साध्वी! अग्नि में तपी हो| तुमने आज मुझे स्पर्श कर पवित्रतम कर दिया है| हे सीते! मैं समस्त देवताओं की साक्षी तथा वानर सैन्य की साक्षी में तुमको पुनः स्पर्श करता तथा तुमको प्रेमपूर्वक आलिंगन करता हूँ– प्रेमपूर्वक| भगवती अम्बा– शिवा तुम्हें श्री दे, सुकृति दे– ज्ञान दे– प्रकाश दे| लक्ष्मण! अपनी दिव्या भाभी को थामो|"

लक्ष्मण ने सीताजी के चरण थाम लिए– "क्षमा, भगवती देवि! क्षमा करो|"

सीताजी सुस्थ होती हुई मूर्ति की भांति खड़ी हो गयीं और लक्ष्मण के मस्तक पर अपना वरदहस्त रख कर बोलीं– "तुम्हारा कल्याण हो, मेरे देवर!"

लक्ष्मण ने अश्रुपात करते हुए चीत्कार सी की– "सबका, जगत का, सृष्टि का – स्वयं रामजी का कल्याण हो, हे पुनीते!"

श्री राम ने जलद– गम्भीर स्वर में कहा– "वानरों! लोगों! हे सृष्टि के प्राणियों! देवताओं! हमारी पुण्यश्लोका धर्मपत्नी, जीवन– संगिनी सीता ने अग्नि– स्नान कर प्रमाणित कर दिया है कि आत्मचेतना पुनीत को भी पवित्र करती है| रोग और शोक हर लेती है| अग्नि– स्नान कर सीता ने पंचभूतों को शुद्ध तथा मानव अन्तरात्मा को बुद्ध कर दिया है| मैं शपथपूर्वक कहता हूँ कि सीता श्री है, पुण्य मति है और धृति है| सीता जगद्कल्याणी इक्ष्वाकु वंश की काव्य लक्ष्मी है| सीता आज कालातीत कलिकलुषहरा देवी की भांति पुनः प्रकट हुई है। पृथ्वी पुत्री सीता आज पुनः अग्नि से प्रगट हुई है। नमस्कार है, महादेवि!"

सीताजी ने चारों ओर अपने सरोज नयन मानो बिछाते हुए शान्त धीर– गम्भीर स्वर में कहा– "नाथ! रामजी मेरे! आप सबने मुझे पुनः स्वीकार किया, इसके लिए मैं चिर ऋणी हूँ| अशोक वाटिका में बन्दी सीता तो काल में विलीन हो चुकी है और अब मैं यह सीता श्री राम के पाप हरने और शरण देने वाले चरणों की दासी हूँ, राम! मेरा साँस– साँस राम ही है| मेरे रोम – रोम में राम ही सिहर रहे हैं| मेरे रग–रग में राम ही उमड़ रहे हैं| राम– राम ही हैं– मैं नहीं| मैं चाहती हूँ श्री राम जी के चरणों में साष्टांग पड़कर मैं पृथ्वी में पुनः समा जाऊँ– आकाश में लीन होकर पुण्य तथा मंगल की वर्षा हो जाऊँ| हे शिवे! मुझे साहस दे, आशीर्वाद दें कि मैं श्री रामजी के चरण पखारती रहूँ|"

श्री राम ने सीता को नमन करते हुए कहा– "धन्य! सीते! धन्य! आज हम सब कृतार्थ हुए।"

◆ ◆ ◆

महाराज विभीषण ने निवेदन किया– "रामजी लंका पधारकर हम सबको पावन कीजिये, प्रभो!"

श्री राम ने सस्मित कहा– "वनवास की अवधि समाप्त होने में सप्ताह भर ही शेष है। वनवास की अवधि तक मैं ग्राम्य, पुर तथा नगर में जा नहीं सकता। मेरा वनवास तपस्वी का वनवास है। पर्णकुटिया या वृक्षों के नीचे ही दिन– रात काटने थे– काटने होंगे। लक्ष्मण की अटूट सेवा से ही मैं और सीता वनवास की अवधि से पार हो रहे हैं– प्रायः हो गये हैं।"

महाराज विभीषण ने पुनः कहा– "लंकावासी आपके दर्शन तथा आशीर्वाद के लिए अधीर हैं– उत्सुक हैं। श्रीलंका अब आपकी है, यह विशाल लंका साम्राज्य भी आप ही का है। हम तो आपके दूत, प्रतिनिधि या अनुचर हैं, रामजी! कृपा करो, देव!"

श्री राम ने कहा– "अधिकार तथा वर्चस्व के लिए भी एक तसु भूमि भी मेरी नहीं है– नहीं हो सकती। यह जगत परमेश्वर का है, यह सृष्टि चिति परमेश्वरी शिवा की है, दुर्गा, दक्षिण कालिका की है, महाराज! श्रीलंका का राज्य श्रीलंका की प्रजा का है। प्रजा ही राज्य की आधारभूत स्वामिनी और जननी है। फिर हमने लंका को जीता नहीं, अधर्म के अंधकार से उभारा है– अनीति और दुराचरण से हटाया है। मैं राक्षस, वानर, किन्नर, गन्धर्व, नाग, पक्षी तथा अरण्यवासी को अपना इष्ट मानता हूँ। मैं..... राम सबका सेवक हूँ। राजा प्रजा का प्रेम प्राप्त करके ही राज्य कर सकता है– लंका की प्रजा का प्रेम– विश्वास प्राप्त करें और सबको मेरा नमस्कार कहें। ईश्वर के पश्चात् मैं प्रजा को ही नमस्कार करता हूँ।"

लक्ष्मण ने प्रसन्नवदन से कहा– "रामजी! भैया! यही...... यही........ रामराज्य यही।"

श्री राम ने याद करते हुए कहा– "लक्ष्मण! तुम हनुमान, अंगद– अंगद को तुमने वानर राजदूत बनाया– अच्छा किया। क्यों महाराज सुग्रीव?"

सुग्रीव ने कहा– "अंगद विलक्षण, नीतिवान, विवेकशील तथा समदर्शी है| वीर है, साहसी एवं धैर्यवान अंगद वानर राज्य की आशा है, रामजी! विशाल राक्षस साम्राज्य में हमारा प्रतिनिधि, दूत, सन्देशवाहक अंगद ही हो सकता था, जी प्रभो!"

"तथास्तु!" श्री राम ने कहा– "भरत ...... अरे भरत हमें याद कर रहा है| वनवास के इन असंख्य से रात– दिनों में महात्मा भरत हमें प्रतिपल याद करते रहते हैं| वनवास तो सच्चे अर्थों में भरत भोग रहा है| हम अब शीघ्र ही अयोध्या पहुँचना चाहते हैं|"

लक्ष्मण ने कहा– "अवधि समाप्त की अन्तिम दिवस की समाप्ति और ब्राह्म मुहूर्त– दूसरे दिवस ही हमें अयोध्या पहुँचना होगा......"

राम ने बीच में ही कहा– "अन्यथा भरत प्राण दे देगा| भरत को मैं वचन दे चुका हूँ| परन्तु कैसे क्या हो ? शीघ्रगामी रथ नहीं है– कोई भी वाहन नहीं है| क्या किया जाय?"

सहसा जैसे महाराज विभीषण ने कहा– "पुष्पक विमान, प्रभो!"

"पुष्पक विमान?" लक्ष्मण ने पूछा|

"दशानन ने कुबेर से प्राप्त किया था और अब वह राज्य की सम्पत्ति है|" विभीषण ने कहा– "पुष्पक विमान श्री चरणों में अर्पित है| अवश्य महात्मा भरत आपकी चिर प्रतीक्षा कर ही रहे हैं| भरत तो साक्षात् धर्म हैं– धर्ममूर्ति| पुष्पक में अयोध्या पधारिये, प्रभो!"

श्री राम ने मुस्कुराते हुए कहा– "आपको भी चलना होगा, महाराज विभीषण!"

"अवश्यमेव, प्रभो!" विभीषण ने कहा|

हनुमान ने प्रसन्न किलकारी की– "मैं भी, रामजी मेरे! मैं|"

श्री राम ने कहा– "तुम तो सर्व प्रथम और सर्व अन्तिम हो| तुम्हारे बिना मैं अयोध्या लौट ही कैसे सकता हूँ, हनुमन्ते!"

महाराज विभीषण ने मुस्कराते हुए कहा– "श्री अंगद लंका में, तो हनुमान जी अयोध्या में| क्यों महाराज सुग्रीव? नहीं?"

महाराज सुग्रीव ने कहा– “अयोध्या में श्री राम– राज्य उन्द्रवित हो, तभी हनुमान अयोध्या में| जी, रामजी|”

श्री राम ने कहा– “अयोध्या तो लौट रहा हूँ भरत के कारण| वह जो राजमहल में वनवास ले बैठा है! मेरी खड़ाऊ का राज्य चला रहा है| भरत ने मुझसे वचन ले लिया है कि मैं अयोध्या लौटूँगा, किन्तु राज्य के लिए मैंने भरत को आश्वासन तक नहीं दिया है| राज्य लेकर क्या करना है? अब सीता मिल गयी है– मेरे शेष जीवन के लिए मेरी ये आत्मश्री ही यथेष्ट है| राज्य भरत का, सेवा लक्ष्मण की, भक्ति हनुमान की और मित्रता? आपकी? महाराज सुग्रीव!”

सहसा सीताजी ने कहा– “आर्यपुत्र! अयोध्या लौटना ही है– पुष्पक विमान हम सबको अयोध्या अवधि समाप्त के बाद प्रथम दिवस को ही पहुँचा देगा| पुष्पक के विषय में मुझे सुविज्ञ त्रिजटा ने बताया है| मन्त्र-शक्ति से चलने वाला यह आकाशमार्गी यान है| मैं चाहती हूँ; सभी चलें– हमारे वानर मित्र, महाराज विभीषण तथा हमारे वरिष्ठ साथी तथा पक्षी, नाग, गन्धर्व, किन्नर तथा इनके वरिष्ठ साथी– प्रतिनिधि हमारे साथ चलें– अयोध्या| अयोध्या अब युद्ध की आशंका से रहित, शन्ति, अभय और वैराग्य की नगरी होगी, हाँ, आर्यपुत्र!”

श्री राम ने सीता के शान्त, दिव्य, भव्य मुख– मण्डल को निहारते हुए कहा– “सीते! अयोध्या भरत के हठ के कारण ही जाना है– राज्य के लिए नहीं| राजसिंहासन से अधिक मुझे दुर्वा के आसन पर बैठना अच्छा लगता है| राजसिंहासन पर मैं सज–धजकर बैठकर मैं भूमि के विस्तार और सीमाओं को ही देखूँगा| राज्यों के सीमाओं के संघर्ष ही देखूँगा| अपने–अपने राज्य के हितों की रक्षा तथा स्वार्थों के विस्तार के युद्ध ही देखूँगा| साम, दाम, दण्ड और भेद की नीतियों का रात–दिवस संयोजन ही तो करता रहूँगा| तुम्हें भूल जाऊँगा– नहीं..... सीते? अब तुम्हें मैं मन– वचन – कर्म से भूलना नहीं चाहता– भूल नहीं सकता| अरण्य में पर्ण कुटिया में मैं तुम्हारे साथ शेष जीवन बिता देना चाहता हूं। ऋषि– मुनि, साधु– सन्त, भक्त– सज्जनों की रक्षा करना तथा आर्य वैदिक संस्कृति का योगक्षेम साधना चाहता हूँ| मैं बिना राज्य का विदेह होना चाहता हूँ| ‘प्रभु तेरी जय हो!’– कहते रहना चाहता हूँ| जगत मिथ्या है, सीते! सृष्टि निस्सार है| यह अज्ञान–अंधकार? नहीं! मैं पूर्ण वैराग्य, भक्ति और ज्ञान चाहता हूँ|”

“किसकी?” सीता ने हँसते हुए पूछा|

"तुम्हारी– और किसकी? सीते! तुम मेरे जीवन की भक्ति ही तो हो।" श्री राम ने मन्द मुस्कुराकर कहा।

✦✦✦

लंका की समस्त प्रजा उमड़ आयी। वानर शिविर के सभी छोर खोल दिये गये। शिविर के विस्तृत प्रांगण में लंका की प्रजा महाराज विभीषण की अगवाई में उमड़– घुमड़ उठी। महाराज सुग्रीव ने सीता– राम के लिए रमणीक आसन बनवाया था। नल ने कमलों की आकृतियों से खोदकर विशाल आसन बनाया। वनिल पुष्पों तथा फलों से उसे सजाया गया। बन्दनवार सघन हरे पत्तों का तना था। महाराज सुग्रीव ने प्रार्थना करके सीता– राम को इस आसन पर बिठाया था। "नयन भर यह छवि देखने दो, देव।" महाराज सुग्रीव ने अश्रु भरे नयनों से कहा– "रामजी! क्या कहूँ, मैं एक शाखामृग सा वानर हूँ– मूढ़मति हूँ। किन्तु पृथ्वीतल पर आपसा करुणानिधान, दीनबन्धु तथा ऐश्वर्य एवं राज्य लुटाने वाला और कोई नहीं दिखता। आपने ऋषि– मुनियों का उद्धार किया, यज्ञों का उद्धार किया, सन्तों और भक्तों को विश्वस्त किया, गौ माता की पुकार सुनी। आपने अपने कठोर तप से आर्य, राक्षस तथा वानर– अरण्यों में शताब्दियों से निवसने वाली जातियों को एक सौहार्द्र सूत्र में पिरो दिया। धरती के राज्यों की सीमाओं को अभय प्रदान किया। प्रभो ! हम आपका वन्दन करें तो कैसे– कैसे करें? आपका अभिनन्दन करने के लिए हम क्या, देवता भी स्वयं को योग्य नहीं मानते। राम! आपका अभिनन्दन तो ऋषि – मुनि ही कर सकते हैं। फिर हम वानर और राक्षस मिलकर आज आप और सीता मैया का अभिनन्दन करते हैं। दीन स्वर में किन्तु हृदय से पूरे पूर्णोत्साह पूर्वक हम आप उभय के चरणारविन्दों का पूजन ही करते हैं।"

महाराज विभीषण– "अयोध्या, किष्किन्धा तथा श्रीलंका– जगती तल की ये राजधानियाँ जगद्कल्याण, मानव मंगल तथा प्राणियों के अभयपूर्ण विकास की साधना स्थलियाँ ही आज हो गयी हैं। अंधकार मिट गया है, रामजी! आपकी दिव्य दृष्टि से अँधेरा मिट गया। आपकी मन्द– मधुर मुस्कान से प्रकाश हो गया चौदह भुवनों में। सप्तलोक और सप्तसिन्धु– प्रदेश शान्त हो गये। अभय से पृथ्वी निश्चिन्त हो गई तथा ज्ञान के दीप जल उठे– स्वयं ही।"

श्री राम ने कहा– "मानव मात्र एक है, अविभाज्य है| राज्य और कृतियों की सीमाएं मानव को रोक नहीं सकतीं; थाम नहीं सकतीं| मानव प्रतिक्षण अंधकार से प्रकाश की ओर गमन करता ही रहता है| मानव–अर्थात् प्रकाश और अमृत का अभिलाषी, बुद्धिमान, शीलवान प्राणी–जीव–ईश्वर की सर्वश्रेष्ठ कृति– परमात्मा का प्रतीक जीव|"

हनुमान ने प्रसन्न किलकारी की– "राम! बस, केवल राम! रघुनाथ राम, राघव राम| वानरों ! रामजी की शरण ही स्वर्ग है, विष्णुलोक है, परमधाम है| श्री हरि! राम!"

श्री राम ने कहा– "शान्त, हनुमान! मानव मानव ही है| अवशय मानव चाहे तो देव बन सकता है, किन्तु देवता बनने के लिए मानव को सरस्वती को पुकारना पड़ता है– "सरस्वतीम् देवयन्तों हवन्ते!" मानव परमात्मा का अन्शीभूत प्रतीक है| किन्तु परमात्मा नहीं है-मानव परमात्मा को प्राप्त कर दिव्य बन जाता है। काल के परे और पार सच्चिदानन्द अपार में डूब जाता है| अवशय ही मानव के रूप में मैं पृथ्वी पर धर्म, न्याय तथा प्राणीमात्र का योगक्षेम साधना चाहता हूँ| मैं जगत नहीं, प्रभु ही को भजना चाहता हूँ|"

अंगद ने कहा– "जय राम!"

श्री सीता– राम के अभिनन्दन में जय ध्वनियाँ गहगहा उठीं|

श्री राम ने कहा– "सीते! अपने जनों को कुछ तो कहो| हे सीते! मेरा तो इन सबसे स्नेह है, किन्तु इनको तुम्हारा आशीर्वाद चाहिये| तुम शक्ति स्वरूपा हो, योगमाया हो और महामाया का मानव नारी स्वरूप हो| आशीर्वाद दो, सीते!"

सीताजी ने आर्द्र कण्ठ से कहा– "सबका कल्याण हो! शुभ हो! प्राणीमात्र को श्री, सुकृति, जय मिले| मंगल हो ! यही– यही रामजी! यही|"

और सीता के कमल लोचन आँसुओं से भर गये|

श्री राम ने वानरों और राक्षसों को सम्बोधित करते हुए कहा– "आज मेरे वनवास की अवधि समाप्त प्रायः है| चौदह वर्षों का यह वनवास जगद्कल्याण के लिए हमारी तपस्या थी– मेरी, सीता की और लक्ष्मण की| हाँ, तपस्या ही तो थी| किसी न किसी को यह तपस्या करनी ही थी| रावण के राज्य में आर्य तथा वानर, अरण्य प्रजाएं तथा मानव संस्कृति के ऋषि–मुनि, प्राणीमात्र के हितैषी

सब अत्याचारों से आकण्ठ आ गये थे| मानव संस्कृति, आर्य सभ्यता समूची असाधारण संकटग्रस्त हो गयी थी| राक्षसों के अत्याचारों से पृथ्वी काँप रही थी– आकाश स्तब्ध हो गया था| अधर्म, अत्याचार, अन्याय और देहज सुख की काली कामनाओं का आक्रोश छा गया था| यझ– मण्डप मानव रक्त से रंग गये थे और ऋषि– मुनियों की हड्डियों के ढ़ेर मानव– मार्ग पर पड़े हुए थे| ऐसा लगता था अँधेरी कालरात्रि में काल की अग्नि झर रही थी| प्राणीमात्र भीत, भयभीत, त्रस्त, अनाथ और अरक्षित हो गया था| रावण ने समूची राक्षस जाति को अधर्म और अत्याचार की जाति विशेष ही अपने व्यवहार से दिखाना आरम्भ कर दिया था| राक्षस? अत्याचारी, क्रूर, माँसाहारी, मद्यप– अर्थात् राक्षस| राक्षस की प्रतिष्ठा आततायी मानव की हो गयी थी| भौतिक सुखों की चाह तथा भोग की अतृप्त रहने वाली वासनाओं के द्वन्द्वों से मानो भरता चला गया और अमृत का पुत्र अंधकार का सर्प हो गया| मानव का परित्राण अमृत और प्रकाश की संस्कृति में ही होता है| अंधकार से मुक्ति मानव को मिलती रहे| वह सम्पन्न, संभृत, तुष्ट और सन्तुष्ट रहे– यह आर्य सभ्यता द्वारा ही सम्भव है| आर्य सभ्यता अर्थात् ज्ञान की सभ्यता– शील, शक्ति और जीवन– सौन्दर्य की संस्कृति| इसलिए आज वानर, आर्य तथा राक्षस घने अंधकार से निकलकर प्रकाश के आलोक में आ खड़े हुए हैं| प्रभु तेरी जय हो|"

लक्ष्मण ने श्री राम की ओर देखा| श्री राम का इंगित होने पर श्री लक्ष्मण ने उपस्थित मानव– मेदिनी को कहा– "आप सबने हमारा जो हृदय स्पर्शी अभिवादन किया है उसके लिए अयोध्या सदा आपकी आभार मण्डित रहेगी| आज विश्व मंगल के महोत्सव का यह श्री राम–अभिनन्दन समारोह पृथ्वीतल पर किसी नये राज्य के– सार्वभौम राज्य के उदय का संकेत ही है| धरती को राम और राम के राज्य की अनिवार्य आवश्यकता है| महामानव का उदार और वसुधा को कुटुम्ब मानने वाला शासन ही शान्ति, अभय तथा सर्वव्यापी योगक्षेम का प्रबन्ध कर सकता है| मैं श्री रामजी के लिए और प्रतापी इक्ष्वाकुवंश की ओर से सभी वानरों को नमस्कार करता हूँ– सभी लंकावासियों को वन्दे कहता हूँ तथा महाराज विभीषण जी को अयोध्या चलने के लिए श्री राम का स्नेहशील आमन्त्रण अर्पित करता हूँ|"

विभीषण ने शान्त किन्तु प्रसन्न स्वर में कहा– "अहोभाग्य हमारा, हम अयोध्या रामजी के साथ ही जाएंगे| लंका के महापौर श्रीलंका देखेंगे|"

सुग्रीव ने कहा– "हम भी चलेंगे रामजी! हम भी| हमारे सभी श्रेष्ठ वानर सामन्त भी चलेंगे|"

विभीषण ने कहा– "पुष्पक विशाल यान है| इसमें शतसहस्र व्यक्ति समा सकते हैं| पुष्पक विमान रामजी के बस का यान है– मन्त्र शक्ति से ही चलता है| श्री रामजी की इच्छानुसार चलेगा|"

"रामजी की इच्छानुसार तो सृष्टि का उद्भव शक्ति करती है| राम चाहे, वैसा काल रुनझुनता है|" हनुमान ने कहा– "राम– आप लोग श्री राम को नहीं जानते– मैं जानता हूँ राम को| राम मैं हूँ– मैं राम हूँ .... नहीं– नहीं, मैं तो मरकट हूँ– राम का भक्त एक मरकट| रावण ने कई बार मुझे मरकट कहा था|"

"मृतक पर शोक करते हैं, क्रोध नहीं|" श्री राम ने कहा– "हनुमान तुम अयोध्या में वानर साम्राज्य के सर्वोच्च दूत, प्रतिनिधि और हमारे प्रिय साथी रहोगे|"

"माँ अंजना? पिता?" हनुमान ने पूछा|

"मैं समझाऊँगा|" राम बोले– "लोगों! आभारी हूं, आपके इस वन्दन– अभिनन्दन का| भरत प्रतीक्षा कर रहा है और हमें कल ब्राह्म मुहूर्त में ही सरयू तट पर उतरना है| वचन है हमारा और हम चाहते हैं; माता अंजना के दर्शन कर, दण्डकारण्य होते हुए चित्रकूट पहुँचे– चित्रकूट से अयोध्या|"

"चित्रकूट से अयोध्या!" लक्ष्मण गुर्राये– "रामजी मेरे! अयोध्या से चित्रकूट की यात्रा सदैव याद रहेगी| अपने सत्व के राज्य को पिता के वचन पालने के लिए त्यागकर एक निरीह बटोही की भांति राम! आपने अयोध्या छोड़ दिया– अपनी प्रिय अयोध्या, जहाँ आप जन्मे तथा समस्त बचपन बिताया| अयोध्या के पशु– पक्षी, कीट– पतंग तथा मानव से आपका मन का सम्बन्ध है– आप जैसे उनमें ही रहते हैं| उसी अयोध्या को त्यागकर आप चित्रकूट पहुँचे और-"

सुग्रीव– "राक्षसों के जनस्थानों का सफाया आरम्भ किया, मुनियों के अभय की क्रान्ति आरम्भ की| अब चित्रकूट से अयोध्या– वाह रे विधाता! तेरी कैसी लीला है|"

"भरत के कारण, मित्रजू! भरत|" राम बोले– "भरत ही तो– भरत मेरा हृदय है| लक्ष्मण मेरा हाथ है, शत्रुघ्न मेरी जंघाएं है और सीता मेरी अन्तरात्मा है| आप

महाराज सुग्रीव! मेरा विश्वास हैं और महाराज विभीषण मेरी तपस्या का समस्त पुण्य है|"

"धन्य, राम!" विशाल मेदिनी ने पुकारा – "धन्य ! धन्य ! सीता – राम!"

◆ ◆ ◆

पुष्पक विमान में श्री राम ने सर्वप्रथम सीताजी को चढ़ाया| श्री राम ने प्रसन्नवदन से मुस्कुराते हुए कहा– "सीते! तुम, सर्वप्रथम तुम| अयोध्या, मैं तुम्हारे साथ जा रहा हूँ| तुम बिन जग सुना था, सीते!"

श्रीमती सीताजी के सरोज– नयन लाज से ढल गये और वह शान्त, मधुर, कोकिल कण्ठ से बोली– "अयोध्या तो आप, आर्यपुत्र! भाई भरत के अटल आग्रह से ही जा रहे हैं| मुझे पता है, आप केवल भरत का मन रखने के लिए ही यह यात्रा कर रहे हैं| बाकी तो आप अरण्य– प्रजाओं के साथ घुलमिल गये हैं| मुझे क्या पता नहीं कि आप सिंहासन से कहीं अधिक उसे पसन्द करते हैं| आप तपस्वी हैं, राम मेरे!"

"तापसी?" श्री लक्ष्मण ने कहा– "भैयाजी तो पूरे गृहस्थ हैं– मर्यादावादी तापसी नहीं, गृहस्थ ही होते हैं| इक्ष्वाकु वंश में रामजी मर्यादा पुरूषोत्तम की भांति प्रगट हुए हैं| क्षीरसागर से उठकर चुपचाप धराधाम आ गये|"

श्री राम ने हँसकर कहा– "परन्तु लक्ष्मण मैं अपनी कमला को साथ लाना नहीं भूला– भूला क्या?"

लक्ष्मण– "पुरुष क्या प्रकृति के बिना रह सकता है? नहीं, राम! नहीं| परमात्मा भी अपनी शक्ति के साथ तथा द्वारा ही प्रभु हैं, विभु हैं, ईश हैं, कवि हैं|"

"कवि?" राम ने स्वयं में खो जाते हुए कहा– "कवि ही तो.....| ईश्वर का मर्म कौन जान सकता है? वही विश्व का कवि– कवीश्वर है | काल के असीम पर अपनी स्व-इच्छा की लेखनी से सुख–दुःख के रंग भरता रहता है और जीवन के असंख्य नाट्य लिखता रहता है| हाँ, भाई मेरे! वह ईश ही अपनी स्वप्न– रंगभूमि सजा कर जीवन के असंख्य नाट्य किया करता है|"

सुग्रीव ने पूछ लिया– "तब राम– रावण युद्ध भी नाटक था?"

श्री राम ने सुग्रीव को घूरा; कहा– "मैं ईश नहीं हूँ– मैं मानव हूँ और मानवों में भी महाराज नहीं हूँ; ऋषि – मुनियों का विनम्र सेवक हूँ| गाय का सेवक, अश्व

का मित्र हूँ| मैं जानता हूँ कि मुझ में ईश का अंश है, जो सभी प्राणियों में है| ईश्वर के बिना प्राणी नहीं, जीव नहीं, जगत नहीं, सृष्टि नहीं है| हम– अब– जीव मात्र ईश्वर की इस आश्चर्यमयी लीला के क्रीड़ा– पात्र हैं| अच्छा, लोगों! हम सब चले| किष्किन्धा ठहरेंगे और माता अंजना के दर्शन करेंगे| युद्ध– विजय का पुण्य– फल माता अंजनी को अर्पित करेंगे और भरत के इक्ष्वाकु वंश का तप अर्पित करेंगे|"

हनुमान ने पुष्पक विमान पर चढ़ते हुए पूछा– "और मुझे, प्रभो!"

"तुमको हनुमान! हम अपना हृदय ही अर्पित करेंगे| प्यार– अनन्त प्यार हम तुमको तभी दे बैठे हैं, जब तुमने मेरी जीवन– संगिनी सीता का पता मुझे लाकर दिया|"

हनुमान ने सीता – राम के चरण छुए और किलकारी की– "जय राम! सीता– राम!"

और पुष्पक विमान उठा, चला, उड़ा– गगन के पार आकाश मार्ग में सुस्थित हो गया|

9 मई 1989

|| इति श्री ||